Hinter dem Sachregister befindet sich ein ausführliches Verzeichnis der

Guttentagschen Sammlung

**Deutscher Reichs- und Preußischer Gesetze**

— Textausgaben mit Anmerkungen; Taschenformat —,

die alle wichtigeren Gesetze in unbedingt zuverlässigem Abdruck und mit mustergültiger Erläuterung wiedergibt.

Guttentagsche Sammlung
Nr. 143. Deutscher Reichsgesetze. Nr. 143.
Textausgaben mit Anmerkungen und Sachregister.

# Die Reichsabgabenordnung.

Für die Praxis erläutert

von

**Dr. Albert Nieberl,**
Regierungsrat beim Landesfinanzamt Stettin.

**Zweite, neubearbeitete Auflage.**

Berlin und Leipzig 1927.
Walter de Gruyter & Co.
vormals G. J. Göschen'sche Verlagshandlung — J. Guttentag, Verlagsbuchhandlung — Georg Reimer - Karl J. Trübner — Veit & Comp.

# Vorwort.

Mängel eigenen Schaffens einzusehen, ist keine Schande. Die erste Auflage meines Erläuterungsbuches hatte Mängel nach allen Richtungen. Um so dankbarer habe ich es begrüßt, daß mir der Verlag durch Übertragung der Bearbeitung einer zweiten Auflage die Gelegenheit gegeben hat, dem Buche zu geben, was ihm fehlte. Das war — wie angedeutet — viel, der Umfang mußte nicht unerheblich größer werden.

Die vorliegende Auflage stellt daher in Wirklichkeit eine Neuschöpfung dar. Mein Bemühen ging in erster Linie dahin, alle in der höchstrichterlichen Rechtsprechung und in der Verwaltungsübung seit dem Bestehen der AO. herausgebildeten Grundsätze der Praxis in übersichtlicher und leicht faßlicher Form zugänglich zu machen. Daneben war ich bestrebt, Zweifelsfragen, die durch die Rechtsprechung und Verwaltung noch nicht oder unzureichend geklärt sind, einer für die Praxis erträglichen Lösung zuzuführen.

Die für die Anwendung der AO. in Betracht kommenden Vorschriften anderer Gesetze sowie die Ergänzungsbestimmungen zur AO., die für deren täglichen praktischen Gebrauch von besonderer Bedeutung sind, sind entweder in den Erläuterungen zu den einschlägigen Bestimmungen oder im Anhang zum Abdruck gelangt. Vom Abdruck ausgenommen worden sind Bestimmungen, die (wie die Stundungs- sowie die Beitreibungsordnung) wegen zu großen Umfangs dazu nicht geeignet schienen. Denn auch handlich sollte das Buch bleiben.

Daß nicht einseitiger Fiskalismus das Leitmotiv der Darstellung bildet, sondern daß auch die Interessen des an der Abgabenerhebung passiv beteiligten Steuerzahlers ihre gebührende Berücksichtigung gefunden haben, glaube ich ohne Überschreitung der zulässigen Selbstkritik sagen zu dürfen.

Ich hoffe, mich der Arbeit nicht vergeblich unterzogen und trotz der Fülle des bereits vorhandenen Materials der Praxis sowohl als dem in Steuersachen rechtsuchenden Publikum etwas Neues und Brauchbares geboten zu haben.

Stettin, im Januar 1927.

Albert Nieberl.

# Inhaltsübersicht.

## A. Reichsabgabenordnung.

# Abkürzungen.

| | | |
|---|---|---|
| Amtsbl. | = | Amtsblatt der Reichsfinanzverwaltung. |
| AO. | = | Reichsabgabenordnung. |
| Becker | = | Enno Becker, AO., 5. Auflage. |
| BGB. | = | Bürgerliches Gesetzbuch. |
| DStBl. | = | Deutsches Steuerblatt. |
| DStZtg. | = | Deutsche Steuerzeitung. |
| SBd. | = | Sammlg. d. Entsch. des RFH,. Band ... |
| EStAB. | = | AusfBest. z. EinkStG. |
| FA. | = | Finanzamt. |
| GKG. | = | Gerichtskostengesetz. |
| Kartei Nr. | = | Mrozeks Steuerrechtsprechungskartei, Rechtsspruch Nr... |
| KG. | = | Kammergericht. |
| KStAB. | = | AusfBest. z. KörperschStGesetz. |
| LFA. | = | Landesfinanzamt. |
| Mrozek | = | Mrozeks AO. 3. Auflage. |
| RFH. | = | Reichsfinanzhof. |
| RFM. | = | Reichsminister der Finanzen. |
| RFME. | = | Erlaß des RFM. |
| RG. | = | Reichsgericht. |
| RGBl. | = | Reichsgesetzblatt. |
| RStBl. | = | Reichssteuerblatt. |
| StGB. | = | Reichsstrafgesetzbuch. |
| StNVdg. | = | Steuernotverordnung. |
| StPO. | = | Reichsstrafprozeßordnung. |
| Sydow-Busch | = | Kommentar zur ZPO. 19. Auflage. |
| UStAB. | = | AusfBest. z. UmsStGesetz. |
| V. (Vdg.) | = | Verordnung. |
| Zentr.-Bl. | = | Zentralblatt für das Deutsche Reich (jetzt Reichsministerialblatt). |
| ZPO. | = | Reichszivilprozeßordnung. |
| ZVG. | = | Gesetz über die Zwangsversteigerung und Zwangsverwaltung. |

# Überblick.

Die Reichsabgabenordnung sollte, wie schon die Bezeichnung kund tut, auf steuerrechtlichem Gebiet zunächst das bilden, was die Zivilprozeßordnung auf bürgerlich-rechtlichem, die Strafprozeßordnung auf strafrechtlichem Gebiet darstellt: Eine gesetzliche einheitliche Festlegung der Normen des Verfahrens, in welchem der Staat seine Steueransprüche geltend machen und der Betroffene sich nötigenfalls gegen deren Geltendmachung schützen kann. Die materielle Regelung der Steueransprüche (deren Entstehung, Umfang, Erlöschen usw.) ist Aufgabe der einzelnen Steuergesetze.

Der bis zur Durchführung einer einheitlichen Reichsfinanzverwaltung bestehende Mangel einer einheitlichen Behördenorganisation, ferner das Fehlen einer durchgreifenden Regelung gewisser allen Steuerarten gemeinsamer materieller Oberbegriffe stellten den Gesetzgeber vor die Alternative, die genannten Materien entweder unter Beobachtung der in anderen Rechtsgebieten durchgeführten systematischen Trennung durch eigene Gesetze zu regeln, oder ihre Regelung unter Inkaufnahme des systematischen Schönheitsfehlers in die AO. selbst mit aufzunehmen. Mit guten Gründen wurde letzterer Weg gewählt. So kommt es, daß die AO. in der heute vor uns liegenden Form eine eigenartige, immerhin aber gut übersichtliche Aneinanderreihung organisatorischer, materieller und formeller Vorschriften enthält, unter schließlicher Einbeziehung sogar des Steuerstrafrechts.

Die AO. zerfällt ihrer äußeren Einteilung nach in fünf Stücke:

1. Einleitende Vorschriften;
2. Drei „Teile“: Behörden, Besteuerung, Strafrecht;
3. Übergangs- und Schlußvorschriften.

Bezüglich des Zusammenhangs der fünf Stücke und ihres rechtlichen Einflusses aufeinander ist folgendes festzuhalten.

Die einleitenden und die Schlußvorschriften haben Geltung für die AO. in ihrem ganzen Umfange. Das gleiche gilt bezüglich des 1. Teils „Behörden“. Dagegen bilden der 2. und 3. Teil zwei streng voneinander zu trennende Abschnitte und es darf nicht etwa die zufällige Zusammenfassung derselben durch ein Gesetz zu einer Verquickung der beiderseitigen Rechtsnormen Anlaß geben. Jeder der beiden Teile ist vielmehr hinsichtlich der Regelung und Auslegung aller einschlägigen Begriffe (Zuständigkeit, Zustellungen, Fristen, Rechtsmittel usw.) als völlig selbständiges Gesetz anzusehen. Nur wo der 3. Teil (Strafrecht) ausdrücklich Bestimmungen des 2. Teils für anwendbar erklärt (z. B. §§ 394 Absatz 1, 4, 406 Absatz 4), sind letztere anzuwenden, aber nicht weiter, als die ausdrückliche Erstreckung reicht. Wo die AO. im 3. Teil Lücken aufweist, sind dieselben zufolge der allgemeinen Bezugnahme der §§ 355, 385 durch Heranziehung des Reichsstrafgesetzbuchs und der Reichsstrafprozeßordnung zu ergänzen, nicht etwa durch analoge Anwendung von Vorschriften des 2. Teils.

Der 2. Teil selbst (Besteuerung) enthält in seinen §§ 79 bis 101, 120 bis 161 Vorschriften materiellrechtlicher Natur. Die übrigen Bestimmungen desselben bilden die Regelung des Besteuerungsverfahrens und damit den eingangs bereits erwähnten Kernpunkt der AO.

# Reichsabgabenordnung.

Vom 13. Dezember 1919 (RGBl. S. 1993).

(AO.)

Die verfassunggebende Deutsche Nationalversammlung hat das folgende Gesetz beschlossen, das mit Zustimmung des Reichsrats hiermit verkündet wird.

## Einleitende Vorschriften.

**§ 1.** Steuern sind im Sinne der Reichsabgabenordnung einmalige oder laufende Geldleistungen[1], die nicht eine Gegenleistung für eine besondere Leistung[2] darstellen und von einem öffentlich-rechtlichen Gemeinwesen[3] zur Erzielung von Einkünften allen auferlegt werden, bei denen der Tatbestand zutrifft, an den das Gesetz die Leistungspflicht knüpft. Zölle fallen darunter; nicht darunter fallen Gebühren[4] für besondere Inanspruchnahme der Verwaltung und Beiträge[5] (Vorzugslasten).

Die Reichsabgabenordnung gilt[6] nur für die Steuern, die ganz oder zum Teil zugunsten des Reichs erhoben werden.

Die Reichsabgabenordnung gilt nicht, soweit in den einzelnen Steuergesetzen[7] Abweichendes vorgeschrieben ist.

[1] § 1 Abs. 1 formuliert den in vielen Beziehungen (vgl. z. B. §§ 108, 121, 127, 220 AO.) wichtigen Begriff der Steuern im Sinne der AO. Wenn auch hierbei in erster Linie nur an

die eigentliche Steuerforderung gedacht ist, so fallen unter den Begriff doch auch gewisse Nebenforderungen, wie Verzugs- und Stundungszinsen nach §§ 104, 105 AO., ferner die früheren sog. Verzugszuschläge. Es sind dies Forderungen, welche die Steuerhauptforderung in ihrer einnahmewirtschaftlichen Bedeutung für den Fiskus ergänzen bzw. vor Schmälerung schützen. Solche Forderungen teilen die Rechtsnatur der betr. Steuer, was u. a. insbesondere für die Frage des Rechtsmittelwegs, des Erlasses und der Verjährung von Bedeutung ist (vgl. §§ 121, 217 AO., ferner E. Bd. 4 S. 350, Bd. 5 S. 59).

Nicht zu den genannten Nebenforderungen zählen dagegen Forderungen, die ihren inneren Grund nicht in den erwähnten einnahmewirtschaftlichen Erwägungen, sondern in Erwägungen verwaltungstechnischer Natur haben, die also gewissermaßen steuerlich erzieherische Zwecke verfolgen und den geordneten Fortgang der Steuererhebung sichern sollen, z. B. Zuschläge nach § 170 Abs. 2 AO. (E. Bd. 6 S. 25), Geldstrafen nach § 202 AO. Die Zuschläge nach § 170 deshalb, weil sie kassenmäßig zum Steuersoll gerechnet werden, den Steuern des § 1 AO. gleichzustellen (vgl. Markull Fin.Ausgl.Ges. S. 309), dürfte ihrer inneren Natur nicht gerecht werden.

Daß Vorauszahlungen Steuern sind, bedarf wohl kaum der Hervorhebung (vgl. Anm. 4 zu § 220).

Von dem engeren Begriff der Steuern zu trennen ist der in verschiedenen Bestimmungen (vgl. z. B. §§ 104, 298 Abs. 1 AO.) verwendete umfassendere Begriff der „Geldleistungen, die nach den Steuergesetzen geschuldet sind“, ferner der Begriff der „Ansprüche aus Steuergesetzen“ (z. B. § 120 AO.).

[2] Solche besondere Leistungen öffentlicher Gemeinwesen sind z. B. Lieferung von Holz aus staatlichen Forsten, Lieferung von Monopolwaren, Ausführung eines Postbeförderungsvertrags usw., kurz alle Leistungen, bei denen ein öffentliches Gemeinwesen dem Gegenleistenden als Vertragsschließender gegenübertritt.

[3] D. s. Reich, Länder und Gemeindeverbände. Wenn Kirchensteuern oder andere öffentlich-rechtliche Abgaben gemäß § 19 Abs. 2 den Finanzbehörden zur Verwaltung übertragen werden, dann fallen auch diese unter § 1 Abs. 1.

[4] Daß Gebühren nicht zu den Steuern gehören, braucht eigentlich nicht besonders gesagt zu werden, da es sich ja bei ihnen im Grunde gleichfalls um Geldleistungen handelt, die eine Gegenleistung für eine besondere Leistung des Staates darstellen und die eben im Einzelfalle nur von demjenigen erhoben werden, der die staatlichen Organe in einer bestimmten Sache angeht. Das die Gebühren von den Geldleistungen „für besondere Leistungen" im Sinne der Anm. 2 scheidende Moment liegt aber darin, daß es sich in letzterem Falle um Tätigkeiten handelt, mit denen ein öffentliches Gemeinwesen sich am allgemeinen Wirtschaftsleben als Erwerbsunternehmer beteiligt, während Gebühren für solche Leistungen erhoben werden, die ein öffentliches Gemeinwesen in Erfüllung öffentlich-rechtlicher Aufgaben tätigt.

[5] Beiträge sind Geldleistungen von Einzelpersonen, Personenmehrheiten oder Gemeinden an den Staat als Zuschüsse zur Durchführung staatlicher Einrichtungen und Maßnahmen (z. B. zur Errichtung oder Instandhaltung öffentlicher Gebäude, zur Durchführung von Flußkorrektionen).

[6] Hier ist nur an die unmittelbare Geltung gedacht. Daß jedoch eine Angleichung der landesrechtlichen Vorschriften bezüglich Veranlagung, Erhebung, Strafrecht und Strafverfahren an die Bestimmungen der AO. erwünscht ist, ist in § 19 des Finanzausgleichsgesetzes v. 27. 4. 1926 (RGBl. I S. 203, vgl. auch § 15 Abs. 4 daselbst) zum Ausdruck gebracht.

Die Grunderwerbsteuer, die Kraftfahrzeugsteuer und die Rennwettsteuer gelten nach ausdrücklicher Vorschrift der §§ 36 Abs. 2, 41 Abs. 3 und 42 Abs. 3 Fin.Ausgl.Ges. als Steuern im Sinne des § 1 Abs. 2 AO.

[7] Hierunter sind nur die nach dem 23. Dezember 1919 verkündeten Steuergesetze und Gesetzesänderungen

zu verstehen (RFM. v. 12. 2. 1920 III 4004, RStBl. S. 100). Diese nachträglich verkündeten Gesetze setzen also die Bestimmungen der AO. außer Wirksamkeit, so weit sie mit ihnen in Widerspruch stehen.

Gerade umgekehrt verhält es sich mit den der AO. vorausgehenden Steuergesetzen. Diese gelten gemäß § 451 AO. insoweit außer Kraft gesetzt, als sie mit Bestimmungen der AO. in Widerspruch stehen. Das nähere hierüber s. §§ 451 ff.

**§ 2. Gesetz im Sinne der Reichsabgabenordnung ist jede Rechtsnorm.**

Der Begriff Rechtsnorm umfaßt:

1. Gesetze,
2. Alle sonstigen von gesetzgebenden Faktoren oder von Reichs- oder Staatsbehörden erlassenen Vorschriften, soweit sie mit Gesetzeskraft begabt sind, d. h. soweit sie erlassen sind auf Grund — mittelbarer oder unmittelbarer — gesetzlicher Ermächtigung (Verordnungen, sog. Ausführungsvorschriften usw.).

Die Frage, ob eine Vorschrift mit Gesetzeskraft i. vorst. Sinne begabt, ob sie also von zuständiger Stelle und innerhalb des Rahmens der Ermächtigung erlassen ist, darf allerdings nur durch den Richter nachgeprüft werden (Finanzgerichte, Reichsfinanzhof). Soweit Finanzbehörden als Verwaltungsbehörden tätig werden, sind sie an Vorschriften und Weisungen der vorgesetzten Verwaltungsbehörden gebunden. (Vgl. auch E. Bd. 7 S. 97). Sie werden aber unter Umständen zur Vermeidung von Unzuträglichkeiten gut daran tun, begründete Zweifel an der Rechtmäßigkeit oder Zulässigkeit von Verwaltungsanordnungen in entsprechender Form zur Kenntnis der anordnenden Behörde auf dem Dienstwege zu bringen.

Die finanzrichterliche Nachprüfung von im Verwaltungsweg erlassenen Vorschriften kann sich nach zwei Richtungen hin bewegen. Es kann nämlich erstens fraglich sein, ob eine

Vorschrift (Ausführungs- bzw. Durchführungsbestimmung usw.) überhaupt eine gesetzliche Ermächtigung zur Grundlage hat oder ob sie in ihren Einzelheiten sich innerhalb des Rahmens einer gegebenen Ermächtigung hält. Ob letzteres der Fall ist oder ob eine Vorschrift als dem Gesetz zuwiderlaufend abzulehnen ist, wird, wo nicht eine klare Gesetzesvorschrift verletzt ist, unter Umständen von einer Klarlegung des Willens und Zweckes des betr. Gesetzes abhängen. Zweitens können Zweifel darüber entstehen, ob eine Vorschrift als solche überhaupt von einer gegebenen Ermächtigung (z. B. der Befreiungsbefugnis des § 108 Abs. 2 AO.) Gebrauch machen oder ob sie lediglich eine Auslegung des Gesetzes geben will, die für den entscheidenden Finanzrichter nicht ohne weiteres bindend zu sein braucht (Beispiel E. Bd. 8 S. 45). Ob das eine oder das andere zutrifft, wird beim Mangel einer ausdrücklichen Bezugnahme davon abhängig sein, ob nach Form und Stellung der betr. Vorschrift eine innerliche Bezugnahme auf die fragliche Ermächtigungsvorschrift begründet erscheint. (Die Unterlassung der Veröffentlichung einer Vorschrift wird im allgemeinen den Schluß zulassen, daß es sich nur um eine Auslegungsvorschrift handelt: E. Bd. 11 S. 212.) Ein Beispiel bildet die verschiedenartige Umgrenzung des Begriffes „Kleinwohnungen für Minderbemittelte" i. S. des § 8 Nr. 9 Grunderw.St.Ges. in RFME. v. 26. 2. 21 (RStBl. S. 153) und im Urt. des RFH. v. 13. 4. 26 (Preuß.Verw.Bl. S. 456); der Erlaß v. 26. 2. 21 dürfte eine reine Auslegungsvorschrift bedeuten.

**§ 3.** Steuergesetze[1] im Sinne der Reichsabgabenordnung sind die Reichsabgabenordnung und die Gesetze, die die einzelnen Steuern, für deren Verwaltung die Reichsabgabenordnung gilt[2], regeln oder sichern.

[1] Der hier definierte Begriff der Steuergesetze spielt in zahlreichen Bestimmungen der AO. eine mehr oder minder wichtige Rolle, vgl. z. B. §§ 4, 61, 79, 104, 120, 135, 162, 163, 226

Abs. 2, 298, 299, 355, 385, 402. Es sind auch Fälle denkbar, in denen ein Gesetz nur zum Teil unter § 3 AO. fällt (z. B. die 3. StNVdg., die zum Teil bürgerlich-rechtliche Vorschriften über die Aufwertung enthält) und daher § 3 nur für den entsprechenden Teil gilt.

Das Finanzausgleichgesetz ist ein Steuergesetz im Sinne des § 3.

2 unmittelbar oder auf Grund reichsgesetzlicher Ermächtigung (Vorl. Best. z. RentenbankVdg. § 31).

**§ 4. Bei Auslegung der Steuergesetze sind ihr Zweck, ihre wirtschaftliche Bedeutung und die Entwicklung der Verhältnisse zu berücksichtigen.**

Diese Auslegungsvorschrift ist von weit größerer Bedeutung als es auf den ersten Blick scheinen mag und ihre Nichtbeachtung hat schon in einer Reihe von Fällen dem Reichsfinanzhof Anlaß zur Beanstandung von Entscheidungen gegeben (z. B. E. Bd. 4 S. 40, 48, 212, 251).

Die Vorschrift besagt mit anderen Worten zunächst, daß die Auslegung der Gesetze sich nicht derart eng an deren Wortlaut klammern darf, daß das Ergebnis eine Widersinnigkeit an sich, einen Widerspruch mit anderen ausdrücklichen gesetzlichen Bestimmungen oder eine Ausschaltung oder offensichtliche Überspannung des vom Gesetzgeber gewollten Zweckes darstellen würde. Insoweit sie diese Tendenz hat, und insbesondere, soweit sie den Zweck einer Vorschrift als Prüfstein für die Richtigkeit deren Auslegung aufstellt, bringt sie eigentlich gegenüber den allgemein in der Rechtswissenschaft herrschenden Auslegungsgrundsätzen nichts Neues. Als eine im besonderen Charakter des Steuerrechts wurzelnde Forderung kann man jedoch die ausdrückliche gesetzliche Festlegung der Rücksichtnahme auf die „wirtschaftliche Bedeutung" und die „Entwicklung der Verhältnisse" betrachten. Die Auswirkung der Rücksichtnahme auf die wirtschaftliche Bedeutung der Steuergesetze kann im einzelnen so weit gehen, daß Begriffe, die sowohl in Steuergesetzen als in anderen Gesetzen (insbesondere der bürgerlich-rechtlichen Gesetzgebung) eine Rolle spielen, in steuerrechtlicher Hinsicht eine von der sonstigen Rechtsauffassung abweichende Umgrenzung zu erfahren haben. Man denke in dieser Beziehung an die bürgerlich-rechtlichen Begriffe Eigentum, Besitz, Vermögen, Kauf, Veräußerung usw. und deren teilweise völlig anders geartete steuerrechtliche Umgrenzung (z. B. E. Bd. 7 S. 85 zum Begriff des unmittelbaren Besitzes i. S. des § 7 UmsStGes.).

Das Erfordernis der Rücksichtnahme auf die Entwicklung der Verhältnisse kann u. a. insbesondere dahin führen, daß Bestimmungen im Laufe der Zeit eine wechselnde Auslegung zu erfahren haben, wenn die allgemeinen wirtschaftlichen oder rechtlichen Verhältnisse, auf die sie ursprünglich zugeschnitten waren, sich grundlegend ändern. Der Wechsel in der Auslegung kann dabei je nach Lage der Verhältnisse in einer Einschränkung oder Ausdehnung der ursprünglichen Auslegung bestehen. Man denke in letzterer Hinsicht beispielsweise an die der AO. zur Zeit ihrer Entstehung unbekannten, mit der Inflation zusammenhängenden Institutionen der Vorauszahlungen oder der früheren Verzugszuschläge Die Auslegung der alten Bestimmungen der AO. hat sich mit diesen Neuerscheinungen vernünftig abzufinden und kann demgemäß z. B. bei freiwillig geleisteten Vorauszahlungen einen Erstattungsantrag wegen Überzahlung nicht etwa deshalb ablehnen, weil keiner der Schablonenfälle der §§ 127ff. vorliegt, insbesondere eine Steuerfestsetzung i. S. des § 128 nicht vorhanden ist (vgl. Anm. zu dieser Vorschrift).

Die Vorschrift des § 4 gilt nicht nur für die sachlichen Bestimmungen der Steuergesetze (Frage der Steuerpflicht, Vorliegen von Befreiungsgründen usw.), sondern auch für die formellen Bestimmungen (Veranlagungsverfahren, Rechtsmittelverfahren usw.).

Die Freiheit der Auslegung darf selbstverständlich nie so weit gehen, daß sie mit ausdrücklichen gesetzlichen Bestimmungen einfach deshalb, weil diese im allgemeinen oder im Einzelfall als unzweckmäßig oder unbillig erscheinen, in Widerspruch gerät. Denn darüber zu entscheiden, ist keinesfalls Sache der ausführenden Behörden (Beispiel E. Bd. 6 S. 284).

Über Anwendbarkeit des § 4 trotz klaren Wortlauts des Gesetzes s. E. Bd. 16 S. 64, über Auslegung von Ausnahmevorschriften E. Bd. 16 S. 101.

Nur beiläufig mag bemerkt werden, daß der — rechtlich selbstverständlich nirgends sanktionierte, aber gewohnheitsmäßig leider vielfach in Geltung gekommene — Grundsatz „In dubio pro fisco" (im Zweifel ist zugunsten des Fiskus zu entscheiden) nicht übertrieben werden darf. Denn wenn es auch Pflicht der Steuerbehörden ist, in erster Linie für tüchtigen Steuereingang zu sorgen, so besteht anderseits doch auch ein Anspruch der Steuerpflichtigen darauf, daß bei Durchführung der Steuergesetze gerecht und gesetzentsprechend verfahren werde. Andernfalls würde gerade der mit dem Gesetz weniger vertraute, im übrigen aber redliche Steuerzahler benachteiligt sein gegenüber dem gerissenen, in allen gesetzlichen und ungesetzlichen Kniffen bewanderten Steuerhinterzieher. Wo allerdings eine gesetzliche Bestimmung zwei oder mehrere Auslegungen an sich zuläßt, wird nichts dagegen einzuwenden sein, wenn die Finanzbehörden und -gerichte den für den Fiskus günstigsten Standpunkt einnehmen und es den Parteien überlassen, die Frage im Rechtsmittelweg, ev. durch Herbeiführung einer oberstrichterlichen Entscheidung zu klären. Bei Fragen grundsätzlicher Art kann es sogar im Interesse der Finanzbehörde liegen, den Pflichtigen auf die gegebenen Möglichkeiten hinzuweisen. (Vgl. hierher den Grundsatz des § 24 Abs. 2 S. 1.)

**§ 5. Durch Mißbrauch von Formen und Gestaltungsmöglichkeiten des bürgerlichen Rechtes kann die Steuerpflicht nicht umgangen oder gemindert werden[1].**

Ein Mißbrauch im Sinne des Abs. 1 liegt vor, wenn[3]

1. in Fällen, wo das Gesetz wirtschaftliche Vorgänge, Tatsachen und Verhältnisse in der ihnen entsprechenden rechtlichen Gestaltung einer Steuer unterwirft, zur Umgehung der Steuer ihnen nicht entsprechende, ungewöhnliche[3] Rechtsformen gewählt oder Rechtsgeschäfte vorgenommen werden, und
2. nach Lage der Verhältnisse und nach der Art, wie verfahren wird oder verfahren werden soll, wirtschaftlich für die Beteiligten im wesentlichen derselbe Erfolg erzielt wird, der erzielt wäre, wenn eine den wirtschaftlichen Vorgängen, Tatsachen und Verhältnissen entsprechende rechtliche Gestaltung gewählt wäre, und ferner
3. etwaige Rechtsnachteile, die der gewählte Weg mit sich bringt, tatsächlich keine oder nur geringe Bedeutung haben.

Liegt ein Mißbrauch vor, so sind die getroffenen Maßnahmen für die Besteuerung ohne Bedeutung. Die Steuern sind so zu erheben, wie sie bei einer den wirtschaftlichen Vorgängen, Tatsachen und Verhältnissen angemessenen rechtlichen Gestaltung zu erheben wären[4]. Steuern, die auf Grund der für unwirksam zu erachtenden Maßnahmen etwa entrichtet sind, werden auf Antrag erstattet, wenn die Entscheidung, die diese Maßnahmen als unwirksam behandelt, rechtskräftig geworden ist[5].

[1] Der Zweck der Vorschrift ist klar: Es soll Umgehungsversuchen entgegengetreten werden, die darin bestehen, daß jemand, um sich gegen den Zugriff der Steuerbehörde zu sichern, einen an sich steuerpflichtigen wirtschaftlichen Vorgang

in eine rechtliche Form kleidet, auf welche das betreffende Steuergesetz nicht anwendbar ist.

Daß die Absicht ganzer oder teilweiser Steuerersparung Voraussetzung für die Anwendbarkeit des § 5 ist, geht aus der Fassung desselben zweifelsfrei hervor, da sonst nicht von „Mißbrauch" und „Umgehung" die Rede sein könnte. Wenn also behauptet und festgestellt wird, daß für die Wahl der Rechtsform andere Zwecke als die der Steuerersparung maßgebend waren, so kann von einer Steuerumgehung im Sinne des § 5 nicht gesprochen werden, auch wenn tatsächlich eine Steuerersparung gleichzeitig mit vorliegt (E. Bd. 14 S. 303, 310). Es wird in solchen Fällen untersucht werden müssen, welcher Zweck überwiegend bzw. ausschlaggebend war.

Unter Formen usw. des bürgerlichen Rechts sind nicht nur Formen des Bürgerlichen Gesetzbuchs zu verstehen, sondern des bürgerlichen Rechts im weitesten Sinne, also auch des Handelsrechts, Gesellschaftsrechts, Wechselrechts, Patentrechts usw.

§ 5 ist, wie aus den bisher zu seiner Auslegung ergangenen Entscheidungen des RFH. hervorgeht, mit großer Vorsicht anzuwenden. Becker nennt in seinem Kommentar zur AO. den § 5 lediglich einen Anwendungsfall des § 4. Das hat sicher sehr viel Richtiges und es wird bei Verdacht einer Steuerumgehung vor Anwendung des § 5 immer erst zu prüfen sein, ob nicht § 4, der doch der Auslegung weiten Spielraum gibt, die Unterbringung des Falles unter den gesetzlichen Besteuerungstatbestand ohne weiteres ermöglicht. Ob man aber mit Becker so weit gehen soll, die Hand überhaupt von § 5 zu lassen, wenn man bei durchgreifender Anwendung des als Prüfstein dienenden § 4 nicht zu dem gewünschten Ergebnis kommt, muß bezweifelt werden und es muß ganz allgemein gezweifelt werden, ob die allzu vorsichtige Anwendung des § 5 seinem Zweck und der Fülle der auf ihn gesetzten Erwartungen entspricht. Denn es ist doch eine nicht zu leugnende Tatsache, daß die Wirtschaft — und es sind nicht gerade immer die unsauberen Wirtschaftselemente — mit der Zeit geradezu eine Wissenschaft daraus gemacht hat, die Steuergesetzgebung auf kriminell gefahrlosem Wege zu sabotieren. Man denke nur an die ungezählten Versuche des Handels, zum Zwecke der Umsatzsteuerersparung den normalen Geschäftsverkehr in stets neue, teilweise äußerst umständliche Formen zu kleiden, wie z. B. die Errichtung und Einschiebung besonderer Rechtsgebilde in die Umsatzabwicklung zum Zwecke der Befreiung gemäß § 7 UmſStG.

³ Um einen Mißbrauch im Sinne des Abs. 1 annehmen zu können, muß die Steuerbehörde nebeneinander die drei Feststellungen des Abs. 2 treffen, sie muß also feststellen:

1. daß für ein der Steuer unterworfenes Unternehmen oder Rechtsgeschäft in der Absicht der Steuerersparung eine andere als die vom Steuergesetz genannte Rechtsform, und zwar eine ungewöhnliche Rechtsform gewählt wurde;
2. daß wirtschaftlich die Parteien dabei so ziemlich den gleichen Erfolg erreichen wie bei Benützung der gewöhnlichen steuerpflichtigen Rechtsform und
3. daß die gewählte ungewöhnliche Rechtsform nicht etwa andere bedeutende Rechtsnachteile mit sich bringt.

Die Beweislast trifft hierbei nach allgemeinen Grundsätzen die Steuerbehörde, nicht etwa hat der Pflichtige das Nichtvorliegen der in Abs. 2 normierten Voraussetzungen zu beweisen.

Das Vorliegen der unter 2 und 3 genannten Voraussetzungen wird bei völliger Klarstellung des Sachverhalts ohne besondere rechtliche Schwierigkeiten festgestellt werden können. Größere Schwierigkeiten dürften dagegen wegen der Frage entstehen können, ob die unter 1 genannten Voraussetzungen, nämlich Absicht der Steuerumgehung und insbesondere Ungewöhnlichkeit der gewählten Rechtsform vorliegen.

[3] Ungewöhnliche Rechtsformen sind der Handels- oder Verkehrssitte nicht entsprechende Rechtsformen, für deren Wahl auch im Einzelfall keine besonderen zwingenden Gründe (abgesehen eben von der Absicht der Steuerumgehung) ersichtlich oder nachweisbar sind. Auch die ungewöhnliche Zerlegung wirtschaftlich einheitlicher Vorgänge in mehrere Rechtsgeschäfte soll damit getroffen werden. Es kann im Wirtschaftsleben stets davon ausgegangen werden, daß der Verkehr keine Bewegung macht, die nicht durch ein wirtschaftliches Bedürfnis bedingt ist.

Eine nach Vorstehendem ungewöhnliche Rechtsform wird nicht etwa durch längere Übung, also durch dauernden Mißbrauch gewöhnlich (E. Bd. 10 S. 65).

Fälle der Anwendung des § 5 in der Rechtsprechung des RFH.:

E. Bd. 16 S. 355 (verdeckte Gewinnverteilung durch Sonderzuwendungen an Aktionäre für Dienstleistungen); E. Bd. 10 S. 65 (die Gesellschafter einer G. m. b. H. zugleich Kommanditisten einer KG. mit alleiniger persönlicher Haftung der G. m. b. H.); E. Bd. 6 S. 118, Bd. 11 S. 36, 104, 310, Bd. 12 S. 100 (betr. Grunderwerbsteuer); E. Bd. 7 S. 207 (Einschiebung einer wirtschaftlich beherrschten Person zur Erreichung des Privilegs des § 7 UmsStG.); E. Bd. 8 S. 163 (Einkaufskommissionär als Besitzdiener hingestellt); E. Bd. 10 S. 205 (Scheinzusammenschluß selbständiger Unternehmer zu einer G. m. b. H., für die sie als Spediteure auftreten, § 7 UmsStG.).

Entscheidungen des RFH., welche die Anwendbarkeit des § 5 verneinen, finden sich in E. Bd. 16 S. 151 (Eink.- u. Körpersch.-Steuer) und Bd. 17 S. 56 (Vermögensteuer).

[4] Der Fall wird also so behandelt, als ob die normale, durch das Steuergesetz ausdrücklich betroffene Rechtsform gewählt worden wäre und dementsprechend wird die Steuer erhoben.

Folgen strafrechtlicher Art sind nicht daran geknüpft.

Insbesondere ist der Begriff der Steuerumgehung (§ 5) streng zu trennen von dem Begriff der Steuerhinterziehung (§ 359). Es kann nämlich an sich, wie auch die Begründung z. Ges.Entw. zugibt, niemandem verwehrt sein, „sich so einzurichten, daß er möglichst wenig Steuern zu entrichten brauche". Wenn § 5 diesem an sich verständlichen Streben des Steuerzahlers zur Vermeidung des ev. wirtschaftlichen Leerlaufens der Steuermaschine durch gewisse Maßregeln entgegentritt, so können diese Maßregeln nur auf wirtschaftlichem, nicht auf strafrechtlichem Gebiet liegen. Daß mit einer Umgehung nach § 5 gleichzeitig eine strafbare Hinterziehung verbunden sein kann, ist selbstverständlich; es ist dies aber nur unter der in §§ 359 Abs. 4, 367 Abs. 2 ausdrücklich normierten Voraussetzung der Fall.

[6] Dieser Satz ist nur ein Ausfluß des eben in Anm. 5 gestreiften gesetzgeberischen Gedankens. Wenn § 5 nur wirtschaftliche Schädigungen der Staatskasse hintanhalten, aber keinerlei strafrechtlichen Beigeschmack verraten will, so muß dem Pflichtigen, der unter Feststellung eines Mißbrauchs nach gewöhnlichen Steuervorschriften herangezogen wird, auch das erstattet werden, was er etwa auf Grund der für bedeutungslos erklärten Rechtsform an Steuern bereits entrichtet hat.

**§ 6. Wo im Sinne des Gesetzes die Behörden die Entscheidung nach ihrem Ermessen zu treffen haben[1], hat sie nach Recht und Billigkeit zu erfolgen[2].**

[1] Dies ist dann der Fall, wenn

1. das Gesetz ausdrücklich von einem „Ermessen" der Behörden spricht (z. B. § 114), oder
2. wenn es sich um sog. „Kann"-Vorschriften handelt (z. B. §§ 205 Abs. 2) oder
3. auch bei sog. Sollvorschriften (§ 209 Abs. 1, Abs. 3), endlich
4. wenn Wendungen wie „nach Möglichkeit", „tunlichst" (z. B. § 207 Abs. 2) oder sonstige, meist in die Form von Bedingungssätzen (z. B. § 209 Abs. 1 S. 1) gekleidete

dehnbare Vorschriften der Behörde einen gewissen Spielraum geben.

[2] Die **Bedeutung** dieser Vorschrift ist eine in ihrer Tragweite vielfach verkannte. Denn ihre **Nichtanwendung** oder **unrichtige Anwendung** kann, wie der Reichsfinanzhof bereits des öfteren entschieden hat, unter Umständen zur Aufhebung der vorinstanziellen Entscheidung gemäß § 267 Nr. 1 führen. Es ist daher unerläßlich, daß die Finanzbehörden die Vorschrift des § 6 nicht nur beachten, sondern daß die Beachtung derselben in der Entscheidung — mit oder ohne ausdrückliche Bezugnahme auf § 6 — auch zum begründeten Ausdruck gelangt (Vgl. z. B. Entsch d. RFH. i. RStBl. 1921 S. 112).

Der Gegensatz zum verständigen Ermessen im Sinne des § 6 ist **Willkür**, d. i. Entscheidung ohne innere Begründung.

Eine besonders bedeutsame Rolle spielt die Frage nach „Recht und Billigkeit" überall da, wo die Finanzbehörde von den ihr gesetzlich zustehenden Befugnissen zum Zwecke der Steuerermittlung gegenüber Steuerpflichtigen oder Dritten Gebrauch machen will. Die Behörde wird hierbei sorgfältig Zweck und Wichtigkeit ihres Verlangens abzuwägen haben gegenüber dem Maße an Arbeit, Mühe und Unzuträglichkeiten sonstiger Art, die sie dem Steuerpflichtigen oder Dritten zumutet.

Über Ermessensentscheidungen des Finanzgerichts bei Berufungen mit einem Streitwert bis zu 50 RM. vgl. Bem. zu § 258.

**§ 7.** Die Reichsregierung kann mit Zustimmung des Reichsrats Vorschriften über die Gewährung von Rechtshilfe[1] an ausländische Steuerbehörden erlassen und zur Ausgleichung der in- und ausländischen Besteuerung[2] oder zur Anwendung eines Vergeltungsrechts die Steuerpflicht abweichend von den Steuergesetzen regeln.

[1] Vereinbarungen über gegenseitige Rechtshilfe in Steuersachen wurden bisher abgeschlossen mit:

1. der Freien Stadt Danzig: Verordnung v. 19. 11. 23 (RGBl. II S. 428), Begleiterlaß und Anweisung des RFM. v. 31. 5. 24 III D 3453, Ergänz.Erlaß betr. Zustellungen v. 14. 12. 25 III R 20376 (sämtlich nicht veröffentlicht). Der Abschluß eines formellen Staatsvertrags steht noch aus.
2. der Republik Österreich: Vertrag v. 23. 5. 23 (RGBl. II S. 94), Durchf.Erl. v. 9. 10. 24 (RStBl. S. 215);
3. der tschechoslowakischen Republik: Vertrag v. 31. 12. 21 (RGBl. 1923 II S. 77), Durchf.Erl. v. 27. 7. 26 (RStBl. S. 239, ZentrBl. S. 881);
4. dem Königreich Ungarn: Vertrag v. 6. 11. 23 (RGBl. 1925 II S. 648), Durchf.Erl. v. 27. 7. 26 (RStBl. S. 253, ZentrBl. S. 881).

[2] Steuerabkommen zur Angleichung der in- und ausländischen Besteuerung (Vermeidung der Doppelbesteuerung) sind bisher getroffen:

1. mit Danzig: Vdg. v. 19. 11. 23 (RGBl. II S. 426);
2. mit der Tschechoslowakei: Vertrag v. 31. 12. 21 (RGBl. 1923 S. 71);
3. mit der Schweiz: Vertrag v. 24. 3. 23 (RGBl. II S. 453);
4. mit Österreich: Vertrag v. 23. 5. 23 (RGBl. II S. 90);
5. mit Polen: Vdg. v. 27. 3. 23 (RStBl. S. 143). Der Erlaß eines förmlichen Staatsvertrags steht noch aus.
6. mit Ungarn: Vertrag v. 6. 11. 23 (RGBl. II S. 642);
7. mit der Sowjetunion: Vertrag v. 12. 10. 25, Abschnitt V (RGBl. 1926 II S. 39);
8. mit Italien: Vertrag v. 31. 10. 25 (RGBl. II S. 1159);
9. mit Schweden: Erl. d. RFM. v. 6. 2. 26 III R 145 (Stellung der Agenten schwedischer Firmen).

**§ 7a.** Mit Zustimmung des Reichsrats kann die Reichsregierung

1. für die Zollausschlüsse

a) die Geltung der Verbrauchssteuergesetze ausschließen,
b) Anordnungen treffen, die von den Verbrauchssteuergesetzen abweichen,
c) Maßnahmen treffen, um zu verhindern, daß Waren, für die eine Verbrauchssteuer bei der Ausfuhr vergütet worden ist, in den Zollausschlüssen verbraucht, und daß Waren, die im Geltungsbereiche der Verbrauchssteuergesetze einer Verbrauchssteuer unterliegen, in den Zollausschlüssen unversteuert verbraucht werden;

2. für die Zollanschlüsse mit fremden Regierungen Vereinbarungen dahin treffen, daß
a) in diesen Gebieten den Vorschriften der Verbrauchssteuergesetze entsprechende Steuern erhoben werden,
b) für die Waren, die in diesen Gebieten dem Verbrauche zugeführt werden, die Verbrauchssteuern der fremden Regierung überwiesen werden,
c) Steuergemeinschaften für Verbrauchssteuern begründet werden.

§ 7a ist eingefügt durch Art. VI § 1 Nr. 1 Ges. v. 10. 8. 25 (RGBl. I S. 248).

# Erster Teil.

# Behörden.

## Erster Abschnitt.

## Allgemeine Vorschriften.

**§ 8.** Die Steuern (§ 1 Abs. 2) werden von Reichsbehörden verwaltet (Finanzbehörden).

Die oberste Leitung steht dem Reichsminister der Finanzen zu. Unter ihm stehen Landesfinanzämter als Oberbehörden und unter diesen Finanzämter mit ihren Hilfsstellen.

Bezüglich der **Vertretung** des Fiskus außerhalb des den Finanzbehörden zunächst zugewiesenen Aufgabenkreises der Steuerverwaltung, namentlich vor Gerichten und andern Behörden, gilt die sog. **Vertretungsordnung**, d. i. die Bek. v. 18. 3. 22 (Zentr.-Bl. S. 153, RStBl. S. 131) nebst Ausführungsanweisung v. 29. 9. 22 (Amtsbl. S. 372). Auch die Frage, welche Behörde als „Drittschuldner" im Sinne der Vorschriften über Forderungspfändung usw. gilt, ist hier geregelt. Leitender Gedanke der Vertretungsregelung ist der, daß in Angelegenheiten, die mit der den Finanzämtern obliegenden Durchsetzung der Steueransprüche unmittelbar zusammenhängen und Teile dieses Durchsetzungsverfahrens sind (z. B. Anfechtungsklagen des Fiskus gegen Dritte nach dem AnfGes., Interventionsklagen Dritter gegen den Fiskus gem. § 301 AO.), Vertreter des Fiskus der **Finanzamtsvorsteher**, in allen übrigen Angelegenheiten (z. B. Schadensersatzklagen gegen den Fiskus wegen Amtspflichtverletzung, Angelegenheiten der Personal- und Sachverwaltung usw.) der **Präsident des Landesfinanzamts** ist.

§ 9. Die Beamten der Finanzbehörden sollen für ihren Beruf besonders vorgebildet sein. Die näheren Bestimmungen für die Ausbildung der Anwärter des Finanzdienstes erläßt der Reichsminister der Finanzen.

§ 10. Die Amtspflicht sämtlicher Beamten[1] der Finanzverwaltung erstreckt sich darauf, daß sie Verhältnisse[2] eines Steuerpflichtigen, die sie dienstlich[3] erfahren haben, strengstens geheimhalten[4] und Geschäfts- oder Betriebsgeheimnisse, die sie in gleicher Weise erfahren haben, nicht unbefugt[5] verwerten.

**Die Vorschrift des Abs. 1 gilt auch für die Beamten der Finanzgerichte (§§ 14, 32) und für Personen, die ehrenamtlich für die Finanzverwaltung tätig werden[6]; die gleiche Pflicht haben Sachverständige[7] und andere Personen, die von Finanzbehörden oder Finanzgerichten zugezogen[8] werden.**

**Die im Absatz 2 genannten Personen gelten als Beamte im Sinne der Steuergesetze und des Strafgesetzbuchs[9].**

**Die in Abs. 1, 2 vorgeschriebenen Pflichten werden durch Ausscheiden aus dem Dienste oder Beendigung der Tätigkeit nicht berührt.**

[1] Nicht nur die Beamten als Einzelpersonen, sondern auch die Finanzbehörden als solche, was z. B. wichtig ist bezüglich der Frage der Ausantwortung von Steuerakten an andere Behörden. Der die Herausgabe von Akten verantwortlich anordnende Beamte kann sich daher unter Umständen nach § 376 strafbar machen.

[2] Alle Verhältnisse sind gemeint, nicht nur die wirtschaftlichen, geschäftlichen, sondern auch die persönlichen, insbesondere Familienverhältnisse, ferner Bestrafungen, abgesehen vom Falle öffentlicher Bekanntmachung einer Bestrafung; übrigens dürfte auch im letztgenannten Falle kein zeitlich und räumlich unbegrenztes Recht zur Mitteilung bestehen, jedenfalls kein solches ohne dienstliche Notwendigkeit.

[3] Vgl. hierzu die zweifellos auch hier geltende Ausdehnung auf Kenntniserlangung bei „Wahrnehmung dienstlicher Obliegenheiten" in § 376.

[4] Die Geheimhaltungspflicht des § 10 ist eine Verschärfung der allgemeinen Schweigepflicht des § 11 RBeamtGes. nur bezüglich des Umfangs der unter die Schweigepflicht fallenden Angelegenheiten sowie des Kreises der schweigepflichtigen Personen. Nicht richtig ist jedoch die teilweise vertretene An-

schauung, daß § 10 AO. als lex posterior die durch frühere Gesetze für gewisse Fälle begründete Mitteilungspflicht etwa für das Gebiet der Reichsfinanzverwaltung außer Kraft gesetzt habe. S. hierüber nächste Anm. 5.

[5] Das Schwergewicht bei der oft recht knifflichen Entscheidung, ob Auskunft zu erteilen oder zu versagen ist, liegt bei Prüfung der Frage, ob eine Befugnis zur Auskunftserteilung besteht oder nicht, wobei übrigens von vornherein zu betonen ist, daß die Klausel „unbefugt" nicht nur für die Geschäfts- usw. Geheimnisse gilt, sondern auch für die an erster Stelle genannte Geheimhaltung von Verhältnissen der Steuerpflichtigen. Das ergibt — abgesehen von dem Ergebnis vernünftiger Auslegung — auch der Wortlaut der Strafbestimmung des § 376.

Ob Befugnis zur Auskunftserteilung besteht oder nicht, wird sich nach allgemeinen Verwaltungsgrundsätzen (vgl. § 13 Abs. 2 S. 1) im Zweifel zunächst nach den Weisungen der Zentralbehörde, also des Reichsministers der Finanzen zu richten haben. Der RFM. hat allgemeine Richtlinien zusammengestellt in dem ausführlichen Erl. v. 9. 12. 23 III D 2602, der bei Fragen der Auskunftserteilung stets mit heranzuziehen sein wird. Für Auskünfte an Aufwertungsstellen und Grundbuchbehörden gilt weiterhin der Erl. v. 16. 6. 26 III R 7685.

Abgesehen hiervon wird sich grundsätzlich sagen lassen, daß eine Auskunftserteilung dann nicht unbefugt ist, wenn auf Grund einer anderen gesetzlichen oder gesetzesgleichen Vorschrift eine Pflicht zur Auskunftserteilung besteht. Dies kann insbesondere der Fall sein bei zeugschaftlicher Vernehmung in Zivil- oder Strafprozessen und man wird schwerlich behaupten können, die Vorschriften der §§ 376 Abs. 2 ZPO., 54 Abs. 2 StPO. seien durch § 10 AO. als die lex posterior ausgeschaltet worden, da zwischen beiden Gesetzen doch kein grundsätzlicher Widerspruch besteht. Einschlägig ist hier noch § 12 Abs. 2 RBeamt.Ges., dessen Verhältnis zu den genannten Bestimmungen der Prozeßordnungen allerdings unklar erscheinen kann. Man wird jedoch anzunehmen haben, daß letztere als maßgebende lex posterior den § 12 Abs. 2 a. a. O. dahin ergänzen, daß die Entbindung von der Schweigepflicht nur unter den in § 376 Abs. 2 ZPO., § 54 Abs. 2 StPO. normierten Voraussetzungen verweigert werden kann. Entsprechendes wird auf Grund des § 96 StPO. bezüglich der Überlassung von Steuerakten an Gerichte usw. zu gelten haben; § 96 a. a. O. dürfte durch § 10 AO. nicht ausgeschaltet worden sein (so anscheinend auch Mrozek, 3. Aufl. Anm. 5 zu § 10, anders bezüglich § 161 — früher 159 — RFM. im Erl. v. 9. 12. 23). Allerdings hat die Behörde, die ihre diesbezügliche Entschließung nicht zu begründen braucht, recht freien Spielraum und man wird sogar nicht ohne innere Berechtigung sagen können, daß die Offenlegung von Verhältnissen Steuerpflichtiger wegen der damit möglicherweise verbundenen Ausnützung durch andere Pflichtige (Vergleichsbildung, Erregung von Unzufriedenheit mit der eigenen steuerlichen Behandlung usw.) allgemein oder in den meisten Fällen den Interessen der Reichsfinanzverwaltung und damit dem Wohle des Reiches zuwiderlaufe. Bezüglich der Offenlegung von Steuerakten zum Zwecke der Durchführung von Strafverfahren aller Art ist übrigens RFM. in dem bereits genannten Erl. v. 9. 12. 23 ziemlich weit gegangen und er hat damit für die Handhabung des § 96 StPO. eine generelle Regelung getroffen, welche die von Mrozek a. a. O. geforderte jedesmalige Einholung seiner Sonderentscheidung überflüssig gemacht hat. Die Steuerakten sollen demnach für Zwecke von Strafverfahren im allgemeinen an Gerichte usw. abgegeben werden, im Falle beabsichtigter Verweigerung der Abgabe oder im Zweifel ist nach wie vor an den RFM. zu berichten.

Zur Mitteilung von steuerlichen Bestrafungen Beamter an deren dienstlichen Vorgesetzten dürfte eine allgemeine Befugnis nicht bestehen.

Zu § 12 Abs. 2 RBeamtGes. erging AusfAnweisg. v. 6. 10. 22

(Amtsbl. S. 383). Hiernach haben die Finanzämter, bevor sie darüber entscheiden, ob ein Beamter oder ehemaliger Beamter von der Verpflichtung zur Amtsverschwiegenheit zu entbinden ist, die Weisung des vorgesetzten Landesfinanzamts einzuholen.

[6] Hierher gehören die ehrenamtlichen Mitglieder der Finanzgerichte (§ 14) und der Steuerausschüsse (§§ 25, 26). Vgl. ferner § 23a Abs. 2.

[7] Über den Begriff „Sachverständige" vgl. Vorbem. vor § 177. Über ihre Schweigepflicht s. auch § 206 Abs. 1.

[8] Welche Personen als „zum Verfahren zugezogen" gelten, ist des Näheren aus § 206 zu entnehmen. In Betracht können ferner mit Rücksicht auf §§ 22, 191 Gemeinde-, Polizei- und sonstige Behörden kommen.

Nicht dagegen fallen unter Abs. 2 zunächst die sog. Auskunftspersonen, bei denen das Gesetz (§ 209) ausdrücklich auch nicht von „zuziehen", sondern nur von einem „anhalten" spricht. Das hängt damit zusammen, daß dieselben grundsätzlich nur ihnen Bekanntes auszusagen haben, dagegen in die Verhältnisse des Pflichtigen keinen Einblick erhalten. Sobald diese Grenze nicht mehr eingehalten wird und seitens des Finanzamts Mitteilungen irgendwelcher Art über die Verhältnisse von Pflichtigen (z. B. über Inhalt von Steuererklärungen) diesen sog. Auskunftspersonen gemacht werden, sobald die Finanzbehörde ihnen Einblick in Veranlagungsvorgänge gewährt, werden sie — ihre Zugehörigkeit zu den in § 206 genannten Personenkategorien vorausgesetzt — als „zugezogen" im Sinne der §§ 10 Abs. 2, 206 Abs. 1 S. 3 zu gelten haben.

Die Auskunftspflicht der Behörden ist nur ein Ausfluß ihrer durch § 191 normierten allgemeinen Beistandspflicht. Soweit daher eine Behörde um Auskunft angegangen wird, ist ihre Stellung eine grundsätzlich andere als die Stellung einer sonstigen — privaten — Auskunftsperson. Es kann insbesondere kein Zweifel bestehen, daß die Behörde in diesem Falle als zum Verfahren zugezogen im Sinne des § 10

Abs. 2 anzusehen und daher für alle Fälle zur Geheimhaltung verpflichtet ist.

[9] Für sie gelten daher die Bestimmungen der §§ 331—359 StGB. betr. „Verbrechen und Vergehen im Amte". In Betracht kommt weiter die Strafbestimmung des § 376 AO.

## Zweiter Abschnitt.

## Landesfinanzämter.

§ 11. Die Bezirke der Landesfinanzämter sind im Benehmen mit den beteiligten Ländern so zu bilden, daß sie sich tunlichst mit den Ländern oder mit größeren Verwaltungsbezirken der Länder decken oder mehrere Länder oder Verwaltungsbezirke umfassen.

Die Abgrenzung der Bezirke der Landesfinanzämter und die Bestimmung über deren Sitz erfolgt durch ein Reichsgesetz, das spätestens am 1. April 1926 in Kraft zu treten hat.

§ 12. Das Landesfinanzamt besteht aus einem Präsidenten und der erforderlichen Zahl von Mitgliedern und Hilfsbeamten.

Bei den Landesfinanzämtern werden Abteilungen gebildet. Den Landesfinanzämtern kann eine Abteilung für die Verwaltung des Reichsvermögens angegliedert werden.

Der Präsident und die Leiter der Abteilungen des Landesfinanzamts werden im Benehmen mit der obersten Landesfinanzbehörde ernannt.

Die Tätigkeit der Landesfinanzämter regelt die „Geschäftsordnung für die Landesfinanzämter" v. 18. 8. 24 (Amtsbl. S. 73).

§ 13. Die Landesfinanzämter haben die obere Leitung der Finanzverwaltung für ihren Bezirk. Sie überwachen die Gleichmäßigkeit der Gesetzesanwendung und beaufsichtigen die Geschäftsführung der Finanzämter.

Die Landesfinanzämter und der Reichsminister der Finanzen können im Aufsichtswege Verfügungen nachgeordneter Behörden von Amts wegen oder auf Gegenvorstellung[1] hin außer Kraft setzen und diese Behörden anweisen[2]; Verfügungen können jedoch nur dann außer Kraft gesetzt werden, wenn sie von den nachgeordneten Behörden zurückgenommen werden können[3].

[1] Sog. „Aufsichtsbeschwerde", die jedem Steuerpflichtigen oder sonst durch Maßnahmen von Steuerbehörden Betroffenen jederzeit und ohne Einhaltung einer Frist zusteht. Sie ist kein Rechtsmittel. Ihre Zulässigkeit beruht auf der Erwägung, daß die Aufsichtsbehörde stets in der Lage sein muß und in dem durch die Notwendigkeit richtiger und gleichmäßiger Anwendung der Gesetze sich ergebenden Rahmen auch verpflichtet ist, Mißgriffe nachgeordneter Behörden zu korrigieren. Einen Ersatz für versäumte Rechtsmittel kann die Aufsichtsbeschwerde natürlich keinesfalls bilden.

[2] Das Anweisungsrecht ist ein uneingeschränktes. Ausgenommen ist nur die finanzrichterliche Tätigkeit der Finanzbehörden. Deshalb braucht ein Finanzamt keine Weisung darüber entgegenzunehmen, wie es in einem Einspruchsverfahren entscheiden soll (E. Bd. 5 S. 7 betrifft nur die Befugnis der LFA., den Finanzamtsvorsteher für seine Tätigkeit als Mitglied des Steuerausschusses mit Weisungen zu versehen).

Die LFA. sind befugt, Finanzämter wegen Einlegung von Rechtsmitteln mit Weisung zu versehen, insbesondere auch zur Zurücknahme eines Rechtsmittels anzuweisen (RFME. v. 3. 9. 21 III R 25520).

[3] Über Zurücknahmemöglichkeit s. §§ 74—78, 282 Abs. 1, 414 Abs. 4.

§ 14. Zur Entscheidung über das Rechtsmittel der Berufung (§§ 218, 245) sind den Landesfinanzämtern Finanzgerichte angegliedert[1].

Bei den Gerichten werden Kammern gebildet.

Die Kammern entscheiden in der Besetzung von fünf Mitgliedern, von denen drei im Ehrenamte tätig sind. Von diesen soll tunlichst eins dem Beruf oder Erwerbszweig des Steuerpflichtigen angehören.

Die Mitglieder der Finanzgerichte sind als solche unabhängig und nur dem Gesetze unterworfen.

[1]) S. hierzu die vorläufige Geschäftsordnung für die Finanzgerichte v. 15. 2. 22 RStBl. S. 93 mit Ergänzung v. 21. 5. 24 (RStBl. S. 161).

§ 15. Der Reichsminister der Finanzen bestellt die Vorsitzenden und die ständigen Mitglieder der Gerichte und der Kammern und ihre Vertreter für die Dauer ihres Hauptamts aus den Mitgliedern des Landesfinanzamts.

§ 16. Die ehrenamtlichen Mitglieder des Gerichts und Vertreter für sie in der erforderlichen Zahl werden von Organen der Selbstverwaltung oder von den Vertretungen der Länder und von öffentlich-rechtlichen berufsständischen Vertretungen auf je sechs Jahre gewählt. Das Amt ist ein Ehrenamt; jedoch kann eine angemessene Entschädigung für Aufwand und Zeitverlust zugebilligt werden[1].

Wählbar sind Deutsche, die mehr als fünfundzwanzig Jahre alt sind, mindestens seit einem Jahre im Gerichtsbezirke wohnen und direkte Steuern zahlen. Im übrigen gelten wegen der Wählbarkeit[2] und der Ablehnung der Wahl[3] sinngemäß die Vorschriften, die nach dem Gerichtsverfassungsgesetze für Schöffen gelten. Zu dem Amte soll außer den im Gerichtsverfassungsgesetze genannten Personen ferner nicht berufen werden, wer wegen Steuerhinterziehung oder wegen Verletzung der Schweigepflicht (§ 376) bestraft ist.

Die Wahl verliert ihre Wirkung mit Aufhören einer der Bedingungen, die für die Wählbarkeit[4] vorgeschrieben sind.

Die §§ 52 bis 54 des Gerichtsverfassungsgesetzes gelten entsprechend; der Vorsitzende des Finanzgerichts entscheidet endgültig nach Anhörung des Beteiligten[5].

Die näheren Bestimmungen über die Wahl der Mitglieder und über die Zahl und Einberufung der Vertreter und ihre Verteilung auf die einzelnen Kammern erläßt der Reichsminister der Finanzen unter Berücksichtigung der Verhältnisse in den Ländern nach Anhörung der obersten Landesfinanzbehörden[6].

[3] Die Höhe der Entschädigung ist letztmals zusammenfassend geregelt worden in den vom RFM. herausgegebenen sog. Entschädigungsgrundsätzen v. 15. 6. 1926 (AmtsBl. S. 63, RStBl. S. 216, abgedruckt im Anhang dieser Ausgabe unter Nr. 1).

[4] Zu unterscheiden absolute Unwählbarkeit mit der Folge der Nichtigkeit einer trotzdem erfolgten Wahl (§§ 32, 52 Abs. 1 GerVerfGes.) und die Fälle der §§ 33, 34, 52 Abs. 2 GerVerfGes., § 16 Abs. 2 S. 3 AO., in denen die trotz Vorliegens gewisser Umstände erfolgte Wahl gültig ist. Zu vgl. hierzu wegen der Zuständigkeit zur entsprechenden Entscheidung nach § 52 Abs. 3 GerVerfGes. den Abs. 4 vorst. § 16.

Wie es in dem Falle zu halten ist, wenn der Umstand, der den Gewählten relativ untauglich macht, bereits vor der Wahl eingetreten und bekannt war, könnte zunächst zweifelhaft sein. Man wird aber, da kein vernünftiger Grund dagegen spricht, anzunehmen haben, daß die Finanzbehörde, wenn sie nach Lage des Falles (z. B. bei Bestrafung wegen Steuerhinterziehung) begründete Bedenken gegen die Person des Gewählten hat, ihn gleichfalls nicht zur Dienstleistung heranzuziehen braucht.

[3] Vgl. §§ 35, 53 GerVerfGes., ferner wegen Zuständigkeit zur entsprechenden Entscheidung nach § 53 Abs. 2 a. a. O. den Abs. 4 vorst. § 16.

[4] D. i. nur die absolute Wählbarkeit i. S. der § 32 GerVerfGes.

[5] Vgl. oben Anm. 2 u. 3.

[6] Zu Abs. 5 erging V. über die Bildung der FG. v. 5. 8. 21, RGBl. S. 1241. (RStBl. S. 353.)

**§ 17.** Die ehrenamtlichen Mitglieder des Gerichts haben bei Eintritt in ihre Tätigkeit dem Vorsitzenden des Gerichts durch Handschlag an Eides Statt zu geloben, ohne Ansehen der Person nach bestem Wissen und Gewissen zu verfahren, die Verhandlungen und die hierbei zu ihrer Kenntnis gelangenden Verhältnisse der Steuerpflichtigen strengstens geheimzuhalten und Geschäfts- und Betriebsgeheimnisse nicht unbefugt zu verwerten.

Bei Wiederwahl genügt die Verweisung auf die früher abgegebene Versicherung.

**§ 18.** Die ehrenamtlichen Mitglieder des Gerichts können auf Antrag des Landesfinanzamts aus Gründen, die die Entfernung eines Reichsbeamten aus seinem Amte rechtfertigen, ihrer Stelle enthoben werden. Über den Antrag entscheidet der Reichsfinanzhof im Beschlußverfahren; er kann anordnen, daß das Mitglied bis zur Erlassung des Beschlusses sein Amt nicht auszuüben habe.

Eine Enthebung ehrenamtlicher Mitglieder des Finanzgerichts wegen früherer Steuerhinterziehung ist ausgeschlossen (RFH. in DStBl. 1923 S. 186); vgl. aber Anm. 2 zu § 16.

**§ 19**[1]. Auf Antrag einer Landesregierung haben die beteiligten Reichsminister je nach ihrer Zuständigkeit den Landesfinanzämtern und den ihnen unterstellten Behörden die Verwaltung von Landesabgaben und von Landesvermögen zu übertragen. Soweit dies geschehen ist, haben die Landesfinanzämter und die ihnen unterstellten Behörden den Weisungen der obersten Landesbehörde zu folgen.

Auf Antrag der zuständigen Stellen hat der Reichsminister der Finanzen den Landesfinanzämtern und den Finanzämtern ferner die Verwaltung anderer öffentlich-rechtlicher Abgaben, insbesondere von Kirchensteuern, zu übertragen[2].

[1] Zu § 19 tritt ergänzend § 15 der AufwV., welcher lautet: „Die Vorschrift des § 107 und die Bestimmungen, die der RFM. auf Grund des § 13 Nr. 2 dieser V. und der §§ 215, 293 Abs. 3 S. 3 AO. getroffen hat oder treffen wird, gelten, sofern nicht der RFM. ein anderes bestimmt, entsprechend für Landesabgaben und andere öffentlich-rechtliche Abgaben, soweit sie gemäß § 19 AO. von Behörden der Reichsfinanzverwaltung verwaltet werden."

[2] Die Verwaltung der evangelischen, römisch-katholischen und altkatholischen Kirchensteuern in den älteren preußischen Provinzen ist mit Wirkung v. 1. 8. 21 ab auf die LFA. und FA. übertragen worden. Die Veranlagung der Kirchensteuern verbleibt den Kirchengemeinden. Mitwirkung der FA., soweit es sich um Zuschläge zur Reichseinkommensteuer handelt. Einziehung und Beitreibung durch die FA. Rechtsmittelverfahren verbleibt in seiner landesrechtlichen Ordnung. (Näheres s. Geletneky. St. Arch. 1921 S. 373.)

§ 20. Mit Zustimmung der beteiligten Reichsminister kann die Verwaltung von Reichsvermögen Landesverwaltungsbehörden übertragen werden.

## Dritter Abschnitt.

## Finanzämter.

§ 21. Der Reichsminister der Finanzen bestimmt nach Anhörung der obersten Landesfinanzbehörden den Sitz und den Bezirk der Finanzämter.

Der Reichsminister der Finanzen bestimmt ferner den Umfang der Geschäfte der Finanzämter[1]; er kann insbesondere Finanzämter und deren Hilfsstellen auf die Verwaltung bestimmter Steuern oder die Wahrnehmung bestimmter Aufgaben beschränken[2].

[1] Geschehen in der Geschäftsordnung für die FA. (abgekürzt FGO.) v. 10. 8. 25 (Amtsbl. S. 127).

[2] Als solche Hilfsstellen der FA. sind z. B. eingerichtet Hebestellen, Vollstreckungsstellen. Die Errichtung von Hilfsstellen liegt beim RFM. (vgl. § 22 Abs. 2).

§ 22. Die Gemeinde-, Ortspolizei- und sonstigen Ortsbehörden haben den Finanzämtern auch neben der im § 191 vorgesehenen Beistandspflicht Hilfe zu leisten, soweit dies wegen ihrer Kenntnis der örtlichen Verhältnisse oder zur Ersparung von Kosten oder Zeit zweckmäßig ist[1].

Der Reichsminister der Finanzen kann Gemeinden und Gemeindeverbände gegen eine von ihm festzusetzende angemessene Entschädigung mit Geschäften der Finanzämter und, soweit es sich um Nach- und Neuveranlagungen handelt, ihrer Ausschüsse betrauen und ihnen die Verwaltung bestimmter Steuern oder die

Erhebung und Einziehung von Steuern übertragen[2]. Die Grundsätze für die Bemessung dieser Entschädigung bedürfen der Zustimmung des Reichsrats[3].

[1] § 22 Abs. 1 erweitert die Beistandspflicht der Behörden nach § 191 für die hier besonders genannten Gemeinde- usw. behörden dahin, daß diese Behörden unter gewissen Voraussetzungen mit Geschäften betraut werden können, die zu den eigentlichen Aufgaben der FA. gehören. Einem Mißbrauch seitens der FA. schiebt RFME. v. 12. 2. 20 (Amtsbl. S. 199) einen Riegel vor.

Wegen der Zulässigkeit von sog. Sammelsendungen durch Gemeindebehörden im Besteuerungsverfahren s. RFME. v. 27. 3. 25 III D 3412.

[2] Abs. 1 und 2 des § 22 unterscheiden sich folgendermaßen: Abs. 1 handelt von der Beistandspflicht der Gemeinde- usw. behörden auf Ansuchen der FA. in Einzelfällen, gleichgültig, ob die Tätigkeit der ersuchten Behörde sich dabei auf einen längeren oder kürzeren Zeitraum erstreckt. Abs. 2 dagegen gibt dem RFM. die Möglichkeit, die genannten Behörden ständig mit gewissen Obliegenheiten der FA. zu betrauen und sie dadurch zu Hilfsstellen der FA. (u. U. sogar geradezu zu Finanzämtern) zu machen, sie also in gewisser Beziehung in den Behördenorganismus der Reichsfinanzverwaltung einzugliedern.

[3] S. Entschädigungsgrundsätze v. 5. 10. 23 (RStBl. S. 355).

**§ 23.** Soweit Gemeindebehörden oder andere Behörden oder Beamte Geschäfte der Finanzämter wahrnehmen, haben sie den Weisungen der Finanzbehörden zu folgen.

**§ 23a.** Bei den Steuern vom Einkommen und vom Vermögen (ausschließlich der Erbschaftssteuer) und bei der Umsatzsteuer soll das Finanzamt vor der Veranlagung die für den Steuerpflichtigen zuständige

Gemeindebehörde hören. Der Vorsteher der Gemeindebehörde, sein Vertreter oder ein durch schriftlichen Auftrag der Gemeindebehörde ausgewiesener Beauftragter ist berechtigt, mit beratender Stimme an den Sitzungen des Steuerausschusses (§ 25) teilzunehmen, solange in den Sitzungen über die Veranlagung von Steuerpflichtigen, die in der Gemeinde ihren Wohnsitz, ihren ständigen Aufenthalt, ihren Sitz oder eine Niederlassung haben, beraten oder beschlossen wird.

Die Vorschriften des § 10 Abs. 1, 3, 4 und des § 376 gelten auch für die Personen, die namens der Gemeinden im Besteuerungsverfahren mitwirken oder als Beamte, Angestellte oder Beauftragte von Gemeinden oder als Inhaber von Ehrenämtern Kenntnis über Verhältnisse, Geschäfts- oder Betriebsgeheimnisse eines Steuerpflichtigen erhalten.

§ 23a ist eingefügt durch § 43 der 3. StNVdg. Für die praktische Durchführung gibt RFME. v. 18. 5. 24 III D 3964 Richtlinien.

§ 24. Die Finanzämter und ihre Hilfsstellen stehen unter Leitung von Vorstehern, denen die erforderlichen Beamten beigegeben werden. Mit Vertretung der Vorsteher im allgemeinen oder mit Wahrnehmung einzelner Dienstgeschäfte der Vorsteher können andere Beamte betraut werden.

Die Vorsteher haben darauf zu halten, daß die Steuern in ihrem Bezirke nach dem Gesetze verwaltet und alle Steuerpflichtigen gleichmäßig behandelt werden. Sie haben alles, was für die Festsetzung der Steuern in ihrem Bezirke wichtig ist, sorgfältig zu erkunden und die Nachrichten darüber zu sammeln und fortlaufend zu ergänzen.

Die Ernennung der Vorsteher der Finanzämter erfolgt nach Anhörung des Präsidenten des Landesfinanzamts und im Benehmen mit den obersten Landesfinanzbehörden.

§ 25. Für die Steuern vom Einkommen und vom Vermögen[1] ausschließlich der Erbschaftssteuer sind bei den Finanzämtern Ausschüsse zu bilden. Diese wirken mit[2] bei der Veranlagung, bei Nach- und Neuveranlagungen außer im Falle des § 97, bei Berichtigung vorläufiger Veranlagungen und bei der Entscheidung über Erstattungsansprüche; das gleiche gilt für die Entscheidung über den Einspruch gegen Bescheide, bei denen Ausschüsse mitgewirkt haben. Des weiteren obliegt diesen Ausschüssen zwecks Kontrolle der Veranlagung die Einsichtnahme in die die Veranlagungsergebnisse enthaltenden Steuerlisten[3].

Die Ausschüsse sind an die Ausführungsbestimmungen gebunden.

[1] Bei der Festsetzung der Vermögenssteuer wirken die Ausschüsse nun nicht mehr mit (§ 14 Abs. 1 VermStGes.), auch nicht bei Festsetzung des Einheitswertes des Gesamtvermögens einschließlich der Werte der zum sonstigen Vermögen gehörigen Gegenstände (RBewGes. §§ 72, 73). Im übrigen aber weitgehende Mitwirkung der Grundwert- und Gewerbeausschüsse.

[2] Bezüglich der Mitwirkung der Ausschüsse im einzelnen gilt noch (vgl. wegen der Gültigkeitsdauer § 55 Abs. 3 der 3. StNVdg., abgedruckt in Vorbem. vor § 285) § 45 der 3. StNVdg., welcher lautet:

„Für die Steuern vom Einkommen und vom Vermögen

bedarf es der Mitwirkung der im § 25 der AO. vorgesehenen Ausschüsse nicht:

1. wenn ein vorläufiger Steuerbescheid erlassen wird;
2. wenn ein Steuerbescheid erlassen wird, der sich auf die Anforderung von Steuervorauszahlungen beschränkt;
3. wenn auf Grund des § 76 Abs. 1 Nr. 2 der AO. ein Steuerbescheid zurückgenommen oder geändert wird;
4. wenn im Falle des § 97 der AO. eine Nachveranlagung oder eine Neuveranlagung vorgenommen wird;
5. wenn über Erstattungsansprüche, die auf Rechtsgründe gestützt werden, entschieden wird;
6. wenn über Erinnerungen der im § 288 Abs. 3 Satz 3 und im § 293 Abs. 1 Satz 2 der AO. bezeichneten Art entschieden wird."

(Zusatz: Zu Nr. 3 des § 45 gibt RFME. v. 18. 2. 24 III D 1540 Richtlinien. Wichtig besonders die Notwendigkeit der Mitwirkung der Ausschüsse bei Zurücknahme von Einspruchsentscheidungen, an denen sie mitgewirkt haben! S. darüber auch Bem. 3, 5 zu § 76.)

Die Neufestsetzung von Eink.St.Vorauszahlungen ist keine Veranlagung i S. des § 25 (RFH. i. RStBl. 1925 S. 35).

[3] Abs. 1 S. 3 ist eingefügt durch Art. V § 1 des Ges. v. 10. 8. 25 (RGBl. I S. 241).

§ 26. Das Amt eines Ausschußmitglieds ist ein Ehrenamt, jedoch kann eine angemessene Entschädigung für Aufwand und Zeitverlust zugebilligt werden[1].

Bei der Bildung der Ausschüsse ist darauf zu sehen, daß die verschiedenen Arten des Vermögens und Einkommens vertreten sind[2].

Die Ausschußmitglieder werden von Organen der Selbstverwaltung gewählt[3]. Dazu können ernannte Mitglieder treten; die Zahl der ernannten Mitglieder darf nicht größer sein als die Hälfte der Zahl der gewählten.

Die näheren Bestimmungen über die Bildung der Ausschüsse und ihr Verfahren erläßt der Reichsminister der Finanzen unter Berücksichtigung der Verhältnisse in den Ländern nach Anhörung der obersten Landesfinanzbehörden[4].

[1] Wegen Entschädigung s. Anm. 1 zu § 16.

[2] Hierzu § 7 StAusschOdg. (s. nächste Anm.).

[3] Die Wahl kann vom Präsidenten des Landesfinanzamts nur auf Grund des § 7 Abs. 2 StAusschOdg. (wegen Nichtbeachtung der gemäß § 7 Abs. 1 a. a. O. aufgestellten Grundsätze) beanstandet werden. Im übrigen richtet sich eine Anfechtung der Wahl nach den landesrechtlichen Normen und die Entscheidung hierüber ist Sache der zuständigen Landesbehörden (in Preußen Regierungspräsident).

[4] Hierzu erging die Verordnung über die Bildung der Ausschüsse bei den Finanzämtern und ihr Verfahren v. 25. 5. 20 (RGBl. S. 1118, die sog. StAusschOdg.) mit ErgänzVdg. v. 10. 3. 23 (RGBl. I S. 191, betr. Änderung der §§ 2, 5 Abs. 2 und Einfügung des § 7 Abs. 2). Die Steuerausschußordnung ist im Anhang dieser Ausgabe unter Nr. 2 in ihrer jetzt geltenden Fassung abgedruckt.

Die Wahlperiode für die Ausschüsse läuft jeweils 3 Jahre vom 1. Juli bis zum 30. Juni. Die Wahl kann, wie aus dem Wortlaut des § 10 Abs. 4 der StAusschOdg. hervorgeht, im Bedarfsfalle auch schon vor Mai (im März oder April) vorgenommen werden (RFME. v. 10. 3. 23 III A 8057). Der letztgenannte RFME. hat weiterhin zu einigen Bestimmungen der StAusschOdg. folgendes ausgesprochen:

Im Rahmen des § 13 Abs. 1 Nr. 3 der StAusschOdg. kann das LFA. allgemein anordnen, daß der Finanzamtsvorsteher seine Vertreter im Ausschußvorsitz selbst bestimmt. Dies wird sich besonders für große FA. empfehlen.

Gemäß § 15 Abs. 1 der StAusschOdg. sind die Beschlüsse des Ausschusses zu den einzelnen Sachen schriftlich festzulegen. Es genügt Eintragung in Listen oder in den einzelnen Steuerakten.

Sachverständige oder Auskunftspersonen (§ 16 StAusschOdg.) dürfen bei der Beschlußfassung des Ausschusses nicht zugegen sein.

Zu erwähnen ferner RFME. v. 6. 6. 22 III P 39: Bei Verhinderung eines Ausschußmitglieds und seines besonderen Vertreters kann aus der Reihe der übrigen Vertreter ein anderer zu den Sitzungen herangezogen werden. § 26 Abs. 2 AO. ist zu beachten. Zugehörigkeit zur gleichen Berufsgruppe nicht unbedingt erforderlich. Nicht zulässig ist es, zum Ersatz eines ausfallenden gewählten Mitgliedes oder seines Vertreters ein neues Mitglied zu ernennen, solange nicht die Voraussetzungen des § 28 Abs. 1 AO. vorliegen.

**§ 27. Wählbar in die Ausschüsse sind Deutsche, die mehr als fünfundzwanzig Jahre alt sind, mindestens seit einem Jahre im Veranlagungsbezirk oder, wenn eine Gemeinde in mehrere Veranlagungsbezirke eingeteilt ist, in der Gemeinde wohnen und direkte Steuern zahlen[1]. Im übrigen gelten sinngemäß die Vorschriften des § 16 Abs. 2 bis 4; an Stelle des Vorsitzenden des Finanzgerichts entscheidet der Vorsteher des Finanzamts[2].**

[1] Fehlen der genannten Voraussetzungen macht die Wahl ungültig.

[2] Vgl. die Bemerkungen zu § 16. Über Wählbarkeit und Ernennbarkeit von Steuerausschußmitgliedern sind weiterhin folgende wichtigere Erlasse des RFM. ergangen:

Vom 22. 5. 22 III P 13173: Frauen, bei denen die Voraussetzungen der §§ 16 Abs. 2 und 27 für die Wählbarkeit erfüllt sind, können zu Mitgliedern der Ausschüsse (ebenso wie in die Finanzgerichte) gewählt werden.

Vom 12. 8. 21 III P 2463: Personen, die nach §§ 27, 16 AO. in Verbindung mit § 34 GVG. zu Mitgliedern der Steuerausschüsse nicht wählbar sind, sollen auch nicht zu solchen ernannt werden.

Vom 13. 3. 22 III P 17960: Beamte bedürfen zur Übernahme des Ehrenamts eines Steuerausschußmitgliedes nicht der Genehmigung der obersten Reichsbehörde. Der Erlaß enthält sodann noch besondere Weisungen über die Heranziehung von Post- und Eisenbahnbeamten.

Vom 6. 4. 22 III P 5280, 10. 6. 22 III P 14370, 6. 7. 23 III A 14193: Richter und Staatsanwälte (Amtsanwälte) sollen gemäß § 34 Ziff. 5 GVG. in Verbindung mit § 16 Abs. 2, § 27 AO. nicht zu Steuerausschußmitgliedern bestellt werden. Dasselbe gilt von Bürgermeistern, wenn sie nebenamtlich Amtsanwälte sind. Im übrigen hängt die Bestellbarkeit der Bürgermeister zu Steuerausschußmitgliedern davon ab, ob sie nach Landesrecht zum Schöffen- und Geschworenenamt zugelassen sind. Für Preußen ist diese Frage — ebenso bezüglich der Amtsvorsteher — in bejahendem Sinne entschieden.

Die Frage, wer zu den in § 34 Nr. 6 GVG. genannten „gerichtlichen und polizeilichen Vollstreckungsbeamten" gehört bestimmt sich gleichfalls nach Landesrecht.

**§ 28.** Unterlassen die Organe der Selbstverwaltung trotz Aufforderung die Wahl von Ausschußmitgliedern[1], so ernennt das Landesfinanzamt die Ausschußmitglieder[2].

Verweigert ein Ausschuß die Erledigung seiner Geschäfte, so entscheidet das Finanzamt ohne Hilfe des Ausschusses.

[1] Ein „Unterlassen" kann auch angenommen werden, wenn zur Vornahme einer notwendigen Wahl oder Ersatzwahl seitens des betr. Wahlkörpers nicht rechtzeitig geschritten wird, gleichgültig, aus welchem Grunde.

² Diese Ernennung ist eine andere als jene nach § 26 Abs. 3. Das LFA. hat hier die Vorschriften über die Wählbarkeit zu beachten.

§ 29. Die Ausschußmitglieder haben bei Eintritt in ihre Tätigkeit dem Vorsteher des Finanzamts durch Handschlag an Eides Statt zu geloben, bei den Ausschußverhandlungen ohne Ansehen der Person nach bestem Wissen und Gewissen zu verfahren, die Verhandlungen und die hierbei zu ihrer Kenntnis gelangenden Verhältnisse der Steuerpflichtigen strengstens geheimzuhalten und Geschäfts- und Betriebsgeheimnisse nicht unbefugt zu verwerten[1].

Bei Wiederwahl oder Wiederernennung genügt die Verweisung auf die früher abgegebene Versicherung.

[1] Ein Ausschußmitglied, das einem Steuerpflichtigen Vorgänge aus der Sitzung (die Abstimmung eines anderen Mitgliedes, das Gutachten eines Sachverständigen usw.) mitteilt, kann mit Ordnungsstrafe nach § 377 AO. bestraft werden. Bei Verletzung der Schweigepflicht nach § 10 AO. tritt Bestrafung nach § 376 AO. ein. (RFME. v. 6. 6. 22 III R 3239.)

§ 30. Der Ausschuß ist beschlußfähig, wenn außer dem Vorsitzenden (Abs. 2) mindestens zwei Mitglieder anwesend sind. Bei Ausbleiben von Mitgliedern gilt sinngemäß der § 56 des Gerichtsverfassungsgesetzes; der Vorsteher des Finanzamts entscheidet.

Der Vorsteher des Finanzamts leitet die Verhandlungen des Ausschusses. Bei Abstimmungen entscheidet Stimmenmehrheit. Der Vorsteher stimmt mit bei Stimmengleichheit entscheidet seine Stimme. Bilden sich wegen eines Betrags, der für die Steuerberechnung wesentlich ist, mehr als zwei Meinungen, so werden die Stimmen für den höchsten Betrag den Stimmen für den nächstniederen hinzugezählt, bis sich eine Mehrheit ergibt.

§ 31. Der Reichsminister der Finanzen und die Landesfinanzämter sind befugt, jederzeit in den Gang von Ausschußverhandlungen Einsicht zu nehmen und zu den Sitzungen der Ausschüsse Beamte mit beratender Stimme zu entsenden.

## Vierter Abschnitt.

## Der Reichsfinanzhof.

§ 32. Der Reichsfinanzhof ist oberste Spruchbehörde in Steuersachen.

Als Beschlußbehörde entscheidet er in den ihm durch Gesetz besonders übertragenen Sachen.

Als Spruchbehörden entscheiden die Senate des Reichsfinanzhofs in der Besetzung von fünf Mitgliedern einschließlich des Vorsitzenden. Im Beschlußverfahren entscheiden sie, soweit nichts anderes vorgeschrieben ist, in der Besetzung von drei Mitgliedern einschließlich des Vorsitzenden.

Auf Antrag einer Landesregierung kann der Reichsminister der Finanzen den Reichsfinanzhof als oberste Spruchbehörde für Landesabgaben bestellen.

§ 33. Der Reichsfinanzhof hat seinen Sitz in München.

Er besteht aus einem Präsidenten und den erforderlichen Senatspräsidenten und Räten.

§ 34. Die Mitglieder des Reichsfinanzhofs werden vom Reichspräsidenten auf Lebenszeit ernannt. Die übrigen Beamten ernennt der Reichsminister der Finanzen.

§ 35. Zum Mitglied des Reichsfinanzhofs kann nur ernannt werden, wer das fünfunddreißigste Lebensjahr vollendet hat. Mindestens die Hälfte der Mitglieder muß die Befähigung zum Richteramt erlangt haben.

§ 36. Die Mitglieder des Reichsfinanzhofs sind als solche unabhängig und nur dem Gesetz unterworfen; Artikel 104 der Verfassung findet auf sie Anwendung.

Für die dienstliche Bestrafung der Mitglieder des Reichsfinanzhofs und ihre Versetzung in den Ruhestand gelten entsprechend die Vorschriften für die Mitglieder des Reichsgerichts.

Den Vertreter der Staatsanwaltschaft bestimmt der Reichspräsident.

§ 37. Beim Reichsfinanzhof werden nach Bedarf Senate gebildet. Ihre Zahl bestimmt der Reichsminister der Finanzen.

§ 38. Der Präsident führt den Vorsitz im großen Senat (§ 46) und in dem Senat, dem er sich anschließt. In den anderen Senaten führen Senatspräsidenten den Vorsitz.

Der Vorsitzende wird im Senat von dem Mitglied vertreten, das dem Dienstalter nach und bei gleichem Dienstalter der Geburt nach das älteste Mitglied ist.

Der Präsident wird in seinen übrigen Geschäften von dem Senatspräsidenten vertreten, der dem Dienstalter nach und bei gleichem Dienstalter der Geburt nach der älteste ist.

§ 39. Vor Beginn des Geschäftsjahrs verteilen der Präsident, die Senatspräsidenten und die dem Dienstalter, bei gleichem Dienstalter der Geburt nach drei ältesten Mitglieder die Geschäfte unter die Senate und bestimmen die ständigen Mitglieder der Senate sowie ihre regelmäßigen Vertreter. Hierbei entscheidet Stimmenmehrheit; bei Stimmengleichheit gibt die Stimme des Präsidenten den Ausschlag. Jedes Mitglied kann mehreren Senaten angehören.

Die Anordnungen können im Laufe des Geschäftsjahrs nur geändert werden, wenn es wegen Überlastung eines Senats oder wegen Wechsels oder dauernder Verhinderung einzelner Mitglieder erforderlich wird.

§ 40. Der Präsident kann bestimmen, daß ein Senat in einzelnen Sachen, in denen bereits verhandelt ist, auch nach Ablauf des Geschäftsjahrs in seiner früheren Zusammensetzung verhandle und entscheide.

§ 41. Bei Verhinderung des regelmäßigen Vertreters eines Mitglieds bestimmt der Präsident einen zeitweiligen Vertreter.

§ 42. Im Senate verteilt der Vorsitzende die Geschäfte auf die Mitglieder.

§ 43. Der Reichsminister der Finanzen kann Fragen der Auslegung der Steuergesetze dem Reichsfinanzhof zur Begutachtung vorlegen. Im Falle des § 32 Abs. 4 hat die oberste Landesbehörde die gleiche Befugnis bei Fragen der Auslegung der Landessteuergesetze.

§ 44. Der Reichsfinanzhof veröffentlicht seine Entscheidungen, soweit sie grundsätzliche Bedeutung haben. Der Reichsminister der Finanzen bestimmt die Art der Veröffentlichung.

Über die Pflicht der Finanzbehörden zum Bezug der amtlichen Sammlung der Entscheidungen s. RFME. v. 7. 4. 20 (RStBl. S. 233). Vgl. auch § 15 Abs. 1 GeschO. für die Finanzämter.

§ 45. Der Geschäftsgang des Reichsfinanzhofs wird durch eine Geschäftsordnung geregelt, die der Reichsfinanzhof auszuarbeiten und dem Reichsminister der Finanzen zur Bestätigung vorzulegen hat.

§ 46. Will ein Senat in einer Rechtsfrage von einer nach § 44 veröffentlichten Entscheidung[1] abweichen, so hat er die Sache unter Begründung seiner Rechtsauffassung an den großen Senat zu verweisen.

Der große Senat besteht aus dem Präsidenten und den Senatspräsidenten oder ihren Vertretern und aus vier Mitgliedern oder deren Vertretern, die nach § 39 im voraus für ein Geschäftsjahr zu bestimmen sind. Ferner haben der Senat, der abweichen will, und wenn er von der Entscheidung anderer Senate abweichen will, auch diese Senate ein Mitglied zur Teilnahme an der Entscheidung in den großen Senat zu entsenden.

Soweit die Entscheidung in der Sache eine mündliche Verhandlung erfordert, erfolgt diese vor dem großen Senat.

Bei Stimmengleichheit entscheidet die Stimme des Präsidenten.

[1] Ein Gutachten des RFH. nach § 43 ist keine Entscheidung

in diesem Sinne, auch wenn Veröffentlichung in der amtlichen Sammlung erfolgt ist.

## Fünfter Abschnitt.

## Ausschließung und Ablehnung der Beamten.

§ 47. In Steuersachen soll nicht mitwirken[2],

1. wer selbst beteiligt[3] ist,
2. wessen Ehegatte beteiligt ist, auch wenn die Ehe nicht mehr besteht,
3. wer mit einem Beteiligten in gerader Linie verwandt oder verschwägert oder in der Seitenlinie im zweiten oder dritten Grade verwandt oder im zweiten Grade verschwägert ist,
4. wer für einen Beteiligten als gesetzlicher Vertreter oder als Bevollmächtigter aufzutreten berechtigt ist,
5. wer Beamter oder Angestellter eines Beteiligten oder Mitglied des Aufsichtsrats einer beteiligten Gesellschaft ist,
6. wer bei einer angefochtenen Entscheidung oder Rechtsmittelentscheidung mitgewirkt hat[4]; diese Vorschrift gilt nicht für die Entscheidung über den Einspruch.

Wer nicht mitwirken soll, darf[5] nicht zugegen sein, solange über die Angelegenheit beraten und entschieden wird.

[1] Ordnungsvorschrift. Über Wirkung der Nichtbeachtung s. § 48.

Zu den „Mitwirkenden" gehören alle nach § 10 „tätig" werdenden oder „zugezogenen" Personen (s. Anm. zu § 10).

[3] Als „Beteiligt" ist in Anlehnung an § 226 Abs. 2 jede Person anzusehen, deren Interesse nach den Steuergesetzen

durch die Entscheidung berührt wird, also nicht nur der Steuerpflichtige, sondern auch jeder, der neben dem Pflichtigen für die Steuer haftbar gemacht werden kann (z. B. Vertreter nach §§ 84ff.).

Daß eine nicht auf den Steuergesetzen, sondern auf anderen Gesetzen oder vertraglichen Abmachungen beruhende ev. Haftpflicht dritter Personen die Beteiligteneigenschaft nicht begründet, bedarf wohl kaum der Erwähnung.

[4] Unter Mitwirkung in diesem Sinne ist nur die unmittelbare Mitwirkung zu verstehen, also eine Tätigkeit bei Erlaß der Verfügung selbst. Ein Mitglied des Finanzgerichts wird also an der Mitwirkung an einer Berufungsentscheidung nicht dadurch gehindert, daß es in seiner Eigenschaft als Referent des LFA. dem Finanzamt Weisungen in der Angelegenheit erteilt hatte, es sei denn, daß es sich nach § 49 für befangen erklärt (E. Bd. 17 S. 254). Bei Zurückverweisung einer Sache durch den RFH. an das Finanzgericht sind die FG.-Mitglieder, die an der früheren Entscheidung beteiligt waren, von Mitwirkung an der neuen Entscheidung nicht ausgeschlossen (RFH. v. 30. 4. 26, 40. Spruchsammlg. d. D.Jur.Ztg. Nr. 4 zu § 47).

Daß ein St.-Aussch.Mitglied zur Mitwirkung an derselben Sache im Finanzgericht nach § 47 Nr. 6 nicht befugt ist, kann nicht zweifelhaft sein (EBd. 6 S. 330).

[5] Trotz des verschiedenen Wortlauts („darf") hat Abs. 2 doch keine andere Bedeutung als Abs. 1, nämlich die einer Sollvorschrift.

**§ 48.** Handlungen einer Steuerbehörde sind nicht deshalb unwirksam, weil ein Beamter[1], der nicht mitwirken sollte, sie vorgenommen oder bei ihnen mitgewirkt hat[2].

[1] „Beamte": Hierzu gehören auch Sachverständige usw.; vgl. § 10 Abs. 2 und 3.

[2] Die Handlungen (Verfügungen usw.) der Behörde sind also zunächst trotz Nichtbeachtung des § 47 wirksam, sie sind

jedoch wegen dieser Nichtbeachtung anfechtbar, gegebenenfalls sogar mit Rechtsbeschwerde nach § 267 Nr. 2.

**§ 49.** Ein Beamter (§ 10) kann sich der Ausübung seines Amtes wegen Befangenheit enthalten[1]. Er bedarf hierzu der Zustimmung[2] des Leiters der Behörde, der er angehört; bei dem Leiter der Behörde entscheidet die vorgesetzte Behörde, bei Mitgliedern eines Gerichts oder eines Ausschusses die Kammer, der Senat oder der Ausschuß[3].

[1] Nach seiner freien Entschließung. Jedoch handelt es sich hierbei selbstverständlich nicht um eine unter § 6 fallende Ermessensvorschrift, deren Nichtbeachtung etwa die dort in Anm. 2 erwähnten Folgen hätte.

Die Bezugnahme auf § 10 bewirkt, daß auch die in § 10 genannten Personen ohne Beamteneigenschaft im technischen Sinne sich befangen erklären können, z. B. Sachverständige. Anders Auskunftspersonen (vgl. Bem. zu § 10); diese haben höchstens das Recht der Auskunftsverweigerung nach §§ 178, 179.

[2] Die Zustimmung ist aktenkundig zu machen. Ihre Verweigerung wird unter Umständen einen wesentlichen Mangel des Verfahrens (§§ 264 Abs. 1, 267 Nr. 2) darstellen können.

[3] Wenn Personen in Frage stehen, die der betreffenden Behörde nicht angehören (z. B. Sachverständige), wird zur Zustimmung sinngemäß der Leiter der Behörde zuständig sein, welche die Mitwirkung der betr. Person veranlaßt hat.

**§ 50.** Ausschußmitglieder, die ein gleiches oder ähnliches Geschäft betreiben wie der Steuerpflichtige oder bei einer Gesellschaft beteiligt oder angestellt sind[1], die ein gleiches oder ähnliches Geschäft betreibt, können zur Wahrung von Geschäfts- oder Betriebsgeheimnissen[2] abgelehnt werden, wenn der Ausschuß über Erwerbs- oder Vermögensverhältnisse des Steuerpflichtigen Auskunft wünscht, die nicht ohne Offenbarung eines solchen Geheimnisses dargelegt werden können.

Das Ablehnungsgesuch ist beim Finanzamt anzubringen[3]. Dieses entscheidet endgültig[4].

Abs. 1 gilt sinngemäß für die ehrenamtlich tätigen Mitglieder der Finanzgerichte. Das Ablehnungsgesuch ist beim Vorsitzenden der Kammer anzubringen[3]. Dieser entscheidet endgültig[4].

[1] Die in der 1. Aufl. vertretene Anschauung, daß Anstellung bei einer ein gleiches Geschäft betreibenden Einzelperson kein Ablehnungsrecht gebe, wird trotz des Wortlauts der Vorschrift mit Rücksicht auf deren Zweck und wirtschaftliche Bedeutung (§ 4) nicht aufrechterhalten.

Der Begriff „Betreiben eines Geschäfts" wird, wie bei Becker ausgeführt, nicht streng privatrechtlich, sondern wirtschaftlich auszulegen sein, daher z. B. auch zutreffen auf den Geschäftsbetrieb eines Ehemannes für Rechnung seiner Frau.

[2] Es muß sich um wirkliche Betriebs- und Geschäftsgeheimnisse handeln, nicht etwa um Offenlegung finanzieller Verhältnisse, z. B. schwieriger Zahlungslage u. a.

[3] Eine Frist für die Anbringung ist nicht vorgesehen. Es genügt, wenn das Gesuch rechtzeitig, d. h. ehe der Ausschuß die nach Abs. 1 gewünschte Auskunft erhält, angebracht wird.

[4] Unter Berücksichtigung des § 6, also nach verständigem Ermessen. Gegen die Entscheidung des Finanzamts kann gegebenenfalls Aufsichtsbeschwerde erhoben werden (§ 13).

# Zweiter Teil.
# Besteuerung.

## Erster Abschnitt.
## Allgemeine Vorschriften.

### Erster Titel.
### Vorschriften zum Verfahren.

#### I. Örtliche Zuständigkeit.

Vorbemerkungen zu §§ 51—63.

Die §§ 51—63 beziehen sich nur auf die örtliche Zuständigkeit, deren Abgrenzung, Folgen der Unzuständigkeit, Geltendmachung der Unzuständigkeit usw.

Dabei ist vorweg zu betonen, daß die Zuständigkeitsvorschriften der AO., wie der Wortlaut der betr. Paragraphen („soweit nicht anderes vorgeschrieben ist") ergibt, teilweise nur subsidiäre Bedeutung haben.

Die sachliche Zuständigkeit ist in der AO. nicht geregelt; sie ergibt sich teilweise aus den Steuergesetzen, durch welche den Finanzämtern im allgemeinen ihre Aufgaben zugewiesen werden, teilweise auch aus Sonderbestimmungen gemäß § 21 Abs. 2, durch welche — namentlich in größeren Städten — einzelnen Finanzämtern gewisse Steuerarten für einen Bezirk ausschließlich übertragen werden (wie dies z. B. hinsichtlich der Kraftfahrzeugsteuer für Berlin durch Vdg. v. 18. 10. 26, Amtsbl. S. 109, geschehen ist). Soweit eine derartige Sonderbestimmung nicht besteht, sind zur Erledigung der den Finanzämtern zugewiesenen Geschäfte alle Finanzämter sachlich zuständig.

Ein örtlich für die Besteuerung zuständiges Finanzamt kann ohne Inanspruchnahme eines anderen Finanzamts außerhalb seines Bezirks Amtshandlungen vornehmen, die zur Durchführung der Besteuerung erforderlich sind. Dies folgt aus dem Fehlen einer dem § 166 (früher 167) GVG. entsprechenden Vorschrift der AO. (So RFME. v. 22. 2. 22 III P 15149; doch soll stets vorherige Benachrichtigung, bei Gefahr im Verzug nachträgliche Mitteilung an das Finanzamt des betreffenden Bezirks erfolgen.)

**§ 51.** Wenn das Gesetz eine natürliche Person für steuerpflichtig erklärt, ist, soweit nichts anderes vorgeschrieben ist[1], das Finanzamt für die Besteuerung zuständig[2], in dessen Bezirk der Steuerpflichtige seinen Wohnsitz[3] oder, wenn er im Inland keinen Wohnsitz hat, seinen gewöhnlichen Aufenthalt[3] hat.

Bei mehrfachem Wohnsitz im Inland ist der Wohnsitz, der mit einem dienstlichen Wohnsitz[3] zusammenfällt, vor einem andern Wohnsitz, der Wohnsitz im Heimatstaate vor dem Wohnsitz in einem anderen Lande und, wenn keiner dieser Fälle vorliegt, der Wohnsitz an dem Orte maßgebend, wo sich der Steuerpflichtige vorwiegend[4] aufhält.

Bei Steuerpflichtigen, die zur Zeit der Ermittlung der Steuer weder einen Wohnsitz noch ihren gewöhnlichen Aufenthalt im Inland haben, ist,

1. wenn die Steuerpflicht nur an den Besitz inländischen Grundvermögens oder an den Betrieb eines Unternehmens im Inland geknüpft ist,
   a) bei inländischem Grundvermögen das Finanzamt zuständig, in dessen Bezirk das Grundstück liegt. Liegt es in den Bezirken mehrerer Finanzämter, so ist das Finanzamt zuständig, in dessen Bezirk das Verzeichnis der Steuerwerte der Grundstücke geführt wird (§ 155);

b) beim Betrieb eines Unternehmens im Inland ist das Finanzamt zuständig, in dessen Bezirk das Unternehmen betrieben wird. Wird es in mehreren Bezirken betrieben, so ist das Finanzamt zuständig, in dessen Bezirk sich die Leitung des Unternehmens befindet.

Wenn die Vorschriften unter a und b nicht ausreichen und

2. in den übrigen Fällen ist das Finanzamt zuständig, in dessen Bezirk der nach § 71 ernannte Vertreter seinen Wohnsitz oder Aufenthalt hat (Abs. 1, 2); fehlt es an einem solchen, so ist das Finanzamt zuständig, in dessen Bezirk sich Vermögen des Steuerpflichtigen befindet, und wenn dies für mehrere Finanzämter zutrifft, in dessen Bezirk sich der größte Teil des Vermögens befindet.

[1] Unter § 51 fallen hauptsächlich die Einkommen- und Vermögenssteuer natürlicher Personen. „Anderes" ist vorgeschrieben z. B. in §§ 53—56.

[2] Zuständig für das ganze Verfahren (abgesehen von etwaigen Strafverfahren, s. oben Überblick zur AO.) ist dasjenige Finanzamt, dessen Zuständigkeit entsprechend den Vorschriften der §§ 51ff. bei Beginn des Ermittlungsverfahrens begründet war. Dies ergibt sich zweifelsfrei aus dem Wortlaut des Abs. 3. (Zustimmend auch Becker. Die teilweise vertretene Ansicht, daß es auf den Zeitpunkt der Entstehung der Steuerschuld ankomme, führt praktisch zu unhaltbaren Ergebnissen und verwechselt offensichtlich Zuständigkeit zur Durchführung mit theoretisch bestehender dienstlicher Verpflichtung zur Durchführung.) Anders nur dann, wenn bereits bei Beginn der Ermittlungen feststeht oder mit ziemlicher Sicherheit zu erwarten ist, daß

demnächst, und zwar vor Beendigung des Verfahrens durch Veränderungen der Verhältnisse die Zuständigkeit eines anderen Finanzamts begründet werden wird. In diesem Falle kann das zunächst zuständige Finanzamt jenes andere Finanzamt um Übernahme der Sache gemäß § 58 ersuchen. Das weitere regelt § 58. Ein derartiges Ersuchen wird übrigens auch dann gerechtfertigt sein, wenn aus irgendwelchen anderen Gründen das an sich zuständige Finanzamt das Verfahren nur mit unverhältnismäßig größeren Schwierigkeiten, Kosten, ev. auch größerer Gefahr sachlicher Unrichtigkeit durchführen könnte als ein anderes Finanzamt.

Wegen Veränderung der Zuständigkeit während des Verfahrens s. § 59.

Über den Fall, daß ein Finanzamt sich irrtümlich für zuständig gehalten hat, s. Anm. 4 zu § 58.

3 Über die Begriffe „Wohnsitz" und „dienstlicher Wohnsitz" s. § 62, über den Begriff „Aufenthalt" § 63.

4 Tatfrage, die zuweilen recht schwer zu entscheiden sein wird. Läßt sie sich überhaupt nicht entscheiden, so kommt § 57 zur Anwendung.

**§ 52.** Wenn das Gesetz eine juristische Person, eine Personenvereinigung oder ein Zweckvermögen für steuerpflichtig erklärt, ist, soweit nichts anderes vorgeschrieben ist[1], das Finanzamt zuständig, in dessen Bezirk der Ort der Leitung[2] liegt. Fehlt es an einem solchen im Inland, so ist das Finanzamt zuständig, in dessen Bezirk der nach § 71 ernannte Vertreter seinen Wohnsitz oder Aufenthalt hat (§ 51 Abs. 1, 2). Ist kein Vertreter nach § 71 bestellt, so ist das Finanzamt zuständig, in dessen Bezirk sich Vermögen des Steuerpflichtigen befindet, und wenn dies für mehrere Finanzämter zutrifft, das Finanzamt, in dessen Bezirk sich der größte Teil des Vermögens befindet.

[1] Anderes ist vorgeschrieben z. B. in §§ 53—56. In Betracht kommen für § 52 hauptsächlich die Körperschafts- und die Vermögenssteuer, daneben noch die Versicherungs- und die Lotteriesteuer.

[2] Der Ort der Leitung braucht mit „Sitz des Unternehmens“ nicht notwendig zusammenzufallen. Unter „Sitz“ eines Unternehmens ist der Ort zu verstehen, der satzungsgemäß hierzu bestimmt, ev. auch ins Handelsregister eingetragen ist. Der Ort der Leitung befindet sich da, wo die Leitung tatsächlich erfolgt, d. h. wo die für den Betrieb maßgebenden Entschlüsse gefaßt werden, d. i. in der Regel der Ort, an dem sich die sog. kaufmännische Leitung befindet (vgl. über den Begriff auch § 2 Abs. 2 AusfBest. z. Körp.StG.).

**§ 53.** Wenn das Gesetz die Steuerpflicht auf den Betrieb eines Unternehmens gründet[1], ist, soweit nichts anderes vorgeschrieben ist, das Finanzamt zuständig, in dessen Bezirk das Unternehmen betrieben wird[2]. Wird das Unternehmen in Bezirken mehrerer Finanzämter betrieben und einheitlich zur Steuer herangezogen[3], so ist das Finanzamt zuständig, in dessen Bezirk sich die Leitung[4] des Unternehmens befindet. Fehlt es hieran, so sind die §§ 51, 52 entsprechend anzuwenden.

[1] § 53 gilt hauptsächlich für die Umsatzsteuer, wird jedoch in dieser Hinsicht etwas geändert durch § 20 Abs. 2 UStG. (Im übrigen schließen sich § 20 UStG. und § 2 Ausf.Best. hierzu ganz an § 53 AO. an.) S. auch unten Anm. 3.

[2] D. h. tatsächlich betrieben wird; zunächst ist also weder Ort der Leitung, noch Sitz des Unternehmens maßgebend.

[3] So bei der Umsatzsteuer nach § 10 Abs. 1 S. 2 UStG. (Vgl. wegen des Grundsatzes der einheitlichen Veranlagung bei der Umsatzsteuer RFH. in Bankarch. 1922 S. 230.)

[4] Maßgebend ist also der Ort der Leitung (s. hierüber Anm. 2 zu § 52).

§ 54. Wenn das Gesetz die Steuerpflicht auf das Eigentum an einem Grundstück oder den Übergang des Eigentums an einem Grundstück gründet, so ist das Finanzamt zuständig, in dessen Bezirk das Grundstück liegt. Liegt es in den Bezirken mehrerer Finanzämter, so ist das Finanzamt zuständig, in dessen Bezirk das Verzeichnis der Steuerwerte der Grundstücke geführt wird (§ 155).

§ 55. Wenn das Gesetz die Steuerpflicht auf einen Erbfall oder eine Schenkung gründet, so gelten für die Zuständigkeit der Finanzämter sinngemäß die Vorschriften des § 51; statt der Verhältnisse des Steuerpflichtigen sind die des Erblassers zur Zeit seines Todes oder die des Schenkers zur Zeit der Schenkung maßgebend. Wenn für einen Nachlaß ein Testamentsvollstrecker, Verwalter, Pfleger oder sonstiger Vertreter im Inland bestellt ist, so tritt dieser an die Stelle des im § 51 Abs. 3 Nr. 2 bezeichneten Vertreters.

Läßt sich aus den Vorschriften des ersten Absatzes die Zuständigkeit eines Finanzamts nicht begründen, so entscheiden die Verhältnisse der Erwerber zur Zeit des Erwerbes. Sind danach mehrere Finanzämter zuständig, so geht das Finanzamt vor, das zuerst mit der Sache befaßt wird[1].

[1] Als zuerst „mit der Sache befaßt" ist dasjenige von den mehreren an sich zuständigen Finanzämtern anzusehen, das als erstes irgendeinen Eingang in der betr. Angelegenheit erhält.

§ 56. Wenn das Gesetz die Steuerpflicht an eine Beurkundung knüpft, ist, soweit nichts anderes vorgeschrieben ist, das Finanzamt zuständig, das zuerst mit der Besteuerung befaßt wird[1].

[1] Als zuerst „mit der Besteuerung befaßt" ist dasjenige Finanzamt anzusehen, bei welchem zuerst ein auf die Besteuerung bezüglicher Eingang zu verzeichnen ist. Als solcher Eingang wird auch zu gelten haben die Anfrage, ob und in welcher Weise eine Versteuerung in einem bestimmten Falle vorzunehmen ist.

§ 57. Läßt sich aus den Vorschriften der Steuergesetze die Zuständigkeit eines bestimmten Finanzamts für einen einzelnen Fall oder für gewisse Arten von Fällen nicht herleiten[1], so bestimmt der Reichsminister der Finanzen, welches Finanzamt zuständig sein soll.

[1] Also nur beim Mangel einer gesetzlichen Vorschrift für einen besonders gearteten Fall; bei Unmöglichkeit genauer Feststellung der tatsächlichen Verhältnisse wird § 60 anzuwenden sein.

§ 58. Auf Ersuchen[1] eines zuständigen Finanzamts kann ein anderes Finanzamt die Ermittlung und Festsetzung[2] einer Steuer übernehmen[3, 4]. Lehnt das ersuchte Finanzamt die Übernahme ab, so entscheidet das ihm vorgesetzte Landesfinanzamt endgültig. Liegt das ersuchte Finanzamt in dem Bezirk eines anderen Landesfinanzamts, so kann gegen eine vom Landesfinanzamt bestätigte Ablehnung die Entscheidung des Reichsministers der Finanzen angerufen werden.

[1] Für das Ersuchen können dienstliche Zweckmäßigkeitsgründe (z. B. Zusammenhang mit anderen Sachen, vgl. auch Anm. 2 zu § 51), aber auch Rücksichtnahme auf den Steuerpflichtigen maßgebend sein. Ein Recht des Steuerpflichtigen, von einem anderen als dem zuständigen Finanzamt behandelt zu werden, besteht nicht. Das LFA. wird aber auf Grund § 13 ein Finanzamt anweisen können, einem derartigen Antrag eines Steuerpflichtigen zu entsprechen und die Sache nach § 58 abzugeben.

[2] Fraglich ist, ob durch Übernahme der Ermittlung und Festsetzung das übernehmende Amt auch für Beitreibung und Rechtsmittelverfahren zuständig wird. Die Frage dürfte hinsichtlich des Rechtsmittelverfahrens zu bejahen sein, da es sinnlos wäre, zunächst einem anderen Amt die Festsetzung zu übertragen und dann wieder dem ursprünglich zuständigen Amt, das vielleicht eine ganz andere Auffassung hat, sich auch in die ganze Sache erst neu einarbeiten muß, die Einspruchsentscheidung zu überlassen. Dies folgt auch aus dem der Regelung des Rechtsmittelverfahrens zugrunde liegenden Gedanken, daß der Behörde, welche die Festsetzung usw. vorgenommen hat, durch die Übertragung der Zuständigkeit zur Einspruchsentscheidung Gelegenheit zur nochmaligen Prüfung ihres Standpunktes gegeben werden soll. (Zu vgl. übrigens die offenbar von der gleichen Auffassung ausgehende Entscheidung des RFH. in E. Bd. 10 S. 12.)

Nicht angängig erscheint es nach dem ausdrücklichen Wortlaut des § 58 und nach dem vorstehend gekennzeichneten Grundgedanken des Einspruchsverfahrens, daß ein Finanzamt etwa nach erfolgter Veranlagung die Akten zum Zwecke der Einspruchsentscheidung an ein anderes Finanzamt abgibt.

Die Beitreibung dürfte dagegen mit Rücksicht auf den einschränkenden Wortlaut des § 58 bei dem ersuchenden Finanzamt verbleiben, was natürlich ein weiteres Tätigwerden des ersuchten Finanzamts im Wege der Diensthilfe nicht ausschließt.

[3] Durch die Übernahme wird das ersuchte Finanzamt nunmehr zuständig i. S. der AO. Die Zuständigkeit wird nur dann nicht begründet, wenn nach Gesetz ein drittes (weder das ersuchende noch das ersuchte Amt) zuständig ist. Bezüglich der Wirksamkeit der trotzdem vorgenommenen Handlungen gilt § 61.

Die Beteiligten können sich gegen die Übernahme ihrer Angelegenheit durch ein anderes Finanzamt höchstens im Aufsichtswege an die vorgesetzte Behörde wenden, nicht aber im Rahmen des § 61 Abs. 2 beschweren.

Die Übernahme ist Ermessensfrage („kann"); es ist daher § 6 zu beachten.

[4] § 58 wird auch dann zur Anwendung gelangen können, wenn ein Finanzamt, das sich fälschlicherweise in einer Sache für zuständig gehalten hat, im Laufe des Verfahrens den Fehler entdeckt und nun die Sache an das zuständige Finanzamt abgeben will. In diesem Falle kann letzteres das bisher mit der Sache befaßte Amt um vollständige Erledigung gemäß § 58 ersuchen, und dieses Ersuchen wird gerade in solchen Fällen besonders häufig gerechtfertigt sein, wo die Angelegenheit schon so weit gediehen ist, daß sich das neue Finanzamt nur mit Schwierigkeiten wieder einarbeiten müßte, oder auch wenn sonstige, oben in Anm. 1 erwähnte Gründe vorliegen. Weigert sich das bisher befaßte Finanzamt, die Sache weiter zu bearbeiten, so wird nach § 58 verfahren.

**§ 59.** Wird vor Beendigung eines Steuerfestsetzungsverfahrens infolge Änderung der Umstände[1] die Zuständigkeit eines anderen Finanzamts begründet, so hat das erste Finanzamt die Steuer festzusetzen und die Verhandlungen dem nunmehr zuständigen Finanzamt zu senden. Wird bei Steuern, die regelmäßig wiederkehrend zu erheben sind, die Zuständigkeit zu einer Zeit geändert, wo kein Festsetzungsverfahren schwebt, so hat das erste Finanzamt dem zuständig werdenden Finanzamt die Änderung unverzüglich mitzuteilen.

[1] D. h. der tatsächlichen Umstände. Eine Änderung in der rechtlichen Auffassung genügt nicht, ebensowenig gehört hierher der Fall, daß bereits vor Beginn des Ermittlungsverfahrens vorhandene Umstände erst nachträglich bekannt werden (vgl. Anm. 4 zu § 58).

**§ 60. Meinungsverschiedenheiten und Zweifel über die Zuständigkeit verschiedener Finanzämter entscheidet die nächste gemeinschaftliche obere Behörde[1]. Bei mehrfacher Heranziehung zu derselben Steuer bestimmt sie, welche Heranziehung außer Kraft zu setzen sei[2].**

[1] Das ist, wenn die streitenden Finanzämter einem und demselben Landesfinanzamtsbezirk angehören, das Landesfinanzamt, andernfalls der Reichsfinanzminister. Die beteiligten Finanzämter sind an diese Entscheidung gebunden, nicht dagegen der Steuerpflichtige oder sonstige Beteiligte. Diese können vielmehr — falls sie überhaupt von der fraglichen Entscheidung Kenntnis erlangen — hiergegen Beschwerde gemäß §§ 224, 225 AO. einlegen und dabei im Rahmen des § 61 Abs. 2 die Unzuständigkeit des betr. Finanzamts geltend machen.

[2] Voraussetzung einer Entscheidung nach Satz 2 ist, daß bereits seitens zweier oder mehrerer Finanzämter in derselben Sache die Steuer festgesetzt ist. Ob diese Festsetzungen bereits rechtskräftig geworden sind oder nicht, darauf kommt es nicht an.

Die in der 1. Auflage vertretene Ansicht, daß die Entscheidung nur unter dem Gesichtspunkt der Zuständigkeit zu treffen ist, wird nicht aufrechtzuerhalten sein. Es wird vielmehr mit Becker anzunehmen sein, daß auch andere, insbesondere sachliche Erwägungen das pflichtmäßige Ermessen der entscheidenden Behörde beeinflussen können.

Die Entscheidung trägt ferner nur verwaltungsaufsichtlichen Charakter und kann daher den in der AO. vorgesehenen Rechtsmittelgang in keiner Weise beeinflussen. Die Beteiligten können unabhängig von der Entscheidung ihr Recht im Rechtsmittelverfahren suchen, die Rechtsmittelbehörden sind an die Entscheidung nicht gebunden. Hieraus können sich drei Konfliktsfälle ergeben:

1. Das LFA. oder der RFM. hat eine von zwei Festsetzungen

außer Kraft gesetzt, die andere wird von der Rechtsmittelbehörde wegen Unzuständigkeit des betr. Finanzamts aufgehoben. Es liegt also überhaupt keine gültige Festsetzung mehr vor. Die Steuer muß daher von neuem, und zwar vom zuständigen Finanzamt festgesetzt werden; als solches kann nunmehr unbedenklich auch das Finanzamt in Betracht kommen, dessen Festsetzung bereits gem. § 60 S. 2 AO. außer Kraft gesetzt wurde.

2. Derselbe Fall, aber die außer Kraft gesetzte Festsetzung wird im Rechtsmittelverfahren bestätigt. Dann gilt letztere trotz der vorangegangenen Entscheidung nach § 60.
3. Von den zwei Festsetzungen ist nur die außer Kraft gesetzte noch im Rechtsmittelverfahren streitig, die andere ist — mit oder ohne Anfechtung im Rechtsmittelweg — bereits rechtskräftig. Hier wird für die Fortführung des Rechtsmittelverfahrens kein Raum mehr sein.

Um derartige Konflikte zu vermeiden, wird sich im allgemeinen empfehlen, vor Entscheidung nach § 60 S. 2 die Rechtskraft der Festsetzungen abzuwarten.

Die Wirksamkeit einer Entscheidung nach § 60 S. 2 erstreckt sich übrigens naturgemäß nur auf die Steuerfestsetzung, nicht auf Verfügungen, die der Steuerfestsetzung im Verfahren vorausgingen, z. B. Straffestsetzungen und Strafandrohungen nach § 202 usw. Gegen diese Verfügungen konnte sich ja der Steuerpflichtige im ordentlichen Rechtsmittelweg wehren.

**§ 61. Handlungen eines Finanzamts sind nicht deshalb unwirksam, weil das Finanzamt örtlich unzuständig war[1].**

**Daß ein Finanzamt örtlich unzuständig sei, kann nur bis zum Ablauf der Einspruchs-, Anfechtungs- oder Beschwerdefrist geltend gemacht werden[2].**

[1] Die AO. geht grundsätzlich von dem Standpunkt aus, daß jedes — sachlich zuständige, s. hierüber Vorbem. zu §§ 51ff. — Finanzamt zur Bearbeitung der Steuerangelegen-

heiten geeignet ist. Handlungen, Verfügungen usw. eines örtlich unzuständigen Finanzamts sind daher zunächst voll wirksam und es kann ein anderes Finanzamt, das die betr. Angelegenheit im Laufe des Verfahrens übernimmt, ohne weiteres auf den vorhandenen Unterlagen weiter bauen.

Unwirksamkeit von Maßnahmen (Verfügungen usw.) eines örtlich unzuständigen Finanzamts tritt nur dann ein, wenn eine Steuerfestsetzung gemäß § 60 S. 2 außer Kraft gesetzt wird (wegen des Umfangs der Unwirksamkeit s. Anm. 2 zu § 60 a. E.) oder wenn die betr. Maßnahme wegen Unzuständigkeit des Finanzamts im Rechtsmittelverfahren aufgehoben wird. (Hierüber s. nächste Anm.)

[2] Der Mangel der örtlichen Zuständigkeit kann von den Rechtsmittelbehörden nur berücksichtigt werden, wenn er von den Beteiligten ausdrücklich geltend gemacht wird, nicht etwa von Amts wegen. Das folgt aus dem Grundsatz des § 61 S. 1. Die Geltendmachung kann nur erfolgen innerhalb der Frist des § 61 Abs. 2, eine nachträgliche Geltendmachung (daher auch eine Geltendmachung erst in der Berufungs- oder Rechtsbeschwerdeinstanz) bleibt gleichfalls unberücksichtigt. Ist die Geltendmachung aber rechtzeitig erfolgt, so kann die Entscheidung hierüber bis zur Erschöpfung des Instanzenzuges beantragt werden. Maßgebend ist der Instanzenzug, der für die Anfechtung der betr. Verfügung überhaupt vorgesehen ist. Es kann also z. B. die Unzuständigkeit eines Finanzamts zum Erlaß einer Strafverfügung nach § 202 nur innerhalb der Beschwerdefrist und nur mit der Beschwerde geltend gemacht werden.

Etwaige Nachsichtgewährung bei Fristversäumnis gemäß §§ 68 f. verlängert auch die Frist des § 61 Abs. 2, da eben die Rechtsmittelfrist in diesem Falle nicht als versäumt gilt.

**§ 62.** Einen Wohnsitz im Sinne der Steuergesetze hat jemand da, wo er eine Wohnung[1] unter Umständen innehat, die auf die Absicht der Beibehaltung einer solchen schließen lassen.

Einen dienstlichen Wohnsitz im Sinne der Steuergesetze haben Personen, denen ein öffentliches Amt oder eine öffentliche dienstliche Stelle dauernd verliehen ist; er ist an dem Orte, der ihnen zur Ausübung ihres Berufs angewiesen ist.

[1] Unter einer Wohnung sind Räume zu verstehen, die so eingerichtet sind, daß sie zur dauernden Aufenthaltnahme des Steuerpflichtigen und seiner Familie geeignet sind. Daß das Bewohnen regelmäßig nur zu bestimmten Zeiten stattfindet (z. B. Sommerwohnung) ist belanglos. Standesgemäßheit nicht Vorbedingung. Auch nicht nötig, daß der Wohnungsinhaber die Wohnung tatsächlich benutzt oder zu benutzen in der Lage ist. (Vgl. RFH. v. 28. 4. 22 Kartei Nr. 2 zu § 62.)

§ 63. Einen gewöhnlichen oder dauernden Aufenthalt im Sinne der Steuergesetze hat jemand dort, wo er sich unter Umständen aufhält, die auf die Absicht schließen lassen, an diesem Orte oder in diesem Lande nicht nur vorübergehend zu verweilen.

## II. Fristen. Nachsicht wegen Versäumung einer Ausschlußfrist. Zustellungen.

§ 64. Für die Berechnung einer Frist gelten die Vorschriften des Bürgerlichen Gesetzbuchs.

In Betracht kommen §§ 187 bis 193 BGB. Was als staatlich anerkannter allgemeiner Feiertag im Sinne des § 193 BGB. gilt, richtet sich nach dem Rechte an dem Sitze der Behörde, bei der die zur Wahrung der Frist dienende Handlung vorgenommen wird.

Die nach § 64 zu berechnende Frist soll nach RFH. (Urt. v. 12. 1. 23, DStBl S. 384 im Anschl. an RG. in ZivS.

Bd. 76 S. 128) dann als gewahrt gelten, wenn das die Erklärung enthaltende Schriftstück innerhalb der Frist in die Hand eines zur Empfangnahme berufenen Beamten der betr. Behörde (Vorbehörde usw.) gelangt ist. Einwurf in einen für Eingänge der betr. Behörde bestimmten Briefkasten soll nicht genügen. Das scheint etwas zu weitgehend und der RFH. scheint in der E. Bd. 8 S. 220 sowie nach einer späteren Entscheidung v. 14. 10. 25 (Kartei Nr. 4 zu § 73) es für genügend zu erachten, daß das Schriftstück noch innerhalb der Frist — also am letzten Fristtag vor 12 Uhr Mitternacht — in die Verfügungsgewalt der betr. Behörde gelangt. Dem dürfte beizutreten sein

Als Beweismittel für den Zeitpunkt des Eingangs wird allerdings das Datum des Eingangsstempels in den meisten Fällen von ausschlaggebender Bedeutung sein. Zur Erbringung des Gegenbeweises für die Wahrung der Frist trotz der aus den Akten sich ergebenden Fristversäumnis, insbesondere bei behaupteter Unregelmäßigkeit im Geschäftsgang der betreffenden Behörde, wird dem Steuerpflichtigen in Zweifelsfällen Gelegenheit zu geben und ev. Nachsicht zu gewähren sein.

**§ 65.** Fristen[1] zur Einreichung von Erklärungen und Fristen, die von Steuerbehörden gesetzt sind, können verlängert werden[2]. Die Behörde kann die Verlängerung von einer Sicherheit abhängig machen. Ausschlußfristen können nicht verlängert werden[3].

Fristen zur Einlegung eines Rechtsmittels sind Ausschlußfristen[4]. Unter Rechtsmitteln[5] im Sinne der §§ 65, 66, 69 ist auch der Antrag auf Nachsicht im Falle des § 68 zu verstehen.

[1] Nach der AO. sind — abgesehen von dem wohl ohne weiteres klaren Unterschied zwischen gesetzlichen (bzw. durch gesetzesgleiche Vorschriften bestehenden) und behördlich gesetzten Fristen — auseinanderzuhalten sog. Ausschlußfristen

einerseits und verlängerungsfähige Fristen andererseits. Ausschlußfristen sind gesetzlich festgelegte Fristen, die auch von der Behörde nicht verlängert werden können. Die Abgrenzung der beiden Fristarten ist in § 65 Abs. 1 erschöpfend erfolgt: Alle Fristen, die nicht unter Abs. 1 S. 1 fallen, sind Ausschlußfristen, soweit nicht gesetzlich ausdrücklich anders bestimmt ist.

² Die Verlängerung ist sowohl bei gesetzlichen wie bei behördlichen Fristen nicht nur für den Einzelfall, sondern auch generell zulässig, z. B. Verlängerung der gesetzlichen Frist zur Einreichung der Umsatzsteuererklärung. Doch ist klar, daß nachgeordnete Behörden die von Oberbehörden gesetzten oder verlängerten Fristen nicht eigenmächtig abändern können.

Eine Verkürzung gesetzter oder verlängerter Fristen ist unzulässig, wenn nicht im Einzelfalle § 78 zur Anwendung gelangen kann.

³ Eine entgegen dem Verbot dieser Bestimmung erfolgte Verlängerung der Ausschlußfrist wäre nichtig, die auf dieser Verlängerung beruhende Fristversäumnis würde gegen die Beteiligten wirken. Abhilfe wäre hier nur durch Gewährung von Nachsicht (§§ 68, 69) zu schaffen, falls die erforderlichen Voraussetzungen hierfür vorliegen.

⁴ Dieser Satz enthält eine bedeutsame Ausnahme von der in Abs. 1 S. 1 aufgestellten Regel. Denn auch Rechtsmittelfristen sind an sich Fristen zur Einreichung von Erklärungen.

Ausschlußfristen sind ferner die Fristen zur Geltendmachung von Erstattungs- und Vergütungsansprüchen (vgl. §§ 131, 135 Abs. 2).

⁵ Der Begriff „Rechtsmittel" dürfte hier — entgegen der in der 1. Auflage vertretenen Auffassung — weit auszulegen und daher auch der Antrag nach § 251 Abs. 2 S. 3 hierher zu zählen sein. (So Mrozek, obwohl man aus der Bezeichnung „Rechtsmittelbelehrung" in § 251 Abs. 3 kaum einen maßgebenden Schluß in dieser Richtung ziehen kann.)

§ 66. Fristen zur Einreichung von Rechtsmitteln und Erklärungen beginnen für Steuerpflichtige, die zu Anfang der Frist nicht im Deutschen Reiche sind, mit ihrer Rückkehr nach Deutschland unter der Einschränkung, daß sie für die in außereuropäischen Ländern und Gewässern Abwesenden höchstens sechs Monate, für andere Abwesende höchstens sechs Wochen betragen. Dies gilt nicht, wenn Bevollmächtigte oder Betriebsleiter im Inland vorhanden sind oder sein müßten.

§ 67. Solange die Behörde nicht entschieden hat[1], hat[2] sie auch das nach Ablauf einer Frist Vorgebrachte[3] zu prüfen[4, 5].

[1] „Entschieden" hat die Behörde, wenn zur Entscheidung ein Kollegialbeschluß erforderlich ist, sobald dieser Beschluß durch Abstimmung in der vorgeschriebenen Form zustande gekommen ist; wenn die Entscheidung durch einen Einzelbeamten zu treffen ist, liegt „Entscheidung" dann vor, wenn der verantwortlich zeichnende Beamte die Entscheidung unterzeichnet hat.

Die nach der Beschlußfassung, wenn auch vor Zustellung zur Kenntnis der Behörde gelangten Tatsachen usw. brauchen nicht mehr berücksichtigt zu werden. (E. Bd. 3 S. 178.)

Bezüglich eines erst nach der Entscheidung erfolgten Vorbringens wird die Behörde nach pflichtgemäßem Ermessen zu prüfen haben, ob nicht Grund zur Zurücknahme der Verfügung vorliegt. Über Zulässigkeit und Voraussetzungen der Zurücknahme vgl. §§ 75—77.

[2] Mußvorschrift, deren Nichtbeachtung unter § 267 Nr. 2 fällt. [3] Sowohl tatsächliches wie rechtliches Vorbringen.

[4] Sie hat zu prüfen, d. h. soweit Tatsachen vorgebracht sind, diese zu würdigen, soweit Beweismittel angeboten sind, die erforderlich erscheinenden Beweise zu erheben. Die Frage, ob und inwieweit eine Behörde überhaupt — auch abge-

sehen vom Fall des § 67 — verpflichtet ist, angebotene Beweise zu erheben, hängt einerseits davon ab, ob die Tatsachen, für welche Beweis angeboten ist, für die Entscheidung überhaupt von Bedeutung sind, andererseits davon, ob von der Erhebung der angebotenen Beweise irgendein positives und glaubhaftes Ergebnis zu erwarten ist. Keinesfalls kann der Behörde zugemutet werden, jeden angebotenen Beweis, mag er auch offensichtlich nur zur Verschleppung der Angelegenheit angeboten werden oder mag die Unzuverlässigkeit des Beweismittels von vornherein feststehen, trotzdem zu erheben.

Über die Frage der Beweiswürdigung sowie über die Behandlung des tatsächlichen und rechtlichen Vorbringens in der Entscheidung vgl. §§ 258, 242.

[5] Nach einer teilweise vertretenen Anschauung soll es den Behörden verwehrt sein, vor Ablauf der Frist zu entscheiden. Diese Anschauung findet indes im Gesetz keinen genügenden Anhalt. Sie könnte allenfalls höchstens e contrario aus dem Wortlaut des § 67: „auch das nach Ablauf .. Vorgebrachte" mit der Begründung gefolgert werden, daß das vor Fristablauf Vorgebrachte immer zu prüfen sei. Diese Konstruktion wäre jedoch gekünstelt. Mangels einer ausdrücklichen gegenteiligen Vorschrift kann die Behörde nicht gehindert sein, über ein Rechtsmittel zu entscheiden, sobald dasselbe eingelegt ist. Denn der Zweck der Befristungen ist nicht in erster Linie ein Interesse der Steuerpflichtigen, sondern Schutz des Staates davor, daß Entscheidungen seiner Behörden ohne zeitliche Begrenzung angegriffen werden können. Die Fristen bilden nur zeitliche Höchstgrenzen für die Entschließung des Betroffenen darüber, ob er eine Verfügung angreifen will oder nicht, können aber die Behörde nicht hindern, im Falle eines solchen Angriffs sobald als möglich die richtig erscheinende Entscheidung zu treffen (abgesehen von der Sonderbestimmung des § 268 bezüglich der Begründungsfrist bei der Rechtsbeschwerde).

Ein etwaiger Hinweis auf zivilprozessuale Grundsätze ist in der Frage nicht ohne weiteres ausschlaggebend; denn nach der AO. sind die Rechtsmittelbehörden — entgegen dem im Zivilprozeß herrschenden Antragsprinzip — ja von sich aus ex officio verpflichtet, den ganzen Sachverhalt zu ermitteln (§ 228). Die Parteiinteressen sind also hierdurch hinreichend und besser als im Zivilprozeß gewahrt.

Daß es andererseits zum sog. officium nobile der Behörden gehört, dann, wenn weiteres nicht von vornherein unerheblich oder unglaubwürdig erscheinendes Vorbringen in Aussicht gestellt oder ein gewisses Zuwarten von der Behörde zugesagt wurde, eine entsprechende Zeit abzuwarten, braucht wohl kaum besonders betont zu werden.

Eine behördliche Verpflichtung, in allen Fällen das Fristende abzuwarten, würde übrigens in der Praxis zu wenig erfreulichen Ergebnissen führen.

**§ 68. Nachsicht wegen Versäumung einer Rechtsmittelfrist[1] kann beantragen[2], wer ohne sein Verschulden[3] verhindert war[4], die Frist einzuhalten. Das Verschulden eines gesetzlichen Vertreters[5] oder eines Bevollmächtigten[5] steht dem eigenen Verschulden gleich[6].**

[1] Rechtsmittel im weiteren Sinne fallen hierunter, das ist jeder an eine gesetzliche Frist gebundene Rechtsbehelf, mit dem jemand eine Änderung einer Entscheidung herbeiführen kann (vgl. Anm. 5 zu § 65). Gemäß § 65 Abs. 2 gehört auch der Nachsichtsantrag selbst hierher.

Gewährung von Nachsicht ist auch noch nach Erlaß der zurückweisenden Entscheidung möglich, sogar gegenüber einem rechtskräftigen Urteil des RFH. (E. Bd. 5 S. 262).

[2] Auch ohne Antrag ist Nachsicht zu gewähren unter der Voraussetzung des § 69 Abs. 4.

[3] einschl. Fahrlässigkeit. Persönliche Verhältnisse sind zu berücksichtigen. Alter, Beruf, Vorbildung, Geisteszustand usw. sind in Betracht zu ziehen. Vom Steuerpflichtigen ist in Steuer-

angelegenheiten mindestens die gleiche Sorgfalt zu verlangen, die er seinen Privatangelegenheiten angedeihen läßt (Kartei Nr. 14 zu § 68 S. 1). Verschieben der Rechtsmitteleinlegung bis zum letzten Fristtag wird meistens Verschulden begründen (RFH. v. 27. 4. 22, Kartei Nr. 9 zu § 68 S. 1, ferner StArch. 1922 S. 88, DStZtg. 1925 S. 1118).

[4] Ohne Verschulden verhindert an Einhaltung der Frist ist:

1. Wer ohne Verschulden die Tatsachen nicht kennt, die den Beginn eines Fristenlaufs bewirken, z. B. wenn jemand, während zu Hause eine Zustellung an ihn erfolgt, verreist ist und etwa nachgesandte Briefe ihn nicht erreichen. Verschulden hat der RFH. jedoch (Urt. v. 8. 7. 21, DStZtg. S. 314, ferner E. Bd. 14 S. 83) angenommen, wenn jemand sich auf längere Reise begibt, ohne ausreichend dafür zu sorgen, daß er selbst oder ein bevollmächtigter Vertreter von etwa eingehenden Schriftstücken Kenntnis erhält. Weiterhin ist Verschulden darin erblickt worden, daß jemand nicht für Leerung des Briefkastens während seiner Reise gesorgt hat (DStBl. 1925 S. 101) oder sich nicht alsbald nach seiner Rückkehr nach dem Eingang wichtiger Schriftstücke erkundigt hat (DStZtg. 1925 S. 265).

2. Wer durch Umstände, die außerhalb seiner Macht liegen, an der Fristwahrung gehindert ist, z. B. schwere, die Verfügungsfähigkeit ausschließende oder stark beeinträchtigende Erkrankung, schwere Unglücksfälle oder Erkrankungen in der Familie oder Wirtschaft, die ein Abkommen des Pflichtigen verhindern usw. Doch ist in all diesen Fällen zu prüfen, ob die betr. Umstände wirklich eine Erledigung ohne Verschulden verhindert haben. Bei Erkrankung wird sich also fragen, ob der Steuerpflichtige nicht mindestens Angehörige oder Dritte mit Vornahme der erforderlichen Handlung hätte beauftragen können. Im Zweifelsfalle wird ein ärztliches Zeugnis zu erfordern sein.

Unkenntnis der gesetzlichen Bestimmungen oder Rechtsirrtum kann höchstens dann entschuldigen, wenn sich diese — im übrigen entschuldbare — Unkenntnis oder der Irrtum auf Frist oder Form des Rechtsmittels bezieht (E. Bd. 10 S. 151, 243); die Möglichkeit einer Nachsichtgewährung aus diesem Grund besteht trotz richtiger Rechtsmittelbelehrung (§ 231 Abs. 3).

Der Umstand, daß jemand zeitweilig seine Bücher nicht zur Verfügung hatte, wird im Regelfalle keinen Entschuldigungsgrund bilden, selbst dann nicht, wenn die Bücher beim FA. lagen und von diesem aus irgendeinem Grunde nicht zu erhalten waren. In solchem Falle kann mindestens unter Vorbehalt späterer Begründung das Rechtsmittel rechtzeitig eingelegt werden.

3. Wer die Frist zwar gewahrt, d. h. rechtzeitig das zu ihrer Wahrung erforderliche getan hat, und erst nachträglich erfährt, daß die Behörde davon nicht oder nicht rechtzeitig Kenntnis erhalten hat (z. B. ein Geschäftsmann schickt seinen Ausgeher mit dem betr. Schreiben zum Finanzamt, der Ausgeher gibt es jedoch an unrichtiger Stelle ab, verliert es, ohne seinem Dienstherrn Mitteilung zu machen usw.) Auch Aufgabe zur Post kann in Frage kommen. Allerdings wird im Falle des Nichtankommens dem Absender meist der Nachweis der Absendung sehr schwer fallen (wenn er nicht etwa eingeschriebenen Brief geschickt hat). Die Entscheidung wird hier, wenn nicht einwandfreier Zeugenbeweis usw. vorliegt, von sonstigen die Glaubwürdigkeit bedingenden Umständen mitabhängen, im allgemeinen aber zuungunsten des Steuerpflichtigen zu lauten haben. — Unter Umständen kann auch verfrühte Rechtsmitteleinlegung (§ 231 Abs. 2) einen Nachsichtsgrund bilden.

[5] Zu unterscheiden von Vertretern und Bevollmächtigten sind Personen, deren sich jemand lediglich zur Ausführung seiner Aufträge bedient, z. B. Boten, sonstige Angestellte, Beförderungsinstitute. Wenn durch das Verschulden einer derartigen Person eine Frist versäumt wird, dann kann von einem

Verschulden des Auftraggebers im Sinne des § 68 nur bezüglich der Auswahl oder der etwa erforderlichen Aufsicht der betreffenden Person die Rede sein. Ebensowenig ist Bevollmächtigter im Sinne des § 68 S. 2, wer sich um die Angelegenheiten eines Steuerpflichtigen nur aus Gefälligkeit kümmert (RFH. v. 23. 2. 26, Kartei Nr. 4 zu § 68 S. 2).

Unter Vertretern im Sinne dieser Vorschrift sind auch gesetzliche Vertreter zu verstehen, z. B. der Geschäftsführer einer G. m. b. H.

Wenn die Vertretung nicht einer oder mehreren bestimmten selbständigen Einzelpersonen, sondern einem Unternehmen übertragen ist, das von Personen im Angestelltenverhältnis geleitet wird (z. B. der Buchstelle einer Handwerkskammer), so ist das Unternehmen als Vertreter des Pflichtigen zu betrachten, nicht etwa dessen Leiter oder sonstige Angestellte.

6 Es muß also die Frage, ob ein Verschulden vorliegt, gesondert sowohl bezüglich des Steuerpflichtigen wie seines Vertreters geprüft werden, und zwar bezüglich des letzteren nach den gleichen Grundsätzen (vgl. oben Anm. 4). Dabei können unter Umständen an die Sorgfalt und Sachkenntnis des Vertreters höhere Anforderungen zu stellen sein als an den betreffenden Steuerpflichtigen selbst, was namentlich stets bei Rechtsanwälten der Fall sein wird. Soweit es sich um Verschulden von Angestellten des Vertreters oder sonstiger Mittelspersonen (vgl. oben Anm. 5, Abs. 1) handelt, gilt auch hier der Grundsatz, daß ein Verschulden des Vertreters nur bestehen kann in Fehlern bei Auswahl oder Aufsicht (E. Bd. 5 S. 317). Hierbei hat sich der RFH. in E. Bd. 8 S. 80 auf den Standpunkt gestellt, daß sich der Rechtsanwalt, der seine Kraft wichtigeren Aufgaben zuzuwenden hat, im allgemeinen, solange er keinen Anlaß zu besonderer Wachsamkeit hat, darauf verlassen darf, daß ihm sein Personal Fristsachen rechtzeitig vorlegt. In einer weiteren Entscheidung v. 12. 1. 1923 (DStBl. S. 384) hat allerdings der RFH. einen Rechtsanwalt für mitschuldig erachtet, der, den bevorstehenden Ablauf einer

Frist bemerkend, sich mit der Anweisung sofortiger Expedition an sein Büro begnügte, ohne die Beachtung seiner Anweisung besonders einzuschärfen.

**§ 69.** Über den Antrag auf Nachsicht entscheidet die Stelle, die über das versäumte Rechtsmittel zu entscheiden hat[1].

Der Antrag ist innerhalb zweier Wochen nach Ablauf des Tages zu stellen, an dem der Antrag zuerst gestellt werden konnte[2]; dabei sind die Tatsachen, die den Antrag begründen sollen, anzuführen und glaubhaft zu machen[3]. Innerhalb dieser Frist ist die Einlegung des versäumten Rechtsmittels nachzuholen[4].

Auslagen, die durch den Antrag auf Nachsicht entstehen, trägt in allen Fällen der Antragsteller.

Die Nachsicht kann[5] auch ohne Antrag bewilligt werden, falls das versäumte Rechtsmittel innerhalb der im Abs. 2 bezeichneten Frist eingelegt ist.

Nach Ablauf eines Jahres, von dem Ende der versäumten Frist an gerechnet, kann Nachsicht nicht mehr begehrt oder ohne Antrag bewilligt werden.

[1] Bei Unterlassung der Entscheidung auf Antrag oder von Amtswegen durch die in Abs. 1 bestimmte Instanz — eine Unterlassung, die einen wesentlichen Mangel des Verfahrens darstellt — kann die höhere Instanz diese Entscheidung nachholen. Das Finanzgericht muß dies im Rahmen des § 264 tun. Vgl. E. Bd. 10 S. 243. Die gegenteilige Entscheidung des RFH. (Kartei Nr. 1 zu § 69 Abs. 1) dürfte mit § 264 S. 2 in Widerspruch stehen.

[2] Die Frist beginnt mit Ablauf des Tages, an dem der Pflichtige Kenntnis von der Versäumung der Rechtsmittelfrist erhält oder Gelegenheit, sich diese Kenntnis zu verschaffen (E. Bd. 3 S. 226). Im Falle der Anm. 4 Nr. 2 zu § 68 be-

ginnt die Frist mit Ablauf des Tages, an dem das Hindernis wegfällt.

Darüber, bei welcher Behörde der Antrag anzubringen ist, sagt das Gesetz ausdrücklich nichts. Man wird, da der Antrag auf Nachsicht durch § 65 Abs. 2 bezüglich der Fristen den Rechtsmitteln gleichgestellt ist, nicht fehlgehen mit der Annahme, daß auch die Bestimmungen des § 234 Abs. 1 S. 4—6 für den Antrag auf Nachsicht anzuwenden sind. Demnach ist erforderlich, daß der Antrag fristgemäß bei einer der in § 234 Abs. 1 S. 4—6 bezeichneten Stellen eingeht. Die „zur Entscheidung berufene Stelle" im Sinne des S. 5 a. a. O. ist zufolge § 69 Abs. 1 jene Stelle, die über das versäumte Rechtsmittel selbst zu entscheiden hat.

3 Glaubhaft ist eine Tatsache dann, wenn nach den allgemeinen Natur- und Denkgesetzen sowie nach den Verhältnissen des Einzelfalls die Möglichkeit ihrer Richtigkeit besteht. Hegt die Behörde trotz solcher „Glaubhaftigkeit" Zweifel an der tatsächlichen Richtigkeit einer Behauptung, dann muß sie vor der Entscheidung den Sachverhalt weiter aufklären.

4 Andernfalls gilt die Rechtsmittelfrist trotz rechtzeitig gestellten Nachsichtsantrags als versäumt. Die Einlegung des Rechtsmittels wird freilich — ohne ausdrückliche Betonung — häufig oder sogar zumeist aus dem Inhalt des Nachsichtsantrags stillschweigend hervorgehen, was nach § 234 Abs. 2 genügt.

5 Ermessensfrage, die veranlaßtenfalls in der Entscheidung zu würdigen ist. Eine Veranlassung zu ihrer Würdigung und insbesondere zur Begründung der Nichterteilung von Nachsicht dürfte stets vorliegen, wo nach den gegebenen Umständen (z. B. Geringfügigkeit der Fristüberschreitung, Verkehrsstreik) eine Entschuldbarkeit der Versäumnis besonders nahe liegt, oder, wie Becker sich ausdrückt, gleichsam „in der Luft liegt." Die Unterlassung der Würdigung bildet in solchen Fällen einen wesentlichen Mangel des Verfahrens (E. Bd. 3 S. 174, RStBl. 1920 S. 432).

§ 70. Für Zustellungen[1] gelten die Vorschriften der Zivilprozeßordnung über Zustellungen von Amts wegen[2].

Zustellen können auch[3] Beamte der Steuer-, der Polizei- oder der Gemeindeverwaltung.

Die Behörde kann durch eingeschriebenen Brief zustellen[4]. Die Zustellung gilt mit dem dritten Tage nach der Aufgabe zur Post[5] als bewirkt, es sei denn, daß der Zustellungsempfänger nachweist, daß ihm das zuzustellende Schriftstück nicht innerhalb dieser Zeit zugegangen ist.

Als Zustellung an eine Behörde genügt die Vorlegung der Urschrift[6].

[1] Über die Frage, wann formelle Zustellung erforderlich ist, s. § 73 Abs. 1 S. 3.

[2] D. h. für die Form und Ausführung der Zustellung. Ergänzend treten daneben die Vorschriften der AO. in §§ 70 Abs. 2—4, 71, 72.

Die Vorschriften über Zustellung von Amts wegen sind enthalten in den §§ 208—213 ZPO., die ihrerseits wiederum die Bestimmungen über die Zustellung auf Betreiben der Parteien (§§ 166—207 ZPO.) für entsprechend anwendbar erklären.

Unrichtigkeiten, die lediglich in der Beurkundung der Zustellung liegen, hat der RFH. (E. Bd. 14 S. 83) für unerheblich erklärt.

Zustellung an einen im Ausland wohnenden Empfänger (abgesehen von dem Sonderfall des § 71 AO.) kann nicht in der Form des eingeschriebenen Briefs (§ 70 Abs. 3), sondern muß nach der Vorschrift des § 199 ZPO. erfolgen (RFH. v. 22. 9. 25, Kartei Nr 6 zu § 70).

Daß die Zustellungen für Minderjährige usw. und für juristische Personen an den gesetzlichen Vertreter zu erfolgen haben, ist in § 171 Abs. 1 ZPO. ausdrücklich gesagt. Schwierigkeiten kann die Frage bereiten, an wen im Falle einer Steuerpflicht einer nicht rechtsfähigen Personenmehrheit — was hauptsächlich für die auf einem Betrieb als solchem ruhenden Steuern zutrifft — zuzustellen ist. Ist für den Betrieb ein Vorstand oder Geschäftsführer vorhanden, so muß die Zustellung an diesen erfolgen; das folgt einerseits aus der sinngemäßen Anwendung des § 171 Abs. 2 ZPO. (den „Vereinen, welche als solche klagen und verklagt werden können", entsprechen im Steuerrecht „Personenvereinigungen, die als solche steuerpflichtig sind", § 86 AO.), anderseits aus der den Vorständen usw. in diesen Fällen durch § 86 AO. in steuerlicher Hinsicht auferlegten Verpflichtung. Wo eine besondere Geschäftsführung nicht vorhanden ist (wie dies zuweilen bei gewissen nach Art einer Gesellschaft bürgerlichen Rechts bestehenden Zusammenschlüssen zweier oder mehrerer Personen der Fall ist), wird mangels Erteilung besonderer Vollmacht an einen der Beteiligten die Zustellung an jeden der Beteiligten zu erfolgen haben, andernfalls sie Wirkungen gegen jene, denen nicht zugestellt worden ist, nicht äußert.

An wen im Falle gewillkürter Stellvertretung zuzustellen ist, hat der RFH. bisher lediglich für das Rechtsmittelverfahren, und zwar in Anlehnung an § 176 ZPO. dahin entschieden, daß die Zustellungen an den bestellten und vom Finanzamt zugelassenen Bevollmächtigten zu erfolgen haben (E. Bd. 6 S. 80 und Großer Senat E. Bd. 17 S. 289). Man wird aber, sofern man überhaupt — und mit Recht — § 176 ZPO. als gemäß § 70 Abs. 1 AO. für anwendbar erklärt, seine sinngemäße Anwendung auch auszudehnen haben auf Zustellungen im Steuerfestsetzungsverfahren. Denn einen dem Verhältnis der Parteien vor dem Zivilprozeß entsprechenden Zustand gibt es im Besteuerungsverfahren nicht. Fiskus und Steuerpflichtiger stehen sich von Anfang an nicht nur als Parteien gegenüber, sondern der Fiskus nimmt von Anfang an eine über die Parteistellung hinausgehende entscheidende Stellung ein und gegen seine Entscheidung (d. i. die Steuerfestsetzung) laufen (wie gegen eine gerichtliche Entscheidung erster Instanz) Rechtsmittelfristen. Daher dürfte auch die Zustellung von Steuerbescheiden rechtswirksam nur an den Bevollmächtigten (seine Zulassung oder ohne Zulassung bestehende Vertretungsbefugnis gemäß § 88 vorausgesetzt) erfolgen können. Der Große Senat hat zwar in der erwähnten Entscheidung Bd. 17 S. 289 am Ende eine gegenteilige Ansicht ausgesprochen, es dürfte jedoch, da es sich hierbei noch nicht um eine grundsätzliche Entscheidung sondern lediglich um eine nebenher geäußerte Anschauung handelt, hierdurch noch keine endgültige Entscheidung der Frage getroffen sein.

[3] „auch", d. h. abgesehen von Zustellungen durch die Post, was nicht zu verwechseln ist mit Zustellungen durch eingeschriebenen Brief (Abs. 3).

[4] Der Zustellung durch eingeschriebenen Brief ist nach RFH. v. 15. 3. 22 (Steuer u. Wirtsch. S. 589) gleichzuerachten die verhandlungsschriftliche Übergabe des betreffenden Schriftstücks an den Empfänger durch die Finanzbehörde gegen Empfangsbestätigung. Die 3-Tagefrist des Abs 3 S. 2 dürfte in solchem Falle jedoch kaum in Frage kommen, die Zustellung vielmehr als mit der Übergabe erfolgt gelten.

[5] Der Tag der Aufgabe wird nicht mitgerechnet.

[6] Einer Behörde kann auch durch Übersendung einer für die Kenntnisnahme zu den Akten bestimmten Abschrift der Verfügung rechtswirksam zugestellt werden (E. Bd. 9 S. 122).

**§ 71.** Steuerpflichtige, die ihren Wohnsitz oder Sitz im Ausland, aber im Inland steuerpflichtiges Vermögen oder eine Niederlassung oder Geschäftsstelle haben oder steuer- oder sicherheitspflichtig sind, haben dem Finanzamt auf Verlangen einen Vertreter im Inland zu bestellen, der ermächtigt ist, Schriftstücke zu empfangen, die für sie bestimmt sind. Unterlassen sie dies, so gilt ein Schriftstück mit der Aufgabe zur Post als zugestellt, selbst wenn es als unbestellbar zurückkommt.

§ 72. Ist der Aufenthaltsort dessen, dem zugestellt werden soll, unbekannt oder seine Wohnung nicht zu ermitteln, so kann die Zustellung an ihn dadurch bewirkt werden, daß das Schriftstück an der zu Aushängen der Behörde bestimmten Stelle angeheftet wird. Die Zustellung gilt als bewirkt, wenn seit der Anheftung, mag auch das Schriftstück früher entfernt sein, zwei Wochen verstrichen sind. Statt des Schriftstücks, das zuzustellen ist, kann eine Benachrichtigung angeheftet werden, in der das Schriftstück im allgemeinen zu bezeichnen und zu bemerken ist, daß und wo es eingesehen werden kann. Diese Art der Zustellung ist auch zulässig, wenn bei einer Zustellung im Ausland die Befolgung der dafür bestehenden Vorschriften unausführbar ist oder keinen Erfolg verspricht, oder wenn in einer Wohnung zugestellt werden müßte, die Zustellung aber unausführbar ist, weil der Inhaber der Wohnung der inländischen Gerichtsbarkeit nicht unterworfen ist.

## III. Verfügungen.

§ 73. Verfügungen[1] (Entscheidungen, Beschlüsse, Anordnungen) der Behörden für einzelne Personen[2] werden dadurch wirksam[3], daß sie demjenigen zugehen[4], für den sie ihrem Inhalt nach bestimmt sind (Bekanntgabe). Öffentliche Bekanntmachung oder Auslegung von Listen genügt, wo sie nach den Steuergesetzen zugelassen ist. Zustellung ist nur erforderlich, wo sie ausdrücklich[5] vorgesehen ist[6].

Einem Anwesenden kann eine Verfügung mündlich bekanntgegeben werden[7], auf Verlangen ist ihm eine Abschrift der Verfügung zu erteilen[8].

[1] Verfügung ist jede zur Regelung eines Einzelfalls bestimmte Willenskundgebung einer Behörde; eine Eintragung in die Steuerlisten kann unter Umständen eine Verfügung darstellen.

Das Fehlen der Unterschrift macht eine Verfügung nicht unwirksam, sofern das Schriftstück nur als von der Behörde ausgehend (Unterstempelung, Dienstsiegel) einwandfrei zu erkennen ist (RFH. v. 16. 10. 25, Kartei Nr. 5 zu § 73).

[2] Natürliche oder juristische Personen, auch nichtrechtsfähige Personenmehrheiten mit Steuerfähigkeit.

[3] Der Zeitpunkt des „Wirksamwerdens" ist u. a. von Bedeutung insbesondere für die Frage der Abänderlichkeit (§§ 74 bis 77), der Fälligkeit (§ 81), der Vollziehbarkeit (§ 235) und des Fristenbeginns (§ 231). Wegen des Einflusses von Rechtsmitteln auf die Wirksamkeit des angefochtenen Bescheids s. § 235.

[4] Zugegangen ist eine Verfügung dem Steuerpflichtigen in dem Zeitpunkt, in welchem sie derart in seinen persönlichen Bereich gebracht wurde, daß er bei normalen Verhältnissen davon hätte Kenntnis erlangen können. Daß er diese Kenntnis mit oder ohne seine Schuld tatsächlich nicht erlangt hat, ist belanglos. Wenn die Verfügung durch einfachen Brief zugeschickt wurde, genügt es daher nach der auf den § 130 BGB. bezüglichen Rechtsprechung des Reichsgerichts (Entsch. i. ZS. Bd. 60 S. 336), daß der Brief in die Wohnung des Adressaten gelangt ist.

[5] Vgl. §§ 70—72.

[6] Die hierher gehörigen Fälle der AO. sind: Förmliche Steuerbescheide im Sinne des § 211 (§ 211 Abs. 3), Rechtsmittelbescheide (§§ 242, Abs. 2, 262, 276, 280), Verfügungsverbote im Beitreibungsverfahren (§ 334), Bescheide des Vorsitzenden in den Fällen der §§ 236 Abs. 2, 251 Abs. 2, Straf- und Beschwerdebescheide im Strafverfahren (§§ 414, 417).

Die hauptsächlichste Folge der Unterlassung oder Nichtordnungsmäßigkeit der Zustellung ist die Verhinderung des Fristenlaufs (§ 231 Abs. 1 AO.).

[7] Eine etwa nach Abs. 1 erforderliche Zustellung kann durch die mündliche Bekanntgabe nicht ersetzt werden. Bekanntgabe durch Fernsprecher genügt nicht, wie aus der Fassung „Einem Anwesenden" hervorgeht.

Im übrigen wirkt die mündliche Bekanntgabe wie das sonstige „Zugehen" nach Abs. 1.

[8] Der Zeitpunkt der Wirksamkeit hängt aber in diesem Falle nicht etwa von der Übersendung der Abschrift ab, sondern die Wirksamkeit ist mit der mündlichen Bekanntgabe bereits eingetreten.

**§ 74.** Bis zu ihrer Bekanntgabe (§ 73) können Verfügungen zurückgenommen, geändert oder durch andere Verfügungen ersetzt werden[1].

Entscheidungen, die auf Grund einer mündlichen Verhandlung verkündet werden[2], können nach ihrer Verkündung nicht mehr zurückgenommen oder geändert werden.

Schreibfehler, Rechenfehler und ähnliche offenbare Unrichtigkeiten[3] können auch nach der Bekanntgabe oder Verkündung berichtigt werden[4].

[1] Abs. 1 enthält einen allgemein gültigen Grundsatz für alle denkbaren Verfügungen (auch im Strafverfahren, für welches der zweite Teil der AO. an sich nicht gilt).

Auch Rechtsmittelentscheidungen, die von Kollegien (Steuerausschüssen, Finanzgerichten) ausgehen, können zurückgenommen werden. Die Frage, ob hierzu Mitwirkung derselben Personen erforderlich ist, die bei Fällung der ersten Entscheidung mitgewirkt haben, ist zu bejahen, da es sonst letzten Endes dem Befinden des Vorsitzenden überlassen wäre, eine Sache so oft zur Abstimmung zu bringen, bis eine Entscheidung in dem von ihm gewollten Sinne erzielt ist. Das würde dem Zwecke der Laienmitwirkung widersprechen. Es dürfte aber die Einholung schriftlicher Zustimmungserklärungen der einzelnen Mitglieder genügen.

[2] Hier ist nur an Urteile der Finanzgerichte und des RFH. gedacht, die nach §§ 261 und 276 verkündet werden; die in § 73 Abs. 2 zugelassene mündliche Bekanntgabe in sonstigen Fällen gehört nicht hierher.

[3] Es muß sich um Mängel handeln, die dem auf Grund der Aktenlage gebildeten Willen des Verfügenden nicht entsprechen. Geht der Mangel auf eine bereits in den Akten vorhandene Unrichtigkeit zurück, so ist seine Berichtigung gleichfalls insolange zulässig, als die vorangehenden Unrichtigkeiten ihrerseits als offenbare Unrichtigkeiten im Sinne des Abs. 3 anzusprechen sind. Fehler des Steuerpflichtigen (z. B. unrichtige Angaben in der Steuererklärung) unterbrechen diese Kette und berechtigen nicht zur Berichtigung einer darauf gegründeten Entscheidung nach § 74 Abs. 3, wenn es sich nicht etwa um einen ohne weiteres erkennbaren Fehler handelt. (Vgl. über letzt. Punkt RFH. in Kartei Nr. 5 zu § 74.)

Irrtum in der tatsächlichen oder rechtlichen Beurteilung fällt keinesfalls unter § 73 Abs. 3.

Fehler bei Herstellung von Ausfertigungen und Abschriften fallen an sich gleichfalls nicht unter § 74 Abs. 3. Mit Becker aber so weit zu gehen, bei wesentlicher Differenz zwischen dem bei den Akten befindlichen Steuerbescheid und der dem Pflichtigen zugestellten Ausfertigung allgemein eine fristlose Anfechtbarkeit des richtigen Steuerbescheids zuzulassen, scheint bedenklich. Es würde dies dahin führen, daß z. B. bei versehentlich zu hoher ziffernmäßiger Festsetzung der Pflichtige unbeschränkt gegen die — zutreffend angenommene — Steuerpflicht als solche im Rechtsmittelweg angehen könnte. Hier wird zweifellos richtiger mit einer entsprechenden Richtigstellung der Ausfertigung geholfen.

[4] Zur Berichtigung befugt ist die Behörde, die die betreffende

Verfügung erlassen hat. Im Rechtsmittelverfahren ist selbstverständlich die Rechtsmittelbehörde im Rahmen der von ihr zu treffenden Entscheidung zur Richtigstellung befugt, sie wird aber zur Vermeidung von Weiterungen in solchen Fällen zweckmäßigerweise der Vorinstanz die einfache Berichtigung nach § 74 Abs. 3 zur Erwägung stellen. Das Rechtsmittel wird hierdurch ohne formelle Zurücknahme gegenstandslos.

Die Berichtigung gemäß § 74 Abs. 3 ist sogar noch zulässig gegenüber rechtskräftig gewordenen Rechtsmittelentscheidungen (RFH. v. 20. 3. 25, Kartei Nr. 6 zu § 74), und zwar ist auch in diesen Fällen bereits die unterste Instanz zur Berichtigung befugt, wenn die Unrichtigkeit bereits in ihrer Verfügung aufgetreten war.

Für die Anfechtbarkeit des Berichtigungsbescheides gilt § 222.

**§ 75.** Erachtet die Behörde eine Verfügung nachträglich[1] für ungerechtfertigt[2], so ist sie, soweit in den §§ 76 bis 78 oder sonst in den Steuergesetzen nichts Abweichendes bestimmt ist, berechtigt, sie zurückzunehmen oder zu ändern[3]; wenn eine Verfügung nur auf Antrag erlassen werden kann und der Antrag zurückgewiesen worden ist, darf die Verfügung nur auf Antrag geändert werden.

[1] D. h. nach Bekanntgabe (s. § 73).

[2]) Neben den ohne weiteres klaren Begriff der „ungerechtfertigten" Verfügungen tritt der — steuergesetzlich nicht behandelte — Begriff der nichtigen Verfügungen. Nichtigkeit einer Verfügung kann vorliegen entweder bei sachlicher Unzuständigkeit der Finanzbehörden überhaupt (z. B. Übergriffe der Finanzbehörden auf das Gebiet des bürgerlichen oder allgemeinen Strafrechts), oder wegen sachlicher Unzuständigkeit einer Behörde im Einzelfall (z. B. Finanzamt entscheidet statt Steuerausschuß; die Tatsache, daß lediglich ein zur Zeichnung nicht

befugter Beamter der an sich zuständigen Behörde unterzeichnet hat, macht die betreffende Verfügung noch nicht unwirksam), oder endlich weil im Einzelfall die Grundlage fehlt, ohne die die Behörde überhaupt nicht in Tätigkeit treten konnte (z. B. Rechtsmittelentscheidung trotz Fehlens einer wirksamen Rechtsmitteleinlegung; hierher gehört auch der Fall einer Rechtsmitteleinlegung durch Minderjährige usw.).

In der Praxis werden derartige Fälle am zweckmäßigsten in der Weise behandelt, daß die Behörde aus der nichtigen Verfügung keine steuerrechtlichen Folgen zieht und veranlaßtenfalls dem Pflichtigen gegenüber die Nichtigkeit der Verfügung erklärt. Will die Behörde in Abweichung von der Meinung des Pflichtigen die Nichtigkeit einer Verfügung nicht anerkennen, so wird dem Pflichtigen — falls er die Verfügung hat rechtskräftig werden lassen — nichts anderes übrig bleiben als gegen die im Vollzug der für nichtig gehaltenen Verfügung ergehenden weiteren Verfügungen und Maßnahmen die gesetzlichen Rechtsmittel, nötigenfalls die an keine Frist gebundene Beschwerde im Aufsichtswege einzulegen.

[3] Auf Antrag oder von Amts wegen. Für die Form der Zurücknahme wird der in Anm. 1 zu § 222 ausgesprochene Grundsatz entsprechend zu gelten haben. Für Zurücknahme von Strafbescheiden gilt § 414 Abs. 4.

**§ 76**[1]. Einen Steuerbescheid im Sinne der §§ 211, 220[2] kann die Behörde, die ihn erlassen hat, zurücknehmen oder ändern:

1. wenn der Bescheid Zölle oder Verbrauchsabgaben betrifft,
2. wenn er andere Steuern betrifft, falls der Steuerpflichtige zustimmt; ist jedoch ein solcher Bescheid bereits unanfechtbar geworden, so darf er nur zum Nachteil des Steuerpflichtigen zurückgenommen oder geändert werden[3].

Die Vorschriften über die Nachforderung hinterzogener Steuern, über die Nach- und Neuveranlagung und über die Berichtigung von Veranlagungen[4] bleiben unberührt.

Einspruchsentscheidungen können unter den gleichen Voraussetzungen wie Steuerbescheide der in Abs. 1 Nr. 2 bezeichneten Art zurückgenommen oder geändert werden. Andere Rechtsmittelentscheidungen können nicht zurückgenommen oder geändert werden[5].

[1] § 76 bezieht sich nur auf bereits bekannt gegebene Verfügungen. Für die Zeit vor der Bekanntgabe gilt § 74 Abs. 1, 2.

[2] Sowohl formelle wie formlose Steuerbescheide gehören hierher. Erstattungs- und Vergütungsbescheide fallen unter § 75, ev. § 78 (vgl. Anm. 1 zu § 78).

[3] In den Fällen, in denen beim Erlaß eines Steuerbescheids Ausschüsse mitwirken müssen, müssen diese auch bei Änderung oder Zurücknahme mitwirken (RFME. v. 29. 8. 22 III R 3838).

Für die Anfechtbarkeit von Berichtigungsbescheiden gilt § 222.

[4] Vgl. §§ 212—214.

[5] Satz 1 des Abs. 3 ist eingefügt durch § 14 Aufwert.Vbg. v. 11. 9. 23 (RGBl. I S. 939).

Über Zurücknahme von Einspruchsentscheidungen, an denen Ausschüsse mitgewirkt haben, s. Anm. 2 zu § 25 a. E.

Einspruchsentscheidungen können auch noch zurückgenommen werden, wenn die Sache bereits in der Berufungsinstanz schwebt. Die Berufung wird dadurch (ohne förmliche Zurücknahme) gegenstandslos.

**§ 77.** Verfügungen, die Ungehorsamsfolgen (Zwangsmittel, Sicherungsgelder oder Steuerzuschläge) festsetzen[1], dürfen nur zugunsten der Betroffenen zurückgenommen oder geändert werden[2].

[1] Strafbescheide gehören nicht hierher! Über die Zu-

rücknahmemöglichkeit bei Strafbescheiden s. § 414 Abs. 4. Auch auf Zinsen bezieht sich § 77 nicht.

[2] Nach Bekanntgabe; vorher dürfen sie nach § 74 unbeschränkt zurückgenommen oder geändert werden.

§ 78. Wo eine Anerkennung, Genehmigung, Bewilligung oder Erlaubnis ausgesprochen worden ist, die den Beteiligten Befugnisse oder Vergünstigungen gewährt oder sie von Pflichten befreit[1], kann diese Verfügung, soweit nicht Widerruf oder weitere Bedingungen vorbehalten sind, nur zurückgenommen oder eingeschränkt werden[2]:

1. wenn die Verfügung von sachlich[3] unzuständiger Stelle erlassen worden ist,
2. wenn sich die tatsächlichen[4] Verhältnisse geändert haben, die für die Erlassung der Verfügung maßgebend waren, oder das Vorhandensein dieser tatsächlichen Verhältnisse auf Grund unrichtiger[5] oder irreführender[6] Angaben des Beteiligten irrig angenommen ist,
3. wenn der Beteiligte die Bedingungen oder Verpflichtungen, die ihm bei Gewährung der Vergünstigung auferlegt worden sind, nicht erfüllt oder eine nachträglich geforderte Sicherheit nicht leistet.

Hat der Beteiligte die Verfügung durch unlautere Mittel, wie Täuschung[7], Zwang, Bestechung, veranlaßt, so kann sie mit rückwirkender Kraft zurückgenommen werden.

[1] Der Kreis der unter § 78 fallenden Verfügungen ist weit zu ziehen. Es fallen hierunter also u. a. auch Verfügungen, durch welche Erstattungs- und Vergütungsansprüchen ganz

oder teilweise stattgegeben wird (E. Bd. 5 S. 245, Bd. 6 S. 243, Bd. 10 S. 129) sowie Erlaß, Ermäßigung oder Erstattung von Steuern aus Billigkeitsgründen gemäß § 108 (E. Bd. 9 S. 17).

Immer aber muß es sich um Verfügungen handeln, bei denen die Finanzbehörde auf dem Boden ihrer gesetzlichen Befugnisse gehandelt hat. Wo eine solche Befugnisüberschreitung vorliegt — das trifft abgesehen von dem Falle des § 78 Nr. 1 zu z. B. auf unzulässige Vergleiche des Finanzamts mit Pflichtigen über Regelung von Steueransprüchen (vgl. E. Bd. 18 S. 92, ferner RFH. v. 1. 12. 25, Kartei Nr. 16 zu § 78) —, da scheidet die Anwendbarkeit des § 78 aus.

[2] Wegen Anfechtung der Aufhebungs- oder Einschränkungsverfügung s. § 223.

[3] Örtliche Unzuständigkeit ist belanglos, vgl. § 61 Abs. 1.

[4] Eine Änderung der rechtlichen Beurteilung genügt nicht, auch wenn diese Änderung auf einer oberstrichterlichen Entscheidung beruhen sollte.

[5] Objektiv unrichtig müssen die Angaben sein. Unabsichtlich unvollständige Angaben genügen nach RFH. v. 20. 5 25 nicht (DStBl. S. 447).

[6] Absicht der Irreführung nicht erforderlich.

[7] Täuschung kann auch bei Unterlassung einer Angabe vorliegen, wenn nach den Umständen des Falles eine Pflicht zur Angabe bestand.

## Zweiter Titel.

## Sachliche Vorschriften.

### I. Der Steueranspruch.

#### 1. Entstehung. Fälligkeit.

**§ 79.** Steuerpflichtiger im Sinne der Reichsabgabenordnung[1] ist, wer nach den Steuergesetzen eine Steuer als Steuerschuldner zu entrichten hat[2].

Die Vorschriften für die Steuerpflichtigen gelten sinngemäß für die, die nach den Steuergesetzen neben den Steuerpflichtigen[3] oder an deren Stelle[4] persönlich für die Steuer haften.

[1] Und zwar im Sinne der materiellrechtlichen Vorschriften der §§ 79—161 wie auch der formellrechtlichen Bestimmungen des 3., 4. und 5. Abschnitts dieses Teils.

[2] Die Steuerpflicht im konkreten Falle setzt stets voraus das Vorhandensein der — der Rechtsfähigkeit des BGB. entsprechenden — steuerlichen Rechtsfähigkeit, die man kurz auch vielleicht als Steuerfähigkeit bezeichnen kann, d. h. als die Fähigkeit, Träger von Pflichten und Rechten zu sein, die sich aus den Steuergesetzen ergeben. Steuerfähigkeit können besitzen nicht nur natürliche und juristische Personen, sondern auch — wenn auch unter Einschränkung auf gewisse Steuerarten — nicht rechtsfähige Personenmehrheiten und sonstige Rechtsgebilde (wie z. B. nicht rechtsfähige Personenmehrheiten aller Art hinsichtlich der Umsatzsteuer). Wer steuerfähig ist, ist zugleich parteifähig im steuerrechtlichen Sinne (vgl. § 50 ZPO.), d. h. fähig, aktiv und passiv Subjekt des Steuerprozesses (wozu nicht nur das Rechtsmittelverfahren, sondern auch das ganze vorangehende Besteuerungsverfahren gehört, vgl. oben Anm. 2 zu § 70) zu sein. Über die weiteren Begriffe der steuerlichen Geschäftsfähigkeit und Prozeßfähigkeit vgl. unten § 83 nebst Bem.

[3] Sog. Gesamthaftung, vgl. § 95 Abs. 1.

[4] Hierzu zählen die Fälle, in denen Personen an Stelle von weggefallenen Steuerpflichtigen treten (z. B. §§ 81 Abs. 1 S. 3, 87 Abs. 1, 95 Abs. 3, 97 Abs. 1—3), außerdem die Fälle, in denen das Gesetz von vornherein den primär Steuerpflichtigen außer Haft läßt, wie z. B. bei der Lohnsteuer, abgesehen von § 78 Abs. 2 Eink.StG. (E. Bd. 14 S. 208).

**§ 80.** Wer einen Gegenstand als ihm gehörig besitzt, wird im Sinne der Steuergesetze wie ein Eigentümer behandelt[1]. Soweit nichts anderes vorgeschrieben ist, ist der Vorerbe und nach Aushändigung des Vermächtnisses der Vorvermächtnisnehmer dem Eigentümer gleich zu behandeln; ebenso der Inhaber eines Fideikommisses, Lehens oder Stammguts, eines Hausguts oder eines sonstigen nach landesgesetzlichen Vorschriften (Artikel 57 bis 59 des Einführungsgesetzes zum Bürgerlichen Gesetzbuch) gebundenen Vermögens.

Steht ein Gegenstand mehreren zur gesamten Hand zu, so sind die Beteiligten so zu besteuern, wie wenn sie nach Bruchteilen berechtigt wären[2]. Die Höhe der Bruchteile ist nach den Anteilen zu bestimmen, zu denen die Beteiligten an dem Vermögen zur gesamten Hand berechtigt sind, oder nach Verhältnis dessen, was ihnen bei Auflösung der Gemeinschaft zufallen würde.

[1] Für den hier normierten Eigentumsbegriff gilt weder der Begriff des Eigentums noch der des Besitzes im Sinne des bürgerlichen Rechts. Als Eigentümer im steuerrechtlichen Sinne wird vielmehr unter Heranziehung der Auslegungsvorschriften des § 4 derjenige zu betrachten sein, der eine Sache wirtschaftlich beherrscht (so Ausschußbericht S. 3, zitiert bei Mrozek). „Eine Sache wirtschaftlich als Eigentümer beherrschen" ist natürlich nicht gleichbedeutend mit „aus einer Sache wirtschaftlichen Nutzen ziehen" (wie dies z. B. beim Pächter oder sonstigen Nutznießer der Fall ist, beim elterlichen Nießbrauch am Kindesvermögen nach § 1649 BGB. oder beim Nießbrauch des Ehemanns am Vermögen der Frau nach § 1383 BGB.). Wirtschaftlich eine Sache als Eigentümer beherrschend ist vielmehr derjenige, dem nach der Verkehrsauffassung die wirtschaftliche Verfügungsmöglichkeit über eine Sache zusteht, mag auch nach materiellem bürgerlichen Recht ein anderer rechtlich der „Eigentümer" sein. Es ist demnach Eigentümer im steuerrechtlichen Sinne z. B. bei Sicherungs-

übereignung der Übereignende (auch nach der Übereignung), bei Verkauf eines Grundstücks der Erwerber, auch wenn die Auflassung noch nicht erfolgt ist, bei Erbfällen der Erbschaftsbesitzer, der sich unangefochten als Erbe betrachtet, mag auch nach Gesetz oder Testament ein anderer wirklich Erbe sein, ferner der Eisenbahnfiskus, der ein Grundstück bereits vor Durchführung des Enteignungsverfahrens zu Bahnanlagen benützt. Letzteres könnte zweifelhaft sein, da der zu Enteignende doch vor Erledigung des Verfahrens keineswegs den Eigentumswillen aufgegeben hat; mit Rücksicht darauf, daß jedoch der Staat selbst in diesem Falle einen Zwang gegen den rechtlichen Eigentümer ausübt und diesen Zwang auch tatsächlich durchzuführen in der Lage ist, wäre es wirtschaftlich unbillig, den formellen Eigentümer steuerrechtlich noch als solchen zu betrachten. Auch die (bei Mrozek bejahte) Frage, ob bei Verkauf einer Sache unter Eigentumsvorbehalt mangels Barzahlung der Erwerber steuerrechtlich Eigentümer wird, scheint an sich nach obiger Begriffsbestimmung zunächst zweifelhaft. Denn der Verkäufer behält doch zunächst, auch nach Absicht der Parteien, noch seine wirtschaftliche Verfügungsgewalt. Da es jedoch der Erwerber in der Macht hat, jederzeit durch Barzahlung die volle wirtschaftliche Verfügungsgewalt zu erlangen, wird der Ansicht Mrozeks beizupflichten sein.

[2] Diese Vorschrift ist keine bloße Bewertungs- oder Berechnungsvorschrift, sondern auch für die materiellrechtliche Beurteilung der Entstehung von Steueransprüchen maßgebend, namentlich beim Eigentumswechsel (E. Bd. 5 S. 182). Der Begriff des Eigentums zur gesamten Hand, den das bürgerliche Recht kennt, mit dem jedoch das Steuerrecht aus wirtschaftlichen Erwägungen nicht leicht zurecht kommen würde, wird für die Frage der Besteuerung aus Zweckmäßigkeitsgründen ausgeschaltet.

Zu § 80 sind (außer der bereits genannten Entsch. in E. Bd. 5 S. 182) noch folgende in der amtl. Sammlung veröffentlichte Entscheidungen ergangen: Zu Abs. 1: Bd. 6 S. 334,

Bd. 8 S. 89, Bd. 14 S. 217, Bd. 17 S. 56, Bd. 18 S. 73, 263; zu Abs. 2: Bd. 12 S. 76, Bd. 16 S. 77. Vgl. weiterhin das Gutachten des RFH. in Bd. 19 S. 113 zu § 80 Abs. 1.

**§ 81.** Die Steuerschuld entsteht, sobald der Tatbestand verwirklicht ist, an den das Gesetz die Steuer knüpft[1]. Daß es zur Feststellung der Steuerschuld noch der Festsetzung des Betrags bedarf, schiebt die Entstehung nicht hinaus[2]. Sind bei Herstellung steuerpflichtiger Erzeugnisse mehrere Betriebe an der Herstellung beteiligt, so geht die Steuerschuld auf jeden folgenden an der Herstellung beteiligten Betriebsinhaber über.

Bedingte Steuerschulden sind im Zweifel auflösend bedingt[3]; tritt die Bedingung ein, unter der die Steuerpflicht wegfällt, oder gehen bedingt steuerpflichtige Erzeugnisse oder Waren unter, bevor es sich entschieden hat, ob die Bedingung eintritt, so sind etwa erfolgte Steuerfestsetzungen zu berichtigen (§ 214).

Wird eine Frist für die Zahlung einer Steuerschuld gesetzt, so wird die Steuerschuld, soweit nichts anderes vorgeschrieben ist, mit Ablauf der Frist fällig[4].

Diese Vorschriften gelten sinngemäß für andere Leistungen, die auf Grund der Steuergesetze geschuldet werden[5].

Bei Verschollenen gilt für die Steuergesetze der Tag, mit dessen Ablauf das Ausschlußurteil rechtskräftig wird, als Todestag.

[1] § 81 bringt zwei für das Steuerrecht sehr wichtige Begriffe, nämlich die Begriffe

1. der Entstehung der Steuerschuld,

2. der Fälligkeit der Steuerschuld (hierüber vgl. unten Anm. 4).

Die beiden Begriffe decken sich keineswegs, haben ganz verschiedene steuerrechtliche Bedeutung und fallen auch zeitlich in den wenigsten Fällen zusammen.

Der Zeitpunkt der Entstehung der Steuerschuld ist maßgebend

1. für die Frage, von wann an die Veranlagung zur betr. Steuer erfolgen kann,

2. für die Frage der Verjährung (§ 122),

3. für die Frage nach dem persönlichen und sachlichen Umfang der Steuerschuld.

Die Bedeutung des Abs. 1 beschränkt sich auf die Festlegung der deklaratorischen Natur der Steuerfestsetzungen (so Becker). Die Frage, wann „der Tatbestand verwirklicht ist, an den das Gesetz die Steuer knüpft", wann also die Steuer als entstanden gilt, beantwortet sich nach den einzelnen Steuergesetzen. Die einzelnen Steuergesetze haben allerdings leider nicht alle mit genügender Klarheit die Frage gelöst, insbesondere nicht das Reichseinkommensteuergesetz. Man wird bei der Einkommen-(einschließlich Körperschaft-)steuer als Entstehungszeitpunkt das Ende des Steuerabschnitts anzunehmen haben (so Glaser, Kommentar z. Eink.StG., Berlin 1922), bei der Vermögensteuer den Hauptfeststellungszeitpunkt für den Hauptveranlagungszeitraum (§ 11 Verm.StG., §§ 5 Abs. 2, 6 Abs. 2 R.-BewertG., vgl. auch E. Bd. 17 S 358), bei der Umsatzsteuer den Zeitpunkt der einzelnen steuerpflichtigen Vorgänge.

Bei Vorauszahlungen wird man von einer „Entstehung" der Steuerschuld in diesem Sinne nicht sprechen können (nur von einer Fälligkeit, s. unten), da die Vorauszahlungen lediglich Teilzahlungen auf eine Gesamtsteuerschuld darstellen, die ihrerseits ihren jeweils besonderen Entstehungszeitpunkt hat.

[2] Sog. deklaratorische Natur der Steuerfestsetzungen (vgl. Anm. 1).

[3] Wenn eine Steuerschuld aufschiebend bedingt ist, d. h. nur unter Voraussetzung des Eintritts einer gewissen Bedingung besteht, besteht sie solange überhaupt noch nicht, als

jene Bedingung nicht eingetreten ist. Bei auflösender Bedingung dagegen — d. h. wenn eine Steuerschuld nur solange besteht, als eine gewisse Bedingung nicht eintritt — besteht die Steuerschuld zunächst mit allen ihren Wirkungen. Da nun des öfteren zweifelhaft sein kann, ob eine Bedingtheit aufschiebend oder auflösend ist, hat die AO. in § 81 Abs. 1 eine Auslegungsregel gegeben, wonach also die Veranlagung in solchen Fällen zunächst vorzunehmen ist. Ergibt sich nachträglich infolge Eintritts der auflösenden Bedingung der Wegfall der Steuerpflicht, so ist die Veranlagung nach Abs. 2 Halbs. 2 zu berichtigen. Unter Umständen kann auch nach § 82 verfahren werden. (Ein Beispiel bildet die Ungewißheit, ob ein Grundstück zu Siedlungszwecken verwendet wird und daher nach § 8 Nr. 9 GrunderwStG. Steuerfreiheit eintreten soll oder nicht, E. Bd. 7 S. 133.)

4 Der Zeitpunkt der Fälligkeit ist von Bedeutung insbesondere:

1. für die Frage der Zulässigkeit des Beitreibungsverfahrens (§§ 298 ff.),

2. für die Verzinsungspflicht (vgl. § 104).

Fälligkeit im Sinne der Steuergesetze bedeutet: Pflicht zur Entrichtung einer Steuer. Den Zeitpunkt der Fälligkeit auf den Zeitpunkt der Entstehung der Steuerschuld zu verlegen (Mrozek, 1. Auflage), ist daher unzutreffend. Man wird hinsichtlich des Zeitpunkts der Fälligkeit unterscheiden müssen, ob es sich um Steuern handelt, die auf Grund einer sog. Selbstveranlagung zu entrichten sind (z. B. Umsatzsteuerpflicht bei Versteigerungen, § 17 UStAB.) und Steuern, die auf Grund einer behördlichen Festsetzung (mit oder ohne Deklarationspflicht des Steuerpflichtigen) erhoben werden. In den ersteren Fällen ist der als Fälligkeitszeitpunkt anzusehende Zeitpunkt der Entrichtungspflicht aus den betr. gesetzlichen Bestimmungen (Ausführungsbestimmungen u. dergl.) unmittelbar zu ersehen. In den letzteren Fällen (sog. Veranlagungssteuern) wird (was u. a. e contrario aus Abs. 3 des § 81 zu folgern ist) die Steuer fällig mit der Bekanntgabe (§ 73) der Steuerfestsetzung, wenn jedoch gleichzeitig mit der Bekanntgabe eine Zahlungsfrist gesetzt wird, nach § 81 Abs. 3 mit Ablauf dieser Frist.

Die zum Zwecke der Einziehung von Rückständen (etwa gleichzeitig mit einer Mahnung) erfolgenden Fristsetzungen fallen selbstverständlich nicht unter § 81 Abs. 3 und berühren die nach vorstehendem zu entscheidende Frage des Fälligkeitszeitpunkts nicht.

Wann Vorauszahlungen fällig werden, das heißt zu entrichten sind, ergibt sich jeweilig unmittelbar aus den die betreffenden Vorauszahlungen regelnden Bestimmungen (z. B. § 95 EinkStG. § 19 UmsStG.). Hierbei etwa nach ministeriellen Anordnungen bestehende sog. „Schonfristen" schieben den Fälligkeitszeitpunkt nebst allen seinen Wirkungen nicht hinaus, sondern haben nur die ganz eingeschränkte Bedeutung, daß bei Zahlung innerhalb der Schonfrist Verzugszinsen nicht entrichtet zu werden brauchen.

[5] Z. B. Zuschläge, Sicherheitsgelder, Geldstrafen nach § 202 (nicht jedoch Strafen im kriminellen Sinne, wozu auch Ordnungsstrafen rechnen).

**§ 82.** Ist ungewiß, ob oder inwieweit die Voraussetzungen für die Entstehung einer Steuerschuld eingetreten sind[1], insbesondere, ob jemandem ein Gegenstand gehört oder ob ein Recht verwirklicht werden kann, so kann[2] das Finanzamt die Steuer vorläufig festsetzen[3] oder die Festsetzung gegen oder ohne Sicherheitsleistung aussetzen[4]. Das gleiche gilt, wenn aus besondern Gründen der Wert eines Gegenstandes nicht sofort ermittelt werden kann[5].

Wenn das Gesetz bei bedingten oder befristeten Verhältnissen die Steuerfestsetzung hinausschiebt, kann das Finanzamt Sicherheitsleistung verlangen[6].

[1] Das heißt: bestehen Zweifel über die tatsächlichen Grundlagen der Besteuerung oder der Steuerhöhe. Rechtliche Zweifel über die Anwendbarkeit der Steuergesetze gehören keinesfalls hierher. Denn die Gesetzesanwendung ist Dienstpflicht der Behörden, ein rechtlicher Irrtum der Behörden kann ja vom Steuerpflichtigen im Rechtsmittelweg angegriffen werden.

Über die Zulässigkeit eines vorläufigen Bescheids bei der Einkommensteuer vgl. E. Bd. 15 S. 263, bei der Vermögensteuer E. Bd. 9 S. 119 (Möglichkeit einer Werterhöhung in der Zukunft nicht unter § 82 fallend).

[2] „Kann" festsetzen: Ermessensfrage nach § 6. Das Finanzamt muß also vernünftige Anhaltspunkte für die Möglichkeit des Bestehens einer Steuerschuld haben und Gründe dafür, daß mit Erhebung der Steuer nicht bis zur Klärung der tatsächlichen Unterlagen gewartet wird. Die Frage, ob die Grenzen des § 6 überschritten worden sind, unterliegt der finanzrichterlichen Nachprüfung (E. Bd. 12 S. 30).

[3] Schwieriger fast als die Frage der Zulässigkeit einer vorläufigen Steuerfestsetzung gestaltet sich in der Praxis zuweilen die Frage, ob oder inwieweit ein Bescheid überhaupt vorläufig oder endgültig ist (was von Bedeutung werden kann für die weitere Frage der Zulässigkeit einer Nach- oder Neuveranlagung nach § 212).

Das Erfordernis, daß aus dem Bescheid selbst stets klar Eigenschaft und Umfang der Vorläufigkeit hervorgehen müsse, wird vom RFH. in E. Bd. 8 S. 304 in einer anscheinend nicht auf Unumstößlichkeit hindeutenden Form aufgestellt; immerhin wird es primär und für Zweifelsfälle anzuerkennen sein. Trotzdem wird man einem Steuerpflichtigen nicht gestatten können, bei einer etwa aus Verhandlungen zwischen ihm und dem Finanzamt oder sonstigen Umständen für ihn klar hervorgehenden Vorläufigkeit eines Steuerbescheids diese Vorläufigkeit lediglich deshalb abzulehnen, weil versehentlich ein entsprechender Vermerk in den Steuerbescheid nicht aufgenommen wurde. (Unter

Umständen dürfte hier sogar Berichtigung nach § 74 Abs. 3 möglich sein.)

Wesentlich für den vorläufigen Charakter einer Steuerfestsetzung ist aber zweifellos immer der aus den Akten oder sonstigen Umständen zweifelsfrei sich ergebende Wille des Finanzamts, die Steuerschuld durch den betreffenden Bescheid nur vorläufig regeln zu wollen und es geht daher nicht an, daß ein Finanzamt, wenn es hinterher Mängel der Festsetzung entdeckt, den Steuerbescheid nur als einen vorläufigen behandelt (vgl. Becker, Anm. 3 zu § 82).

Der vorläufige Steuerbescheid ist ein regulärer Steuerbescheid im Sinne der §§ 211 bzw. 220 und mit den gleichen Rechtsmitteln angreifbar wie der endgültige Bescheid, dem er vorangeht. Bei Wegfall der Ungewißheit ist die Steuer endgültig festzusetzen oder die erste Festsetzung zu berichtigen. Der neue Bescheid ist innerhalb der Grenzen des § 222 anfechtbar. Zur Abgrenzung der beiderseitigen Anfechtungsmöglichkeiten stellt E. Bd. 18 S. 269 folgenden Grundsatz auf: Enthält ein Steuerbescheid den Zusatz, daß Erhöhung vorbehalten bleibt, so ist er bis zur Höhe des angegebenen Betrags endgültig und im Falle einer Änderung kann nach § 222 der endgültig abändernde Bescheid nur noch so weit angegriffen werden, als die Änderung reicht. Ist dagegen im Steuerbescheid lediglich seine Abänderung oder Berichtigung vorbehalten, so ist der Bescheid seinem ganzen Umfang nach als vorläufig anzusehen und es kann der endgültige Bescheid in seinem ganzen Umfang, auch soweit er den ersten Bescheid wiederholt oder bestätigt, angegriffen werden.

[4] Der Aussetzungsbescheid — mit oder ohne Sicherheitsleistung — ist gleichfalls ein vorläufiger Steuerbescheid und mit den Rechtsmitteln der §§ 217 ff. angreifbar (E. Bd. 12 S. 182, Bd. 17 S. 344).

[5] Bei rechtlich zweifelhafter Steuerpflicht kann, ehe in die Ermittlung der nicht ohne weiteres feststellbaren Besteuerungsgrundlagen eingetreten wird, zur Vermeidung ev. überflüssiger

Arbeit eine vorläufige Entscheidung über die Steuerpflicht als solche gemäß § 82 Abs. 1 S. 2 getroffen werden (E. Bd. 8 S. 301).

[6] Für die Anfechtbarkeit gilt das in Anm. 4 Gesagte.

**§ 82a.** Hat ein Steuerpflichtiger eine Verbrauchssteuer mehrfach nicht rechtzeitig entrichtet, oder liegen Gründe vor, aus denen der Eingang einer Verbrauchssteuer gefährdet erscheint, so kann das Finanzamt verlangen, daß die auf die Steuer zu leistenden Zahlungen jeweils zu einem vom Finanzamt zu bestimmenden, vor der gesetzlichen Fälligkeit, aber nach der Entstehung der Steuerschuld liegenden Zeitpunkt entrichtet werden, oder daß Sicherheit geleistet wird.

§ 82a eingefügt durch Gesetz v. 10. 8. 25 (RGBl. I S. 248).

## 2. Geschäftsfähigkeit. Vertretung. Vollmacht. Haftung.

**§ 83.** Für die Geschäftsfähigkeit von Privatpersonen gelten in Steuersachen die Vorschriften des bürgerlichen Rechtes[1].

Das gleiche gilt von der Vertretung[2] und Vollmacht[3], soweit in den §§ 84 bis 92 nichts anderes vorgeschrieben ist.

[1] Einschlägig sind §§ 104—115 BGB. Nach ihnen beurteilt sich, ob eine von einer nicht voll geschäftsfähigen Person ausgehende Handlung oder Erklärung rechtswirksam ist. Einen besonderen Begriff der steuerlichen Prozeßfähigkeit (vgl. § 51 ZPO.) stellt die AO. nicht auf. Diese steuerliche Prozeßfähigkeit, d. h. die Fähigkeit, den Finanzbehörden gegenüber rechtswirksam aufzutreten, deckt sich sachlich mit dem Begriff der Geschäftsfähigkeit. Zu beachten ist u. a. § 112 BGB., aus dessen Anwendbarkeit sich u. gew. Umständen die Fähigkeit eines Minderjährigen ergibt, in Umsatzsteuerangelegenheiten dem Finanzamt gegenüber selbständig aufzutreten.

Die in der 1. Auflage erfolgte Kennzeichnung der Steuererklärung als „Wissenserklärung" ist nicht aufrechtzuerhalten. Denn auch eine Steuererklärung ist insofern Willenserklärung als der Erklärende durch sie seinen Willen bekundet, mit einer steuerlichen Behandlung in einem bestimmten Sinne einverstanden zu sein (vgl. RFH. v. 15. 3. 22, RStBl. S. 186, anders Becker). Das gleiche wird zu gelten haben bezüglich anderer Erklärungen, die eine Steuererklärung ergänzen. Es besteht also weder eine Pflicht noch eine Befugnis des minderjährigen Pflichtigen, solche Erklärungen abzugeben. Daß anderseits das Finanzamt nicht gehindert sein kann, zwecks Bildung seines Urteils sich der — hier lediglich als Auskünfte, d. i. als Beweismaterial anzusehenden — Erklärungen des nicht geschäftsfähigen Steuerpflichtigen zu bedienen, bedarf kaum der Erwähnung.

Die Einlegung von Rechtsmitteln stellt selbstverständlich eine Willenserklärung dar und zwar eine solche im Sinne des § 107 BGB.

[2] Gedacht ist sowohl an die sog. gewillkürte Vertretung (verbunden mit Vollmacht, §§ 104—181 BGB.) als auch an die gesetzliche Vertretung nicht geschäftsfähiger (d. i. nicht steuerlich prozeßfähiger in dem oben Anm. 1 erwähnten Sinne) Personen. Daher sind unter den nach § 83 Abs. 2 geltenden Vorschriften des bürgerlichen Rechts nicht nur die für die Vertretung Minderjähriger usw. sowie juristischer Personen geltenden Bestimmungen des BGB. (z. B. über elterliche Gewalt, Vormundschaft usw.) zu verstehen, sondern auch alle sonstigen privatrechtlichen (insbesondere handelsrechtlichen) Vorschriften über die Vertretung von Personenmehrheiten, Gesellschaften usw. In Betracht kommen daher insbesondere das Handelsgesetzbuch, das Gesetz über G. m. b. H., das Genossenschaftsgesetz. Allerdings gelten die Vertretungsvorschriften aller dieser Gesetze nur, „soweit nicht in den §§ 84—92 anderes vorgeschrieben ist".

[3] Für die gewillkürte Vertretung, die auf einer sog. Ver-

tretungsvollmacht beruht, gelten mithin die Bestimmungen der §§ 164 ff. BGB., soweit ihre Anwendung auf das Steuerrecht überhaupt einen Sinn ergibt. Wegen Erteilung der Vertretungsvollmacht s. insbesondere §§ 167, 171, 172 BGB., wegen des Erlöschens derselben §§ 168, 170, 173 a. a. O. (auch § 91 AO.). Hierzu E. Bd. 10 S. 263: Ist eine Vollmacht als durch Erklärung gegenüber der Steuerbehörde erteilt anzusehen, so ist sie (ebenso wie Mitteilungen der Finanzbehörde an den Bevollmächtigten) wirksam, wenn die Vollmacht nicht durch den Vollmachtgeber der Steuerbehörde gegenüber widerrufen wird.

Die Übertragung einer Vollmacht kann nach bürgerlichem Recht formlos, auch durch schlüssige Handlungen erfolgen.

Für das Auftreten eines Vertreters ohne Vertretungsvollmacht gelten die §§ 177, 178, 180 BGB. Hat also jemand als Vertreter eines Pflichtigen, ohne hierzu bevollmächtigt zu sein, eine steuerlich erhebliche Erklärung (z. B. eine Rechtsmittelerklärung) gegenüber der Finanzbehörde abgegeben, so hängt die Wirksamkeit dieser Erklärung von der Genehmigung des Vertretenen ab.

Von dem Bestehen der materiellen Vertretungsvollmacht scharf zu trennen ist die Frage des formellen Nachweises der Vollmacht durch eine entsprechende Vollmachtsurkunde. Klarheit besteht darüber, daß das Finanzamt eine solche Vollmachtsurkunde nicht zu fordern braucht (vgl. Anm. 2 zu § 88). Wie aber, wenn die Finanzbehörde die Erklärung eines Vertreters mangels Vorlegung einer Vollmachtsurkunde zurückweist, die Erklärung also gemäß § 174 BGB. unwirksam ist und hierdurch vielleicht eine Frist versäumt wird? Man wird kaum einen stichhaltigen Grund dafür finden, gegenüber § 83 Abs. 2 AO. die Vorschrift des § 174 BGB. für unanwendbar zu erklären. Abhilfe wird in solchem Falle — abgesehen davon, daß die Finanzbehörden zweckmäßig solche Zurückweisungen auf besonders krasse Ausnahmefälle werden zu beschränken haben — nur durch weitherzige Gewährung von Nachsicht (§ 68) geschaffen werden können.

Das Bestehen einer materiellen Vertretungsvollmacht hängt selbstverständlich nicht davon ab, ob der Bevollmächtigte die Zulassung eines Landesfinanzamts gemäß § 88 AO. besitzt oder nicht. Auch ein nicht zugelassener Bevollmächtigter kann daher steuerlich erhebliche Erklärungen (z. B. Rechtsmitteleinlegungen) wirksam abgeben. Das Finanzamt braucht sich aber im Falle des Vorliegens der Zurückweisungsvoraussetzungen nach § 88 nicht an den betreffenden Bevollmächtigten zu wenden, auch nicht mündlich mit ihm zu verhandeln.

Weiteres über Vollmachten und Bevollmächtigte s. bei § 88.

**§ 84.** Die gesetzlichen Vertreter juristischer Personen und solcher Personen, die geschäftsunfähig oder in der Geschäftsfähigkeit beschränkt sind, haben alle Pflichten zu erfüllen, die den Personen, die sie vertreten, obliegen[1]; insbesondere haben sie dafür zu sorgen, daß die Steuern[2] aus den Mitteln, die sie verwalten[3], entrichtet werden. Für Zwangsgeldstrafen und Sicherungsgelder, die gegen sie erkannt, und für Kosten von Zwangsmitteln, die gegen sie festgesetzt werden, haften neben ihnen[4] die von ihnen vertretenen Personen.

[1] Diese Pflichten ergeben sich insbesondere aus §§ 162—176 (Erklärungspflicht, Auskunftspflicht, Pflicht zu persönlichem Erscheinen usw.). Weiterhin sind besonders zu erwähnen die aus den Beitreibungsvorschriften sich ergebenden Pflichten. (Im übrigen dürften auch etwaige solche Pflichten hierher gehören, die den vertretenen Personen ihrerseits als Vertretern von Personenmehrheiten obliegen, z. B. ein minderjähriger Vorstand eines Briefmarkenzirkels.) Diesen Pflichten der Vertreter (die selbstverständlich die Frage der Haftung für die Steuer unberührt lassen, vgl. hierüber §§ 90ff.) entspricht das Recht des Finanzamts, gegen die Vertreter mit den gleichen

Mitteln vorzugehen wie gegen den Steuerpflichtigen selbst (insbesondere mit Zwang nach § 202).

Durch § 84 werden die Vertretenen ihrerseits nicht etwa von ihren steuerlichen Verpflichtungen entbunden, z. B. der Vorstand einer Aktiengesellschaft kann sich nicht auf eine der behördlichen Verfügung entgegenstehende Weisung des Aufsichtsrats berufen (E. Bd. 16 S. 83, ferner Bd. 13 S. 187).

[2] Hierzu gehören auch sonstige Geldleistungen, die die Rechtsnatur der Steuern teilen (vgl. hierüber Anm. 1 zu § 1). Bezüglich der übrigen Geldleistungen gilt S. 2 des § 84.

[3] Nur mit diesen Mitteln haften sie für die Steuer, nicht etwa „in Höhe dieser Mittel". Eine Ausnahme von dieser beschränkten Haftung bildet nur § 90 Abs. 1 (E. Bd. 5 S. 160).

Bezüglich der Pflichten der Vertreter in der Zwangsvollstreckung s. § 299 Abs. 3.

[4] Sog. gesamtschuldnerische Haftung (§ 95).

**§ 85.** Steht eine Vermögensverwaltung nach Gesetz[1], Anordnung der Behörde[2] oder letztwilliger Verfügung[3] anderen Personen zu als den Eigentümern oder deren gesetzlichen Vertretern, so haben sie, soweit ihre Verwaltung reicht, die gleiche Pflicht (§ 84)[4].

[1] z. B. Verwaltungspflicht des Ehemanns nach §§ 1363 Abs. 1, § 1443 Abs. 1, §§ 1519 Abs. 2, 1549 Abs. 1 BGB., Verwaltungspflicht des Vaters oder der Mutter nach §§ 1649, 1686 BGB., falls ihnen nicht nach §§ 1666 Abs. 2, 1686 BGB. die Vermögensverwaltung entzogen ist.

[2] z. B. der Nachlaßverwalter, Konkursverwalter, Zwangsverwalter.

Der Konkursverwalter hat also an Stelle des Gemeinschuldners die Steuererklärungen usw. abzugeben, wobei jedoch zu bemerken ist, daß es für Steuerschulden, deren Entstehung vor der Eröffnung des Konkursverfahrens liegt, einer Steuererklärung zunächst überhaupt nicht bedarf. Derartige vorkonkursliche Steuerforderungen kann das Finanzamt vielmehr überhaupt nicht durch Steuerbescheid an den Verwalter, sondern nur durch Anmeldung gemäß §§ 138 ff. KO. geltend machen. Für der Höhe nach unbestimmte Forderungen — um solche wird es sich mangels vorläufiger Greifbarkeit der Unterlagen sehr häufig handeln — wird Schätzung gemäß § 69 KO. einzutreten haben (E. Bd. 16 S. 322). Gegen die solchermaßen angemeldete Forderung könnten dann der Verwalter oder die Konkursgläubiger gemäß § 144 KO. Widerspruch erheben und es greift weiterhin das in E. Bd. 17 S. 185 dargestellte Verfahren nach § 146 KO. — Feststellungsbescheid des Finanzamts mit ev. anschließenden Berufungsverfahren — Platz.

In einem in der DStZtg. 1926 S. 213 erschienenen Aufsatz will Dr. Lewin die Reichsfinanzhofentscheidung Bd. 17 S. 185, wonach bei Bestreitung einer vom Finanzamt angemeldeten Steuerforderung das Verfahren gemäß § 146 KO. Platz zu greifen hat, nicht angewendet wissen auf die beiden Fälle, wo entweder der Verwalter „die Rechtsmittelfrist gegen einen noch vor Konkurseröffnung dem späteren Gemeinschuldner zugestellten Steuerbescheid versäumt“, oder wo der Bescheid ohne Anfechtung vor der Konkurseröffnung rechtskräftig geworden ist. Die Gleichstellung dieser beiden Fälle dürfte auf einem Irrtum beruhen. Sie übersieht, daß die Konkurseröffnung — wie jeden Zivilprozeß und den Lauf zivilprozessualer Fristen — so auch die gegen den Steuerbescheid nach den Vorschriften der AO. laufende Rechtsmittelfrist unterbricht und die Rechtskraft des Steuerbescheids daher nicht eintreten kann. Damit rechtfertigt sich — entgegen der Lewinschen Auffassung — die Anwendung der genannten Reichsfinanzhofentscheidung auf die Fälle der erstgenannten Art. Für Fälle der letztgenannten Art wird den Lewinschen Ausführungen zuzustimmen sein.

In konsequenter Verfolgung vorstehenden Grundsatzes hat der RFH. (Kartei Nr. 14 zu § 217) ausgesprochen, daß es, wenn wegen einer vorkonkurslichen Steuerforderung dem Konkursverwalter ein Steuerbescheid zugestellt worden ist, einem darauf etwa aufgebauten Rechtsmittelverfahren an der Grundlage fehlt; Steuerbescheid und etwaige Rechtsmittelentscheidungen sind ersatzlos aufzuheben.

[3] Testamentsvollstrecker.

[4] Vgl. Anm. 1 zu § 84. Steuerschuldner bleibt immer der Vertretene. Hinsichtlich der Umsatzsteuerpflicht für die nach Eröffnung eines Konkursverfahrens getätigten Geschäfte nimmt allerdings E. Bd. 10 S. 348 als Steuersubjekt den Konkursverwalter an. Ob die Stellung des Konkursverwalters als zeitweiligen Vertreters der Gläubigerinteressen wie auch des Gemeinschuldners zu einer solch weitgehenden Konstruktion berechtigt, kann fraglich sein. (Zu bemerken ist übrigens, daß diese Auffassung nicht den Kernpunkt der erwähnten Entscheidung bildet.)

§ 86. Bei Personenvereinigungen, die als solche steuerpflichtig sind, aber keine eigene Rechtspersönlichkeit besitzen[1], haben die Vorstände oder Geschäftsführer und, soweit solche nicht vorhanden sind, die Mitglieder die Pflichten zu erfüllen, die den Personenvereinigungen wegen der Besteuerung auferlegt sind[2]. Die §§ 84, 85 gelten entsprechend.

Das gleiche gilt für Zweckvermögen und sonstige einer juristischen Person ähnliche Gebilde, die als solche der Besteuerung unterliegen.

Entstehen dadurch Schwierigkeiten, daß es in den Fällen der ersten beiden Absätze an Vorständen oder Geschäftsführern fehlt und Beteiligte in größerer Zahl vorhanden sind, so haben die Beteiligten einen oder mehrere Bevollmächtigte im Inland zu stellen. Unterlassen sie dies, so kann das Finanzamt einen oder einzelne Beteiligte als Bevollmächtigte mit Wirkung für die Gesamtheit behandeln.

[1] Eine derartige Steuerpflicht besteht z. B. hinsichtlich der

Umsatzsteuer für offene Handelsgesellschaften, nicht eingetragene Vereine, Gesellschaften und sonstige Zusammenschlüsse bürgerlichen Rechts. (Vgl. Anm. 2 zu § 79, ferner E. Bd. 7 S. 209.) Voraussetzung einer solchen Steuerpflicht wird aber immer sein, daß nicht eine bloße sog. „Innengesellschaft" vorliegt, d. h. eine Personenmehrheit ohne Bildung eigenen Gesellschaftsvermögens und ohne gemeinsames Auftreten nach außen hin. Ebenso Becker zu § 93. Über den Begriff „Innengesellschaft" s. E. Bd. 4 S. 15.

[2] Vgl. Anm. 1 zu § 84. Die Haftung für die Steuer selbst regelt § 93 (s. auch § 92.

**§ 87.** Bei Wegfall eines Steuerpflichtigen (Tod, Auflösung einer juristischen Person, einer Personenvereinigung oder eines Zweckvermögens) haben die Rechtsnachfolger, Testamentsvollstrecker, Erbschaftsbesitzer (§ 2018 des Bürgerlichen Gesetzbuchs), Pfleger, Liquidatoren, Verwalter[1] und die Bevollmächtigten dieser Personen dafür zu sorgen, daß Mittel zur Bezahlung der vorher entstandenen Steuerschulden (§ 81 Abs. 1) zurückgehalten und diese Steuerschulden bezahlt werden[2]. Auf Verlangen ist aus dem Nachlaß oder der Masse Sicherheit zu leisten.

Die gleichen Pflichten[2] haben wegen der Steuern, die aus einem Nachlaß zu entrichten sind, die Erben, Testamentsvollstrecker, Erbschaftsbesitzer, Pfleger, Verwalter und die Bevollmächtigten dieser Personen.

Ist zweifelhaft, wer zur Vertretung eines Nachlasses oder eines sonst verbleibenden Vermögens befugt ist, so hat das Nachlaßgericht und beim Wegfall einer juristischen Person oder eines dieser ähnlichen Gebildes das Amtsgericht des nach § 52 zuständigen Ortes auf Antrag des Finanzamts einen Pfleger für den Nachlaß oder die sonstige Masse zu bestellen; der Pfleger hat die Stellung eines Nachlaßpflegers im Sinne des § 1961 des Bürgerlichen Gesetzbuchs. Die Steueransprüche können gegen ihn geltend gemacht werden, und er ist befugt, Rechtsmittel gegen die Heranziehung einzulegen.

[1] Unter Umständen kann auch der Konkursverwalter in Frage kommen, nämlich in den Fällen, in denen eine Personenvereinigung durch die Konkurseröffnung aufgelöst wird (z. B. Akt.-Ges., G. m. b. H.). Die Stellung des Konkursverwalters hinsichtlich der vorkonkurslichen Forderungen wird jedoch durch § 87 nicht geändert, sondern ist die gleiche wie zu § 85 (s. dort Anm. 2) dargelegt; vgl. E. Bd. 16 S. 322.

[2] Insoweit sie diese Pflichten verletzen, kommt ihre Haftung gemäß § 90 in Frage. (Vgl. auch § 92.)

§ 88. Wer durch Abwesenheit oder sonst verhindert ist, Pflichten zu erfüllen, die ihm im Interesse der Besteuerung obliegen, oder Rechte wahrzunehmen, die ihm nach den Steuergesetzen zustehen[1], kann dies durch Bevollmächtigte[2] tun. Bevollmächtigte, die aus der Erteilung von Rat und Hilfe in Steuersachen ein Geschäft machen[3] oder denen die Fähigkeit zum geeigneten schriftlichen oder mündlichen Vortrag mangelt, können zurückgewiesen werden[4]. Dies gilt nicht für Rechtsanwälte[5] oder Notare sowie auch nicht für Vertreter beruflicher und gewerkschaftlicher Vereinigungen hinsichtlich des von ihnen in dieser Eigenschaft vertretenen Personenkreises; es gilt ferner nicht für Personen, die von einem Landesfinanzamte zugelassen worden sind[6]; das Landesfinanzamt kann die Zulassung jederzeit zurücknehmen[7].

Die Finanzämter können auch sonst Bevollmächtigte zulassen[8]; es bleibt ihnen aber unbenommen, sich neben dem Bevollmächtigten an den Steuerpflichtigen selbst zu wenden[9].

Der Steuerpflichtige kann sich in jeder Lage des Verfahrens eines Beistandes bedienen. Auf den Beistand finden die Vorschriften des Absatz 1 Satz 2, 3 Anwendung.

Eine Vereinbarung, durch die als Entgelt für die Tätigkeit eines Vertreters oder Beistandes ein Teil an der von ihm zu erzielenden Steuerermäßigung oder Steuerersparung ausbedungen wird, ist nichtig.

[1] Beim Vorliegen dieser Voraussetzungen muß das Finanzamt Vertretung zulassen. Die Bedeutung der Vorschrift erscheint fraglich. Denn die Voraussetzungen des „Verhindertseins" usw. sind ohne Zweifel weitgehendst auszulegen und die ganze Frage der Zulassung von Bevollmächtigten ist wohl weniger auf das Vorliegen dieser Voraussetzung als auf die Person des Bevollmächtigten abzustellen.

[2] Über Vollmacht s. § 83 Abs. 2. Maßgebend für Erteilung, Bestehen und Erlöschen von Vollmachten sind also die Vorschriften des bürgerlichen Rechts.

Beibringung einer schriftlichen Vollmacht ist nicht vorgeschrieben, da durch § 83 Abs. 2 nur die Vorschriften des bürgerlichen — d. i. materiellen bürgerlichen — Rechts, nicht auch jene der Zivilprozeßordnung (vgl. § 80 ZPO.) für anwendbar erklärt sind. Das Finanzamt kann also im allgemeinen von Beibringung einer Vollmacht absehen, falls nicht besondere Gründe für die Annahme vorliegen, daß der angebliche Bevollmächtigte gar keine Vertretungsbefugnis hat oder daß ein Steuerpflichtiger, dem es um Verschleppung der Angelegenheit zu tun ist, nachträglich das Vorhandensein einer Vollmacht vielleicht bestreiten könnte (vgl. auch RFME. v. 18. 9. 24 III D 7500).

Wegen Vertretung im Rechtsmittelverfahren s. §§ 238, 239, wegen Vertretung im Strafverfahren § 409.

Hat das FA. einen Bevollmächtigten zugelassen, so müssen etwaige Zustellungen an diesen erfolgen (Anm. 2 zu § 70). Wo dagegen gewöhnliche Bekanntgabe (mündlich oder schriftlich, § 73) genügt, kann diese trotz Zulassung eines Bevollmächtigten an den Pflichtigen selbst erfolgen.

³ Es braucht kein gewerblicher Betrieb im Sinne der Gewerbeordnung vorzuliegen. Nicht einmal Entgeltlichkeit ist erforderlich, wie aus der alternativen Fassung des § 200 hervorgeht: „... geschäftsmäßig oder gegen Entgelt ..." Es wird daher für das Vorliegen der Geschäftsmäßigkeit zu genügen haben, daß die Tätigkeit nicht nur gelegentlich oder vorübergehend ausgeübt wird.

⁴ Über die Bedeutung einer solchen Zurückweisung s. Anm. 3 a. E. zu § 83.

⁵ Den Rechtsanwälten wird für Preußen in Anwendung des § 4 gleichzustellen sein die durch Gesetz v. 25. 5. 26 (Preuß. GesSammlg. S. 163) geschaffene Institution der sog. Verwaltungsrechtsräte.

⁶ Die durch ein LFA. erfolgte Zulassung wirkt nach dem Wortlaut des Gesetzes für das ganze Reichsgebiet; RFME. v. 8. 4. 22 III R 1382 scheint auf einem andern Standpunkt zu stehen. Jedenfalls ist zulässig, daß die Zulassung auf den Bezirk eines LFA. oder eines oder mehrerer FA. beschränkt wird.

Über die Voraussetzungen der Zulassung bestehen keine gesetzlichen Vorschriften. Die Praxis weist erhebliche Unterschiede auf, was Anforderungen und insbesondere Prüfung der sachlichen und moralischen Eignung der Zuzulassenden anlangt. Das LFA. hat innerhalb seines pflichtgemäßen Ermessens und etwaiger ministerieller Anordnungen freie Hand. Die Bedürfnisfrage soll nach RFME. v. 8. 4. 22 ausscheiden; wegen der Zulassung früherer Angehöriger der Reichsfinanzverwaltung s. RFME. v. 19. 6. 24 D 4453. Das LFA. braucht dem Antragsteller nicht einmal seine Gründe mitzuteilen und gegen die Entscheidung des LFA. gibt es nur die Aufsichtsbeschwerde zum RFM.

Über Wirksamkeit der von einem nicht zugelassenen Vertreter vorgenommenen Rechtshandlungen s. Anm. 3 a. E. zu § 83.

[7] „Jederzeit", d. h. auch ohne die Voraussetzungen des § 78.

[8] Die Zulassung kann auch eine stillschweigende sein. Hat ein Finanzamt jemanden als Bevollmächtigten zugelassen, so muß es ihn zunächst — d. h. bis zu etwaiger ausdrücklicher Zurückweisung — auch als solchen behandeln, z. B. was Zustellung usw. anlangt.

[9] D. h. der Steuerpflichtige wird durch die Zulassung eines Bevollmächtigten seiner steuerprozessualen Verpflichtungen (Auskunft, persönliches Erscheinen usw.) nicht ledig. Rechtshandlungen von formell prozessualer Bedeutung, z. B. Zustellungen, muß das Finanzamt jedoch dem Bevollmächtigten gegenüber vornehmen.

**§ 89.** Wer als Bevollmächtigter oder als Verfügungsberechtigter auftritt[1], hat die Pflichten eines gesetzlichen Vertreters (§ 84). Für Zwangsgeldstrafen und Sicherungsgelder, die gegen ihn erkannt, und für Kosten von Zwangsmitteln, die gegen ihn festgesetzt werden, haftet neben ihm[2] der Vertretene.

[1] Auch wenn er in Wirklichkeit keine (oder zunächst keine) Vollmacht hat (Geschäftsführung ohne Auftrag kann hierher gehören). Solch ein Vertreter ohne Vollmacht muß sich daher seitens des Finanzamts das gleiche Vorgehen gefallen lassen wie ein wirklich Bevollmächtigter.

[2] Gesamtschuldnerische Haftung (§ 95).

**§ 90.** Die Vertreter und die übrigen in den §§ 84 bis 89 bezeichneten Personen haften[1] insoweit persönlich neben[2] dem Steuerpflichtigen, als durch schuldhafte[3]

Verletzung der ihnen in den §§ 84 bis 89 auferlegten Pflichten Steueransprüche verkürzt oder Erstattungen oder Vergütungen zu Unrecht gewährt worden sind. Zur Geltendmachung dieser Ersatzansprüche bedarf es der Zustimmung des Landesfinanzamts[4].

Rechtsanwälte sind wegen Handlungen, die sie in Ausübung ihres Berufs bei der Beratung in Steuersachen vorgenommen haben, dem Reiche gegenüber nur dann schadenersatzpflichtig, wenn diese Handlungen eine Verletzung ihrer Berufspflicht enthalten; ob eine solche Verletzung der Berufspflicht vorliegt, wird auf Antrag des Landesfinanzamts im ehrengerichtlichen Verfahren entschieden.

[1] § 90 regelt die Haftung der Vertreter usw. für die Steuern selbst und die ihnen nach Anm. 1 zu § 1 gleichzustellenden Geldleistungen. Wegen der Haftung für sonstige Geldleistungen gelten die Bestimmungen der §§ 84—86, 89.

[2] Gesamtschuldnerische Haftung (§ 95). Der Steuerpflichtige selbst haftet immer, auch wenn er an dem Verschulden des Vertreters ganz unbeteiligt ist.

[3] Als Schuld kann Vorsatz oder Fahrlässigkeit in Frage kommen. Fahrlässig handelt, wer die im Verkehr erforderliche Sorgfalt außer acht läßt.

[4] Dadurch soll vermieden werden, daß die Finanzämter etwa unter schrankenloser Ausdehnung der Haftungsbestimmung des § 90 bei jedem geringfügigen Verschulden eines Vertreters oder ohne etwaige Rücksicht auf anderweitige Beitreibbarkeit der Steuer die Haftung des Vertreters in Anspruch nehmen.

Die Zustimmung des LFA. erstreckt sich zunächst nur auf die Geltendmachung der Haftung. Das Weitere hat das FA. selbst zu veranlassen. Seine Verfügungen sind sodann mit den normalen Rechtsmitteln anfechtbar (§ 99).

§ 91. Das Erlöschen der Vertretungsmacht oder der Vollmacht läßt die Pflichten der Vertreter und Bevollmächtigten unberührt, soweit es sich um die vorangegangene Zeit handelt.

§ 92. Wenn Vertreter, Verwalter oder Bevollmächtigte im Sinne der §§ 84 bis 89 bei Ausübung ihrer Obliegenheiten Steuerhinterziehungen oder Steuergefährdungen begehen (§§ 359, 367), so haften die Vertretenen[1] für die verkürzten Steuereinnahmen und die zu Unrecht gewährten oder belassenen Steuervorteile.

Das gleiche gilt für den Geschäftsherrn oder den Haushaltungsvorstand, wenn Angestellte oder sonst im Dienste oder Lohne stehende Personen sowie Familien- und Haushaltungsangehörige bei Ausübung von Obliegenheiten, die sie im Interesse[2] dieser Personen wahrnehmen, Steuerhinterziehungen oder Steuergefährdungen begehen; diese Haftung tritt jedoch, sofern sie nicht aus anderen Gründen besteht, nicht ein, wenn festgestellt wird, daß die Steuerhinterziehung oder Steuergefährdung ohne Wissen des Geschäftsherrn oder des Haushaltungsvorstandes oder einer zu seiner Vertretung nach außen befugten Person begangen worden ist und die genannten Personen bei der Auswahl oder Beaufsichtigung der Angestellten oder der Beaufsichtigung der Familien- und Haushaltungsmitglieder die erforderliche Sorgfalt aufgewandt haben.

[1] Die Vertretenen haften, auch wenn sie an der Steuerhinterziehung gar keine Schuld haben, vielleicht nicht einmal darum wußten. Die Haftung der Vertretenen nach § 92 jener der Vertreter nach § 90 als „verwandt" zu erklären (so Becker),

erscheint nicht angängig. Die Haftung des Vertretenen nach § 92 ist vielmehr eine natürliche Folge seiner Eigenschaft als Steuerschuldner. § 92 ist nur eine klarstellende und falscher Auslegung vorbeugende Bestimmung. Einer besonderen Geltendmachung der Haftung analog jener nach § 92 wird es daher nicht bedürfen.

[2] „Im Interesse", nicht „in Vertretung". Wenn die in Abs. 2 genannten Personen zugleich als „Vertreter" oder „Bevollmächtigte" im Sinne des Abs. 1 auftreten, dann gilt eben Abs. 1. Diese Unterscheidung ist wichtig, weil die Haftung der Steuerpflichtigen nach Abs. 2 durch Halbsatz 2 unter gewissen Voraussetzungen ausgeschlossen wird.

„Im Interesse" eines Steuerpflichtigen handelt jemand dann, wenn er steuerliche Angelegenheiten irgendwelcher Art für ihn besorgt (z. B. Steuererklärungen ausfüllt, Auskünfte gegenüber den Finanzbehörden abgibt usw.).

**§ 93.** Wo Gesellschaften, Vereine oder Genossenschaften als solche der Besteuerung unterliegen[1], gelten für die persönliche Haftung der einzelnen Gesellschafter und Mitglieder sinngemäß die Vorschriften des bürgerlichen Rechtes[2].

[1] Vgl. Anm. 2 zu § 79, Anm. 1 zu § 86.

[2] D. h. die Haftung der Mitglieder für die Steuer richtet sich nach den Grundsätzen, die nach bürgerlichem Recht für die Haftung der Mitglieder bezüglich der sonstigen Gesellschaftsverbindlichkeiten gelten. Bürgerliches Recht ist im weitesten Sinne zu verstehen, also BGB., Handelsrecht, Gesellschaftsrecht usw. Es besteht also z. B. für die Mitglieder einer Gesellschaft bürgerlichen Rechts sog. gesamtschuldnerische Haftung (§ 421 BGB.), ebenso für die Gesellschafter einer offenen Handelsgesellschaft (§ 105 HGB.), bezüglich der Haftung der Mitglieder von Genossenschaften s. §§ 23 Abs. 1, 122, 128, 141 GenGes. usw.

§ 94. Sind mehrere nebeneinander verpflichtet[1], so kommt die Erfüllung der Pflicht durch einen Verpflichteten[2] den anderen Verpflichteten zustatten[3], soweit ihrer eigenen Pflicht dadurch genügt wird[4] und es für das Finanzamt nicht von Wert ist, daß die Pflicht auch von den anderen Beteiligten erfüllt wird.

[1] § 94 hat nicht die Zahlung von Geldschulden im Auge, sondern die Erfüllung anderer dem Steuerpflichtigen oder sonstigen Personen obliegenden Pflichten (vgl. §§ 162—201).

[2] „Durch einen Verpflichteten": Die Vornahme der betr. Handlung durch eine dritte Person, die zu der Handlung überhaupt nicht verpflichtet ist, genügt nicht.

[3] D. h. etwa dem anderen Pflichtigen im Nichterfüllungsfalle drohenden Nachteile (z. B. Zwangsgeldstrafen nach § 202) treten nicht ein.

[4] D. h. objektiv genügt wird.

§ 95. Personen, die nebeneinander für eine Steuerschuld oder eine andere aus den Steuergesetzen entspringende Geldschuld haften, haften als Gesamtschuldner[1].

Ehegatten, die zusammen zu einer Steuer veranlagt werden[2], haften als Gesamtschuldner.

Erben haften für die aus dem Nachlaß zu entrichtenden Steuern wie für Nachlaßverbindlichkeiten nach bürgerlichem Rechte[3]. Die §§ 86, 87, 90, 97 bleiben unberührt.

[1] Der Begriff „Gesamtschuldner" ist dem bürgerlichen Recht entnommen; es haben daher hinsichtlich des Inhalts des Gesamtschuldverhältnisses § 421 BGB., hinsichtlich des Bestandes desselben (Erfüllung, Aufrechnnng, Erlaß, Verjährung) die §§ 421—423, 425 BGB. sinngemäße Anwendung zu beanspruchen. Sie lauten:

§§ 421. Schulden mehrere eine Leistung in der Weise, daß jeder die ganze Leistung zu bewirken verpflichtet, der Gläubiger aber die Leistung nur einmal zu fordern berechtigt ist (Gesamtschuldner), so kann der Gläubiger die Leistung nach seinem Belieben von jedem der Schuldner ganz oder zu einem Teile fordern. Bis zur Bewirkung der ganzen Leistung bleiben sämtliche Schuldner verpflichtet.

§ 422. Die Erfüllung durch einen Gesamtschuldner wirkt auch für die übrigen Schuldner. Das gleiche gilt von der Leistung an Erfüllungsstatt, der Hinterlegung und der Aufrechnung.

Eine Forderung, die einem Gesamtschuldner zusteht, kann nicht von den übrigen Schuldnern aufgerechnet werden.

§ 423. Ein zwischen dem Gläubiger und einem Gesamtschuldner vereinbarter Erlaß wirkt auch für die übrigen Schuldner, wenn die Vertragschließenden das ganze Schuldverhältnis aufheben wollten.

§ 425. Andere als die in den §§ 422 bis 424 bezeichneten Tatsachen wirken, soweit sich nicht aus dem Schuldverhältnis ein anderes ergibt, nur für und gegen den Gesamtschuldner, in dessen Person sie eintreten.

Dies gilt insbesondere von der Kündigung, dem Verzuge, dem Verschulden, von der Unmöglichkeit der Leistung in der Person eines Gesamtschuldners, von der Verjährung, deren Unterbrechung und Hemmung, von der Vereinigung der Forderung mit der Schuld und von dem rechtskräftigen Urteile.

Die Vorschriften des BGB. über Gläubigerverzug (§ 424) scheiden hier aus.

Welchen von den mehreren Gesamtschuldnern das Finanzamt zunächst zur Bezahlung heranziehen soll, hängt von seinem pflichtgemäßen Ermessen ab. Es kann also ohne weiteres, wenn z. B. anzunehmen ist, daß die Einziehung der Steuer von einem der Schuldner nicht oder nur mit Schwierigkeiten möglich ist, oder daß ein anderer der Schuldner die Steuer wirtschaftlich leichter tragen kann, sich an den oder die anderen Schuldner wenden.

Wegen der nebeneinander bestehenden Schuldverpflichtung des Arbeitgebers und Arbeitnehmers bei der Lohnsteuer vgl.

oben Anm. 4 zu § 79, ferner (für das frühere Lohnsteuerrecht) E. Bd. 11 S. 84.

[2] Vgl. § 22 EinkStG., ferner E. Bd. 8 S. 306.

[3] In Betracht kommen §§ 1967 bis 2017 BGB. wegen des Umfangs und der Einschränkungen der Haftung.

**§ 96. Gründet sich die Steuerpflicht auf den Betrieb eines Unternehmens[1] und wird das Unternehmen im ganzen veräußert[2], so haftet der Erwerber[3] neben[4] dem Veräußerer für die laufenden[5] und für die festgesetzten[6], aber noch nicht entrichteten Steuern.**

[1] Hierher gehört insbesondere die Umsatzsteuer, ferner die Verbrauchsabgaben, nicht aber die Einkommensteuer.

§ 96 regelt übrigens nur die Mithaftung des Erwerbers, macht aber die gegen den Vorgänger notwendige Veranlagung nicht entbehrlich.

[2] Über den Begriff der Veräußerung „im ganzen" vgl. E. Bd. 7 S. 341. Hiernach wird genügen Veräußerung des Betriebs (samt Kundschaft, Firmenübernahme dürfte nicht unbedingt erforderlich sein), sowie er sich nach außen hin darstellt; Übernahme von Aktiven und Passiven ist nicht erforderlich. Auch die Zurückbehaltung von Warenvorräten durch den Veräußerer ist der Anwendbarkeit des § 96 unschädlich. Anderseits kann aber selbstverständlich in der Veräußerung eines Warenlagers noch nicht die Veräußerung eines Unternehmens im ganzen erblickt werden.

Unter „Veräußerung" ist nicht nur eine entgeltliche Veräußerung zu verstehen, sondern jede rechtsgeschäftliche Übertragung des Unternehmens auf einen andern.

Die etwa nach den formellen gewerbepolizeilichen Bestimmungen erfolgte Abmeldung des alten und Anmeldung des neuen Betriebs steht selbstverständlich der Annahme einer Veräußerung im Sinne des § 96 nicht entgegen.

[3] Auch — im Falle einer Weiterveräußerung — der spätere Erwerber. (Die Frage ist allerdings noch nicht entschieden,

wird aber deshalb zu bejahen sein, weil sonst durch Schiebungen, nämlich durch Einschaltung eines zahlungsunfähigen Zwischenerwerbers, der Zweckgedanke des § 96 jederzeit vereitelt werden könnte.) Über die Weiterhaftung des Zwischenerwerbers vgl. E. Bd. 11 S. 195.

Über die dem Erwerber zustehenden Rechtsmittel s. § 99.

[4] Gesamtschuldnerische Haftung (vgl. § 95).

[5] „Laufend" sind bei der Umsatzsteuer nur die Beträge, die auf Umsätze des Steuerabschnitts entfallen, in den der Erwerb fällt (vgl. E. Bd. 12 S. 304).

[6] Die Festsetzung (nicht Bekanntgabe) muß vor dem Erwerbstag liegen (E. Bd. 12 S. 304).

§ 97. Wenn nach dem Tode oder Wegfall eines Steuerpflichtigen die Testamentsvollstrecker, Pfleger, Liquidatoren, Verwalter und Erbschaftsbesitzer, welche nicht zugleich Rechtsnachfolger des Steuerpflichtigen sind, erkennen, daß Erklärungen, die der Steuerpflichtige zur Festsetzung oder Veranlagung von Steuern abgegeben hat, unrichtig oder unvollständig sind, oder daß er pflichtwidrig unterlassen hat, solche Erklärungen abzugeben, so haben sie dies binnen Monatsfrist dem Finanzamt anzuzeigen; andernfalls haften sie persönlich für die vorenthaltenen Steuerbeträge.

Das gleiche gilt für die Erwerber von Unternehmen, auf deren Betrieb eine Steuerpflicht gegründet ist sowie für Sondernachfolger in Grund- oder Betriebsvermögen.

Dasselbe gilt sinngemäß bei einem Wechsel in der Person des gesetzlichen Vertreters, Betriebsleiters oder Bevollmächtigten sowie dann, wenn eine gesetzliche Vertretung angeordnet wird.

Über strafrechtliche Folgen der Zuwiderhandlung gegen § 97 s. §§ 373, 374 Abs. 2.

§ 98. Das Finanzamt, das die Steuerschuld des Steuerpflichtigen festzusetzen hat, ist befugt, die Vertreter und Bevollmächtigten und die übrigen in den §§ 84 bis 89 bezeichneten Personen zur Erfüllung der ihnen obliegenden Verpflichtung anzuhalten und diejenigen, die neben dem Steuerpflichtigen oder an dessen Stelle persönlich für die Steuer haften (§ 79 Abs. 2), in Anspruch zu nehmen.

§ 98 hat die Bedeutung einer Zuständigkeitsvorschrift.

§ 99. Wer neben dem Steuerpflichtigen oder an dessen Stelle persönlich auf Zahlung einer Steuer in Anspruch genommen wird (§ 79 Abs. 2), kann gegen seine Heranziehung die Rechtsmittel geltend machen, die dem Steuerpflichtigen zustehen[1]. Die Frist zur Einlegung des Rechtsmittels beginnt mit Ablauf des Tages, an dem ihm der Beschluß über seine Heranziehung zugestellt oder, wenn keine Zustellung vorgeschrieben ist, bekanntgemacht worden ist[2].

Ist die Steuerschuld dem Steuerpflichtigen gegenüber unanfechtbar festgestellt, so hat dies gegen sich gelten zu lassen, wer als Rechtsnachfolger des Steuerpflichtigen haftet oder wer in der Lage gewesen wäre, den gegen den Steuerpflichtigen erlassenen Bescheid als dessen Vertreter, Bevollmächtigter oder kraft eigenen Rechtes anzufechten[3].

[1] Auch die gegen den Steuerpflichtigen etwa bestehenden Einschränkungen des Rechtsmittelwegs (z. B. § 210 Abs. 3 AO., bei Umsatzsteuervorauszahlungen § 19 Abs. 3 UmsStG.) muß der Mithaftende gegen sich gelten lassen (vgl. bez. § 210 Abs. 3

RFH. in RStBl. 1922 S. 257). Man kann bei dem klaren und uneingeschränkten Wortlaut des § 99 („gegen seine Heranziehung") nicht etwa sagen, seine Geltung beschränke sich auf die Fälle, wo der Mithaftende Bestehen und Umfang der Steuerschuld angreift, erstrecke sich aber nicht auf die Fälle, wo er den selbständigen Verteidigungsgrund vorbringt, die Voraussetzungen für die Inanspruchnahme seiner Haftung lägen nicht vor. Denn gerade bei Erledigung der letzteren Fälle wird die Hauptbedeutung des § 99 in die Erscheinung treten.

Dem auf Grund § 78 Abs. 2 EinkStG. für die Lohnsteuer in Anspruch genommenen Arbeitgeber steht das Berufungsverfahren zu (vgl. für § 52 EinkStG. früherer Fassung E. Bd. 14 S. 208).

[2] Über Zustellung und Bekanntgabe s. § 73. Die Frage, ob für diesen „Heranziehungsbeschluß" formelle Zustellung erforderlich ist oder nicht, beantwortet sich danach, ob für den betreffenden Steuerbescheid nach dem Gesetz Zustellung erforderlich ist oder nicht.

[3] Eine Anfechtung kraft eigenen Rechts steht z. B. dem verwaltenden Testamentsvollstrecker zu. Man wird aber — wenn der Grundsatz der Haftung des Rechtsnachfolgers für rechtskräftig gegen seinen Vorgänger festgesetzte Steuern nicht gröblich gegen Recht und Billigkeit verstoßen soll — anzunehmen haben, daß der Haftende mit Eintritt der Rechtsnachfolge ganz allgemein, also insbesondere auch hinsichtlich der Befugnis zur Anfechtung an die Stelle des Steuerpflichtigen tritt und daher — den Lauf der Rechtsmittelfrist vorausgesetzt — die Rechtsmittel einlegen kann, die dem Steuerpflichtigen zugestanden hätten. (Bei Versäumung der Frist durch den Nachfolger wird sogar unter Umständen weitherzig Nachsicht zu gewähren sein.) Dieser Grundsatz, der ausdrücklich nur für den Fall der Rechtsnachfolge im Erbwege durch § 225 S. 3 ausgesprochen ist, wird insbesondere wichtig in den Fällen der Sonderrechtsnachfolge des § 96 (Übernahme eines Unternehmens im ganzen) und § 87 (Übernahme des Vermögens

einer aufgelösten juristischen Person). Vgl. im übrigen Bem. zu § 225.

§ 100. Wenn jemand außer in den Fällen der §§ 84 bis 96 nach den Vorschriften des bürgerlichen Rechtes kraft Gesetzes[1] verpflichtet ist, die Verbindlichkeiten eines anderen zu erfüllen oder wegen solcher Verbindlichkeiten die Zwangsvollstreckung in ein Vermögen zu dulden, das seiner Verwaltung unterliegt[2], so gilt diese Verpflichtung auch für die Steuerschulden des anderen. Soweit § 303 nichts anderes vorschreibt, gelten die Vorschriften des bürgerlichen Rechtes.

Hat sich jemand durch Vertrag verpflichtet, eine Steuerschuld eines andern zu bezahlen oder dafür einzustehen, so ist der Anspruch des Reichs nach den Vorschriften des bürgerlichen Rechtes zu verfolgen.

[1] „Kraft Gesetzes“: Bloße vertragliche Verpflichtungen gehören nicht hierher. Unter § 100 fallen also z. B.:

1. Der Erwerber eines Vermögens eines anderen im ganzen oder zu einem Bruchteil (§ 419 BGB.), nicht dagegen der Erwerber einzelner Vermögensgegenstände;
2. der Erbe (§§ 1967 ff. BGB.), hierbei ist jedoch zunächst zu prüfen, ob nicht §§ 87, 95 Abs. 3 AO. in Betracht kommen;
3. der Erbschaftskäufer (§§ 2371 ff. BGB.).

[2] Hierher gehörige Fälle sind: Nießbrauch (§ 1086 BGB.); elterliche Nutznießung am Kindesvermögen (§§ 1659, 1686 BGB.); Einwilligung des Ehemanns zum selbständigen Betrieb eines Erwerbsgeschäftes durch die Ehefrau (§§ 1405 Abs. 1 bis 3, 1525, 1550 BGB.), Nutznießung des Ehemanns am eingebrachten Gut der Frau (§ 1411 BGB.); Haftung des Gesamtguts (§ 1459 BGB.) des Sonderguts (§§ 1439, 1525 BGB.); der Testamentsvollstrecker (§§ 748, 749 ZPO.).

§ 101. Steuerpflichtige Erzeugnisse und zollpflichtige Waren haften ohne Rücksicht auf die Rechte

Dritter für den Betrag der darauf ruhenden Steuern. Solange die Steuer nicht entrichtet ist, kann das Finanzamt die Erzeugnisse und Waren mit Beschlag belegen. Als Beschlagnahme genügt das Verbot an den, der die Erzeugnisse oder Waren im Gewahrsam hat, über sie zu verfügen.

Die Haftung entsteht bei steuerpflichtigen Erzeugnissen, wenn nichts anderes vorgeschrieben ist, mit Beginn ihrer Herstellung, bei zollpflichtigen Waren mit Überschreitung der Zollgrenze.

Die Haftung erlischt mit der Steuerschuld. Sie erlischt ferner mit der Aufhebung der Beschlagnahme oder dadurch, daß die Erzeugnisse oder Waren mit Zustimmung des Finanzamts in einen steuerrechtlich nicht beschränkten Verkehr übergehen.

### 3. Zahlung. Stundung. Erlaß. Sicherheitsleistung.

§ 102. Zahlungen[1] können, sofern nicht etwas anderes vorgeschrieben ist oder im einzelnen Falle ausdrücklich Barzahlung verlangt wird, einem Postscheck- oder Bankkonto des Empfangsberechtigten überwiesen werden. Alle Finanzämter müssen ein Postscheck- oder Bankkonto haben. In Steuerbescheiden und Zahlungsaufforderungen ist das Postscheck- oder Bankkonto der zum Empfange berechtigten Stelle anzugeben. Wer Zahlung von einer Steuerbehörde fordert, soll, wenn er ein Postscheck- oder Bankkonto hat, dies gleichfalls angeben.

Der Reichsminister der Finanzen bestimmt, unter welchen Bedingungen durch Scheck gezahlt werden kann[2].

Kosten, die lediglich durch bargeldlose Überweisung entstehen, dürfen nicht nachgefordert oder angerechnet werden.

Barzahlungen an Steuerbehörden sind bei der zuständigen Kasse zu leisten oder ihr durch die Post zu übersenden. Barzahlungen der Steuerbehörden sind an der Kasse der Behörden oder an der in der Benachrichtigung bezeichneten Stelle in Empfang zu nehmen.

[1] Als Zeitpunkt der Zahlung gilt nach der Verfügung v. 28. 4. 1923 (Amtsbl. S. 191):

1. bei Barzahlungen und Erstattungen in bar der Tag der tatsächlichen Zahlung;

2. bei Bank- und Postschecküberweisungen an die Kasse sowie bei Einzahlungen auf das Bank- und Postscheckkonto der Finanzkasse der Tag, an dem der Betrag bei der Kasse eingeht oder ihrem Bank- und Postscheckkonto gutgeschrieben wird (vgl. auch E. Bd. 15 S. 88);

3. bei Erstattungen im Überweisungsverfahren der Tag der Ausstellung der Überweisung;

4. bei Zahlungen mit Schecken der Tag des Eingangs des Schecks bei der Kasse.

Für die Abrundung von Zahlungen gilt die sog. Abrundungsverordnung v. 31. 10. 23 (RGBl. I S. 1049). Sie lautet unter Berücksichtigung der durch die Vdg. v. 21. 12. 23 (RGBl. I S. 1238) eingetretenen Änderungen wie folgt:

„Auf Grund des § 13 Nr. 2 der Verordnung über Steueraufwertung und Vereinfachungen im Besteuerungsverfahren vom $\frac{\text{11. Oktober 1923 (Reichsgesetzbl. I S. 939)}}{\text{18. Oktober 1923 (Reichsgesetzbl. I S. 979)}}$ wird folgendes bestimmt:

§ 1. Geldleistungen, die auf Grund von Steuergesetzen (§ 8 der Reichsabgabenordnung) geschuldet werden (insbesondere auch Zinsen, Kosten, Geldstrafen), sind folgendermaßen abzurunden:

1. Beträge, die in Gold ausgedrückt sind, werden auf den nächsten durch fünf teilbaren Goldpfennigbetrag nach unten abgerundet.

2. Beträge, die in Papiermark ausgedrückt sind, werden auf den nächsten durch zehn Milliarden teilbaren Papiermarkbetrag nach unten abgerundet.

§ 2. Der Abrundung gemäß § 1 unterliegen:

1. Wenn Steuern in Teilbeträgen angefordert werden: die einzelnen Teilbeträge.

2. Wenn Steuern und Steuerzuschläge in einer Summe zum Soll gestellt werden: der aus den Steuern und Steuerzuschlägen errechnete Gesamtbetrag.

3. Bei der Beförderungssteuer (Gesetz über die Besteuerung des Personen- und Güterverkehrs vom 8. April 1917 — Reichsgesetzbl. S. 329 —): der Gesamtbetrag, den der Betriebsunternehmer zu entrichten hat.

4. Bei der Gesellschaftssteuer auf Mehrstimmrechtsaktien und Mehrstimmrechtsanteile (§ 15 des Kapitalverkehrsteuergesetzes) sowie bei der Bezugsrechtsteuer (§ 61 des Kapitalverkehrsteuergesetzes): der Gesamtbetrag, den die Gesellschaft zu entrichten hat.

5. Bei den Gebühren: der Gesamtbetrag der Gebühren, der von einem Schuldner zu entrichten ist. Die im Rechtsmittelverfahren zu erhebenden Auslagen einschließlich der im § 292 der Reichsabgabenordnung bezeichneten Abfindung werden wie Gebühren behandelt.

§ 3. Die Finanzbehörde, die eine Steuer oder eine andere steuerrechtliche Geldleistung feststellt, hat bei der Feststellung die Abrundung vorzunehmen.

Wer eine Steuer oder eine andere steuerrechtliche Geldleistung, die nicht von einer Finanzbehörde festgestellt ist, zu entrichten hat, ist berechtigt, die Abrundung nach Maßgabe dieser Verordnung vorzunehmen.

Die Rechtsmittelbehörden haben ihren Entscheidungen die Abrundungsbestimmungen zugrunde zu legen, die zur Zeit der Feststellung der Steuern oder der sonstigen steuerrechtlichen Geldleistungen maßgebend waren.

§ 4. Durch die Bestimmungen dieser Verordnung werden nicht berührt:

1. die Gesetzesvorschriften und die Verordnungsbestimmungen über die Abrundung der Beträge, die der Berechnung der Steuern und der sonstigen steuerrechtlichen Geldleistungen zugrunde zu legen sind;

2. die Gesetzesvorschriften und die Verordnungsbestimmungen, die eine Abrundung von Steuerbeträgen und von Beträgen sonstiger steuerrechtlicher Geldleistungen nach oben anordnen.

§ 5. Diese Verordnung tritt eine Woche nach ihrer Verkündung im Reichsgesetzblatt in Kraft.

Gleichzeitig treten außer Kraft:

1. die Vorschriften der Steuergesetze und die Bestimmungen der auf Grund von Steuergesetzen erlassenen Verordnungen, soweit sie den Bestimmungen dieser Verordnung zuwiderlaufen;

2. die Abrundungsverordnung vom 31. März 1923 in der Fassung der Verordnungen vom 9. August 1923 und 4. Oktober 1923 (Reichsgesetzbl. I S. 247, 795, 942)."

[2] Hierzu vgl. RFME. v. 10. 11. 23 III A 32431 (nicht veröffentlicht), ferner Verf. v. 28. 4. 23 (Amtsbl. S. 191).

**§ 103[1]. Die Steuerpflichtigen sind berechtigt, gegen Steueransprüche des Reichs[2] mit unbestrittenen oder rechtskräftig festgestellten Gegenansprüchen[3] aufzurechnen[4].**

[1] § 103 hat eine Einschränkung erfahren durch § 60 der 3. StNV., welcher lautet:

§ 60. Die Steuerpflichtigen sind nicht berechtigt, mit Ansprüchen, die sich gegen eine Betriebsverwaltung (Eisenbahnverwaltung oder Postverwaltung) des Reichs richten, gegen Steueransprüche des Reichs aufzurechnen.

Die Bestimmung des Abs. 1 tritt mit Wirkung vom

20. November 1923 ab in Kraft. Ist nach dem 19. November 1923, aber vor der Verkündung dieser Verordnung mit einem Anspruch, der sich gegen eine Betriebsverwaltung des Reichs richtet, aufgerechnet worden, so ist dadurch der Steueranspruch des Reichs nicht erloschen. Im Falle des Satzes 2 hat der Steuerpflichtige für die Zeit von der Entstehung des Anspruchs, der sich gegen die Betriebsverwaltung des Reichs richtet, bis zum Inkrafttreten dieser Verordnung Zuschläge oder Zinsen nicht zu entrichten.

Der Reichsminister der Finanzen bestimmt, wann und inwieweit die Bestimmung des Abs. 1 außer Kraft tritt.

² Unter Steueransprüchen sind nur Ansprüche auf Zahlung der Steuer selbst oder der ihnen nach Anm. 1 zu § 1 gleichzustellenden Geldleistungen zu verstehen, nicht etwa z. B. Erzwingungsgeldstrafen nach § 202.

³ Die Gegenansprüche müssen sich gegen das Reich (nicht etwa gegen einen Einzelstaat) richten. Welcher Art der Gegenanspruch ist, ist gleichgültig (z. B. Schadensersatzansprüche irgendwelcher Art, Rentenansprüche gegen den Militärfiskus, Pensionsansprüche aller Art). Auch Steuererstattungsansprüche gehören natürlich hierher.

⁴ Die Aufrechnung bewirkt das Erlöschen des Steueranspruchs vom Zeitpunkt ihrer Wirksamkeit ab. Als Wirksamkeitszeitpunkt ist unter sinngemäßer Anwendung bürgerlich-rechtlicher Grundsätze der Zeitpunkt anzusehen, in welchem die beiderseitigen Ansprüche als zur Aufrechnung geeignet einander gegenübergetreten sind (§ 389 BGB.). Dieser Zeitpunkt hat Bedeutung u. a. für den Wegfall der Verzugszinsen. Vom Wirksamkeitszeitpunkt an kommen Verzugszinsen nur noch für den Teil der Steuerschuld zur Erhebung, der nicht durch die Aufrechnung erloschen ist. Die Frage, wann Geeignetheit eines Gegenanspruchs zur Aufrechnung vorliegt, beantwortet sich nach den für die Entstehung des betr. Gegenanspruchs maßgebenden gesetzlichen Bestimmungen. So liegt z. B. ein zur Aufrechnung geeigneter Er-

stattungsanspruch nicht schon dann vor, wenn irgendetwas zu Unrecht bezahlt ist, sondern erst wenn ein in den Steuergesetzen positiv vorgesehener Erstattungsgrund geschaffen ist (z. B. Berichtigung einer Festsetzung gemäß § 128 AO., Beitreibung trotz Erloschenseins eines Anspruchs gemäß § 129 AO.).

Die Geltendmachung der Aufrechnung als eines das Erlöschen der Steuerforderung des Reichs begründenden Umstandes kann — ebenso wie die Einrede der Zahlung — nicht im Veranlagungs- oder Rechtsmittelverfahren, sondern nur im Hebungsverfahren geltend gemacht werden. Es ist also unter Umständen zunächst gemäß § 300 Abs. 2 zu bezahlen und das Erlöschen der Steuerforderung durch Aufrechnung sodann durch Antrag auf Erstattung gemäß § 129 geltend zu machen. (Vgl. E. Bd. 9 S. 55, Bd. 16 S. 150.)

Weiteres über Aufrechnung s. §§ 33, 34 Beitr.Obg.

**104. Wird eine Zahlung, die nach den Steuergesetzen zu leisten ist[1], nicht rechtzeitig[2] entrichtet, so sind, soweit nichts anderes vorgeschrieben ist[3], Zinsen zu fünf vom Hundert[4] von der Fälligkeit[5] an zu zahlen[6]. Hinterzogene Steuerbeträge sind, wenn die Zeit, wo die Beträge fällig geworden wären, nicht festgestellt werden kann, vom Beginne der Verjährungsfrist an zu verzinsen.**

**Ausführungsbestimmungen können die Verzinsungspflicht beschränken.**

[1] Die Verzinsungspflicht des § 104 gilt nicht nur für Steuerbeträge, sondern auch für alle sonstigen Geldleistungen (z. B. Zuschläge nach § 170, Zwangsstrafen nach § 202). Geldstrafen des 3. Teils der AO. gehören nicht hierher!

Zinsbeträge sind ihrerseits nicht noch einmal zu verzinsen.

[2] D. h. mit Fälligkeit. Über Fälligkeit vgl. Bem. zu § 81.

Die Verzinsungspflicht beginnt mit dem auf die Fälligkeit folgenden Tage (gleichgültig, ob Sonn- oder Werktag) und endet mit dem Zeitpunkt der Zahlung (den Tag der Zahlung mit eingerechnet). Über Zeitpunkt der Zahlung vgl. Anm. 1 zu § 102.

Zinsen sind auch für die Zeit zu entrichten, die im Konkursverfahren zwischen Anmeldung einer Forderung und deren Bezahlung oder die im Beitreibungsverfahren zwischen der Pfändung einer Sache und deren Versteigerung liegt. Denn die Anmeldung einer Forderung im Konkurs und die Pfändung eines dem Schuldner gehörigen Gegenstandes stellen keine Zahlung dar, sondern sind lediglich Maßnahmen zur Erlangung einer geschuldeten Zahlung. Zu bemerken ist aber, daß im Hinblick auf § 63 Konk.Ordng. die Zinsen, soweit sie seit Eröffnung des Konkursverfahrens laufen, nicht im Konkursverfahren, sondern erst nach dessen Beendigung gegen den Gemeinschuldner geltend gemacht werden können.

[3] „Etwas anderes" ist zurzeit vorgeschrieben durch § 1 der sog. Steuerzinsverordnung v. 6. 3. 24 (RGBl. I S. 170). Sie lautet in ihrer neuesten Fassung auf Grund der V. v. 8. 11. 26 (RGBl. I S. 487) gegenwärtig wie folgt:

„§ 1. Für Verzugszinsen, die auf Grund des § 104 der Reichsabgabenordnung oder auf Grund anderer Vorschriften der Reichssteuergesetze dem Reiche geschuldet werden, beträgt der Zinsfuß bis auf weiteres zehn vom Hundert jährlich.

§ 2. Soweit bei Zahlungsaufschub (§ 105 Abs. 1 der Reichsabgabenordnung) Zinsen zu entrichten sind, beträgt der Zinsfuß bis auf weiteres sechs vom Hundert jährlich.

§ 3. Die Finanzbehörde, die zur Bewilligung von Stundung (§ 105 Abs. 2 der Reichsabgabenordnung) zuständig ist, bestimmt, wenn sie nicht zinslose Stundung gewährt, bei Bewilligung der Stundung den Zinsfuß, zu dem der gestundete Betrag zu verzinsen ist.

Der Zinsfuß beträgt bis auf weiteres mindestens fünf vom Hundert und höchstens sechs vom Hundert jährlich. Wie hoch innerhalb dieses Rahmens der Zinsfuß zu bemessen ist, richtet sich nach der allgemeinen wirtschaftlichen Lage und den besonderen Umständen des einzelnen Falles.

In der Verfügung, durch die Stundung gegen Verzinsung bewilligt wird, ist, wenn nicht der Zinsfuß auf sechs vom Hundert jährlich bestimmt wird, die Heraufsetzung des Zinsfußes für die Zukunft vorzubehalten.

§ 4. Die Zinssätze, die sich aus den Bestimmungen der §§ 1 bis 3 ergeben, treten für die Geltungsdauer dieser Verordnung an die Stelle der Zinssätze, die im § 104 Abs. 1 Satz 1 der Reichsabgabenordnung, im § 4 Abs. 1 der Stundungsordnung vom 29. Januar 1923 (Reichsgesetzbl. I S. 75) und in anderen Vorschriften der Steuergesetze (§§ 2, 3 der Reichsabgabenordnung) für Verzugszinsen, Aufschubzinsen und Stundungszinsen bestimmt sind.

§ 5. . . . . . . . . . (veraltet)."

Zusatz: § 1 vorstehender Verordnung ersetzt nunmehr die für die wichtigsten Reichssteuern früher nach Art. XVIII der 2. StNVdg. zu erhebenden sog. Verzugszuschläge. Diese Verzugszuschläge sind durch die oben genannte Vdg. v. 8. 11. 26 aufgehoben worden, so daß § 1 nunmehr für alle Reichssteuern gilt. Zur Regelung des Übergangs bestimmt § 3 Vdg. v. 8. 11. 26:

„Diese Verordnung tritt mit dem 1. Dezember 1926 in Kraft.

Für die Zeit vom 1. Dezember 1926 ab findet der Zinsfuß von zehn vom Hundert jährlich auch bei Verzugszinsen von solchen Beträgen Anwendung, die vor dem 1. Dezember 1926 fällig geworden sind.

Ist vor dem 1. Dezember 1926 eine Verpflichtung zur Zahlung von Verzugszuschlägen entstanden, so werden die Verzugszuschläge nur noch insoweit erhoben, als die halben Monate, auf die die Verzugszuschläge entfallen, vor dem 1. Dezember 1926 abgelaufen sind. Soweit hiernach Verzugszuschläge nicht zur Erhebung gelangen, werden Verzugszinsen erhoben."

[4] Wegen des zurzeit geltenden Zinssatzes s. oben Anm. 3.

[5] Vgl. oben Anm. 2

[6] Zum Zweck Vermeidung überflüssiger Belastung der Finanzämter durch Einhebung geringfügiger Zinsbeträge erging die sog. Entlastungsverordnung v. 19. 9. 22 (RGBl. I S. 773), die in ihrer nunmehrigen Fassung auf Grund der Verordnungen v. 15. 6. 23 und v. 26. 9. 23 (RGBl. 1923, I S. 552, 917) lautet:

. . . . . . . . . . . . . . . . . . . . . . . . .

§ 1. Zinsen, die für festgesetzte Reichssteuern von Steuerpflichtigen geschuldet werden, sollen bis auf weiteres unerhoben bleiben, wenn die geschuldeten Zinsbeträge das Sechsfache der Briefgebühr nicht überschreiten. Betragen die Zinsen mehr als das Sechsfache der Briefgebühr, und wird nur ein Teilbetrag gezahlt, so ist der Restbetrag auch dann zu erheben, wenn er das Sechsfache der Briefgebühr nicht überschreitet.

Die Bestimmungen im Abs. 1 finden keine Anwendung, soweit die Zinsen im Steuerbescheid zu berechnen sind.

§ 2. Bei Erstattungen von Reichssteuern sollen Zinsen bis auf weiteres von Amts wegen nur gezahlt werden, wenn der zu erstattende Zinsbetrag das Sechsfache der Briefgebühr überschreitet.

§ 3. Gestrichen.

§ 4. Diese Verordnung tritt mit ihrer Verkündung in Kraft.

(Zusatz: Unter Briefgebühr in vorstehendem Sinne ist nach Art. II V. v 26. September 1923 der Betrag zu verstehen, der für die Beförderung eines Briefes bis zu 20 Gramm im inländischen Fernverkehr zu entrichten ist.)

§ 105. Bei Zöllen und Verbrauchsabgaben hat das Finanzamt die Zahlung fälliger Beträge auf Antrag des Steuerpflichtigen gegen Sicherheit und Verzinsung, soweit nicht eine kürzere Frist vorgeschrieben ist, auf sechs Monate hinauszuschieben. Das Landesfinanzamt kann auch ohne Sicherheit und ohne Verzinsung einen

Aufschub bis zu drei Monaten bewilligen. Bei Kriegsgefahr kann ein Zahlungsaufschub widerrufen werden.

Im übrigen können[1] Zahlungen von Steuern und sonstigen Geldleistungen gestundet[2] werden, wenn ihre Einziehung mit erheblichen Härten für den Steuerpflichtigen verbunden wäre und der Anspruch durch die Stundung nicht gefährdet wird. Die Stundung soll in der Regel nur gegen Sicherheitsleistung[3] und Verzinsung[4] gewährt werden. Bei Stundungen über ein Jahr[5] ist die Zustimmung des Landesfinanzamts einzuholen.

[1] Ermessensfrage nach § 6. Gegen die Entscheidung ist das Beschwerdeverfahren zulässig (§ 224).

Ein Erlaß des RFM. v. 31. 5. 20 III 9230 (RStBl. S. 331) weist die Finanzämter an, vor Entscheidung über Stundungsgesuche die Berufsvertretungen des Pflichtigen (Handelskammer, Handwerkskammer, Landwirtschaftskammer usw.) nötigenfalls gutachtlich zu hören.

[2] Durch die Gewährung der Stundung wird die Fälligkeit mit allen ihren Folgen (vgl. Anm. 1 u. 4 zu § 81) aufgeschoben bis zum Ablauf der Stundungsfrist. Es ist also streng genommen unrichtig, Stundung zu bewilligen mit Wirkung von einem nach dem Fälligkeitstag liegenden Zeitpunkt ab. Anderseits kann, wenn rückwirkend in einem Einzelfalle Erlaß von Verzugszinsen usw. bewilligt werden soll, dies einfach dadurch erreicht werden, daß für die Hauptleistung Stundung bis zu einem bestimmten Zeitpunkt gewährt wird.

Die näheren Vorschriften über das Stundungswesen, Zuständigkeit, Verfahren usw. bei Stundungen sind nunmehr enthalten in der sog. Stundungsordnung v. 29. 1. 23 (RGBl. I S. 75). Die Stundungsordnung ist als Ergänzungsband II zur amtlichen Textausgabe der AO. vom Reichsfinanzministerium herausgegeben (neu 1926).

Die StundO. hat inzwischen Änderungen erfahren durch die V. v. 17. 8. 23, 26. 9. 23 und 21. 12. 23 (RGBl. I S. 811, 917, 1238). Die Änderungen beziehen sich auf §§ 5 Abs. 4 und 41 Abs. 2. Vgl. auch Vorbem. zu §§ 109—119 AO.

[3] Die besonderen Umstände des Falles sind hinsichtlich des Verlangens einer Sicherheitsleistung sorgfältig zu würdigen (RFME. v. 18. 9. 24 III D 7500).

[4] Welcher Zinssatz anzuwenden ist, ist im Gesetz nicht gesagt. Zur Zeit richtet sich die Höhe desselben nach §§ 3, 4 der Steuerzinsverordnung (abgedruckt in Anm. 3 zu § 104).

[5] Vom Fälligkeitstag an gerechnet. Eine vom Finanzamt ohne Genehmigung des LFA. gewährte Stundung ist trotzdem wirksam, § 78 Nr. 1 nicht einschlägig.

**§ 106.** Hat ein Finanzamt Teilzahlungen bewilligt, so werden alle noch ausstehenden Teilzahlungen fällig[1], wenn der Steuerpflichtige eine Teilzahlung versäumt und die versäumte Zahlung auch nicht innerhalb einer Woche nach Empfang einer Mahnung, in der auf die Rechtsfolgen der Versäumnis hingewiesen ist, nachholt.

[1] Die zunächst durch die Gewährung von Teilzahlungen hinausgeschobene Fälligkeit der restigen Teilbeträge tritt für den ganzen Restbetrag mit Ablauf der in § 106 bezeichneten Frist ein. Trotzdem ist nicht ausgeschlossen, daß das Finanzamt neuerdings Stundung oder Teilzahlungen bewilligt.

**§ 107.** Steuern[1] dürfen niedergeschlagen[2] werden, wenn feststeht[3], daß die Beitreibung keinen Erfolg haben wird oder wenn die Kosten der Beitreibung außer Verhältnis zu dem Betrage stehen[4].

[1] Nur Steuern! Was hierzu zu rechnen ist, darüber s. Anm. 1 zu § 1. Auf die etwa bereits entstandenen Mahn- und Zwangsvollstreckungskosten dürfte sich die Niederschlagungs-

befugnis miterstrecken, da dieselben nur ein Anhängsel des Hauptanspruchs bilden (vgl. § 315).

Zwangsgeldstrafen nach § 202 können nicht niedergeschlagen werden; wenn sie nicht erlassen werden, tritt Ersatzhaftstrafe ein.

Die Niederschlagung kann nur für rechtskräftig feststehende Beträge in Betracht kommen.

[2] Durch die Niederschlagung wird die betr. Steuerschuld nicht getilgt. Verwaltungsanordnungen können daher bestimmen, ob und unter welchen Voraussetzungen die Beitreibung wieder aufgenommen werden soll.

[3] Daß Beitreibung bereits versucht worden ist, ist nicht unbedingt erforderlich.

[4] Das gesamte Niederschlagungswesen ist nunmehr zusammenfassend geregelt in §§ 26—30 der sog. Beitreibungsordnung (s. Vorbem. zu §§ 298 ff.).

Aus der Beitreibungsordnung ergibt sich u. a. insbesondere auch die Zuständigkeit zur Niederschlagung (bis 30 Reichsmark Finanzamt ohne weiteres zuständig, darüber hinaus Genehmigung des LFA.).

Zur Klärung von Zweifelsfragen, die sich bei der Niederschlagung von Steuern ergeben, hat der RFM. in einem Erlaß v. 4. 10. 24 III A 22576 folgendes ausgeführt:

1. Bei der Bemessung der 30 Goldmark betragenden Zuständigkeitsgrenze der Finanzämter (§ 27 Abs. 4, 5 der Beitreibungsordnung) bleiben Zinsen und Kosten unberücksichtigt, wenn sie als Nebenschulden zusammen mit einer Hauptschuld niedergeschlagen werden. Als Nebenschulden im Sinne dieser Bestimmung sind auch die Verzugszuschläge anzusehen. Sie bleiben also ebenso wie Zinsen und Kosten bei der Berechnung der Wertgrenze außer Betracht.

2. Von einer Überwachung niedergeschlagener Beträge zum Zwecke der Verhinderung der Verjährung kann mit Rücksicht auf das geringe finanzielle Ergebnis dieser Maßnahme in der Regel abgesehen werden. Soweit ausnahmsweise

Überwachung angebracht erscheint, bleibt sie der Veranlagungsstelle gemäß § 29 Abs. 2 BeitrO. überlassen. Zweckmäßig erscheint hierbei die Heranziehung der Kasse, die oft mit Erfolg wird versuchen können, niedergeschlagene Beträge gleichzeitig mit laufenden Steuern einzuziehen.

3. Die vielfach vertretene Anschauung, daß bei Niederschlagungen von Steuern bis zum Ablauf der Verjährungsfrist Verzugszinsen laufen, ist unzutreffend. Wenn eine Steuerschuld nebst den darauf entfallenden Verzugszinsen niedergeschlagen wird, so liegt darin zugleich die Verfügung, daß vom Zeitpunkt der Niederschlagung ab Verzugszinsen nicht mehr erhoben werden.

**§ 108. Der Reichsminister der Finanzen kann für einzelne Fälle Steuern[1], deren Einziehung nach Lage der Sache unbillig[2] wäre, ganz oder zum Teil erlassen[3] oder in solchen Fällen die Erstattung oder Anrechnung bereits entrichteter Steuern verfügen. Die Befugnis hierzu kann für bestimmte Arten von Fällen den Landesfinanzämtern oder den Finanzämtern übertragen werden[4].**

**Für Fälle bestimmter Art kann der Reichsminister der Finanzen mit Zustimmung des Reichsrats aus Billigkeitsgründen allgemein Befreiungen oder Ermäßigungen von Steuern sowie die Erstattung oder Anrechnung bereits entrichteter Steuern vorsehen[5].**

[1] Wegen des Begriffs Steuern s. Bem. zu § 1. Die Praxis hält sich jedoch nicht an diese begriffliche Abgrenzung, sondern geht darüber hinaus (vgl. insbes. den unten in Anm. 4 abgedruckten RFME. v. 13. 10. 26).

Die vielfach vertretene Anschauung, daß ein Erlaß nur gegenüber rechtskräftig feststehenden Steuern ausgesprochen werden könne, ist nach RFH. v. 9. 10. 25 (E. Bd. 17 S. 212 unten) unzutreffend; allerdings kann die Tatsache des Erlasses nicht im Rechtsmittelverfahren, sondern nur gegenüber der Einziehung (§ 300 Abs. 2) geltend gemacht werden. Aus Zweckmäßigkeitsgründen wird übrigens an der Praxis, über Erlaßanträge nicht zu entscheiden, solange ein Steuerfestsetzungs- oder Rechtsmittelverfahren schwebt, festzuhalten sein.

[2] Was als Billigkeitsgrund anzusehen ist, bestimmt sich nach ständiger Verwaltungsübung des Reichsminsters der Finanzen nicht allein nach der wirtschaftlichen Lage des betr. Antragstellers (wobei übrigens zu bemerken ist, daß auch ohne Antrag ein Erlaß möglich ist), sondern auch nach der Natur der betr. Steuer. Zu verweisen ist z. B. bezügl. der Umsatzsteuer auf RFME. v. 29. 3. 20 (RStBl. S. 253). Für den Erlaß von Grunderwerbsteuer beim Erwerb von Grundstücken durch Personen, die in den abgetretenen Gebieten Grundbesitz verloren haben, hat der RFM. in einer Reihe von Erlassen Richtlinien (sowohl hinsichtlich der Frage der Billigkeitsgründe wie jener der Zuständigkeit) gegeben (vgl. Erlasse v. 15. 1. 20 III K 16357, v. 26. 10. 20 IIIa 6026, v. 12. 7. 21 III v 3883, v. 29. 1. 25 III Dv 6060, v. 12. 2. 26 III Rv 15700, v. 18. 6. 26 III Rv 18090). Über sonstige Billigkeitsgründe beim Erlaß von Grunderwerbsteuer vgl. Erlaß v. 12. 8. 25 III Rv 9541. Die Zuständigkeit für Erlaß von Grunderwerbsteuer (abgesehen von den Fällen der Grundstücksverluste im abgetretenen Gebiet) regelt der unten Anm. 4 abgedruckte RFME.

[3] Der Erlaß bewirkt — im Gegensatz zur Niederschlagung — das Erlöschen des staatlichen Steueranspruchs. Sein Wiederaufleben kann höchstens unter den Voraussetzungen des § 78 erfolgen.

Erlaß usw. kann bewilligt werden sowohl auf Antrag wie von Amts wegen. Ob ein Erlaßantrag oder ein Rechtsmittel vorliegt, kann im Einzelfall fraglich sein. Ein äußerlich sich als Antrag auf „Erlaß" oder „Ermäßigung" darstellendes Schreiben kann seinem sachlichen Inhalt nach als Rechtsmittel aufzufassen sein, wenn nämlich aus dem Schriftstück hervorgeht, daß der Pflichtige die ihm auferlegte Steuer für zu hoch hält (§ 234).

Es wird daher in Fällen, wo die Rechtsmittelfrist noch nicht verstrichen ist, am Platze sein, genau zu prüfen, was der Pflichtige mit seinem Schreiben in Wirklichkeit beabsichtigt hat, ob er die Richtigkeit der Veranlagung anerkennt oder ob er eine Nachprüfung derselben begehrt. Letzterenfalls ist das Schriftstück zunächst als Rechtsmittel zu behandeln (s. auch RFH. in RStBl. 1920 S. 437). Über weitere Konfliktsfälle ähnlicher Art s. Vorbem. vor § 127 a. E.

Es kann auch vorkommen, daß jemand nebeneinander Nachprüfung im Rechtsmittelweg und Erlaß beantragt. Die Entscheidung über den Erlaßantrag wird alsdann zurückzustellen sein, wenn nicht in Verhandlungen mit dem Pflichtigen sich dessen Wille zur alleinigen Beschreitung des Erlaßwegs einwandfrei feststellen läßt. Jedenfalls kann aus der Tatsache allein, daß jemand neben einem Rechtsmittel (ev. auch später) einen Erlaßantrag einreicht, noch nicht ohne weiteres ein Verzicht auf das Rechtsmittel hergeleitet werden (RFH. v. 6. 7. 22, Kartei Nr. 1 zu § 108 Abs. 1).

Gegen Entscheidungen über Erlaßanträge gibt es kein Rechtsmittel (vgl. RFH. in RStBl. 1921 S. 219), und zwar auch dann nicht, wenn eine nachgeordnete Behörde im Rahmen der ihr vom RFM. erteilten Ermächtigung entschieden hat. Denn die Behörde tritt in solchen Fällen an die Stelle des zunächst nach der AO. allein zur Entscheidung befugten RFM. (Vgl. auch E. Bd. 19 S. 247.)

4 Von der in Abs. 1 S. 2 enthaltenen Delegationsbefugnis hatte der RFM. den ersten umfassenden Gebrauch gemacht durch die „Allgemeine Verfügung zur Übertragung von Zuständigkeiten auf die Landesfinanzämter und Finanzämter“ v. 29. 11. 23 nebst Begleiterlaß III D 2938 II st 8685 (beide veröffentlicht im RStBl. S. 433). Nunmehr gilt bis auf weiteres der Erlaß v. 13. 10. 26 IIIa 3900, durch welchen die Zuständigkeit der LFA. und FA. bedeutend erweitert worden ist. Der Erlaß bestimmt hinsichtlich der einzelnen auf Grund der Steuergesetze geschuldeten Geldleistungen folgendes:

„I. Steuern vom Einkommen und Vermögen außer Erbschaftsteuer.

1. Einkommensteuer, Körperschaftsteuer, Vermögensteuer.

a) Die Finanzämter sind zuständig, wenn der Gegenstand des Antrages für die einzelne Steuerart keinen höheren Wert als 200 RM. hat;

b) die Präsidenten der Landesfinanzämter sind zuständig, wenn der Gegenstand des Antrages für die einzelne Steuerart mehr als 200 RM., aber nicht mehr als 1000 RM. wert ist.

2. Brotversorgungsabgabe, Rhein-Ruhr-Abgabe, Arbeitgeberabgabe und Landabgabe.

Es gilt das gleiche wie zu 1.

3. Aufbringungslasten und Rentenbankzinsen.

Auch hier gilt das gleiche wie zu 1, jedoch mit der Maßgabe, daß der Jahresbetrag maßgebend ist und daß für die Aufbringungslasten nicht Erlaß, sondern nur Stundung in Frage kommt.

II. Erbschaftsteuer.

1. Die Finanzämter sind zuständig, wenn der Gegenstand des Antrages keinen höheren Wert als 100 RM. hat;

2. die Präsidenten der Landesfinanzämter sind zuständig, wenn der Gegenstand des Antrages mehr als 100 RM., aber nicht mehr als 500 RM. wert ist.

III. Umsatzsteuer.

1. Die Finanzämter sind zuständig, wenn der Wert des Gegenstandes keinen höheren Wert als 100 RM. hat;

2. die Präsidenten der Landesfinanzämter sind zuständig, wenn der Gegenstand des Antrages mehr als 100 RM., aber nicht mehr als 500 RM. wert ist.

### IV. Kapitalverkehrsteuer, Wechselsteuer, Obligationensteuer, Grunderwerbsteuer.

1. Die Finanzämter sind zuständig, wenn der Gegenstand des Antrags für die einzelne Steuerart keinen höheren Wert als 500 RM. hat;
2. die Präsidenten der Landesfinanzämter sind zuständig, wenn der Gegenstand des Antrages für die einzelne Steuerart mehr als 500 RM., aber nicht mehr als 2000 RM. wert ist.

Die Sonderdelegation bei der Grunderwerbsteuer für den Erwerb von Ersatzgrundstücken durch aus den abgetretenen Gebieten Verdrängte gemäß Runderlaß vom 18. Juni 1926 — III Rv 18090 — bleibt unberührt*).

### V. Geldstrafen, Ordnungsstrafen, Ersatzstrafen, Kosten des Strafverfahrens, auf die durch Strafbescheid oder im Unterwerfungsverfahren erkannt worden ist, und Erzwingungsstrafen.

Die Präsidenten der Landesfinanzämter sind zuständig, wenn der Gegenstand des Antrages keinen höheren Wert als 1000 RM. hat.

### VI. Allgemeines.

Für die Durchführung gelten, soweit sich aus diesem Erlasse nichts anderes ergibt, die Bestimmungen der allgemeinen Verfügung zur Übertragung von Zuständigkeiten auf die Landesfinanzämter und Finanzämter vom 29. November 1923 und des dazu ergangenen Begleitschreibens vom gleichen Tage — III D 2938 —, und zwar nicht nur bei den unter I, sondern auch bei den unter II bis V genannten Steuern, Strafen usw.

Hervorgehoben sei aus der genannten Verfügung folgendes:

1. Die vorstehenden Bestimmungen gelten entsprechend für Steuerzuschläge im Sinne des § 170 Abs. 2 der Reichsabgabenordnung, Zinsen und Kosten.

---

*) Vgl. oben Anm. 2.

2. Für die Feststellung, wie hoch der Wert des Antrages ist, ist im einzelnen maßgebend:
   a) wenn sich der Antrag auf Steuern und Steuerzuschläge (im Sinne des § 170 Abs. 2 der Reichsabgabenordnung) erstreckt, der Wert des Gesamtbetrages, der aus den Steuern und Steuerzuschlägen errechnet wird;
   b) wenn sich der Antrag auf Steuern (Steuerzuschläge) und Zinsen erstreckt, der Wert der Steuern (der Steuerzuschläge);
   c) wenn der Erlaß einer Geldstrafe und der Kosten des Strafverfahrens begehrt wird, der Wert der Geldstrafe.
3. Zur Ablehnung von Erlaßanträgen sind die Präsidenten der Landesfinanzämter, soweit nicht nach I—IV die Zuständigkeit der Finanzämter begründet ist, ohne Rücksicht auf den Wert des Antrages und ohne Rücksicht auf die Höhe der Strafe zuständig."

[5] Über die Frage, ob eine Verfügung des RFM. als auf Grund des § 108 Abs. 2 ergangen anzusehen ist oder nicht, vgl. Bem. zu § 2, ferner E. Bd. 7 S. 62.

## Vorbemerkung zu §§ 109—119.

Die die Vorschriften der AO. ergänzenden Bestimmungen über Sicherheitsleistungen sind hauptsächlich enthalten in §§ 16 bis 44 der Stundungsordnung (s. Anm. 2 zu § 105). An weiteren Ergänzungsbestimmungen kommen in Betracht (sämtliche abgedruckt in dem amtl. herausgegebenen Ergänzungsband II zur AO.):

RFME. nebst Richtlinien v. 3. 4. 23 (RStBl. S. 150), betr. Sicherheitsleistung durch Hinterlegung von Depotscheinen;

RFME. nebst Richtlinien v. 7. 3. 23 (RStBl. S. 111), betr. Sicherheitsleistung durch Verpfändung von Waren.

Sicherheitsleistung kann nur verlangt werden, wo es gesetzlich ausdrücklich vorgeschrieben oder zugelassen ist.

Was als taugliche Sicherheit gilt, bestimmt sich zunächst nach §§ 109—119 und den vorstehend erwähnten Verwaltungsanordnungen. Darüber hinaus kann jedoch gemäß § 114 das Finanzamt nach seinem Ermessen handeln.

Über zwangsweise Beitreibung von Sicherheiten s. § 348.

§ 109. Eine Sicherheit kann der Steuerpflichtige nach seiner Wahl leisten durch

1. Hinterlegung von Geld,
2. Hinterlegung von Schuldverschreibungen des Reichs oder eines Landes,
3. Hinterlegung von Schuldverschreibungen der deutschen Schutzgebietsanleihen,
4. Hinterlegung von Schuldverschreibungen, deren Verzinsung das Reich oder ein Land gewährleistet hat,
5. Hinterlegung von inländischen Pfandbriefen und sonstigen von einer inländischen kommunalen Körperschaft oder der Kreditanstalt einer solchen Körperschaft ausgestellten Schuldverschreibungen, wenn die Wertpapiere vom Reichsrat oder durch landesgesetzliche Vorschriften für geeignet zur Anlegung von Mündelgeld erklärt worden sind,
6. Hinterlegung von sonstigen Wertpapieren, wenn sie bei der Reichsbank beleihbar sind,
7. Verpfändung des Anspruchs aus der Hinterlegung solcher Wertpapiere bei der Reichsbank oder einer andern vom Reichsminister der Finanzen bezeichneten Stelle,
8. Verpfändung eines Guthabens bei einer inländischen öffentlichen oder unter öffentlicher

Aufsicht stehenden Sparkasse, wenn sie von der zuständigen Behörde des Landes, in dem sie ihren Sitz hat, zur Anlegung von Mündelgeld für geeignet erklärt ist, unter Übergabe des Sparkassenbuchs und einer Bescheinigung der Sparkasse, daß ihr die Verpfändung vom Verpfändenden mitgeteilt worden ist,

9. Verpfändung von Forderungen, die in das Reichsschuldbuch oder in das Staatsschuldbuch eines Landes eingetragen sind,
10. Verpfändung von sonstigen Schuldbuchforderungen, die bei der Reichsbank beleihbar sind,
11. Verpfändung von Forderungen, für die eine Hypothek an einem inländischen Grundstück besteht, oder Verpfändung von Grund- oder Rentenschulden an inländischen Grundstücken,
12. Bestellung von Hypotheken, Grund- oder Rentenschulden an inländischen Grundstücken.

Mit den Wertpapieren sind die Zins-, Renten-, Gewinnanteil- und Erneuerungsscheine zu hinterlegen.

Statt der Verpfändung genügt Abtretung zur Sicherheit.

Ein unter Steuerverschluß befindliches Lager steuerpflichtiger Erzeugnisse gilt als genügende Sicherheit für die darauf lastende Steuer.

**§ 110.** Im Falle des § 109 Abs. 1 Nr. 7 muß der Steuerpflichtige die Wertpapiere für eigene Rechnung hinterlegt haben. Außer der Niederlegungsbescheinigung ist eine Erklärung der Reichsbank zu überreichen, daß ihr die Verpfändung von dem Verpfändenden mitgeteilt worden ist; beizufügen ist eine Bescheinigung der Reichsbank, daß die in der Niederlegungsbescheinigung bezeichneten Papiere umlauffähig sind. Durch die Bescheinigung der Umlauffähigkeit übernimmt die Reichsbank die Haftung dafür,

1. daß das Rückforderungsrecht des Niederlegers durch gerichtliche Sperre und Beschlagnahme nicht beschränkt ist,
2. daß die niedergelegten Wertpapiere in den Sammellisten aufgerufener Wertpapiere nicht als gestohlen oder verloren gemeldet und weder mit Zahlungssperre belegt noch zur Kraftloserklärung aufgeboten oder für kraftlos erklärt worden sind,
3. daß sie auf den Inhaber lauten oder, falls sie auf den Namen ausgestellt sein sollten, mit Blankogiro versehen und auch sonst nicht gesperrt sind, daß der Stempelpflicht genügt ist und die Gewinnanteil- und Erneuerungsscheine bei den Stücken sind.

Wird die Umlaufsbescheinigung der Reichsbank nicht gleich nach ihrer Ausstellung hinterlegt, so ist eine Bescheinigung der Reichsbank beizubringen, daß ihre Gültigkeit noch fortdauert.

Diese Vorschriften gelten entsprechend bei der Verpfändung aus einer Hinterlegung bei den sonst nach § 109 Abs. 1 Nr. 7 zugelassenen Stellen.

**§ 111.** Hypothekenforderungen, Grund- oder Rentenschulden sind zur Sicherheitsleistung nur geeignet, wenn sie den Voraussetzungen entsprechen, unter denen in dem Lande, wo das belastete Grundstück liegt,

Mündelgeld in Hypothekenforderungen, Grund- oder Rentenschulden angelegt werden darf.

§ 112. Soweit nichts anderes vorgeschrieben ist, bestimmt der Reichsminister der Finanzen, zu welchen Werten die im § 109 Abs. 1 Nr. 2 bis 12 aufgeführten Gegenstände als Sicherheit anzunehmen sind.

§ 113. Inwieweit der Pflichtige in anderer Weise nach seiner Wahl Sicherheit leisten kann, insbesondere durch Wechsel und Zahlungsversprechen, die von zahlungsfähigen Personen ausgestellt worden sind, oder durch taugliche Bürgen, bestimmt der Reichsminister der Finanzen.

§ 114. Andere als die in den §§ 109 bis 113 bezeichneten Werte kann das Finanzamt nach seinem Ermessen als Sicherheit annehmen. Vorzuziehen sind Vermögensgegenstände, die größere Sicherheit bieten oder bei Eintritt auch außerordentlicher Verhältnisse ohne erhebliche Schwierigkeit und innerhalb angemessener Frist verwertet werden können.

§ 115. Ist die Leistung von Sicherheiten der in den §§ 109 bis 114 bezeichneten Art in der dort geforderten Form für den Steuerpflichtigen mit Härten verbunden, so darf sich das Finanzamt mit anderen Sicherungen begnügen, z. B. mit der Annahme von gesperrten Sparkassenbüchern, Versicherungsscheinen oder Hypothekenbriefen.

§ 116. Mit der Hinterlegung erwirbt das Reich ein Pfandrecht am hinterlegten Gelde oder den hinterlegten Wertpapieren oder, wenn das Geld oder die Wertpapiere nach den gemäß § 119 Abs. 1 erlassenen

Bestimmungen oder nach landesgesetzlicher Vorschrift in das Eigentum des Fiskus oder der als Hinterlegungsstelle bestimmten Anstalt übergehen, ein Pfandrecht an der Forderung auf Rückerstattung.

§ 117. Wer nach den §§ 109, 113, 114 Sicherheit geleistet hat, ist berechtigt, die Sicherheit oder einen Teil davon durch eine andere nach §§ 109, 113 geeignete Sicherheit zu ersetzen.

§ 118. Wird eine Sicherheit unzureichend, so ist sie zu ergänzen oder es ist anderweitige Sicherheit zu leisten.

§ 119. Die näheren Bestimmungen über die Hinterlegung trifft der Reichsminister der Finanzen.

Soweit bares Geld in das Eigentum des Fiskus oder der als Hinterlegungsstelle bestimmten Anstalt übergeht, ist es mit vier vom Hundert von dem auf den Tag der Hinterlegung folgenden Werktag ab zu verzinsen.

Während der Dauer der Sicherheitsleistung kann die Auszahlung der Zinsen für hinterlegtes bares Geld nur zum Schlusse eines Kalenderhalbjahrs verlangt werden.

## 4. Verjährung.

§ 120. Die Ansprüche des Reichs aus Steuergesetzen[1] unterliegen der Verjährung[2, 3].

[1] Hierunter fallen nicht nur die eigentlichen Steueransprüche, sondern alle sonstigen Ansprüche des Reichs (Ansprüche von Steuerpflichtigen gehören überhaupt nicht hierher!) aus Steuergesetzen, mögen sie in Geldleistungen oder in sonstigen Verpflichtungen bestehen. Wegen Verjährung von Strafen

gelten jedoch die besonderen Bestimmungen des 3. Teils der AO. und der sie ergänzenden strafrechtlichen Vorschriften.

[2] Über Wirkung der Verjährung s. § 125.

[3] Die Materie der Verjährung ist in der AO. erschöpfend geregelt; die Vorschriften des BGB. kommen nicht in Betracht; es kann höchstens zur Auslegung von Begriffen auf die bürgerlich rechtlichen Begriffe zurückgegriffen werden.

**§ 121.** Die Verjährungsfrist beträgt bei Zöllen und Verbrauchssteuern ein Jahr, bei den Ansprüchen auf die übrigen Steuern und auf die Sicherheiten nach dem Gesetze gegen die Steuerflucht fünf Jahre; bei hinterzogenen Beträgen läuft sie zehn Jahre[1]. Die übrigen Ansprüche verjähren in einem Jahre.

[1] Die verlängerte Frist von 10 Jahren gilt nur gegenüber dem, der sich selbst der Hinterziehung schuldig gemacht hat oder nach ausdrücklicher Gesetzesbestimmung (z. B. § 92) für hinterzogene Beträge haftet, nicht aber gegenüber sonstigen Mithaftenden (E. Bd. 19 S. 102). In Betracht kommt ferner nur „Hinterziehung", also nicht Steuergefährdung nach § 367.

**§ 122.** Die Verjährung beginnt mit Ablauf des Jahres, in dem der Anspruch (§ 120) entstanden ist (§ 81).

Ist die Zahlung hinausgeschoben oder gestundet[1] oder Sicherheit geleistet[2] worden, so beginnt die Verjährung mit Ablauf des Jahres, in dem der Zahlungsaufschub oder die Stundung abgelaufen oder die Sicherheit erloschen ist. Bei hinterzogenen Steuern verjährt der Anspruch nicht, bevor die Strafverfolgung und Strafvollstreckung verjährt sind.

[1] Vgl. § 105 nebst Anm.

[2] Vgl. §§ 109—119.

§ 123. Die Verjährung ist gehemmt, solange die Ansprüche innerhalb der letzten sechs Monate der Verjährungsfrist wegen höherer Gewalt nicht verfolgt werden können.

Die Wirkung der Hemmung ist die, daß sich die Verjährungsfrist um den Hemmungszeitraum verlängert (§ 205 BGB.).

§ 124. Die Verjährung wird unterbrochen durch Zahlungsaufschub, durch Stundung, durch jede Anerkennung des Zahlungspflichtigen, durch eine schriftliche Zahlungsaufforderung und durch jede Handlung, die das zuständige[1] Finanzamt zur Feststellung des Anspruchs oder des Verpflichteten vornimmt[2]. Mit Ablauf des Jahres, in dem die Unterbrechung ihr Ende erreicht hat, beginnt eine neue Verjährung.

[1] Gemeint ist das sachlich und örtlich zuständige Finanzamt (§§ 51 ff.). Handlungen eines unzuständigen Finanzamts unterbrechen die Verjährung nicht.

[2] Die Handlung muß gegen den Steuerpflichtigen gerichtet sein und die Behörde muß bei der Handlung aus ihrem innerdienstlichen Wirkungsbereich heraus- und einer anderen Stelle (oder dem Pflichtigen) gegenübertreten. Weisungen an einen Beamten genügen daher nicht.

§ 125. Durch Verjährung erlischt der Anspruch mit seinen Nebenansprüchen. Was zur Befriedigung oder Sicherung eines verjährten Anspruchs geleistet ist, kann jedoch nicht zurückgefordert werden.

§ 126. Ist der Anspruch gegen den Steuerpflichtigen verjährt, so ist, wer neben ihm haftet, von der Haftung befreit, es sei denn, daß ihm selbst eine Hinterziehung zur Last fällt.

## II. Erstattungs- und Vergütungsansprüche.

### Vorbemerkungen zu §§ 127 bis 136.

Unter Erstattungen und Vergütungen versteht man zunächst Rückzahlungen entrichteter Steuern oder anderer Geldleistungen. Maßgebend für die Unterscheidung der beiden Begriffe ist der innere Grund, der den Gesetzgeber zur Rückzahlung bestimmt. Hiernach spricht das Gesetz von Erstattung, wenn mit der Rückzahlung ein von vornherein bestehendes Unrecht oder eine Unbilligkeit wieder gutgemacht werden soll gegenüber dem, der die Steuer entrichtet hat. Dagegen ist von Vergütung die Rede in den Fällen, wo eine zunächst ordnungsmäßig nach dem Gesetz zu erhebende Steuer infolge bestimmter nachträglich eintretender Umstände steuerlich ungerechtfertigt erscheint oder wo — ohne Rücksichtnahme dieser Art auf den einzelnen Steuerpflichtigen — Erwägungen wirtschaftlicher Art (z. B. die Erhaltung oder Erstarkung bestimmter Handels- oder Industriezweige) die Gewährung wirtschaftlicher Vorteile notwendig erscheinen lassen. (Ein Beispiel bietet § 4 UmsStG.)

Die §§ 127 bis 136 beziehen sich nur auf Rückzahlungsansprüche, die — wie §§ 130, 223 sich ausdrücken — „aus Rechtsgründen zugelassen sind". Aus Rechtsgründen zugelassen sind Rückzahlungen nur dann, wenn in einem Steuergesetz ausdrücklich gesagt ist, daß für den Fall des Vorliegens einer bestimmten Voraussetzung Rückzahlung zu erfolgen hat oder erfolgen bzw. beantragt werden kann. Den Gegensatz hierzu bildet die sog. Erstattung aus Billigkeitsgründen (hierüber s. § 108).

Die von der AO. geprägte Fassung: „Erstattungs- und Vergütungsansprüche, die aus Rechtsgründen zugelassen sind", enthält übrigens genau betrachtet eine sog. Tautologie. Es hätte genügt und wäre wohl auch besser gewesen, einfach von Erstattungs- und Vergütungsansprüchen zu reden.

Denn durch die Beziehung „Anspruch“ ist ja nach allgemeinen Rechtsbegriffen bereits zum Ausdruck gebracht, daß es sich um ein Verlangen handelt, welches aus rechtlichen Gründen geltend gemacht werden kann (vgl. auch § 194 BGB.). Die erwähnte Fassung ist aber nicht nur formell eine nicht ganz glückliche, sondern wäre auch deshalb besser unterblieben, weil sie in der Praxis — insbes. für juristisch weniger geschulte Kräfte — leicht zu irrigen Folgerungen führen kann. Dies gilt hauptsächlich bezüglich des § 223 (s. Anm. zu diesem Paragraphen).

Die Erstattungen müssen, wo gesetzlich ein Anspruch hierfür festgelegt ist, erfolgen, gleichgültig, ob ein Antrag auf Rückzahlung gestellt ist oder nicht. Anders nur dann, wenn das Gesetz ausdrücklich die Notwendigkeit der Antragstellung vorsieht (vgl. z. B. § 5 Abs. 3 S. 3). Nicht zutreffend dürfte sein, wenn Mrozek nur für die Fälle der §§ 128, 129 einen Antrag für entbehrlich erklärt. Denn Ansprüche bestehen auch ohne Antrag und es erscheint mit den Grundsätzen des Steuerrechts und der moralischen Autorität des Staates schlechthin unvereinbar, daß der Staat Steueransprüche bis zur Erschöpfung des gesetzlichen Rahmens erheben, dagegen Ansprüche der Pflichtigen, die sich aus den gleichen Steuergesetzen ergeben, einfach unberücksichtigt lassen könne. Aus dem Wortlaut des § 130 ist auch gar nicht etwa zu folgern, daß außer den Fällen der §§ 128, 129 immer ein Antrag erforderlich sei. § 130 sagt nur, innerhalb welcher Zeit ein Erstattungsanspruch geltend gemacht werden kann und wann er erlischt. (Anders ist es mit den Vergütungsansprüchen, wie sich aus deren Natur und Voraussetzungen — vgl. oben — von selbst ergibt.)

Erstattungsfähig sind Steuern sowohl wie andere Geldleistungen (§ 134). Die Bewilligung der Erstattung erstreckt sich von selbst auf Nebenleistungen irgend welcher Art, die zur Hauptforderung hinzutreten (z. B. Verzugszinsen, Zuschläge) oder die auf Grund der zu Unrecht erhobenen Forderung zu deren Verwirklichung durch das Finanzamt dem in

Anspruch Genommenen erwachsen sind (z. B. Mahn- und Vollstreckungsgebühren). Dies ergibt sich — abgesehen von allgemeinen Rechtserwägungen — aus der Fassung einzelner Erstattungsvorschriften (z. B. § 128: „... so ist, **was zu Unrecht bezahlt ist**, zurückzuzahlen.").

Erstattungsanträge können nicht dazu verwendet werden, um die Frage des **Bestehens** oder **Nichtbestehens rechtskräftig festgesetzter Steueransprüche neu aufzurollen**; sie können keinen Ersatz für ein versäumtes Rechtsmittel bilden (vgl. E. Bd. 5 S. 298, Bd. 13 S. 261, Bd. 14 S. 36, Bd. 16 S. 216). Denn die AO. kennt kein Wiederaufnahmeverfahren (vgl. auch Kartei Nr. 1 zu § 128). Für den Fall allerdings, daß innerhalb der gegen eine Steuerfestsetzung laufenden Rechtsmittelfrist ein „Erstattungsantrag" aus Rechtsgründen gestellt worden ist, hat der RFH. sich wiederholt dahin ausgesprochen, daß, wenn dem Erstattungsantrag als solchem nicht stattgegeben werden kann, derselbe als Rechtsmittel gegen die Steuerfestsetzung aufrechtzuerhalten ist (E. Bd. 3 S. 179, Bd. 5 S. 298; anders jedoch gegenüber unzweideutig als förmliche Erstattungsanträge sich darstellenden Anträgen E. Bd. 13 S. 251, vgl. auch wegen Unzulässigkeit der Behandlung solcher Anträge als Erstattungsanträge aus Billigkeitsgründen E. Bd. 7 S. 238; über Konfliktsfälle mit § 108 f. außerdem dort Anm. 3).

Wegen der Erstattung anderer Geldleistungen als Steuern s. § 134.

**§ 127.** Kann die Rückzahlung entrichteter Steuern verlangt werden[1], so genügt zur Geltendmachung des Anspruchs, daß der Antrag rechtzeitig[2] schriftlich oder mündlich bei einem Finanzamt[3] gestellt wird. Dieses hat ihn der zuständigen Stelle[4] zu übermitteln.

Wird ein Erstattungsanspruch abgelehnt, so ist ein Bescheid[5] zu erteilen. Der Bescheid soll eine Belehrung enthalten, welches Rechtsmittel zulässig ist und binnen welcher Frist und bei welcher Behörde es einzulegen ist[6].

[1] Ein solches Verlangen kann erhoben werden nur auf Grund einzelner, in der AO. oder in anderen Steuergesetzen ganz bestimmt substanziierter Tatbestände. Die AO. enthält solche Tatbestände nur in den §§ 128, 129, 5. Dagegen ist die Tatsache allein, daß etwas zu Unrecht bezahlt ist, ebensowenig schon ein Grund zur Erstattung wie z. B. eine nachträglich eintretende Änderung der Rechtsauffassung (vgl. E. Bd. 14 S. 36, Bd. 11 S. 85), da — wie schon in der Vorbemerkung zu diesem Paragraphen gesagt — die AO. eine Wiederaufnahme des Verfahrens nicht kennt. Allerdings wird, wenn ein Erstattungsanspruch noch innerhalb der gegen eine Steuerfestsetzung laufenden Rechtsmittelfrist eingelegt wird, das Verlangen des Pflichtigen im Zweifel als Rechtsmittel aufzufassen und zu behandeln sein (vgl. § 234, Abs. 2, ferner E. Bd. 11 S. 206).

Steuern, die auf Grund nichtiger Verfügungen von Finanzbehörden bezahlt worden sind, sind selbstverständlich ohne weiteres zu erstatten (vgl. über nichtige Verfügungen oben Anm. 2 zu § 75).

[2] „Rechtzeitig", d. h. innerhalb der vorgeschriebenen Frist. Über Fristen im allgemeinen s. §§ 64 ff. Welche Fristen im einzelnen bestehen, richtet sich in erster Linie nach den Bestimmungen der betr. Erstattungsvorschrift, und wenn diese (oder die hierzu ergangenen Ausführungsbestimmungen) eine Bestimmung hierüber nicht enthält, nach § 130 AO.

Die Fristen für die Geltendmachung von Erstattungsansprüchen sind Ausschlußfristen (§ 65 Abs. 1), keine Verjährungsfristen. Über Hemmung der Frist s. jedoch § 131.

Die Bestimmungen über Nachsicht kommen nicht in Frage.

[3] Bei welchem Finanzamt der Antrag gestellt wird, ist für die Fristwahrung gleichgültig.

[4] Zuständig zur Entscheidung über den Erstattungsanspruch ist immer dasjenige Finanzamt, an welches die betr. Zahlung geleistet worden ist. (Ein bei der Beitreibung etwa nur für

ein anderes FA. Amtshilfe leistendes Finanzamt bleibt außer Betracht.)

Die Rückzahlung selbst (das ist etwas anderes als die Entscheidung über den Anspruch) kann immer nur durch das Finanzamt verfügt werden, nicht etwa durch die Rechtsmittelbehörde, die einen Steuerbescheid aufgehoben hat (E. Bd. 4 S. 48, RStBl. 1921 S. 29).

[5] Der Bescheid wird — wie aus Abs. 2 S. 2 zu entnehmen — ein schriftlicher sein müssen. Zustellung ist aber nicht unbedingt erforderlich.

[6] Bei Unterlassung oder Unrichtigkeit der Belehrung gilt § 231 Abs. 3.

**§ 128. Wird eine Steuerfestsetzung durch Aufhebung, Rücknahme oder Änderung des früher erlassenen Bescheids berichtigt[1], so ist, was zu Unrecht gezahlt ist[2], zurückzuzahlen. Der Anspruch auf Erstattung erlischt, wenn er nicht bis zum Schlusse des Jahres, das auf die Berichtigung folgt, geltend gemacht wird.**

[1] Wodurch die Aufhebung usw. erfolgt ist, ob durch die festsetzende Behörde selbst auf Grund der §§ 74—77, 282 Abs. 1 oder im Rechtsmittelweg oder im Berichtigungsverfahren gemäß §§ 213, 214, oder durch die abschließende Veranlagung bei vorangegangenen Vorauszahlungen, ist belanglos. Über Erstattung zu Unrecht entrichteter Vorauszahlungen in Fällen, wo eine Veranlagung unterbleibt, s. E. Bd. 15 S. 288, aber auch (einfacher) nachst. Anm. 2.

[2] Darüber, daß § 128 kein allgemeines Gebot der Erstattung zu Unrecht gezahlter Beträge enthält, vgl. oben Anm. 1 zu § 127. Auch die Notwendigkeit ev. Aufwertung zu Unrecht gezahlter Beträge geht nicht aus § 128 hervor (E. Bd. 13 S. 304). Über die Erstattungsfähigkeit von Nebenleistungen vgl. Vorbem. vor § 127.

Die Erstattungsvorschrift des § 128 muß unter Heranziehung des § 4 auch gelten für freiwillig und ohne amtliche Festsetzung geleistete Vorauszahlungsbeträge. Als „Verfügung", deren Berichtigung zum Zwecke der Erstattung nach § 128 erfolgen kann, wird man die auf Grund der Voranmeldung und Nachprüfung erfolgte Listeneintragung des Finanzamts anzusehen haben (vgl. oben Anm. 1 zu § 73).

**§ 129.** Ist eine Steuer zu Unrecht beigetrieben, weil der Steueranspruch erloschen[1] oder gestundet war oder das Zwangsverfahren gegen den, gegen den es gerichtet war, nicht hätte erfolgen dürfen[2], oder ist eine Steuer doppelt bezahlt[3], so ist der zu Unrecht gezahlte Betrag zu erstatten[4]. Das gleiche gilt, wenn eine Steuer für Rechnung eines Steuerpflichtigen ohne Mitwirkung des Steuerpflichtigen oder seines Vertreters zu Unrecht gezahlt ist[5].

Der Anspruch auf Erstattung erlischt, falls nichts anderes bestimmt ist, wenn er nicht bis zum Ablauf des dritten Kalenderjahrs, das auf die Entrichtung folgt, geltend gemacht wird.

[1] Sei es durch Verjährung, Erlaß oder gültige Aufrechnung.

[2] Z. B. bei Vollstreckung gegen jemanden, dem kein Leistungsgebot zugegangen war oder gegen einen unrichtigen Adressaten. Die übrigen bei Becker Anm. 2 zu § 129 genannten Fälle scheinen nicht hierher zu gehören.

[3] Sei es, daß freiwillige Zahlung oder Zahlung infolge Beitreibung (wozu auch Verwendung von Sicherheiten durch die Steuerbehörden nach § 354 gehört oder Zahlung zur Abwendung einer Beitreibung) vorliegt.

[4] Vgl. Anm. 2 Abs. 1 zu § 128.

[5] Der Arbeitnehmer kann unter den Voraussetzungen des § 129 Abs. 1 S. 2 Erstattung der für seine Rechnung vom Arbeitgeber abgeführten Lohnsteuer verlangen (E. Bd. 15 S. 15).

**§ 130.** Wo außer den Fällen der §§ 128 und 129 Erstattungsansprüche aus Rechtsgründen zugelassen sind[1], erlöschen sie, falls nichts anderes bestimmt ist, wenn sie nicht bis zum Schlusse des Jahres[2] geltend gemacht werden, das auf das Jahr folgt, in dem die Ereignisse, die den Anspruch begründen, eingetreten sind.

[1] In Betracht kommen § 5 Abs. 3 AO. und die einzelnen Steuergesetze, soweit sie Erstattungsansprüche statuieren.

[2] Über die Rechtsnatur dieser Fristen vgl. Anm. 2 zu § 127.

**§ 131.** Die Ausschlußfrist für die Geltendmachung eines Erstattungsanspruchs läuft nicht, solange der Berechtigte innerhalb der letzten sechs Monate durch höhere Gewalt oder deshalb verhindert ist, den Anspruch geltend zu machen, weil er geschäftsunfähig ist und keinen gesetzlichen Vertreter hat[1].

Gehört der Anspruch zu einem Nachlaß, so erlischt er nicht vor Ablauf von sechs Monaten, nachdem die Erbschaft von den Erben angenommen oder Konkurs über den Nachlaß eröffnet worden ist.

[1] Es handelt sich hier um eine Art Hemmung, ähnlich jener bei der Verjährung (§ 123). Die Antragsfrist verlängert sich automatisch um den Hemmungszeitraum.

**§ 132.** Wenn die nach den §§ 128, 129 zu erstattenden Beträge einhundert Reichsmark übersteigen, sind sie von der Entrichtung an[1] mit fünf vom Hundert zu verzinsen[2]; Zinsbeträge unter einer Reichsmark werden nicht ausbezahlt.

[1] Der Tag, an welchem die Zahlung des Pflichtigen einging, wird nicht mitgerechnet, dagegen der Tag der Rückzahlung.

[2] RFME. v. 3. 7. 22 III E 8370 will die Verzinsung entspr.

dem Wortlaut des § 132 beschränken auf die Fälle der §§ 128, 129. So zunächst auch RFH. in E. Bd. 8 S. 98. Aus E. Bd. 11 S. 338 ist aber, indem dargetan wird, daß ein nach anderen Bestimmungen bestehender Erstattungsanspruch unter Umständen auch aus § 128 (entsprechend dessen Grundgedanken) hergeleitet werden kann, zu entnehmen, daß der Verzinsungsanspruch auch auf andere Fälle ausdehnbar ist. (So auch Becker.)

Die Verzinsungspflicht müßte nach dem in Anm. 1 zu § 128 Gesagten folgerichtig auch bestehen bei überzahlten Vorauszahlungsbeträgen. Der RFH. hat jedoch in einem Gutachten v. 25. 10. 26 die Verzinsungspflicht der nach § 102 Abs. 3 EStG. und § 24 KStG. zu erstattenden Vorauszahlungsbeträge verneint (vgl. RStBl. 1926 S. 327, 333).

Wird die Verzinsung eines zu erstattenden Betrages abgelehnt, so sind dieselben Rechtsmittel zulässig wie gegen die Ablehnung des Erstattungsanspruchs selbst (RFH. v. 30. 12. 20, DStBl. 1921 S. 126).

**§ 133.** Was zur Tilgung eines erloschenen Erstattungsanspruchs geleistet ist, kann nicht zurückgefordert werden.

**§ 134.** Was für die Erstattung gezahlter Steuern gilt, gilt entsprechend für die Erstattung anderer Geldleistungen, die nach den Steuergesetzen entrichtet worden sind[1].

[1] Z. B. Geldstrafen nach § 202, Zuschläge nach § 170 u. a.

**§ 135.** Gewähren Steuergesetze in Fällen, wo eine Steuer entrichtet worden ist, unter besonderen Voraussetzungen einen Anspruch auf Vergütung[1], so kann dieser Anspruch, soweit nicht andere Fristen vorgeschrieben sind, nur bis zum Ablauf des Jahres[2] geltend gemacht werden, das auf das Jahr folgt, in dem er zuerst hätte geltend gemacht werden können.

**§ 127 Abs. 2, §§ 131, 133 gelten entsprechend[3].**

[1] Allgemeines über Vergütungen s. Vorbemerkungen zu § 127.

[2] Ausschlußfrist, vgl. Anm. 2 zu § 127.

[3] Da ein Hinweis auf § 127 Abs. 1 fehlt, müßte man annehmen, daß die Einreichung des Vergütungsantrages bei einem unzuständigen Finanzamt nicht genügt. Becker hält jedoch (wohl mit Recht) auch § 127 Abs. 1 für anwendbar.

Mangels eines entsprechenden Hinweises auf § 132 gibt es bei Vergütungsansprüchen keine Verzinsung (E. Bd. 7 S. 243).

**§ 136. Die Abtretung oder Verpfändung eines Erstattungs- oder Vergütungsanspruchs ist nur wirksam, wenn sie der Gläubiger der Finanzbehörde anzeigt, die über den Anspruch entschieden oder zu entscheiden hat. Bei Pfändung eines Erstattungs- oder Vergütungsanspruchs gilt diese Behörde als Drittschuldner im Sinne der §§ 829, 845 der Zivilprozeßordnung.**

## Zweiter Abschnitt

## Wertermittlung.

### Erster Titel.

### Allgemeine Vorschriften.

Vorbemerkungen zu §§ 137—161.

Die Vorschriften der Reichsabgabenordnung über Wertermittlung sind materiell-rechtlichen Charakters in einem noch spezielleren Sinne als die (vgl. „Überblick" S. 12 unten) gleichfalls sachliche Vorschriften enthaltenden Bestimmungen des 1. Abschnitts 2. Titels dieses Teils. Denn während letztere für das materielle Steuerrecht grundlegende und bei allen Steuerarten wiederkehrende Begriffe und Grundsätze regeln (wie Steuerfähigkeit, Geschäftsfähigkeit, Vertretung, Entstehen und Erlöschen von Steueransprüchen usw.), sollen die Vorschriften über Bewertung dazu dienen, im Einzelfalle die Grundlagen zu berechnen, auf welchen eine Steuer aufzubauen ist. Es liegt in der Natur der Sache, daß solche Vorschriften von vornherein nur eine auf bestimmte Steuerarten beschränkte Bedeutung haben können und auch nur im engsten Zusammenhang mit den diese Steuerarten regelnden Einzelgesetzen Bedeutung gewinnen und behandelt werden können. Tatsächlich sollte auch, wie Becker sagt, mit diesen Vorschriften lediglich der Versuch gemacht werden, durch Regelung steuerlich häufig wiederkehrender Bewertungsbegriffe und -grundsätze der künftigen Steuergesetzgebung die Wege zu ebnen.

Unter diesem Gesichtspunkt ist Bedeutung und Geltungsbereich der Vorschriften der §§ 137—161 aufzufassen. Es ist also zunächst von vornherein klar (und trotz der Fassung des § 137 Abs. 1 nicht auf diesen Fall beschränkt), daß diese Vorschriften nur gelten, soweit nicht andergesetzlich etwas anderes vorgeschrieben ist. Weiterhin ist zu den Bestimmungen der §§ 141—151 zu sagen, daß dieselben nur gelten können, wenn die in diesen Paragraphen genannten Gegenstände für sich allein, nicht etwa, wenn sie als Teile eines Betriebsvermögens zu bewerten sind, in welchen Fällen das Reichsbewertungsgesetz Platz greift. Endlich ist zu betonen, daß gerade durch das zuletzt erwähnte Reichsbewertungsgesetz v. 10. 8. 25 (RGBl. I S. 214) die Bewertungsvorschriften der AO. weitgehend berührt und (namentlich für das Gebiet der Vermögenssteuer sowie der Erbschaftssteuer, vgl. § 1 RBewGes., § 22 ErbschStG.) eingeengt werden. Die Bestimmungen der §§ 155—161 AO. über Anlegung und laufende Führung von Verzeichnissen der Grundstückswerte sind durch das RBewGes. als gänzlich überholt anzusehen.

Wichtige Anwendungsfälle der Bewertungsvorschriften der AO. finden sich — abgesehen von der Einkommensteuer, für welche den gen. Vorschriften eine nicht unerhebliche subsidiäre Bedeutung zukommt — bei der Umsatzsteuer (z. B. Wertfeststellung in den Fällen des § 8 Abs. 2, 7 UmsStG.), insbesondere bei der Grunderwerbsteuer (z. B. gemeiner Wert — § 11 Grd.-ErwStG., §§ 137, 138, 154 AO. —, Bewertung laufender Nutzungen und Leistungen — §§ 144—146 AO. — usw.).

Mit Rücksicht auf die erwähnte einerseits auf bestimmte Steuerarten beschränkte, anderseits lediglich subsidiäre Bedeutung der §§ 137—154 ist im folgenden von einer systematischen Erläuterung dieser Paragraphen, die ihren richtigen Platz in den zu den einzelnen Steuergesetzen geschriebenen Erläuterungsbüchern hat und den Umfang dieses Buches nur unnötig vergrößern würde, abgesehen worden. Die Bemerkungen zu den einzelnen Paragraphen beschränken sich im allgemeinen auf die Wiedergabe der in der amtlichen Sammlung veröffentlichten wichtigsten Entscheidungsgrundsätze des RFH., teilweise lediglich auf Angabe des Fundorts dieser Entscheidungen.

**§ 137.** Bei Bewertungen ist, soweit nichts anderes vorgeschrieben ist, der gemeine Wert zugrunde zu legen.

Jede wirtschaftliche Einheit ist für sich zu bewerten und ihr Wert im ganzen festzustellen. Was als wirtschaftliche Einheit zu gelten hat, ist nach den Anschauungen des Verkehrs zu entscheiden; die örtliche Gewohnheit, die tatsächliche Übung sowie die Zweckbestimmung und wirtschaftliche Zusammengehörigkeit oder Abhängigkeit der einzelnen Gegenstände sind zu berücksichtigen[1].

[1] Verbot der Zerlegung wirtschaftlicher Einheiten! Der Wert eines Geschäfts als Ganzen ist nicht gleich der Summe der einzelnen Betriebsgegenstände, losgelöst vom Betrieb bewertet, sondern kann diese Summe übersteigen oder dahinter zurückbleiben (E. Bd. 6 S. 162). Oberster Grundsatz für die Bewertungen zum Ertragswert und zum gemeinen Wert bleibt § 137 Abs. 2 S. 1 (E. Bd. 10 S. 296).

Zur Frage des Umfangs der wirtschaftlichen Einheit vgl. insb. nachstehende Entscheidungen:

1. Beim Grundvermögen: E. Bd. 8 S. 346 (keine Zusammenrechnung von Boden- und Bauwert), Bd. 11 S. 59 (Zulässigkeit von Teilbewertungen).

2. Beim Betriebsvermögen: E. Bd. 10 S. 51 (bare Betriebsmittel), Bd. 15 S. 152 (tatsächliche Widmung maßgebend), Bd. 15 S. 111 (BetrVerm. von off. HGes. und KommandGes.), Bd. 14 S. 127, Bd. 16 S. 77 (verpachtetes Betriebsvermögen), Bd. 11 S. 3 (Zusammentreffen landwirtschaftlicher und gewerblicher Nutzung).

3. Beim Kapitalvermögen: E. Bd. 7 S. 37 (jede Aktie eine wirtschaftliche Einheit).

**§ 138.** Der gemeine Wert wird durch den Preis bestimmt, der im gewöhnlichen Geschäftsverkehr nach der Beschaffenheit des Gegenstandes unter Berücksichtigung aller den Preis beeinflussenden Umstände bei einer Veräußerung zu erzielen wäre; ungewöhnliche oder lediglich persönliche Verhältnisse sind nicht zu berücksichtigen[1].

Als lediglich persönliche Verhältnisse sind auch Verfügungsbeschränkungen[2] anzusehen, denen der Steuerpflichtige aus Gründen, die in seiner Person oder der Person seiner Rechtsvorgänger liegen, unterworfen ist. Dies gilt insbesondere für Verfügungsbeschränkungen, die auf letztwilligen Anordnungen beruhen.

Vor Feststellung des gemeinen Wertes ist bei ausländischen Unternehmungen sowie bei gewerblichen und landwirtschaftlichen Neuanlagen auf Antrag des Pflichtigen die für ihn zuständige amtliche Vertretung gutachtlich zu hören.

[1] Der hier umgrenzte Begriff des gemeinen Wertes ist

von außerordentlicher Wichtigkeit. Zu vergleichen sind hierzu u. a. folgende Entscheidungen des RFH.: E. Bd. 6 S. 123, Bd. 11 S. 260, Bd. 7 S. 48 (Preis als Anhaltspunkt), E. Bd. 6 S. 162, Bd. 7 S. 130, Bd. 10 S. 166, Bd. 15 S. 5 (wertmindernde Umstände), E. Bd. 10 S. 224, Bd. 12 S. 330 (Bewertung von Pachtinventar), E. Bd. 2 S. 134, Bd. 2 S. 306, Bd. 4 S. 158, Bd. 8 S. 9 (Bewertung von Konzessionen).

Der vom RFH. in der viel genannten und viel verwendeten Entscheidung v. 21. 11. 24 (E. Bd. 14 S. 329, betr. Bewertung von Grundstücken während der Inflationszeit) aufgestellte Begriff des sog. „inneren Wertes" mag als eine durch den Zwang der Verhältnisse gebotene und ihm Rechnung tragende Konstruktion seine Berechtigung haben. Als ein steuerrechtlicher Begriff von dauernder Bedeutung neben dem in Gesetz und Wirtschaft fest begründeten Begriff des gemeinen Wertes kann er nicht angesehen werden. Er müßte in seiner folgerichtigen Durchführung zu unhaltbaren Konsequenzen führen. Denn einen den Dingen innewohnenden Dauerwert ohne Relation zur Außenwelt gibt es wirtschaftlich betrachtet nicht.

[2] Über Verfügungsbeschränkungen vgl. E. Bd.16 S. 56, S. 95.

**§ 139[1].** Bei der Bewertung von Vermögen, das einem Unternehmen gewidmet ist, wird in der Regel von der Voraussetzung ausgegangen, daß das Unternehmen bei der Veräußerung nicht aufgelöst, sondern weitergeführt wird[2].

Für die Bewertung der dauernd dem Betriebe gewidmeten Gegenstände ist der Anschaffungs- oder Herstellungspreis abzüglich angemessener Abnutzung maßgebend unter Zulassung des Ansatzes eines niedrigeren Wertes, wenn er dem wirklichen Werte zur Zeit der Bilanzaufstellung entspricht[3].

[1] § 139 gibt Grundsätze für die Bewertung von Betriebs-

vermögen, die von größter Wichtigkeit sind. (S. hierüber nähere Ausführungen des RFH. in der neuen Steuerrundschau I S. 167.)

Hier sei nur der von der AO. anerkannte allgemeine Grundsatz erwähnt, daß eine Bilanz, mag sie auch den handelsgesetzlichen Vorschriften und den Regeln geordneter kaufmännischer Buchführung entsprechen, für die Bewertung des Betriebsvermögens nicht ohne weiteres maßgebend ist (näheres darüber s. neue Steuerrundschau a. a. O.). Selbstverständlich ist damit nicht gesagt, daß die im übrigen ordnungsmäßige Bilanz bei Bewertung des Betriebsvermögens überhaupt unberücksichtigt zu bleiben hätte. Sie wird vielmehr grundsätzlich zum Ausgangspunkt für die Bewertung zu dienen haben unter Benutzung der einzelnen Bilanzposten als Rechnungsfaktoren (so Mrozek).

[2] Über die Bedeutung des Grundsatzes des § 139 Abs. 1 vgl. E. Bd. 10 S. 53, Bd. 12 S. 330 (betr. Pächtereibetriebsvermögen).

[3] Über Anwendbarkeit des § 139 Abs. 2 vgl. E. Bd. 10 S. 296 (betr. Grundstücke), Bd. 13 S. 69 (betr. die sog. eisernen Bestände).

**§ 140.** Steht ein Gegenstand mehreren zu, so ist in der Regel der Wert im ganzen zu ermitteln und jedem Beteiligten nach Verhältnis seines Anteils zuzurechnen.

Hierzu E. Bd. 10 S. 237 (betr. Bewertung von Unterbeteiligungen).

**§ 141.** Wertpapiere[1], die in Deutschland einen Kurswert haben, sind mit dem Kurswert, Forderungen, die in das Schuldbuch einer öffentlichen Körperschaft eingetragen sind, mit dem Kurswert der entsprechenden Schuldverschreibungen der öffentlichen Körperschaft anzusetzen.

Für Aktien ohne Kurswert, Kuxe oder Anteile an einer Bergwerksgesellschaft oder einer Gesellschaft mit beschränkter Haftung[2] hat das nach § 52 zuständige Finanzamt den Verkaufswert zu ermitteln und ihn Steuerpflichtigen und Finanzämtern auf Anfrage mitzuteilen. Fehlt es an genügenden Merkmalen, so ist der gemeine Wert unter Berücksichtigung des Gesamtvermögens und der Ertragsaussichten der Gewerkschaft oder Gesellschaft zu schätzen.

[1] Über „Forderungen auf Wertpapiere" s. E. Bd. 7 S. 37.

[2] Über Anteile an einer gemeinnützige Zwecke verfolgenden G. m. b. H. s. E. Bd. 18 S. 338.

**§ 142.** Für bestimmte Tage können die Steuerkurse der zum Börsenhandel zugelassenen und die Steuerwerte anderer Wertpapiere sowie der im § 141 Abs. 2 bezichneten Gewerkschafts- und Gesellschaftsanteile festgesetzt werden.

Die Steuerkurse der zum Börsenhandel zugelassenen Wertpapiere werden von den Börsenvorständen, die Steuerwerte anderer Wertpapiere und der Gewerkschafts- und Gesellschaftsanteile werden von Sachverständigenausschüssen ermittelt, die der Reichsminister der Finanzen beruft. Auf Grund dieser Ermittlungen setzt der Reichsminister der Finanzen die Steuerkurse und Steuerwerte vorläufig fest und veröffentlicht sie. Nach Ablauf eines Monats, vom Tage der Veröffentlichung der vorläufigen Festsetzung gerechnet, setzt der Reichsrat die Steuerkurse und Steuerwerte endgültig fest. Die so festgesetzten Kurse und Werte treten an die Stelle der im § 141 bezeichneten Werte.

In den Fällen des § 141 und des § 142 Abs. 1, 2 kann der Steuerpflichtige bei Wertpapieren, die mit Gewinnanteilscheinen gehandelt werden, einen Betrag abziehen, der für die seit der Auszahlung des letzten Gewinns verstrichene Zeit dem zuletzt verteilten Gewinn entspricht; dies gilt nicht, wenn auch der laufende Gewinnanspruch bewertet werden muß.

**§ 143.** Andere als die im § 141 bezeichneten Kapitalforderungen sowie Schulden sind mit dem Nennwert anzusetzen, sofern nicht besondere Umstände einen höheren oder geringeren Wert begründen[1].

Unbeitreibbare Forderungen bleiben außer Ansatz.

Der Wert unverzinslicher, befristeter Forderungen oder Schulden ist gleich einem Betrage, der mit angemessenen Jahreszinsen bis zur Fälligkeit die Forderung oder Schuld ergibt[2].

Noch nicht fällige Ansprüche aus Lebens-, Kapital- oder Rentenversicherungen werden, soweit die Steuergesetze nichts anderes vorschreiben, mit zwei Dritteln der eingezahlten Prämien oder Kapitalbeiträge angerechnet; weist der Steuerpflichtige nach, wofür die Versicherungsanstalt den Versicherungsschein nach ihrer Satzung oder den Versicherungsbedingungen zurückkaufen würde, so ist dieser Betrag maßgebend.

[1] Hierzu E. Bd. 16 S. 95 (Stundung der Forderung als besonderer Umstand), Bd. 18 S. 197 (Berücksichtigung von Lasten).

[2] Die Berechnung erfolgt ohne Berücksichtigung von Zinseszinsen nach der sog. Hoffmannschen Formel (E. Bd. 11 S. 129), welche lautet:

$$X = \frac{K \times 100}{100 + \frac{Z \times \text{Zinssatz}}{360}}$$

oder abgekürzt:

$$X = \frac{K \times 100}{100 + \frac{Z}{90}},$$

wobei X der gesuchte Betrag ist, K der Nennbetrag der betagten Forderung und z die Zahl der Tage vom Bewertungsstichtag bis zur Fälligkeit. Als „angemessene“ Zinsen sieht die eben genannte RFHEntsch. offenbar die gesetzlichen 4%igen an (§ 246 BGB.).

§ 144[1]. Der Gesamtwert von Nutzungen oder Leistungen, die auf bestimmte Zeit beschränkt sind, ist durch Zusammenzählen der einzelnen Jahreswerte unter Abrechnung der Zwischenzinsen zu berechnen[2]. Der Gesamtwert darf den zum gesetzlichen Zinssatz[3] kapitalisierten Jahreswert nicht übersteigen. Ist die Dauer des Rechtes außerdem durch das Leben einer oder mehrerer Personen bedingt, so darf der nach § 145 zu berechnende Kapitalwert nicht überschritten werden[4].

Immerwährende Nutzungen oder Leistungen sind mit dem Fünfundzwanzigfachen des Jahreswerts, Nutzungen oder Leistungen von unbestimmter Dauer vorbehaltlich des § 145[5] mit dem Zwölfeinhalbfachen des Jahreswerts zu veranschlagen.

Ist der gemeine Wert des Gesamtbezugs der Nutzungen oder Leistungen nachweislich geringer oder höher, so ist der gemeine Wert zugrunde zu legen[6].

[1] § 144 handelt von regelmäßig, das ist in bestimmten Zeitabständen wiederkehrenden Nutzungen und Leistungen, gleichgültig ob es sich um Geld- oder sonstige Leistungen handelt. Es sind dabei zeitlich drei Fälle unterschieden:

1. Leistungen die auf bestimmte Zeit beschränkt sind (Abs. 1);

2. Leistungen, deren zeitliche Dauer unbestimmt, aber nach dem Willen der Parteien doch durch ein bestimmtes Ereignis begrenzt ist (Abs. 2, 2. Alternative);

3. Leistungen von zeitlich unbegrenzter Dauer (Abs. 2, 1. Alternative).

Maßgebend für die Frage, welcher dieser drei Fälle vorliegt, sind die Verhältnisse, die am Bewertungsstichtag gegeben waren.

Auf bestimmte Zeit beschränkt ist eine Leistung nur dann, wenn der Zeitpunkt des Aufhörens kalendermäßig feststeht oder feststellbar ist. Es ist daher z. B. eine Rente oder ein jährliches Stipendium, das einem Studierenden „bis zur Erlangung einer festen Erwerbsstellung" gewährt werden soll, der Regel nach wohl eine Leistung von unbestimmter Dauer, desgleichen eine „bis zur Heirat" zu verabfolgende Rente. Wenn jedoch z. B. nach dem Willen der am Rentenvertrag Beteiligten die Heirat bereits für einen ungefähr feststehenden Zeitpunkt in Aussicht genommen ist, wird zeitlich bestimmte Dauer anzunehmen sein. Ist freilich aus anderen Tatsachen zu entnehmen, daß trotz Nichtverheiratung im vorgesehenen Zeitpunkt die Rente auf unbestimmte Dauer weitergewährt werden soll (z. B. wenn im Zeitpunkt der Veranlagung dieser Zeitpunkt längst verflossen und die Heiratsaussicht geschwunden ist, die Rente jedoch weiter gewährt wird), so ist wiederum unbestimmte Dauer anzunehmen.

Von unbestimmter Zeitdauer ist, wie bereits aus dem Vorstehenden hervorgeht, eine Leistung dann, wenn sie zwar durch ein bestimmtes Ereignis zeitlich begrenzt ist, der Zeitpunkt dieses Ereignisses jedoch nicht (auch nicht ungefähr) feststeht. Wenn dabei jedoch gleichzeitig ein kalendermäßig bestimmter oder bestimmbarer Endzeitpunkt festgelegt ist (also eine sog. Höchstdauer), dann kann die Leistung ohne weiteres als eine zeitlich beschränkte behandelt werden unter Zugrundelegung jenes Endzeitpunkts; denn auch im Falle gegenteiliger Behandlung würde das Bewertungsergebnis mit Rücksicht auf Abs. 3 dasselbe sein.

Immerwährende Leistungen usw. sind solche, die vertraglich oder gesetzlich der Zeit nach uneingeschränkt sind.

Daß ihr Ende durch äußere Einwirkung oder durch das Walten der Naturgesetze herbeigeführt werden kann, ist für den Begriff „immerwährend" gleichgültig.

Wiederkehrende Leistungen, deren Dauer durch das Leben einer bestimmten Person bedingt sind, fallen überhaupt nicht unter § 144, sondern unter § 145!

Nutzungen und die ihnen beim Geber entsprechenden Lasten können unter Umständen verschieden hoch zu bewerten sein; hierüber vgl. E. Bd. 18 S. 307.

[2] Die Berechnung erfolgt unter Berücksichtigung von Zinseszinsen nach der sog. Leibnizschen Formel unter Anwendung des gesetzlichen 4%igen Zinssatzes (E. Bd. 11 S. 129). Der Erleichterung der Berechnung dient die nachstehend abgedruckte, seinerzeit dem § 50 BesitzstGes. beigegebene Hilfstafel. Ihr liegt zugrunde eine Rente (Nutzung) im Werte von 1 Mark, so daß bei höheren Werten der in der Tafel angegebene Gesamtwert einfach mit der entspr. Zahl zu multiplizieren ist.

| Anzahl der Jahre | Gesamtwert | | Anzahl der Jahre | Gesamtwert | |
|---|---|---|---|---|---|
| | M | Pf | | M | Pf |
| 1 | 1 | 0,0 | 15 | 11 | 56,3 |
| 2 | 1 | 96,2 | 16 | 12 | 11,8 |
| 3 | 2 | 88,6 | 17 | 12 | 65,2 |
| 4 | 3 | 77,5 | 18 | 13 | 16,6 |
| 5 | 4 | 63,0 | 19 | 13 | 65,9 |
| 6 | 5 | 45,1 | 20 | 14 | 13,4 |
| 7 | 6 | 24,2 | 21 | 14 | 59,0 |
| 8 | 7 | 00,2 | 22 | 15 | 02,9 |
| 9 | 7 | 73,3 | 23 | 15 | 45,1 |
| 10 | 8 | 43,5 | 24 | 15 | 85,7 |
| 11 | 9 | 11,1 | 25 | 16 | 24,7 |
| 12 | 9 | 76,0 | 26 | 16 | 62,6 |
| 13 | 10 | 38,5 | 27 | 16 | 98,3 |
| 14 | 10 | 98,6 | 28 | 17 | 33,0 |

| Anzahl der Jahre | Gesamtwert M | Gesamtwert $\mathcal{S}$ | Anzahl der Jahre | Gesamtwert M | Gesamtwert $\mathcal{S}$ |
|---|---|---|---|---|---|
| 29 | 17 | 66,3 | 58 | 23 | 32,7 |
| 30 | 17 | 98,4 | 59 | 23 | 43,0 |
| 31 | 18 | 29,0 | 60 | 23 | 52,8 |
| 32 | 18 | 58,9 | 61 | 23 | 62,4 |
| 33 | 18 | 87,4 | 62 | 23 | 71,5 |
| 34 | 19 | 14,8 | 63 | 23 | 80,3 |
| 35 | 19 | 41,1 | 64 | 23 | 88,7 |
| 36 | 19 | 66,5 | 65 | 23 | 96,9 |
| 37 | 19 | 90,8 | 66 | 24 | 04,7 |
| 38 | 20 | 14,3 | 67 | 24 | 12,2 |
| 39 | 20 | 36,8 | 68 | 24 | 19,4 |
| 40 | 20 | 58,5 | 69 | 24 | 26,4 |
| 41 | 20 | 79,3 | 70 | 24 | 33,0 |
| 42 | 20 | 99,3 | 71 | 24 | 39,5 |
| 43 | 21 | 18,6 | 72 | 24 | 45,6 |
| 44 | 21 | 37,1 | 73 | 24 | 51,6 |
| 45 | 21 | 54,9 | 74 | 24 | 57,3 |
| 46 | 21 | 72 | 75 | 24 | 62,8 |
| 47 | 21 | 88,5 | 76 | 24 | 68 |
| 48 | 22 | 04,3 | 77 | 24 | 73,1 |
| 49 | 22 | 19,5 | 78 | 24 | 78,0 |
| 50 | 22 | 34,2 | 79 | 24 | 82,7 |
| 51 | 22 | 48,2 | 80 | 24 | 87,2 |
| 52 | 22 | 61,8 | 81 | 24 | 91,5 |
| 53 | 22 | 74,8 | 82 | 24 | 95,7 |
| 54 | 22 | 87,3 | 83 | 24 | 99,7 |
| 55 | 22 | 99,3 | 84 und mehr | 25 | 00,0 |
| 56 | 23 | 10,9 | | | |
| 57 | 23 | 22,0 | | | |

[3] D. i. 4% (§ 246 BGB.).

[4] Es sind also zwei Berechnungen vorzunehmen, und wenn die Berechnung nach § 145 einen geringeren Betrag ergibt, ist letzterer maßgebend.

[5] D. h. es gelten, wenn die Lebensdauer einer Person mitbestimmend ist, die Sätze des § 145 Abs. 1, wenn sie einen niedrigeren Betrag ergeben, und zwar auch dann, wenn die Steuerpflicht des Belasteten stärker wird. Vgl. hierzu E. Bd. 8 S. 337.

[6] Hierzu E. Bd. 18 S. 307.

**§ 145.** Der Wert von Renten oder anderen auf die Lebenszeit einer Person beschränkten Nutzungen und Leistungen bestimmt sich nach dem Lebensalter dieser Person.

Als Wert wird angenommen bei einem Alter

| | | | | | | | | |
|---|---|---|---|---|---|---|---|---|
| 1. | | bis zu | 15 | Jahren | das | 18 | fache, |
| 2. | von mehr als | 15 | „ | „ 25 | „ | „ | 17 | „ |
| 3. | „ „ „ | 25 | „ | „ 35 | „ | „ | 16 | „ |
| 4. | „ „ „ | 35 | „ | „ 45 | „ | „ | 14 | „ |
| 5. | „ „ „ | 45 | „ | „ 55 | „ | „ | 12 | „ |
| 6. | „ „ „ | 55 | „ | „ 65 | „ | „ | 8½ | „ |
| 7. | „ „ „ | 65 | „ | „ 75 | „ | „ | 5 | „ |
| 8. | „ „ „ | 75 | „ | „ 80 | „ | „ | 3 | „ |
| 9. | „ „ „ | 80 | Jahren das | | | | 2 | „ |

des Wertes der einjährigen Nutzung[1].

Hat jedoch eine nach Absatz 2 bewertete Nutzung oder Leistung im Falle der

| | | | |
|---|---|---|---|
| Nr. 1 | nicht mehr als | 9 | Jahre, |
| „ 2, 3 | „ „ „ | 8 | „ |
| „ 4 | „ „ „ | 7 | „ |
| „ 5 | „ „ „ | 6 | „ |
| „ 6 | „ „ „ | 4 | „ |
| „ 7 bis 9 | „ „ „ | 2 | „ |

bestanden, so ist die Veranlagung auf Antrag nach der wirklichen Dauer der Nutzung oder Leistung zu berichtigen. Handelt es sich um den Wegfall einer Last, so ist in gleicher Weise eine Nachveranlagung vorzunehmen.

Hängt die Dauer der Nutzung oder Leistung von der Lebenszeit mehrerer ab, so entscheidet, je nachdem das Recht mit dem Tode des zuerst oder des zuletzt Sterbenden erlischt, das Lebensalter des Ältesten oder Jüngsten.

1 Vgl. § 146.

**§ 146.** Der einjährige Betrag der Nutzung einer Geldsumme ist, wenn kein anderer Wert feststeht[1], zu vier vom Hundert anzunehmen.

Bei Nutzungen oder Leistungen, die ihrem Betrage nach ungewiß sind oder schwanken, ist als Jahreswert der Betrag zugrunde zu legen, der voraussichtlich für die Zukunft durchschnittlich erzielt werden wird[2].

1 Dem Feststehen steht die Feststellbarkeit nach Abs. 2 gleich. Über nicht anderweitiges Feststehen von Nutzungen vgl. E. Bd. 1 S. 74.

2 Über Bewertung des Nießbrauchs an einem Geschäftsanteil einer G. m. b. H. vgl. E. Bd. 10 S. 237.

**§ 147.** Vermögen, dessen Erwerb vom Eintritt einer aufschiebenden Bedingung abhängt, wird erst berücksichtigt, wenn die Bedingung eingetreten ist[1].

1 Zu § 147 sind zu vergleichen: E. Bd. 13 S. 166 (aufschiebend bedingter Erwerb bei der Einkommensteuer), Bd. 9 S. 119 (keine aufschiebende Bedingung, wenn lediglich die Höhe einer Forderung von einem ungewissen Ereignis abhängt), Bd. 12 S. 86 (maßgebend die Verhältnisse nach Eintritt der Bedingung), Bd. 5 S. 236 (aufschiebende Bedingung bei Übertragung von Gesellschaftsrechten).

Keine aufschiebend bedingten Rechtsgeschäfte sind die sog. schwebend unwirksamen Rechtsgeschäfte (vgl. über deren Begriff Staudinger, Komm. z. BGB., 9. Aufl., Einleitg. vor § 104 S. 409, ferner E. Bd. 12 S. 86). Hierher gehören insbes. die Fälle, in denen zur Wirksamkeit eines Rechtsgeschäfts behördliche Genehmigung erforderlich ist (vgl. E. Bd. 12 S. 100). In diesen Fällen wird unter Umständen vorläufige Festsetzung gemäß § 82 Abs. 1 in Frage kommen.

**§ 148.** Vermögen, das unter einer auflösenden Bedingung erworben ist, wird wie unbedingt erworbenes behandelt; die Vorschriften über die Berechnung des Kapitalwerts der Nutzungen von unbestimmter Dauer (§ 144 Abs. 2, 3, § 145, § 146 Abs. 2) bleiben unberührt. Tritt die Bedingung ein, so ist die Veranlagung auf Antrag nach dem tatsächlichen Werte des Erwerbes zu berichtigen (§ 214).

**§ 149.** Lasten, die vom Eintritt einer aufschiebenden Bedingung abhängen, werden nicht berücksichtigt. Tritt die Bedingung ein, so ist die Veranlagung auf Antrag entsprechend zu berichtigen[1].

[1] § 214.

**§ 150.** Lasten, deren Fortdauer auflösend bedingt ist, werden, soweit nicht ihr Kapitalwert nach § 144 Abs. 2, 3 § 145, § 146 Abs. 2 zu berechnen ist, wie unbedingte abgezogen. Bei Eintritt der Bedingung ist die Veranlagung entsprechend zu berichtigen[1].

[1] § 214.

**§ 151.** Die §§ 147 bis 150 gelten auch, wenn der Erwerb oder die Last von einem Ereignis abhängt, bei dem nur der Zeitpunkt des Eintritts ungewiß[1] ist.

[1] Vgl. hierher das in Anm. 1 zu § 144 zu dem Beispiel der Verheiratung Gesagte.

Als zeitlich ungewisses Ereignis ist auch der Tod einer Person anzusehen.

## Zweiter Titel.

### Besondere Vorschriften für die Bewertung von Grundstücken.

§ 152. Bei der Bewertung von Grundstücken ist der gemeine Wert[1] zugrunde zu legen.

Soweit es sich um Steuern vom Vermögen (einschließlich der Erbschaftssteuer) handelt und die einzelnen Steuergesetze nichts anderes vorschreiben, ist bei Grundstücken, die dauernd land- oder forstwirtschaftlichen oder gärtnerischen Zwecken, sowie bei bebauten Grundstücken, die Wohnzwecken oder gewerblichen Zwecken zu dienen bestimmt sind und bei denen die Bebauung und Benutzung der ortsüblichen Bebauung und Benutzung entspricht, der Ertragswert[1] zugrunde zu legen.

Als Ertragswert gilt bei land- oder forstwirtschaftlichen oder gärtnerischen Grundstücken das Fünfundzwanzigfache des Reinertrags, den sie nach ihrer wirtschaftlichen Bestimmung bei ordnungsmäßiger und gemeinüblicher Bewirtschaftung unter gewöhnlichen Verhältnissen mit entlohnten fremden Arbeitskräften im Durchschnitt nachhaltig gewähren können. Dies gilt nicht für Grundstücke, deren Wert bereits durch ihre Lage als Bauland oder als Land zu Verkehrszwecken bestimmt wird oder bei denen nach sonstigen Umständen, insbesondere nach ihrer Lage und Beschaffenheit, ihrem Erwerbspreis oder ihrer Belastung, anzunehmen ist, daß sie in absehbarer Zeit anderen, als land- oder forstwirtschaftlichen oder gärtnerischen Zwecken dienen werden.

Die der Land- und Forstwirtschaft oder der Gärtnerei dienenden Gebäude und Betriebsmittel werden nicht besonders bewertet, sondern bei der Ermittlung des Ertragswerts einbegriffen.

Bei bebauten Grundstücken, die Wohnzwecken oder gewerblichen Zwecken zu dienen bestimmt sind, gilt als Ertragswert das Fünfundzwanzigfache des Miet- oder Pachtertrags, der in den letzten drei Jahren im Durchschnitt erzielt worden ist oder im Falle der Vermietung oder Verpachtung hätte erzielt werden können, nach Abzug von einem Fünftel für Nebenleistungen und Instandhaltungskosten oder von dem als erforderlich nachgewiesenen höheren Betrage für Nebenleistungen und Instandhaltungskosten ohne Rücksicht darauf, ob die hierzu notwendigen Arbeiten von dem Steuerpflichtigen selbst oder durch entlohnte fremde Arbeitskräfte geleistet worden sind.

In allen Fällen kann der Steuerpflichtige verlangen, daß statt des Ertragswerts der gemeine Wert der Bewertung zugrunde gelegt wird. Dieses Recht erlischt, wenn es nicht spätestens bis zum Ablauf der mit der Zustellung des Wertfestsetzungs- oder Steuerbescheids eröffneten Rechtsmittelfrist geltend gemacht wird.

[1] Über das gegenseitige Verhältnis von gemeinem Wert und Ertragswert vgl. E. Bd. 8 S. 290.

§ 153. Wie Grundstücke sind Berechtigungen zu bewerten, auf welche die Vorschriften des bürgerlichen Rechtes über Grundstücke Anwendung finden[1].

Steht das Eigentum am Grund und Boden und an den darauf errichteten Gebäuden verschiedenen Personen zu, so ist der Wert für den Grund und Boden und für das Recht an den Gebäuden je für sich zu ermitteln.

[1] Hierher gehören Erbbaurecht (E Bd. 15 S. 286), Erbpachtrecht und Recht zur Gewinnung von Bodenschätzen, die nicht den bergrechtlichen Vorschriften unterliegen, ferner ev. gem. §§ 59, 62—74 EinfG. z. BGB. nach Landesrecht als grundstücksgleich erklärte Rechte (vgl. E. Bd. 11 S. 322).

**§ 154.** Die Bewertung erstreckt sich auf die mit den Grundstücken als solchen verbundenen Rechte und Nutzungen einschließlich der im § 153 Abs. 1 bezeichneten Berechtigungen, wenn diese mit den Grundstücken verbunden sind.

Wird bei Bewertung von Grundstücken als solchen der gemeine Wert zugrunde gelegt, so ist das bewegliche Inventar nicht zu berücksichtigen und der Wert von Maschinen sowie sonstigen Vorrichtungen aller Art, die zu einer Betriebsanlage des Grundstücks verwandt sind, abzurechnen oder nicht zu berücksichtigen. Dies gilt auch dann, wenn es sich um wesentliche Bestandteile handelt[1].

[1] Für die Unterscheidung von beweglichen und unbeweglichen Sachen gelten zunächst die Bestimmungen des BGB. (vgl. insbes. dort §§ 93—98). Lediglich bezüglich der „Maschinen und sonstigen Vorrichtungen aller Art, die zu einer Betriebsanlage des Grundstücks verwandt sind", gibt § 154 Abs. 2 eine Ausnahmevorschrift. Diese Maschinen und Vorrichtungen sind nämlich bei der Grundstücksbewertung als bewegliche Sachen anzusehen, auch wenn sie sog. wesentliche Bestandteile nach §§ 93—95 BGB. sind.

Aus der Rechtsprechung des RFH. vgl. E. Bd. 5 S. 44, Bd. 7 S. 43 (allgemeines über Anwendbarkeit des Abs. 2, Nichtabrechenbarkeit von Sammelheizungen), Bd. 7 S. 127 (Heizungsanlagen, Fahrstühle, Badeeinrichtungen), Bd. 18 S. 53 (auch Betriebsanlagen selbst können unter Abs. 2 fallen).

Abs. 2 gilt auch dann, wenn nach § 12 Abs. 1 Grunderw.-StG. an Stelle des gemeinen Wertes der Veräußerungspreis tritt (E. Bd. 5 S. 269). Über die Frage der Anwendbarkeit des Abs. 2 bei grundstücksgleichen Berechtigungen vgl. E. Bd. 11 S. 322.

**§ 155.** In jedem Lande sollen Verzeichnisse über den Wert der Grundstücke angelegt und dauernd auf dem laufenden erhalten werden[1].

Die Verzeichnisse sollen so ausgestaltet sein, daß sie enthalten:

1. die Merkmale, nach denen die in dem Lande geltenden Steuern vom Grundbesitze veranlagt werden,
2. die in diesem Gesetze vorgeschriebenen Steuerwerte (§ 152) und
3. die für das Grundstück bei Veräußerungen erzielten Preise.

Soweit in einem Lande Verzeichnisse über die Werte der Grundstücke bereits bestehen, können sie im Sinne des Abs. 2 ausgestaltet werden.

Bei der Anlegung und Fortführung der Verzeichnisse sind für Grundstücke, die bei der Veranlagung von Vermögenssteuern bewertet werden, die dabei ermittelten Werte als Steuerwerte (Abs. 2 Nr. 2) in das Verzeichnis einzutragen. Für sonstige Grundstücke werden die Steuerwerte besonders ermittelt und in denselben Zeitabschnitten, die für die Veranlagung der

Besitzsteuer maßgebend sind, nachgeprüft; die Rechtsmittel gegen diese Bewertungen sind nach den Grundsätzen des Berufungsverfahrens (§§ 244 bis 276) zu regeln. Im übrigen treffen die Landesregierungen im Einvernehmen mit dem Reichsminister der Finanzen die näheren Bestimmungen über die Anlegung, Fortführung und Einrichtung der Verzeichnisse sowie über das Rechtsmittelverfahren. Sie bestimmen insbesondere, wann die Verzeichnisse auch bezüglich des im Abs. 2 Nr. 2 bezeichneten Inhalts als angelegt anzusehen sind. Bei Meinungsverschiedenheiten zwischen einer Landesregierung und dem Reichsminister der Finanzen entscheidet der Reichsrat.

[1] Vgl. Vorbem. vor § 137.

§ 156. Soweit durch die Anlegung und Führung der Verzeichnisse höhere Kosten entstehen, als sie für die Zwecke der Landesbesteuerung erforderlich sind, werden sie vom Reiche erstattet.

Bei Meinungsverschiedenheiten zwischen Reich und Land über die Höhe der Mehrkosten entscheidet der Reichsrat.

§ 157. Die für die Führung der Verzeichnisse zuständigen Landesbehörden haben, soweit es sich um die Ermittlung von Steuerwerten handelt, die Befugnisse, die den Finanzämtern bei Ermittlung und Festsetzung der Steuern zustehen; die Pflichten, die hierbei den Steuerpflichtigen auferlegt sind, gelten sinngemäß für die Grundstückseigentümer.

Wegen der Kosten etwaiger besonderer Ermittlungen gilt sinngemäß § 205 Abs. 3.

**§ 158.** Die Grund- und Gebäudebesitzer sind verpflichtet, Änderungen der Grundstücke, die nach den Bestimmungen gemäß § 155 Abs. 4 eine Berichtigung des Verzeichnisses erheischen, den zur Führung des Verzeichnisses zuständigen Behörden anzuzeigen; die Grundbuchämter haben diesen Behörden Änderungen im Eigentume, die Baupolizeibehörden wesentliche Änderungen in der Bebauung mitzuteilen.

**§ 159.** Die Einsicht in das Verzeichnis ist jedem gestattet, der die Einwilligung des Eigentümers beibringt oder ein berechtigtes Interesse glaubhaft macht; auf Verlangen ist schriftlich Auskunft auf Grund des Verzeichnisses zu erteilen. Die Gebühren für die Einsicht um die Auskunft werden gemäß § 155 Abs. 4 bestimmt; Schreibgebühren sind nach dem Gerichtskostengesetze zu berechnen.

**§ 160.** Sind Verzeichnisse nach § 155 Abs. 4 als angelegt anzusehen, so sind sie für die Besteuerung zugrunde zu legen, wenn der im § 152 bezeichnete Wert für die Steuer maßgebend ist; dies gilt nicht, wenn die wirtschaftliche Einheit, um deren Wert es sich handelt, nicht dieselbe ist, oder sich die Verhältnisse, die für die Bewertung maßgebend sind, wesentlich geändert haben.

**§ 161.** Sind die Verzeichnisse nach § 155 Abs. 4 als angelegt anzusehen, so ist bei Gutachten über den Wert eines Grundstücks der Steuerwert des Grundstücks in der Schätzungsurkunde oder im Gutachten anzugeben.

Von dem im Abs. 1 bezeichneten Zeitpunkt an gilt im Sinne der Vorschriften über die Anlegung von

Mündelgeld der Steuerwert (§ 152) als Wert des Grundstücks. Erstreckt sich die Beleihung auf das Inventar oder die sonst im § 154 Abs. 2 bezeichneten Sachen und liegt der Fall des § 154 Abs. 2 vor, so ist der Wert dieser Sachen dem Steuerwerte des Grundstücks hinzuzurechnen.

Abweichende Vorschriften der Landesgesetze, die auf Grund des § 1807 Abs. 2 des Bürgerlichen Gesetzbuchs über die Bewertung von Grundstücken erlassen sind, bleiben unberührt.

## Dritter Abschnitt.

## Ermittlung und Festsetzung der Steuer.

### Erster Titel.

### Pflichten der Steuerpflichtigen und anderer Personen.

#### I. Allgemeine Vorschriften.

**§ 162.** Wer nach den Steuergesetzen Bücher zu führen oder Aufzeichnungen zu machen hat[1], soll die folgenden Vorschriften[2] beachten.

Die Eintragungen in die Bücher sollen fortlaufend[3], vollständig[4] und richtig[4] bewirkt werden. Der Steuerpflichtige soll sich einer lebenden Sprache und der Schriftzeichen einer solchen bedienen.

Geschäftsbücher sollen keine Konten enthalten, die auf einen falschen oder erdichteten Namen lauten.

Die Bücher sollen, soweit es geschäftsüblich[5] ist, gebunden und Blatt für Blatt oder Seite für Seite mit fortlaufenden Zahlen versehen sein.

An Stellen, die der Regel nach zu beschreiben sind, sollen keine leeren Zwischenräume gelassen werden.

Der ursprüngliche Inhalt einer Eintragung soll nicht mittels Durchstreichens oder auf andere Weise unleserlich gemacht, es soll nicht radiert, auch sollen solche Veränderungen nicht vorgenommen werden, deren Beschaffenheit es ungewiß läßt, ob sie bei der ursprünglichen Eintragung oder erst später vorgenommen sind.

In Bücher soll, wo dies geschäftsüblich[5] ist, mit Tinte[6] eingetragen werden. Trägt der Steuerpflichtige nach vorläufigen Aufzeichnungen ein, so soll er diese aufbewahren. Belege sollen mit Nummern versehen und gleichfalls aufbewahrt werden.

Kasseneinnahmen und -ausgaben sollen im geschäftlichen Verkehre mindestens täglich aufgezeichnet werden.

Die Bücher, Aufzeichnungen und, soweit sie für die Besteuerung von Bedeutung sind, auch die Geschäftspapiere sollen zehn Jahre aufbewahrt werden; die Frist läuft vom Schlusse des Kalenderjahrs an, in dem die letzte Eintragung in die Bücher und Aufzeichnungen gemacht ist oder die Geschäftspapiere entstanden sind[7].

[8]Das Finanzamt kann prüfen, ob die Bücher und Aufzeichnungen fortlaufend, vollständig und formell und sachlich richtig geführt werden.

Großbetriebe sind mindestens alle drei Jahre einmal einer ordentlichen Buch- und Betriebsprüfung durch entsprechend vorgebildete Beamte oder Sachverständige der Reichsfinanzverwaltung zu unterwerfen. Die Prüfung hat sich auf alle Verhältnisse zu erstrecken, die für die Besteuerung von Bedeutung sein können. Die Prüfung hat jeweils den Zeitraum bis zu der zuletzt erfolgten Prüfung zu umfassen; bei Betrieben, die zum ersten Male einer Buch- und Betriebsprüfung unterworfen werden, bestimmt der Reichsminister der Finanzen den Zeitraum, über den sich die Prüfung zu erstrecken hat. Als Großbetriebe gelten Betriebe, die nach den Unterscheidungsmerkmalen der amtlichen Betriebsstatistik als solche anzusehen sind.

[1] Gleichgültig, ob auf Grund einer zwingenden oder einer bloßen Sollvorschrift.

§ 162 führt keinerlei Verpflichtung zur Buchführung oder zur Führung von Aufzeichnungen ein, sondern gibt nur Formvorschriften darüber, wie Bücher und Aufzeichnungen, deren Führung andere steuergesetzliche Bestimmungen vorschreiben, zu führen sind. An Bestimmungen über Verpflichtung zur Buchführung kennt die AO. nur zwei: § 163 und § 164 (vgl. die Anm. zu diesen Paragraphen). Eine allgemeine Pflicht zur Führung von Aufzeichnungen kennt das Umsatzsteuergesetz (§ 13).

[2] Gemeint sind die Vorschriften der Absätze 2—8 (von denen der letzte Abs. 8 für die Betrachtungen dieser Anmerkung ausscheidet). Die Schwerkraft der Bedeutung dieser Vorschriften wie (abgesehen von den besser einen gesonderten Paragraph bildenden Absätzen 9, 10) des ganzen § 162 überhaupt liegt — zumal es sich nur um eine nicht einmal durch Ordnungsstrafe nach § 377 geschützte Sollvorschrift handelt — in den durch § 208 Abs. 1 statuierten Folgen ihrer Einhaltung oder Nichteinhaltung für die Beweiskraft der Bücher. Nur im engsten Zusammenhang mit § 208 Abs. 1 ist daher § 162 zu betrachten und zu verstehen. Es kann nun unter der in § 208 erwähnten bei Einhaltung der Vorschriften der §§ 162, 163 zu vermutenden Ordnungsmäßigkeit der Bücher, welche die Bücher zur tauglichen Besteuerungsgrundlage macht, selbstverständlich nur die sachliche Ordnungsmäßigkeit verstanden werden, d. h. mit anderen Worten die sachliche Richtigkeit und Vollständigkeit der Eintragungen. Wenn dem

so ist, dann ist aber durch die Bezugnahme des § 208 auf § 162 die Voraussetzung teilweise zur Folge gemacht, denn § 162 enthält ja in Abs. 2 S. 1 die Forderung nach Richtigkeit und Vollständigkeit der Eintragungen. Man wird also zu dem Ergebnis kommen, daß die Forderung nach Vollständigkeit und Richtigkeit der Eintragungen eine Forderung ist, welche besser in die Reihe der Vorschriften des § 162 überhaupt nicht eingestellt wäre und — noch weitergehend — deren ausdrückliche Erwähnung in der AO. überhaupt sich erübrigt. Die Erwähnung der beweisrechtlichen Folgen etwaiger Unrichtigkeit oder Unvollständigkeit der Bücher in § 208 genügt vielmehr und das Verständnis und die praktische Anwendung des § 208 Abs. 1 S. 1 geht reibungsloser und klarer vor sich, wenn man sich hierbei aus § 162 Abs. 2—7 die Erfordernisse der Richtigkeit und Vollständigkeit wegdenkt.

[3] Fortlaufende Führung bedeutet zweierlei: die Aufzeichnungen müssen nämlich erstens in der zeitlich sich ergebenden Reihenfolge der einzelnen Geschäftsvorfälle erfolgen. Sie müssen aber zweitens — was hauptsächlich für die einfache Verzeichnung der Einnahmen nach § 164 oder nach umsatzsteuerlichen Vorschriften von Bedeutung ist — auch ohne Unterbrechung, d. h. jeweils sofort (nach § 49 Abs. 1 Nr. 1 AusfBest. z. UmsStG. mindestens täglich) nach bestimmt meßbaren Unterlagen (z. B. Kassenbestand) erfolgen, nicht etwa in beliebigen zeitlichen Zwischenräumen nach dem Gedächtnis oder anderen mehr oder minder schwankenden Unterlagen.

[4] Wegen der Erfordernisse der Vollständigkeit und Richtigkeit vgl. oben Anm. 2.

[5] D. h. in dem betr. Geschäft (nicht etwa allgemein) üblich.

[6] Tintenstift kann genügen. Eintragungen mit Bleistift sind unzulässig, da sonst das Verbot des Radierens (Abs. 5) wohl gegenstandslos wäre.

[7] Abs. 8 gehört nicht in den Rahmen der hier behandelten Vorschriften. Denn er betrifft nicht die Einrichtung der Bücher, sondern die Aufbewahrungspflicht, kann also Bedeutung haben

lediglich für die Frage, ob und inwieweit ein Steuerpflichtiger seine Verpflichtung zur Auskunftserteilung schuldhaft verletzt hat (vgl. § 210 Abs. 3).

[8] Die Vorschriften der Abs. 9 und 10 (letzterer angefügt durch Ges. v. 10. 8. 25, RGBl. I S. 241) gehören gesetzesorganisch nicht in den § 162. Sie sind Bestimmungen über Steueraufsicht und gehören als solche unter §§ 193ff. (vgl. § 198). Die steueraufsichtliche Natur der Buchprüfungsvorschriften bringt es mit sich, daß Buchprüfungen zulässig (und sogar vorgeschrieben) sind nicht nur zur Klärung des Sachverhalts in schwebenden Steuerermittlungs- oder Strafverfahren, sondern auch außerhalb derselben lediglich zu dem Zwecke einer Überwachung des Geschäftslebens in steuerfiskalischem Interesse. Der Umfang der Buchprüfungen ist insoweit sachlich und formell uneingeschränkt (vgl. hierüber E. Bd. 10 S. 209, Bd. 12 S. 305, ferner über die Entstehungsgeschichte des Abs. 10 RStBl. 1925 S. 149).

Zu Abs. 10 erging die Verordnung v. 9. 11. 25 (RStBl. S. 209). Sie lautet:

„Auf Grund des § 162 Abs. 10 der Reichsabgabenordnung in der Fassung des Artikel V § 1 des Gesetzes zur Änderung der Verkehrssteuern und des Verfahrens vom 10. August 1925 (Reichsgesetzbl. I S. 241) wird folgendes bestimmt:

§ 1. Buch- und Betriebsprüfungen können im Steuerermittlungsverfahren, im Steuerstrafverfahren oder in Ausübung der Steueraufsicht bei Steuerpflichtigen, die nach den Steuergesetzen Bücher zu führen oder Aufzeichnungen zu machen haben, zum Zweck einer Nachprüfung von Verhältnissen angeordnet werden, die für die Besteuerung oder für ein Steuerstrafverfahren von Bedeutung sein können.

Als Buch- und Betriebsprüfung gilt die Aufklärung einzelner Punkte auch dann nicht, wenn aus diesem Anlaß Einsicht in Geschäftsbücher, Geschäftspapiere, Aufzeichnungen und dergleichen oder in sonstige Einzelheiten der Betriebsführung genommen wird.

§ 2. Der ordentlichen Buch- und Betriebsprüfung im Sinne des § 162 Abs. 10 der Reichsabgabenordnung werden im Rahmen der fortlaufenden Durchprüfung von Betrieben durch entsprechend vorgebildete Beamte, Angestellte oder Sachverständige der Reichsfinanzverwaltung alle Großbetriebe mindestens alle drei Jahre einmal unterworfen. Als Großbetriebe sind nach den Unterscheidungsmerkmalen der amtlichen Betriebsstatistik alle Gewerbebetriebe anzusehen, die mehr als 50 Personen einschließlich des Inhabers beschäftigen. Ohne Rücksicht auf die Zahl der beschäftigten Personen gelten ferner als Großbetriebe alle sonstigen Betriebe, die nach Umfang und wirtschaftlicher Bedeutung als wichtig anzusehen sind.

Außerordentliche Buch- und Betriebsprüfungen können, unabhängig von der ordentlichen, vorgenommen werden, wenn ein besonderer Anlaß dazu vorliegt, insbesondere wenn sich Bedenken gegen die Richtigkeit von Angaben eines Steuerpflichtigen oder gegen die Ordnungsmäßigkeit der Buchführung ergeben.

§ 3. Die ordentlichen Buch- und Betriebsprüfungen sollen ein vollständiges Bild von der gesamten Betriebsführung ergeben. Sie haben daher jeweils den Zeitraum bis zu der zuletzt erfolgten Prüfung zu umfassen.

Bei Betrieben, die zum erstenmal einer Buch- und Betriebsprüfung unterworfen werden, hat die Prüfung in der Regel den Zeitraum mit einzuschließen, der der ersten Veranlagung nach dem Einkommensteuergesetz oder dem Körperschaftssteuergesetze vom 10. August 1925 zugrunde zu legen ist. Die Prüfung kann auf einen früheren Zeitraum erstreckt werden, wenn Zweifel gegen die Richtigkeit der Unterlagen bestehen, auf Grund deren ein Steuerpflichtiger für den früheren Zeitraum besteuert worden ist. Außerordentliche Buch- und Betriebsprüfungen haben sich auf den Zeitraum zu erstrecken, dessen Prüfung zur Aufklärung der Bedenken erforderlich ist, die Anlaß zur Vornahme der Prüfung gegeben haben.

§ 4. Um die ordnungsgemäße Durchführung der ordentlichen Buch- und Betriebsprüfungen innerhalb des in § 162 Abs. 10 der Reichsabgabenordnung festgesetzten Zeitraums bei den in § 2 Abs. 1 dieser Verordnung bezeichneten Betrieben zu sichern, haben die Finanzämter den Präsidenten der Landesfinanzämter bis zum 31. Dezember 1925 ein Verzeichnis der von ihnen zu veranlagenden Betriebe vorzulegen, bei denen gemäß § 2 Abs. 1 ordentliche Buch- und Betriebsprüfungen vorzunehmen sind. Die Präsidenten der Landesfinanzämter haben die Verzeichnisse zu prüfen und dem Reichsminister der Finanzen bis zum 31. Januar 1926 eine Zusammenstellung der in ihrem Bezirke zu prüfenden Betriebe einzureichen.

Bis zum 30. Juni und 31. Dezember jedes Jahres haben die Präsidenten der Landesfinanzämter dem Reichsminister der Finanzen anzuzeigen, welche Betriebe ihres Bezirks in dem abgelaufenen Kalenderhalbjahr einer ordentlichen oder außerordentlichen Buch- und Betriebsprüfung unterworfen worden sind."

(Zusatz: Über Ausgestaltung des Buch- und Betriebsprüfungsdienstes s. den grundlegenden RFME. v. 26. 4. 26 III P 12639.)

**§ 163.** Wer nach anderen Gesetzen als den Steuergesetzen Bücher und Aufzeichnungen zu führen hat[1], die für die Besteuerung von Bedeutung sind, hat die Verpflichtungen, die ihm nach diesen Gesetzen obliegen, auch im Interesse der Besteuerung zu erfüllen[2]. § 162 gilt entsprechend[3].

[1] Es kommen hauptsächlich in Betracht §§ 38 ff. HGB.

[2] Mit anderen Worten: Buchführungsvorschriften anderer Gesetze werden insoweit, als sie für Erhebung und Bemessung einer Steuer Bedeutung haben, als gleichzeitig nach den Steuergesetzen bestehend (§ 162 Abs. 1) angesehen.

[3] Ist die logische Folge des in Anm. 2 aufgestellten Grundsatzes.

**§ 164.** Auch wer nicht verpflichtet ist, Buch zu führen, soll, wenn er ein Einkommen von mehr als zweitausend Reichsmark versteuert[1], seine Einnahmen fortlaufend[2] aufzeichnen.

[1] 2000 RM. jährlich. Maßgebend dürfte das letztvorangegangene Steuerjahr sein. Daß bereits die Veranlagung hierfür vorliegt, ist nicht erforderlich. Es genügt das Bewußtsein des Steuerpflichtigen, ein steuerbares Einkommen von 2000 RM. gehabt zu haben.

[2] Also nur die Einnahmen sind aufzuzeichnen. Die Beifügung des Wortes „fortlaufend" könnte zu der Annahme führen, daß die übrigen Vorschriften der Abs. 2—8 des § 162 für die Aufzeichnungspflicht des § 164 nicht gelten. Dies wäre irrig. Mit dem Ausdruck „Einnahmen fortlaufend aufzeichnen" sollte nur gesagt werden, daß hier von einer regelrechten Buchführung im kaufmännischen Sinne abgesehen wird.

**§ 165.** Niemand darf auf einen falschen oder erdichteten Namen für sich oder einen anderen ein Konto errichten oder Buchungen vornehmen lassen, Wertsachen (Wertpapiere, Geld oder Kostbarkeiten) offen oder verschlossen hinterlegen oder verpfänden oder sich ein Schließfach geben lassen. Das Verbot gilt auch für den eigenen Geschäftsbetrieb. Das Finanzamt kann in einzelnen Fällen Ausnahmen gestatten.

Wird die Errichtung eines Kontos, die Annahme von Wertsachen zur Hinterlegung oder Verpfändung oder die Überlassung eines Schließfachs beantragt, so hat sich die Bank, die Sparkasse, der Kaufmann oder wer sonst dem Antrag entsprechen will, über die Person des Verfügungsberechtigten zu vergewissern. Vor- und Zuname und Wohnung des Verfügungsberechtigten sind einzutragen, bei Frauen auch der Mädchenname. Anträgen, die für Sammlungen oder dergleichen gestellt werden, ist nur zu entsprechen, wenn bestimmte natürliche oder juristische Personen als verfügungsberechtigt bezeichnet werden. Der Reichsminister der Finanzen kann Schuldbuchverwaltungen von der in diesem Absatz auferlegten Verpflichtung befreien, wenn nach den Vorschriften der Schuldbuchordnung Verfügungen des Schuldbuchgläubigers von der Prüfung seiner Persönlichkeit abhängig sind.

Stellt sich später heraus, daß die Vorschrift des ersten Absatzes verletzt ist, so dürfen das Guthaben, die Wertsachen oder der Inhalt des Schließfachs nur mit Zustimmung des Finanzamts an den Antragsteller oder seinen Rechtsnachfolger herausgegeben werden; auch sonstige Verfügungen darüber bedürfen dieser Zustimmung. Wer vorsätzlich oder fahrlässig dieser Vorschrift zuwiderhandelt, haftet, soweit dadurch Steueransprüche oder Verfallerklärungen vereitelt oder beeinträchtigt werden.

Über strafrechtliche Folgen der Zuwiderhandlungen gegen § 165 s. §§ 371, 372.

§ 166. Wer Rechte, die auf seinen Namen lauten, oder Wertsachen[1], die er besitzt, als Treuhänder, Vertreter eines andern oder Pfandgläubiger zu haben behauptet, hat auf Verlangen nachzuweisen, wem die Rechte oder Wertsachen gehören, oder daß sie ihm nicht gehören; andernfalls sind sie ihm zuzurechnen[2]. Das Recht des Finanzamts, den Sachverhalt zu ermitteln, bleibt unberührt.

Die Vorschrift gilt entsprechend, wenn Rechte auf Namen mehrerer Personen lauten, und diese berechtigt sind, gemeinschaftlich oder allein über die Rechte zu verfügen[3].

[1] Gemeint sind Sachen aller Art, die irgend einen für die Steuergesetze in Betracht kommenden Wert besitzen, nicht etwa nur hochwertige Gegenstände.

[2] Das heißt, es wird so angesehen, als ständen die betr. Rechte (oder Sachen) dem Treuhänder usw. zu.

Die Zeit der Entstehung des strittigen Rechts ist für die Anwendbarkeit des § 166 gleichgültig (E. Bd. 8 S. 145).

[3] Das heißt, es wird — vorbehaltlich eines anderen Nachweises der Pflichtigen — so angesehen, als ob sämtliche Teilhaber je zu gleichen Teilen berechtigt wären.

**§ 167.** Jeder Besitzer eines Grundstücks hat dem Finanzamt auf Verlangen sämtliche Bewohner des Grundstücks mit Namen, Berufsstellung, Geburtsort und Geburtstag anzugeben. Die Haushaltungsvorstände haben den Hausbesitzern über die Personen, die zu ihrem Haushalt gehören, einschließlich der Untermieter und der Schlafstellenmieter, Auskunft zu erteilen; diese sind ihnen zu entsprechender Auskunft verpflichtet.

Auf Grund des § 167 kann vom Hausbesitzer nicht verlangt werden, daß er ihm vom Finanzamt oder der Gemeindebehörde zugeleitete Hauslistenvordrucke den Haushaltungsvorständen zur Ausfüllung übergibt, hernach abholt und an die Steuerbehörde zurückgibt (E. Bd. 9 S. 151).

## II. Pflichten der Steuerpflichtigen.

### Vorbemerkungen zu §§ 168—176.

Die Pflicht der Steuerpflichtigen, dem Finanzamt ihre steuerlichen Verhältnisse offen zu legen, ist eine sehr weitgehende, aber keineswegs unbeschränkte. Zunächst ist zu betonen, daß jeder Pflicht des Steuerpflichtigen ein entsprechendes Recht oder richtiger gesagt, eine entsprechende Amtspflicht des Finanzamts gegenüberstehen muß. Diese Amtspflichten des Finanzamts sind — abgesehen von den unmittelbar nachstehenden Paragraphen — enthalten in den Bestimmungen der §§ 204—209. Aber abgesehen von diesen Spezialbestimmungen ist als oberster Grundsatz, der sich wie ein roter Faden durch die gesamte Rechtsprechung des Reichsfinanzhofs zu dieser keineswegs immer ganz einfachen Materie hindurchzieht, zu beachten, daß die Befugnisse der Finanzbehörden und dementsprechend die Pflichten der Steuerpflichtigen ihre äußerste Grenze haben in dem nach § 6 auszuübenden pflichtgemäßen Ermessen der Behörden. Wo dieses überschritten wird (z. B. wenn gänzlich überflüssige oder bereits anderweitig unzweifelhaft feststehende Unterlagen gefordert werden, oder wenn dem Pflichtigen Arbeiten zugemutet werden, deren Umfang in starkem Mißverhältnis zu ihrer Bedeutung für die Besteuerung stehen), wird die Forderung der Behörde zur Schikane und daher unstatthaft. (Vgl. hierüber insbes. E. Bd. 3 S. 63, S. 296, Bd. 8 S. 6, Bd. 10 S. 23, Bd. 11 S. 62, Bd. 15 S 70.)

**§ 168.** Bei Steuererklärungen (Erklärungen, die nach Vorschrift der Gesetze oder Ausführungsbestimmungen als Unterlage für die Festsetzung einer Steuer dienen[1] hat[2] der Steuerpflichtige zu versichern, daß er die Angaben nach bestem Wissen und Gewissen gemacht hat. Die Erklärungen sind nach Form und Inhalt so abgegeben, wie es das Finanzamt nach den Gesetzen und Ausführungsbestimmungen vorschreibt. Die Versicherung kann nach Anordnung des Finanzamts allgemein abgegeben werden. Bei Zöllen und Verbrauchsabgaben kann von ihrer Abgabe abgesehen werden.

Bei der Ausfüllung von Vordrucken sind alle Fragen zu beantworten. Die Fragen und Antworten sind so zu fassen, daß die Prüfung, was steuerpflichtig ist und was nicht, dem Finanzamt ermöglicht wird. In den Vordrucken ist zu betonen, daß diese Prüfung dem Finanzamt, nicht dem Steuerpflichtigen zusteht. Den Steuererklärungen sind die Unterlagen beizufügen, die nach den Gesetzen und Ausführungsbestimmungen gefordert werden. Wenn diese Unterlagen in Bescheinigungen bestehen, die von anderer Seite zu erteilen sind, sind die beteiligten Stellen verpflichtet, sie auszustellen.

Auf Verlangen haben die Steuerpflichtigen auch bei anderen Erklärungen, Anmeldungen, Anzeigen und Auskünften zu versichern, daß sie die Angaben nach bestem Wissen und Gewissen gemacht haben.

[1] Abs. 1 und 2 hat nur „Steuererklärungen" in dem besonderen steuersprachtechnischen Sinne (früher auch Deklarationen oder Fassionen genannt) im Auge, d. s. solche Erklärungen, die nach den einzelnen Steuergesetzen auf öffentliche oder besondere Aufforderung hin zur Gewinnung einer ersten Grundlage für die Besteuerung abzugeben sind. Wegen „anderer Erklärungen" s. Abs. 3.

[2] „hat": selbstverständlich muß diese Pflicht dem Pflichtigen (sei es im Vordruck oder durch besonderen Hinweis) zum Bewußtsein gebracht werden. Im Übrigen ist die Pflicht des § 168 selbstverständlich nach § 202 erzwingbar. Wenn jemand glaubt, zur Beantwortung gewisser Fragen nicht verpflichtet zu sein, gilt die Pflicht des § 202 Abs. 7.

Über allgemeine Grenzen der Erklärungspflicht vgl. Vorbem. vor diesem Paragraphen.

**§ 169.** Dem Steuerpflichtigen im Sinne der §§ 168, 170 bis 176 steht gleich, wer verpflichtet ist, eine Steuererklärung abzugeben. Soweit nichts anderes bestimmt ist, ist zur Abgabe einer Steuererklärung jeder verpflichtet, bei dem nach Ermessen des Finanzamts die Möglichkeit einer Steuerpflicht gegeben ist[1].

[1] Also nicht die Meinung des Aufgeforderten ist maßgebend, sondern das pflichtgemäße Ermessen des Finanzamts. Das Finanzamt kann auch dann, wenn es bezüglich der Steuerpflicht Zweifel hegt, d. h. wenn die Sach- oder Rechtslage zweifelhaft ist, eine Erklärung verlangen. Die endgültige Klärung dieser Fragen bleibt dem ordentlichen Rechtsmittelverfahren überlassen und ist nicht Sache der mit der Beschwerde gegen die Aufforderung zur Erklärung befaßten Rechtsmittelbehörde, da andernfalls eine gänzliche Verschiebung des in §§ 217 ff. geordneten Rechtsmittelzugs eintreten würde. Die Beschwerdeinstanz hat daher nur zu prüfen, ob das Finanzamt wegen völliger Verkennung der Sach- oder Rechtslage oder aus sonstigen Gründen die Grenzen vernünftigen Ermessens überschritten hat (vgl. außer den Vorbem. vor § 168 E. Bd. 6 S. 245, 251, Bd. 8 S. 301, Bd. 15 S. 70). Die Grenzen dieses Ermessens werden z. B. überschritten, wenn vor der Entscheidung über die Vorfrage der Steuerpflicht als solcher Erklärungen über Verhältnisse gefordert werden, welche nur den Umfang der Steuerpflicht betreffen (E. Bd. 10 S. 72, S. 185).

Die Pflicht zur Abgabe der Steuererklärung besteht auch, wenn das Finanzamt durch die vorgesetzte Behörde zur Vornahme einer Veranlagung angewiesen ist (E. Bd. 6 S. 250).

§ 170. Die Steuerpflichtigen können die Steuererklärungen schriftlich[1] einreichen oder mündlich vor dem Finanzamt abgeben.

Wenn sie die Frist nicht wahren[2], kann ihnen das Finanzamt zugunsten des Reichs einen Zuschlag bis zu zehn vom Hundert[3] der endgültig festgesetzten Steuer auferlegen. Das Finanzamt hat den Zuschlag zu unter-

**lassen oder zurückzunehmen, wenn die Versäumnis entschuldbar erscheint[4].**

[1] Bei schriftlicher Einreichung empfiehlt sich Sicherung des Nachweises (durch Einschreibenlassen usw.). Denn bei Verlust eines einfachen Briefes wird dem Pflichtigen der Nachweis der Absendung meist sehr schwer fallen, wenn nicht unmöglich sein; er trägt also die Gefahr. (Die Bem. zu § 64 werden hier entspr. zu beachten sein.)

[2] Die Frist ist auch dann als nicht gewahrt anzusehen, wenn eine an sich rechtzeitig abgegebene Erklärung ihrer äußeren Form nach keine Steuererklärung im Sinne des Gesetzes darstellt. Es muß sich hierbei jedoch um formelle Mängel handeln, die erkennen lassen, daß in Wirklichkeit nur eine Scheinerfüllung der Steuererklärungspflicht beabsichtigt ist, daß also m. a. W. der Erklärende selbst sich der Unzulänglichkeit seiner Erklärung bewußt ist und vielleicht entweder nur Zeit für die Abgabe weiterer Erklärungen gewinnen oder sich seiner gesetzlichen Verpflichtung überhaupt entziehen will. Ein Beispiel dieser Art wäre Einreichung einer sog. Steuererklärung, die nur einige schätzungsweise Angaben enthält und den Zusatz „Irrtum vorbehalten", außerdem vielleicht noch die Streichung des Vermerks der Abgabe nach bestem Wissen und Gewissen. Der angebliche oder wirkliche Wille späterer Ergänzung kann höchstens dann ausreichen, wenn fristgemäß Antrag auf Fristverlängerung gestellt wird. Dieser Standpunkt rechtfertigt sich aus dem Zwecke der Steuererklärungspflicht und ihrer Bedeutung für die geregelte Abwicklung des Besteuerungsverfahrens.

Sachliche Unrichtigkeiten der Steuererklärung beeinträchtigen nicht deren Eigenschaft als gültige Steuererklärung, wenn sie nicht etwa in einer in die Augen springenden Weise erkennen lassen, daß gar keine ernst zu nehmende sachliche Angabe beabsichtigt ist, sondern eine verkappte Verweigerung und damit eben wieder eine bloße Scheinerfüllung (s. oben).

[3] Dieser Zuschlag ist kein Teil der Steuerforderung (vgl. Anm. 1 zu § 1), daher nicht mit den ordentlichen Rechtsmitteln,

sondern nur mit Beschwerde nach § 282 anfechtbar (RFME. v. 12. 4. 20, RStBl. S. 279, ferner E. Bd. 6 S. 25).

Bei Bemessung der Zuschlagshöhe werden die besonderen Umstände des Einzelfalls in Betracht zu ziehen sein (in erster Linie die Dauer der Fristüberschreitung, unter Umständen auch der Einsichtsgrad des Pflichtigen). Nach den Richtlinien des RFM. im 1. UmsStMatErl. (v. 20. 7. 22 III U 10000) soll bei einer Versäumnis bis zu 3 Tagen im allgemeinen von Zuschlägen abgesehen werden, ferner erhoben werden: Bis zu 5 Tagen 1—3%, 6—14 Tage 5%, über 14 Tage 10%.

Der Zuschlag kann auch neben einer etwaigen Zwangsmittelanwendung nach § 202 verhängt werden.

4 Ein Verschulden des Vertreters steht dem Verschulden des Vertretenen gleich. Dies folgt, wenngleich eine dem § 68 S. 2 entsprechende Vorschrift hier fehlt, aus dem in der AO. durchgehend zur Geltung gelangten und zur geregelten Durchführung der Besteuerung unentbehrlichen Grundsatz, daß, wer sich vertreten läßt, dies auf sein Risiko tut (vgl. insbes. z. B. § 381 Abs. 1!). Bei gegenteiliger Auffassung wäre Schiebungen Türe und Tor geöffnet.

Eine Haftung des Vertreters für den Zuschlag kommt weder aus § 84 noch § 90 in Frage.

**§ 171.** Wenn sich die Steuererklärungen auf Wertangaben zu erstrecken haben, und sich der Wert nicht aus dem Nennbetrage, dem Kurswert oder aus Zahlungen ergibt, hat der Steuerpflichtige, soweit er nicht den Wert zu schätzen hat, die Tatsachen anzugeben, die er zur Ermittlung des Wertes beizubringen vermag.

Auskunft kann auch im Rahmen des § 171 vom Pflichtigen grundsätzlich nur über Tatsachen gefordert werden. Werturteile selbst abzugeben, also Schätzungen vorzunehmen, kann nur beim Vorliegen diesbez. ausdrücklicher gesetzl. Bestimmungen verlangt werden (RFH., Kartei Nr. 1 zu § 171). Zur Beibringung von Sachverständigengutachten besteht keine Verpflichtung (E. Bd. 11 S. 1). Vgl. im übrigen Vorbem. vor § 168.

**§ 172.** Im Falle des § 205 Abs. 1, 2[1] hat der Steuerpflichtige nach schriftlicher Mitteilung der Punkte, über die er sich äußern soll[2], vor dem Finanzamt zu erscheinen, wenn er nicht durch triftige Gründe[3] daran verhindert ist. Er hat ihm wahrheitsgemäß nach bestem Wissen und Gewissen Auskunft zu geben[4]. Kann er nicht aus dem Gedächtnis Auskunft geben, so hat er Schriftstücke und Geschäftsbücher, die ihm zur Verfügung stehen, einzusehen und, soweit nötig, Aufzeichnungen daraus zu entnehmen[5].

Das Finanzamt kann schriftliche Auskunft verlangen[6].

[1] Ob einer dieser Fälle gegeben ist, hat zunächst das Finanzamt zu prüfen, nicht etwa der Steuerpflichtige; letzterer hat ev. die Pflicht nach § 202 Abs. 7; gegebenenfalls kann er sich gegen die Aufforderung mit der Behauptung beschweren, daß die Voraussetzungen des § 205 Abs. 2 Halbs. 2 nicht vorliegen.

[2] Es genügt also nicht etwa die Angabe eines allgemeinen Betreffs, z. B. „In Sachen Einkommensteuer ...".

[3] „Triftige Gründe" können z. B. sein Krankheit, hohes Alter, Gebrechen, große Schwierigkeiten der Reise, Unabkömmlichkeit in der Wirtschaft, Pflegebedürftigkeit Angehöriger. Der Grund des Nichterscheinens muß aber gemäß § 202 Abs. 7 rechtzeitig (s. auch § 67) dem Finanzamt mitgeteilt werden.

Höhe der Reisekosten ist im allgemeinen kein triftiger Grund zur Ablehnung. (Anders dann, wenn der Pflichtige das notwendige Geld zur Reise nicht zur Verfügung hat.)

[4] Die formelle Erklärung, daß die Auskunft nach bestem Wissen und Gewissen erteilt sei, kann gefordert und ev. nach § 202 erzwungen werden (ebenso Mrozek).

Der Steuerpflichtige ist nur zu solcher Auskunft verpflichtet, die er selbst zu geben in der Lage ist. Er hat, sofern sich nicht aus besonderen gesetzlichen Vorschriften etwas anderes ergibt, nicht die Pflicht, Auskünfte von dritten Personen einzuziehen (E. Bd. 11 S. 63).

[5] Zu beachten ist auch für die Anwendung des § 172 das in Vorbem. vor § 168 Gesagte. Es wird daher unter Umständen ein an Stelle des persönlichen Erscheinens angebotener Buchbeweis nicht ausgeschlagen werden dürfen (vgl. § 207, ferner über Vorrang des angebotenen Buchbeweises gegenüber schriftlichem Auskunftverlangen E. Bd. 10 S. 349). Doch folgert der RFH. (U. v. 4. 1. 22, DStZtg. Jahrg. 10 S. 568) aus § 172 Abs. 1 in Verbindung mit § 173 Abs. 2 und § 207 Abs. 2 die Verpflichtung des Pflichtigen, bei dem persönlichen Erscheinen seine Bücher usw. mitzubringen, sofern dies nicht mit besonderen Schwierigkeiten für ihn verbunden ist.

[6] Schriftliche Auskunft soll die Regel bilden gegenüber der Anordnung persönlichen Erscheinens. S. aber auch vorst. Anm. 5, ferner § 173 nebst Bem. und Anm. 3 zu § 205.

**§ 173.** Auf Verlangen (§ 205 Abs. 1, 2) hat der Steuerpflichtige die Richtigkeit seiner Steuererklärung[1] nachzuweisen[2]. Wo seine Angaben zu Zweifeln Anlaß geben, hat er sie zu ergänzen, den Sachverhalt aufzuklären und seine Behauptungen, soweit ihm dies nach den Umständen zugemutet[3] werden kann, zu beweisen, zum Beispiel den Verbleib von Vermögen, das er früher besessen hat.

Er hat Aufzeichnungen, Bücher und Geschäftspapiere sowie Urkunden[4], die für die Festsetzung der Steuer von Bedeutung sind[5], auf Verlangen (§ 207) zur Einsicht und Prüfung vorzulegen.

[1] Und anderer — ergänzender — Erklärungen (§ 168 Abs. 3).

[2] Damit ist keineswegs gesagt, daß der Pflichtige für das

ganze Ermittlungsverfahren die Beweislast zu tragen habe. Die Beweislast für Bestehen und Höhe eines Steueranspruchs trifft vielmehr nach dem alten Prozeßgrundsatz, daß derjenige, der einen Anspruch geltend macht, ihn auch nachzuweisen hat, grundsätzlich das Finanzamt. Durch die „Nachweispflichten" der §§ 173, 174 wird dem Steuerpflichtigen lediglich die Pflicht auferlegt, dem Finanzamt durch Beibringung gewisser Unterlagen, deren das Finanzamt zu den ihm von Amtswegen obliegenden Feststellungen bedarf und die der Natur der Sache nach in erster Linie dem Steuerpflichtigen — und meistens nur diesem allein — zugänglich sind, an die Hand zu gehen. Seine diesbezüglichen Verpflichtungen sind folgende:

1. Ergänzung von Erklärungen,
2. Aufklärung von Unstimmigkeiten,
3. Beweis von Behauptungen;
4. Vorlage von Aufzeichnungen, Büchern, Geschäftspapieren und Urkunden (§§ 173 Abs. 2, 174).

Die genannten Verpflichtungen können nach § 202 erzwungen werden.

[3] „soweit ihm dies nach den Umständen zugemutet werden kann": Dieser Satz, der sich ausdrücklich zwar nur an dieser Stelle findet, ist als Leitsatz voranzustellen allen Bestimmungen über Auskunfts- und Nachweispflichten des Steuerpflichtigen. Er bildet gewissermaßen den gesetzlichen Niederschlag der vom RFH. hinsichtlich der Abgrenzung der Rechte und Verpflichtungen zwischen Steuerbehörde und Steuerpflichtigen innegehaltenen, durchwegs auf dem Gedanken pflichtgemäßer Abwägung der beiderseitigen Interessen aufgebauten Rechtsprechungsgrundsätze. Zu vergleichen die Ausführungen in der Vorbem. vor § 168 und die dort zitierten Fälle aus der Rechtsprechung des RFH.

Hier zu erwähnen ist insbes. E. Bd. 10 S. 349 (s. Anm. 5 zu § 172), ferner E. Bd. 5 S. 147: Das Verlangen nach schriftlicher Auskunft darf nicht darauf hinauslaufen, daß der Steuerpflichtige in größerem Umfange eine Abschrift seiner Geschäftsbücher anzufertigen hätte.

„Zuzumuten" ist einem Pflichtigen ein Nachweis dann, wenn er nach den Anschauungen des allgemeinen Verkehrs oder nach der besonderen Lage des Falles zur Erbringung des Beweises in der Lage ist und nicht triftige Gründe für die Nichterbringung geltend machen kann. So ist es z. B. zunächst klar, daß jemand, der behauptet, er habe einen Teil seines Vermögens verloren, nachzuweisen hat, wodurch dies geschehen ist, daß jemand, der behauptet, besonders hohe Arztkosten oder Kosten für einen Stellvertreter im Beruf gehabt zu haben, diese Angaben nachzuweisen hat, d. h. wenigstens dem Finanzamt die Angaben zu machen hat, die dem Finanzamt die notwendigen Feststellungen ermöglichen.

[4] Die allgemeinen Erwägungen der vorst. Anm. 3 gelten auch hier. Pflichtgemäße Abwägung der beiderseitigen Interessen erforderlich. Aus der Rechtsprechung des RFH. ist zu erwähnen:

E. Bd. 11 S. 127: Die Vorschrift des § 173 Abs. 2 verpflichtet den Steuerpflichtigen nur zur Vorlegung von ihm zur Verfügung stehenden Unterlagen, nicht zur Beschaffung von Bescheinigungen dritter Personen. (Der Pflichtige wird aber die in Betracht kommenden Personen unter Umständen auf Grund des Abs. 1 namhaft zu machen haben.)

E. Bd. 11 S. 345: Die Vorlegung von Urkunden usw. kann nur in einem bestimmten Steuerermittlungsverfahren gefordert werden, nicht zum Zwecke der allgemeinen Feststellung, ob steuerpflichtige Rechtsgeschäfte irgend welcher Art in ihnen beurkundet sind. (Vorbehalten bleiben selbstverständlich steueraufsichtliche Bestimmungen, zu denen u. a. auch § 162 Abs. 9, 10 gehören, vgl. dort, ferner Anm. 2 zu § 207.)

E. Bd. 10 S. 44: Die Pflicht zur Vorlegung von Geschäftsbüchern schließt eine nach § 202 erzwingbare Verpflichtung zur Aufgabe des Gewahrsams an den Büchern nicht in sich.

E. Bd. 13 S. 187 betrifft das Recht des FA., die Vorlegung von Urkunden usw. auch von juristischen Personen (Akt.-Ges. usw.) zu verlangen.

**§ 174.** Steuerpflichtige, die Handelsbücher im Sinne des Handelsgesetzbuchs führen, haben auf Verlangen eine Abschrift ihrer unverkürzten Bilanzen mit Erläuterungen einzureichen[1]. Wenn sie nach ihrer Buchführung eine Gewinn- und Verlustrechnung aufstellen, ist auch diese beizufügen.

Aus der Bilanz[2] oder den Erläuterungen soll klar hervorgehen, wie Gegenstände des Gebrauchs und Lagerbestände bewertet[3] und welche Beträge darauf und auf zweifelhafte und uneinbringliche Forderungen oder sonst abgeschrieben worden sind[4].

Wenn Ausgaben für Anlagen als Unkosten gebucht sind, ist der Betrag in den Erläuterungen anzugeben[5].

Als Schuldposten dürfen Verpflichtungen aus Bürgschaften, Gefälligkeitsakzepten und dergleichen in der Bilanz nur aufgeführt werden, wenn die Rückgriffsrechte berücksichtigt sind.

[1] Ein weitergehendes Recht, Abschriften aus Geschäftsbüchern usw. zu verlangen, hat das Finanzamt nicht; es können also z. B. nicht etwa Abschriften von Spezialkonten verlangt werden (E. Bd. 5 S. 147). Auch kann in einem Steuerfestsetzungsverfahren nicht die *Aufstellung* handelsrechtlicher Bilanzen gefordert werden (E. Bd. 12 S. 267).

Die Frage, *wer zur Aufstellung* (und dementsprechend zur Einreichung) *einer Bilanz überhaupt verpflichtet ist*, ergibt sich nicht unmittelbar aus der AO., sondern aus den sonstigen durch § 163 auch für die Besteuerung als bindend erklärten Vorschriften. Nach diesen Vorschriften richtet sich zunächst auch Form und Inhalt der Bilanz. Die in § 174 Abs. 2

bis 4 gegebenen Sondervorschriften ändern hieran grundsätzlich nichts, sie geben nur Richtlinien dafür, wie der Pflichtige im Interesse der Besteuerung seine Bilanz nebst Erläuterungen gestalten soll. Über die steuerrechtliche Bedeutung dieser Richtlinien s. folgende Anm.

² Die Bestimmungen der Abs. 2—4 gehören ihrem Inhalt nach eigentlich nicht hierher; sie wären besser hinter § 163 (vgl. vorige Anm.) zu stehen gekommen, etwa (entspr. § 162) mit folgendem Wortlaut: „Wer zufolge § 163 eine Bilanz aufzustellen hat, soll die folgenden Vorschriften beachten: (folgen Abs. 2—4 des § 174)."

Die Absätze 2—4 sind, soweit sie die Aufstellung der Bilanz ohne Beziehung zur Steuerbehörde betreffen, durchgängig Sollvorschriften — trotz der Fassung der Abs. 3, 4 —. Zwingend werden diese Bestimmungen, sobald Bilanzen dem Finanzamt zu steuerlichen Zwecken vorgelegt werden, d. h. es müssen, falls die Bilanzen nicht ohnehin den Absätzen 2—4 entsprechen, die erforderlichen Änderungen, Ergänzungen und Erläuterungen gemacht werden.

Aus der Rechtsprechung des RFH. zur Aufstellung von Bilanzen sind, abgesehen von den in den folgenden Anm. noch anzuführenden Entscheidungen erwähnenswert jene über Passivierung künftig entstehender oder noch nicht ihrer Höhe nach feststehender Schulden (E. Bd. 11 S. 186, Bd. 11 S. 334), ferner über Rückstellungen für unproduktive Löhne (E. Bd. 9 S. 102).

³ Über Bewertung von Gebrauchsgegenständen s. E. Bd. 14 S. 237.

⁴ Über Abschreibungsgrundsätze allgemein vgl. E. Bd. 4 S. 201, über sog. Gesamtabschreibungen (d. s. Abschreibungen auf das Gesamtunternehmen) E. Bd. 15 S. 5, über Bewertungskonten zum Ausgleich eines vermutlichen Minderwerts von Forderungen E. Bd. 7 S. 130.

⁵ Über die Unkosteneigenschaft von Ausgaben für gemeinnützige Zwecke vgl. E. Bd. 11 S. 185, über Bilanzfähigkeit

von Dividendenversprechen einer Aktiengesellschaft E. Bd. 14 S. 303.

**§ 175.** Die Beamten der Finanzämter und ihre Beauftragten[1] können Grundstücke und Räume der Steuerpflichtigen betreten, um im Steuerinteresse[2] an Ort und Stelle nötige Abschätzungen innerhalb der üblichen[3] Geschäfts- oder Arbeitsstunden vorzunehmen. Die Steuerpflichtigen haben ihnen jede Auskunft und Nachweisung zu erteilen, deren sie bedürfen.

Wertsachen (§ 165 Abs. 1) hat der Steuerpflichtige auf Verlangen (§ 209) vorzulegen und Einsicht in die Behältnisse zu gewähren oder zu verschaffen, in denen er sie verwahrt.

[1] Beauftragt kann werden, wer bei der Veranlagung tätig oder zugezogen werden kann (vgl. § 10 Abs. 2).

Die Beamten oder Beauftragten müssen sich über ihren Auftrag dem Pflichtigen gegenüber entsprechend ausweisen können.

[2] D. h. — trotz des anscheinend weitergehenden Wortlauts, aber mit Rücksicht auf Stellung und Zweck des § 175 — im Interesse der Ermittlung des Wertes bestimmter Gegenstände. Nicht etwa besteht auf Grund des § 175 ein (möglicherweise nach den Vorschriften über Steueraufsicht oder Durchsuchung begründetes) Recht des Finanzamts zum Betreten der Räume des Pflichtigen zwecks Feststellung des Vorhandenseins steuerpflichtiger Gegenstände überhaupt (vgl. E. Bd. 12 S. 252). Die auf den genannten Zweck beschränkte Absicht des Finanzamts muß für den Pflichtigen erkennbar sein (RFH. v. 23. 5. 22, RStBl. S. 209).

[3] D. h. in dem betreffenden Betrieb üblichen.

**§ 176.** Mit Genehmigung des Landesfinanzamts, die für den einzelnen Fall einzuholen und zu erteilen ist, kann das Finanzamt verlangen, daß der Steuerpflichtige Tatsachen, die er behauptet, durch Versicherung an Eides Statt erhärte (§ 209)[1].

Die Versicherung ist dem Vorsteher des Finanzamts[2] abzugeben. Dieser zieht einen Schriftführer zu. Die Tatsachen, deren Richtigkeit versichert werden soll, sind schriftlich festzustellen und dem Steuerpflichtigen mindestens eine Woche vor Abgabe der Versicherung mitzuteilen. Die Versicherung besteht darin, daß der Steuerpflichtige erklärt: „Ich versichere an Eides Statt, daß ich nach bestem Wissen die reine Wahrheit gesagt habe." Die Niederschrift ist vorzulesen; der Steuerpflichtige hat sie zu unterschreiben.

Die Versicherung an Eides Statt kann nicht nach § 202 erzwungen werden[3].

[1] Ein Eid kann dem Steuerpflichtigen selbst nicht abgenommen werden. Die eidesstattliche Versicherung kann nur über Tatsachen verlangt werden, nicht etwa zur Bekräftigung von Werturteilen, z. B. Schätzungen.

Der Pflichtige hat kein Recht, zur eidesstattlichen Versicherung zugelassen zu werden (RFH. i. RStBl. 1923 S. 14).

Die Abnahme der eidesstattlichen Versicherung ist das letzte Mittel zur Erforschung der Wahrheit und als solches zu vergleichen der im Zivilprozeß zulässigen sog. Eideszuschiebung. Hieraus und aus der ausdrücklichen Bezugnahme des Abs. 1 auf § 209 (dessen Abs. 2 hier in Frage kommt) ergeben sich für die Anwendung dieses Beweismittels folgende zwei Hauptgrundsätze:

1. Das Finanzamt soll nicht willkürlich die eidesstattliche Versicherung anordnen, sondern nur wenn nach Erschöpfung aller sonstigen zur Verfügung stehenden Beweismittel (z. B. Vorlage von Papieren, Befragung von Auskunftspersonen, Zuziehung von Sachverständigen) noch ein aus

irgend welchen Gründen bestehender letzter Rest von Zweifel beseitigt werden soll. Damit die Finanzämter in dieser Hinsicht nicht leichtfertig vorgehen und auch nicht etwa bei geringfügigen Sachen eidesstattliche Versicherungen einfordern, ist die Genehmigung des LFA. vorgesehen.

2. Wenn der Pflichtige die eidesstattliche Versicherung auf Verlangen abgibt — freiwillige eidliche oder ähnliche Bekräftigungen, wie sie häufig im Schriftenverkehr mit den Parteien und auch sonst vorkommen, sind belanglos —, dann muß das Finanzamt der Regel nach die derart bekräftigten Angaben auch als richtig hinnehmen und der Besteuerung zugrunde legen. Dies gilt selbstverständlich dann nicht, wenn nachträglich neue Tatsachen oder Beweismittel bekannt werden, die die Unrichtigkeit der bekräftigten Behauptung erkennen lassen.

Mit anderen Worten läßt sich das eben unter 1 und 2 Gesagte wie folgt zusammenfassen: Das Finanzamt muß sich jederzeit vor Augen halten, daß es durch Nichtberücksichtigung einer eidesstattlich bekräftigten Behauptung den Steuerpflichtigen schwer kränkt und darf daher von vornherein diese Bekräftigung auch nur dann fordern, wenn es gesonnen ist, im Falle ihrer Abgabe und bei sonst gleichbleibender Sachlage die betr. zweifelhafte Angabe nicht länger zum Gegenstand der Ermittlungen zu machen.

[2] Ev. auch dem Vorsteher des um die eidesstattliche Vernehmung ersuchten Finanzamts. Wegen Vertretung s. § 24 Abs. 1. Daß der Pflichtige vor Abgabe der Versicherung über die strafrechtlichen Folgen einer falschen Versicherungsabgabe zu belehren sei (§ 156 StGB.), ist nicht gesetzlich bestimmt, wird sich aber schon zur Erzielung möglichst wahrheitentsprechender Erklärungen empfehlen.

[3] Selbstverständlich kann aber das Finanzamt aus der Tatsache der Verweigerung die entsprechenden Schlüsse für die sachliche Würdigung des Falles ziehen. Über Folgen der Verweigerung im Schätzungsverfahren s. insbes. § 210 Abs. 2, 4.

## III. Pflichten anderer Personen zu Auskunft, Einsichtgewährung und Gutachten.

### Vorbemerkungen zu §§ 177—188.

Die in den folgenden Paragraphen näher behandelte Verpflichtung dritter Personen zur Auskunftserteilung, Gutachtenabgabe, Einsichtgewährung usw. ist in dieser Allgemeinheit erst durch die AO. eingeführt worden. Diese Vorschriften bedeuten mit eine der wichtigsten Neuerungen auf steuerrechtlichem Gebiete und stellen in mancher Hinsicht geradezu eine Durchbrechung bisher als unantastbar angesehener Prinzipien dar, wie z. B. die Auskunftspflicht der öffentlichen Behörden, Beamten und insbesondere der Banken. Die Neuregelung hat daher zunächst eine starke Beunruhigung in weiten wirtschaftlichen Kreisen hervorgerufen, so daß sich der Reichsminister der Finanzen mit Erlaß v. 1. 7. 20 RStBl. S. 377 veranlaßt sah, allgemeine Grundsätze über die Handhabung der einschlägigen Bestimmungen durch die Finanzbehörden aufzustellen. Oberster Leitgrundsatz muß bleiben, daß die Finanzbehörden bei Anwendung ihrer Befugnisse gegenüber dritten Personen streng an die gesetzlichen Schranken gebunden sind und daß eine sog. weite Auslegung hier in keinem Falle zulässig ist. Im übrigen wird, was in den Vorbem. vor § 168 über das Erfordernis pflichtgemäßen Abwägens aller beteiligten Interessen gesagt ist, auch hinsichtlich der Auskunftspflicht dritter Personen entsprechend beachtet werden müssen.

Die §§ 177 ff. handeln zunächst von den sog. Auskunftspersonen. Daneben tritt in § 188 der Begriff des Sachverständigen. Die Frage, ob jemand im Einzelfalle als Auskunftsperson oder als Sachverständiger fungiert, kann unter Umständen von rechtlicher Bedeutung sein, so insbes. wegen der Anwendbarkeit des § 10 und der darauf beruhenden Strafbestimmung des § 376.

Auskunftsperson (im Zivilprozeß entspricht der Begriff des Zeugen) ist, wer von der Finanzbehörde über Tatsachen befragt wird oder über persönliche Eigenschaften oder Verhältnisse des Steuerpflichtigen, deren Kenntnis von ihm auf Grund seiner persönlichen oder lokalen Beziehungen zu dem Steuerpflichtigen angenommen wird. Diesem Äußerungsinhalt entspricht die Bezeichnung „Auskünfte". Sachverständiger ist, wer von der Finanzbehörde angegangen wird, Werturteile, Urteile über Sachzusammenhänge usw. abzugeben auf Grund besonderer Kenntnisse oder Fertigkeiten in einem bestimmten Fach, ohne daß er vor seiner Zuziehung durch die Steuerbehörde den Steuerpflichtigen oder seinen Betrieb irgendwie zu kennen braucht. Im Gegensatz zur „Auskunft" spricht man hierbei von „Gutachten". Sehr häufig werden Personen allerdings neben ihrer Fachkundigkeit gerade deshalb herangezogen werden, weil sie außerdem den Pflichtigen, seinen Betrieb usw. persönlich mehr oder weniger genau kennen. Ob in solchem Falle von „Auskunft" oder von „Gutachten" zu reden ist, kann in manchen Fällen zweifelhaft sein. Der Regel nach wird man hierbei eine Sachverständigentätigkeit anzunehmen haben, jedenfalls immer dann, wenn der befragten Person zur Orientierung oder Vorbereitung ihrer Äußerung irgend ein Einblick in Verhältnisse des Steuerpflichtigen gewährt wird, sei es auch z. B. nur in Angaben des Steuerpflichtigen oder Urteile anderer Sachverständiger. Denn Auskunftspersonen dürfen nur befragt werden, sind also sozusagen nur Werkzeug zur Urteilsfindung, während der Sachverständige die Behörde bei der Urteilsfindung durch eigene Geistestätigkeit unterstützen soll.

Die Namen von Auskunftspersonen brauchen dem Steuerpflichtigen keinesfalls mitgeteilt zu werden (E. Bd. 11 S. 201). Bezüglich der Sachverständigen wird man mit Rücksicht auf § 206 zu unterscheiden haben Sachverständige, die keinen oder einen nicht tiefergehenden Einblick in die Verhältnisse eines Steuerpflichtigen erhalten (wie das bei der großen Zahl der — vielfach in der Praxis auch als sog. „Vertrauenspersonen" bezeichneten —

Personen zutrifft, die auf Grund ihrer Kenntnis örtlicher Verhältnisse mit Abgabe gutachtlicher Äußerungen über steuerliche Merkmale von Angehörigen des gleichen oder eines verwandten Erwerbszweigs betraut werden), und solche Sachverständige, die einen tiefgehenden Einblick in die Verhältnisse eines Steuerpflichtigen, namentlich in Einzelheiten seines Betriebs oder seiner Buchführung erhalten. Bezüglich der ersteren Gruppe von Sachverständigen gilt aus naheliegenden Gründen gleichfalls die Geheimhaltungsbefugnis der Finanzbehörde (E. Bd. 11 S. 201, 205), hinsichtlich der letzteren dagegen greift § 206 Abs. 2 ein (s. dort).

**§ 177.** Auch wer nicht als Steuerpflichtiger beteiligt ist[1], hat mit Ausnahme der im § 178 als nahe Angehörige bezeichneten Personen dem Finanzamt über Tatsachen Auskunft[2] zu erteilen, die für die Ausübung der Steueraufsicht oder in einem Steuerermittlungsverfahren für die Feststellung von Steueransprüchen von Bedeutung sind[3]. Die Auskunft ist wahrheitsgemäß nach bestem Wissen und Gewissen zu erteilen. Wer nicht aus dem Gedächtnis Auskunft geben kann, hat Schriftstücke und Geschäftsbücher, die ihm zur Verfügung stehen, einzusehen und, soweit nötig, Aufzeichnungen daraus zu entnehmen. Die Auskunft ist nach Form und Inhalt so zu erteilen, wie es das Finanzamt nach den Gesetzen und Ausführungsbestimmungen vorschreibt.

Die Auskunft soll, soweit dies durchführbar ist und nicht aus besonderen Gründen Abweichungen geboten sind, schriftlich erbeten und erteilt werden[4]; das Finanzamt kann jedoch das Erscheinen des Auskunftspflichtigen anordnen[5].

Wenn von Behörden, von Verbänden und Vertretungen von Betriebs- oder Berufszweigen, von geschäftlichen oder gewerblichen Unternehmungen, Gesellschaften oder Anstalten Auskunft begehrt wird, ist das Ersuchen, falls nicht bestimmte Personen als Auskunftspersonen in Frage kommen, an den Vorstand oder die Geschäfts- und Betriebsleitung zu richten[3].

[1] Nicht nur natürliche Personen können in Frage kommen, sondern auch juristische Personen, Behörden usw. (vgl. Abs. 3).

[2] „Tatsachen" sind hier einfach in Gegensatz zu denken zu der Beurteilung steuerlicher Merkmale und Unterlagen, es kann daher unter Umständen Auskunft auch verlangt werden über persönliche Eigenschaften und Verhältnisse des Steuerpflichtigen. Im übrigen vgl. über den Begriff „Auskunftspersonen" die Vorbem. vor diesem Paragraphen.

[3] Der sachliche Wirkungsbereich des § 177 ist nicht etwa beschränkt auf die Feststellung der Besteuerungsunterlagen selbst, das Finanzamt kann Auskunft vielmehr über alle Verhältnisse und Tatsachen verlangen, von denen Bestehen und Umfang einer materiellen Steuerpflicht oder das Vorliegen irgendwelcher formellen Voraussetzungen des gesamten Steuerermittlungsverfahrens und seiner einzelnen Phasen abhängt (z. B. Fristenwahrung, Nachsichtgewährung), weiterhin auch über solche Verhältnisse und Tatsachen, von denen die Begründetheit von Ansprüchen oder Anträgen des Steuerpflichtigen abhängt (z. B. Vergütungsansprüche, Erlaßanträge).

Eine sachliche Grenze findet die Befugnis des Finanzamts, Auskunft zu fordern in der Voraussetzung, daß es sich immer um einen bestimmten Steuerfall handeln muß (zum Unterschied von etwaigen weitergehenden steueraufsichtlichen Bestimmungen. Der RFH. hat diese Grenzen zunächst sehr enge gezogen und in E. Bd. 8 S. 277, Bd. 9 S. 142 (vgl. auch Bd. 9 S. 145) angenommen, daß das Bekanntsein lediglich des objektiven Tatbestandes — vorläufig ohne einwandfreies Feststehen einer objektiven Steuerschuld — das Finanzamt nicht berechtige, dritte Personen nach der Person des in Frage kommenden Steuerpflichtigen zu befragen. Allgemein ausgedrückt hat der RFH. die Anwendung des § 177 für unzulässig erklärt zu dem Zwecke, neue Steuerfälle und die dazu gehörigen Steuerpflichtigen aufzudecken. Mit Rücksicht auf diese Rechtsprechung waren die Finanzämter oftmals geradezu gehindert, Feststellungen, die sie bei einer Buch- und Betriebsprüfung zufällig gemacht hatten, gegen die in Betracht kommenden dritten Personen zu verwerten oder konnten dies höchstens auf dem sehr zweifelhaften Umwege des nachträglichen formellen Auskunftsverlangens erreichen. Es scheint jedoch, daß der RFH. — jedenfalls was die Auswertung der durch § 162 Abs. 10 eingeführten bedeutend erweiterten Buchprüfungen anlangt — neuerdings sich zu einer weitherzigeren Auffassung bekennen will. Jedenfalls hat er in E. Bd. 19 S. 47 es für zulässig erklärt, einen Viehhändler, der festgestelltermaßen eine größere Anzahl von Schweinen als Aufkäufer zur Verladung gebracht hatte, nach dem Namen aller einzelnen Lieferanten zu befragen. Als innere Motivierung gegenüber E. Bd. 9 S. 142 ist der Umstand für maßgebend erachtet, daß es sich hier um eine (bzw. mehrere) objektiv feststehende Steuerschuld (nämlich Umsatzsteuerschuld) handle. Man wird die weitere Rechtsprechung in dieser Hinsicht abzuwarten haben.

Über die allgemeine Begrenzung des finanzamtlichen Fragerechts gegenüber dritten Personen durch das Erfordernis vorheriger Erschöpfung der übrigen Auskunfts- und Beweismittel s. § 209 Abs. 1 S. 1.

[4] Privaten ist ein mit Anschrift versehener Freiumschlag zur Rückantwort beizufügen (RFME. v. 2. 5. 22 III R 24799).

[5] Vgl. wegen des Erfordernisses pflichtgemäßen Abwägens der beteiligten Interessen die Vorbem. vor diesem Paragraphen, Abs. 1 a. E., ferner das zu § 172 (insbes. über triftige Hinderungsgründe) Gesagte.

[6] Wenn eine Behörde nur aus einem Beamten besteht, gilt das Auskunftsersuchen trotzdem an die Behörde als solche gerichtet, es müßte denn sein, daß Auskunft verlangt

wird über Dinge, deren Kenntnis bei dem Beamten auf Grund seiner außerdienstlichen Verhältnisse vorausgesetzt wird.

Entsprechendes gilt bezüglich der Verbände usw.

Die Auskunftspflicht der Behörden usw. ist übrigens nur ein Ausfluß ihrer durch § 191 normierten allgemeinen Beistandspflicht. Soweit daher eine Behörde usw. als solche um Auskunft angegangen wird, ist ihre Stellung eine grundsätzlich andere als die Stellung einer sonstigen — privaten — Auskunftsperson. Es kann insbes. kein Zweifel bestehen, daß die für die Auskunftspflicht bestehenden Einschränkungen hier nicht gelten und daß die Behörde in jedem Falle als zum Verfahren zugezogen im Sinne des § 10 Abs. 2 anzusehen und daher zur Geheimhaltung verpflichtet ist.

§ 178. In den Fällen des § 177[1] kann der Befragte die Auskunft auf Fragen verweigern, deren Bejahung oder Verneinung ihm selbst oder einem nahen Angehörigen die Gefahr einer Strafverfolgung zuziehen würde[2].

Als naher Angehöriger gilt:

1. der Verlobte,
2. der Ehegatte, auch wenn die Ehe nicht mehr besteht,
3. wer mit dem Befragten in gerader Linie verwandt oder verschwägert oder in der Seitenlinie im zweiten oder dritten Grade verwandt oder im zweiten Grade verschwägert ist.

[1] Also nur, wenn jemand in fremder Angelegenheit, nicht aber wenn er in eigener Steuerangelegenheit befragt wird.

[2] Es genügt, wenn die Umstände erkennen lassen, daß die Auskunftsverweigerung auf Grund des § 178 erfolgt (RFH. v. 5. 4. 22, RStBl. S. 171).

§ 179. Die Auskunft können ferner verweigern:
1. Verteidiger und Rechtsanwälte, soweit sie in Strafsachen tätig gewesen sind[1],
2. Ärzte über das, was ihnen bei Ausübung ihres Berufs anvertraut[2] ist,
3. Rechtsanwälte über das, was ihnen bei Ausübung ihres Berufs anvertraut[2] ist,
4. die Gehilfen der zu 1 bis 3 bezeichneten Personen hinsichtlich der Tatsachen, die sie in dieser ihrer Eigenschaft erfahren haben[3].

Diese Bestimmung findet auf die zu 3 und 4 bezeichneten Personen insoweit keine Anwendung, als es sich um Tatsachen handelt, die bei Beratung oder Vertretung in Steuerangelegenheiten zu ihrer Kenntnis gekommen sind, es sei denn, daß es sich um Fragen handelt, deren Bejahung oder Verneinung ihre Auftraggeber der Gefahr einer Strafverfolgung aussetzen würde.

[1] d. h. so weit sie über Tatsachen Auskunft geben müßten, die sie in Strafsachen erfahren haben, gleichgültig, ob es sich um eine Strafsache des Pflichtigen oder anderer Personen handelt.

[2] „Anvertraut" ist im weitesten Sinne auszulegen, etwa so viel wie „zur Kenntnis gekommen" (vgl. die Rechtsprechung des RG. zu § 383 ZPO., insbes. ZivS. Bd. 50 S. 353, Bd. 54 S. 360).

[3] Bezüglich der Angelegenheiten, die außerhalb ihrer Gehilfeneigenschaft zu ihrer Kenntnis gelangt sind, besteht die gewöhnliche Auskunftspflicht.

§ 180. Ein Geistlicher darf nicht über solche Tatsachen befragt werden, über die er nach Annahme des Finanzamts oder nach seiner Versicherung nicht aussagen kann, ohne die Pflicht der Verschwiegenheit, die ihm als Seelsorger obliegt, zu verletzen.

**§ 181.** Die Verpflichtung öffentlicher Behörden und Beamten, einschließlich der Beamten der Reichsbank, der Staatsbanken und der Schuldbuchverwaltungen, zur Verschwiegenheit gilt nicht für ihre Auskunftspflicht gegenüber den Finanzämtern. Sie dürfen jedoch über Umstände, auf die sich ihre Pflicht zur Verschwiegenheit bezieht, nicht befragt werden, wenn ihnen die Behörde, die ihnen vorgesetzt ist, oder bei Beamten, die nicht mehr im Dienste sind, zuletzt vorgesetzt war, die Erteilung der Auskunft im Einzelfall untersagt hat. Dies darf nur geschehen, wenn die Auskunft dem Wohle des Reichs oder eines Landes nachteilig sein würde[1].

Für die Post- und Telegraphenbehörden und deren Beamte bleibt es bei der Unverletzlichkeit des Post-, Telegraphen- und Fernsprechgeheimnisses.

[1] Ein Vergleich des § 181 mit der ähnlich lautenden Vorschrift des § 376 Abs. 1—3 ZPO. läßt erkennen, daß die Auskunftspflicht von Behörden und Beamten im Steuerverfahren erheblich weniger eingeschränkt werden sollte als im Zivilprozeß (vgl. auch § 54 StPO.). Im Zivilprozeß ist die behördliche Genehmigung der Zeugniserteilung die conditio sine qua non für das Prozeßgericht, im Steuerprozeß dagegen besteht grundsätzlich Auskunftspflicht und es ist Sache des zu vernehmenden Beamten usw., das Vorliegen eines Auskunftsverbots der Finanzbehörde gegenüber geltend zu machen (so Becker).

**§ 182.** Auch abgesehen von den Fällen des § 181 kann eine Auskunft nicht gefordert werden, wenn eine oberste Reichs- oder Landesbehörde erklärt, daß die

Auskunft dem Wohle des Reichs oder eines Landes nachteilig sein würde.

**§ 183.** Auskunftspersonen kann[1] auf Verlangen eine angemessene Entschädigung für Aufwand und Zeitverlust[2] gewährt werden.

[1] Die Gewährung einer Entschädigung ist also in das pflichtgemäße Ermessen der Finanzbehörde gestellt. Für Leistungen einfachster Art, die weder mit Kosten noch mit nennenswerter Mühe oder Zeitaufwand verbunden sind, sind daher Entschädigungen nicht zu gewähren. Im übrigen, insbesondere für die Höhe der Entschädigungen gelten die Weisungen des RFM. (vgl. unten Anm. 2).

Die Festsetzung und Auszahlung der Entschädigung erfolgt durch das Finanzamt. Wenn ein anderes als das für die Steuerermittlung zuständige Finanzamt um die Vernehmung von Auskunftspersonen usw. und um Festsetzung der an diese Personen zu zahlenden Entschädigungen ersucht worden ist, so hat das ersuchte Finanzamt auch die Kosten zu tragen (RFME. v. 8. 9. 26, RStBl. S. 300).

Die Entschädigung wird nur auf Verlangen gewährt. Eine Frist ist hierfür nicht vorgesehen, § 19 GebO. f. Z. u. S. gilt hier nicht.

[2] Für die Bemessung der Entschädigungen der Auskunftspersonen und Sachverständigen gelten zufolge RFME. v. 2. 5. 22 III R 24799 die Bestimmungen der Gebührenordnung für Zeugen und Sachverständige in der Weise, daß die Sätze dieser GebO. als Höchstsätze anzusehen sind. Eine Erwerbsversäumnis im Sinne der GebO. soll jedoch bei schriftlicher Auskunfterteilung nicht angenommen werden. (Wegen Beifügung eines Freiumschlags s. Anm. 4 zu § 177.)

Die GebO. für Zeugen und Sachverständige ist in ihrer nunmehr geltenden Fassung veröffentlicht im RGBl. 1925 I S. 471. Sie ist abgedruckt im Anhang dieses Buchs unter Nr. 3.

Die für Auskunftspersonen in Frage kommenden Vergütungen sind:

1. Entschädigung für Zeitversäumnis (§§ 2, 6 GebO.);

2. Entschädigung für Reisen, die ohne Transportmittel zurückgelegt sind (§§ 7, 8 S. 2, § 10 a. a. O.); unter Umständen (z. B. bei Krankheit, Alter) weitergehende Entschädigung nach § 11 a. a. O.;

3. Entschädigung für Benutzung von Transportmitteln (§§ 7, 8 S. 1, 10 a. a. O.);

4. Entschädigung für den durch Abwesenheit vom Aufenthaltsort verursachten Aufwand (§ 9 a. a. O.; die Tagegelder und Übernachtungsgelder bei Dienstreisen der Reichsbeamten sind letztmals geregelt worden durch V. v. 1. 12. 24 (RBesoldBl. S. 361);

5. Entschädigung für Begleitpersonen (§ 13 a. a. O.);

6. Ersatz barer Auslagen (§ 14 a. a. O.).

Die der Auskunftsperson zu zahlende Gesamtvergütung ist nach oben auf volle 5 Reichspfennig aufzurunden (§ 15 a. a. O.).

**§ 184.** Mit Genehmigung des Landesfinanzamts, die für den einzelnen Fall einzuholen und zu erteilen ist, kann das Finanzamt verlangen, daß eine Auskunftsperson die Wahrheit ihrer Aussage durch Eid[1] bekräftigte (§ 209). Die Vorschriften des § 393 Abs. 1 Nr. 1, 2 der Zivilprozeßordnung gelten entsprechend[2]. Wer die Auskunft verweigern darf, kann auch den Eid verweigern[3].

Für Abnahme des Eides gelten sinngemäß die Vorschriften der Zivilprozeßordnung[4]. Der Eid wird vom Vorsteher des Finanzamts[5] unter Zuziehung eines Schriftführers oder auf Ersuchen des Finanzamts vom Amtsgericht abgenommen.

**Die Auskunftsperson gilt als Zeuge im Sinne des Strafgesetzbuchs[4].**

[1] Die in Anm. 1 zu § 176 dargelegten Grundsätze sind auch für die Voraussetzungen und die Bedeutung der Eidesabnahme zu beachten! Auch die ev. Anwendbarkeit des § 185 ist vor dem Eidesverlangen zu erwägen.

Gegenüber Behörden, Verbänden usw., die als auskunftspflichtig im Sinne des § 191 in Betracht kommen, ist § 184 naturgemäß unanwendbar. Daher kann auch von Personen (Referenten, Geschäftsführern usw.), welche im konkreten Falle lediglich als Vertreter von Behörden und Verbänden auftreten, eine eidliche Bekräftigung nicht verlangt werden. Anders, wenn das Auskunftsersuchen an die einzelnen Personen gerichtet wird.

[2] § 393 Abs. 1 Nr. 1, 2 lautet:

„Unbeeidigt sind zu vernehmen:

1. Personen, welche zur Zeit der Vernehmung das 16. Lebensjahr noch nicht vollendet oder wegen mangelnder Verstandesreife oder wegen Verstandesschwäche von dem Wesen und der Bedeutung des Eides keine genügende Vorstellung haben;

2. Personen, welchb nach den Bestimmungen der Strafgesetze unfähig sind, als Zeugen eidlich vernommen zu werden."

(Zusatz zu Nr. 2: In Betracht kommt § 161 StGB.)

[3] Vgl. wegen des Rechts der Auskunftverweigerung §§ 178 bis 180. Im übrigen kann die Eidesleistung gemäß § 202 erzwungen werden.

[4] In Betracht kommen die §§ 478—481, 483, 484 ZPO. Sie lauten:

„§ 478. Der Eid muß von dem Schwurpflichtigen in Person geleistet werden.

§ 479. Das Prozeßgericht kann anordnen, daß die Eidesleistung vor einem seiner Mitglieder oder vor einem anderen Gericht erfolge, wenn der Schwurpflichtige am Erscheinen vor dem Prozeßgerichte verhindert ist oder in großer Entfernung von dem Sitze desselben sich aufhält.

Der Reichspräsident und der Präsident eines deutschen Landes leisten den Eid in ihrer Wohnung vor einem Mitglied des Prozeßgerichts oder vor einem anderen Gerichte.

§ 480. Vor der Leistung des Eides hat der Richter den Schwurpflichtigen in angemessener Weise auf die Bedeutung des Eides hinzuweisen.

§ 481. Der Eid wird in der Weise geleistet, daß der Richter die Eidesnorm mit der Eingangsformel:

„Sie schwören bei Gott dem Allmächtigen und Allwissenden" vorspricht und der Schwurpflichtige darauf die Worte spricht (Eidesformel):

„Ich schwöre es, so wahr mir Gott helfe!"

Der Schwörende soll bei der Eidesleistung die rechte Hand erheben. Sollen mehrere Personen gleichzeitig einen Eid leisten, so wird die Eidesformel von jedem Schwurpflichtigen einzeln gesprochen.

§ 483. Stumme, welche schreiben können, leisten den Eid mittels Abschreibens und Unterschreibens der die Eidesnorm enthaltenden Eidesformel.

Stumme, welche nicht schreiben können, leisten den Eid mit Hilfe eines Dolmetschers durch Zeichen.

§ 484. Der Eidesleistung wird gleichgeachtet, wenn ein Mitglied einer Religionsgesellschaft, welcher das Gesetz den Gebrauch gewisser Beteuerungsformeln an Stelle des Eides gestattet, eine Erklärung unter der Beteuerungsformel dieser Religionsgesellschaft abgibt."

[5] Oder seinem Vertreter (§ 24 Abs. 1). Ein Finanzamt wird auch ein anderes um die Abnahme des Eides ersuchen dürfen (ebenso Mrozek).

[6] Das ist wichtig wegen der strafrechtlichen Folgen der Eidesverletzung (§§ 154, 155, 163 StGB.) auf welche in der Eidesbelehrung hinzuweisen ist.

§ 185. Wer Auskunft zu erteilen hat (§§ 177 ff.), hat, wenn es das Finanzamt mit Genehmigung des Landesfinanzamts[1] verlangt (§ 209), diejenigen Urkunden und Schriftstücke einschließlich der einschlagenden Stellen seiner Geschäftsbücher zur Einsicht vorzulegen, die sich auf bestimmt zu bezeichnende Rechtsvorgänge beziehen[2]. Unter den gleichen Voraussetzungen hat er Wertsachen (§ 165 Abs. 1) vorzulegen, die er für den Steuerpflichtigen verwahrt, und Einsicht in verschlossene Behältnisse zu gewähren, die er dem Steuerpflichtigen überlassen hat. Er kann die Vorlegung oder die Gewährung der Einsicht verweigern, soweit er die Auskunft über die Vorgänge verweigern könnte.

[1] Daß die Genehmigung in gewissem Umfang generell erteilt werden könne (wie Becker meint), dürfte nicht anzunehmen sein; sie ist vielmehr für den Einzelfall vorgeschrieben.

[2] Das Verlangen, daß eine Bank einen Kontoauszug für einen steuerpflichtigen Kunden einreiche, fällt nicht unter § 185, sondern unter § 177 (E. Bd. 4 S. 234).

Der Steuerpflichtige hat kein Recht auf Einsicht in die von Dritten vorgelegten Unterlagen (RFH. i. DStBl. 1926 S. 41).

§ 186. Wer Waren zum Weiterverkaufe veräußert, deren Abgabe an den Verbraucher eine Steuerpflicht begründet, hat dem Finanzamt mit Genehmigung des Landesfinanzamts auf Verlangen seine Bücher und Geschäftspapiere insoweit zur Einsicht vorzulegen, als dies zur Feststellung erforderlich ist, wer solche Waren erhalten hat, und um welche Mengen es sich handelt.

Die Bedeutung dieser Bestimmung liegt hauptsächlich (wenn nicht ausschließlich) auf dem Gebiete der Umsatzbesteuerung.

Bei Anwendung des § 186 brauchen die Voraussetzungen des § 209 Abs. 1 S. 1 nicht vorzuliegen (E. Bd. 7 S. 232). Hieraus ist zu erkennen, daß die Anwendbarkeit des § 186 kein Ermittlungsverfahren gegen eine bestimmte Person voraussetzt (vgl. Anm. 3 zu § 177) und daß somit § 186 eigentlich steueraufsichtlichen Charakter trägt.

Zur Feststellung der Lieferanten bietet § 186 keine Handhabe (E. Bd. 9 S. 145). Hier können aber weitergehende steueraufsichtliche Bestimmungen eingreifen. Vgl. auch Anm. 8 zu § 162, Anm. 3 zu § 177.

**§ 187.** Zur Ermittlung des Steuerwerts von Aktien ohne Börsenkurs, Kuxen, Anteilen an einer Bergwerksgesellschaft oder an einer Gesellschaft mit beschränkter Haftung haben die Vorstände und Liquidatoren dieser Gesellschaften, wenn die Gesellschaft ihren Sitz oder Vermögen im Inland hat, dem Finanzamt am Sitze ihrer Verwaltung oder dem Finanzamt des Bezirkes, wo sich das Vermögen befindet, auf Verlangen binnen einer Frist von vier Wochen nachzuweisen:

1. die Höhe des Grundkapitals oder der Stammeinlagen,
2. den Betrag der in den letzten drei Jahren jährlich verteilten Gewinne,
3. die tatsächlichen Mitteilungen, die sie zur Schätzung des Wertes der Aktien, Anteile oder Kuxe beizubringen vermögen.

Bei der Nachweisung haben sie zu versichern, daß sie die Angaben nach bestem Wissen und Gewissen gemacht haben.

Vgl. § 141 Abs. 2.

Über strafrechtliche Folgen der Zuwiderhandlung gegen § 187 s. § 372.

**§ 188.** Als Sachverständiger[1] hat auf Verlangen des Finanzamts ein Gutachten[2] abzugeben, wer zur Erstattung von Gutachten der geforderten Art öffentlich bestellt[3] ist oder die Wissenschaft, die Kunst oder das Gewerbe, deren Kenntnis Voraussetzung zur Begutachtung ist, öffentlich zum Erwerb ausübt oder zu ihrer Ausübung öffentlich bestellt oder ermächtigt[4] ist.

Die Gründe, aus denen eine Auskunft verweigert werden darf, berechtigen einen Sachverständigen zur Verweigerung des Gutachtens[5].

Die §§ 183[6] und 184 gelten entsprechend.

Öffentliche Beamte sind nicht als Sachverständige zuzuziehen, wenn ihre vorgesetzte Behörde erklärt, daß dies dem Dienste nachteilig sein würde.

[1] Über die Abgrenzung der Begriffe „Sachverständiger“ und „Auskunftsperson“ s. Vorbem. vor § 177.

[2] Die Pflicht zur Gutachtenabgabe ist nicht wie die Auskunftspflicht (§ 177) auf das Verfahren zur Feststellung bestimmter Steueransprüche beschränkt, sondern besteht den Finanzbehörden gegenüber in jeder mit Steuerfragen zusammenhängenden Angelegenheit.

[3] Öffentlich bestellt kann ein Sachverständiger sein entweder durch ein Gesetz oder durch eine hierzu durch Gesetz ausdrücklich ermächtigte Behörde oder öffentlichrechtliche Organisation. Als öffentliche Bestellung gilt nicht die sog. „allgemeine Beeidigung“ nach § 410 Abs. 2 ZPO. Als öffentlich bestellt sind z. B. anzusehen: Gerichtsärzte, Gewerbegericht, Sachverständigenkammern nach den verschiedenen Urheberrechtsgesetzen, das Patentamt usw.

[4] Hier ist an die Fälle gedacht, wo jemand die zur Ausübung eines Gewerbes oder Berufs gesetzlich vorgesehene Genehmigung (z. B. Approbation usw.) hat, ohne das betr. Gewerbe oder den Beruf auszuüben.

[5] S. §§ 178—182.

[6] Die für Sachverständige in Frage kommenden Entschädigungen sind dieselben wie für Auskunftspersonen (Anm. 2 zu § 183); an Stelle der Entschädigung für Zeitversäumnis tritt jedoch beim Sachverständigen die Leistungsvergütung des § 7 GebO.

## IV. Anzeigepflichten.

**§ 189.** (Aufgehoben durch Art. VII GeldentwG. v. 20. 3. 23 RGBl. I S. 198).

**§ 190.** Der Reichsminister der Finanzen kann anordnen, daß, wer Rechte, die auf seinen Namen lauten, oder Wertsachen, die er besitzt, als Treuhänder, Vertreter eines anderen oder Pfandgläubiger hat, dies dem Finanzamt auf öffentliche Aufforderung unter Bezeichnung des Berechtigten mitzuteilen hat.

Über strafrechtliche Folgen der Zuwiderhandlung gegen § 190 s. § 372.

## V. Beistandspflicht der Behörden und berufsständischen Vertretungen.

**§ 191.** [1]Die Reichs-, Staats- und Gemeindebehörden, die Beamten und Notare[2] sowie die Verbände und Vertretungen von Betriebs- oder Berufszweigen[3] haben den Finanzämtern jede zur Durchführung der Besteuerung und der den Finanzämtern obliegenden Prüfung und Aufsicht dienliche Hilfe zu leisten[4], insbesondere Einsicht in ihre Bücher, Verhandlungen, Listen und Urkunden zu gewähren[5]. Die Unverletzbarkeit des Post-, Telegraphen- und Fernsprechgeheimnisses bleibt unberührt.

Schuldbuchverwaltungen, Postscheckämter, Sparkassen

und Banken, die die Stellung von Behörden haben, fallen nicht unter diese Vorschrift.

[1] Die in den §§ 191 und 192 geregelte sog. Beistandspflicht der Behörden usw. ist nicht etwa gleichbedeutend mit deren Auskunftspflicht nach §§ 177, 181. Die Beistandspflicht ist vielmehr ein weitergehender Begriff und umfaßt neben der Auskunftspflicht (und Pflicht zur Gutachtenabgabe nach § 188) jede andere nur denkbare Unterstützung ohne irgendwelche Einschränkung (vgl. Anm. 6 zu § 177 und E. Bd. 12 S. 202, Bd. 15 S. 306.) Allerdings wird die Finanzbehörde anderen Behörden usw. nicht Leistungen zumuten dürfen, die eigentlich zu ihren eigenen Dienstobliegenheiten gehören (bezüglich der Gemeindebehörden übrigens weitergehend § 22!) oder die über den Rahmen des üblichen Geschäftsbetriebs der angegangenen Behörde usw. hinausgehen oder doch nur mit unverhältnismäßigem Mehraufwand an Zeit und Arbeit zu erfüllen wären. In solchen Fällen kann aber unter Umständen Abordnung von Finanzbeamten zur Unterstützung der betr. Behörde in Frage kommen.

[2] Soweit Notare (wie in Preußen) zugleich Rechtsanwälte sind, gilt bezüglich ihrer letzten Eigenschaft nur die allgemeine Auskunftspflicht mit ihren Einschränkungen. Wegen Pflicht zur Urkundenvorlage s. Anm. 5.

Die Beistandspflicht des § 191 obliegt auch den Reichsbahndienststellen (E. Bd. 17 S. 326).

[3] Z. B. Handelskammern, Handwerkskammern, Innungen, Landwirtschaftskammern, Anwaltskammern usw. Gewerkschaften hatte der Gesetzgeber inhaltlich der Entwurfsbegründung nicht im Auge, da diese ja gar kein für die Besteuerung dienliches Material haben.

[4] Über den Umfang der Beistandspflicht s. oben Anm. 1.

Der Beistand ist kostenlos zu leisten. Auslagen, welche den Behörden (z. B. durch notwendige Entschädigungen dritter Personen) entstehen, sind natürlich zu ersetzen (ebenso Kammergericht in RStBl. 1922 S. 161 wegen der Schreibgebühren). Die angegangene Behörde wird aber, wenn eine beabsichtigte Erhebung derartige Kosten verursachen würde, gut daran tun, der Finanzbehörde vorher davon Mitteilung zu machen; denn im allgemeinen werden die Ersuchen der Finanzbehörden in der Annahme gestellt sein, daß Auslagen hierdurch nicht entstehen, es müßte denn sein, daß aus dem Ersuchen der Wille ausdrücklich hervorgeht, den geforderten Beistand auch im Falle der Kostenentstehung zu erhalten.

[5] Aus der Fassung dieser Bestimmung ist nicht zu folgern, daß etwa die zeitweise Überlassung von Akten, Urkunden usw. nicht gefordert werden könnte; dies ist nämlich keineswegs ausgeschlossen, wenn es etwa mit Rücksicht auf die Umstände, die Zeitdauer oder die oftmalige Wiederholung der Benötigung von Akten usw. erforderlich erscheint. Wenn die angegangene Behörde sich am gleichen Orte befindet wie die ersuchende Finanzbehörde, wird im allgemeinen Übersendung von Akten usw. nur gefordert werden können, wenn unmittelbare Abholung (durch Boten usw.) nicht tunlich ist. (Vgl. hierzu Kammergericht in RStBl. 1922 S. 161, wo die Aktenübersendung sogar als im Interesse der ersuchten Behörde gegenüber schriftlicher Auskunft- oder Abschrifterteilung in der Regel als erwünscht betrachtet wird.)

Bezüglich der Pflicht der Notare zur Urkundenvorlegung s. RFME. v. 7. 2. 20 (RStBl. S. 168), der aber trotz seiner zunächst scheinbar gegenteiligen Tendenz an den eben dargelegten Grundsätzen zweifellos nichts ändern wollte. Die Pflicht der Notare zur Offenlegung der Akten ist anerkannt in E. Bd. 17 S. 313.

**§ 192.** Sämtliche Behörden[1] und Beamten haben Steuerzuwiderhandlungen, die sie dienstlich erfahren, den Finanzämtern mitzuteilen. Die Unverletzbarkeit des Post-, Telegraphen- und Fernsprechgeheimnisses bleibt unberührt.

[1] Auch die Reichsbahndienststellen (vgl. Anm. 2 zu § 191).

## VI. Steueraufsicht.

### Vorbemerkungen zu §§ 193—201.

Unter Steueraufsicht ist — im Gegensatz zu den einzelnen Steuerermittlungsverfahren — die Tätigkeit der Finanzbehörden zu verstehen, die der Sicherung des geregelten Vollzugs der Steuergesetze und des Steueraufkommens dient. Vgl. über Wesen und Zweck der Steueraufsicht E. Bd. 10 S. 209, Bd. 11 S. 29.

Die §§ 193ff. sprechen mehrfach von Ausführungsbestimmungen, denen die Regelung gewisser Einzelheiten vorbehalten sein soll. Solche Ausführungsbestimmungen brauchen nicht gerade zur AO. zu ergehen, sondern können auch bestehen zu anderen Steuergesetzen (man denke z. B. an die Lohnsteuer, die Umsatzsteuer).

Die Bestimmungen der AO. über Steueraufsicht gelten selbstverständlich für alle Steuerarten, für die sie Bedeutung haben; wo Ausf.Best. zu einzelnen Steuergesetzen Lücken aufweisen, greift die AO. ergänzend ein.

**§ 193.** Inhaber von Betrieben oder Unternehmen, die der Steueraufsicht unterliegen, haben die Verpflichtungen, die ihnen gegenüber der Steuerverwaltung obliegen, selbst zu erfüllen oder, wenn sie den Betrieb oder das Unternehmen nicht selbst leiten, hierfür einen geeigneten Betriebsleiter zu bestellen. Die Bestellung eines Betriebsleiters ist dem Finanzamt anzuzeigen.

**§ 194.** Wer Gegenstände gewinnen, herstellen oder umsetzen will, an deren Gewinnung, Herstellung oder Umsatz eine Steuerpflicht geknüpft ist, hat dies dem Finanzamt vor Eröffnung des Betriebs anzumelden. Das Nähere über Zeitpunkt, Form und Inhalt der Anmeldung regeln Ausführungsbestimmungen[1].

Das gleiche gilt für den, der ein Unternehmen betreiben will, das einer besonderen Verkehrssteuer unterliegt.

[1] Vgl. Vorbem. vor § 193, ferner §§ 51, 54 EStAB., § 58 KStAB., § 11 UStAB.; zu letzterem hat RFM. durch Erlaß v. 25. 6. 26 III U 9000 angeordnet, daß eine besondere Anzeigepflicht für die Zwecke der Umsatzsteuer neben den in EStAB. und KStAB. vorgesehenen Anmeldepflichten nicht mehr besteht.

**§ 195.** Die Ausführungsbestimmungen[1] ordnen an, welchen Bedingungen die nach § 194 Abs. 1 anmeldepflichtigen Betriebe nach ihrer Eröffnung zur Sicherung der Steuer zu genügen haben. Insbesondere[2] können sie anordnen:

1. daß bestimmte Gewerbehandlungen nur in angemeldeten oder solchen Räumen vorgenommen werden dürfen, deren Benutzung für diesen Zweck von dem Finanzamt besonders genehmigt ist,
2. daß hergestellte Erzeugnisse in bestimmter Weise gelagert, verpackt oder bezeichnet werden müssen,
3. daß, wenn neben der Herstellung steuerpflichtiger Erzeugnisse deren Verkauf im kleinen erfolgt, dieser besonders zu überwachen ist,
4. daß über den Betrieb und über die gewonnenen, hergestellten oder in den Verkehr gebrachten steuerpflichtigen Erzeugnisse Buch zu führen ist und die Bestände festzustellen sind,
5. daß Vorgänge und Maßnahmen in den Betrieben, die für die Steueraufsicht wichtig sind, dem Finanzamt anzumelden sind.

[1] Vgl. Vorbem. vor § 193.

[2] Die Aufzählung der Befugnisse in § 195 ist nicht erschöpfend; sie finden aber ihre Grenze in dem Sicherungs-

zweck. Ausf.Best., die darüber hinausgehen, sind unwirksam (E. Bd. 14 S. 212).

§ 196. Die Finanzämter sind befugt, in Betrieben, die der Steueraufsicht unterliegen, Nachschau zu halten[1]. Die Ausführungsbestimmungen[2] ordnen an, zu welchen Zeiten die Nachschau stattfinden darf und welche Befugnisse den Beamten im einzelnen zustehen. Zeitliche Beschränkungen der Nachschau fallen weg, wenn Gefahr im Verzuge liegt.

Es dürfen keine Einrichtungen getroffen werden, die die Ausführung der Aufsicht hindern oder erschweren[3].

[1] Ordnet das FA. eine Nachschau (Warenbestandsaufnahme) im Geschäftsbetrieb des Pflichtigen in erster Linie zu Zwecken der allgemeinen Steueraufsicht an und bezweifelt der Pflichtige die Rechtmäßigkeit der getroffenen Maßnahmen, so müssen ihm diese Zwecke dargelegt werden (E. Bd. 13 S. 16).

[2] Vgl. Vorbem. vor § 193.

[3] Gemeint sind Einrichtungen, deren einziger oder überwiegender Zweck die Hinderung oder Erschwerung der Aufsicht ist. Abs. 2 gilt seit 23. Dezember 1919.

§ 197. Den Aufsichtsbeamten ist jede für die Steueraufsicht oder zu statistischen Zwecken erforderliche Auskunft über den Betrieb zu erteilen[1], auch sind ihnen bei ihren Amtshandlungen die Hilfsmitel (Geräte, Beleuchtung usw.) zu stellen und die nötigen Hilfsdienste zu leisten.

Den Oberbeamten des Aufsichtsdienstes sind die Geschäftsbücher und die Schriftstücke über Herstellung und Absatz von steuerpflichtigen Erzeugnissen auf Erfordern zur Einsicht vorzulegen.

Auf Verlangen des Finanzamts hat der Steuerpflichtige für die Steuerbeamten, die sich in seinem Betriebe dienstlich aufzuhalten haben, einen geeigneten Raum zur Verfügung zu stellen und instandzuhalten.

[1] Grenzen der Auskunftspflicht bestimmen sich durch den Zweck der Steueraufsicht. Einem etwaigen Mißbrauch der Nachschau zur Gewinnung von Besteuerungsmaterial gegen Dritte sind die durch § 177 bestimmten Schranken gezogen (vgl. dort Anm. 3).

**§ 198.** Wenn die Finanzämter befugt sind, zu prüfen, ob Bücher, Aufzeichnungen und Verzeichnisse wie vorgeschrieben geführt[1] und vorgeschriebene Bescheinigungen ausgestellt werden, können ihre Beamten und die von ihnen nach § 206 beauftragten Personen[2] die Geschäftsräume[3] in den üblichen Geschäftsstunden[4] betreten und diese Prüfung vornehmen[5]. Die Steuerpflichtigen und ihre Angestellten haben ihnen jede Auskunft und Nachweisung zu erteilen, deren sie für die Prüfung bedürfen, und ihnen alle für die Prüfung in Betracht kommenden Schriftstücke zur Einsicht vorzulegen[6]. Die Vorschrift gilt nicht für den Fall des § 164.

[1] Vgl. §§ 162 Abs. 9 u. 10, 173, 207.

[2] Die Beamten und Beauftragten (vgl. Anm. 1 zu § 175) müssen sich über ihren Auftrag ausweisen können.

[3] Hierunter sind nur die Räume zu verstehen, die zur Erledigung des kaufmännischen Teils eines Betriebes dienen; Geschäftsraum ist also nicht das gleiche wie Betriebsstätte. Es ist jedoch (insbesondere bei kleinen Betrieben) denkbar, daß beide Räumlichkeiten zusammenfallen.

Das FA. darf in Ausübung der Steueraufsicht Prüfungen von Büchern usw. nicht nur in den Geschäftsräumen des Steuerpflichtigen vornehmen, sondern überall da, wo der Pflichtige während der Ausübung seiner Geschäftstätigkeit die Bücher usw. untergebracht hat, z. B. auf Landstraßen, Messen, Märkten (E. Bd. 17 S. 155).

Der Steuerpflichtige kann nicht verlangen, daß die Prüfung bei seinem Steuerberater vorgenommen wird (RFH. i. Steuer u. Wirtsch. 1925 S. 1843).

Über Prüfung in den Geschäftsräumen und zu den Geschäftsstunden bei einem Hotelbetrieb s. RFH. v. 9. 6. 22 (DStZtg. Jahrg. 11 S. 931).

[4] D. h. in den im betr. Betrieb üblichen Geschäftsstunden; hierunter ist die für das kaufmännische Personal festgelegte Arbeitszeit zu verstehen. Wo (wie bei kleinen Betrieben, bes. im Kleinhandel und Reparaturbetrieb) der ganze Betrieb einschließlich Buchführung in einer Hand liegt, wird unter üblichen Geschäftsstunden die ganze tägliche Betriebsdauer zu verstehen sein, während welcher der Betrieb der Allgemeinheit zugänglich ist. (Anders bei Hotel- und Restaurationsbetrieben, vgl. Anm. 3, letzt. Abs.)

[5] Für die Umsatzsteuer vgl. § 18 UStAB.

[6] Wegen der Vorlegungspflicht von Rechtsanwälten und Notaren s. E. Bd. 17 S. 313.

**§ 199.** Unter Aufsicht stehende Betriebe, bei denen eine Steuerhinterziehung strafrechtlich festgestellt ist oder in denen mit Wissen des Inhabers oder eines Vertreters Angestellte oder Arbeiter beschäftigt werden, die wegen Steuerhinterziehung in diesen Betrieben oder in Betrieben gleicher oder ähnlicher Art mit einer Geldstrafe von mindestens einhundertfünfzig Reichsmark oder mit Freiheitsstrafe oder wiederholt bestraft sind, können auf Kosten des Inhabers besonderen Aufsichtsmaßnahmen unterworfen werden.

**§ 200.** Wer geschäftsmäßig[1] oder gegen Entgelt anderen Rat oder Hilfe in Steuerangelegenheiten erteilt, hat dem Finanzamt auf Verlangen in die Geschäftspapiere, die diese Tätigkeit betreffen, Einsicht zu gewähren[2]. Wird er wegen Steuerhinterziehung oder Teilnahme an einer solchen verurteilt[3], so kann[4] ihm das Landesfinanzamt nach der Rechtskraft des Urteils untersagen[5], seine Tätigkeit fortzusetzen. Gegen den Beschluß ist die Beschwerde an den Reichsfinanzhof zulässig. Dieser entscheidet im Beschlußverfahren[6]. Nach Ablauf eines Jahres seit der Rechtskraft des Beschlusses kann das Landesfinanzamt den Beschluß aufheben[7].

Abs. 1 Satz 1 gilt nicht für Rechtsanwälte und Notare sowie Vertreter beruflicher oder gewerkschaftlicher Vereinigungen hinsichtlich des von ihnen vertretenen Personenkreises, sofern sie nicht wegen Steuerhinterziehung oder Teilnahme an einer solchen verurteilt sind.

[1] Vgl. Anm. 3 zu § 88.

[2] Die Vorschrift bezieht sich selbstverständlich nur auf die eigene Buchführung des Steuerberaters (einschl. des ganzen Kundenschriftwechsels), nicht auf die von ihm für Dritte geführten Bücher.

[3] Die Steuerhinterziehung muß zu einer Zeit begangen worden sein, während welcher der Steuerberater als solcher tätig gewesen ist. Es genügt aber selbstverständlich Hinterziehung in eigener Steuerangelegenheit.

[4] Ermessensfrage (§ 6).

[5] Ein Handeln gegen das Verbot des Landesfinanzamts kann nicht mit Ordnungsstrafe (§ 377) belegt werden. Der RFH. hat aber (E. Bd. 15 S. 180) den § 202 für anwendbar erklärt.

Wenn die Voraussetzungen des § 200 nicht vorliegen, wird gegen unzuverlässige Steuerberater unter Umständen durch die zuständigen Landesbehörden nach § 35 RGewO. vorgegangen werden können. Hierüber s. § 201.

[6] Der RFH. hat volles Nachprüfungsrecht, also insbes. auch hinsichtlich der richtigen Anwendung der Strafbestimmungen; an die tatsächlichen Feststellungen in den Straferkenntnissen ist er jedoch gebunden (RFH. v. 30. 3. 26, Kartei Nr. 8 zu § 200).

[7] Ermessensfrage (§ 6); gegen die Ablehnung eines Aufhebungsantrags gibt es nur Beschwerde zum RFM. nach § 282 oder Dienstaufsichtsbeschwerde.

§ 201. Wenn einem Gewerbetreibenden, der sich mit Geschäften der im § 200 bezeichneten Art abgibt, die Besorgung fremder Rechtsangelegenheiten und bei Behörden wahrzunehmender Geschäfte nach der Gewerbeordnung zu untersagen ist (§ 35 der Reichsgewerbeordnung), kann das Finanzamt durch Antrag oder Klage eine Entscheidung der zuständigen Behörde über die Untersagung herbeiführen. Wird der Antrag oder die Klage abgewiesen, so steht dem Finanzamt das Rechtsmittel zu, das der Gewerbetreibende hätte, wenn der Betrieb untersagt worden wäre; das gleiche gilt für das weitere Rechtsmittelverfahren.

## VII. Zwangsmittel und Sicherungsgelder.

§ 202[1]. Die Finanzämter können Anordnungen, die sie im Besteuerungsverfahren (einschließlich der Vorbereitung, Sicherung und Nachprüfung der Besteuerung[2]) innerhalb ihrer gesetzlichen Befugnisse[3] treffen, durch Geldstrafen[4], Ausführung auf Kosten der Pflichtigen[4] und unmittelbar[4] erzwingen[5].

[6]Die einzelne Geldstrafe darf fünftausend Reichsmark nicht übersteigen. Wird die Strafe gegen natürliche Personen festgesetzt, so ist zugleich die Dauer der Haft festzusetzen, die für den Fall des Unvermögens an die Stelle der Geldstrafe treten soll[7]. Die Haft darf vier Wochen nicht übersteigen[8]. Innerhalb dieses Rahmens ist die Dauer der Haft nach freiem Ermessen zu bestimmen. Sind mehrere Strafen nebeneinander zu vollstrecken, so hat das Finanzamt, das die höchste Haftstrafe festgesetzt hat, die Strafen in eine Gesamtstrafe zusammenzuziehen[9]; diese besteht in einer Erhöhung der verwirkten höchsten Strafe und darf drei Monate nicht übersteigen[10]. Auf Ersuchen des Finanzamts hat die zur Vollstreckung gerichtlich erkannter Haftstrafen zuständige Behörde die Haftstrafe zu vollstrecken[11]. Nachdem der Anspruch auf die Geldstrafe verjährt ist, darf die Haft nicht mehr vollstreckt werden.

Die Kosten der Ausführung durch Dritte und des unmittelbaren Zwanges können im voraus in einem vorläufig zu veranschlagenden Betrage zwangsweise eingezogen werden.

Unmittelbarer Zwang darf nur angewandt werden, wenn die Anordnung sonst nicht durchführbar ist oder Gefahr im Verzuge liegt[12].

Gegen öffentliche Behörden sind Zwangsmittel nicht zulässig[13].

Bevor ein Zwangsmittel festgesetzt wird, muß der Pflichtige unter Androhung des Zwangsmittels[14] mit

Setzung einer angemessenen Frist[15] zur Vornahme der von ihm geforderten Handlung[16] aufgefordert werden. Die Aufforderung und die Androhung müssen schriftlich[17] geschehen, außer wenn Gefahr im Verzuge liegt.

Wer meint, zur Erfüllung der Aufforderung nicht verpflichtet zu sein, hat dies dem Finanzamt rechtzeitig unter Darlegung der Gründe mitzuteilen[18].

[1] § 202 gehört mit zu den fiskalisch bedeutsamsten Bestimmungen der AO. Er gibt den Finanzbehörden Mittel an die Hand, widerspenstige Steuerpflichtige oder zur Auskunft usw. verpflichtete Dritte zur Erfüllung ihrer Pflichten durch Zwangsmittel anzuhalten. § 202 hat nicht strafrechtlichen Charakter; er soll die Finanzämter nur in den Stand setzen, die für die Besteuerung erforderlichen Grundlagen zu gewinnen. Daher wäre es z. B. unzulässig, noch nach § 202 Zwangsmittel zu verhängen, wenn das Finanzamt schon auf andere Weise ausreichende Kenntnis von den erforderlichen Unterlagen erhalten hat. Denn in diesem Falle würde das Zwangsmittel als Strafe wirken. Auch das Wort „Geldstrafe" ändert an dieser reinen Zwangsmittelnatur des § 202 nichts; es fehlte dem Gesetzgeber lediglich an einer geeigneten anderen Bezeichnung. Die Praxis mag gut daran tun, zur Vermeidung von Verwechslungen von „Erzwingungsgeldstrafen" oder von „Erzwingungsgeldern" zu sprechen; die oft gelesene Bezeichnung „Ordnungsstrafe" ist im Hinblick auf § 377 jedenfalls zu vermeiden.

Das Zwangsmittelverfahren kann auch gegen juristische Personen als solche durchgeführt werden (z. B.: kann nach E. Bd. 13 S. 187 eine Akt.-Ges. gezwungen werden, dem FA. Urkunden vorzulegen, die sich in den Händen des Aufsichtsrats befinden). In solchem Falle sind die einzelnen Schreiben (Aufforderung, Androhung, Festsetzung) auch an die juristische Person als solche zu richten. Eine einzige, in der Natur der Sache liegende Einschränkung ergibt sich aus Abs. 2 S. 2 (vgl. auch

E. Bd. 4 S. 265), d. h. gegen juristische Personen können Haftstrafen nicht festgesetzt werden. Die Möglichkeit eines Vorgehens gegen die Vertreter juristischer Personen besteht schon auf Grund des § 84.

Bei Personenmehrheiten ohne Rechtspersönlichkeit (z. B. offene Handelsgesellschaften) gilt das eben bezüglich der juristischen Personen Gesagte insoweit, als sie steuerlich rechtsfähig sind (vgl. Anm. 2 zu § 79, Anm. 1 zu § 86).

Die Anwendung des Erzwingungsverfahrens nach § 202 hat zufolge Abs. 1 des § 202 zwei grundlegende Voraussetzungen, nämlich

1. eine im sachlichen Rahmen des Besteuerungsverfahrens und innerhalb der gesetzlichen Schranken erlassene Anordnung des Finanzamts (d. i. der teilweise sog. „Finanzbefehl", s. nachst. Anm. 2 u. 3);
2. die aus dem Verhalten des Verpflichteten sich ergebende Notwendigkeit der Zwangsanwendung (s. unten Anm. 5).

[2] Der sachliche Rahmen, innerhalb dessen die Finanzämter mit Erzwingbarkeit ausgestattete Anordnungen erlassen können, ist, wie die dem § 202 Abs. 1 in Klammern (durch § 56 Nr. 11 der 3. StNV.) eingefügte Erläuterung erkennen läßt, außerordentlich weit gesteckt. Auch das Beitreibungsverfahren gehört hierher und die Sonderbestimmungen der §§ 298 Abs. 1 S. 2, 338 Abs. 2, 347 sind daher insofern gegenstandslos geworden. (Vgl. ferner die weitgehende Entscheidung des RFH. in E. Bd. 15 S. 180 zu § 200.) Nicht unter § 202 fällt, weil hierfür die besonderen Vorschriften über Beitreibung gelten, das Verlangen des Finanzamts nach Zahlung bestimmter Steuer- oder sonstiger Geldleistungen (E. Bd. 14 S. 58); vgl. aber wegen der Erzwingbarkeit der Befolgung von behördlichen Weisungen über Form und Höhe wiederkehrender Zahlungen E. Bd. 14 S. 36 (Versicherungssteuer) und Bd. 14 S. 88 (Lohnsteuer).

Auch die Befolgung unmittelbar verbindlicher Vorschriften der Steuergesetze und Ausführungsbestimmungen, deren Wirksamkeit von einer besonderen Anordnung des Finanzamts zunächst nicht abhängt, kann nach § 202 erzwungen werden (E. Bd. 13 S. 117).

³ Die gesetzlichen Schranken, innerhalb derer sich die Finanzämter bei ihren Anordnungen halten müssen, wenn diese zur Grundlage einer Zwangsmittelanwendung tauglich sein sollen, ergeben sich aus dem, was in früheren Abschnitten über das Recht des Finanzamts, von Steuerpflichtigen oder Dritten ein bestimmtes Tun oder Unterlassen zu fordern, gesagt worden ist (vgl. insbes. Vorbem. vor § 168 und vor § 177, ferner die Bemerkungen zu den einzelnen Vorschriften der §§ 168—188, 193—201, 204—209). Die Anordnung muß also, um erzwingbar zu sein, stets gedeckt sein durch eine Rechtsvorschrift und muß auch den Grundsätzen der Billigkeit entsprechen. Unbilligkeit nimmt der RFH. namentlich in Fällen an, wo das Finanzamt auf andere Weise einfacher zu dem gleichen Ziel gelangen kann (E. Bd. 11 S. 127, Bd. 15 S. 70) oder wenn der Verpflichtete statt der geforderten Auskunft usw. ein anderes geeignetes Beweismittel anbietet (E. Bd. 10 S. 349).

Auch die Form der Anordnung richtet sich zunächst nach der maßgebenden Rechtsvorschrift. Die Anordnung muß außerdem genügend bestimmt abgefaßt und abgegrenzt (E. Bd. 8 S. 1, Bd. 4 S. 289), ferner gesetzlich zutreffend begründet sein (E. Bd. 10 S. 209, Bd. 12 S. 202). Anderseits ist dem Verpflichteten selbstverständlich nicht gestattet, unerhebliche Mängel in der Form oder offenbar versehentliche Unrichtigkeiten des tatsächlichen oder rechtlichen Inhalts einer Anordnung als Anlaß zur Nichtbefolgung der Anordnung zu nehmen.

Die Form der Bekanntgabe der Anordnung richtet sich nach den allgemeinen Vorschriften über die Bekanntgabe von Verfügungen. Die Bestellung eines Bevollmächtigten (anders beim gesetzlichen Vertreter) schließt die Bekanntgabe einer Anordnung an den Steuerpflichtigen selbst entsprechend dem Grundsatz des § 88 Abs. 2 nicht aus.

[4] § 202 kennt drei Zwangsmittel, die Geldstrafe (hierüber s. Abs. 2), die Ausführung der Anordnung auf Kosten des Pflichtigen (richtiger gesagt Verpflichteten) durch das Finanzamt (hierüber s. Abs. 3) und die Erzwingung durch unmittelbare Gewaltanwendung (hierüber s. Abs. 4).

[5] Wie oben am Schlusse der Anm. 1 erwähnt, ist Voraussetzung für die Anwendung des Zwangsmittelverfahrens die aus dem Verhalten des Verpflichteten sich ergebende Notwendigkeit der Zwangsanwendung. In Verfolgung dieses Grundsatzes hat der RFH. es für unzulässig erklärt, mit der Bekanntgabe der Anordnung (d. i. der 1. Anordnung) die Androhung eines Zwangsmittels zu verbinden (E. Bd. 4 S. 293). Man wird aber nicht fehl gehen mit der Annahme, daß auch das säumige und widerspenstige Verhalten des Verpflichteten in anderen früheren oder gleichzeitigen Angelegenheiten eine sofortige Verbindung der Anordnung mit einer entsprechenden Zwangsmittelandrohung unter Umständen rechtfertigen kann. Und man wird weiterhin in Erkenntnis verwaltungspraktischer Notwendigkeiten es unbedenklich für zulässig erklären dürfen, Aufforderungen, die in derselben Angelegenheit gleichzeitig an eine größere Anzahl Pflichtiger zu ergehen haben, mit einer Androhung zu verbinden. In den letztgenannten Fällen wird es sich ohnehin meist (z. B. bei Aufforderung zur Abgabe von Steuererklärungen) um Verpflichtungen handeln, deren anderweitiges Bekanntsein bereits auf gesetzlicher Anordnung bzw. öffentlicher Bekanntmachung beruht.

[6] Abs. 2 behandelt (ebenso wie Abs. 3 und 4) zeitlich vorgreifend die Verhängung der Zwangsmittel, während die ihr vorauszuschickende Androhung der Zwangsmittel in Abs. 6 geregelt ist. Die Unterscheidung dieser beiden Arten von Verfügungen ist wichtig wegen ihrer Anfechtbarkeit im Beschwerdeverfahren (§ 283).

[7] Die Unterlassung der Festsetzung der Ersatzfreiheitstrafe

macht die Festsetzung der Geldstrafe selbstverständlich nicht unwirksam; sie kann nachgeholt werden.

[8] § 29 StGB. in der Fassung der V. über Vermögensstrafen und Bußen v. 6. 2. 24 (RGBl. I S. 44), wo die Höchstdauer der Haft auf 6 Wochen festgesetzt ist, kommt hier nicht zur Anwendung.

[9] Mehrere Geldstrafen werden ihrem vollen Betrage nach eingezogen.

Die Zusammenziehung der Haftstrafen erfolgt selbstverständlich auch dann, wenn alle Festsetzungen von demselben Finanzamt ausgehen.

Wenn bei Bildung der Gesamthaftstrafe eine bereits verhängte Erzwingungsstrafe außer Acht gelassen worden ist, so ist — solange nicht die Gesamtstrafe bereits voll verbüßt ist — eine neue Gesamtstrafe unter Berücksichtigung der außer Acht gebliebenen zu bilden (vgl. RG. in Strafsachen Bd. 8 S. 3).

[10] Wenn im Falle des letzten Absatzes vorst. Anm. 9 die erste Gesamtstrafe bereits voll verbüßt ist, kommt die außer Acht gebliebene Strafe ihrer vollen Höhe nach zur Vollstreckung.

[11] Wird eine gegen die Vollstreckungsmaßnahmen des Gerichts erhobene Beschwerde auf die Unzulässigkeit der Straffestsetzung gegründet, so ist zur Entscheidung lediglich die Finanzbehörde gemäß §§ 282, 283 zuständig.

Über Kosten der Strafvollstreckung in Preußen s. Allgem. Verf. v. 28. 2. 23 (RStBl. S. 116).

[12] Gefahr im Verzuge besteht, wenn nach Lage der Umstände zu befürchten ist, daß die Absicht der Finanzbehörde ohne sofortiges eigenes Zugreifen undurchführbar wird (z. B. Gefahr der Beseitigung von Büchern).

[13] Hierdurch wird jedoch nicht die Zulässigkeit der Rechtsbeschwerde für die angegangene Behörde ausgeschlossen (RFH. v. 24. 11. 20, RStBl. 1921 S. 93).

Gegen die widerspenstige Behörde muß die Finanzbehörde nötigenfalls mit Dienstaufsichtsbeschwerde vorgehen.

[14] Die Androhung des Zwangsmittels muß ebenso wie die Anordung, deren Befolgung durch sie erzwungen werden soll, den Grundsätzen der Billigkeit entsprechen (vgl. RFH. in RStBl. 1921 S. 132 und E. Bd. 17 S. 313). Nicht genug gerügt kann werden die bei vielen Finanzämtern (teilweise als Nachwirkung der wertbegriffsverwirrenden Inflationszeit) bestehende Gepflogenheit, Geldstrafen in schematisch gleicher und übertriebener Höhe ohne Rücksichtnahme auf die Verhältnisse des Falles und des Pflichtigen anzubrohen. Es ist stets zu bedenken, daß der Androhung unter Umständen auch die Festsetzung und Einziehung der Geldstrafe zu folgen hat, was bei ungenügender Berücksichtigung der wirtschaftlichen Verhältnisse entweder eine tiefgehende Erbitterung des Betroffenen oder aber — im Falle nachträglicher Ermäßigungen — ein Schwinden der Wirkung derartiger Strafandrohungen zur Folge hat.

Die Androhung muß weiterhin auch bestimmt sein. Geldstrafen können in bestimmter oder auch bis zu einer bestimmten Höhe angedroht werden (E. Bd. 8 S. 206). Unschädlich ist — wenngleich nicht zu empfehlen — die Unterlassung der gleichzeitigen Androhung der Ersatzhaftstrafe.

[15] Über „angemessene Fristen" s. E. Bd. 4 S. 289.

Daß die Festsetzung des Zwangsmittels nicht sofort nach Ablauf der Frist zu erfolgen braucht und daß sie unter Umständen ganz unterbleiben kann, ist selbstverständlich. Eine andere Frage aber ist die, ob die Androhung eines Zwangsmittels für das Finanzamt ein für allemal das Recht schafft zur späteren Festsetzung desselben. Der RFH. steht auf dem Standpunkt, daß ein gewisser nicht zu loser zeitlicher Zusammenhang zwischen Androhung und Festsetzung gewahrt werden muß. Wenn das FA. über die in der Androhung gesetzte Frist hinaus eine unverhältnismäßig lange Zeit verstreichen läßt, so kann hierin unter Umständen ein vorläufiger stillschweigender Verzicht auf Befolgung der Anordnung erblickt werden. Dies gilt insbesondere auch dann, wenn das FA. erst den Ausgang einer gegen die Androhung erhobenen Beschwerde abwartet;

es geht also nicht an, daß das FA. nach endgültiger Abweisung der Beschwerde ohne weiteres nun das seinerzeit angedrohte Zwangsmittel festsetzt, es ist vielmehr in solchem Falle neuerliche Androhung und Fristsetzung erforderlich. (E. Bd. 6 S. 137).

Eine nach Fristablauf erfolgte Zwangsmittelfestsetzung (vgl. Anm. 1 zu § 67) ist rechtsgültig, wenn auch die Bekanntgabe an den Verpflichteten erst nach Eingang der geforderten Erklärung usw. erfolgt ist. Ob in solchem Falle von § 74 oder § 77 Gebrauch gemacht werden soll, ist Ermessensfrage.

16 Trotz des Wortlautes „Handlungen" können auch Unterlassungen den Gegenstand einer finanzbehördlichen Anordnung bilden. Setzung einer Frist kommt für diesen Fall allerdings nicht in Frage, lediglich Androhung einer Strafe für den Fall des Zuwiderhandelns, aber nur je für einen Fall, nicht etwa generell für alle künftigen Fälle.

17 Die Fassung des Gesetzes scheint an sich die Auffassung zuzulassen, daß der Gesetzgeber bei der ausnahmsweisen Zulassung anderer als schriftlicher Androhung nur den Fall der Anwendung unmittelbaren Zwanges im Auge gehabt habe (vgl. die Wendung „Gefahr im Verzuge" in Abs. 4 und 6); tatsächlich würde ja in solchen Fällen eine vorgängige Androhung überhaupt in der Regel zu einer Vereitelung des behördlichen Vorhabens führen. Der RFH. scheint jedoch — und das mit Recht — nach einer Entscheidung v. 16. 3. 26 (DStZtg. Jahrg. 1926 S. 430) die rechtliche Zulässigkeit nichtschriftlicher Androhung auch in anderen Fällen bejahen zu wollen, allerdings nur unter ganz besonderen Umständen; es soll daher, ehe eine schriftliche Androhung vorliegt, in der Regel angenommen werden, daß keine Androhung im Sinne des Abs. 6 erlassen ist, sondern daß es sich höchstens um Ankündigung einer späteren Androhung handelt.

18 Wenn diese Mitteilung nicht rechtzeitig, d. h. bis zu dem in § 67 bezeichneten Zeitpunkt erfolgt, sind die Rechtswirkungen

(s. oben Anm. 15) die gleichen wie im Falle gänzlicher Säumigkeit. Allerdings wird hierbei besonders sorgfältig zu erwägen sein, ob nicht § 74 oder 77 angewendet werden soll.

Die Gründe, aus denen der Aufgeforderte eine Verpflichtung seinerseits nicht für gegeben hält, können rechtlicher oder tatsächlicher Natur sein. Der Pflichtige kann insbes. auch — mit Recht oder Unrecht — der Meinung sein, die fragliche Verpflichtung bereits erfüllt zu haben. Ferner wird hierher auch der Fall zu rechnen sein, daß der Aufgeforderte durch Krankheit usw. verhindert ist, der Aufforderung nachzukommen, daß er kein Geld zur Reise hat usw. Ist er so krank, daß er auch die nach Abs. 7 erforderliche Mitteilung nicht veranlassen kann, dann entschuldigt ihn dies selbstverständlich und es kommen ev. wieder §§ 75, 77 zur Anwendung. Das Finanzamt wird bei Prüfung der Frage, ob es trotz des Vorbringens des Verpflichteten auf der Erfüllung seines Verlangens bestehen soll, besonders sorgfältig die oben (Anm. 3) erwähnten Billigkeitsgrundsätze anzuwenden haben.

Wenn das Finanzamt bei Prüfung des Sachverhalts zu der Überzeugung kommt, daß das Vorbringen des Verpflichteten nicht stichhaltig ist, so wird es ihn unter Setzung einer nochmaligen angemessenen Frist noch einmal auffordern, es müßte denn sein, daß das Vorbringen des Verpflichteten von der offensichtlichen Absicht diktiert ist, dem Finanzamt Widerstand entgegenzusetzen, die Sache zu verschleppen oder zu verschleiern usw. In solchen Fällen wird das Finanzamt ohne weiteres (unter Beachtung des oben Anm. 15 Gesagten) zur Festsetzung der Strafe schreiten können. Vgl. über die Bedeutung sog. Scheinerfüllungen auch Anm. 2 zu § 170.

Daß die Einlegung eines Rechtsmittels gegen die Aufforderung oder Androhung den Pflichtigen von der Pflicht der Erfüllung des behördlichen Verlangens nicht entbindet, ergibt sich aus § 235. Eine nachträgliche Aufhebung der Anordnung durch die Rechtsmittelbehörde hat keine rückwirkende Kraft (vgl. Anm. 3 zu § 235 und Anm. 2 a. E. zu § 283). Die

Frage der ev. Aussetzung wird aber sorgfältigst zu prüfen sein (s. Anm. 4 zu § 235).

**§ 203.** Wenn das Gesetz die Gewährung von Steuervergünstigungen oder Erleichterungen bei der Entrichtung oder Berechnung von Steuern zuläßt, können dem Steuerpflichtigen, insbesondere auch zur Überwachung, besondere Bedingungen auferlegt und es kann bestimmt werden, daß bei Nichteinhaltung dieser Bedingungen Geldbußen als Ungehorsamsfolgen verwirkt sein sollen (Sicherungsgelder[1]). Soweit kein höherer Betrag zugelassen ist, kann das Sicherungsgeld für den einzelnen Fall bis auf zehntausend Goldmark bemessen werden. Das Finanzamt legt das Sicherungsgeld auf und bestimmt seine Höhe.

Das Sicherungsgeld ist nicht aufzuerlegen, wenn der Steuerpflichtige nachweist, daß bei der Nichteinhaltung der Bedingung weder ihm noch seinen Vertretern, Angestellten oder Arbeitern ein Verschulden zur Last fällt.

[1] Früher Vertragsstrafen genannt. Wegen des Einflusses von Rechtsmittelentscheidungen auf inzwischen erfolgte Festsetzungen s. E. Bd. 15 S. 180.

## Zweiter Titel.

### Ermittlungs- und Festsetzungsverfahren.

**§ 204.** Das Finanzamt hat die steuerpflichtigen Fälle[1] zu erforschen und von Amts wegen[2] die tatsächlichen[3] und rechtlichen[4] Verhältnisse zu ermitteln, die für die Steuerpflicht und die Bemessung der Steuer wesentlich sind. Es hat Angaben der Steuerpflichtigen auch zugunsten der Steuerpflichtigen[5] zu prüfen.

[1] Der Begriff „steuerpflichtige Fälle“ ist weit aus-

zulegen und umfaßt nicht nur die eigentlichen Steuerfälle, sondern alle Ansprüche bzw. Verpflichtungen, die zwischen dem Fiskus und Dritten auf Grund steuergesetzlicher Vorschriften geltend gemacht werden, daher insbesondere auch Erstattungs- und Vergütungsfälle (E. Bd. 7 S. 295), auch soweit ein Rechtsanspruch nicht besteht (§ 108). Auf die ganze auf Feststellung und Verwirklichung dieser Ansprüche gerichtete Tätigkeit der Finanzämter einschließlich aller hierbei notwendig werdender Maßnahmen (wie Inanspruchnahme der Auskunftspflicht Dritter usw.) erstreckt sich der nachstehend unter Anm. 2 zu erörternde Grundsatz des § 204.

[2] § 204 legt für das ganze Ermittlungs- und Festsetzungsverfahren als obersten Grundsatz das sog. Offizialprinzip fest. Es gibt keine Beweislast des Pflichtigen. Daß der Pflichtige dabei allerdings die Hände nicht in den Schoß legen darf, sondern in dem durch die gesetzlichen Vorschriften bestimmten Rahmen dem Finanzamt bei seiner Feststellungstätigkeit behilflich sein muß, ist eine in der Natur der Sache liegende Einschränkung (vgl. hierüber Anm. 2 zu § 173). Immer aber bleibt es Sache des Finanzamts, zu sehen, wie es unter Anwendung der ihm gesetzlich zu Gebote stehenden Mittel zu einer möglichst einwandfreien Klärung des Sachverhalts kommt und es ist — wie dies nicht selten in Entscheidungen zu lesen ist — gänzlich verfehlt, eine Tatsache deshalb als festgestellt anzunehmen, weil der Pflichtige einen gegenteiligen Nachweis nicht erbracht habe. Letztere Tatsache kann höchstens einen Bestandteil der behördlichen Beweiswürdigung bilden. Nötigenfalls muß die Behörde schätzen (§ 210).

Der Grundsatz der Ermittlung von Amts wegen gilt gleichermaßen zugunsten des Fiskus wie auch des Pflichtigen. Das Finanzamt darf nicht etwa, wenn nach Sachlage ein für den Steuerpflichtigen günstiger, aber noch nicht festgestellter Umstand möglicherweise vorliegen kann, ohne weiteres darüber hinweggehen. (Eine Einschränkung der behördlichen Ermittlungspflicht nach dieser Richtung s. unten Anm. 3 a. E.). Desgleichen wäre es unstatthaft, in Fällen, wo das Gesetz Vergünstigungen gewährt, an das Vorliegen eines gesetzlich etwa erforderlichen Antrags allzu formalistische Anforderungen zu stellen (vgl. hierüber Urt. des RFH. v. 29. 11. 22, Steuer u. Wirtsch. 1923 S. 135).

³ Wie das Finanzamt sich sein Urteil über den Sachverhalt bildet, ist Ermessenssache (§ 6), mit anderen Worten es gilt auch für das Ermittlungs- und Festsetzungsverfahren der an sich nur für das Berufungsverfahren durch § 258 ausdrücklich festgelegte Grundsatz der freien Beweiswürdigung (vgl. Anm. 1 zu § 258). Das Finanzamt ist auch in der Wahl der Beweismittel frei. Es ist nicht gehalten, einen vom Pflichtigen angebotenen Beweis zu erheben, wenn es ihn für bedeutungslos hält (hierüber sowie über die ev. Notwendigkeit der Angabe von Beweisablehnungsgründen in der Entscheidung vgl. E. Bd. 8 S. 23). Über die Notwendigkeit der Beachtung eines vom Pflichtigen beigebrachten Sachverständigengutachtens vgl. E. Bd. 16 S. 206.

Die Pflicht der Finanzbehörde, das wesentliche Ergebnis amtlicher Feststellungen vor der Entscheidung dem Pflichtigen zur Äußerung mitzuteilen, ist zwar gesetzlich (abgesehen von der Vorschrift des § 259) nirgends ausdrücklich festgelegt, sie ergibt sich aber u. a. aus § 204 und der RFH. hat zu wiederholten Malen in der Außerachtlassung dieses Grundsatzes einen wesentlichen Mangel des Verfahrens erblickt (s. RStBl. 1922 S. 145, 303).

Eine Verpflichtung der Behörde, Tatbestandsmerkmale zugunsten des Pflichtigen zu ermitteln, deren mögliches Vorliegen in keiner Weise beansprucht ist, ist aus § 204 nicht herzuleiten (RFH. in RStBl. 1922 S. 66, ähnlich in DStZtg. 1925 S. 174; vgl. aber oben Anm. 2 a. E.).

⁴ Die rechtliche Beurteilung des Sachverhalts ist gleichfalls — auch soweit hierbei Rechtsfragen aus anderen als Steuergebieten zu lösen sind — Sache des Finanzamts. Das Finanzamt ist bei seiner Gesetzesauslegung auch nicht an die rechtliche

Beurteilung gebunden, die ein bestimmter Sachverhalt bei Entscheidung eines anderen Steuerfalls gefunden hat.

[5] Über die Prüfungstätigkeit des Finanzamts zugunsten des Pflichtigen s. oben Anm. 2 a. E. und Anm. 3 a. E.

**§ 205.** Das Finanzamt hat die Steuererklärungen (§ 168) zu prüfen. Soweit nötig, hat es tunlichst durch schriftliche Aufforderung[1] zu veranlassen, daß Lücken ergänzt und Zweifel beseitigt werden.

Trägt das Finanzamt Bedenken gegen die Richtigkeit der Erklärung, so hat es, wenn nötig, Ermittlungen[2] vorzunehmen; es kann den Steuerpflichtigen, falls eine Aufforderung zu schriftlicher Erklärung[3] nicht angezeigt[4] ist oder keinen Erfolg hat, vorladen[5] und ihn nach §§ 172 ff. zu Auskunft und weiteren Nachweisungen anhalten.

Die Kosten der Ermittlungen trägt der Steuerpflichtige, wenn das Endergebnis das seinen Angaben entsprechende Ergebnis um mehr als ein Drittel übersteigt[6], es sei denn, daß die Abweichung durch die Schwierigkeit der Wertabschätzung oder sonstigen entschuldbaren Irrtum hervorgerufen ist[7].

Wenn von der Steuererklärung abgewichen werden soll, sind dem Steuerpflichtigen die Punkte, in denen eine wesentliche Abweichung zu seinen Ungunsten in Frage kommt, zur vorherigen Äußerung mitzuteilen[8].

[1] Vgl. § 172.

[2] Ermittlungen aller Art sind hierunter zu verstehen, die sich aus dem 3. Abschnitt des 2. Teils rechtfertigen lassen. Über die Reihenfolge der Ermittlungen gibt es — abgesehen von dem wichtigen § 209 — keine bindende Vorschrift. Über Grenzen der Ermittlungsbefugnis im allgemeinen vgl. Vorbem. vor § 168 und vor § 177.

[3] Einforderung einer schriftlichen Erklärung soll also die Regel bilden! (Vgl. Anm. 5 und 6 zu § 172.) Und zwar muß die Aufforderung, um eine Grundlage für ev. Vorgehen nach § 202 zu bilden, die Punkte näher bezeichnen, für welche Aufklärung, Ergänzung oder Nachweise verlangt werden; eine nur allgemein gehaltene Aufforderung genügt nicht.

[4] „Nicht angezeigt" wird eine Aufforderung zu schriftlicher Erklärung auch dann sein, wenn nach den bereits vorliegenden Tatsachen ein befriedigendes Ergebnis hiervon mit Bestimmtheit nicht zu erwarten ist.

[5] Vgl. § 172.

[6] Die Kosten des Ermittlungsverfahrens trägt im allgemeinen gemäß § 216 das Reich. § 205 Abs. 3 bringt eine wichtige, in der Praxis vielleicht nicht durchweg genügend beachtete Einschränkung dieses Grundsatzes für jene Fälle, in denen die Angaben des Pflichtigen zu dem Ergebnis der Ermittlungen in einem auffallenden Mißverhältnis stehen. Wenn dieses Mißverhältnis nämlich die in Abs. 3 angegebene Grenze übersteigt, d. h. wenn das Ermittlungsergebnis höher ist als der vom Pflichtigen angegebene Betrag zuzüglich ein Drittel desselben, dann treffen den Pflichtigen die Ermittlungskosten, aber selbstverständlich nur insoweit, als sie in dem zur Richtigstellung seiner beanstandeten Steuererklärung notwendig gewordenen Verfahren erwachsen sind. Unter Kosten sind zu verstehen nur die notwendigen Auslagen. (Die V. über die Kosten des Steuerermittlungsverfahrens v. 17. 10. 23, RGBl. I S. 981, durch welche besondere Ermittelungsgebühren eingeführt worden waren, ist durch V. v. 10. 10. 25, RGBl. I S. 386 ersatzlos aufgehoben worden mit Wirkung vom 15. 10. 25 ab. Übergangsrichtlinien, insbes. auch für bereits erfolgte Gebührenfestsetzungen enthält RFME. v. 10. 10. 25 III R 18804). Es gehören hierher u. a. insbesondere Porti, Entschädigungen für Auskunftspersonen und Sachverständige, Kosten für Beibringung von urkundlichen Nachweisen usw.; überflüssige Ausgaben sind sowohl im Interesse des Fiskus

wie auch des ev. erstattungspflichtigen Steuerpflichtigen zu vermeiden.

Die Auslagen für die von Buchprüfern entfaltete Tätigkeit sollen im Interesse gleichmäßiger Behandlung der Steuerpflichtigen keinesfalls in Rechnung gestellt werden, gleichviel ob es sich um amtliche oder private Buchprüfer handelt (RFME. v. 10. 10. 25 III R 18804).

Kosten, die dem Pflichtigen durch Handlungen entstanden sind, die durch das Finanzamt nicht ausdrücklich veranlaßt wurden (z. B. Kosten für einen vom Pflichtigen auf eigene Faust zugezogenen Sachverständigen), trägt stets der Pflichtige selbst, es müßte denn sein, daß dem Finanzamt dadurch eine unter allen Umständen erforderlich gewesene amtliche Ermittlung erspart wurde, die mit den gleichen Kosten verknüpft gewesen wäre.

Eine Berichtigung seiner ursprünglichen Angabe, die der Pflichtige erst im Laufe des Ermittlungsverfahrens (und vielleicht unter dem Drucke desselben) vornimmt, kann ev. zu einer teilweisen Kostenbefreiung für ihn Anlaß geben, nämlich bezüglich der Kosten, welche durch Erhebungen veranlaßt wurden, die nach der Berichtigung (und trotz derselben) erfolgten. Beispiel: Angabe des Pflichtigen: 10000 Mark; Vernehmung einer Auskunftsperson ergibt 15000 Mark; der Pflichtige berichtigt seine Angabe entsprechend; das FA. vernimmt noch einen Sachverständigen: Ergebnis dasselbe; Festsetzung lautet auf 15000 Mark. Der Pflichtige hat nur für die vor der Erhöhung seiner Angabe erfolgten Ermittlungen aufzukommen.

Gegen den Kostentragungsbescheid, auch wenn derselbe mit dem Steuerbescheid verbunden worden ist, gibt es nur die Beschwerde zum LFA., das endgültig entscheidet (§ 282 Abs. 4); ist gleichzeitig Berufung gegen den Steuerbescheid eingelegt, so wird die Entscheidung hierüber zweckmäßig auszusetzen sein.

[7] Bei der Würdigung der Entschuldbarkeitsfrage werden

u. a. auch Bildungsgrad, geistige Frische, Umfang und Übersichtlichkeit des Betriebs usw. in Betracht zu ziehen sein.

[8] Außerachtlassung dieser Vorschrift dürfte u. U. eine unrichtige Sachbehandlung im Sinne des § 295 darstellen.

Unter Abs. 4 fällt insbesondere auch die Mitteilung über die Höhe einer beabsichtigten schätzungsweisen Festsetzung.

Die Mitteilung nach Abs. 4 soll dem Pflichtigen nur Gelegenheit zur Gegenäußerung geben. Unterlassung dieser Äußerung kann, sogar wenn die Mitteilung in Form eines allgemein gehaltenen Äußerungsersuchens gekleidet sein sollte, nicht als schuldhafte Pflichtenverletzung nach § 210 Abs. 3 angesehen werden; ebensowenig ist § 202 anwendbar. (Anders dann, wenn der Pflichtige eine nach § 205 Abs. 1 und 2 ergehende Aufforderung unbeachtet läßt, vgl. auch die Fassung der §§ 172 Abs. 1, 173 Abs. 1.)

Nichtbeachtung des Abs. 4 durch das Finanzamt ist in jedem Falle heilbar im Rechtsmittelverfahren (E. Bd. 12 S. 200).

Die Frage, ob die Mitteilungspflicht des § 205 Abs. 4 auch besteht, wenn das Finanzamt bei Festsetzung von Umsatzsteuervorauszahlungen gemäß § 19 Abs. 3 S. 2 UStG. von den Angaben der Voranmeldung abweichen will, wird mit Rücksicht darauf, daß die Voranmeldung durch S. 1 a. a. O. der Steuererklärung gleichgestellt ist, durch RFME. v. 20. 12. 23 III U 12001 mit Recht bejaht. Trotzdem werden für diese Fälle mit Rücksicht auf die Erfordernisse der Praxis Einwendungen dagegen nicht zu erheben sein, daß die Finanzämter bei unzureichenden Vorauszahlungen gegenüber solchen Pflichtigen, die entweder amtsbekannt steuerscheu sind oder keine geregelte Buchführung haben, ohne weiteres die für richtig gehaltenen Beträge anfordert und es den Betroffenen überläßt, hiergegen unter Beibringung der erforderlichen Nachweise vorstellig zu werden. Keinesfalls aber ist es für zulässig zu erachten, daß gegenüber Betrieben, bei denen amtsbekannt geregelte Buchführung besteht oder anzunehmen ist, unter Außerachtlassung der Voranmeldung und ohne vorherige Erörterung mit dem Pflichtigen einfach zur Festsetzung geschritten wird (wichtig insbes. für landwirtschaftliche Großbetriebe).

§ 206. Die Finanzämter können Sachverständige[1] zuziehen oder Prüfungsbeamte, die ihnen zugeordnet sind, verwenden. Sie können sich ferner der Hilfe von Vertretern und Angestellten der Verbände und Vertretungen, des Betriebs oder Geschäftszweigs, dem der Steuerpflichtige angehört, bedienen. Die so hinzugezogenen Personen und Sachverständigen haben über das, was ihnen durch ihre Tätigkeit bekannt wird, strengstens zu schweigen und dürfen diese Kenntnisse nicht unbefugt verwerten[2]. Sie sind hierauf eidlich zu verpflichten[3].

Soweit nicht Gefahr im Verzuge liegt[4], hat das Finanzamt die Person, die es beauftragen will, und den Verband, dem sie angehört, dem Steuerpflichtigen mitzuteilen[5]. Befürchtet der Steuerpflichtige von der Tätigkeit dieser Person die Verletzung eines Geschäfts- oder Betriebsgeheimnisses oder Schaden für seine geschäftliche Tätigkeit, so kann er sie ablehnen und, wenn diesem Antrag nicht stattgegeben wird[6], beantragen, die Prüfung auf seine Kosten durch besondere Sachverständige vornehmen zu lassen[7]. Er hat Personen, die hierzu bereit und geeignet sind, zu bezeichnen. Einigt man sich nicht, so entscheidet das Landesfinanzamt endgültig.

[1] Über den Begriff „Sachverständige" s. Vorbem. vor § 177, über weitere Einzelheiten § 188. § 206 bezieht sich jedoch, wie die Gesetzesberatungen erkennen lassen (vgl. E. Bd. 11 S. 201), nur auf die am Schlusse der Vorbem. vor § 177 erwähnte

Kategorie von Sachverständigen, welche einen tiefgehenden Einblick in Einzelheiten der Verhältnisse des Steuerpflichtigen erhalten. Dies ist von Bedeutung insbes. für die Notwendigkeit eidlicher Verpflichtung (Abs. 1 S. 4), ferner für die Verpflichtung des Finanzamts zur Namhaftmachung des Sachverständigen gegenüber dem Pflichtigen (Abs. 2 S. 1); vgl. hierüber Vorbem. vor § 177.

Bei Auswahl der Sachverständigen ist das FA. an Anträge des Steuerpflichtigen nicht gebunden (E. Bd. 6 S. 88).

[2] Vgl. § 10.

[3] S. oben Anm. 1, ferner § 184 Abs. 2.

[4] Vgl. Anm. 12 zu § 202.

[5] S. oben Anm. 1. Die Mitteilung muß selbstverständlich so rechtzeitig erfolgen, daß dem Betroffenen die Möglichkeit der Ablehnung nach Abs. 2 S. 2 bleibt.

[6] Gegen die Ablehnung des Antrags hat der Betroffene die Beschwerde zum LFA., welches endgültig entscheidet (§ 282 Abs. 4).

[7] Man wird anzunehmen haben, daß nach Abschluß des Veranlagungsverfahrens in Anwendung des allgemeinen Grundsatzes des § 216 diese Kosten dem Pflichtigen (falls nicht dessen Kostentragungspflicht gemäß § 205 Abs. 3 begründet ist) insoweit zu erstatten sind, als dadurch dem Finanzamt Auslagen für die Vernehmung des von ihm zunächst vorgeschlagenen Sachverständigen erspart geblieben sind.

**§ 207.** Das Finanzamt soll[1] die Vorlegung von Büchern und Geschäftspapieren in der Regel erst verlangen, wenn die Auskunft des Steuerpflichtigen nicht genügt oder Bedenken gegen ihre Richtigkeit vorliegen[2].

Bücher und Geschäftspapiere sind auf Wunsch des Steuerpflichtigen tunlichst in seiner Wohnung oder in seinen Geschäftsräumen einzusehen[3].

[1] Ermessensfrage, vgl. Bem. zu § 6.

[2] Weitergehend das Recht zur Buchprüfung im Steueraufsichtswege (vgl. Anm. 8 zu § 162). Die Notwendigkeit einer Buchprüfung im Steueraufsichtswege (§§ 162, 198) kann sich auch im Laufe eines Ermittlungsverfahrens ergeben.

Die Vorschrift des Abs. 1 ist im Interesse des Pflichtigen gegeben. Dieser kann seinerseits unter Umständen durch freiwilliges Angebot der Büchereinsicht die Erfüllung umfangreicher Auskunftsersuchen abwenden (E. Bd. 5 S. 147, Bd. 10 S. 349).

[3] Hierbei sind (entsprechend dem Grundsatz des § 198) die üblichen Geschäftsstunden einzuhalten. Falls besondere Gründe die Vorlage der Bücher beim Finanzamt notwendig erscheinen lassen, kann Vorlage angeordnet werden. Dies wird insbesondere in den häufigen Fällen gerechtfertigt sein, wo es sich nur um wenig umfangreiche, leicht transportable Bücher handelt und das gleichzeitige persönliche Erscheinen des Pflichtigen gemäß § 172 erforderlich erscheint.

Über das Nichtbestehen einer Pflicht des Steuerpflichtigen zur Aufgabe des Gewahrsams an den Büchern vgl. E. Bd. 10 S. 44 (erwähnt in Anm. 4 zu § 173).

Dem Pflichtigen gegenüber kann übrigens zunächst immer die Vorlage verlangt werden; es ist Sache des Pflichtigen, alsbann Einsichtnahme an Ort und Stelle nach Abs. 2 zu verlangen.

**§ 208.** Bücher und Aufzeichnungen, die den Vorschriften der §§ 162, 163 entsprechen, haben die Vermutung ordnungsmäßiger Führung für sich[1] und sind, wenn nach den Umständen des Falles kein Anlaß ist, ihre sachliche Richtigkeit zu beanstanden[2], der Besteuerung zugrunde zu legen[3]. Wenn eine vom Reichsminister der Finanzen bezeichnete Stelle bescheinigt, daß sie die Bücher und Aufzeichnungen geprüft hat, und daß die Eintragungen, für die sie bestimmt sind, fortlaufend und vollständig gemacht und formell und sachlich richtig sind, so darf die Beanstandung nur mit Genehmigung des Landesfinanzamts erfolgen.

Bücher, Geschäftspapiere, Bilanzen und deren Erläuterungen dürfen einem Ausschuß nur mit Zustimmung dessen, der sie vorgelegt hat, zur Einsicht mitgeteilt werden[4]. Sonst ist der Buchbeweis durch den Vorsteher des Finanzamts oder unter dessen Leitung durch die im § 206 genannten Personen zu erheben. Diese haben dem Ausschuß über das Ergebnis zu berichten. Wenn schriftlich berichtet wird, soll dem Steuerpflichtigen eine Abschrift mitgeteilt werden.

[1] § 208 Abs. 1 statuiert bezüglich des Bücherbeweises eine durch Führung des Gegenbeweises entkräftbare Rechtsvermutung zugunsten des buchführenden Steuerpflichtigen. Es soll hierdurch vermieden werden, daß Pflichtigen, die — mit oder ohne gesetzliche Verpflichtung — sich die Mühe und Kosten einer Buchführung machen, ohne zwingenden Grund das Ergebnis ihrer Buchführung bestritten und ev. anderweitiger Nachweis zugemutet wird.

Über die Tragweite der Vorschrift des Abs. 1 S. 1 und ihr Verhältnis zu § 162 vgl. Anm. 2 zu § 162!

Allzu große Anforderungen in formaler Hinsicht an die Buchführung zu stellen, ist nicht angängig. Kleine formelle Mängel beseitigen die Vermutung des § 208 noch nicht (E. Bd. 12 S. 319).

Auch eine formell mit Recht beanstandete Buchführung wird übrigens für die Besteuerung nicht ohne weiteres bedeutungslos. Sie hat unter Umständen als Anhaltspunkt für eine etwa notwendig werdende Schätzung zu dienen (E. Bd. 17 S. 293, vgl. aber auch RFH. v. 10. 7. 22, RStBl. S. 307).

[2] Unter „sachlicher Richtigkeit" ist die Richtigkeit und Vollständigkeit der Bücher zu verstehen (vgl. Anm. 2

zu § 162, wobei zu beachten ist, daß eine steuerlich nicht ohne weiteres hinzunehmende Eintragung nach kaufmännischen Grundsätzen durchaus richtig sein kann).

Die Umstände, aus denen das Finanzamt einen Grund zu sachlicher Beanstandung formell ordnungsmäßiger Bücher usw. entnimmt, können mannigfaltiger Art sein, z. B. Unglaubhaftigkeit des buchmäßigen Ergebnisses eines landwirtschaftlichen Betriebs bei Vergleich mit ähnlichen Betrieben derselben Gegend (E. Bd. 12 S. 319), Angaben von zuverlässigen Auskunftspersonen oder Sachverständigen, sichere amtliche Kenntnis bestimmter Tatsachen, auffallende und nicht ausreichend aufklärbare Widersprüche zwischen den Büchern und Steuer- oder sonstige Erklärungen des Pflichtigen usw.

Aus E. Bd. 14 S. 220 wird zuweilen der Schluß gezogen, daß der RFH. als Voraussetzung für die Beanstandung einer Buchführung in jedem Falle die vorgängige Vornahme einer Buchprüfung ansieht. So weit scheint der RFH. jedoch in dem erwähnten Urteil, das mit den besonderen Verhältnissen landwirtschaftlicher Großbetriebe zu tun hat, nicht gehen zu wollen, und es wäre auch tatsächlich kein vernünftiger Grund einzusehen, warum die Behörde trotz schreiender Widersprüche zwischen den vom Pflichtigen auf Grund seiner angeblich richtigen Buchführung gemachten Angaben und dem Ergebnis anderer zuverlässiger Ermittlungen in jedem Falle gezwungen sein sollte, eine vielleicht mühevolle und zeitraubende, im Ergebnis aber gänzlich belanglose Erhebung des Buchbeweises durchzuführen. Auf diesem Standpunkt scheint übrigens auch der RFH. in einer Entsch. v. 1. 11. 25 (40. Spruchsammlung der DJurZtg. 1926, Nr. 2 zu § 208) zu stehen.

Über teilweise Verwertbarkeit unzureichender Buchführung vgl. E. Bd. 17 S. 293 (oben Anm. 1 a. E.).

[3] Das heißt nicht etwa, daß alle zahlenmäßigen Angaben Bewertungen usw.) ohne weiteres und in jedem Falle in die Berechnung der Besteuerungsgrundlagen übernommen werden müssen, da die kaufmännischen Bewertungen, Bilanzauf-

stellung usw. vielfach nach ganz andern als den für die Besteuerung maßgebenden Gesichtspunkten aufgestellt zu werden pflegen.

[4] Für das Finanzgericht gilt diese Einschränkung nicht (vgl. § 257).

**§ 209.** Wenn es sich um die Ermittlung von Steueransprüchen gegen bestimmte Personen handelt, sollen andere Personen erst dann zu einer Auskunft oder zur Vorlegung von Büchern angehalten werden, wenn die Verhandlungen mit dem Steuerpflichtigen nicht zum Ziele führen oder keinen Erfolg versprechen[1]. Nur wenn es erforderlich ist, um die Wahrheit zu ermitteln oder wenn Gefahr im Verzuge liegt, soll verlangt werden, daß der Steuerpflichtige oder ein Dritter (§ 175, § 185) Wertsachen vorlegt oder den Inhalt von Behältnissen oder eines verschlossenen Depots nachweist; das Finanzamt kann alsdann der Bank oder der Stelle, die das Schließfach überlassen hat oder das Depot verwahrt, vorschreiben, dem Steuerpflichtigen während angemessen kurzer Frist nur unter Zuziehung eines vom Finanzamt zu bezeichnenden Beamten Zutritt zum Schließfach zu gewähren oder das Depot auszuhändigen.

Eidesstattliche Versicherungen und eidliche Bekräftigung von Auskünften sollen nur gefordert werden, wenn andere Mittel zur Erforschung der Wahrheit nicht vorhanden sind[2].

[1] Ermessensvorschrift (§ 6). Ihre Beachtung kann im Rechtsmittelverfahren nachgeprüft werden und ihre Nichtbeachtung kann zur Aufhebung einer gemäß § 202 erlassenen Zwangsmittelverfügung führen (E. Bd. 4 S. 234, 265, 334). Zufolge einer weiteren Entscheidung (E. Bd. 7 S. 232) tritt diese Folge

sogar schon dann ein, wenn das FA. es unterläßt, in seiner Aufforderung zur Auskunftserteilung dem Dritten gegenüber erkennbar zu machen, daß § 209 beachtet wurde. In dieser Entscheidung dürfte der RFH. in der Wahrung der Interessen des Steuerpflichtigen übrigens unnötigerweise etwas zu weit gegangen sein. Denn abgesehen davon, daß eine unnötige formelle Belastung der ohnehin sachlich schon überlasteten Finanzämter nach Möglichkeit vermieden werden müßte, ist auch aus der Gesetzesfassung kein zwingender Grund ersichtlich, warum die Vorschrift des § 209 Abs. 1 S. 1 über ihre bindende Wirkung für die Finanzämter hinaus dem Pflichtigen noch ein formales Recht auf Mitteilung ihrer Beachtung geben sollte. Das Recht des Pflichtigen, die sachliche Nichtbeachtung im Beschwerdeweg zu rügen, bleibt ja für alle Fälle unberührt.

Über Auskunftspflicht von Genossenschaften über den Geschäftsverkehr mit ihren Kunden s. RFH. in DStZtg. 1924 S. 173 und RStBl. 1925 S. 59.

[2] Ermessensvorschrift (§ 6). Ihre Beachtung ist durch die Notwendigkeit landesfinanzamtlicher Genehmigung gesichert (vgl. Anm zu §§ 176, 184).

**§ 210[1].** Nach Abschluß seiner Ermittlungen stellt das Finanzamt die Steuer fest. Soweit es die Besteuerungsgrundlagen nach seinen Ermittlungen nicht feststellen oder berechnen kann, hat es sie zu schätzen[2]; dabei sind alle Umstände zu berücksichtigen, die für die Schätzung von Bedeutung sind.

Zu schätzen ist insbesondere dann, wenn der Steuerpflichtige über seine Angaben keine ausreichenden Aufklärungen zu geben vermag oder weitere Auskunft oder eine Versicherung an Eides Statt verweigert. Das gleiche gilt, wenn der Steuerpflichtige Bücher oder

Aufzeichnungen, die er nach den Steuergesetzen zu führen hat, nicht vorlegen kann.

Wenn eine Schätzung notwendig geworden ist, weil der Steuerpflichtige Verpflichtungen, die ihm durch die Steuergesetze auferlegt sind, schuldhaft nicht genügt hat und dies im Steuerbescheide festgestellt worden ist[3], ist wegen der Höhe der Schätzung[4] nur die Beschwerde[5] an das Landesfinanzamt zulässig. Die Frist zur Einlegung der Beschwerde beginnt mit Ablauf des Tages, an dem der Steuerbescheid im übrigen unanfechtbar geworden ist[6]. Das Landesfinanzamt hat die Entscheidung bis zu diesem Zeitpunkt auszusetzen und entscheidet endgültig.

Die Vorschriften des Abs. 3 gelten nicht für den Fall der Verweigerung einer Versicherung an Eides Statt.

[1] § 210 regelt zusammenfassend das Schätzungsverfahren. Innerhalb dieses Paragraphen sind zwei wichtige Regelungen getroffen und es wäre zur Hintanhaltung vielfacher, sogar in der behördlichen Praxis vorkommender Irrtümer vielleicht besser gewesen, die zweite dieser Regelungen, nämlich den Abs. 3 (über seine Bedeutung s. Anm. hierzu), einem besonderen Paragraphen vorzubehalten und letzteren dahin zu stellen, wohin er inhaltlich gehört, in den Abschnitt „Rechtsmittel".

[2] Die Abs. 1 und 2 gehören systematisch zusammen. Sie regeln die Zulässigkeit und Durchführung der Schätzung im allgemeinen, wenn auch nur mit einigen grundlegenden Strichen.

1. Zulässigkeit. Die Schätzung ist das Ersatzmittel für die positive Feststellung bzw. Berechnung. Als solches enthält es naturgemäß stets gewisse Momente der Unsicherheit, führt unter Umständen zu einem Greifen, und der Pflichtige, der

mit oder ohne Verschulden nicht für zahlenmäßige Feststellbarkeit der Unterlagen gesorgt hat, muß sich gefallen lassen, daß die bei jeder Schätzung bestehende Irrtumsmöglichkeit bis zu einem gewissen Grade gegen ihn ausschlägt (vgl. hierüber insbes. E. Bd. 11 S. 282, Bd. 14 S. 283, Bd. 17 S. 195).

Zu schätzen ist nicht nur dann, wenn der Pflichtige keine oder keine genügenden Angaben macht und auch durch die Ermittlungen ein positives Ergebnis nicht erreicht werden kann, sondern auch dann, wenn die Angaben des Pflichtigen oder die Ergebnisse der Ermittlungen dem Finanzamt bezüglich ihrer Richtigkeit zu begründeten Zweifeln Anlaß geben. Auch das freiwillige Anerbieten des Pflichtigen zur Abgabe einer Versicherung an Eides Statt zwingt das Finanzamt keineswegs, eine für notwendig gehaltene Schätzung zu unterlassen, insbesondere kann dies auch nicht etwa aus dem Gesetzeswortlaut des Abs. 2 S. 1 a. E. entnommen werden (RFH. i. RStBl. 1921 S. 136).

Allerdings darf bei zweifelhaftem Sachverhalt die Behörde nicht ohne weiteres zur Schätzung schreiten, sondern sie muß zunächst den Versuch machen, an Hand der Angaben des Pflichtigen und durch Verhandeln mit ihm zu einem positiven Ergebnis zu kommen (RFH. in RStBl. 1922 S. 112). Besonders wichtig wird dieser Grundsatz, wenn der Pflichtige Bücher oder Aufzeichnungen aufzuweisen hat; über deren Beachtung und ev. Verwertbarkeit trotz nicht völliger Ordnungsmäßigkeit s. Anm. 1 a. E. sowie Anm. 2 zu § 208.

Die Schätzung kann sich unter Umständen nicht nur auf die zahlenmäßige Bewertung gewisser Besteuerungsgrundlagen, sondern auch — insofern von der Annahme gewisser Umstände die Entstehung einer Steuerschuld überhaupt abhängt — auf den Grund der Steuerpflicht erstrecken (E. Bd. 8 S. 304). Anders für die Umsatzsteuerpflicht E. Bd. 19 S. 225.

Eine Verpflichtung des Finanzamts, ehe es zur Schätzung schreitet, den Pflichtigen zur Auskunft, Büchervorlage usw. gemäß § 202 zu zwingen, besteht nicht (E. Bd. 8 S. 6, vgl.

auch § 89 Abs. 3 EStAB., § 26 Abs. 3 UStAB.). In Richtung gegen Dritte wird das Finanzamt, wenn der Pflichtige seinerseits das ihm Mögliche zur Aufklärung des Sachverhalts tut, von den ihm zustehenden Zwangsbefugnissen vor der Schätzung den aus pflichtmäßigem Ermessen sich ergebenden Gebrauch zu machen haben.

2. Durchführung der Schätzung. Ist die Schätzung auch nur ein Ersatzmittel für die Feststellung, so kann sie trotzdem nicht der sachlichen Grundlage entbehren. Willkür ist auch hier ausgeschlossen. Das Finanzamt muß die erforderlichen sachlichen Anhaltspunkte für eine möglichst einwandfreie Schätzung zu gewinnen suchen, so daß die nachprüfende Behörde in der Lage ist, sich ein vernünftiges Bild über das Zustandekommen der Schätzung zu machen.

Über die für die Landwirtschaft eine besondere Rolle spielende Schätzung nach sogenannten Normalsätzen (Richtsätzen usw.) äußert sich eingehend RFH. in E. Bd. 7 S. 259. Hiernach ist eine solche Schätzung als vollwertig anzusehen, wenn nicht im Einzelfall besondere Umstände ein Abweichen von den Normalsätzen geboten erscheinen lassen. (Vgl. auch — leider etwas abgeschwächt — E. Bd. 11 S. 307, ferner — wegen der Möglichkeit einer Differenz zwischen dem Normalertrag und der Entgeltsvereinnahmung — Bd. 11 S. 282). Unbedenklich dürfte der Regel nach die Anwendung der Normalsätze sein, wenn ein Pflichtiger sich mit einer Veranlagung nach Normalsätzen von vornherein einverstanden erklärt; über die Bedeutung einer solchen Einverständniserklärung im Zusammenhang mit einem gleichzeitigen Rechtsmittelverzicht s. Anm. 1 zu § 233.

Über die Notwendigkeit der Verwertung unzureichender Buchführung bei der Schätzung s. zu § 208 Anm. 1 a. E. und Anm. 2.

Das Ergebnis der Schätzung ist dem Pflichtigen vor endgültiger Steuerfestsetzung zur Äußerung mitzuteilen (§ 205 Abs. 4).

[3] Abs. 3 enthält eine — wie oben Anm. 1 erwähnt, anderswohin gehörige — Sondervorschrift über Rechtsmittel bei Schätzungsbescheiden. Der Gesetzgeber geht dabei von der bekannten Tatsache aus, daß die Steuerpflichtigen gegen steuergesetzliche Vorschriften und steuerbehördliche Maßnahmen vielfach von vonherein eine gewisse Aversion besitzen und es daher mit der Erfüllung ihrer diesbezüglichen Verpflichtungen nicht sehr genau nehmen. Soweit nun durch dieses passiv renitente Verhalten des Pflichtigen das Finanzamt zu genauer Feststellung der Steuergrundlagen nicht imstande, vielmehr zu Schätzungen gezwungen ist, soll dem Pflichtigen als besonderer Rechtsnachteil für sein Verhalten der ordentliche Rechtsmittelweg zum Teil abgeschnitten und ihm als einziges Rechtsmittel bezüglich der Schätzungshöhe die Beschwerde zum Landesfinanzamt gegeben werden.

Die Voraussetzungen für diese Einschränkung des ordentlichen Rechtsmittelwegs sind im einzelnen folgende:

1. Es muß ein Schätzungsbescheid vorliegen, das heißt eine Steuerfestsetzung auf Grund von Unterlagen, die ohne positive ziffernmäßige Berechnungs- und Feststellungsmöglichkeit schätzungsweise festgelegt wurden. Näheres hierüber s. oben Anm. 2 Nr. 1.

Ein regelrechter Schätzungsbescheid liegt übrigens auch dann vor, wenn das Finanzamt den vom Pflichtigen selbst ohne Beibringung positiver Feststellungsgrundlagen schätzungsweise angegebenen Betrag der Besteuerung — nach oder ohne Vornahme weiterer Ermittlungen — der Besteuerung zugrunde legt. Denn im Zusammenhang mit dem durch § 204 festgelegten Offizialprinzip ist die Schätzung in allen Fällen als vom Finanzamt ausgehend anzusehen. Die Festhaltung dieser Rechtslage ist wichtig, da sie — falls im übrigen die Voraussetzungen des § 210 Abs. 3 vorliegen — zur Behandlung eines derartigen Schätzungsbescheids nach § 210 Abs. 3 berechtigt.

2. Der Steuerpflichtige muß Verpflichtungen, die ihm durch die Steuergesetze auferlegt sind, nicht genügt haben. „Verpflichtung" ist hier im weitesten Sinne zu verstehen; nicht nur die AO. (§§ 162—201), sondern auch die übrigen Steuergesetze kommen in Betracht. Beispiele von solchen Pflichtverletzungen sind: Nichtabgabe der Steuererklärung (§ 168 AO.), Unterlassung der vorgeschriebenen Buchführung, Nichtbeibringung verlangter Nachweise (§ 173 AO.), Nichterscheinen vor dem Finanzamt (§§ 172, 205) usw. Scheinerfüllungen brauchen nicht berücksichtigt zu werden. Wenn z. B. ein Pflichtiger zwar eine Steuererklärung abgibt, die Angaben derselben jedoch offensichtlich und absichtlich völlig nichtssagend und daher als brauchbare Besteuerungsgrundlage überhaupt nicht anzusehen sind, dann wäre es widersinnig, diese rein formelle Pflichterfüllung als Pflichterfüllung im Sinne des § 210 Abs. 3 gelten lassen zu müssen. Vgl. über „Scheinerfüllungen" auch Anm. 2 zu § 170 und Anm. 18 zu § 202.

3. Die Verletzung der Verpflichtungen muß schuldhaft erfolgt sein, mit anderen Worten, dem Steuerpflichtigen muß wegen seiner Unterlassung oder sonstigen Pflichtverletzung ein Vorwurf gemacht werden können. Als Schuldarten kommen in Frage sowohl Vorsatz als auch grobe Fahrlässigkeit. Ob letztere vorliegt, wird u. a. zu beurteilen sein nach Art und öffentlicher Bekanntheit der betr. Verpflichtung, nach Alter, Vorbildung, Geschäftsgewandtheit usw. des Pflichtigen. So z. B. wird die Unterlassung der Buchführung im allgemeinen heute jedem Gewerbetreibenden ev. zum Vorwurf gemacht werden können, da die diesbezügl. Vorschriften heute wohl als allgemein bekannt angesehen werden dürfen und übrigens auch den einzelnen Pflichtigen zumeist bei den bisherigen Veranlagungen ausdrücklich zu Bewußtsein gebracht wurden.

Die Schuldhaftigkeit wird unter Umständen auch einer weiter zurückliegenden Tatsache entnommen werden können. Wenn z. B. jemand nicht imstande ist, für die Feststellung der Besteuerungsgrundlagen wichtige Belege (z. B. Lieferscheine) beizubringen, weil er dieselben angeblich nicht aufbewahrt hat, so wird es nicht grundsätzlich ausgeschlossen sein, aus der Nichtaufbewahrung dieser Belege eine Schuldhaftigkeit im Sinne des § 210 Abs. 3 zu konstruieren. Es wird hierbei wiederum auf die Bedeutung der Belege und die persönlichen Eigenschaften des Pflichtigen mit ankommen.

Über das Erfordernis der Schuldhaftigkeit äußert sich ziemlich eingehend RFH. in E. Bd. 7 S. 68. Ein Verschulden des Bevollmächtigten oder sonstigen Vertreters muß der Pflichtige — wie auch sonst im Steuerrecht — gegen sich gelten lassen.

Die Frage des Verschuldens muß vom Finanzgericht selbständig geprüft werden (E. Bd. 18 S. 337).

4. Die Verletzung der Verpflichtung muß ein Grund oder mindestens mit ein Grund für die Notwendigkeit der Schätzung gewesen sein. Es geht also nicht an, irgendeine Pflichtenverletzung, die für die Vornahme schätzungsweiser Veranlagung durch das Finanzamt in keiner Weise kausal gewesen ist, nachträglich zum Grund für die Abschneidung des ordentlichen Rechtsmittelwegs nach § 210 Abs. 3 zu machen.

5. Die Tatsache, daß der Pflichtige steuergesetzlichen Verpflichtungen schuldhaft nicht genügt hat, und daher Schätzung erfolgte, muß im Steuerbescheid ausdrücklich festgestellt sein. Das Gleiche gilt nach einer in RStBl. 1922 S. 208 veröffentlichten Entscheidung des RFH. für die Tatsachen, welche das Verschulden begründen; bei mangelhafter (z. B. zu allgemein gehaltener) oder fehlender Feststellung scheidet § 210 Abs. 3 aus. Den letztgenannten Grundsatz hat jedoch der RFH. in einer für die Praxis erfreulichen Weise durch eine weitere Entscheidung (E. Bd. 10 S. 346) dahin abgemildert, daß eine allgemeine Feststellung der schuldhaften Pflichtverletzung dann genügt, wenn aus den Umständen, z. B. aus vorgängigen Verhandlungen mit dem Pflichtigen, diesem genau bekannt sein mußte, worin seine schuldhafte Pflichtverletzung erblickt wird.

Der Feststellungsvermerk des Finanzamts ist selbstverständlich weder für das Finanzgericht noch für das die Höhe der Schätzung nachprüfende LFA. bindend. Für das Finanzgericht vgl. hierwegen E. Bd. 18 S. 337 (jedoch auch Bd. 19 S. 154, wo es für unzulässig erklärt ist, daß das Finanzgericht die Feststellung des Verschuldens auf andere Tatsachen stützt, als das Finanzamt es getan hat). Aber auch das LFA. hat zum Zwecke der Prüfung seiner Zuständigkeit selbständig nachzuprüfen, ob die tatsächlichen und rechtlichen Grundlagen für die Feststellung auch wirklich gegeben sind und hat, falls dies zu verneinen ist, unter Aussprechung seiner Unzuständigkeit die Sache auf den ordentlichen Rechtsmittelweg zu leiten.

4 Nur bezüglich der Höhe der Schätzung ist die hier vorgesehene Beschränkung des Rechtsmittelwegs zulässig. Dies führt zu einer eigenartigen Zweiteilung des Instanzenwegs, wenn der Pflichtige nicht nur die Höhe der Schätzung angreift, sondern auch noch andere Beschwerdepunkte geltend macht, z. B. Nichtzulässigkeit der Schätzung wegen unzutreffender Feststellung schuldhafter Pflichtverletzung, Nichtbestehen der Steuerpflicht oder einer bestimmten Steuerpflicht überhaupt usw. In solchem Falle ist wegen dieser anderen Beschwerdepunkte die Sache vorerst im ordentlichen Rechtsmittelverfahren durchzufechten; die Rechtsmittelbehörden haben sich jedoch hierbei der Entscheidung über die Höhe der Schätzung zu enthalten (falls sie nicht etwa zu der Anschauung gelangen, daß die Voraussetzungen der Zuständigkeit des LFA. nach § 210 Abs. 3 gar nicht vorliegen). Letztere erfolgt sodann nach Erledigung des ersten Verfahrens in gesondertem Verfahren nach § 210 Abs. 3.

Hat übrigens das Finanzgericht versehentlich über die Höhe der Schätzung mitentschieden, so ist gegen eine solche Entscheidung die Rechtsbeschwerde mangels einer Beschwer nicht gegeben (E. Bd. 13 S. 25).

5 §§ 224, 281, 282.

6 Diese Fristbestimmung führt im praktischen Ergebnis

dazu, daß für die Einlegung der Beschwerde gegen die Höhe der Schätzung an Stelle der geltenden einmonatlichen Rechtsmittelfrist eine Frist von zwei Monaten nach Zustellung des Steuerbescheids (bzw. Einspruchs- oder Berufungsbescheids) tritt.

Der Wortlaut des Gesetzes scheint eine andere Auslegung nicht zuzulassen, obwohl die Absicht so weitgehender Regelung ursprünglich kaum bestanden haben dürfte. Denn welcher innere Grund sollte den Gesetzgeber dazu veranlassen, dem schuldhaft handelnden Steuerpflichtigen, dem er bewußtermaßen soeben einen Rechtsnachteil zudiktiert hat, auf der andern Seite sofort (sozusagen als Ausgleich) eine Verlängerung der normalen Rechtsmittelfrist auf das doppelte zu gewähren? Die Sonderfristbestimmung sollte doch nur eine logisch notwendige Ergänzung der sonst geltenden Fristregeln mit Rücksicht auf die ev. eintretende (oben in Anm. 4 behandelte) Zweiteilung des Instanzenwegs sein. Nur wo also eine solche Zweiteilung tatsächlich vorliegt (d. h. wo der Pflichtige zunächst den Berufungsweg beschritten hat), muß dem Pflichtigen, dem ja gegenüber einem Urteil des Reichsfinanzhofs eine Frist an sich nicht mehr offen stände, zur Wahrung seiner Rechte nach § 210 Abs. 3 noch eine besondere Nachfrist gewährt werden. Im übrigen liegt aber auch für den Bereich des § 210 Abs. 3 weder gegenüber Steuerbescheiden noch gegenüber Einspruchs- oder Berufungsentscheidungen ein vernünftiger Anlaß zu einer Ausdehnung der allgemein geltenden Rechtsmittelfrist (§ 230) vor, durch die dem Pflichtigen genügend Zeit zur Entschlußfassung nach allen Richtungen geboten sein dürfte.

**§ 211.** Steuerbescheide, die nach den Steuergesetzen schriftlich zu erteilen sind[1], müssen die Höhe der Steuer[2] enthalten.

Sie sollen[3] ferner enthalten:

1. eine Belehrung, welches Rechtsmittel zulässig ist

und binnen welcher Frist und bei welcher Behörde es einzulegen ist[4],

2. die Grundlagen der Festsetzung und Veranlagung, soweit sie dem Steuerpflichtigen nicht schon mitgeteilt sind[5],

3. eine Anweisung, wo, wann und wie die Steuer oder Sicherheit zu entrichten ist[6],

4. die Punkte, in denen von der Steuererklärung abgewichen worden ist.

Die Steuerbescheide sind verschlossen zuzustellen[7]. Der Reichsminister der Finanzen kann statt der Zustellung eine einfachere Form der Bekanntgabe zulassen[8].

[1] Das sind die in § 220 sogenannten „förmlichen" Steuerbescheide. Die Schriftlichkeit muß im Gesetz ausdrücklich gefordert sein; wo das nicht der Fall ist, wie z. B. bei der Beförderungssteuer, gilt nicht § 211, sondern die allgemeinen Vorschriften über Verfügungen, deren Bekanntgabe usw. (§§ 73ff., E. Bd. 11 S. 151). Wenn ein Gesetz sagt, daß ein „Steuerbescheid" zu erteilen ist, so ist in der Regel ein schriftlicher Bescheid gemeint. Meist ist in diesen Fällen auch ein besonderes Formular im Gesetz oder in den Ausf.Best. vorgesehen. (Vgl. auch E. Bd. 7 S. 231.)

Festsetzungsverfügungen bei sog. Vorauszahlungen fallen nicht unter § 211; näheres über ihre Rechtsnatur s. Anm. 5 zu § 220.

[2] Wenn die Höhe der Steuer nicht angegeben ist, liegt überhaupt kein rechtsverbindlicher Steuerbescheid vor. Zur Steuerhöhe gehört selbstverständlich auch die Steuerart.

[3] Die Vorschriften des Abs. 2 sind Sollvorschriften, deren Nichtbeachtung den Steuerbescheid als solchen keineswegs unwirksam macht (E. Bd. 8 S. 138). Wegen der Bedeutung et-

waigen Fehlens einer Unterschrift s. Anm. 1 zu § 73, wegen Nichtigkeit von Verfügungen Anm. 2 zu § 75.

[4] Wegen Folgen der unterlassenen oder unrichtigen Belehrung s. § 231 Abs. 3.

Bei Schätzungsbescheiden hat sich im Falle des § 210 Abs. 3 die Belehrung auch auf die dort normierte Beschwerde zu erstrecken. Die Kompliziertheit des Instanzenzugs wird es allerdings mit sich bringen, daß der Laie über die einzelnen ihm zu Gebote stehenden Rechtsmittel vielfach trotz der Belehrung kein klares Bild gewinnt. Eine Anweisung über die Form der Belehrung im Falle des § 210 Abs. 3 für das Gebiet der Einkommensteuer gibt RFME. v. 25. 11. 21 III E 35241.

[5] Vgl. § 205.

[6] Die Fristbestimmung hat Bedeutung für die Frage der Fälligkeit (§ 81 Abs. 3).

[7] Formelle Zustellung erforderlich (s. Anm. 5 u. 6 zu § 73). Andernfalls beginnt nach § 231 Abs. 3 die Rechtsmittelfrist nicht zu laufen. Die Gültigkeit einer sonst ordnungsmäßigen Zustellung wird dadurch nicht beeinträchtigt, daß die Zustellung offen erfolgte. Im übrigen s. wegen Form und Adressaten der Zustellung Anm. 2 zu § 70, ferner über vereinfachte Zustellungsmöglichkeiten insbes. Anm. 4 a. a. O.

[8] Von dieser (durch § 14 AufwV. v. 11. 9. 23 eingefügten) Ermächtigung hat der RFM. bisher keinen Gebrauch gemacht.

**§ 212.** Wenn nichts Abweichendes vorgeschrieben ist, sind Nachforderungen[1] von Steuern bis zum Ablauf der Verjährungsfrist zulässig.

Hat jedoch bei Steuern, bei denen die Verjährungsfrist (§ 121) mehr als ein Jahr beträgt[2], das Finanzamt nach Prüfung des Sachverhalts einen besonderen, im Gesetze selber vorgesehenen schriftlichen Bescheid[3] (Veranlagungs-, Freistellungs- oder Feststellungsbescheid) erteilt, so ist, soweit nichts anderes vorgeschrieben ist, eine Neuveranlagung[4] nur zulässig, wenn neue Tatsachen oder Beweismittel bekannt[5] werden, die eine höhere Veranlagung rechtfertigen.

Eine Neuveranlagung ist ferner zulässig[6], wenn bei einer Nachprüfung durch die Aufsichtsbehörde[7] Fehler aufgedeckt werden, deren Berichtigung eine höhere Veranlagung rechtfertigt[8]; dies gilt nicht bei den Steuern vom Einkommen und vom Vermögen ausschließlich der Erbschaftssteuer[9].

Eine Neuveranlagung darf nicht auf eine nach Entstehung des Steueranspruchs erlassene Entscheidung des Reichsfinanzhofs gegründet werden, in der die Steuerpflicht im Gegensatze zu einer früheren, einen gleichen Tatbestand betreffenden höchstrichterlichen Entscheidung bejaht wird[10].

(Zusatz: Zufolge Art. 3 Ges. v. 8. 4. 22, RGBl. I S. 373, findet § 212 Abs. 3 AO. auch auf die Umsatzsteuer keine Anwendung.)

[1] Der Begriff „Nachforderung" ist weitergehend als jener der „Neuveranlagung" (vgl. unten Anm 4) und schließt letzteren mit ein.

[2] Das sind also alle Steuern, ausgenommen die Zölle und Verbrauchssteuern (§ 121).

[3] Gemeint sind auch hier die sog. „förmlichen" Steuerbescheide des § 220 Abs. 1; hierüber s. Anm. 1 zu § 211, ferner E Bd. 17 S. 254 (Nichterforderlichkeit schriftlicher Bescheidserteilung bei der Börsenumsatzsteuer).

Festsetzungen von sog. Vorauszahlungen sind keine förmlichen Steuerbescheide (näheres hierüber s. Anm. 5 zu § 220); Nachforderungen von Vorauszahlungen sind daher nicht an die Einschränkungen des § 212 Abs. 2 gebunden, sondern richten sich lediglich nach Abs. 1 (unter Umständen kann auch Abs. 3 in Frage kommen).

Zu den in § 212 Abs. 2 genannten Bescheiden gehören auch Bescheide des Inhalts, daß eine Steuer nicht zu veranlagen sei, selbst wenn deren Erteilung nicht ausdrücklich vorgeschrieben ist (E. Bd. 19 S. 68). Dies kann von Bedeutung sein z.B. für die Mitteilung nach § 18 Abs. 1 UmsStG., ferner bei der Einkommensteuer (§ 64 EStG., §§ 108, 109 EStAB.).

[4] Eine „Neuveranlagung" setzt eine bereits vorhandene erste Veranlagung voraus, sollte diese auch eine Freiveranlagung gewesen sein (vgl. auch E. Bd. 13 S. 152). Für die Frage, ob Neuveranlagung oder Nachforderung im Sinne des Abs. 1 vorliegt, kann von Bedeutung sein die Frage, gegen wen der erste Steuerbescheid ergangen ist; hierüber s. Anm. 1 zu § 225.

Die Form der Neuveranlagung richtet sich nach den für Festsetzung von Steuern der betr. Art geltenden Vorschriften (vgl. auch § 222 und Anm. daselbst). Dasselbe gilt für die Frage, ob der Steuerausschuß mitzuwirken hat (vgl. § 25).

Wenn eine Neuveranlagung an sich zulässig ist, so wird damit der ganze Steuerfall von neuem aufgerollt und es kann insbesondere auch der vorher bereits bekannt gewesene Sachverhalt neu und anders gewürdigt werden (E. Bd. 15 S. 156).

Ob eine Neuveranlagung gemäß § 212 Abs. 2 zulässig war, ist im Berufungsverfahren nur auf Rüge zu prüfen (vgl. wegen des Prüfungsrechts des RFH. E. Bd. 13 S. 238, auch Bd. 7 S. 314).

[5] Neu sind Tatsachen und Beweismittel dann, wenn sie bis zur Veranlagung oder im Laufe eines anhängigen Rechtsmittelverfahrens der Veranlagungsbehörde bzw. den Rechtsmittelbehörden nicht bekannt geworden sind (vgl. auch § 228). Als maßgebender Zeitpunkt gilt hierbei der Zeitpunkt der Zustellung des Veranlagungs- bzw. Rechtsmittelbescheids, da nach diesem Zeitpunkt die Abänderung zufolge § 76 nicht

mehr oder nur noch beschränkt erfolgen kann. Ob eine Tatsache usw. der Behörde (bzw. dem entscheidenden Kollegium) bekannt war, muß im allgemeinen der Akteninhalt ergeben.

Lediglich die tatsächliche Bekanntheit entscheidet; der Umstand, daß eine Behörde bei entsprechender Umsicht sich die notwendige Kenntnis hätte verschaffen können, ist belanglos. Der RFH. hat es sogar (E. Bd. 10 S. 209) für zulässig erklärt, bei gleichzeitiger Erlassung eines der Steuererklärung entsprechenden Bescheids im Wege der Steueraufsicht zu einer Buchprüfung zu schreiten, um neue Tatsachen oder Beweismittel zu ermitteln, die eine Neuveranlagung rechtfertigen können.

Keine neue Tatsache ist selbstverständlich eine abweichende rechtliche Beurteilung oder ein neues oberstrichterliches Erkenntnis.

Eine neue Schätzung, gleichviel von wem sie ausgeht, ist selbstverständlich weder eine neue Tatsache noch ein neues Beweismittel (anders das Bekanntwerden neuer Schätzungsunterlagen, E. Bd. 11 S. 58); denn Schätzung ist ja immer nur Beurteilung der tatsächlichen Unterlagen. Die gleiche Erwägung muß auch zu dem Ergebnis führen, daß ein neues Sachverständigengutachten kein neues Beweismittel (natürlich auch keine neue Tatsache) darstellt; denn auch ein solches Gutachten ist nur Beurteilung bekannter Unterlagen. Neue Auskunftspersonen sind selbstverständlich neue Beweismittel; bereits vernommene Auskunftspersonen können unter Umständen neue Tatsachen vorbringen.

[6] Ohne die Einschränkung des Abs. 2, lediglich mit den Einschränkungen des Abs. 1 und Abs. 3 Halbs. 2.

[7] Aufsichtsbehörden sind LFA. und RFM. Die Neuveranlagung darf nur auf Anordnung der Aufsichtsbehörde erfolgen; wegen der Form der Neuveranlagung vgl. oben Anm. 4, wegen ihrer Anfechtbarkeit § 222.

Die Berichtigungsanordnung der Aufsichtsbehörde muß sich auf einen bestimmten Fall beziehen und auf Aufdeckung eines bestimmten Fehlers gründen; es ist daher unzulässig, daß ein Finanzamt auf Grund oberbehördlicher Anordnung der Nachprüfung seiner Steuerakten zwecks Richtigstellung eines generell beobachteten Veranlagungsfehlers Neuveranlagungen in Einzelfällen vornimmt (E. Bd. 12 S. 123).

Gleichgültig ist, ob die Aufsichtsbehörde selbst (durch ihre Revisionsbeamten usw.) den Fehler entdeckt oder ob sie durch die untergeordnete Behörde darauf aufmerksam gemacht wird.

[8] Es handelt sich hier um Fehler in der Anwendung des Gesetzes auf den aktenmäßig festgestellten Tatbestand. Eine nach Ansicht der Aufsichtsbehörde unzutreffende tatsächliche Würdigung des Sachverhalts genügt nicht, es müßte denn sein, daß es sich um einen Verstoß gegen den klaren Akteninhalt, um Berechnungsfehler oder um Verstöße gegen die allgemein anerkannten Regeln der Vernunft handelt. Nicht ausreichend zur Anwendbarkeit des § 212 Abs. 3 ist auch eine nach Ansicht der Aufsichtsbehörde ungenügende Ausdehnung der Ermittlungen (E. Bd. 11 S. 1). Unzutreffende rechtliche Beurteilung von Tatbeständen, Willenserklärungen usw. sind dagegen Fehler in der materiellen Gesetzesanwendung.

Gegenüber einer in der Sache bereits ergangenen Rechtsmittelentscheidung kann Abs. 3 nur dann zur Anwendung kommen, wenn die Berichtigung außerhalb der rechtskräftig festgestellten Besteuerungsgrundlagen möglich ist. Zu letzteren gehört außer den Tatsachenfeststellungen auch die Frage der Steuerpflicht überhaupt (E. Bd. 4 S. 308). M. a. W.: Wenn bereits eine Rechtsmittelentscheidung in der Sache vorliegt, so ist eine Berichtigung nach Abs. 3 nicht möglich auf Grund solcher Besteuerungsgrundlagen, die bereits in der rechtskräftigen Rechtsmittelentscheidung festgestellt sind; denn die richtige Anwendung der Steuergesetze auf diese Grundlagen wäre Sache der betr. Rechtsmittelbehörde gewesen. Soweit dagegen eine Feststellung von Besteuerungsgrundlagen in der betr. Rechtsmittelentscheidung gar nicht erfolgt ist, können diese Grundlagen nachträglich trotz der Rechtsmittelentscheidung Anlaß zu einer Berichtigung nach Abs. 3 bilden.

[9] Auch nicht für die Umsatzsteuer (vgl. oben Zusatz hinter § 212).

[10] Wann zwei gleiche Tatbestände im Sinne dieser Vorschrift vorliegen, darüber äußert sich eingehend RFH. in E. Bd. 4 S. 20.

**§ 213. Wenn bei einer Nachprüfung durch die Aufsichtsbehörde[1] vor Ablauf der Verjährungsfrist Fehler aufgedeckt werden, deren Berichtigung eine Herabsetzung der Steuer rechtfertigt[2], so ist die Steuerfestsetzung zu berichtigen[3].**

[1] Vgl. Anm. 7 zu § 212.

[2] Wegen des Begriffs „Fehler" s. Anm. 8 zu § 212. § 213 kann weiterhin keinesfalls dazu dienen, Verfahrensmängel, die vielleicht zu einer unrichtigen Steuerfestsetzung geführt haben können (z. B. es ist Schätzung durch den Steuerausschuß erfolgt, ohne daß dem Pflichtigen vorher Gelegenheit gegeben worden ist, sich zu den Aussagen von Auskunftspersonen zu äußern), zu korrigieren.

[3] Die Entdeckung des Fehlers kann auch zufolge Anregung durch den Steuerpflichtigen selbst erfolgen.

Die Berichtigung ist eine (dem sog. officium nobile angehörige) Pflicht der Aufsichtsbehörde. Ihr steht jedoch kein Anspruch des Pflichtigen auf Berichtigung gegenüber. Ein solcher Anspruch käme im Ergebnis einer Verlängerung der Rechtsmittelfrist ins Uferlose gleich. Der Pflichtige kann sich wegen Nichtberücksichtigung einer von ihm gegebenen Anregung nach § 281 beschweren (E. Bd. 7 S. 231). Er hat jedoch gegen den Berichtigungsbescheid selbst nicht das gegen den Steuerbescheid zulässige Rechtsmittel (RFH. v. 22. 12. 24, Kartei Nr. 3 zu § 213).

Wegen Geltendmachung des Erstattungsanspruchs auf Grund der Berichtigung s. §§ 127, 128.

**§ 214.** Wo das Gesetz[1] wegen bedingter, befristeter oder sonst ungewisser Verhältnisse die Steuerfestsetzung aussetzt oder eine vorläufige vorsieht[2], ist die Steuerfestsetzung nachzuholen oder zu berichtigen, wenn die Ungewißheit beseitigt ist[3]. Nach Ablauf des Jahres, das auf die Beseitigung der Ungewißheit folgt, kann der Steuerpflichtige die Berichtigung nicht mehr beantragen. Eine Berichtigung zum Nachteil des Steuerpflichtigen ist unzulässig, wenn der Anspruch auf Nachzahlung verjährt ist; im Sinne des § 122 Abs. 1 gilt der Anspruch als mit der Beseitigung der Ungewißheit entstanden.

Abs. 1 gilt entsprechend, wenn ein Tatbestandsmerkmal, dessen Vorliegen das Gesetz für die Besteuerung fordert, nachträglich mit Wirkung für die Vergangenheit weggefallen ist, wie bei Anfechtung einer letztwilligen Verfügung oder einer Erbschaftsannahme.

[1] Die AO. oder andere Steuergesetze.

[2] Z. B. §§ 82, 145, 148—150.

[3] Über Anfechtbarkeit und Form der Berichtigungsbescheide s. § 222 und Anm. daselbst.

**§ 215.** Der Reichsminister der Finanzen kann anordnen, daß die Festsetzung, die Erstattung und die Vergütung von Steuern und anderen steuerlichen Geldleistungen unterbleiben, wenn der Betrag, der festzusetzen, zu erstatten oder zu vergüten ist, eine gewisse Grenze voraussichtlich nicht übersteigt[1, 2].

[1] Es gelten in dieser Hinsicht (abges. v. d. Umsatzsteuer, s. unten Anm. 2) immer noch die — vielleicht nicht mehr ganz zeitgemäßen — Bestimmungen der sog. Kleinbetragsverordnung v. 3. 10. 22 (RGBl. S. 760). Dieselben sind inzwischen

teilweise hinfällig geworden (soweit sie Niederschlagung, Erlaß usw. betreffen), teilweise sind sie abgeändert durch die Verordnungen v. 6. 1. 23, 28. 2. 23, 19. 4. 23 (RGBl. I S. 63, 162, 259). Die noch in Betracht kommenden Bestimmungen lauten nunmehr unter Berücksichtigung der einschlägigen Änderungen folgendermaßen:

. . . . . . . . . . . . . . . . . . . . . . .

§ 4. Nachforderungen von Steuern und Berichtigungen von Steuerfestsetzungen (§ 215 AO.) können vorbehaltlich der Bestimmung des § 6 unterbleiben, wenn der Betrag, der nachzufordern oder zu erstatten ist, das Sechsfache des Briefportos*) voraussichtlich nicht überschreitet. Wenn auf Grund von Nachforderungen oder Berichtigungen mehrere Beträge von demselben Steuerpflichtigen (§ 79 AO.) gleichzeitig eingezogen werden können, so sind die Beträge zusammenzurechnen. Entsprechendes gilt für Beträge, die zu erstatten sind.

§ 5. Die Festsetzung von Steuern kann nach näherer Anordnung des Landesfinanzamts unterbleiben, wenn der einzuziehende Betrag das Sechsfache des Briefportos voraussichtlich nicht überschreitet und die Kosten der Festsetzung und Einziehung außer Verhältnis zu dem einzuziehenden Betrage stehen.

§ 2 Satz 2 findet entsprechende Anwendung.

§ 6. Erstattungen unterbleiben, wenn der zu erstattende Betrag das Sechsfache des Briefportos voraussichtlich nicht überschreitet und die Erstattung nicht beantragt wird. Als Antrag im Sinne dieser Bestimmung ist auch der Antrag auf Berichtigung einer Steuerfestsetzung oder die Einlegung eines Rechtsmittels anzusehen.

§ 4 Satz 2, 3 findet entsprechende Anwendung.

---

*) Briefporto ist nach Art. II V. v. 28. 2. 23 die Gebühr für einen Brief unter 20 Gramm im inländischen Fernverkehr.

§ 7*). Sind Gebühren nicht zu erheben oder wird für die Zurücknahme eines Rechtsmittels oder für eine abweisende Entscheidung Gebührenfreiheit gemäß § 295 Halbsatz 2 der Reichsabgabenordnung gewährt, so kann die Festsetzung oder Einziehung der Auslagen unterbleiben, wenn der einzuziehende Betrag das Sechsfache des Briefportos voraussichtlich nicht überschreitet.

§ 8. (Enthält die Ermächtigung des RFM. zur Abänderung der Beträge.)

§ 9. (Hebt entgegenstehende steuergesetzliche Bestimmungen auf, desgleichen den § 8 Abs. 1 EinfV. zur AO. sowie § 7 Abs. 2 EinfV., soweit er die Niederschlagung betrifft.)

[2] Für die Umsatzsteuer gilt § 35 UStAB.

**§ 216.** Das Steuerermittlungsverfahren ist außer im Falle des § 205 Abs. 3, § 206 Abs. 2 kosten-, gebühren- und stempelfrei[1]; im übrigen[2] bestimmt der Reichsminister der Finanzen den Umfang der Gebühren.

[1] Gebühren und Stempel dürfen also für das Verfahren nie erhoben werden, Kosten nur im Rahmen der §§ 205 Abs. 3, 206 Abs. 2. Näheres über die Kostentragungspflicht nach diesen Bestimmungen s. Anm. daselbst. Hier ist nur ergänzend zu bemerken, daß unter die vom Pflichtigen zu tragenden Kosten unter Umständen auch Gebühren und Stempel gehören können, die von anderen Behörden verlangt werden; denn § 216 verbietet nur den Ansatz von Gebühren oder Stempeln für Akte der Finanzbehörden selbst.

[2] „Im übrigen", d. h. im Falle der §§ 205, 206. Einschlägige Bestimmungen existieren zurzeit nicht. Über die nunmehr aufgehobene V. über die Kosten des Steuerermittlungsverfahrens s. Anm. 6 zu § 205.

---

*) Aufgehoben durch § 4 V. v. 19. 4. 23, soweit er die Auslagen des Rechtsmittelverfahrens betrifft.

# Vierter Abschnitt.
# Rechtsmittel.
## Erster Titel.
## Zulässigkeit der Rechtsmittel.

### Vorbemerkungen zu §§ 217—297.

Unter Rechtsmittel im Sinne dieses Abschnitts versteht man das vom Gesetz nach Zulässigkeit und Form geregelte Begehren, welches dem durch eine behördliche Verfügung oder Maßnahme Betroffenen den Anspruch gibt auf Nachprüfung der Rechtmäßigkeit der Verfügung oder Maßnahme sowie deren eventuellen Richtigstellung durch dieselbe oder eine andere Behörde in einem gesetzlich geregelten Verfahren.

Nach der AO. unterscheiden wir zwei Gruppen von Rechtsmitteln:

1. Das Berufungsverfahren, das sind die gegen Steuerbescheide und ihnen nach §§ 220—223 gleichzustellenden Bescheide zulässigen Rechtsmittel (Einspruch, Berufung, Anfechtung, Rechtsbeschwerde).

2. Die Beschwerde gegen alle übrigen Verfügungen (§ 224) sowie gegen Steuerbescheide im Falle des § 210 Abs. 3. Eine sog. weitere Beschwerde kennt die AO. lediglich im Falle des § 283 in der Form der Rechtsbeschwerde zum RFH. Eine Beschwerde unmittelbar zum RFH. ist im Falle des § 200 vorgesehen.

Die allgemeinen Verfahrensvorschriften sowie die Kostenvorschriften (§§ 228—243, 285—297) beziehen sich, soweit sie nicht selbst sich ausdrücklich einschränken, auf alle Arten von Rechtsmitteln. Für Beschwerden im Strafverfahren gelten die Bestimmungen dieses Abschnitts überhaupt nicht.

Daneben kennt die AO. noch die sog. Erinnerungen gegen Auslagen- und Kostenfestsetzungen (§§ 288 Abs. 3, 293 Abs. 1), die an keine Frist gebunden sind.

Kein Rechtsmittel im eigentlichen Sinne ist die sog. Aufsichtsbeschwerde (Anm. 1 zu § 13). Die Geltendmachung von Rechtsmitteln im eigentlichen Sinne kann, wie bereits zu § 13 bemerkt ist, durch Einreichung einer solchen Aufsichtsbeschwerde nie ersetzt werden, so wenig als der Aufsichtsbehörde ein Recht zusteht, in ein schwebendes Rechtsmittelverfahren einzugreifen, mindestens, soweit das finanzrichterliche Verfahren in Frage steht.

Über ev. Kollisionen von Erlaßanträgen und Rechtsmitteln s. Anm. 3 zu § 108.

**§ 217.** Gegen Steuerbescheide[1] (§§ 211, 220) und gegen die im § 223 bezeichneten Bescheide ist als Rechtsmittelverfahren[2] gegeben,

1. soweit es sich nicht um Zölle und Verbrauchsabgaben handelt: das Berufungsverfahren[3];
2. soweit es sich um Zölle und Verbrauchsabgaben handelt: das Anfechtungsverfahren.

[1] Über den Begriff Steuerbescheid s. § 220, insbes. dessen Abs. 1.

Die Rechtmäßigkeit des Steuerbescheids als solchen bildet den Angriffspunkt. Daher hat der RFH. die Anfechtung einer Entscheidung im Kostenpunkt allein in ständiger Rechtsprechung für unzulässig erklärt (E. Bd. 3 S. 38, Bd. 14 S. 58). Anders dann, wenn die Einschränkung der Anfechtung auf den Kostenpunkt ihren Grund darin hat, daß die Hauptsache inzwischen anderweitig gegenstandslos geworden ist und der Pflichtige ein Recht darauf hat, daß zwecks Prüfung des Kostenpunkts auch eine Nachprüfung in der Sache selbst stattfindet (E. Bd. 14 S. 3, Bd. 17 S. 44); ein solcher Fall liegt auch vor, wenn der Pflichtige geltend macht, die Vorinstanz habe zu Unrecht das Vorliegen einer Zurücknahme der Berufung angenommen.

[2] Rechtsmittelentscheidungen können immer nur mit Be-

ziehung auf einen bestimmten Steuerfall ergehen, nicht etwa unabhängig davon einen allgemeinen Ausspruch, z. B. über der Steuerpflichtigkeit eines bestimmten Betriebs enthalten (E. Bd. 5 S. 299).

[3] Über den Einfluß der Konkurseröffnung auf Zulässigkeit und Gang des Rechtsmittelverfahrens s. Anm. 2 zu § 85

§ 218. Im Berufungsverfahren sind gegeben:

gegen die Entscheidung des Finanzamts oder einer Hilfsstelle des Finanzamts: der Einspruch; über ihn entscheidet das Finanzamt[1];

gegen die Einspruchsentscheidung des Finanzamts: die Berufung; über sie entscheidet das Finanzgericht[2];

gegen die Berufungsentscheidung des Finanzgerichts: die Rechtsbeschwerde; über sie entscheidet der Reichsfinanzhof.

[1] D. i. das Finanzamt, das die Steuer festgesetzt hat; eine Abgabe der Akten seitens des FA., das die Steuer festgesetzt hat, an ein anderes zum Zwecke der Einspruchsentscheidung ist auch im Rahmen des § 58 unzulässig (vgl. Anm. 2 zu § 58).

[2] Die Verfügung des Vorsitzenden des Finanzgerichts, daß das Verfahren über die Berufung auszusetzen sei, ist in ihrer Wirkung einer Berufungsentscheidung gleichzustellen und kann daher mit der Rechtsbeschwerde angefochten werden (E. Bd. 17 S. 344).

§ 219. Im Anfechtungsverfahren sind gegeben:

gegen die Entscheidung des Finanzamts oder einer Hilfsstelle des Finanzamts: die Anfechtung; über sie entscheidet das Landesfinanzamt;

gegen die Anfechtungsentscheidung des Landesfinanzamts: die Rechtsbeschwerde; über sie entscheidet der Reichsfinanzhof.

**§ 220. Ist ein förmlicher Steuerbescheid[1] nicht zu erteilen, so gilt als Steuerbescheid jede Willenskundgebung[2] eines Finanzamts[3] oder einer Hilfsstelle eines Finanzamts, mit der erstmalig ein bestimmter Betrag als Steuer[4] von einer bestimmten Person sofort oder innerhalb einer bestimmten Frist beansprucht wird[5].**

**Als Steuerbescheid im Sinne des § 217 gilt auch eine schriftliche Auskunft, die ein Finanzamt über die Stempelpflichtigkeit einer ausgestellten Urkunde oder eines vollzogenen Geschäfts erteilt[6]. Als Steuerbescheide gelten ferner Freistellungen von Steuern[7] und Feststellungsbescheide eines Finanzamts oder Landesfinanzamts, die für die Bemessung künftiger Steueransprüche bindend sind[8]. Ist ein solcher Feststellungsbescheid von einem Landesfinanzamt erlassen, so ist die Rechtsbeschwerde an den Reichsfinanzhof gegeben.**

[1] Ein förmlicher Steuerbescheid ist ein durch das Gesetz selbst oder durch gesetzesgleiche Vorschrift vorgesehener Bescheid. Der Begriff deckt sich mit dem Begriff des Steuerbescheids im Sinne des § 211. Ob die Erfordernisse des § 211 im einzelnen eingehalten sind oder nicht, ist selbstverständlich für die Einreihung eines Bescheids unter die „förmlichen" Steuerbescheide des § 220 Abs. 1 und für seine Anfechtbarkeit nach §§ 217ff. ohne Belang. Es kommt vielmehr hierfür nur darauf an, ob der Bescheid — der im übr gen natürlich den für Steuerbescheide allgemein durch § 220 Abs. 1 bestimmten Voraussetzungen entsprechen muß — nach Inhalt und Tragweite einem Bescheid gleichkommt, den das Gesetz im Normalfalle für die Vornahme der Besteuerung bei der betr. Steuerart vorsieht. Der RFH. hat daher sogar in Fällen, in welchen das Finanzamt durch nachträgliche Festsetzung von Umsatzsteuervorauszahlungen für den Zeitraum eines ganzen Steuerabschnitts die Steuerpflicht des Betroffenen für diesen

Steuerabschnitt erschöpft hat, trotz Fehlens der Veranlagungsform das Vorliegen eines Veranlagungsbescheids und damit die Anfechtbarkeit der Festsetzungsverfügung im Berufungsverfahren angenommen (RStBl. 1925 S. 102). Die Finanzämter werden angesichts dieser — übrigens mit Rücksicht auf den Anspruch des Pflichtigen auf nachträgliche Veranlagung nicht unbedenklichen — Entscheidung gut daran tun, die nachträgliche Festsetzung von Vorauszahlungen stets nur auf einen größeren oder kleineren Teil eines Steuerabschnitts zu erstrecken.

Über die Frage, ob Festsetzungsverfügungen bei Vorauszahlungen im übrigen förmliche Steuerbescheide sind, s. unten Anm. 5.

[2] Die Bekanntgabe der Willenskundgebung an den Steuerpflichtigen muß in einer der Formen des § 73 erfolgt sein, damit ein Steuerbescheid im Sinne des § 220 angenommen werden kann.

[3] Zahlungsaufforderungen der Finanzkasse (die insbesondere bei Regelung der Vorauszahlungen in den Fällen eine Rolle spielen, in denen eine formelle Voranmeldung nicht mehr vorgeschrieben ist) sind in keinem Falle Steuerbescheide; denn die Finanzkasse ist zur Festsetzung von Steuern nicht befugt.

[4] Über den Begriff Steuern s. Bem. zu § 1. Vorauszahlungen auf die Einkommen- und Umsatzsteuer sind gleichfalls Steuern im Sinne der AO. (Bezüglich der Umsatzsteuer ist dies übrigens ausdrücklich in § 19 Abs. 3 S. 1 UmsStG. gesagt.)

[5] Es muß sich um eine Steuerabforderung für einen bestimmten Fall handeln. Daher ist kein Steuerbescheid eine Anordnung des Finanzamts zur künftigen Regelung steuerlicher Verhältnisse in einem gewissen Sinne (vgl. z. B. E. Bd. 14 S. 36 hinsichtlich der Versicherungssteuer); in diesen Fällen kann es sich vielmehr um eine nach § 202 erzwingbare Anordnung handeln (s. Anm. 2 zu § 202).

Die Festsetzung einer Steuer muß ferner der wesentliche Inhalt der Verfügung sein; sie darf nicht etwa nur nebenher und zur Bemessung anderer Leistungen erfolgen. Daher ist eine in einem Strafbescheid zur Bemessung von Strafgrund und Strafhöhe erfolgte Steuerberechnung kein Steuerbescheid im Sinn der AO. (E. Bd. 16 S. 329).

Von besonderer Bedeutung ist die Frage nach der Rechtsnatur der Verfügungen, durch welche Vorauszahlungen festgesetzt werden. Diese Festsetzungsverfügungen spielen heute ihre Hauptrolle nur noch bei der Umsatzsteuer (§ 19 Abs. 3 UmsStG.), bei der Einkommensteuer finden sie sich noch in beschränktem Maße (§§ 97—99 EStG.). Daß solche Festsetzungsverfügungen, wenn sie im übrigen den Erfordernissen des § 220 Abs. 1 genügen, Steuerbescheide sind, ist bei der Natur der durch sie geforderten Geldleistungen (s. oben Anm. 4) kaum zu bezweifeln. Mit Recht betont daher Kloß in Heft 1 des StArch. für 1926, daß es zum Ausschluß des Berufungsverfahrens gegen solche Festsetzungsverfügungen einer ausdrücklichen gesetzlichen Bestimmung bedurfte (§ 19 Abs. 3 S. 4 UmsStG., § 101 Abs. 3 EinkStG.).

Schwieriger ist die Frage, ob diese Festsetzungsverfügungen zu den sog. „förmlichen" Steuerbescheiden der §§ 220 Abs. 1, 211 AO. zu rechnen sind oder nicht. Ich möchte die Frage — zunächst jedenfalls für das Gebiet der Umsatzsteuer — entschieden verneinen. Es liegt (wenngleich die Umsatzsteuervoranmeldung aus gewissen hier nicht weiter zu erörternden Gründen nach § 19 Abs. 3 S. 1 UmsStG. als Steuererklärung zu gelten hat) bei der Vorauszahlungsfestsetzung noch keine endgültige Steuerabforderung vor, sondern nur das in der Entwicklung des reichsfiskalischen Geldbedarfs begründete Verlangen nach Abschlagszahlungen (vgl. Becker Anm. zu § 220 a. E.). Die Vorauszahlungen haben mithin, wenngleich bei ihrer Festsetzung die sachlichen Voraussetzungen der Steuerpflicht ähnlich wie bei der Veranlagung selbst nachzuprüfen sind, mehr den Charakter von Sicherungs- und Erhebungsmaßnahmen.

Das Reich soll möglichst rasch und einfach zu den Beträgen gelangen, auf die es einen — wenn auch noch nicht endgültig festgestellten — Anspruch hat. Es würde aber das Vorauszahlungssystem in gewisser Beziehung einen Schlag ins Wasser bedeuten, wenn man an seine formelle Durchführung zu hoch gespannte Anforderungen stellen würde. Denn die Erklärung der Festsetzungsverfügungen zu förmlichen Steuerbescheiden hätte — abgesehen von den sich aus den Formvorschriften des § 211 unter Umständen ergebenden Schwierigkeiten — vor allem die für die Praxis unerfreuliche Folge, daß Nachforderungen von Vorauszahlungen nur unter den recht eingeschränkten Voraussetzungen des § 212 Abs. 2 stattfinden dürften. Das kann der Gesetzgeber unmöglich gewollt haben.

Auch formell zwingt die Fassung der Bestimmung des § 19 Abs. 3 S. 2 UmsStG. nicht zu einer gegenteiligen Auffassung. § 37 Abs. 3 UStAB. (nebst Muster 9) ändert hieran nichts; er enthält lediglich eine im Interesse einheitlicher Gesetzesdurchführung erlassene Verwaltungsanordnung.

Die offenbar von einer gegenteiligen Auffassung ausgehenden Darlegungen Kloß's in Nr. 1 des StArch. 1926 sind nicht überzeugend; insbesondere kann nicht zugegeben werden, daß die Festsetzung von Vorauszahlungen den auf ganz anderen Voraussetzungen aufgebauten vorläufigen Veranlagungen des § 82 gleichzustellen sei.

Hinsichtlich der Vorauszahlungen auf die Einkommensteuer könnte man bei einer ängstlich sich an den Wortlaut klammernden Auslegung auf Grund der Fassung des § 101 Abs. 2 EinkStG. zunächst zu einer gegenteiligen Auffassung gelangen. Es erscheint aber auch hier einfach undenkbar, daß der Gesetzgeber ein für den Regelfall — nicht etwa nur für Ausnahmefälle wie in § 82 — geltendes Nebeneinanderbestehen zweier förmlicher Steuerbescheide (Vorauszahlungsfestsetzung und Steuerbescheid) im Auge gehabt haben soll. Zur Zeit des Entstehens der AO. dachte eben kein Mensch an „Vorauszahlungen" und es muß nunmehr ihre sinngemäße Einreihung in das System der AO. unter besonderer Beachtung der Auslegungsgrundsätze des § 4 AO. erfolgen.

[6] Über die Bedeutung von finanzamtlichen Auskünften in Stempelsachen für die Anfechtbarkeit der darauf beruhenden Stempelentrichtung s. E. Bd. 7 S. 238.

[7] Vgl. Anm. 3 u. 4. zu § 212.

[8] Feststellungsbescheide im Sinne des § 220 sind nur solche Bescheide, deren Inhalt nach ausdrücklicher gesetzlicher Vorschrift eine Bindung für spätere Steuerfestsetzungen bedeutet; ein Beispiel bildet die Entscheidung des Finanzamts über Erhöhung des steuerpflichtigen Lohnanteils (E. Bd. 17 S. 13).

**§ 221. Außer bei Feststellungsbescheiden (§ 220 Abs. 2) kann ein Steuerbescheid nur deshalb angefochten werden, weil sich der Steuerpflichtige durch die Höhe der Steuerforderung beschwert fühlt, oder weil die Steuerpflicht verneint oder eine zu geringe Steuer festgesetzt ist[1].**

[1] Auch für die Rechtsmittel im Berufungsverfahren gilt der (hinsichtlich der Beschwerde in § 281 ausgesprochene) Grundsatz, daß Voraussetzung für die Zulässigkeit der Rechtsmitteleinlegung eine Beschwer ist, d. h. ein Rechtsmittel kann nur einlegen, wer durch eine Verfügung beschwert ist (E. Bd. 4 S. 172). Zur Entscheidung sog. akademischer Fragen sind die Rechtsmittelbehörden nicht da (E. Bd. 12 S. 220). Über ausnahmsweise Zulässigkeit der Anfechtung einer Begründung allein s. E. Bd. 13 S. 227, Bd. 14 S. 114, über den Begriff der Beschwer E. Bd. 12 S. 252, Bd. 12 S. 175, über Beschwer bei Rechtsmitteleinlegung durch das Finanzamt E. Bd. 6 S. 27.

Der Steuerpflichtige kann trotz einer seinem Antrag entsprechenden Vorentscheidung unter Veränderung seines Rechtsstandpunkts eine Abänderung der Entscheidung im Rechtsmittelzug herbeiführen (E. Bd. 13 S. 227). Das gleiche gilt übrigens hinsichtlich der tatsächlichen Unterlagen (wegen des Kostenpunkts hierbei s. aber § 286 Abs. 2).

Über die Unzulässigkeit der Anfechtung eines Steuerbescheids im Kostenpunkt allein sowie über Ausnahmen von diesem Grundsatz s. Anm. 1 zu § 217.

**§ 222.** Bei Steuerbescheiden, die frühere Steuerbescheide ändern, zum Beispiel in den Fällen des § 74 Abs. 3 und der §§ 76, 212 und 214, ist der neue Bescheid selbständig anfechtbar[1], soweit die Änderung reicht.

[1] Aus § 222 in Verbindung mit § 231 ist zu folgern, daß in jedem Falle einer Abänderung früherer Bescheide ein neuer Bescheid zu erteilen ist, dessen Form und Bekanntgabe sich nach den Vorschriften richtet, die für den Erlaß von Steuerbescheiden der betr. Art überhaupt gelten. Das ist von Wichtigkeit insbes. für den Lauf der Rechtsmittelfrist (§ 231 Abs. 1, 3). Vgl. auch Anm. 4 zu § 212, ferner wegen der Abhilfebescheide im Beschwerdeverfahren gegen Steuerbescheide (die in Betracht kommenden Fälle sind § 210 Abs. 3, ferner die Festsetzungsbescheide bei Vorauszahlungen, Anm. 5 zu § 220) § 282 und Anm. 1 dort.

Die Anfechtung einer Neuveranlagung kann auch auf Gründe gestützt werden, die an sich nur gegen die rechtskräftig gewordene erste Veranlagung vorgebracht werden konnten (E. Bd. 12 S. 133).

Über Anwendung des § 222 auf vorläufige Steuerbescheide s. E. Bd. 18 S. 269.

**§ 223.** Die Rechtsmittel der §§ 217 bis 219 sind ferner gegeben gegen Bescheide über Erstattungs- und Vergütungsansprüche, die aus Rechtsgründen zugelassen sind[1], sowie gegen Bescheide, durch die erstattete oder vergütete Beträge zurückgefordert werden[2].

Ist ein solcher Bescheid von einem Landesfinanzamt erlassen[2], so ist gegen ihn in den Fällen des § 217 Nr. 1 die Berufung an das Finanzgericht und gegen dessen Entscheidung die Rechtsbeschwerde an den Reichsfinanzhof und in den Fällen des § 217 Nr. 2 die Rechtsbeschwerde an den Reichsfinanzhof gegeben.

[1] Über die Tautologie des Ausdrucks, ferner über allgemeine Voraussetzungen und Umfang der Erstattungsansprüche, insbesondere deren Erstreckung auf sog. Nebenleistungen s. Vorbem. vor § 127 (wegen Nebenleistungen außerdem auch die gegenwärtige Anm. a. E.), über die Abgrenzung der einzelnen Erstattungsfälle Anm. 1 zu § 127.

Die eben erwähnte Tautologie des Ausdrucks „Erstattungsansprüche, die aus Rechtsgründen zugelassen sind" führt in der Anwendung des § 223 fortwährend zu Mißverständnissen und Unklarheiten, indem im konkreten Falle argumentiert wird, es liege kein gesetzlicher Erstattungsgrund vor, die Anwendbarkeit des § 223 scheide daher aus. Zur Beseitigung dieses Mißverständnisses diene folgendes: Man wird, wenn die Frage des einzuschlagenden Rechtsmittelwegs nicht in völlige und dauernde Verwirrung geraten soll, nur unterscheiden können zwischen Erstattungsanträgen, die auf Billigkeitsgründe (§ 108) und solchen, die auf Rechtsgründe gestützt sind. Für die letztere Art von Erstattungsanträgen hat § 223 den verstärkten Rechtsschutz des Berufungsverfahrens eingeführt. Die Zulässigkeit dieses Verfahrens kann aber natürlich nicht davon abhängen, ob der auf Rechtsgründe gestützte Antrag auch rechtlich begründet ist; denn hierdurch würde ja die sachliche Entscheidung zur Vorbedingung für die Prüfung der Zulässigkeit des Berufungsverfahrens gemacht. Die Finanzgerichte haben sich also mit derartigen Anträgen sachlich zu befassen und sie — falls keiner der im Gesetz normierten Erstattungstatbestände vorliegt (Anm. 1 zu § 127), abzulehnen. Nur in dieser Auffassung kann § 223 Sinn und Bedeutung gewinnen. Die Entscheidung des RFH. in E. Bd. 3 S. 179 dürfte, obwohl ihre Fassung von Mißverständlichkeit nicht frei ist, dieser Auffassung nicht entgegenstehen.

Bei Zweifeln über die Auslegung einer Eingabe als Erstattungsantrag auf Billigkeitsgründen oder aus Rechtsgründen ist die dem Steuerpflichtigen günstigere Auslegung vorzuziehen, nötigenfalls die Absicht des Antragstellers durch Rückfrage einwandfrei festzustellen. Ein aus Rechtsgründen gestellter Erstattungsantrag darf nicht dem ersichtlichen Willen des Steuerpflichtigen zuwider als Erstattungsantrag aus Billigkeitsgründen behandelt werden (E. Bd. 7 S. 238, vgl. auch RFM. in RStBl. 1920 S. 437, ferner Anm. 3 zu § 108).

Über den Grundsatz, daß Erstattungsanträge in keinem Falle einen Ersatz für die Unterlassung der Anfechtung von Steuerfestsetzungen bilden, sowie über den damit zusammenhängenden Grundsatz, daß in die Form von Erstattungsanträgen gekleidete Eingaben des Steuerpflichtigen unter Umständen (falls nämlich die Rechtsmittelfrist noch läuft) als Rechtsmittel gegen die Steuerfestsetzung zu behandeln sind, vgl. Vorbem. vor § 127 a. E.

Der Erstattungsanspruch muß, um im Berufungsverfahren verfolgbar zu sein, sich auf einen bestimmten Fall beziehen, auch wenn der begehrte Betrag ziffernmäßig nicht angegeben sein sollte; unzulässig sind daher generelle Anträge auf Erstattung von Steuern für alle oder für gewisse künftige Fälle (E. Bd. 6 S. 194). Im Berufungsverfahren verfolgbar sind auch Ansprüche auf Erstattung von Nebenleistungen (s. hierüber Vorbem. vor § 127) und zwar auch selbständig für sich allein (E. Bd. 8 S. 96).

Von der Geltendmachung des Erstattungsanspruchs scharf zu trennen ist der Anspruch des Pflichtigen auf Herauszahlung des ihm auf Grund eines rechtskräftigen Erstattungsbescheids zustehenden Betrags. Gegen die Unterlassung dieser Herauszahlung durch das Finanzamt gibt es nicht das Berufungsverfahren, sondern nur die Dienstaufsichtsbeschwerde.

[2] Vgl. § 78.

[3] Ein im Auftrage des Landesfinanzamts dem Pflichtigen vom Finanzamt bekanntgegebener Bescheid gilt als vom LFA. erlassen (E. Bd. 9 S. 17).

**§ 224.** Andere als die in den §§ 217 bis 223 bezeichneten Verfügungen von Finanzbehörden[1] unterliegen der Beschwerde (§ 281)[2].

[1] Hierunter fallen alle nicht in §§ 220—223 genannten Verfügungen und Maßnahmen von Finanzbehörden im Ermittlungs-, Festsetzungs-, Rechtsmittel-, Aufsichts- und Beitreibungsverfahren. Auch Verfügungen anderer Stellen können in Betracht kommen (vgl. § 282 Abs. 3). Voraussetzung ist, daß durch die betr. Verfügung usw. jemand beschwert ist oder sich wenigstens beschwert glaubt (s. §§ 281, 221 nebst Bem.). Beschwerden im Strafverfahren gehören nicht hierher!

[2] Auch „Verwaltungsbeschwerde" genannt, soweit nur die Zuständigkeit von Verwaltungsbehörden in Frage kommt.

**§ 225.** Befugt, ein Rechtsmittel einzulegen, ist der, gegen den der Bescheid oder die Verfügung ergangen ist[1]. Für seine Vertretung gelten die § 83 Abs. 2, §§ 84 bis 91[2]. Stirbt jemand, der berechtigt ist, ein Rechtsmittel einzulegen, während eine Rechtsmittelfrist läuft, bevor er das Rechtsmittel eingelegt hat, so kann jeder Erbe das Rechtsmittel einlegen[3].

[1] Die Wendung: „..., gegen den der Bescheid usw. ergangen ist", ist nicht gleichbedeutend etwa mit: „...wem der Bescheid usw. bekannt gemacht worden ist". Ob die Bekanntgabe an eine unrichtige Person oder bei mehreren gesamtschuldnerisch Verpflichteten nur an einen der Steuerschuldner bekanntgegeben worden ist, vielleicht auch zunächst nur von diesem die Steuer eingezogen werden soll, ist für die Befugnis der Betroffenen zur Rechtsmitteleinlegung belanglos. (Eine andere

Frage ist die, ob die Rechtsmittelfrist zu laufen beginnt gegen den Steuerschuldner, dem die Festsetzung nicht bekanntgegeben worden ist; hierüber s. Anm. 1 zu § 231 Abs. 1.) Die in Steuer u. Wirtsch. 1922 S. 360 angeführte Entscheidung des RFH. v. 10. 1. 22 dürfte trotz ihrer etwas mißverständlichen Fassung (oder Wiedergabe?) nichts Gegenteiliges besagen.

„Ergangen" ist ein Bescheid gegen den- oder diejenigen, gegen den oder gegen die die Steuer in dem Bescheid ausdrücklich festgesetzt wird (d. i. der Begriff des „Leistungsgebots" in § 9 Abs. 1 Nr. 1 BeitreibOdg.). Irgendein auf Gesetz oder Vertrag beruhendes Innenverhältnis zwischen dem Adressaten des Leistungsgebots und Dritten spielt — abgesehen von dem in § 225 S. 2 berührten Vertretungsverhältnis — für die Befugnis zur Rechtsmitteleinlegung keine Rolle (z. B. E. Bd. 7 S. 348, Bd. 8 S. 157, DStBl. Jahrg. 3 S. 181), soweit nicht etwa ein Beitritt oder eine Zuziehung gemäß § 226 zulässig und erfolgt ist.

Es kann vorkommen, daß ein Steuerbescheid gegen jemanden ergeht, der gar nicht steuerfähig ist (vgl. über Steuerfähigkeit Anm. 2 zu § 79). In solchem Falle muß der Betroffene zur Rechtsmitteleinlegung befugt sein, da auf andere Weise der unrichtige Steuerbescheid gar nicht aus der Welt zu schaffen wäre.

Für die Befugnis der Finanzbehörden zur Rechtsmitteleinlegung gilt überhaupt nicht § 225, sondern ausschließlich §§ 245, 265 (E. Bd. 3 S. 131, vgl. wegen Rechtsmittel in Stempelsachen auch E. Bd. 3 S. 43).

Über Befugnis zur Rechtsmitteleinlegung bei Rechtsnachfolge s. Anm. 3.

2 Durch die Bezugnahme auf § 83 Abs. 2, §§ 84—91 ist klargestellt, daß, soweit den in diesen Bestimmungen genannten Vertretern usw. die Pflicht zur Erfüllung der dem Steuerschuldner obliegenden Verpflichtungen auferlegt ist, auch ihre Befugnis zur Rechtsmitteleinlegung reicht. Es kann daher z. B. (§ 85) der Ehemann, soweit die Haftung des eingebrachten

oder des Gesamtguts in Frage kommt, Rechtsmittel einlegen gegen Steuerbescheide, welche gegen die Ehefrau gerichtet sind.

Über den Einfluß der Konkurseröffnung auf die Anfechtbarkeit der gegen den Steuerschuldner bereits ergangenen und noch ergehenden Steuerbescheide vgl. Anm. 2 zu § 85.

Zur Frage der Rechtsmitteleinlegung durch Bevollmächtigte vgl. Anm. 3 zu § 83.

[3] Die Erben treten also ohne weiteres in das Verfahren ein. Über die Befugnis der sonstigen Rechtsnachfolger (§§ 87, 96) zur Anfechtung von Steuerfestsetzungen, die gegen den Vorgänger ergangen sind, s. Anm. 3 zu § 99.

**§ 226.** Ist ein Bescheid gegen jemand erlassen, der nach § 83 Abs. 2, §§ 84 bis 91 befugt ist, die Interessen eines Steuerpflichtigen wahrzunehmen, so wirkt er auch gegen den Steuerpflichtigen. Wenn der Steuerpflichtige befugt ist, diese Interessen selbständig wahrzunehmen, so kann er das Rechtsmittel selbständig einlegen[1] oder dem Rechtsmittel beitreten[2], das die zur Wahrung dieser Interessen befugte Person eingelegt hat; die Rechtsmittelbehörde kann ihn auch von Amts wegen als Beteiligten zuziehen[3].

Auch sonst kann als Beteiligter zugezogen werden, wessen Interesse nach den Steuergesetzen durch die Entscheidung berührt wird, insbesondere wer auf Grund dieser Gesetze neben dem Steuerpflichtigen haftet oder haftbar gemacht werden kann[4].

Wer als Beteiligter zugezogen oder beigetreten ist, kann dieselben Rechte geltend machen, die dem Steuerpflichtigen zustehen; er muß die Rechtsmittelentscheidung gegen sich gelten lassen.

[1] Abs. 1 betrifft nur die Wirkung der Steuerfestsetzung gegen den vertretenen Steuerpflichtigen sowie dessen Anfech-

tungs- oder Beitrittsrecht usw. Wegen der Frist zur Rechtsmitteleinlegung s. Anm. 2.

[2] Der „Beitritt" ist nicht gleichbedeutend mit dem „Anschluß" des § 232. Er stellt rechtlich keine selbständige Rechtsmitteleinlegung dar.

Einlegung des Rechtsmittels seitens des Pflichtigen kann nur innerhalb der Rechtsmittelfrist erfolgen, deren Lauf mit der Bekanntgabe an die zur Interessenwahrnehmung befugte Person beginnt, Beteiligung oder Zuziehung können auch nachträglich erfolgen.

[3] Die Zuziehung setzt ein in zulässiger Weise eingelegtes Rechtsmittel voraus. Sie ist Ermessenssache. Sie kann in jeder Lage des Verfahrens erfolgen. Die bisher in der Sache ergangenen Entscheidungen und im Lauf befindlichen Fristen wirken auch gegen den Zugezogenen.

Die Zuziehung erfolgt durch Bekanntgabe des Zuziehungsbeschlusses in den Formen des § 73 (Zustellung nicht vorgeschrieben). Sie bewirkt zufolge Abs. 3, daß der Zugezogene „Beteiligter" i. S. der AO. (§§ 237, 241, 246, 247, 249, 251, 253, 259, 261, 262 usw.) wird und daß er im weiteren Verfahren die gleichen Rechte hat wie derjenige, der das Rechtsmittel eingelegt hat, auch soweit dies nicht ausdrücklich im Gesetz gesagt ist, z. B. bezüglich der Zustellung von Rechtsmittelbescheiden (§ 242 Abs. 2, wegen der Urteile 2. Instanz gilt ohnehin § 262).

[4] Nur ein Interesse oder eine Mithaftung auf Grund von Steuergesetzen kommt in Frage, eine — wenn auch noch so bedrohliche — Haftung oder Regreßverpflichtung auf Grund anderer Gesetze (z. B. des BGB.) oder besonderer vertraglicher Abmachungen gehört nicht hierher.

Ein „Interesse" eines Dritten nach den Steuergesetzen liegt dann vor, wenn der Ausgang des Rechtsmittelverfahrens dem Dritten einen in der Anwendung der Steuergesetze gegen ihn unmittelbar begründeten, nicht etwa einen lediglich mittelbaren wirtschaftlichen Nachteil bringen kann. Der im Gesetz selbst genannte Hauptfall ist die eventuelle Mithaftung des Dritten für die Steuer (z. B. nach §§ 90, 92, 93, 95 Abs. 2, 96, 97, ferner § 22 EinkStG.).

Eine zivilrechtliche Haftung Dritter begründet auch dann keine Zuziehung, wenn diese Haftung in einem Steuergesetz festgelegt ist (z. B. § 10 Abs. 2 S. 2 UmsStG.).

Über allgemeine Voraussetzungen, Form und Wirkung der Zuziehung s. oben Anm. 3.

**§ 227.** In Steuersachen ist der Rechtsweg vor den ordentlichen Gerichten ausgeschlossen. Dies gilt auch für die Rückforderung bezahlter Steuern und anderer Leistungen.

Der Grundsatz des § 227 gilt auch für Aufwertungsbegehren der Finanzbehörden nach der AufwV. (E. Bd. 15 S. 331) sowie für das Begehren nach Aufwertung von Erstattungsbeträgen. Eine Zuständigkeit der ordentlichen Gerichte kann nur in Frage kommen bei der Behauptung schuldhafter Pflichtverletzung von Beamten.

## Zweiter Titel.

## Allgemeine Vorschriften über das Verfahren.

**§ 228.** Soweit die Rechtsmittelbehörden zur Nachprüfung tatsächlicher Verhältnisse berufen sind[1], haben sie den Sachverhalt von Amts wegen zu ermitteln[2]. Sie sind an die Anträge dessen, der das Rechtsmittel eingelegt hat, nicht gebunden und können, mit Ausnahme des Reichsfinanzhofs, den Bescheid auch zu seinem Nachteil ändern[3], wenn und soweit neue Tatsachen oder Beweismittel bekanntgeworden sind, die eine solche Änderung rechtfertigen[4], oder wenn diese Änderung sich auf eine abweichende rechtliche Beurteilung gründet[5].

[1] Das sind alle Rechtsmittelinstanzen mit Ausnahme des Reichsfinanzhofs.

[2] Offizialprinzip! Über dessen Bedeutung s. Anm. 2 zu § 204. Für das Rechtsmittelverfahren bedeutet die Festlegung des Offizialprinzips nicht weniger, als daß die Rechtsmittelbehörden (abgesehen vom RFH.) die ihnen unterbreiteten Fälle derart zum Gegenstand ihrer Untersuchung zu machen haben, als ob sie mit der erstmaligen Veranlagung dieser Fälle selbst beauftragt wären. Es besteht also insbesondere unbeschränktes Abänderungsrecht zugunsten des Steuerpflichtigen (E. Bd. 6 S. 27, S. 167; über Verböserung s. Anm. 3). Im einzelnen hat der RFH. zur Frage des Offizialprinzips und der Bindung der Rechtsmittelbehörden an Rechtsmittelanträge folgende wichtigeren Entscheidungen getroffen.

Die Berufungsinstanz hat alle Tatsachen zu berücksichtigen, die bis zur Urteilsfällung eingetreten sind, § 67 (E. Bd. 4 S. 76), dagegen nicht die Tatsachen, die nach Beschlußfassung, wenn auch noch vor Zustellung zu ihrer Kenntnis gelangt sind (E. Bd. 3 S. 178).

Es kommt nicht darauf an, ob die Steuer seinerzeit zu Recht gefordert wurde, sondern darauf, ob sie zur Zeit der Urteilsfällung zu Recht besteht (E. Bd. 4 S. 76).

Das Berufungsverfahren ist nicht durch den im Einspruch gestellten Antrag begrenzt; es können daher neue, bisher nicht erhobene Einwendungen vorgebracht werden, soweit nicht gesetzlich ausdrücklich das Gegenteil bestimmt ist, wie z. B. bezüglich der örtl. Zuständigkeit gem. § 61 Abs. 2 (E. Bd. 6 S. 13).

§ 228 gilt auch für das Beschwerdeverfahren einschl. des Arrestbeschwerdeverfahrens (E. Bd. 7 S. 118, Bd. 14 S. 3, übrigens selbstverständlich und bereits in den Vorbem. zu §§ 217—297 gesagt).

Auch soweit die Frage der Zuständigkeit einer angegangenen Rechtsmittelbehörde von irgend welchen tatsächlichen Verhältnissen abhängt, besteht keine Bindung an Parteianträge. Damit nicht zu verwechseln ist die Frage der Abgrenzung der Zuständigkeit je nach bestimmten Beschwerdepunkten, d. h. je nach den Punkten, gegen die sich eine Beschwerde überhaupt richtet. Wenn z. B. § 210 Abs. 3 bestimmt, daß bei Beschwerden gegen die Höhe einer Schätzung das LFA. zuständig ist, so kommt, falls nicht zugleich noch ein anderer Beschwerdepunkt geltend gemacht wird, eine andere Zuständigkeit überhaupt nicht in Betracht. Zu einer Hineininterpretation anderer Beschwerdepunkte sind die Behörden selbstverständlich weder verpflichtet noch befugt; das Rechtsmittel müßte vielmehr, falls der Pflichtige mit der Abgabe an die zuständige Behörde nicht einverstanden ist, als unzulässig verworfen werden.

[3] Die sog. reformatio in peius (neusprachlich auch „Verböserung" genannt) ist nach der AO. nur beschränkt zulässig, nämlich nur bei Bekanntwerden neuer Tatsachen oder Beweismittel (hierüber Anm. 4) oder abweichender rechtlicher Beurteilung (hierüber Anm. 5).

Bezüglich der Kostenentscheidung hat der RFH. die reformatio in peius für unbeschränkt zulässig erklärt (E. Bd. 12 S. 217, vgl. dagegen Bd. 16 S. 215).

Allgemein ist eine Verböserung an die Voraussetzung geknüpft, daß dem Betroffenen Gelegenheit gegeben worden ist, sich zu der neuen Tatsache usw. sowie zu dem abweichenden rechtlichen Standpunkt zu äußern. Eine Unterlassung nach dieser Richtung bildet einen wesentlichen Mangel des Verfahrens (z. B. E. Bd. 8 S. 344); dieser Grundsatz gilt auch zugunsten der Steuerstelle (E. Bd. 17 S. 27). Im übrigen gilt die Einschränkung der Zulässigkeit der Verböserung dem Finanzamt gegenüber, das Rechtsbeschwerde eingelegt hat, nicht (E. Bd. 10 S. 2).

Das Verbot unbeschränkter Verböserung gilt nur für den entscheidenden Teil der angegriffenen Entscheidung; von der Begründung kann ohne Einschränkung abgewichen werden (E. Bd. 13 S. 186).

[4] Über „neue Tatsachen oder Beweismittel" s. Anm. 5 zu § 212.

[8] Eine anders geartete tatsächliche Würdigung der vorhandenen Beweisgrundlagen genügt nicht (vgl. auch Anm. 8 zu § 212).

**§ 229.** Die Rechtsmittelbehörden[1] haben die Befugnisse, die den Finanzämtern im Besteuerungsverfahren gegeben sind[2]. Soweit die Ausübung dieser Befugnisse an die Genehmigung des Landesfinanzamts gebunden ist, bedarf es dieser nur, wenn Finanzämter als Rechtsmittelbehörden tätig werden[3].

[1] Soweit der Vorsitzende einer Rechtsmittelbehörde zum Erlaß von Verfügungen usw. befugt ist, reicht auch seine Zwangsgewalt nach § 202.

[2] Hierher gehören alle Befugnisse der Finanzämter bezügl. Steuerermittlung und Festsetzung (§§ 204—210 Abs. 1 und 2), auch soweit solche aus den Vorschriften über die Pflichten der Steuerpflichtigen und anderer Personen (§§ 168 ff.) hervorgehen, einschließlich des Rechts der Zwangsmittelanwendung nach § 202.

[3] Was nur beim Einspruch der Fall ist.

**§ 230.** Die Frist für die Einlegung eines Rechtsmittels beträgt einen Monat.

Über Berechnung und Wahrung der Frist s. Anm. zu § 64, auch § 231 Abs. 1. Wegen der besonderen Fristbestimmung im Falle des § 210 Abs. 3 s. Anm. 6 daselbst.

**§ 231.** Die Frist zur Einlegung eines Rechtsmittels beginnt mit Ablauf des Tages, an dem der Bescheid[1] dem Berechtigten[2] zugestellt[3] oder, wenn keine Zustellung erfolgt[4], bekanntgeworden ist[5] oder als bekanntgemacht gilt[6].

Ein Rechtsmittel kann eingelegt werden, sobald der Bescheid vorliegt[7].

**Fehlt in einem Bescheid eine gesetzlich vorgeschriebene[8] Rechtsmittelbelehrung oder ist sie unrichtig[9] erteilt, so wird die Rechtsmittelfrist nicht in Lauf gesetzt[10].**

[1] bzw. der berichtigte Bescheid (s. § 222 und Anm. 1 daselbst).

[2] „Dem Berechtigten": Damit ist klargestellt, daß die Frist, wenn ein Bescheid gegen mehrere Pflichtige ergangen ist und daher gemäß § 225 (vgl. Anm. 1 daselbst) mehrere zur Rechtsmitteleinlegung Berechtigte vorhanden sind, nur gegen den oder diejenigen zu laufen beginnt, denen der Bescheid zugestellt worden ist.

[3] Über Form und Adressaten der Zustellung s. Anm. 2 zu § 70.

Auf Zustellung kann rechtswirksam nicht verzichtet werden; vgl. aber über vereinfachte Zustellungsmöglichkeit durch verhandlungsschriftliche Übergabe Anm. 4 zu § 70.

[4] Über die Fälle, in denen Zustellung nach dem Gesetz zu erfolgen hat, s. Anm. 6 zu § 73.

[5] Über die Bedeutung des Unterschieds „bekannt geworden ist" und „als bekannt gemacht gilt" können Zweifel bestehen. Vermutlich bezieht sich erstere Wendung auf die Fälle, wo es sich um keine dem Betroffenen bekanntzumachende Verfügung, sondern nur um die Durchführung von Maßnahmen auf Grund lediglich aktenmäßig festzuhaltender Verfügungen handelt (z. B. ein Pflichtiger beschwert sich über die ihm bekannt gewordene Absicht der Vernehmung Dritter).

[6] Über Bekanntgabe s. § 73.

[7] Über den Zeitpunkt des „Vorliegens" eines Bescheids s. Anm. 1 zu § 67. Auf Bekanntgabe kommt es nicht an.

Ein vor dem Zeitpunkt des Abs. 2 eingelegtes Rechtsmittel ist als gegenstands- und wirkungslos zu betrachten. Wegen etwaiger Nachsichtsgewährung s. Anm. 3 zu § 68. Ein Nachsichtsgrund wird insbesondere dann vorliegen, wenn der Pflichtige nach den Umständen des Falles entschuldbarer Weise annehmen konnte, daß zur Zeit seiner Rechtsmitteleinlegung die Behörde bereits in einem bestimmten Sinne entschieden habe.

[8] Gesetzlich vorgeschrieben ist eine Rechtsmittelbelehrung auch dann, wenn eine bloße Sollvorschrift besteht. Die Fälle entspr. gesetzlicher Vorschriften der AO. sind nur: § 127 Abs. 2 (Erstattungsansprüche), § 211 Abs. 2 (Förmliche Steuerbescheide), § 242 Abs. 1 (Rechtsmittelbescheide), endlich die Sonderfälle des § 236 Abs. 2 und § 251 Abs. 3.

[9] Unrichtig ist eine Belehrung dann, wenn sie objektiv geeignet ist, den Pflichtigen bezüglich Form, Frist oder Anbringungsort irre zu leiten; hierzu genügt auch Unvollständigkeit. Ob die Unrichtigkeit oder Unvollständigkeit für die Versäumung der Frist kausal gewesen ist, ist belanglos. Beispiele unzureichender Rechtsmittelbelehrung sind: Mangel eines Hinweises darauf, daß das Rechtsmittel grundsätzlich bei der Geschäftsstelle der Behörde, die den Bescheid erlassen hat, einzulegen ist (DStBl. 1921 S. 180), Angabe „4 Wochen" statt „1 Monat" (RFH. v. 30. 9. 21, zitiert bei Mrozek). Unrichtige Bezeichnung des Rechtsmittels ist unschädlich (RFH. i. DStBl. 4 Jahrg. S. 529).

[10] Die Frist beginnt erst mit nachträglicher gesetzentsprechender Bekanntgabe (§ 73) der Belehrung an den Pflichtigen. Im übrigen ist der Bescheid jedoch vollwirksam (E. Bd. 8 S. 138, ferner Anm. 3 zu § 73).

Wird trotz des Mangels zureichender Rechtsmittelbelehrung ein Rechtsmittel eingelegt, so ist dieser Mangel dadurch geheilt (E. Bd. 5 S. 253, Bd. 6 S. 13).

Zugunsten des Finanzamts gilt § 231 Abs. 3 nicht (E. Bd. 11 S. 40).

**§ 232.** Wer berechtigt ist, ein Rechtsmittel einzulegen[1], kann sich, wenn von anderer Seite[2] ein Rechtsmittel eingelegt ist[3], diesem Rechtsmittel anschließen[4]. Dies gilt auch dann, wenn für ihn die Frist für die Einlegung des Rechtsmittels verstrichen ist[5].

[1] Über Befugnis zur Rechtsmitteleinlegung s. § 225.

[2] Diese „andere Seite“ muß die Gegenpartei sein (E. Bd. 9 S. 349).

[3] Es muß sich um ein zulässiges Rechtsmittel handeln; andernfalls ist Anschluß nicht zulässig (E. Bd. 17 S. 305).

[4] Der „Anschluß“ hat die gleichen Wirkungen, als ob der Betreffende selbständig das Rechtsmittel eingelegt hätte. Es ist daher ohne Einfluß auf den Fortgang des Verfahrens, wenn der ursprünglich Einlegende nach erfolgtem Anschluß das Rechtsmittel zurücknimmt (§ 237 S. 4).

„Zuziehung“ oder „Beteiligung“ (§ 226) steht nicht einem „Anschluß“ an das Rechtsmittel gleich (E. Bd. 3 S. 131).

Der Anschluß ist (abgesehen von dem Falle des § 272) bis zur Entscheidung über das Rechtsmittel zulässig.

[5] Nach Mrozek soll der Anschluß auch nach Rechtsmittelverzicht oder Zurücknahme des eigenen Rechtsmittels zulässig sein. Diese Auffassung erscheint nicht unbedenklich.

**§ 233.** Auf Einlegung von Rechtsmitteln kann verzichtet werden[1]. Ein trotzdem eingelegtes Rechtsmittel ist als unzulässig zu verwerfen.

Der Verzicht des Steuerpflichtigen ist der Behörde, die den Bescheid erlassen hat, schriftlich einzureichen oder mündlich zu erklären[2].

[1] Der Verzicht muß — ebenso wie die Zurücknahme eines Rechtsmittels —, um gültig zu sein, ein unbedingter sein. Keine echte Bedingung jedoch liegt vor, wenn bei einer Verständigung zwischen der Finanzbehörde und dem Steuerpflichtigen die Verzichts- oder Zurücknahmeerklärung an die Voraussetzung geknüpft wird, daß der Steuerfall in einer bestimmten Weise geregelt wird (E. Bd. 18 S. 94, Bd. 19 S. 33).

Im übrigen führt die Frage nach der Rechtswirksamkeit von Parteierklärungen im Steuerprozeß — gemeint sind hier natürlich nur Erklärungen, welche eine Disposition über den Gang des Verfahrens enthalten —

auf ein sehr heikles Thema, das durch die Rechtsprechung des RFH. bisher in einer befriedigenden Weise kaum gelöst sein dürfte. Zwar wird man dem RFH. beipflichten dürfen, wenn er im Urteil v. 1. 7. 24 (Kartei Nr. 1 zu § 233) das Unterschreiben der in einem amtlichen Vordruck enthaltenen Verzichtserklärung für rechtsunwirksam erklärte, weil nach den Umständen des Falles anzunehmen war, daß der Unterschreibende sich nicht darüber im klaren war, eine Verzichtserklärung zu unterschreiben. Man wird in solchen und ähnlichen Fällen (z. B. jemand hat wegen Schwerhörigkeit den Inhalt der ihm vorgelesenen protokollarischen Erklärung nicht verstanden) deduzieren können, daß eine Verzichtserklärung **überhaupt nicht vorliegt**, so daß die Frage der Anfechtbarkeit entfällt. Der RFH. ist aber weiter gegangen und hat beispielsweise im Urteil v. 4. 12. 25 (Kartei Nr. 6 zu § 233) Unwirksamkeit angenommen für den Fall, daß in die Verhandlungen zwischen dem Pflichtigen und der Steuerbehörde von letzterer der Gesichtspunkt einer für den Fall der Nichtanerkennung der Steuerfestsetzung eintretenden Bestrafung hineingetragen wurde; ähnlich Urt. v. 13. 1. 26 DStBl. S. 201, bei falscher Belehrung durch das FA. (Über Verzichte in Fällen, wo bei der Festsetzung Ausschüsse mitzuwirken haben, s. übrigens auch E. Bd. 16 S. 1.) Diese Stellungnahme erscheint mit Rücksicht auf ihre Konsequenzen bedenklich. Denn sie enthält im Grunde nichts anderes als die Anerkennung der Anfechtbarkeit steuerprozessualer Erklärungen wegen Bedrohung oder Irrtums nach bürgerlich-rechtlichen Grundsätzen. **Daß aber die Anwendbarkeit dieser Grundsätze auf prozessuale Erklärungen ausgeschlossen ist**, hat mit überzeugender Begründung das Reichsgericht wiederholt für das Gebiet des Zivil- und Strafprozesses ausgeführt (vgl. Entsch. i. ZivS. Bd. 81 S. 177, ferner Anm. 2 zu § 410). Die gleichen Gründe müssen m. E. auch für das Steuerrecht Beachtung finden.

In zwei weiteren (m. E. sich einander diametral gegenüberstehenden Entscheidungen) hat sich der RFH. über die Frage verbreitert, unter welchen Voraussetzungen ein Verzicht auf der Grundlage von Einigungsverhandlungen überhaupt zulässig sein soll. In E. Bd. 18 S. 92 ist er hierbei zu dem Ergebnis gelangt, daß „Vergleiche", durch die sich die Steuerbehörde und der Pflichtige unter Verzicht auf Einlegung oder unter Zurücknahme eines Rechtsmittels über den Steueranspruch einigen, der Rechtswirksamkeit entbehren. In E. Bd. 19 S. 30 hat er dagegen angenommen, daß ein Rechtsmittelverzicht zulässig ist unter der Voraussetzung, daß der Pflichtige durch den Verzicht nicht der Willkür der Behörde preisgegeben wird. Die beiden Entscheidungen sind miteinander nicht in Einklang zu bringen. Denn entweder hat man in beiden Fällen von einem „Vergleich" zu reden oder man läßt diesen Begriff hier überhaupt beiseite und spricht lediglich von einer Verzicht- bzw. Rücknahmeerklärung, die auf Grund einer gütlichen Einigung abgegeben wird. Man wird also in der Frage noch einer Entscheidung des Großen Senats entgegensehen dürfen. Dabei wird der letztgenannten Auffassung der Vorzug zu geben sein. Denn es ist nicht einzusehen und auch für die Praxis, die in zahlreichen Fällen der Unsicherheit der tatsächlichen Unterlagen auf eine Verständigung mit dem Pflichtigen geradezu an gewiesen ist, unannehmbar, daß es der Behörde verwehrt sein soll, sich in der beschriebenen Weise über den Steuerfall mit dem Pflichtigen zu einigen. Unzulässig wird eine derartige Einigung (was in E. Bd. 18 S. 92 kurz gestreift ist) lediglich sein, so weit die Anwendung des materiellen Rechts in Frage kommt; denn dessen Anwendung ist Amtspflicht der Behörden und kann in keiner Weise dem Verfügungsrecht von Behörden oder Privaten unterliegen (vgl. auch § 134 BGB.).

[2] Ein unter Nichteinhaltung dieser Vorschrift ausgesprochener Verzicht ist unwirksam. Im übrigen wird der Verzicht wirksam mit dem Zeitpunkt des Eingangs bei der Behörde, welche den Bescheid erlassen hat. (Dies gilt auch dann, wenn der Verzicht zunächst bei einer unrichtigen Behörde eingereicht war.)

Der Verzicht kann rechtswirksam schon vor dem Erlaß des Steuer- oder Rechtsmittelbescheids eingelegt werden (E. Bd. 19 S. 32).

§ 234. Die Rechtsmittel können schriftlich eingereicht oder zu Protokoll erklärt werden[1]. Es genügt, wenn aus dem Schriftstück hervorgeht, wer das Rechtsmittel eingelegt hat[2]. Einlegung durch Telegramm ist zulässig. Die Rechtsmittel sind bei der Geschäftsstelle[3] der Behörde anzubringen, deren Bescheid angefochten wird. Die Anbringung bei der zur Entscheidung berufenen Stelle (Rechtsmittelbehörde) oder einer Vorinstanz genügt[4]; das Rechtsmittel ist der zuständigen Stelle zu übermitteln. Die schriftliche Anbringung bei einer anderen Behörde ist unschädlich, wenn das Rechtsmittel rechtzeitig der zur Entscheidung berufenen Stelle oder einer Vorinstanz übermittelt wird[5]. Unrichtige Bezeichnung des Rechtsmittels schadet nicht.

Ein Rechtsmittel gilt als eingelegt, wenn aus dem Schriftstück oder aus der Erklärung hervorgeht, daß sich der Erklärende durch die Entscheidung beschwert fühlt und Nachprüfung begehrt[6].

Bei der Einlegung soll die Entscheidung bezeichnet werden, gegen die das Rechtsmittel gerichtet ist. Es soll angegeben werden, inwieweit die Entscheidung angefochten und ihre Aufhebung beantragt wird. Ferner sollen die Tatsachen, die zur Begründung dienen, und die Beweismittel angeführt werden[7].

[1] Einlegung durch Fernsprecher genügt nicht.

[2] Es ist also nicht gerade nötig, daß das Schriftstück unterzeichnet oder vom Pflichtigen selbst unterzeichnet ist. Es genügt,

wenn aus dem übrigen Inhalt des Schriftstücks (anderweitige Umstände brauchen zur Feststellung nicht herangezogen zu werden) hervorgeht, wer das Rechtsmittel eingelegt hat oder in wessen Auftrag es eingelegt ist.

Ein Verbot sog. Sammel- oder Massenbeschwerden (z. B. Beschwerdeschriften, die gleichzeitig von einer größeren Anzahl Personen unterschrieben sind) besteht nicht. Rechtsmittelfristen werden also hierdurch gewahrt. Inwieweit jedoch die Rechtsmittelbehörde vor Eintritt in die Einzelbehandlung der Fälle zwecks Aufklärung der Pflichtigen und Ersparung ev. unnötiger Kosten geeignet erscheinende Schritte tun will, wird sich aus der Sachlage ergeben.

[3] „Geschäftsstelle" (bisweilen auch als „Büro" bezeichnet) ist diejenige Abteilung einer Behörde, welcher die Erledigung des formellen Geschäftsgangs, die Behandlung des Ein- und Ausgangs, der formelle Verkehr mit dem Publikum durch Aufnahme von Protokollen usw. sowie die Behandlung des Kostenwesens übertragen ist. Näheres über den Umfang der dienstlichen Obliegenheiten der Geschäftsstellen regeln Gesetze und Geschäftsanweisungen. Über Einzelheiten s. außer § 234 die §§ 249 Abs. 2, 288 Abs. 3, 297 Abs. 3.

Wo das sog. Sammelsendeverfahren (RFME. v. 27. 3. 25 III D 3412, nicht zu verwechseln mit den oben Anm. 2 erwähnten Sammelbeschwerden) eingeführt ist, gilt als Zeitpunkt des Eingangs der Eingang bei der zur Bewirkung von Sammelsendungen zugelassenen Behörde.

[4] D. h. die Frist gilt als gewahrt, wenn innerhalb derselben das Rechtsmittel bei einer der genannten Behörden eingegangen ist. Über den Begriff „eingehen" s. Anm. zu § 64.

Unter „Vorinstanz" sind nur Behörden zu verstehen, die im konkreten Fall im gesetzlichen Instanzenzug vorausliegen.

[5] Wenn also das Rechtsmittel bei einer solchen „anderen" Behörde eingeht, so ist damit die Frist noch nicht gewahrt, sondern es kommt auf den Zeitpunkt an, in dem das Rechtsmittel

alsdann bei einer der in Satz 4 und 5 bezeichneten Behörden eingeht.

Bei unrichtiger Rechtsmittelbelehrung gilt § 231 Abs. 3.

[6] Bei Auslegung der in Betracht kommenden Erklärungen ist also keinesfalls am Wortlaut zu kleben, sondern im weitesten Maße der Wille des Erklärenden zu erforschen. Die Notwendigkeit weitherziger Auslegung betont RFH. Entsch. v. 15. 6. 21 (DStBl. S. 178). Daß, soweit die Abgrenzung von Zuständigkeiten vom Inhalt der Rechtsmittelschrift abhängt, die Behörde nicht etwa zu einer Hineininterpretation nicht geltend gemachter Beschwerdepunkte genötigt ist, braucht wohl kaum betont zu werden (s. hierüber auch Anm. 2 zu § 228).

Über ev. Behandlung von Erlaß- und Erstattungsanträgen als Rechtsmittel s. Anm. 3 zu § 108, Anm. 1 zu § 223, zur Frage, ob eine Eingabe als förmlicher Erstattungsanspruch oder als Rechtsmittel anzusehen ist, auch E. Bd. 13 S. 251.

Ein in einer Beschwerde gegen einen Strafbescheid enthaltener Angriff gegen die zugrunde liegende Steuerberechnung ist — falls ein Steuerbescheid in der Sache ergangen ist — unter Umständen als Rechtsmittel auch gegen den Steuerbescheid anzusehen (RStBl. 1922 S. 70).

Steuerzahlungen unter Vorbehalt enthalten keine gültige Rechtsmitteleinlegung (E. Bd. 17 S. 187).

[7] Unterlassungen in diesen Beziehungen schaden den Beteiligten mit Rücksicht auf das Offizialprinzip (Anm. 2 zu § 228) nicht.

**§ 235.** Durch Einlegung eines Rechtsmittels wird die Wirksamkeit[1] des angefochtenen Bescheids[2] nicht gehemmt[3], insbesondere die Erhebung einer Steuer nicht aufgehalten. Die Behörde, die den Bescheid erlassen hat, kann die Vollziehung aussetzen[4], geeignetenfalls gegen Sicherheitsleistung.

[1] Über Bedeutung der „Wirksamkeit" vgl. Anm. 3 zu § 73.

[2] Nicht nur Steuerbescheide gehören hierher, sondern auch alle sonstigen Verfügungen, insbesondere jene nach § 202.

[3] Es treten also sämtliche Folgen ein, die sich an die betr. Verfügung im Nichtanfechtungsfalle knüpfen. Das geht so weit, daß sogar im Falle der nachträglichen Aufhebung einer Verfügung die inzwischen gemäß § 202 erfolgten Zwangsmittelfestsetzungen nicht hinfällig werden (E. Bd. 15 S. 180, vgl. auch Anm. 2 a. E. zu § 283).

Die im Bescheid dem Pflichtigen auferlegten Kosten können mit dem Zeitpunkt der Bekanntgabe eingefordert werden, auch wenn der Bescheid noch nicht rechtskräftig geworden ist (E. Bd. 13 S. 264).

[4] Ermessensfrage! Zu würdigen sein wird die Frage der Möglichkeit oder Wahrscheinlichkeit eines Erfolgs des Rechtsmittels einerseits, anderseits die Höhe und Reparaturfähigkeit des dem Pflichtigen zunächst entstehenden Nachteils. Im übrigen gelten für die Entscheidung über den Aussetzungsantrag nicht die Einschränkungen des § 105 Abs. 2 (ebenso Becker). Die Verzinsungspflicht besteht jedoch auf Grund des § 104, da die Fälligkeit durch die Aussetzung an sich nicht berührt wird.

Die Behörde, welche über das Rechtsmittel zu entscheiden hat, ist als solche zur Aussetzung nicht befugt (E. Bd. 8 S. 1).

**§ 236.** Die Rechtsmittelbehörde hat zu prüfen, ob das Rechtsmittel zulässig[1] und in der vorgeschriebenen Form[2] und Frist[3] eingelegt ist. Mangelt es an einem dieser Erfordernisse, so ist das Rechtsmittel als unzulässig zu verwerfen[4].

Ist die Rechtsmittelbehörde eine Kollegialbehörde[5], so steht diese Prüfung und Entscheidung auch dem Vorsitzenden zu[6]. Wenn dieser das Rechtsmittel verwirft, kann der Betroffene binnen zweier Wochen die Entscheidung der Rechtsmittelbehörde[7] nachsuchen. In der Mitteilung des Vorsitzenden ist hierauf hinzuweisen[3].

[1] Unzulässig ist ein Rechtsmittel — abgesehen von den im Abs. 1 besonders genannten Mängeln in Form und Frist — beim Fehlen der in der Rechtsprechung des RFH. (vgl. E. Bd. 2 S. 315, Bd. 4 S. 264) herausgebildeten sog. Verfahrensvoraussetzungen. Hierbei sind folgende 3 Fälle denkbar:

1. Es kommt die Zuständigkeit einer anderen Behörde als der angegangenen in Frage. (Handelt es sich dabei lediglich um eine andere Behörde innerhalb der Reichsfinanzverwaltung, so wird die formelle Folgerung aus der Unzulässigkeit nur dann auszusprechen sein, wenn der Anfechtende trotz entsprechenden Hinweises auf der Entscheidung gerade durch die angegangene Behörde besteht; andernfalls ist das Rechtsmittel einfach an die zuständige Behörde abzugeben.)

2. Das Rechtsmittel ist nicht von einem hierzu Befugten eingelegt (§ 225), wozu auch der Mangel der Vertretungsmacht gehört. (Ist das Rechtsmittel von einer steuerlich nicht geschäftsfähigen Person eingelegt — § 83 Anm. 1 —, so liegt überhaupt keine wirksame Rechtsmitteleinlegung vor. Über die unter Umständen anzuerkennende Befugnis nicht steuerfähiger Personen oder Personenmehrheiten zur Rechtsmitteleinlegung s. Anm. 1 zu § 225.)

3. Es liegt keine „Beschwer" des Anfechtenden vor (§§ 221, 224).

[2] Über die Form von Rechtsmitteln s. § 234 Abs. 1. (Wenn eine Eingabe nach § 234 als Rechtsmittel überhaupt nicht anzusehen ist, kommt selbstverständlich eine Prüfung der Zulässigkeit nicht in Frage.)

[3] Über die Rechtsmittelfrist s. § 231, über Fristen im allgemeinen § 64 und die Bem. zu diesen Paragraphen. Die mangelhafte Prüfung der Rechtzeitigkeit eines Rechtsmittels einschließlich der Prüfung der Nachsichtfrage durch die Vorinstanzen ist ein durch den RFH. nur auf Rüge zu beachtender Mangel (Urt. v. 12. 12. 21, DStBl. 1922 S. 275).

Die Nachprüfung, ob ein Rechtsmittel rechtzeitig eingelegt oder ob Nachsicht zu gewähren ist, kann unterbleiben, wenn das Rechtsmittel zweifellos sachlich unbegründet ist (E. Bd. 7 S. 206).

[4] Hat eine Instanz ein Rechtsmittel als unzulässig mit Recht verworfen, so ist das hiergegen eingelegte weitere Rechtsmittel, falls es seinerseits zulässig ist, als unbegründet zu verwerfen. Findet eine Instanz, daß eine vorhergehende Instanz trotz Fehlens einer sog. Verfahrensvoraussetzung (s. oben Anm. 1) in der Sache entschieden hat, so muß — wenn nicht etwa der gleiche Mangel in der nunmehr entscheidenden Instanz wiederum vorliegt — das unzulässige Vorverfahren aufgehoben werden (E. Bd. 2 S. 315).

[5] Hierher gehören:

1. Die Steuerausschüsse (RFME. v. 30. 3. 21 III 6949);
2. das Finanzgericht;
3. der Reichsfinanzhof.

[6] Die Entscheidung ist zuzustellen (vgl. Anm. 6 zu § 73). § 251 Abs. 2 S. 4 findet sinngemäße Anwendung.

[7] D. i. der Kollegialbehörde als solcher. Bei Versäumung der Frist ist Nachsichtgewährung gem. §§ 68, 69 möglich (E. Bd. 7 S. 11).

Ein anderes Rechtsmittel hat der Betroffene zunächst nicht; läßt er die Frist verstreichen, so wird der Bescheid rechtskräftig.

[8] Beim Mangel dieses Hinweises wird § 231 Abs. 3 anzuwenden sein, wie sich aus dem in E. Bd. 7 S. 11 eingenommenen Rechtsstandpunkt des RFH. ergibt.

**§ 237.** Rechtsmittel können bis zur Unterzeichnung der Rechtsmittelentscheidung und, falls mündlich verhandelt wird, bis zum Schlusse der mündlichen Verhandlung, auf Grund deren entschieden wird, zurückgenommen werden[1]. Die Zurücknahme ist schriftlich einzureichen oder zu Protokoll zu erklären[2]. Sie hat den Verlust des Rechtsmittels zur Folge[3]. Die Zurücknahme hemmt den Fortgang des Verfahrens nicht, wenn sich ein sonst Beteiligter vorher dem Rechtsmittel angeschlossen hat[4].

[1] Wegen der allgemeinen Voraussetzungen einer gültigen Zurücknahme vgl. die in Anm. 1 zu § 233 erörterten Rechtsgrundsätze. Zu bemerken ist hier, daß in den Fällen, in denen der Pflichtige auf Grund einer Einigung mit der Steuerbehörde sich bereit erklärt, im Falle der Erledigung der Sache entsprechend der Einigung das Rechtsmittel „zurückzunehmen", eine Zurücknahme im eigentlichen Sinne (insbes. mit den Kostenfolgen der §§ 285ff., vgl. auch Vorbem. vor § 285) gar nicht vorliegt. In Wirklichkeit handelt es sich um Zurücknahme des bisherigen Steuerbescheids durch die Behörde (so daß das eingelegte Rechtsmittel ipso iure gegenstandslos wird) mit gleichzeitigem Verzicht des Pflichtigen auf Einlegung eines Rechtsmittels gegen den (im Sinne der Vereinbarung abgeänderten) neuen Steuerbescheid.

Eine bedingte Zurücknahme ist unwirksam (E. Bd. 13 S. 211); über sog. unechte Bedingungen s. aber Anm. 1 a. Anf. zu § 233. Eine teilweise Zurücknahme entbindet die Behörde nicht von der ihr von Amts wegen obliegenden Pflicht der Nachprüfung der ganzen Angelegenheit (§ 228, E. Bd. 18 S. 298).

[2] S. Anm. 2 zu § 233. Telegramm genügt. Die Stellen, denen gegenüber die Zurücknahme erfolgen muß, sind die gleichen wie die in § 234 genannten (RFH. i. RStBl. 1921 S. 30).

[3] Eine Entscheidung hat nur noch im Kostenpunkt zu erfolgen. Hierzu s. § 295, ferner §§ 52, 53 der 3. StNVdg.

[4] Über Anschluß s. § 232.

**§ 238.** Der Steuerpflichtige, oder wer sonst das Rechtsmittel eingelegt hat, kann sich im Rechtsmittelverfahren durch Bevollmächtigte vertreten lassen[1]. Geschäftsmäßige[2] Vertreter können zurückgewiesen werden; dies gilt nicht für die im § 88 Abs. 1 Satz 3 genannten Personen.

Bevollmächtigte und gesetzliche Vertreter haben sich auf Verlangen als solche auszuweisen[3].

Behörden werden durch Beamte vertreten, die die Behörde allgemein oder für den einzelnen Fall bestimmt.

[1] Die Behörde kann Bevollmächtigte nur unter der in Abs. 1 genannten Voraussetzung zurückweisen, ferner dann, wenn sich der Bevollmächtigte trotz Verlangens nach Abs. 2 nicht ausweist. Andere Zurückweisungsgründe gibt es nicht. § 88 Abs. 2 Halbs. 2 gilt auch im Rechtsmittelverfahren. Für Zustellung gilt jedoch das in Anm. 2 zu § 70 Gesagte.

[2] Über den Begriff „Geschäftsmäßigkeit" s. Anm. 3 zu § 88.

[3] Ob ein Ausweis verlangt wird, ist Ermessensfrage. Die Behörde wird auch hier die in Anm. 2 zu § 88 angeführten Erwägungen anzustellen haben.

**§ 239.** Bei den Finanzgerichten können Rechtsanwälte zugelassen werden. Das Nähere bestimmt ein Reichsgesetz.

Eine gesetzliche Regelung ist noch nicht ergangen.

**§ 240.** Die Unterlagen der Besteuerung, die dem angefochtenen Bescheide zugrunde liegen[1], sollen, soweit dies nicht schon geschehen ist, dem Steuerpflichtigen auf Antrag oder, wenn der Inhalt der Rechtsmittelschrift dazu Anlaß gibt, von Amts wegen mitgeteilt werden[2]. In diesem Falle ist ihm zur Begründung des Rechtsmittels eine Frist von mindestens zwei Wochen zu gewähren, die von Empfang der Mitteilung an läuft.

[1] Hierzu gehört auch das Ergebnis einer Beweisaufnahme. Die Vorschrift entspricht dem allgemeinen Grundsatz der AO., daß den Beteiligten stets (nicht nur im Falle der Verböserung, vgl. Anm. 3 zu § 228) Gelegenheit gegeben werden muß, sich zu ihnen unbekannten Tatsachen oder zu neuen rechtlichen Gesichtspunkten zu äußern.

[2] Nichtbeachtung dieser Vorschrift, wozu auch die Fristgewährung nach Satz 2 gehört, kann unter Umständen einen Mangel des Verfahrens im Sinne des § 267 begründen (E. Bd. 6 S. 248).

**§ 241.** Wenn Auskunftspersonen oder Sachverständige[1] im Rechtsmittelverfahren mündlich gehört werden, kann den Beteiligten Gelegenheit zur Teilnahme am Termine gegeben werden[2]. Ist das nicht geschehen, so darf das Beweisergebnis nur dann zum Nachteil des Steuerpflichtigen verwertet werden, wenn ihm Gelegenheit gegeben ist, sich dazu zu äußern[3].

[1] Dem durch Anhörung von Auskunftspersonen und Sachverständigen gewonnenen Beweisergebnis ist gleichzustellen das Unterlagenmaterial, das mit Hilfe von Behörden gewonnen ist, soweit es sich bei den Äußerungen der Behörden usw. (§ 191) der Sache nach um Auskünfte oder Gutachten (vgl. über diese Begriffe Vorbem. vor § 177) handelt. Es sind daher z. B. gutachtliche Äußerungen der technischen Lehranstalten der Reichszollverwaltung als Sachverständigengutachten im Sinne des § 241 anzusehen (E. Bd. 18 S. 192).

[2] Daraus, daß § 241 nur von mündlichen Beweiserhebungen spricht, darf nicht geschlossen werden, daß dem Betroffenen ein schriftliches Beweisergebnis nicht mitgeteilt zu werden braucht, wenn es gegen ihn verwendet werden soll (vgl. Anm. 1 zu § 240).

[3] Sei es durch die Rechtsmittelbehörde oder durch eine ersuchte Stelle. Bei Anberaumung mündlicher Verhandlung s. auch § 259.

Die Pflicht zur Mitteilung des Beweisergebnisses schließt nicht die Pflicht der Behörden in sich, die Namen von Auskunftspersonen oder Sachverständigen preiszugeben (vgl. Vorbem. vor § 177 a. E.).

Das Recht der Beteiligten auf Akteneinsicht ist in § 247 erschöpfend geregelt.

Daß der Beteiligte zum Termine anwesend war oder daß ihm anderweitig Gelegenheit zur Äußerung über das Beweisergebnis geboten wurde, muß aus den Akten hervorgehen. Andernfalls liegt, wenn das Beweisergebnis im Bescheid zuungunsten des Pflichtigen verwertet wurde, ein Mangel des Verfahrens nach § 267 vor.

**§ 242.** Bei Zurückweisung des Rechtsmittels[1] soll die Entscheidung das tatsächliche und rechtliche Vorbringen und die Beweisergebnisse würdigen[2]. Hinzugefügt werden soll eine Belehrung, welches Rechtsmittel weiter zulässig ist und binnen welcher Frist und wo es einzulegen ist[3].

Die Entscheidungen sind dem Steuerpflichtigen verschlossen zuzustellen[4]. Der Reichsminister der Finanzen kann statt der Zustellung eine einfachere Form der Bekanntgabe zulassen[5].

[1] Ganze oder auch nur teilweise Zurückweisung kommt in Betracht. Nur wenn die Rechtsmittelbehörde in vollem Umfange dem Beschwerdebegehren des Steuerpflichtigen entspricht, kann sie sich bei Abfassung der Entscheidungsbegründung so kurz wie möglich fassen, wenn nicht aus anderen Gründen (z. B. bei Berufungsentscheidungen mit Rücksicht auf eine ev. Rechtsmitteleinlegung durch das Finanzamt) nähere Begründung geboten ist.

Unter § 242 gehört auch der Fall, daß einem vom Finanzamt eingelegten Rechtsmittel stattgegeben wird (E. Bd. 11 S. 40).

[2] Es ist nicht gerade erforderlich, daß die Entscheidung eine formelle Trennung der Darstellung des Sachverhalts und der rechtlichen Begründung enthält. Eine besondere Tatsachendarstellung wird sich überhaupt in sehr vielen Fällen erübrigen, wenigstens so weit Tatsachen ohne weiteres aus dem Akteninhalt hervorgehen, vielleicht auch von keiner Seite bestritten werden. Der Tatbestand, auf den das Urteil gegründet wird, muß jedoch (so RFH. v. 19. 5. 22, DStBl. S. 529) im Urteil selbst so fest umrissen sein, daß sich das Sachverhältnis beim Durchlesen des Urteils einschließlich der darin in Bezug genommenen genau bezeichneten Teile des übrigen Akteninhalts klar und vollständig ergibt. Das gleiche gilt auch (E. Bd. 7 S. 246) für die Darstellung der rechtlichen Erwägungen, auf denen die Entscheidung beruht. Eine Unterlassung in einer der genannten Beziehungen kann einen Mangel des Verfahrens bilden, der zur Aufhebung der Entscheidung führt (E. Bd. 7 S. 246). Verweisungen auf einen dem Betroffenen mitgeteilten, eine klare Erörterung der Sach- und Rechtslage enthaltenden Schriftsatz hat der RFH. (E. Bd. 15 S. 190) für genügend erachtet, dagegen nicht Verweisung auf eine andere, nicht gegen die gleiche Person ergangene Entscheidung. Eine allgemeine Bezugnahme auf den Akteninhalt genügt keinesfalls (E. Bd. 9 S. 116).

Ein weiterer Grundsatz ist der, daß die tatsächlichen und rechtlichen Behauptungen des Angreifers im Urteil zu würdigen sind. Eine Überspannung dieses — mehr auf taktischen als auf rechtlichen Erwägungen beruhenden — Grundsatzes darf jedoch, wie auch der RFH. mehrfach (Kartei Nr. 4, 5 zu § 242) anerkannt hat, nicht gefordert werden. Offensichtlich belanglose und widersinnige Behauptungen scheiden von vornherein aus. Es wird aber vom RFH. überhaupt und mit Recht als genügend erachtet, wenn sich die Stellungnahme des Urteils zu den Behauptungen des Angreifers aus dem übrigen Urteilsinhalt klar erkennen läßt, auch wenn eine ausdrückliche Auseinandersetzung mit diesen Behauptungen nicht erfolgt ist. Der gleiche Grundsatz wird hinsichtlich der Frage zu gelten haben, inwieweit sich das Urteil mit den Beweisangeboten des Pflichtigen zu befassen braucht; es wird also unter Umständen (obwohl ein überflüssiges Mehr in dieser Beziehung oft nicht unerwünscht sein mag) genügen, wenn der übrige Urteilsinhalt erkennen läßt, daß gewisse Beweisangebote für unerheblich erachtet werden.

[3] Vgl. hierzu die oben Anm. 1 erwähnte Entscheidung E. Bd. 11 S. 40, ferner § 231 Abs. 3.

[4] Vgl. Anm. 7 zu § 211.

[5] S. 2 hinzugefügt durch § 14 AufwVdg. Von der Ermächtigung ist bisher kein Gebrauch gemacht.

**§ 243.** Soweit ein Bedürfnis[1] vorliegt, ist der Wert des Streitgegenstandes bei der Entscheidung über das Rechtsmittel festzustellen[2]. Die Rechtsmittelbehörde bestimmt ihn nach freiem Ermessen[3].

Wird eine Sache an eine Vorinstanz oder an die Stelle, die zuerst entschieden hat, zurückverwiesen[4], so kann dieser Stelle die Entscheidung über die Kosten des Verfahrens und die Festsetzung des Wertes des Streitgegenstandes übertragen werden[5]. Die Stelle hat ihre Entscheidung darüber der Rechtsmittelbehörde mitzuteilen[6].

(Zusatz: Weitere Vorschriften über die Streitwertfestsetzung, insbesondere bei Zurücknahme von Rechtsmitteln, enthalten §§ 52 Abs. 2, 5 und 53 Abs. 4 der 3. StNVdg., abgedruckt in Vorbem. vor § 285.)

[1] Ein Bedürfnis zur Festsetzung des Gegenstandswerts fehlt selbstverständlich ohne weiteres dann, wenn Gebühren, die nach diesem Wert zu bemessen wären, überhaupt nicht erhoben werden, z. B. wenn die ganzen Kosten dem Reich auferlegt werden (s. § 289). Auch die Anerkennung der Notwendigkeit

der Zuziehung eines Rechtsbeistandes (§ 288 Abs. 2) kann ein Bedürfnis nach Streitwertfestsetzung begründen.

² Ist die Festsetzung des Streitwerts im Urteil unterblieben, so kann sie nachgeholt werden.

Die Festsetzung ist zusammen mit der Hauptsache anfechtbar, allein nicht (E. Bd. 5 S. 10, Bd. 3 S. 38).

³ Ermessensvorschrift, § 61 Verwertbar sind die zivilprozessualen Grundsätze über Wertberechnung (§§ 3—9 ZPO.), ergänzt durch §§ 9ff. GKG. (vgl. § 289 Abs. 2). Vom RFH. (E. Bd. 5 S. 10) aufgestellter allgemeiner Grundsatz ist: Der Wert des Streitgegenstands kann nur nach dem Gegenstand bemessen werden, der in dem schwebenden Verfahren im Streit befangen ist. So weit daher ein Streit nicht besteht, d. h. soweit der Pflichtige eine Steuerforderung ausdrücklich oder stillschweigend anerkennt, ist Einbeziehung in den Gegenstandswert ausgeschlossen. Weitergehend hat der RFH. — wohl mit Recht — ausgesprochen, daß bei einer reformatio in peius der Betrag, um den die Rechtsmittelbehörde über den Betrag der Vorinstanz hinausgegangen ist, nicht in den Streitwert einzurechnen ist (E. Bd. 7 S. 198). Bedenklich erscheint jedoch die Ansicht des RFH. in E. Bd. 16 S. 212, daß die Rechtsmittelbehörde den Streitwert nicht erhöhen kann; das Verböserungsverbot des § 228 betrifft nur die Hauptentscheidung (vgl. Anm. 3 zu § 228).

Wenn Rechtsbeschwerden verschiedener Steuerpflichtiger zu gemeinsamer Behandlung und Entscheidung verbunden werden, so ist der Streitwert für jede Sache gesondert festzusetzen (E. Bd. 7 S. 62; waren die Sachen jedoch schon in der Vorinstanz vereinigt, dann sollen nach E. Bd. 8 S. 166 die Einzelbeträge zusammengerechnet werden). Umgekehrt sind die Werte zusammenzurechnen, wenn mehrere Steuersachen desselben Pflichtigen zu gemeinsamer Entscheidung vereinigt werden (E. Bd. 7 S. 68).

Über Streitwertfestsetzung und Kostentragung in Fällen, wo vom Pflichtigen und vom FA. in entgegengesetzter Richtung

Rechtsmittel eingelegt worden sind, vgl. Entsch. des RFH. v. 14. 2. 23 (DStBl. S. 190).

Verzugszinsen (vgl. Anm. 1 zu § 1) sind bei der Streitwertfestsetzung nicht zu berücksichtigen, wenn sie als Nebenforderungen geltend gemacht und nur deshalb bestritten werden, weil die Hauptforderung bestritten ist (E. Bd. 17 S. 284).

Wie es zu halten ist, wenn der Pflichtige im Laufe des Rechtsmittelverfahrens, vielleicht unter dem Drucke von Beweisergebnissen, seine Beschwerdepunkte einschränkt, z. B. ein höheres Einkommen als anfänglich zugibt, dafür gibt es keine bindende Regel. Das Ermessen entscheidet auch hier. Dieses Ermessen wird u. a. zu berücksichtigen haben, inwieweit die ursprünglichen Angaben des Pflichtigen einem entschuldbaren Mangel an Überblick oder dem offensichtlichen Bestreben nach Steuereinsparung entsprangen, inwieweit der Pflichtige im Laufe des Verfahrens Hartnäckigkeit oder Entgegenkommen gezeigt hat, inwieweit die Arbeitslast der Behörde durch die nachträglichen Zugeständnisse noch eine wesentliche Verminderung erfahren hat usw. (vgl. auch den Grundsatz des § 286 Abs. 2). Gegebenenfalls kann hier übrigens noch durch Anwendung des § 289 Abs. 3 geholfen werden.

[4] Über Zulässigkeit der Zurückverweisung s. §§ 264, 275.

[5] Die Festsetzung der einer Partei ev. zu erstattenden Auslagen verbleibt für alle Fälle der Geschäftsstelle der höheren Instanz (E. Bd. 3 S. 38).

[6] Vgl. zu Abs. 2 den Zusatz zu vorstehendem Paragraphen.

## Dritter Titel.

## Berufungsverfahren.

### I. Der Einspruch.

**§ 244.** Ist ein Einspruch eingelegt, so hat das Finanzamt die Sache erneut zu prüfen[1].

Richtet sich der Einspruch gegen den Bescheid einer Hilfsstelle, so kann diese ihren Bescheid ändern. Tut sie dies nicht, so legt sie die Sache dem Finanzamt zur Entscheidung vor.

[1] Es gelten §§ 228—243. Wegen der Weisungsbefugnis der Oberbehörden s. Anm. 2 zu § 13.

Wegen der Notwendigkeit der Mitwirkung der Steuerausschüsse bei der Einspruchsentscheidung s. § 25 Abs. 1, über Zurücknahme von Entscheidungen in diesen Fällen Anm. 1 zu § 74, Anm. 5 zu § 76.

## II. Berufung.

**§ 245.** Gegen Entscheidungen der Finanzämter, an denen Ausschüsse teilgenommen haben, kann der Vorsteher des Finanzamts Berufung einlegen[1]. Die Frist zur Einlegung der Berufung endigt mit Ablauf der für den Steuerpflichtigen laufenden Einspruchsfrist[2]. Legt der Steuerpflichtige Einspruch ein, so ist zunächst über den Einspruch zu entscheiden[3].

Die Gemeindebehörde des Ortes, an dem der Steuerpflichtige seinen Wohnsitz, seinen ständigen Aufenthalt, seinen Sitz oder eine Niederlassung hat, kann beantragen, daß der Vorsteher des Finanzamts zur Herbeiführung einer höheren Veranlagung Berufung einlegt; dabei sind die Gründe anzugeben, aus denen die Gemeindebehörde die Veranlagung für zu niedrig hält. Lehnt der Vorsteher des Finanzamts den Antrag ab, so hat er seine Gründe der Gemeindebehörde mitzuteilen[4].

[1] Der Finanzamtsvorsteher kann also Berufung einlegen

1. Gegen Veranlagungsbescheide, die unter Mitwirkung von Ausschüssen zustande gekommen sind;

2. Gegen Einspruchsbescheide, bei deren Erlaß Ausschüsse mitgewirkt haben; die versehentlich unrichtige Fassung des S. 2 ändert hieran nichts (E. Bd. 11 S. 130).

3. Gegen Entscheidungen von Ausschüssen, durch die eine Neu- oder Nachveranlagung abgelehnt worden ist (vgl. Anm. 4 zu § 212).

Über Mitwirkung von Ausschüssen s. § 25. Die bloße Tatsache der Mitwirkung von Ausschüssen genügt; auf die gesetzliche Notwendigkeit dieser Mitwirkung kommt es nicht an (E. Bd. 7 S. 166).

Der FA.-Vorsteher kann die Berufung bei der Geschäftsstelle des eigenen Finanzamts einlegen. Er kann sie ferner auch zugunsten des Pflichtigen einlegen (E. Bd. 7 S. 72).

[2] Im Falle der Anm. 1 Nr. 1. Im Falle der Nr. 2 wird als Zeitpunkt des Fristbeginns der Zeitpunkt der Entscheidungsfällung zu gelten haben.

[3] Die Einspruchsentscheidung wird aber vor Erledigung der gleichzeitig vom Finanzamt eingelegten Berufung keinesfalls rechtskräftig. Der Pflichtige kann gegen die Berufungsentscheidung Rechtsbeschwerde einlegen (E. Bd. 11 S. 130).

[4] Abs. 2 ist hinzugefügt durch Art. VI der 3. StNVdg. (in Kraft seit 15. 3. 24).

**§ 246.** Beteiligte im Verfahren über die Berufung sind:

1. wer die Berufung eingelegt hat,
2. das Finanzamt, dessen Einspruchsentscheidung angefochten wird,
3. wer nach § 226 als Beteiligter zugezogen wird oder dem Verfahren beigetreten ist.

**§ 247.** Die Beteiligten können die Akten beim Gericht einsehen und sich auf ihre Kosten Abschriften daraus geben lassen, soweit nicht der Vorsitzende aus dringenden dienstlichen Gründen[1] Ausnahmen verfügt. Für Vorakten, Beiakten, Gutachten und Auskünfte gilt dies nur mit Zustimmung der Stelle, der die Akten gehören, oder die die Äußerung eingezogen hat[2].

Gegen die Verfügung des Vorsitzenden ist Beschwerde an das Finanzgericht zulässig[3].

[1] Solche Gründe können z. B. seine Vermeidung vorzeitiger Kenntnisnahme des Pflichtigen von bestimmten wichtigen im Gang befindlichen Erhebungen, Geheimhaltung der Namen von Auskunftspersonen (vgl. hierüber Vorbem. vor § 177) usw. Unberührt bleiben die Rechte des Pflichtigen nach §§ 241, 259.

Die Fassung der Vorschrift. „soweit ... verfügt" läßt dem Ermessen des Vorsitzenden weitesten Spielraum; er kann also teilweise Einsichtnahme unter Entfernung bestimmter Vorgänge verfügen usw.

[2] Zu den Vorakten gehören auch die Veranlagungsakten des Finanzamts. Das FA. kann zur Erteilung der Zustimmung nur im Dienstaufsichtswege gezwungen werden. Anderseits gibt es gegen die Erteilung der Akteneinsicht trotz mangelnder Zustimmung der berechtigten Behörde gleichfalls nur die Dienstaufsichtsbeschwerde (vgl. E. Bd. 5 S. 192).

[3] Es handelt sich, richtiger gesagt, um einen Antrag auf Entscheidung des Gerichts; Kosten dürften daher für diese Entscheidung nicht gefordert werden können.

§ 248. Das Finanzamt, dessen Entscheidung angefochten ist, hat die Berufung mit den Akten und sonstigen Unterlagen dem Gerichte zu übersenden.

Hat der Vorsteher des Finanzamts nach § 245 Berufung eingelegt, so hat er dies dem Steuerpflichtigen mitzuteilen.

§ 249. Schriftsätzen im Berufungsverfahren sollen so viele Abschriften beigefügt werden, wie Beteiligte vorhanden sind[1].

Die Geschäftsstelle des Gerichts hat den Beteiligten Abschriften der Schriftsätze oder Erklärungen mitzuteilen, die nicht von ihnen eingereicht oder abgegeben sind[2]. Bei umfangreichen Anlagen, Zeichnungen und dergleichen kann der Vorsitzende gestatten oder anordnen, daß sie zur Einsicht der Beteiligten auf der Geschäftsstelle niedergelegt werden[3].

[1] Erzwungen kann dies seitens der Rechtsmittelbehörde nicht werden; einen ev. pekuniären Nachteil sieht aber § 290 Nr. 1 vor.

[2] Die Nichtmitteilung enthält aber einen wesentlichen Verfahrensmangel nur, wenn sachlich das Gebot ausreichenden Gehörs des Pflichtigen verletzt ist (E. Bd. 13 S. 274, vgl. Anm. 1 zu § 240).

[3] Der Vorschrift des Abs 2 ist bezüglich der Finanzämter genügt, wenn die Berufungsschrift durch die Hand des betr. Finanzamts gegangen ist (RFH. i. RStBl. 1921 S. 299).

**§ 250.** Im Berufungsverfahren dürfen neue Tatsachen und Beweise vorgebracht werden[1].

§ 210 Abs. 1 und 2 gilt auch für die Berufung.

[1] Über etwaige Kostenfolgen verspäteten Vorbringens s. § 286 Abs. 2.

**§ 251.** Der Vorsitzende des Gerichts bereitet die Entscheidung vor. Er kann den Sachverhalt ermitteln und hat dabei dieselben Befugnisse wie das Gericht[1].

Ein ehrenamtliches Mitglied des Gerichts[2] ist mit der schriftlichen Begutachtung zu befassen. Tritt der Vorsitzende diesem Gutachten bei, so kann er ohne Zuziehung der Mitglieder über die Berufung vorläufig entscheiden[3]. Der vorläufige Bescheid wirkt wie ein Urteil des Gerichts, es sei denn, daß ein Beteiligter binnen zwei Wochen nach der Zustellung des Urteils[4] die Entscheidung des Gerichts beantragt. Wird ein solcher Antrag rechtzeitig gestellt, so gilt der vorläufige Bescheid als nicht ergangen. Über die Zulässigkeit des Antrags ist nach § 236 zu entscheiden[5].

In der Rechtsmittelbelehrung ist darauf hinzuweisen, daß es den Beteiligten freisteht, entweder Rechtsbeschwerde an den Reichsfinanzhof einzulegen oder die Entscheidung des Gerichts zu beantragen, und daß der vorläufige Bescheid als nicht ergangen gilt, wenn Entscheidung durch das Gericht beantragt wird[6].

[1] S. § 229.

[2] Dem Zwecke der Vorschrift entsprechend (vgl. Mrozek) dürfte nur ein Mitglied in Frage kommen, das auch an der später zu fällenden Entscheidung selbst teilnimmt.

[3] Für Vorbereitung und Inhalt der vorläufigen Entscheidung gelten dieselben Grundsätze wie für das Urteil (vgl. insbesondere §§ 240—242).

[4] Also formelle Zustellung des Bescheids erforderlich (§ 73 Abs. 1 S. 3).

[5] Theoretisch (praktisch kaum zu empfehlen) ist also über die Zulässigkeitsfrage gemäß § 236 Abs. 2 abermals eine Entscheidung des Vorsitzenden allein möglich. Über Unzulässigkeitsgründe s. Anm. 1 zu § 236 (über das Erfordernis einer Beschwer auch E. Bd. 4 S. 172).

[6] Die Belehrung hat auch die in § 242 Abs. 1 S. 2 vorgesehenen Angaben zu enthalten (E. Bd. 7 S. 347); andernfalls kommt § 231 Abs. 3 zur Anwendung.

§ 252. Das Gericht kann mündliche Verhandlung anordnen. Ein Antrag auf Anberaumung der mündlichen Verhandlung kann nur durch einstimmigen Gerichtsbeschluß zurückgewiesen werden[1]. Die mündliche Verhandlung ist anzuordnen, wenn es ein Mitglied des Gerichts verlangt.

[1] Dem Antragsteller braucht die Ablehnung seines Antrags vor der Entscheidung nicht mitgeteilt zu werden; die gegen-

teilige Auffassung zwänge selbst bei der geringfügigsten und völlig klar liegenden Sache zur Anberaumung von mindestens zwei Gerichtssitzungen. Dem Erfordernis ausreichenden Gehörs des Pflichtigen (Anm. 1 zu § 240) kann und muß erforderlichen Falles auf andere Weise Rechnung getragen werden. Dies scheint auch der Standpunkt des RFH. in der Entsch. v. 10. 7. 25 (DStZtg. S. 743) zu sein.

**§ 253.** Wird mündliche Verhandlung angeordnet, so bestimmt der Vorsitzende den Termin.

Der Termin ist den Beteiligten mitzuteilen[1]. Dabei ist ihnen zu eröffnen, daß es ihnen freisteht, zu erscheinen, und daß bei ihrem Ausbleiben nach Lage der Sache entschieden wird.

[1] Bestimmte Form der Mitteilung nicht vorgeschrieben. Einfacher Brief, auch mündliche Bekanntgabe genügt. Die erfolgte Mitteilung ist aktenkundig zu machen. Unterlassung der Mitteilung kann einen Mangel des Verfahrens begründen. Vgl. § 259.

**§ 254.** Die mündliche Verhandlung ist öffentlich. Die Öffentlichkeit ist durch einen öffentlich zu verkündenden Beschluß auszuschließen, wenn es das Gericht aus Gründen des öffentlichen Wohles oder der Sittlichkeit für angemessen erachtet oder wenn es der Steuerpflichtige beantragt.

Es wird in deutscher Sprache verhandelt.

Für die Aufrechterhaltung der Ordnung in der mündlichen Verhandlung und für die Verhandlung mit Personen, die der deutschen Sprache nicht mächtig sind, sowie mit stummen und tauben Personen gelten die Vorschriften des Gerichtsverfassungsgesetzes. Ist ein Beteiligter vom Verhandlungsort entfernt worden, so wird es so angesehen, wie wenn er sich freiwillig entfernt hätte.

Der Vorsitzende kann zu der Verhandlung einen beeidigten Schriftführer zuziehen; andernfalls hat er oder ein Mitglied den wesentlichen Hergang der Verhandlung kurz zu vermerken.

§ 255. Aus besonderen Gründen kann das Gericht die mündliche Verhandlung außerhalb des Gerichtssitzes abhalten.

§ 256. Der Vorsitzende leitet die Verhandlung. Er oder ein Mitglied trägt die Sache vor. Dann hört das Gericht die Beteiligten.

Der Vorsitzende wirkt dahin, daß der Sachverhalt aufgeklärt und sachdienliche Anträge gestellt werden. Jedes Mitglied kann Fragen stellen.

§ 257. Beweise können vom Gerichte, von einem oder mehreren Mitgliedern des Gerichts oder aus besonderen Gründen von einer ersuchten Behörde aufgenommen werden.

Der Vorsitzende kann Beweise auch vor der Verhandlung erheben. Er kann ein Mitglied des Gerichts oder einen anderen Beamten des Landesfinanzamts damit beauftragen oder aus besonderen Gründen eine andere Behörde darum ersuchen.

§ 258. Über tatsächliche Verhältnisse[1] entscheidet das Gericht nach seiner freien, aus der Verhandlung und einer Beweisaufnahme geschöpften Überzeugung[2].

Zusatz: Eine vereinfachte Entscheidungsmöglichkeit bei Berufungen von geringem Streitwert sieht § 48 der 3. StNVdg. vor (über seine Geltungsdauer s. § 55 Abs. 3 der 3. StNVdg., abgedruckt in Vorbem. vor § 285). Er lautet:

„Bei Berufungen, deren Beschwerdegegenstand keinen höheren Wert hat als 50 Goldmark, kann die Rechtsmittelbehörde (§ 47), ohne daß es einer weiteren Aufklärung des Sachverhalts oder einer Stellungnahme zu Rechtsfragen bedarf, nach freiem Ermessen entscheiden. Zur Begründung einer solchen Entscheidung genügt der Hinweis, daß auf Grund dieser Verordnung nach freiem Ermessen entschieden worden ist.

Die Bestimmungen des Abs. 1 finden keine Anwendung, wenn die Einspruchsentscheidung zuungunsten des Steuerpflichtigen abgeändert wird.

Der Reichsminister der Finanzen kann die im Abs. 1 Satz 1 bestimmte Wertgrenze ändern."

[1] In rechtlicher Hinsicht besteht Bindung an das Gesetz (vgl. § 2); über Auslegungsnormen s. § 4.

[2] § 258 statuiert hier den (übrigens für alle Veranlagungs- und Rechtsmittelbehörden geltenden) Grundsatz der sog. freien Beweiswürdigung; vgl. hierüber Anm. 3 zu § 204. Über die Notwendigkeit der Beachtung allgemein anerkannter Beweisregeln (zutreffender vielleicht Vernunftregeln) s. RFH. v. 30. 6. 21, DStBl. 1922 S. 178.

Eine wesentliche Erleichterung für die Tätigkeit der mit Bagatellesachen teilweise überlasteten Finanzgerichte brachte § 48 der 3. StNVdg. (abgedruckt als Zusatz zu gegenwärtigem Paragraphen). Seine Bedeutung liegt darin, daß die Finanzgerichte in den durch § 48 a. a. O. betroffenen Sachen von den streng formalen Verfahrensfesseln (Gehör des Pflichtigen, Anstellung weiterer Ermittlungen, Weitwendigkeiten der Urteilsbegründung) befreit sind. Diesen Grundgedanken des § 48 hat der RFH. in seiner Rechtsprechung zu diesem Paragraphen zunächst voll zum Ausdruck gebracht. In der Entsch. v. 23. 5. 1924 (RStBl. S. 171) ist dem Sinne nach folgendes ausgeführt:

Die Rechtsbeschwerde kann — das Vorhandensein der übrigen Erfordernisse des § 48 vorausgesetzt — nur Erfolg haben, wenn das freie Ermessen, das die Grundlage für die Entscheidung bilden soll, nicht, wie es § 6 AO. zur Pflicht macht, nach Recht und Billigkeit gewaltet hat. Die Grenzen der Billigkeit hat das Finanzgericht durch Nichterhebung des vom Beschwerdeführer angebotenen Beweises nicht überschritten. Die Stellung des Finanzgerichts in den Fällen des § 48 ist eine wesentlich freiere geworden. Der Zweck des § 48 ist, Zeitverlust und Kosten, die durch Erhebung von Beweisen entstehen würden, tunlichst zu vermeiden. Die Rechtsmittelbehörde soll sich in geeigneten Fällen mit der Erwägung begnügen können, daß auf einen bestimmten Tatbestand mit einem hohen Grade von Wahrscheinlichkeit geschlossen werden könne. Dabei müssen selbstverständlich Willkür und unsachliche Gesichtspunkte ausgeschlossen bleiben.

In späteren Entscheidungen hat der RFH. jedoch Ansätze zu einer formalistischen Einengung seiner Auslegung gezeigt, die — falls sie bestätigt würden — der Anwendbarkeit des § 48 gefährlich wären. Insbesondere muß die (aus der Entscheidung v. 22. 7. 25, Steuer u. Wirtschaft IV S. 1472 vielleicht zu entnehmende) Auslegung bekämpft werden, daß das Finanzgericht im Falle der beabsichtigten Anwendung des § 48 keine tatsächlichen Ermittlungen anstellen dürfe. Denn es erscheint doch mit dem Sinne des Gesetzes nicht vereinbar, daß das Finanzgericht zu einer Entscheidung nach freiem Ermessen *ohne jegliche Weiterungen* zwar befugt sein soll, daß es aber, wenn es *vorsichtshalber zu seiner tatsächlichen Vergewisserung* noch diese oder jene Ermittlung angestellt hat, der Befreiung von den formalistischen Verfahrensfesseln verlustig gehen soll.

Die Ansicht, daß das Finanzgericht, sobald es sich im Urteil auf *rechtliche Erörterungen* einläßt, sich nicht mehr auf § 48 a. a. O. berufen kann (vgl. die zuletzt erwähnte Entsch. des RFH.), erscheint unbedenklich.

§ 48 ist nicht anwendbar, wenn auf Berufung des Finanz*amts* eine Verböserung vorgenommen werden soll (E. Bd. 15 S. 190).

Die Streitwertgrenze von 50 RM. ist bei verbundener Behandlung mehrerer Rechtsmittel nach dem Gesamtwert der verbundenen Sachen zu berechnen, auch wenn es sich um mehrere Steuerpflichtige handelt (E. Bd. 14 S. 313).

§ 259. Ist mündliche Verhandlung angeordnet, so dürfen der Entscheidung nur solche Tatsachen und Beweise zugrunde gelegt werden, zu denen sich zu äußern den Beteiligten Gelegenheit gegeben war[1]. Hierzu genügt, daß ihnen freigestanden hat[2], an dem Termin oder der mündlichen Verhandlung teilzunehmen, wo die Tatsachen vorgebracht oder die Beweise erhoben sind.

Urteile oder Beschlüsse, die auf Grund einer mündlichen Verhandlung ergehen, können nur von den Mitgliedern erlassen werden, die daran teilgenommen haben.

[1] Daß den Beteiligten diese Gelegenheit, sei es durch besondere Bekanntgabe, sei es nach Maßgabe des S. 2, gegeben war, muß aus den Akten hervorgehen. Andernfalls kann die in der Entscheidung erfolgte Verwertung der fraglichen Tatsachen und Beweismittel einen Mangel des Verfahrens begründen.

[2] „Freigestanden hat": Es ist also unter allen Umständen erforderlich, daß die Beteiligten von dem Termin seitens der Behörde Kenntnis und die Möglichkeit sowie das Bewußtsein des Rechts zur Teilnahme hatten (vgl. § 253 Abs. 2).

§ 260. Das Gericht beschließt nach einfacher Stimmenmehrheit. Der Vorsitzende stimmt zuletzt. § 30 Abs. 2 Satz 4 gilt entsprechend.

Bei der Beratung und Abstimmung dürfen außer den zur Entscheidung berufenen Mitgliedern nur die beim Landesfinanzamt zur Ausbildung beschäftigten

Personen zugegen sein, soweit der Vorsitzende deren Anwesenheit gestattet.

§ 261. Die mündliche Verhandlung schließt[1] mit der Verkündung des Urteils oder eines Beschlusses, daß das Urteil den Beteiligten zugestellt werden solle[2]. Das Urteil wird durch Verlesung der Formel[3] verkündet.

[1] Wenn nicht ein Beweisbeschluß ergeht oder aus irgendwelchen Gründen Vertagung erfolgt; in diesem Falle muß der Pflichtige, wenn er nicht darauf verzichtet, auch von den neuen Terminen Kenntnis erhalten.

[2] Wenn also das Gericht aus irgendeinem Grunde (Schwierigkeit der rechtlichen Beurteilung, Unübersichtlichkeit des Materials, unter Umständen auch Gefahr unerwünschter Störungen der Sitzung usw.) die sofortige Verkündung des Urteils nicht für tunlich hält, kann die Verkündung kurz dahin lauten, daß nach Beschluß des Gerichts das ergehende Urteil den Beteiligten durch Zustellung bekannt gegeben wird.

[3] Die Formel (auch Tenor genannt) hat zu enthalten:

1. Den Entscheidungssatz selbst, unter ausdrücklicher Anführung der beschwerdeführenden Person sowie der angefochtenen Verfügung;
2. Die Entscheidung über die Kostentragungspflicht (§ 285);
3. Veranlaßtenfalls die Festsetzung des Werts des Streitgegenstands (§ 243 Abs. 1);
4. Veranlaßtenfalls die Ermäßigung der Gebühr (§ 289 Abs. 3) oder die Gewährung von Kostenfreiheit (§ 295).

§ 262. Die Urteile sind den Beteiligten von Amts wegen zuzustellen[1]. Der Reichsminister der Finanzen kann statt der Zustellung eine einfachere Form der Bekanntgabe zulassen[2].

[1] Verschlossen (s. § 242 Abs. 2).

[2] Vgl. Anm. 7 und 8 zu § 211.

§ 263. Die Urteile ergehen im Namen des Reichs.

Die Mitglieder, die entschieden haben, sind anzuführen; auch ist der Sitzungstag anzugeben.

Die Urteile sind von dem Vorsitzenden und bei dessen Verhinderung von dem ständigen Mitglied zu unterzeichnen.

§ 264. Leidet das Verfahren des Finanzamts oder einer Hilfsstelle an wesentlichen Mängeln[1], so hat das Finanzgericht gleichwohl in der Sache zu entscheiden[2]. Eine Zurückverweisung der Sache unter Aufhebung der angefochtenen Entscheidung ist nur aus besonderen Gründen, insbesondere zur Ersparung von Kosten, Arbeit oder Zeit zulässig[3].

Vorentscheidungen über den Grund eines Anspruchs, Teilentscheidungen über Einzelansprüche oder selbständige Teile eines Anspruchs und Zwischenentscheidungen über selbständige Streitpunkte sind nur mit Zustimmung der Steuerpflichtigen[4] zulässig.

Für die Einlegung weiterer Rechtsmittel stehen Vor-, Teil- und Zwischenentscheidungen Endentscheidungen gleich[5].

[1] Der Begriff des wesentlichen Verfahrensmangels umschließt zwei Momente:

1. Den objektiven Mangel des Verfahrens als solchen;

2. die Wesentlichkeit des Mangels für die Entscheidung des konkreten Falles.

Zu 1. Ein Mangel des Verfahrens liegt vor bei gänzlicher oder teilweiser Außerachtlassung von Verfahrensvorschriften, welche die Steuergesetze im Interesse und zum Schutze der Beteiligten vorsehen. Zu den Mängeln des Verfahrens im weiteren Sinne (wobei unter Verfahren nicht nur der

Komplex der auf die Erledigung des Falles gerichteten behördlichen Verfügungen und Maßnahmen, sondern auch die außerhalb dieses Komplexes liegenden Verfahrensgrundlagen verstanden werden) gehört auch das Fehlen der sog. Verfahrensvoraussetzungen; vgl. hierüber Nr. 2 dieser Anm., ferner Anm. 1 und 4 zu § 236. Die in der Rechtsprechung des RFH. zu § 267 (vgl. Anm. 3 dort) zutage tretende Scheidung zwischen Verfahrensmängeln, die von Amts wegen und solchen, die nur auf Rüge zu beachten sind, hat für die Berufungsinstanz, welche den ganzen Sachverhalt in tatsächlicher und rechtlicher Hinsicht von Amts wegen aufzuklären und Mängel des Verfahrens hierbei — soweit zulässig — zu heilen hat, so gut wie keine Bedeutung.

Eine Aufzählung der möglichen Verfahrensmängel im einzelnen ist nicht tunlich. Die wichtigsten der vorkommenden Fälle sind in den Erläuterungen zu den einzelnen Verfahrensvorschriften meist kurz gestreift. Es handelt sich zumeist um Mängel in den tatsächlichen Feststellungen, im tatsächlichen oder rechtlichen Gehör der Beteiligten, in der Behandlung des Vorbringens der Beteiligten und in der urteilsmäßigen Zusammenfassung der die Entscheidung tragenden tatsächlichen und rechtlichen Erwägungen.

Zu 2. Wesentlich ist ein Mangel des Verfahrens dann, wenn die Entscheidung erkennbar oder auch nur möglicherweise auf diesem Mangel beruht. Dabei besteht eine — der Festlegung sog. absoluter Revisionsgründe des § 551 ZPO. entsprechende — gesetzliche Bindung der Rechtsmittelbehörde, gewisse Mängel ohne Prüfung der Kausalitätsfrage stets als „wesentlich" ansehen zu müssen, nach der AO. nicht. Gleichwohl können die Fälle des § 551 a. a. O. einen wertvollen Anhalt für die Frage der Wesentlichkeit eines Mangels im Steuerprozeß bilden. Dementsprechend hat die Rechtsprechung des RFH. mit Recht das Fehlen einer sog. Verfahrensvoraussetzung (s. oben unter Nr. 1, ferner Anm. 1 und 4 zu § 236) stets als wesentlichen Mangel erklärt. Im übrigen richtet sich die Frage der Wesentlichkeit eines Mangels für das Entscheidungsergebnis nach den Umständen des Einzelfalles. Dabei sind die Grenzen der Kausalitätsmöglichkeit sehr weit zu ziehen. So kann z. B. bei Verböserungsbescheiden für den Fall der Unterlassung des Hinweises des Pflichtigen auf neue rechtliche Gesichtspunkte unter Umständen anzunehmen sein, daß der Pflichtige bei entsprechender Inkenntnissetzung das Rechtsmittel zurückgenommen hätte und daher der verbösernde Bescheid gar nicht hätte ergehen können. Nur wenn eine Beeinflussung des Entscheidungsergebnisses durch den festgestellten Mangel nach dem normalen Verlauf der Dinge als außerhalb des Bereichs der Möglichkeit gelegen anzusehen ist, braucht der Mangel als unwesentlich nicht beachtet zu werden.

[2] Das hat seinen Grund im Offizialprinzip, wonach ja das Finanzgericht Recht und Pflicht der selbsttätigen Erforschung des Sachverhalts hat (§ 228).

[3] Voraussetzung für die Zurückverweisung ist stets das Vorliegen eines wesentlichen Verfahrensmangels (E. Bd. 8 S. 270).

Als besonderer Grund für die Zurückverweisung kann insbesondere die Notwendigkeit einer umfangreichen Beweisaufnahme in Betracht kommen, deren Vornahme durch die Vorinstanz aus örtlichen oder anderen Gründen zweckmäßig erscheint. Aber auch völlig unzureichende Durcharbeitung eines Falles durch die Vorinstanz (zu denken ist z. B. an die seitens einzelner Steuerstellen beliebte Zurückweisung von Einsprüchen mit der gänzlich ungesetzlichen Begründung, daß der Pflichtige beweisfällig geblieben sei) muß einen Grund für die Zurückverweisung bilden können, da es andernfalls in die Hand der Finanzämter gelegt wäre, die Durchführung unbequemer Veranlagungsfälle einfach dem Finanzgericht aufzuhalsen.

Die Gründe, welche das FG. zur Zurückverweisung veranlassen, müssen in der Entscheidung angegeben werden (E. Bd. 10 S. 237).

Unzulässig ist eine Zurückverweisung, soweit der RFH. eine Sache bereits zur Entscheidung in der Sache, im Kostenpunkt und bezüglich des Streitwerts an die Berufungsinstanz zurückverwiesen hat (E. Bd. 18 S. 184).

Über die Fälle sog. ersatzloser Aufhebung von Vorentscheidungen s. Anm. 4 zu § 236.

[4] Wenn sie ohne diese Zustimmung ergehen, so sind sie dadurch nicht ohne weiteres hinfällig. Falls der Pflichtige innerhalb der Rechtsmittelfrist die Entscheidung nicht anficht, hat vielmehr seine Zustimmung als nachträglich erteilt zu gelten und wird die Entscheidung rechtskräftig.

Die Zustimmung braucht übrigens keine ausdrückliche zu sein; sie kann sich auch aus der Fassung eines Antrags zweifelsfrei ergeben (E. Bd. 6 S. 194).

[5] D. h. es laufen für derartige Teilentscheidungen gesonderte Rechtsmittelfristen.

## III. Rechtsbeschwerde.

**§ 265.** Zur Einlegung der Rechtsbeschwerde gegen die Urteile der Finanzgerichte ist auch die Finanzbehörde befugt, die den Steuerbescheid oder den im § 223 bezeichneten Bescheid erlassen hat.

Über den Umfang der behördlichen Befugnis vgl. die in Anm. 1 zu § 245 erwähnte Entscheidung E. Bd. 7 S. 72.

**§ 266.** Beteiligte im Verfahren über die Rechtsbeschwerde sind:

1. wer im Verfahren über die Berufung Beteiligter war oder nach § 226 als Beteiligter zugezogen wird oder dem Verfahren beitritt,
2. der Reichsminister der Finanzen und im Falle des § 32 Abs. 4 die oberste Landesfinanzbehörde, wenn sie ihre Zuziehung beantragen; der Senat kann sie um Beteiligung ersuchen.

§ 267. Die Rechtsbeschwerde kann nur darauf gestützt werden,

1. daß die Entscheidung auf Nichtanwendung oder unrichtiger Anwendung des bestehenden Rechtes[1] oder einem Verstoße wider den klaren Inhalt der Akten beruhe[2],
2. daß das Verfahren an wesentlichen Mängeln leide[3].

[1] Hier kommt nur das materielle Recht in Frage; für die Verfahrensvorschriften gilt Nr. 2.

[2] Der „Verstoß gegen den klaren Akteninhalt" wird in der Rechtsprechung (vgl. Becker) als ein Unterfall der wesentlichen Verfahrensmängel betrachtet; diese Klassifizierung hat ihre Wurzel in der Rechtsprechung des Preuß. Oberverwaltungsgerichts und war dort notwendig wegen des Fehlens einer entsprechenden gesetzlichen Festlegung. In Wirklichkeit haben aber diese Verstöße gegen den Akteninhalt mit dem „Verfahren" nichts zu tun und die in der AO. erfolgte Trennung der Begriffe könnte in der Rechtsprechung ruhig beibehalten werden.

Ein Verstoß gegen den klaren Akteninhalt liegt vor, wenn tatsächliche Feststellungen des Urteils dem Akteninhalt widersprechen (zu beachten jedoch der Grundsatz der freien Beweiswürdigung!), oder wenn aktenmäßig feststehende Tatsachen im Urteil nicht berücksichtigt worden sind (E. Bd. 8 S. 174).

[3] Über wesentliche Verfahrensmängel s. Anm. 1 zu § 264. Für die Anwendung des § 267 kommt noch hinzu die vom RFH. aufgestellte Scheidung der Verfahrensmängel in solche, die von Amts wegen und solche, die nur auf Rüge zu beachten sind. Zu den ersteren gehören nach den bei Becker Anm. 2 zu § 267 zusammengestellten Rechtsprechungsgrundsätzen des RFH. (abgesehen von den gleichfalls stets von Amts wegen zu berücksichtigenden Verstößen gegen das materielle Recht oder gegen den klaren Akteninhalt):

1. Das Fehlen der allgemeinen Verfahrensvoraussetzungen (s. Anm. 1 zu § 236 und Anm. 1 zu § 264).

2. Mängel der Urteilsbegründung in tatsächlicher oder rechtlicher Beziehung, sofern dadurch die Nachprüfung, ob das Recht richtig angewendet ist, vereitelt wird.

§ 268. Der Beschwerdeführer soll die Rechtsbeschwerde beim Finanzgerichte schriftlich oder zu Protokoll begründen. Die Begründung kann auch zu Protokoll einer Vorinstanz geschehen; diese hat sie weiterzugeben.

Die Frist für die Begründung beträgt einen Monat. Sie beginnt mit dem Ablauf der Beschwerdefrist und kann auf Antrag vom Vorsitzenden des Gerichts, dessen Entscheidung angefochten wird, verlängert werden[1].

Ist die Rechtsbeschwerde beim Reichsfinanzhof angebracht (§ 234), so kann sie auch bei diesem begründet werden; der Vorsitzende des Senats kann die Begründungsfrist verlängern[2].

[1] Bei Versäumung der Begründungsfrist kann Nachsicht gewährt werden (E. Bd. 7 S. 309).

[2] Diese Befugnis des Senatsvorsitzenden dürfte auch für den Fall gelten, daß die Rechtsbeschwerde zwar bei einer Vorinstanz angebracht, aber vor Ablauf der Begründungsfrist mit den Akten dem RFH. gemäß § 270 vorgelegt worden ist.

§ 269. Wenn die Rechtsbeschwerde darauf gestützt wird, daß das Verfahren an wesentlichen Mängeln leide, so hat die Begründung die Tatsachen zu enthalten, die den Mangel ergeben[1].

Wird sonst die Verletzung von Rechtsnormen oder ein Verstoß wider den klaren Inhalt der Akten gerügt, so soll die Begründung die verletzte Norm oder den Verstoß bezeichnen[2].

[1] Nicht gerügte Mängel werden vom RFH. nur in den in Anm. 3 zu § 267 a. E. genannten Fällen berücksichtigt.

[2] Die in Abs. 2 genannten Verstöße sind auch ohne Rüge oder Begründung zu berücksichtigen.

§ 270. Das Finanzgericht hat die Rechtsbeschwerde mit den Akten und sonstigen Unterlagen spätestens nach Ablauf der Begründungsfrist dem Reichsfinanzhof einzusenden.

Mit vorzulegen ist zufolge RFME. v. 15. 12. 25 III P 28385 eine für die Akten des RFH. bestimmte Abschrift der angefochtenen Entscheidung.

§ 271. Falls die Rechtsbeschwerde nicht als unzulässig zu verwerfen (§ 236) oder offenbar als unbegründet zurückzuweisen ist, hat der Vorsitzende die Beschwerdeschrift und die Begründung den übrigen Beteiligten zu schriftlicher Erklärung mitzuteilen. Zur Abgabe der Erklärung bestimmt er eine Frist.

Im Hinblick auf § 271 hat der RFM. mit Erlaß v. 19. 3. 20, RStBl. S. 233, zur Vereinfachung und Beschleunigung des Verfahrens angeordnet, daß die Finanzämter, und — wenn der erste Bescheid von einem Landesfinanzamt erlassen ist — die Landesfinanzämter bei allen durch ihre Hände gehenden Rechtsbeschwerden zu bemerken haben, was sie etwa dazu zu erklären haben (und ob sie sich ev. der Rechtsbeschwerde anschließen wollen oder darauf verzichten).

§ 272. Einer Rechtsbeschwerde können sich die übrigen Beschwerdeberechtigten nur bis zum Ablauf der ihnen zur Erklärung gesetzten Frist anschließen[1]. Die Anschlußbeschwerde soll innerhalb eines Monats nach der Einlegung begründet werden. Im übrigen gelten für die Einlegung und Begründung der Anschlußbeschwerde die Vorschriften für die Rechtsbeschwerde. Jedoch ist die Anschlußbeschwerde, wenn sie nach der im § 271 vorgesehenen Aufforderung zur Erklärung eingelegt wird, bei dem Reichsfinanzhof einzulegen.

[1] Über Voraussetzungen des Anschlusses im allgemeinen s. § 232.

§ 273. Über die Rechtsbeschwerde ist mündlich zu verhandeln, wenn es ein Beteiligter beantragt[1] oder wenn es der Vorsitzende des Senats oder der Senat für angemessen hält.

Auch wenn mündliche Verhandlung beantragt ist, kann vorerst ohne eine solche entschieden werden. Der Bescheid gilt als Urteil, wenn ein Beteiligter nicht innerhalb zweier Wochen, vom Tage der Zustellung an gerechnet, die Anberaumung der mündlichen Verhandlung beantragt. Dies ist den Beteiligten in dem Bescheide zu eröffnen.

[1] Voraussetzung ist, daß der Antragsteller durch die angefochtene Verfügung beschwert ist (E. Bd. 4 S. 172).

§ 274. Der Vorsitzende des Senats oder der Senat kann Beweise vor der mündlichen Verhandlung erheben.

Beweise können vom Senate, von einem oder mehreren Mitgliedern des Senats oder aus besonderen Gründen von einer ersuchten Behörde aufgenommen werden.

§ 275. Das Urteil des Finanzgerichts darf nur aus den im § 267 bezeichneten Gründen aufgehoben werden.

Soweit die Rechtsbeschwerde darauf gestützt wird, daß das Verfahren an wesentlichen Mängeln leide, unterliegen nur die geltend gemachten Gründe der Prüfung des Senats[1]. Im übrigen ist der Senat an die geltend gemachten Gründe nicht gebunden.

Ist das Urteil aufzuheben, so kann der Senat selbst entscheiden oder die Sache an das Finanzgericht oder das Finanzamt zurückverweisen[2].

Das Finanzgericht und das Finanzamt sind an die rechtliche Beurteilung gebunden, die der Aufhebung der angefochtenen Entscheidung und der Rückverweisung zugrunde liegt[3].

[1] Über von Amts wegen zu berücksichtigende Verfahrensmängel s. jedoch Anm. 3 zu § 267. Soweit dabei das Fehlen sog. Verfahrensvoraussetzungen in Frage kommt, kann dieser Mangel zu einer Verwerfung des Rechtsmittels nach § 236 Abs. 1 nur dann führen, wenn er erst in dem engeren Verfahren vor der betr. Rechtsmittelbehörde eingetreten ist (RFH. i. RStBl. 1920 S. 433). Andernfalls, d. h. wenn eine Vorinstanz unter Nichtberücksichtigung eines Mangels in den Voraussetzungen (z. B. ohne zuständig zu sein) entschieden hat, ist das Verfahren aufzuheben (E. Bd. 2 S. 315, vgl. Anm. 4 zu § 236).

[2] Über das Verbot weiterer Zurückweisung durch die Berufungsinstanz s. Anm. 3 zu § 264.

[3] Reformatio in peius nicht ausgeschlossen (RFH. in RStBl. 1920 S. 629); im übrigen s. wegen Zulässigkeit der Verböserung im allgemeinen Anm. 3 zu § 228.

§ 276. Im übrigen gelten die §§ 247, 249, 253 bis 256, 258, 259, 261, 262 und § 263 Abs. 1, 2 sinngemäß auch für die Rechtsbeschwerde. Soweit tatsächliche Verhältnisse zu prüfen sind, gilt auch § 250.

Der Senat beschließt in geheimer Sitzung mit einfacher Stimmenmehrheit. Die Reihenfolge der Abstimmung richtet sich nach dem Dienstalter; der Jüngste stimmt zuerst. Zuletzt stimmt der Vorsitzende. Ist ein Berichterstatter ernannt, so gibt dieser seine Stimme zuerst ab. Ihm folgt ein etwaiger Mitberichterstatter. Es gilt § 30 Abs. 2 Satz 4.

Die Urteile sind von sämtlichen Mitgliedern zu unterzeichnen. Ist eines von ihnen hieran verhindert, so hat dies der Vorsitzende und bei dessen Verhinderung sein Vertreter unter dem Urteil zu bemerken.

## Vierter Titel.

### Anfechtungsverfahren.

§ 277. Ist die Anfechtung (§ 219) eingelegt, so können das Finanzamt oder die Hilfsstelle des Finanzamts, die die Entscheidung erlassen haben, der Anfechtung abhelfen. Wollen sie ihr nicht abhelfen, so haben sie die Sache dem Landesfinanzamte vorzulegen, und zwar die Hilfsstelle durch das Finanzamt, das seinerseits der Anfechtung abhelfen kann.

§ 278. Beteiligte im Verfahren über die Anfechtung sind:

1. wer die Anfechtung eingelegt hat,
2. wer nach § 226 als Beteiligter zugezogen wird oder dem Verfahren beigetreten ist.

§ 279. Das Landesfinanzamt entscheidet über die Anfechtung. Wird gegen die Entscheidung des Landesfinanzamts Rechtsbeschwerde eingelegt, so sind Beteiligte im Verfahren über die Rechtsbeschwerde:

1. die bei der Anfechtung Beteiligten (§ 278),

2. das Landesfinanzamt, das die Entscheidung erlassen hat,
3. der Reichsminister der Finanzen, wenn er seine Zuziehung beantragt; der Senat kann ihn um Beteiligung ersuchen.

**§ 280.** Für die Rechtsbeschwerde gelten im übrigen sinngemäß die §§ 267 bis 276.

## Fünfter Titel.
## Beschwerdeverfahren.

**§ 281.** Zur Einlegung der Beschwerde (§ 224) ist befugt, wer durch die Verfügung beeinträchtigt ist[1].

[1] Erfordernis des Vorliegens einer sog. „Beschwer"; vgl. hierüber auch Anm. 1 zu § 221.

„Beeinträchtigt" ist nach den Ausführungen der Entwurfsbegründung derjenige, in dessen Rechte eingegriffen wird, von dem ein Tun oder Lassen verlangt wird, ferner derjenige, dessen zur Wahrung eigener Interessen in gesetzlich zulässiger Weise gestellter Antrag abgelehnt wird.

Finanzbefehle (s. Anm. 1 zu § 202) können auch, nachdem sie erfüllt sind, im Beschwerdeverfahren angefochten werden (E. Bd. 12 S. 252).

Über den Kreis der mit der Beschwerde anfechtbaren Verfügungen s. § 224 nebst Bem.

**§ 282.** Die Stelle, deren Verfügung angefochten ist, kann der Beschwerde abhelfen[1]. Sie hat hierüber zu beschließen[2]. Will sie ihr nicht abhelfen, so hat sie die Beschwerde der nächstoberen Behörde zur Entscheidung vorzulegen.

Ist die Verfügung von einer Hilfsstelle[3] erlassen, so hat diese die Beschwerde, wenn sie ihre Verfügung nicht ändern will, dem Finanzamt vorzulegen. Dieses hat sie, wenn es der Beschwerde nicht abhelfen will, dem Landesfinanzamte vorzulegen.

Wird die Änderung einer Verfügung verlangt, die eine von einem Finanzgericht oder dem Reichsfinanzhof um Erledigung einer Beweisaufnahme ersuchte oder beauftragte Stelle[4] oder die Geschäftsstelle[5] eines Finanzgerichts oder des Reichsfinanzhofs erlassen hat, so entscheidet, falls der Beschwerde nicht abgeholfen wird, das Finanzgericht oder der Reichsfinanzhof[6].

Gegen Beschwerdeentscheidungen[7] der Landesfinanzämter und gegen Verfügungen der Finanzgerichte[8] ist eine Beschwerde nicht zulässig[9]; die Vorschrift des § 283 bleibt unberührt.

[1] Jeder mit Beschwerde anfechtbaren Verfügung kann — was sich eigentlich schon aus §§ 75, 77 ergibt — von der erlassenden Behörde abgeholfen werden, d. h. die Verfügung kann ganz oder teilweise zugunsten des Beschwerdeführers abgeändert werden. Wenn sich der Beschwerdeführer mit der erfolgten (und ev. weiteren) Abhilfe nicht zufrieden gibt und die Beschwerde trotz derselben aufrechterhält, dann gelten für die Behandlung im Rechtsmittelverfahren die ursprüngliche Verfügung und die dazu gehörigen Abhilfeverfügungen zusammen als eine einheitliche Verfügung, die so anzusehen ist, als sei ihr Inhalt von Anfang an derjenige gewesen, der sich durch die Abänderungen ergibt. Für die Wahrung der Beschwerdefrist ist in solchem Falle der Zeitpunkt der Bekanntgabe der Abänderungsverfügung maßgebend, vorausgesetzt, daß letztere bezüglich Form der Bekanntgabe und ev. Beifügung einer Rechtsmittelbelehrung den Vorschriften entspricht, die für Verfügungen der betr. Art überhaupt gelten.

Gegenüber Beschwerdeentscheidungen gibt es zufolge § 76 Abs. 3 S. 2 keine Abhilfebefugnis.

Für Strafbescheide (s. § 414 Abs. 4) gilt § 282 nicht.

[2] Der Beschluß ist aktenkundig zu machen. Soweit die Gründe für Nichtabhilfe nicht bereits aus dem Akteninhalt hervorgehen, sind sie anzugeben. Die Frage der Abhilfe ist nicht in das Belieben der Behörden gestellt. Sie ist vielmehr Ermessensfrage und die Behörde hat, ehe sie sich zur Nichtabhilfe entschließt, nochmals sorgfältig die rechtliche und tatsächliche Haltbarkeit ihrer Verfügung zu prüfen.

Daß die Behörde auch ohne Antrag eine Verfügung abändern kann, geht bereits aus § 75 hervor.

[3] Z. B. von einem Notar, soweit Notare landesrechtlich als Hilfsstellen der Finanzämter erklärt sind.

[4] Gemeinde- oder sonstige Behörde. Gegen alle Verfügungen, die eine solche Stelle in Ausführung einer ihr vom FG. oder RFH. übertragenen Beweisaufnahme in Richtung gegen die Beteiligten erläßt, ist Beschwerde zum FG. bzw. RFH. gegeben.

[5] Es kommen hier nur Verfügungen in Frage, welche die Geschäftsstelle (näheres s. Anm. 3 zu § 234) innerhalb des ihr zugewiesenen Geschäftsbereichs erläßt.

[6] Finanzgericht (und selbstverständlich auch der RFH.) entscheidet endgültig.

[7] Gegen erstinstanzliche Verfügungen der Landesfinanzämter gibt es Beschwerde zum Reichsfinanzministerium gemäß Abs. 1 S. 3 (nicht zu verwechseln mit der Aufsichtsbeschwerde des § 13).

[8] Gleichgültig, ob es sich um erstinstanzliche Verfügungen der Finanzgerichte oder um Beschwerdeentscheidungen derselben handelt.

[9] Über die Unzulässigkeit eines weiteren Rechtsmittels sind die Beteiligten zweckmäßiger Weise zu belehren.

Trotz der Bestimmung des Abs. 4 hält sich übrigens — mit gutem Grunde — der Reichsfinanzhof für verpflichtet, Rechtsbeschwerden anzunehmen, wenn die Vorinstanz zu ihrer Entscheidung überhaupt nicht zuständig war, z. B. wenn fälschlich vom LFA. im Beschwerdeverfahren statt vom FG. im Berufungsverfahren entschieden wurde (E. Bd. 4 S. 350). Dies ist namentlich wichtig für das Beschwerdeverfahren nach § 210 Abs. 3.

**§ 283.** Gegen Beschwerdeentscheidungen der Landesfinanzämter und Finanzgerichte über Anordnungen, die nach § 202 Abs. 1 und nach den Vorschriften, die den § 202 für anwendbar erklären[1], erzwungen werden können und über die Androhung eines Zwangsmittels zur Erzwingung einer solchen Anordnung ist die Rechtsbeschwerde an den Reichsfinanzhof zulässig[2]. Das gleiche gilt für Verfügungen dieser Art, die ein Finanzgericht nach § 202 erläßt[3].

Die Rechtsbeschwerde gegen die Androhung eines Zwangsmittels erstreckt sich auf die Anordnung, die erzwungen werden soll, wenn diese nicht Gegenstand eines besonderen Beschwerdeverfahrens geworden ist[4]. Wegen Verhängung und Ausführung eines Zwangsmittels ist die Rechtsbeschwerde nur insoweit zulässig, als darin eine Anordnung oder Androhung enthalten ist[5] und[6] der Verhängung oder Ausführung des Zwangsmittels keine besondere Anordnung oder Androhung vorausgegangen ist[7].

[1] Z. B. §§ 338 Abs. 2, 347.

Dem Gesetzeswortlaut zufolge müßte § 283 auch für die Fälle der §§ 406 Abs. 4, 417 gelten. Denn es ist kein innerer Grund einzusehen, warum das Gesetz die Personen, die nach diesen Bestimmungen gemäß § 202 zur Auskunft usw. angehalten werden können, hinsichtlich der Rechtsmittel schlechter hätte stellen wollen als Auskunftspersonen im Besteuerungsverfahren (anders ist es hinsichtlich derjenigen Personen, gegen die sich das Strafverfahren richtet; gegen diese sind

Zwangsmaßnahmen nach § 202 ohnehin unzulässig). Gleichwohl erklärt der RFH. in E. Bd. 6 S. 116 nur die Beschwerde nach § 418 für zulässig.

[2] § 283 Abs. 1 regelt nur die Zulässigkeit der Rechtsbeschwerde gegen

1. Anordnungen, deren Durchführung nach § 202 erzwungen werden kann (s. hierüber Anm. 2 und 3 zu § 202) und zwar gleichgültig, ob der Zwang nach § 202 bereits eingeleitet ist oder nicht oder ob im konkreten Falle ein Zwang wegen persönlicher Verhältnisse des Pflichtigen ausgeschlossen ist (E. Bd. 4 S. 265);

2. Androhung eines Zwangsmittels nach § 202. Die Beschwerde nach Nr. 2 umfaßt zufolge Abs. 2 S. 1 jene nach Nr. 1 zumeist ohne weiteres mit.

Gemäß § 242 Abs. 1 ist dem Beschwerdebescheid eine Rechtsmittelbelehrung hinzuzufügen.

Die durch die Entscheidung der Rechtsbeschwerdeinstanz etwa erfolgende Aufhebung der Anordnung oder Androhung hat nach E. Bd. 15 S. 180 keine rückwirkende Kraft. Die inzwischen bereits verhängten Geldstrafen bleiben also unberührt. Damit hat der RFH. den in seinen früheren Entscheidungen (E. Bd. 5 S. 170, Bd. 6 S. 139, Bd. 8 S. 206) vertretenen gegenteiligen Standpunkt aufgegeben.

(Wegen Beschwerde gegen die Ausführung des Zwangsmittels s. unten Anm. 5).

[3] Die Zuständigkeit zum Erlaß solcher Verfügungen ergibt sich aus § 229. Zufolge § 229 können nicht nur Finanzgerichte, sondern auch die Landesfinanzämter, wo sie zur Entscheidung über das Rechtsmittel der Beschwerde berufen sind, Zwangsverfügungen nach § 202 erlassen. Gegen diese Verfügungen ist zufolge des einschränkenden Wortlauts des Abs. 1 S. 2 die Rechtsbeschwerde nicht zulässig. Es gibt also nur gewöhnliche Beschwerde nach §§ 224, 281, 282 Abs. 1 zum Reichsfinanzministerium.

[4] Die Erstreckung tritt vorbehaltlich der ausdrücklichen Ausnahme des S. 1 ipso iure ein.

[5] Das ist lediglich eine vorsichtshalber erfolgte Wiederholung der durch Abs. 1 festgelegten Anfechtbarkeit der Anordnung bzw. Androhung als solcher.

[6] „und" hat hier die Bedeutung von „oder".

[7] Abs. 2 S. 2 regelt die „Zulässigkeit" der Rechtsbeschwerde gegen die Verhängung und Ausführung eines Zwangsmittels. Die Fassung des Gesetzes ist an dieser Stelle augenscheinlich stark verunglückt und führt in der Praxis zu Mißverständnissen, die meines Erachtens auch durch die etwas schwer verständliche Entscheidung des RFH. in E. Bd. 8 S. 206 nicht genügend geklärt sind. Der Sinn der Stelle im Zusammenhang mit der gesamten durch § 283 getroffenen Regelung dürfte folgender sein.

Das Gesetz geht zunächst von dem Grundsatze aus, daß im Verfahren nach § 202 die Beteiligten gegen ein ihnen ungerechtfertigt scheinendes Vorgehen der Finanzbehörden sich wehren sollen, ehe das Verfahren bis zur Durchführung des Zwanges selbst gediehen ist; daher die unbegrenzte Zulässigkeit der Rechtsbeschwerde gegen Anordnungen und Androhungen, s. oben Anm. 2. Dagegen soll gegen die Verhängung (wozu auch die Festsetzung einer Geldstrafe gehört) und gegen die sonstige Ausführung eines Zwangsmittels der RFH. im allgemeinen nicht mehr angerufen werden können. Nur wenn der Verhängung oder Ausführung eine gesonderte Anordnung oder Androhung nicht vorangegangen ist, dann soll nach Abs. 2 S. 2 die Rechtsbeschwerde „zulässig" sein. Die Wendung „nur insoweit zulässig" dürfte die Quelle der Mißverständnisse sein. Im Kern handelt es sich hierbei nicht um eine Einschränkung der Zulässigkeit in dem prozessualen Sinne des § 236, sondern um die Umgrenzung der Beschwerdepunkte, auf welche eine Rechtsbeschwerde mit Erfolg nur gestützt werden kann. Diese Beschwerdepunkte können nämlich gegenüber einer bereits vorliegenden Zwangsmittelverhängung nur noch bestehen in Bemängelungen der Ordnungsmäßigkeit der formellen Grundlagen der Zwangsmittelverhängung. Wird also die Rechtsbeschwerde auf einen solchen Mangel gestützt, dann muß sie — wenn im übrigen die Voraussetzungen der Zulässigkeit (vgl. Anm. zu § 236) vorliegen — vom RFH. sachlich auf die Begründetheit der vorgebrachten Mängel hin geprüft und darf bei Unbegründetheit nicht etwa als unzulässig verworfen werden; denn dadurch würde ja die sachliche Prüfung zur Grundlage der Entscheidung über die primäre Frage der Zulässigkeit gemacht werden. Der RFH. ist allerdings noch etwas weiter gegangen. Die Rechtsbeschwerde muß nämlich — und das scheint die Quintessenz der oben erwähnten Entscheidung E. Bd. 8 S. 206 zu sein — auch ohne ausdrückliche Rüge eines der genannten Mängel vom RFH. angenommen und die angegriffene Zwangsmaßregel aufgehoben werden, wenn die Nachprüfung des Sachverhalts das Vorliegen eines Mangels nach der mehrfach erwähnten Richtung ergibt.

Hiernach würde § 283 Abs. 2 S. 2 richtiger etwa zu lauten haben: Die Verhängung und Ausführung eines Zwangsmittels kann auf Rechtsbeschwerde vom RFH. nur außer Kraft gesetzt werden, soweit sich ergibt, daß die gesetzlichen Vorschriften über die Notwendigkeit vorgängiger Anordnung und Androhung außer acht gelassen worden sind. Dabei wird Klarheit darüber bestehen, daß das Vorhandensein einer irgendwie gearteten Aufforderung und Androhung allein nicht genügt, sondern daß eine Außerachtlassung der fraglichen Verfahrensbestimmungen auch vorliegen kann, wenn die Aufforderung oder die Androhung nicht ordnungsmäßig ergangen war (vgl. hierüber Anm. 3 a. E. und Anm. 14 a. E. zu § 202). Denn auch ein Mangel nach diesen Richtungen kann bewirkt haben, daß der Betroffene an der Verwirklichung des ihm zustehenden Rechtsschutzes behindert war. Anderseits ist festzuhalten, daß Mängel in den sachlichen Voraussetzungen einer Anordnung allein (vgl. hierüber Anm. 2 und 3 zu § 202) dem Betroffenen keinen Anspruch auf Anrufung des Reichsfinanzhofs mehr geben (vgl. E. Bd. 3 S. 63, Bd. 5 S. 170, ferner — für den Fall eines bereits vorausgegangenen gegen die zu erzwingende Anordnung als solche gerichteten Beschwerdeverfahrens — Bd. 13 S. 169).

Die Rechtsmittelbelehrung bei Zurückweisung einer Beschwerde gegen die Verhängung eines Zwangsmittels müßte daher richtiger- und vollständigerweise etwa wie folgt lauten: „Gegen diesen Bescheid ist ...... Rechtsbeschwerde ........ zulässig ........ Dieselbe kann jedoch nur darauf gestützt werden, daß der Verhängung des Zwangsmittels (Festsetzung der Geldstrafe) keine besondere Anordnung oder Androhung vorausgegangen ist." (Wenn die durch den Beschwerdebescheid bestätigte Festsetzungsverfügung zugleich eine weitere Anordnung oder Androhung enthielt, dann wäre bezüglich dieser Punkte auf die uneingeschränkte Anfechtbarkeit mit der Rechtsbeschwerde hinzuweisen.)

## Sechster Titel.

## Beschlußverfahren vor dem Reichsfinanzhof.

**§ 284.** Für das Beschlußverfahren vor dem Reichsfinanzhof gelten, soweit es sich um Beschwerden handelt und nichts anderes vorgeschrieben ist, sinngemäß die Vorschriften, die für das Verfahren über die Rechtsbeschwerde gelten. Neue Tatsachen und Beweise können jedoch unbeschränkt geltend gemacht werden.

## Siebenter Titel.

## Kosten.

### Vorbemerkungen zu §§ 285—297.

Über Berechnung der Kosten des Rechtsmittelverfahrens einschließlich der Erstattung der notwendigen Auslagen ist als Anlage zu Nr. 7 des RStBl. 1921 eine „Anleitung“ erschienen. Hat dieselbe auch keineswegs die Bedeutung bindender Ausführungsbestimmungen, so kommt sie doch als von höchster Verwaltungsstelle autorisierte Auslegung der gesetzlichen Bestimmungen über das Kostenwesen in Betracht und wird in sehr vielen auftauchenden Zweifelsfragen ein wertvolles Hilfsmittel der Rechtsmittelbehörden bilden. Ihre Zuratleziehung bei allen Zweifelsfragen empfiehlt sich ohne weiteres.

Zu beachten sind außer den Kostenvorschriften der AO. die Vorschriften der §§ 50—53 der 3. StNVdg.; dieselben treten gemäß § 55 Abs. 2 a. a. O. für die Dauer ihrer Geltung an die Stelle der entsprechenden Vorschriften der AO. Über die Geltungsdauer derselben s. § 55 Abs. 3 a. a. O.

Die §§ 50—53, 55 der 3. StNVdg. lauten:

§ 50. „Hat im Besteuerungsverfahren ein Beteiligter aus Mutwillen oder in der Absicht, die Finanzbehörden irrezuführen, ein Rechtsmittel eingelegt, so kann die Rechtsmittelbehörde die im § 289 Abs. 2 der Reichsabgabenordnung vorgesehenen Gebühren bis auf das Doppelte erhöhen*).

---

*) Zu § 50 s. Entsch. des RFH. v. 9. 5. 24 (RStBl. S. 172), dessen wesentlicher Inhalt folgender ist: Es handelt sich um die Festsetzung einer Geldstrafe nach § 202 AO. wegen Nichterscheinens vor dem Finanzamt mit gleichzeitiger Androhung einer weiteren Geldstrafe. In der Beschwerdeentscheidung ist festgestellt, daß der Pflichtige trotz seiner angeblichen Krankheit in der Lage gewesen ist, zum festgesetzten Termin zu erscheinen und daß das ganze Verhalten des Pflichtigen die Überzeugung begründe, daß er es darauf abgesehen habe, die ohnehin schon nicht leichte Arbeit des Finanzamts noch zu erschweren. Die Rechtsbeschwerde ist unbegründet. Nach Lage der Sache muß der Auffassung der Vorinstanzen, daß der Beschwerdeführer den Anordnungen der Behörde offenen Ungehorsam

§ 51. Ist Einspruch, Berufung, Anfechtung oder Rechtsbeschwerde eingelegt worden, so kann der Vorsitzende der Rechtsmittelbehörde verfügen, daß der Beschwerdeführer an die Kasse der Finanzbehörde, die für die Erhebung der Rechtsmittelkosten zuständig ist, einen Kostenvorschuß zu zahlen hat. In der Verfügung ist der zu zahlende Kostenvorschuß in Goldmark so hoch festzusetzen, daß die Kosten, die im Falle der Zurückweisung des Rechtsmittels dem Beschwerdeführer zur Last fallen, voraussichtlich aus dem Kostenvorschuß gedeckt werden können. In der Verfügung ist ferner eine Frist zu bestimmen, innerhalb deren der Nachweis, daß der Vorschuß gezahlt worden ist, dem Vorsitzenden der Rechtsmittelbehörde zu erbringen ist. Gegen die Verfügung ist ein Rechtsmittel oder ein sonstiger Rechtsbehelf nicht gegeben*).

Liegen die Voraussetzungen des § 50 vor, so ist das Rechtsmittel als unzulässig zu verwerfen, wenn der Nachweis, daß der Kostenvorschuß gezahlt worden ist, nicht rechtzeitig erbracht wird. Die Vorschriften der §§ 68, 69, 236 Abs. 2 der Reichsabgabenordnung finden entsprechende Anwendung.

Werden die Kosten des Rechtsmittelverfahrens nicht dem Beschwerdeführer auferlegt, oder geht der Kostenvorschuß über den Betrag hinaus, den der Beschwerdeführer als Kosten des Rechtsmittelverfahrens zu zahlen hat, so ist ihm der zuviel

---

entgegengesetzt hat, durchaus zugestimmt werden. Die Anwendung des § 50 der 3. StNVdg. in der Kostenfrage war hiernach gerechtfertigt.

*) Zu § 51 Abs. 1 vgl. Entscheidung des RFH. in E. Bd. 13 S. 350: § 51 Abs. 1 der 3. StNVdg. bietet nicht die Handhabe, bei Unterlassung der Vorschußzahlung die Fortführung des Verfahrens zu verweigern. Damit wird § 51 Abs. 1 nicht gegenstandslos. Denn es bleibt die Verpflichtung zur Zahlung, und nach § 299 Abs. 1 AO. kann die Zahlung im Verwaltungswege erzwungen werden.

Über Kostenvorschüsse s. ferner RFME. v. 18. 9. 24 III D 7500.

gezahlte Goldmarkbetrag, ohne daß es eines Antrags bedarf, zu erstatten. Eine Verzinsung findet nicht statt.

§ 52. Wird ein Rechtsmittel zurückgenommen, so wird über die Kosten des Rechtsmittelverfahrens nicht besonders entschieden. Die Kosten sind, wenn der Vorsteher des Finanzamts das Rechtsmittel eingelegt hatte, vom Reiche, in allen anderen Fällen von der Person zu tragen, in deren Namen das Rechtsmittel eingelegt worden war.

Für das zurückgenommene Rechtsmittel wird der Wert des Streitgegenstandes, soweit erforderlich, von dem Vorsitzenden der Behörde festgestellt, gegen deren Entscheidung das Rechtsmittel gerichtet war.

In geeigneten Fällen kann der Vorsitzende der Behörde, gegen deren Entscheidung das Rechtsmittel gerichtet war, die Gebühren für das Verfahren über das zurückgenommene Rechtsmittel bis auf die Hälfte ermäßigen; er kann auch Kostenfreiheit gewähren, wenn die Einlegung des Rechtsmittels auf entschuldbarer Unkenntnis der Verhältnisse oder auf Unwissenheit beruht. Der Behörde, die zur Entscheidung über das zurückgenommene Rechtsmittel berufen war, stehen die im Satz 1 bezeichneten Befugnisse nicht zu.

Gegen Verfügungen, durch die der Wert des Streitgegenstandes festgestellt wird (Abs. 2) oder eine Vergünstigung der im Abs. 3 Satz 1 bezeichneten Art versagt wird, ist ein Rechtsmittel oder ein sonstiger Rechtsbehelf nicht gegeben.

Verfügungen, durch die der Wert des Streitgegenstandes festgestellt wird (Abs. 2), brauchen dem Schuldner nicht besonders bekanntgegeben zu werden; jedoch ist in dem Kostenfestsetzungsbescheide die Wertfestsetzung hervorzuheben. Entsprechendes gilt, wenn Vergünstigungen der im Abs. 3 Satz 1 bezeichneten Arten gewährt werden, oder wenn ein Antrag, mit dem der Kostenschuldner derartige Vergünstigungen nachsucht, abgelehnt wird.

§ 53. Die Kosten des Rechtsmittelverfahrens und die einem Beteiligten zu erstattenden Auslagen werden festgesetzt:

1. in den Fällen des § 52 Abs. 1 Satz 1: von der Geschäftsstelle der Behörde, gegen deren Entscheidung das Rechtsmittel gerichtet war;
2. im übrigen: von der Geschäftsstelle der Behörde, die über die Kostenpflicht zuerst entschieden hat*).

Zur Entscheidung über Erinnerungen (§ 288 Abs. 3 Satz 3, § 293 Abs. 1 Satz 2 der Reichsabgabenordnung) ist die im Satz 1 bezeichnete Behörde zuständig. Über Erinnerungen gegen Entscheidungen, die die Geschäftsstellen der Finanzgerichte über die Höhe der Kosten des Rechtsmittelverfahrens oder über die Erstattung der einem Beteiligten erwachsenen Auslagen getroffen haben, entscheidet der Vorsitzende des Finanzgerichts endgültig.

Der Reichsminister der Finanzen kann anordnen, daß die Kosten des Rechtsmittelverfahrens und die den Beteiligten zu erstattenden Auslagen von der Geschäftsstelle der Behörde, die in erster Instanz entschieden hat, festgesetzt werden. Er kann die zur Durchführung einer solchen Anordnung erforderlichen Bestimmungen treffen.

Die Kosten des Rechtsmittelverfahrens werden grundsätzlich von der Behörde, die in erster Instanz entschieden hat, erhoben. Hat jedoch in erster Instanz ein Landesfinanzamt oder ein Finanzgericht entschieden, so werden die Kosten von der Kasse des Finanzamts erhoben, von dem der Kostenschuldner zu besteuern ist.

Wird die Entscheidung über die Kosten des Rechtsmittelverfahrens oder über den Wert des Streitgegenstandes von einer Behörde getroffen, die nicht über das Rechtsmittel entschieden hat (Beispiel: § 243 Abs. 2 Satz 1 der Reichsabgabenordnung), so ist eine Mitteilung der Entscheidung an die Rechtsmittelbehörde nicht erforderlich.

§ 54. . . . . . . . . . . . . . . . . . .

*) Betrifft nur den Fall des § 243 Abs. 2 AO.

§ 55. Die Bestimmungen dieses Artikels treten eine Woche nach ihrer Verkündung in Kraft*).

Die Bestimmungen der §§ 45 bis 53 treten für die Zeit ihrer Geltung an die Stelle der entsprechenden Vorschriften der Reichsabgabenordnung.

Der Reichsminister der Finanzen bestimmt, wann und inwieweit die Bestimmungen der §§ 45 bis 53 außer Kraft treten. Sie müssen außer Kraft gesetzt werden, wenn der Reichstag es verlangt**)."

**§ 285. Bei der Entscheidung über ein Rechtsmittel[1] ist über die Kosten[2] des Verfahrens[3] zu befinden. Ist dies unterblieben, so ist die Entscheidung zu ergänzen[4].**

[1] Gilt für alle Rechtsmittel.

[2] Die Kostenentscheidung hat sich darauf zu beschränken, von wem und zu welchen Teilen die Kosten zu tragen sind, ev., ob dem Steuerpflichtigen die eigenen Kosten auferlegt werden. Die Aufstellung der sog. Kostenrechnung selbst ist Sache der Geschäftsstelle (s. Anm. 2 zu § 234).

Zur Kostenentscheidung gehört gegebenenfalls auch der Ausspruch, daß und in welchem Umfang von den Bestimmungen der §§ 289 Abs. 3, 295 Gebrauch gemacht wird (Anm. 3 zu § 261).

Zu den „Kosten" gehören — und zwar ohne die Notwendigkeit einer besonderen Erwähnung —:

1. Gebühren (§ 289);

2. Auslagen der Rechtsmittelbehörden (§ 290) zuzüglich der sog. Abfindung (§ 292);

3. Schreibgebühren (§ 291);

4. Notwendige Auslagen, die den Beteiligten erwachsen sind (§ 288 Abs. 2).

---

*) Tag der Verkündung der Verordnung ist der 14. Februar 1924.

**) Bisher sind außer Kraft gesetzt worden nur die §§ 46 und 47.

Wegen Kostenentscheidung bei Zurücknahme eines Rechtsmittels s. Anm. 4 zu § 286.

[3] Gemeint ist das ganze Rechtsmittelverfahren einschließlich des etwaigen Verfahrens der Vorinstanzen (selbstverständlich ohne das Steuerermittlungsverfahren). Die Kostenentscheidung wird daher korrekterweise in der Regel zu lauten haben: „Die Kosten des Verfahrens ...“ (nicht etwa „des Rechtsmittels“). Eine derartige Entscheidung ergreift ipso iure das Verfahren der Vorinstanzen mit; soweit frühere Kostenentscheidungen mit der nunmehrigen im Widerspruch stehen, werden sie unwirksam. Sollen Ausnahmen hiervon gemacht werden (vgl. Erläut. zu § 286), so muß das in der Entscheidung klar zum Ausdruck gebracht werden. Solche Ausnahmen werden aber nur selten veranlaßt und eine dem Gerechtigkeitsgedanken entsprechende Regelung meist auf andere Weise, insbesondere durch Anwendung des § 295 Halbs. 1 zu erreichen sein. Von dieser Möglichkeit wird u. a. auch dann Gebrauch zu machen sein, wenn bei Zurückverweisung einer Sache in die Vorinstanz und abermaligem Mißerfolg des Steuerpflichtigen die über die Kosten entscheidende Behörde (vgl. § 243 Abs. 2 und Anm. 3 zu § 264) der Ansicht ist, daß der Verfahrensmangel, der zur Zurückverweisung der Sache führte, für die Rechtsmitteleinlegung des Pflichtigen offensichtlich oder möglicherweise kausal war (z. B. dem Pflichtigen war eine die Zurückweisung des Rechtsmittels begründende Tatsache nicht zur Äußerung mitgeteilt worden).

Über Kostentragung durch das Reich, wenn sich eine Behörde unzutreffenderweise als unzuständig erklärt und der RFH. die Sache deshalb zurückverweist, s. E. Bd. 10 S. 264.

[4] Auch die Ergänzung bedarf der formellen Zustellung nach § 211 Abs. 3.

Nach der Entsch. des RFH. in Bd. 3 S. 38 (vgl. aber Anm. 1 zu § 217) ist die Anfechtung einer Rechtsmittelentscheidung wegen des Kostenpunktes allein unzulässig, die Entscheidung im Kostenpunkt also nur zusammen mit der Hauptentscheidung anfechtbar. Daraus dürfte zu folgern sein, daß eine unter Außerachtlassung des Kostenpunkts ergangene Entscheidung zunächst nicht rechtskräftig werden kann.

**§ 286.** Der Steuerpflichtige hat die Kosten[1] eines von ihm eingelegten[2] Rechtsmittels zu tragen, wenn es im endgültigen[3] Ergebnis erfolglos ist[4]. Hat es zum Teil Erfolg, so können ihm die Kosten zum Teil, insbesondere seine eigenen Kosten auferlegt werden[5].

Das gleiche gilt, wenn ein Rechtsmittel des Steuerpflichtigen zwar Erfolg hat, die Entscheidung aber auf Tatsachen beruht, die der Steuerpflichtige früher hätte geltend machen können und müssen[5]. Ferner können ihm Kosten auferlegt werden, die er durch unbegründete Anträge und Einwendungen verschuldet hat[5].

Sind mehrere Steuerpflichtige zur Tragung der Kosten verpflichtet, so haften sie nach Kopfteilen[6]; bei erheblicher Verschiedenheit ihrer Beteiligung können die Kosten nach dem Maße ihrer Beteiligung verteilt werden.

Dem Steuerpflichtigen im Sinne der §§ 285 bis 296 steht gleich, wer sonst als Privatperson ein Rechtsmittel eingelegt hat oder im Rechtsmittelverfahren beigetreten ist oder zugezogen worden ist.

[1] Das heißt die vollen Kosten. Mußvorschrift!

[2] Im Falle der Rechtsmitteleinlegung durch die Finanzbehörde allein hat die Kosten stets das Reich zu tragen, selbst wenn in allen Punkten zugunsten des Fiskus entschieden wird (§ 287); das ergibt sich daraus, daß die richtige Festsetzung von vornherein Amtspflicht der Steuerbehörden ist. Die Kosten der Vorinstanzen werden hierdurch nicht berührt (E. Bd. 4 S. 153).

[3] Eine endgültige Entscheidung liegt bei bloßer Zurückverweisung noch nicht vor; daher die Vorschrift des § 243 Abs. 2. Über ev. Kostentragung durch das Reich im Falle der Zurückverweisung trotz endgültigen Mißerfolgs des Steuerpflichtigen s. Anm. 3 zu § 285.

[4] D. h. gänzlich erfolglos und zwar im Ergebnis. Ein bloßes Anerkennen rechtlicher Anschauungen, ohne daß hierdurch das Ergebnis beeinflußt wird, ist kein „Erfolg". Erfolglos ist das Rechtsmittel auch bei gänzlicher Zurücknahme desselben; wegen der in diesem Falle nur noch erforderlichen Entscheidung im Kostenpunkt s. §§ 295 Halbs. 2, 289 Abs. 3, ferner § 52 der 3. StNVdg., abgedruckt vor § 285. Über Zurücknahme im allgemeinen s. § 237 (insbes. Anm. 1 dort wegen „Zurücknahme" auf Grund einer Verständigung mit der Steuerbehörde).

Erfolg hat ein Rechtsmittel auch bei ersatzloser Aufhebung der Vorentscheidung infolge Fehlens einer sog. Verfahrensvoraussetzung (vgl. hierüber Anm. 1 und 4 zu § 236, als Rechtsprechungsbeispiel E. Bd. 6 S. 316).

[5] Daß dem Pflichtigen, wenn das Rechtsmittel vollen Erfolg hat, in der Regel keine Kosten auferlegt werden können, geht aus §§ 286, 287 mittelbar hervor. Dabei können Nebensächlichkeiten gänzlich untergeordneter Art (z. B. ein geringfügiger Berechnungsfehler im Rechtsmittelantrag bewirkt ein kleines Abweichen der Entscheidung vom Antrag) nicht als ein Mangel am vollen Erfolg angesehen werden.

Die Möglichkeit, trotz vollen Erfolges des Pflichtigen diesem einen Teil der Kosten oder die ganzen Kosten aufzuerlegen, gibt Abs. 2 S. 1.

Abs. 1 S. 2 und Abs. 2 regeln die Kostentragungspflicht für die Fälle, in denen ein Rechtsmittel zum Teil Erfolg für den Pflichtigen hat. Für diese Fälle gilt zunächst ganz allgemein der Grundsatz des pflichtgemäßen Ermessens der Rechtsmittelbehörden. Die Bestimmungen in § 286 Abs. 1 S. 2 und Abs. 2 enthalten gleichzeitig gewisse

Grundsätze, innerhalb derer sich dieses Ermessen bewegen kann und muß. Diese Grundsätze sind folgende:

1. Es können die Kosten zwischen Beschwerdeführer und Reichskasse geteilt werden. Die Teilung wird im allgemeinen nach Bruchteilen zu erfolgen haben, z. B.: „Die Kosten des Verfahrens werden zu $^2/_3$ vom Beschwerdeführer, im übrigen von der Reichskasse getragen."

2. Die Teilung kann in der Weise erfolgen, daß dem Pflichtigen — neben einer bruchteilmäßigen Auferlegung der übrigen Kosten oder ohne eine solche — die eigenen Kosten zur Tragung auferlegt werden. Dieses Verfahren wird sich in vielen Fällen zur Vermeidung von Schwierigkeiten bei der Kostenfestsetzung empfehlen, insbesondere auch dann, wenn bei Zuziehung eines Rechtsbeistands die Rechtsmittelbehörde der Anschauung ist, daß diese Zuziehung nach Lage des Falles nicht notwendig war. Der Begriff der eigenen Kosten umfaßt alle Auslagen und sonstigen Unkosten, die dem Pflichtigen zur Einlegung und Durchführung des Rechtsmittels erwachsen, z. B. Fahrtkosten, Kosten für Vertreter und Bevollmächtigte, für Schreibmaterial und Porto, für Beibringung von Gutachten usw.

3. Weiterhin gibt Abs. 2 S. 1 die Möglichkeit, einem Pflichtigen, dessen Erfolg ganz oder zum Teil auf Tatsachen beruht, die er hätte früher geltend machen können und müssen, die Kosten ganz oder zum Teil aufzuerlegen. Ob man einem Pflichtigen die frühere Geltendmachung der fraglichen Tatsachen zumuten kann, hängt von den Umständen des Einzelfalles, u. a. auch von den persönlichen Verhältnissen und Eigenschaften des Pflichtigen ab.

4. Endlich ist die Möglichkeit zugelassen, daß Kosten, die der Pflichtige durch unbegründete Anträge oder Einwendungen verschuldet hat, ihm gleichfalls zur alleinigen Tragung auferlegt werden (Abs. 2 S. 2). Durch diese Bestimmung sollen jene Fälle getroffen werden, in denen ein Pflichtiger (zur Verschleppung oder Verwirrung der Angelegenheit) bewußt — oder grobfahrlässigerweise unbewußt — un-

begründete Anträge und Einwendungen geltend macht, z. B. leichtfertige Benennung einer Auskunftsperson, die zur Sache in Wirklichkeit gar nichts aussagen kann. Soweit durch die Behandlung solcher Anträge usw. Kosten entstehen, entspricht es dem berechtigten Empfinden, diese Kosten dem Antragsteller aufzuerlegen.

Ob und inwieweit die Rechtsmittelbehörde von den vorstehenden Befugnissen Gebrauch machen will, hängt, wie schon erwähnt, von ihrem nach § 6 auszuübenden Ermessen ab. Es ist z. B. keineswegs unzulässig, daß die Behörde, wenn der Erfolg des Beschwerdeführers ein im Verhältnis zur ganzen Sache sehr geringfügiger ist, dem Pflichtigen die ganzen Kosten auferlegt. Inwieweit eine Teilung vorgenommen werden soll, wird zwar in der Regel, muß aber nicht unter allen Umständen von dem Verhältnis des erzielten zum angestrebten Erfolg abhängen, sondern kann unter Umständen auch beeinflußt werden von dem Maße, in welchem der Pflichtige das zur Klärung des Sachverhalts seinerseits nötige getan hat, von der Frage ob und inwieweit der Pflichtige Tatsachen, die den Teilerfolg begründen, nicht schon im vorausgehenden Verfahren hätte geltend machen können (Abs. 2 S. 1) usw. Diese weitgehende Ermessensfreiheit (selbstverständlich nicht Willkür) geht aus der Fassung des § 286 Abs. 1 S. 2 und Abs. 2 hervor (vgl. auch Becker, Anm. 2, wonach der Rechtsmittelbehörde größere Freiheit als die in § 92 ZPO. normierte eingeräumt sein soll). Die Rechtsmittelbehörde wird allerdings, wenn sie bei der Kostenverteilung von dem zahlenmäßigen Verhältnis zwischen Antrag und Erfolg abweicht, gut tun, dies im Urteil zu begründen. Bezüglich der Vorschrift des Abs. 2 S. 1 hat übrigens der RFH. im Urt. v. 7. 12. 21 (Kartei Nr. 1 zu § 286) ausgesprochen, daß eine Anwendung dieser Vorschrift ohne urteilsmäßige Begründung unzulässig ist.

[6] Keine gesamtschuldnerische Haftung nach § 95! Eine solche kann auch nicht etwa durch Ausspruch in der Entscheidung begründet werden. Wenn die Rechtsmittelbehörde keine Ver-

teilung nach Halbs. 2 des Abs. 3 vornimmt, tritt Kopfteilhaftung zu gleichen Teilen ein bezüglich des Kostenanteils, der den Pflichtigen zur Tragung auferlegt ist.

§ 287. Kosten, die nicht dem Steuerpflichtigen zur Last fallen[1], hat das Reich zu tragen[2].

[1] Nach § 286.

[2] Auch wenn dies in der Entscheidung nicht ausdrücklich ausgesprochen sein sollte.

§ 288. Die Kostenlast umfaßt die Erstattung der notwendigen Auslagen, die den als Gegnern Beteiligten erwachsen sind[1].

Soweit[2] dem Steuerpflichtigen keine Kosten auferlegt werden, sind ihm notwendige Auslagen[3] zu erstatten. Auf Entschädigung für Zeitversäumnis hat er keinen Anspruch. Die Kosten der Zuziehung eines Bevollmächtigten oder Beistandes sind nur erstattungsfähig, wenn die Zuziehung notwendig war. Handelt es sich um Rechtsanwälte, so richtet sich die Höhe ihrer Gebühren nach der Gebührenordnung für Rechtsanwälte[4].

Die Erstattung von Auslagen ist bei der Geschäftsstelle der Rechtsmittelbehörde zu beantragen[5], vor der sie entstanden sind. Diese setzt den Betrag fest und verfügt die Erstattung oder veranlaßt die Einziehung. Gegen die Festsetzung kann innerhalb zweier Wochen von der Bekanntgabe an Erinnerung[6] bei der Rechtsmittelbehörde angebracht werden; diese entscheidet endgültig.

(Zusatz: Für die Festsetzung und Einziehung der Auslagen gemäß Abs. 3 gelten zurzeit die Notstandsvorschriften der §§ 45

Nr. 6 und 53 der 3. StRVdg., abgedruckt in Anm. 2 zu § 25 und in Vorbem. vor § 285.)

[1] Der zu den Kosten verurteilte Teil (Pflichtiger oder Reichskasse) hat also dem andern die „notwendigen Auslagen" zu erstatten. Für die Erstattungspflicht gegenüber dem Reich ist der zulässige Umfang dieser Auslagen durch §§ 290, 292 unverrückbar festgelegt. Für die Erstattungspflicht des Reiches gegenüber dem Pflichtigen gelten die Grundsätze des Abs. 2.

[2] „Soweit": D. h. wenn dem Pflichtigen gar keine Kosten auferlegt sind, hat er Anspruch auf Erstattung der notwendigen Auslagen im vollen Umfang; wenn ihm die Kosten zu einem Bruchteil auferlegt sind, sind ihm die Auslagen in der dem restlichen Bruchteil entsprechenden Höhe zu erstatten. Wenn Auslagen im Zusammenhang mit der Geltendmachung von Tatsachen, Anträgen und Einwendungen entstanden sind, die zur Kostenauferlegung gemäß § 286 Abs. 2 geführt haben, dann können solche Auslagen dem Pflichtigen überhaupt nicht erstattet werden.

[3] Was als „notwendige Auslage" anzusehen ist, entscheidet sich nach dem pflichtgemäßen Ermessen der Behörde (zunächst der Geschäftsstelle). Die persönliche Ansicht des Pflichtigen über die Notwendigkeit ist nicht maßgebend. Die Behörde wird insbesondere zu prüfen haben, inwieweit die vom Pflichtigen vorgenommenen Handlungen (Reisen, Befragung von Sachverständigen usw.) erforderlich waren, um die nötige Aufklärung und damit den erzielten Erfolg zu erreichen. Wenn die gleiche Aufklärung auf anderem Wege sich wesentlich billiger hätte erreichen lassen, so wird man im allgemeinen nicht von einer Notwendigkeit der Mehrauslagen sprechen können. Von vornherein scheidet die Notwendigkeit von Auslagen aus, wenn über die Frage, zu deren „Klärung" die Auslagen gemacht wurden, eine Meinungsverschiedenheit gar nicht mehr bestand. Wenn Handlungen des Pflichtigen, welche zum Erfolg überhaupt nichts beitrugen, Auslagen ver-

ursachten, so ist damit noch nicht ohne weiteres die Erstattungsfähigkeit ausgeschlossen; man wird hier insbesondere den sog. guten Glauben des Pflichtigen mit zu prüfen haben.

Der seine eigenen Angelegenheiten wahrnehmende Rechtsanwalt kann die Gebühren und Pauschsätze nach der GebOdg. f. RAnw. nicht erstattet verlangen, sondern nur notwendige Auslagen wie jede andere Partei (RFH. v. 22. 4. 21, DStBl. S. 126).

Bezüglich zweier Sonderfälle von Auslagen hat das Gesetz in Abs. 2 ausdrückliche Bestimmung getroffen:

1. Entschädigung für Zeitversäumnis. Auf eine solche hat der Pflichtige selbst nie Anspruch, auch nicht, wenn ein tatsächlicher Verdienstentgang entstanden ist. (Etwas anderes ist eine etwa für Vertretung bezahlte Entschädigung; diese kann unter Umständen unter sonstige notwendige Auslagen fallen, s. oben.)

2. Zuziehung von Bevollmächtigten usw. (In dieser Beziehung sagt das Gesetz übrigens nichts Neues, wenn es „Notwendigkeit" der Zuziehung erfordert.) Bei Entscheidung der Frage, ob die Zuziehung notwendig war, soll nach RFH. v. 14. 3. 22 (mitget. i. d. 1. Zentral-Handelsreg. Beilage zum D. Reichsanzeiger Nr. 105) nur von objektiven Merkmalen ausgegangen werden, daher zu prüfen sein, ob die Sache in rechtlicher Hinsicht solche Schwierigkeiten bietet, daß ihre Bearbeitung ohne Zuziehung eines Sachverständigen dem Pflichtigen nicht zugemutet werden kann. Subjektive Momente, z. B. die Frage, ob der Pflichtige selbst oder durch seine Hilfskräfte die Sache zu bearbeiten in der Lage gewesen wäre, haben dabei auszuscheiden.

Im Falle der Zurückverweisung einer Sache durch den RFH. entscheidet über die Frage der Notwendigkeit der Zuziehung eines Bevollmächtigten immer der RFH., und zwar auch dann, wenn er die Entscheidung im Kostenpunkt der untern Instanz übertragen hatte (E. Bd. 3 S. 38).

4 Für die Höhe der Kosten bei Zuziehung eines sog. Rechts-

konsulenten ist nicht die Rechtsanwaltsgebührenordnung maßgebend. Die Gebührensätze derselben bilden allerdings auch hier die Höchstgrenze. In der Regel wird die der Übung der Gerichte entsprechende Zubilligung der Hälfte der Anwaltsgebühren angemessen sein (E. Bd. 6 S. 5).

[5] Eine Frist ist nicht vorgesehen. Der Anspruch auf Auslagenerstattung darf aber noch nicht verjährt sein.

Wegen des augenblicklichen Rechtszustands s. oben Zusatz zu § 288.

[6] Diese „Erinnerung" ist kein Rechtsmittel im eigentlichen Sinne (vgl. Vorbem. vor § 217).

**§ 289.** Gebühren werden erhoben, wenn die Kosten einem Steuerpflichtigen zur Last fallen[1].

Die Gebühr wird nach dem Werte des Streitgegenstandes[2] nach § 8 des Gerichtskostengesetzes[3] berechnet und beträgt[4]:

im Einspruchsverfahren, im Beschwerdeverfahren und im Anfechtungsverfahren das Einfache der dort vorgeschriebenen Gebühr,

im Berufungsverfahren das Doppelte,

im Rechtsbeschwerdeverfahren das Dreifache.

In geeigneten Fällen können die Rechtsmittelbehörden die Gebühren bis auf die Hälfte ermäßigen[5].

(Zusatz: Über die Möglichkeit einer Gebührenerhöhung s. die Notstandsvorschrift des § 50 der 3. StNVdg., abgedruckt in Vorbem. vor § 285.)

[1] Ganz oder teilweise.

[2] Über „Wert des Streitgegenstands" s. Anm. 3 zu § 243.

[3] Es gilt das Gerichtskostengesetz in seiner jeweiligen Fassung; vgl. hierzu Art. XVI § 5 der 2. StNVdg., welcher lautet:

„Soweit in Steuergesetzen (§§ 2, 3 der Reichsabgabenordnung) auf Vorschriften des Gerichtskostengesetzes verwiesen ist, die durch spätere Gesetze oder Verordnungen abgeändert worden sind oder abgeändert werden, erstrecken sich die Verweisungen auch auf die entsprechenden Änderungen. Die Änderungen finden im Besteuerungsverfahren und im Steuerstrafverfahren hinsichtlich solcher Gebühren Anwendung, die nach dem Inkrafttreten der Änderungen fällig geworden sind oder fällig werden.

Von dem Inkrafttreten der Vorschriften ab, durch die die Gebührensätze des Gerichtskostengesetzes auf Goldmark umgestellt werden, ist bei Rechtsmitteln, die im Besteuerungsverfahren eingelegt worden sind, der Wert des Streitgegenstandes, soweit erforderlich, in Goldmark festzustellen. Im übrigen finden die Vorschriften des § 243 der Reichsabgabenordnung Anwendung."

[4] Die Gebühr wird vom Pflichtigen nur in Höhe des auf ihn entfallenden allgemeinen Kostenbruchteils erhoben.

Die einschlägigen Vorschriften des Gerichtskostengesetzes haben unter Berücksichtigung der durch Art. III der Verordnung zur Entlastung der Gerichte und über die Gerichtskosten v. 13. 12. 23 (RGBl. I S. 1186) erfolgten Änderungen mit Wirkung vom 1. 1. 24 ab folgenden Inhalt:*)

1. Die Mindestgebühr (§ 7 Abs. 1) beträgt 0,50 RM., Pfennigbeträge (§ 7 Abs. 2) sind auf volle 10 Reichspfennig aufzurunden.

2. Die volle Gebühr in bürgerlichen Rechtsstreitigkeiten (§ 8) beträgt bei Gegenständen im Werte bis zu 20 RM. einschließlich 1 RM., von mehr als 20 bis zu 60 RM. einschließlich 2 RM.

Bei Gegenständen mit höherem Streitwert beträgt die volle Gebühr von dem auf die nächsthöheren 100 RM. aufgerundeten

---

*) Ein vor kurzem eingebrachter Entwurf der Reichsregierung sieht eine Herabsetzung der Gebührensätze des GKG. vor; zur Zeit der Drucklegung ist der Entwurf jedoch noch nicht Gesetz geworden, konnte daher hier keine Berücksichtigung finden.

Werte bis zu 1000 RM. einschließlich 3 v. H., von dem Mehrbetrage bis zu 5000 RM. einschließlich 2 v. H., von dem Mehrbetrag 1 v. H.

Zur Erleichterung der Berechnung der Entscheidungsgebühr (über Schreibgebühren und Auslagenpauschsatz s. §§ 290, 292) mag folgende kleine Tafel dienen:

| Wert des Streitgegenstands: | Einfacher Betrag der Entscheidungsgebühr: |
|---|---|
| . . . . . . bis einschl. 20 RM. | 1 RM. |
| mehr als 20 RM. „ „ 60 RM. | 2 „ |
| 60 „ „ „ 100 „ | 3 „ |
| 100 „ „ „ 1000 „ | $3 + \frac{W - 100}{100} \cdot 3$ „ |
| 1000 „ „ „ 5000 „ | $30 + \frac{W - 1000}{100} \cdot 2$ „ |
| 5000 „ . . . . . . . . . . | $110 + \frac{W - 5000}{100}$ |

Dabei bedeutet W den auf volle 100 RM. nach oben aufgerundeten Wert des Streitgegenstands.

Die aus vorstehender Tafel errechnete Gebühr ist sodann mit dem einfachen, doppelten oder dreifachen Betrage (entsprechend § 289 Abs. 2) anzusetzen.

[5] Die Ermäßigung erfolgt nicht durch die Geschäftsstelle, sondern durch die Behörde selbst. Sie soll grundsätzlich bereits in der Entscheidungsformel erfolgen (s. Anm. 2 zu § 285). Sie kann jedoch auch noch nach Erlassung der Entscheidung — auf oder ohne Antrag — erfolgen (E. Bd. 3 S. 315). Die Ermäßigung kann nur erfolgen bis zur Hälfte der an sich nach Abs. 2 zu bemessenden Gebühr. Über die Möglichkeit einer Gewährung gänzlicher Gebührenfreiheit s. § 295, wegen Kosten- einschl. Gebührenbefreiung bei Zurücknahme eines Rechtsmittels insbes. § 295 Halbs. 2, ferner § 52 Abs. 3 der 3. StNVdg., abgedruckt in Vorbem. vor § 285.

**§ 290.** An Auslagen der Rechtsmittelbehörden[1] werden erhoben:

1. Schreibgebühren[2] für Ausfertigungen und Abschriften, die nur auf Antrag erteilt oder deshalb angefertigt werden, weil es der Beteiligte unterläßt, einem von Amts wegen zuzustellenden Schriftsatz die erforderliche Zahl von Abschriften beizufügen,
2. Telegraphengebühren und im Fernverkehre zu entrichtende Fernsprechgebühren,
3. Kosten von Zustellungen und öffentlichen Bekanntmachungen[3],
4. Entschädigungen, die an Auskunftspersonen und Sachverständige gezahlt sind[4],
5. Reisekosten der Beamten der Rechtsmittelbehörde bei Geschäften außerhalb des Dienstsitzes,
6. Beträge, die an andere Behörden oder Beamte oder an sonst zugezogene Personen für ihre Tätigkeit zu zahlen sind.

[1] Andere als die hier aufgezählten Auslagen dürfen dem Pflichtigen nicht aufgerechnet werden (s. Anm. 1 zu § 288).

[2] Über Höhe der Schreibgebühren s. § 291.

[3] Nur soweit diese Kosten Auslagen für die Rechtsmittelbehörde bilden.

[4] S. § 297.

**§ 291.** Schreibgebühren (§ 290 Nr. 1) werden nach dem Gerichtskostengesetze[1] berechnet. Für Schriftstücke in fremder Sprache, für Tabellen sowie für Verzeichnisse, Listen, Rechnungen, Handzeichnungen und dergleichen regelt der Vorsitzende der Rechtsmittelbehörde die Schreibgebühr.

[1] Es gilt das Gerichtskostengesetz in seiner jeweiligen Fassung (vgl. Anm. 3 zu § 289).

Nach § 71 Abs. 4 GKG. in der Fassung der Vdg. v. 27. 6. 24 (RGBl. I S. 662) beträgt die Schreibgebühr für 1 Seite (mindestens 32 Zeilen von durchschnittlich 15 Silben) 0,20 RM.

**§ 292.** Zur Deckung der von den Beteiligten nicht nach § 290 zu ersetzenden Auslagen der Rechtsmittelbehörden wird eine Abfindung[1] von fünfzehn vom Hundert der Gebühr (§ 289[2]) erhoben, sofern[3] der Steuerpflichtige die Kosten zu zahlen hat. Die Abfindung beträgt mindestens eine und höchstens fünfzig Reichsmark. Der Reichsminister der Finanzen wird ermächtigt, die im Satze 2 enthaltenen Wertgrenzen zu ändern.

[1] Diese wird erhoben ohne Rücksicht darauf, ob und in welcher Höhe neben den bereits durch § 290 gedeckten Auslagen noch weitere Auslagen entstanden sind.

[2] Zweifelhaft kann sein, ob in den Fällen, wo eine Gebühr nicht angesetzt wird (z. B. bei Gewährung von Gebührenfreiheit nach § 295), eine Abfindung trotzdem erhoben werden kann. Mit Rücksicht auf die Auslagennatur der Abfindung wird der diese Frage bejahenden Anschauung Mrozeks (gegenüber jener Beckers) der Vorzug zu geben sein. Dementsprechend wird auch bei einer Ermäßigung der Gebühr (z. B. nach § 289 Abs. 3) der Berechnung der Abfindung die volle, nicht die ermäßigte Gebühr zugrunde zu legen sein.

Pfennigbeträge sind auf durch 10 teilbare Beträge nach oben aufzurunden.

[3] D. h. „soweit".

**§ 293.** Die Auslagen (§§ 290 bis 292) werden von der Geschäftsstelle[1] der Rechtsmittelbehörde, bei der sie erwachsen sind, festgesetzt und von der Behörde, die in erster Instanz entschieden hat, eingezogen. Erinnerungen[2] gegen die Höhe entscheidet die Rechtsmittelbehörde endgültig.

Entsprechend wird bei Einziehung der Gebühren verfahren.

Wenn jemand außerstande ist, die Kosten ohne Beeinträchtigung des für ihn und seine Familie notwendigen Unterhalts zu zahlen, so sind ihm die Kosten zu stunden, bis er hierzu fähig ist[3]. Dem Gesuch ist eine Bescheinigung beizufügen, in der die untere Verwaltungsbehörde unter Angabe der Familien- und Vermögensverhältnisse des Antragstellers und der von ihm entrichteten direkten Steuern das Unvermögen bezeugt. Der Reichsminister der Finanzen bestimmt, in welchen Fällen die Kosten niederzuschlagen sind[4].

(Zusatz: Wegen der Kostenfestsetzung und Entscheidung über Erinnerungen s. zurzeit die Notstandsvorschriften der §§ 45 Nr. 6 und 53 der 3. StNVdg., abgedruckt in Anm. 2 zu § 25 und Vorbem. vor § 285.)

[1] Über Geschäftsstelle s. Anm. 3 zu § 234.

[2] S. Anm. 6 zu § 288.

[3] Zur Entscheidung über Stundungsanträge ist die Behörde zuständig, welcher nach Abs. 1 S. 1 die Einziehung obliegt. Gegen die Entscheidung gibt es die gewöhnliche Beschwerde.

[4] Zu Abs. 3 erging die Verordnung über die Kostenniederschlagung im Rechtsmittelverfahren nach der Reichsabgabenordnung v. 19. 4. 23. Sie lautet unter Berücksichtigung der durch V. v. 21. 12. 23 (RGBl. I S. 1238) eingetretenen Änderungen:

„Auf Grund von § 293 Abs. 3 Satz 3, § 444 Abs. 3 der Reichsabgabenordnung wird folgendes bestimmt:

§ 1. Im Rechtsmittelverfahren nach der Reichsabgabenordnung kann die Festsetzung der Kosten, die ein Steuerpflichtiger oder eine der im § 286 Abs. 4 der Reichsabgabenordnung bezeichneten Privatpersonen zu tragen hat, unterbleiben:

1. wenn die Summe der von einem Schuldner einzuziehenden Kosten den Betrag von einer Goldmark voraussichtlich nicht überschreitet;
2. wenn die Einziehung der Kosten nach Lage der Sache unbillig wäre.

§ 2. Soll die Festsetzung der Kosten unterbleiben, so ist dies von Fall zu Fall von dem Vorsitzenden der Rechtsmittelbehörde schriftlich zu verfügen. In den Fällen des § 1 Nr. 2 ist die Verfügung kurz zu begründen.

Der Vorsteher des Finanzamts bedarf zu einer Verfügung, die er auf Grund des § 1 Nr. 2 erläßt, der vorherigen Genehmigung des Landesfinanzamts, wenn der Kostenbetrag, dessen Festsetzung unterbleiben soll, voraussichtlich höher ist als dreißig Goldmark.

Verfügungen, die auf Grund des § 1 ergehen, brauchen dem Kostenschuldner nicht bekanntgegeben zu werden.

Die Verfügung (Abs. 1 Satz 1) ist zu den Akten der Rechtsmittelbehörde zu nehmen. Die Geschäftsstelle der Rechtsmittelbehörde soll in das Schreiben, mit dem sie die Akten der im Rechtsmittelzug nachgeordneten Behörde zurücksendet, einen Vermerk über die Verfügung aufnehmen.

§ 3. Ist die Verfügung, durch die die Geschäftsstelle die Kosten des Rechtsmittelverfahrens festgesetzt hat, dem Kostenschuldner bekanntgegeben worden, so finden die Vorschriften und Bestimmungen, die für die Niederschlagung und den Erlaß von Steuern gelten, auf die festgesetzten Kosten entsprechende Anwendung.

§ 4. Der § 7 der Kleinbetragsverordnung vom 3. Oktober 1922 (Reichsgesetzbl. I S. 760), 28. Februar 1923 (Reichsgesetzbl. I S. 162) wird insoweit aufgehoben, als er die Auslagen des Rechtsmittelverfahrens betrifft.

§ 5. Diese Verordnung tritt mit dem Tage in Kraft, der auf ihre Verkündung im Reichsgesetzblatt folgt.

Vor dem Inkrafttreten dieser Verordnung erlassene Verfügungen, die den Bestimmungen dieser Verordnung entsprechen, sind rechtswirksam, auch wenn sie mit den Vorschriften und Bestimmungen, die vor dem Inkrafttreten dieser Verordnung galten, nicht im Einklang stehen."

**§ 294.** Das Rechtsmittelverfahren ist stempelfrei. Urkunden, die im Verfahren gebraucht werden, sind nur insoweit stempelpflichtig, als sie es ohne diesen Gebrauch wären.

**§ 295.** Die Rechtsmittelbehörde kann[1] von Erhebung von Kosten, die durch unrichtige Behandlung der Sache[2] ohne Schuld der Beteiligten entstanden sind[3], ganz oder zum Teil absehen; sie soll auch für Zurücknahme[4] eines Rechtsmittels oder für eine abweisende Entscheidung Kostenfreiheit[5] gewähren, wenn die Einlegung auf entschuldbarer Unkenntnis der Verhältnisse oder auf Unwissenheit beruht[6].

(Zusatz: Über ergänzende gesetzliche Vorschriften vgl. unten Anm. 4.)

[1] Ermessensfrage, s. § 6.

[2] Der Begriff der „unrichtigen Sachbehandlung" ist ziemlich weitherzig auszulegen. In der Regel wird es sich dabei zwar um Verfahrensmängel handeln (vgl. über die Anwendbarkeit des § 295 in solchen Fällen, namentlich bei Zurückverweisung einer Sache in die Vorinstanz Anm. 3 zu § 285). Man wird aber weitergehend auch solche Fälle hierher rechnen dürfen, in denen eine Behörde eine zwar nicht gesetzlich gebotene, aber in dem sog. officium nobile begründete Pflicht außer acht gelassen oder sonst unter Anlegung des Maßstabs allgemein gültiger Verkehrsgepflogenheiten inkorrekt gehandelt hat.

[3] Es muß also ein Kausalzusammenhang zwischen der unrichtigen Sachbehandlung und den entstandenen Kosten

gegeben sein oder mindestens im Bereich der Möglichkeit liegen. Wenn dagegen feststeht, daß bestimmte Kosten auch ohne diese unrichtige Sachbehandlung entstanden wären, dann kommt § 295 nicht zur Anwendung.

4 Allgemeines über Zurücknahme s. Anm. 1 zu § 237. Wegen der Kostenbehandlung bei Zurücknahme vgl. auch die zurzeit geltenden Notstandsvorschriften der §§ 52, 53 der 3. StNVdg., abgedruckt in Vorbem. vor § 285.

5 Die Gewährung der Kostenfreiheit ist ausdrücklich in die Entscheidungsformel aufzunehmen (Anm. 3 zu § 261, Anm. 2 zu § 285); die Unterlassung der Aufnahme schließt jedoch nachträgliche Gewährung nicht aus (vgl. § 285).

6 Als „Unwissenheit" kann auch eine — entschuldbare — Unkenntnis des Gesetzes in Frage kommen, ferner die Unkenntnis einer Änderung der Rechtsauffassung des RFH. (E. Bd. 7 S. 287).

§ 296. Auslagen, die dadurch entstanden sind, daß ein Termin von Amts wegen verlegt ist, sind von den Beteiligten nicht einzuziehen.

§ 297. Für die Entschädigung von Auskunftspersonen und Sachverständigen gelten § 183 und § 188 Abs. 3[1]. Die Entschädigung wird von der Geschäftsstelle der Rechtsmittelbehörde festgesetzt[2]. Erinnerungen gegen die Festsetzung entscheidet die Rechtsmittelbehörde[3]. Die Festsetzung kann der Stelle übertragen werden, die um die Vernehmung ersucht wird[4].

1 Über die jetzt geltenden Entschädigungsgrundsätze s. Anm. 2 zu § 183.

2 Über „Geschäftsstelle" s. Anm. 3 zu § 234. Die Festsetzung erfolgt — abgesehen von dem Falle des S. 4 vorstehenden Paragraphen — durch die Geschäftsstelle der Rechtsmittelbehörde, welche die Vernehmung der Auskunftspersonen oder Sachverständigen angeordnet hat; § 53 der 3. StNVdg. (ab-

gedruckt in Vorbem. vor § 285) gilt nur für die Kostenfestsetzung gegenüber den am Verfahren Beteiligten.

[3] Über „Erinnerungen" s. Anm. 6 zu § 288.

[4] Wenn einem um die Vernehmung ersuchten Finanzamt die Festsetzung der Entschädigung übertragen worden ist, dann hat dieses Finanzamt auch die Kosten zu tragen (vgl. hierüber Anm. 1 a. E. zu § 183).

# Fünfter Abschnitt.

## Beitreibung.

### Vorbemerkungen.

Der Abschnitt „Beitreibung" regelt erschöpfend das Beitreibungswesen (einschließlich des der eigentlichen Beitreibung vorangehenden oder mit ihm verbundenen Ermittlungsverfahrens gemäß § 298 sowie des Mahnverfahrens) für das Gebiet der Reichssteuern. Die Vorschriften anderer Gesetze, insbesondere jene der Zivilprozeßordnung, können nur da entsprechende Anwendung finden, wo die AO. ausdrücklich auf sie verweist (z. B. §§ 323, 339 AO.). Auch in diesen letzteren Fällen obliegt jedoch die Anwendung aller einschlägigen Vorschriften der Steuerbehörde; immer ist es der Steuerfiskus selbst, der — in der eigenartigen Stellung des mit eigenen Vollstreckungsbefugnissen ausgestatteten Gläubigers — durch seine Organe die Beitreibung innerhalb der gesetzlichen Vorschriften ausführt und überwacht. Dementsprechend ist auch der Rechtsmittelzug innerhalb der Finanzbehörden gelegen, d. h. es gibt (da die Anfechtung von Steuerbescheiden und somit das Berufungsverfahren im Beitreibungsverfahren nicht in Frage kommt) gegen Verfügungen und Maßnahmen der Steuerbehörden nur die Beschwerde im Verwaltungsweg nach §§ 224, 281—283 und — im Falle des Arrests nach §§ 351, 352 — zum Finanzgericht nebst dem ev. sich anschließenden weiteren Rechtsmittel der Rechtsbeschwerde.

Von dieser Zuständigkeit der Finanzbehörden sind lediglich in einigen ganz bestimmten Fällen Ausnahmen zugunsten der Zuständigkeit der ordentlichen Gerichte getroffen. Die Ausnahmen sind folgende:

1. Abnahme des Offenbarungseids in den Fällen der §§ 298 Abs. 3 S. 1 Halbs. 2, 338 Abs. 4.

2. Die sog. Vollstreckungsinterventionsklage (§ 301).

3. Die Widerspruchsklage gegen eine auf Grund bürgerlichrechtlicher Haftungsvorschriften erfolgte Heranziehung zur Steuerentrichtung (§ 303 Abs. 2).

4. Die Widerspruchsklage gegen die Nichtberücksichtigung eines Pfand- oder Vorzugsrechts bei der Verwendung des Erlöses aus der Pfandverwertung (§ 319).

5. Die Widerspruchsklage des Hypothekengläubigers im Falle des § 322 Abs. 2.

6. Die gerichtliche Hinterlegung bei Pfändung einer Forderung durch mehrere Behörden (§ 343).

7. Die Zwangsvollstreckung in das unbewegliche Vermögen (§ 345).

8. Der Vollzug des persönlichen Sicherheitsarrests (§ 352).

Da der Abschnitt „Beitreibung" ein Unterabschnitt des Teils „Besteuerung" ist, finden die Bestimmungen dieses Teils, soweit sie ihrer Natur nach überhaupt in Frage kommen können, ohne weiteres auf das Beitreibungsverfahren Anwendung. Bezüglich der Rechtsmittel ist dies bereits oben in diesen Vorbem. angedeutet. Von besonderer Bedeutung ist außerdem die Anwendbarkeit des § 202; hierüber vgl. Anm. 2 zu § 202.

Das gesamte Beitreibungswesen (Zuständigkeit, Voraussetzungen, Verfahren usw.) hat unter systematischer Verarbeitung aller einschlägigen steuerlichen und zivilprozessualen Bestimmungen eine zusammenfassende Darstellung erhalten in der sog. Beitreibungsordnung v. 23. 6. 23 (RMinBl. S. 595), in Kraft seit 1. 1. 24. Hierzu erging die Verordnung zur Einführung der Beitreibungsordnung v. 5. 7. 23 (RMinBl. S. 645) sowie eine kleine Abänderungsverordnung v. 21. 12. 23

(RGBl. I S. 1238); durch letztere wurden in § 27 Abs. 4 die Worte „10000 Mark" ersetzt durch „dreißig Goldmark", in § 41 Abs. 3 die Worte „50000 Mark" durch „zweihundert Goldmark".

Die Beitreibungsordnung nebst EinfV. ist als Ergänzungsband III zur amtlichen Textausgabe der AO. vom Reichsfinanzministerium herausgegeben. Sie gibt teils Einzelvorschriften für das Verfahren, teils enthält sie Auslegungsgrundsätze zum Gesetz und bildet in ihrer Systematik und Klarheit eine wertvolle Ergänzung der Beitreibungsvorschriften der AO. sowie ein Hilfsmittel für deren richtige Anwendung. In den Erläuterungen zu den einzelnen nachstehenden Paragraphen ist daher auf die einschlägigen Vorschriften der Beitreibungsordnung jeweils hingewiesen worden; dieser Hinweis ersetzt in vielen Fällen eine besondere Stellungnahme in den Erläuterungen.

## Erster Titel.

## Allgemeine Vorschriften.

**§ 298.** Wird eine Geldleistung, die nach den Steuergesetzen geschuldet wird[1], nicht gezahlt, so kann das Finanzamt die Vermögens- und Einkommensverhältnisse des Pflichtigen ermitteln. Es hat dabei die gleichen Rechte, die ihm im Steuerermittlungsverfahren zustehen[2]. Ist die Erhebung einer anderen Stelle übertragen, so steht diese Befugnis gleichwohl ausschließlich dem Finanzamt zu.

Erscheint die Zwangsvollstreckung als aussichtslos[3], oder ist ein Vollstreckungsversuch in das bewegliche Vermögen des Pflichtigen erfolglos geblieben, so hat der Pflichtige[4] dem Finanzamt auf Verlangen[5] ein Verzeichnis seines Vermögens vorzulegen, bei seinen Forderungen den Grund und die Beweismittel zu bezeichnen und den Offenbarungseid dahin zu leisten, daß er nach bestem Wissen sein Vermögen so vollständig angegeben habe, als er dazu imstande sei[6].

Das Finanzamt nimmt den Eid selbst ab, wenn der Pflichtige zu dessen Leistung bereit ist; andernfalls ersucht es das Amtsgericht darum, in dessen Bezirk der Pflichtige seinen Wohnsitz oder Aufenthalt hat. Für das Verfahren gelten § 900 Absatz 1, 2, §§ 901 bis 914 der Zivilprozeßordnung; jedoch brauchen die Verpflegungskosten nicht im voraus bezahlt zu werden[7]. Das Amtsgericht hat nicht zu prüfen, ob der Schuldner zur Leistung des Offenbarungseides verpflichtet ist; es kann jedoch, wenn der Schuldner gegen das Verlangen des Finanzamts Beschwerde eingelegt hat, die Anordnung der Haft bis zur Entscheidung des Landesfinanzamts aussetzen.

[1] Nicht nur die Steuerforderungen selbst (s. Anm. 1 zu § 1) gehören hierher, sondern auch alle sonstigen Geldleistungen, Zuschläge, Zwangsgelder, Sicherheiten, Sicherungsgelder, Kosten des Ermittlungs- und Rechtsmittelverfahrens (§§ 216, 285ff.). Geldstrafen zählen zwar an sich nicht hierher; doch gelten für ihre Beitreibung zufolge § 424 Abs. 1 die Vorschriften der §§ 298ff. gleichfalls.

[2] In Betracht kommen sowohl die dem FA. gegen den Pflichtigen selbst als die ihm gegenüber Dritten zustehenden Befugnisse; §§ 172ff., 177ff. sind daher sinngemäß anwendbar; von Wichtigkeit ist besonders die Anwendbarkeit des § 202.

[3] Hierzu ist keineswegs erforderlich, daß Beitreibung bereits fruchtlos versucht wurde. Die Aussichtslosigkeit kann auch auf Grund sonstiger Tatsachen feststehen.

[4] An Stelle des Pflichtigen tritt ev. der gesetzliche Vertreter gemäß §§ 84ff.

[5] Der Pflichtige kann sich gegen das Verlangen nach § 224 beschweren; in diesem Falle gilt Abs. 3 S. 1 Halbs. 2 und S. 3 Halbs. 3.

[6] Über Voraussetzungen und Verfahren beim Offenbarungseid s. BeitrOdg. §§ 73—76. Vollstreckung des Haftbefehls darf nur mit Genehmigung des LFA. beantragt werden (§ 76 Abs. 3 a. a. O.).

[7] Gerichtsauslagen im Offenb.-Eidverfahren (wozu auch Schreibgebühren gehören) hat das Finanzamt wie jede andere Partei zu bezahlen, da das Reich gemäß § 90 GKG. lediglich Gebührenfreiheit genießt.

**§ 299.** Leistungen, die nach den Steuergesetzen geschuldet werden[1], können im Verwaltungsweg erzwungen werden.

Vollstreckungsbehörden im Sinne dieses Abschnitts sind die Behörden und Beamten, denen die Beitreibung zusteht und die zur Anordnung und Leitung des Zwangsverfahrens berufen sind[2].

Vollstreckungsschuldner ist, wer nach den Steuergesetzen zur Zahlung der Schuld verpflichtet ist oder neben dem Schuldner persönlich in Anspruch genommen wird[3]. Wer nach den Steuergesetzen die Schuld aus Mitteln, die seiner Verwaltung unterliegen, zu entrichten hat[4], ist verpflichtet, das Zwangsverfahren in dieses Vermögen zu dulden und hat insoweit die Pflichten des Vollstreckungsschuldners[5].

Die Zwangsvollstreckung darf erst beginnen, wenn dem Vollstreckungsschuldner die Verfügung, kraft deren er zur Zahlung aufgefordert wird[6], bekanntgegeben und seit der Bekanntgabe, soweit nichts anderes vorgeschrieben ist, mindestens eine Woche verstrichen ist.

[1] S. Anm. 1 zu § 298.

[2] Über Vollstreckungsbehörden s. §§ 1—4 BeitrOdg.

[3] Vgl. § 7 Abs. 4 BeitrOdg. Über Vollstreckung auf Grund bürgerlich-rechtlicher Haftung s. § 303.

[4] S. § 84 und die Bestimmungen, welche § 84 für anwendbar erklären, insbes. § 85, ferner § 8 Abs. 4 BeitrOdg.

[5] Z. B. Auskunftspflicht über das verwaltete Vermögen, Pflicht zur Leistung des Offenbarungseides. Selbstverständlich hat der Vertreter in dem hier normierten Umfange auch die Rechte des Vollstreckungsschuldners. Im übrigen s. hierzu § 8 BeitrOdg.

[6] Das ist das sog. Leistungsgebot (entspricht dem sog. Vollstreckungstitel des Zivilprozeßrechts); hierüber s. §§ 9—13 BeitrOdg., ferner Anm. 1 zu § 225; zu betonen ist jedoch, daß die Frage der Zulässigkeit der Zwangsvollstreckung als solche mit der Vorschrift des § 225, der nur die Befugnis zur Rechtsmitteleinlegung regelt, nichts zu tun hat.

Das Leistungsgebot liegt vor dem Beitreibungsverfahren und außerhalb desselben; davon zu unterscheiden ist die „Mahnung" nach § 314.

Das Leistungsgebot muß, um eine taugliche Grundlage für den Beginn der Zwangsvollstreckung zu bilden, ergänzt werden durch eine — mit dem Festsetzungsbescheid verbundene oder nötigenfalles gesondert zu erlassende — Zahlungsaufforderung. Förmliche Zustellung derselben ist in keinem Falle erforderlich; es genügt Bekanntgabe nach § 73.

**§ 300.** Einwendungen gegen Entstehung oder Höhe des Anspruchs, dessen Erfüllung erzwungen werden soll, sind außerhalb des Zwangsverfahrens mit den hierfür zugelassenen Rechtsmitteln zu verfolgen[1].

Wird geltend gemacht, daß der Anspruch erloschen[2] oder gestundet oder die Anordnung des Zwangsverfahrens unzulässig sei[3], so ist vorläufig zu leisten; der Anspruch auf Erstattung ist nach § 129 zu verfolgen[4].

Einreden des Erben aus den §§ 2014, 2015 des Bürgerlichen Gesetzbuchs stehen dem Zwangsverfahren in den Nachlaß nicht entgegen, wenn es sich um Steuern handelt, die nach Beginn des Kalenderjahrs fällig geworden sind, das der Anordnung des Zwangsverfahrens voraufgegangen ist[5].

[1] S. §§ 217—283, 210 Abs. 3. Rechtsmitteleinlegung hemmt den Lauf der Beitreibung nicht (§ 235); vgl. auch § 58 Abs. 1 BeitreibOdg.

[2] Durch Zahlung, Aufrechnung, Erlaß oder Verjährung.

[3] Z. B. weil kein Leistungsgebot ergangen ist (§ 299 Abs. 4) oder das Zwangsverfahren gemäß § 301 Abs. 2 eingestellt ist.

[4] Die Verpflichtung vorläufiger Zahlung gilt nicht bei der Mobiliarpfändung im Falle des § 318 (s. auch § 58 Abs. 2 BeitrOdg.). Im übrigen vgl. zu Abs. 2 den § 58 Abs. 3 BeitrOdg. und wegen Geltendmachung der Aufrechnung E. Bd. 9 S. 55, zitiert in Anm. 4 zu § 103.

[5] Vgl. § 58 Abs. 4 BeitrOdg.

**§ 301.** Behauptet ein Dritter, daß ihm am Gegenstande der Zwangsvollstreckung ein die Veräußerung hinderndes Recht zustehe[1], oder werden Einwendungen nach §§ 772 bis 774 der Zivilprozeßordnung erhoben[2], so ist der Widerspruch gegen die Pfändung erforderlichenfalls[3] durch Klage geltend zu machen[4]. Als Dritter gilt auch, wer zur Duldung des Zwangsverfahrens in ein Vermögen, das von ihm verwaltet wird, verpflichtet ist[5], wenn er geltend macht, daß ihm gehörige Gegenstände von der Zwangsvollstreckung betroffen seien.

Wegen Einstellung des Zwangsverfahrens und Aufhebung erfolgter Vollstreckungsmaßregeln gelten die §§ 769 und 770 der Zivilprozeßordnung[6].

**Die Klage ist ausschließlich bei dem Gerichte zu erheben, in dessen Bezirk gepfändet ist. Wird sie gegen das Reich und den Schuldner gerichtet, so sind diese Streitgenossen.**

1 Diese Bestimmung ist nachgebildet jener des § 771 ZPO.; für den Begriff des „die Veräußerung hindernden Rechts" kann daher unbedenklich die bürgerliche Rechtsprechung mitherangezogen werden (s. hierüber Sydow-Busch Anm. 3 zu § 771). Die wichtigsten Auslegungsgrundsätze sind folgende:

Ein die Veräußerung hinderndes Recht ist jedes Recht, das ebenso, wie es die Veräußerung durch den Schuldner hindert, der Verwertung des Gegenstandes zugunsten der Gläubiger desselben hindert (RG. ZivS. Bd. 31 S. 382). Der wichtigste Fall ist das Eigentums- oder Miteigentumsrecht, ferner der Nießbrauch, wie überhaupt die meisten dinglichen Rechte. Obligatorische Rechte gehören im allgemeinen nicht hierher, können aber dann in Frage kommen, wenn der Schuldner den Gegenstand gemäß § 868 BGB. für einen Dritten besitzt, da in diesem Falle auch der Dritte ein Besitzrecht, also ein dingliches Recht hat. Auch bloßer sog. treuhänderischer Besitz des Schuldners schließt ein Widerspruchsrecht des Dritten, für welchen der Schuldner treuhänderisch besitzt, nicht aus (RG. ZivS. Bd. 18, 366, Bd. 84 S. 216, Bd. 79 S. 121). Ein Pfandrecht ist gleichfalls ein die Veräußerung hinderndes Recht und berechtigt den Pfandgläubiger — wenn nicht die Voraussetzungen für die Einschränkung seines Widerspruchsrechts nach § 319 Abs. 1 (vgl. dort Anm. 1) vorliegen — zur Interventionsklage nach § 301 (so im allgemeinen die Rechtsprechung der OLG. zu §§ 771, 805 ZPO.). Dem Pfandrecht stellt das Gutachten des RFH. in E. Bd. 19 S. 126 das auf Grund einer Sicherungsübereignung bestehende Recht eines Dritten gleich; es steht damit jedoch in Widerspruch mit der Auffassung des RG., welches dieses Recht als ein die Veräußerung hinderndes im Sinne des § 771 ZPO. schlechthin —

also ohne die Möglichkeit einer Einschränkung nach § 319 Abs. 1 — ansieht (ZivS. Bd. 61 S. 431).

Kein die Veräußerung hindernde Recht ist das sog. relative Veräußerungsverbot im Sinne der §§ 135, 136 BGB. (ein wichtiges Beispiel hierfür ist die Beschlagnahme im Verfahren wegen Zwangsversteigerung oder Zwangsverwaltung, s. Anm. zu § 323). Doch schafft auch ein solches Verbot ein beschränktes Widerspruchsrecht (s. nächste Anm.).

[2] Die §§ 772—774 ZPO. lauten:

„§ 772. Solange ein Veräußerungsverbot der in den §§ 135, 136 des Bürgerlichen Gesetzbuchs bezeichneten Art besteht, soll der Gegenstand, auf welchen es sich bezieht, wegen eines persönlichen Anspruchs oder auf Grund eines infolge des Verbots unwirksamen Rechtes nicht im Wege der Zwangsvollstreckung veräußert oder überwiesen werden. Auf Grund des Veräußerungsverbots kann nach Maßgabe des § 771 Widerspruch erhoben werden.

§ 773. Ein Gegenstand, der zu einer Vorerbschaft gehört, soll nicht im Wege der Zwangsvollstreckung veräußert oder überwiesen werden, wenn die Veräußerung oder die Überweisung im Falle des Eintritts der Nacherbfolge nach § 2115 des Bürgerlichen Gesetzbuchs dem Nacherben gegenüber unwirksam ist. Der Nacherbe kann nach Maßgabe des § 771 Widerspruch erheben.

§ 774. Findet nach § 741 die Zwangsvollstreckung in das eingebrachte Gut der Ehefrau oder in das Gesamtgut statt, so kann der Ehemann nach Maßgabe des § 771 Widerspruch erheben, wenn das gegen die Ehefrau ergangene Urteil in Ansehung des eingebrachten Gutes oder des Gesamtguts ihm gegenüber unwirksam ist."

[3] D. h., wenn die Steuerbehörde das Recht oder die Einwendungen des Dritten nicht anerkennt. Der Dritte hat zunächst auch noch das Recht der Beschwerde gemäß § 281 (vgl. auch § 60 Abs. 1—3 BeitrOdg.).

[4] Sog. Vollstreckungsinterventionsklage. Wegen Zuständigkeit zur Vertretung des Fiskus s. Anm. zu § 8.

[5] S. Anm. 4 zu § 299.

[6] Die §§ 769, 770 ZPO. lauten:

„§ 769. Das Prozeßgericht kann auf Antrag anordnen, daß bis zur Erlassung des Urteils über die in den §§ 767, 768 bezeichneten Einwendungen die Zwangsvollstreckung gegen oder ohne Sicherheitsleistung eingestellt oder nur gegen Sicherheitsleistung fortgesetzt werde und daß die erfolgten Vollstreckungsmaßregeln gegen Sicherheitsleistung aufzuheben seien. Die tatsächlichen Behauptungen, welche den Antrag begründen, sind glaubhaft zu machen.

In dringenden Fällen kann das Vollstreckungsgericht eine solche Anordnung erlassen, unter Bestimmung einer Frist, innerhalb welcher die Entscheidung des Prozeßgerichts beizubringen sei. Nach fruchtlosem Ablauf der Frist wird die Zwangsvollstreckung fortgesetzt.

Die Entscheidung über diese Anträge kann ohne vorgängige mündliche Verhandlung erfolgen.

§ 770. Das Prozeßgericht kann in dem Urteil, durch welches über die Einwendungen entschieden wird, die in dem vorstehenden Paragraphen bezeichneten Anordnungen erlassen oder die bereits erlassenen Anordnungen aufheben, abändern oder bestätigen. In betreff der Anfechtung einer solchen Entscheidung finden die Vorschriften des § 718 entsprechende Anwendung."

**§ 302.** Bei Personenvereinigungen, die als solche steuerpflichtig sind[1], erfolgt das Zwangsverfahren in das Vermögen der Personenvereinigung. Entsprechendes gilt für Zweckvereinigungen und sonstige einer juristischen Person ähnliche steuerpflichtige Gebilde.

[1] S. Anm. 2 zu § 79.

**§ 303.** Das Finanzamt kann das Zwangsverfahren auch gegen Personen anordnen, die nach bürgerlichem

Rechte kraft Gesetzes verpflichtet sind, die Schuld zu erfüllen[1] oder die Zwangsvollstreckung zu dulden[2]. Der Anordnung des Zwangsverfahrens muß eine Entscheidung des Finanzamts vorausgehen, die nur nach vorherigem Gehör des Inanspruchgenommenen ergehen kann und als vollstreckbarer Titel gilt[3]. Die Zwangsvollstreckung darf erst beginnen, wenn die Frist des § 299 Abs. 4 verstrichen ist.

Bestreiten die im ersten Absatz genannten Personen, zur Erfüllung der Schuld oder zur Duldung des Zwangsverfahrens verpflichtet zu sein, oder erheben sie Einwendungen nach den §§ 781 bis 784, 786 der Zivilprozeßordnung, so entscheidet das Finanzamt[4]. Gegen eine Entscheidung, die den Widerspruch zurückweist, ist gerichtliche Klage gegeben. Die Klage ist innerhalb einer Ausschlußfrist von einem Monat zu erheben und gegen das Reich zu richten. Wegen Einstellung des Zwangsverfahrens und Aufhebung erfolgter Vollstreckungsmaßregeln gelten die §§ 769, 770 der Zivilprozeßordnung[5].

Wenn die im ersten Absatz bezeichneten Personen nach § 299 Abs. 3 auf Grund der Steuergesetze Vollstreckungsschuldner sind oder die Pflichten solcher haben[6], bewendet es bei § 300, § 301 Abs. 1 Satz 2.

[1] Über die hierher gehörigen Fälle s. §§ 14 Abs. 1, 7 Abs. 5 BeitrOdg. [2] S. §§ 14 Abs. 1, 8 Abs. 5 BeitrOdg.

[3] Über das Verfahren s. § 14 Abs. 2ff. BeitrOdg. „Vollstreckbarer Titel" hat die Bedeutung von „Leistungsgebot" (Anm. 6 zu § 299).

[4] S. § 14 Abs. 4 BeitrOdg.

[5] Abgedruckt in Anm. 6 zu § 301.

[6] S. Anm. 3 u. 4 zu § 299.

§ 304. Soweit eine Vollstreckungsbehörde auf Ersuchen einer andern Vollstreckungsbehörde die Pfändung und Versteigerung von Sachen oder die Zwangsvollstreckung in Forderungen und andere Vermögensrechte ausführt, tritt sie an die Stelle der Vollstreckungsbehörde[1]. Die Verantwortung für die Vollstreckbarkeit des Anspruchs trägt die ersuchende Behörde[2].

Trägt die ersuchte Behörde Bedenken, das Ersuchen auszuführen, weil sie unzuständig oder die Handlung, um die sie ersucht sei, offenbar unzulässig sei, so teilt sie ihre Bedenken der ersuchenden Behörde mit[3]. Besteht diese auf Ausführung des Ersuchens und lehnt die ersuchte Behörde die Ausführung ab, so entscheidet die Aufsichtsbehörde der ersuchten Behörde.

[1] Das heißt sie hat die gleichen Rechte und Pflichten wie die ersuchende Behörde. Über Amtshilfe s. §§ 51, 52 BeitrOdg. — Die durch Ausführung des Amtshilfeersuchens entstehenden Kosten trägt das ersuchte Finanzamt (RFME. v. 12. 3. 26 III R 2549, RStBl. S. 137). Wegen Kostentragung bei Vernehmung von Auskunftspersonen usw. auf Ersuchen eines anderen Finanzamts s. RFME. v. 8. 9. 26 III R 21613, RStBl. S. 300.

[2] S. § 51 Abs. 5 BeitrOdg.

[3] S. § 52 Abs. 1—3 BeitrOdg.

§ 305. Gegen eine Militärperson, die dem aktiven Heere oder der aktiven Marine angehört, darf die Zwangsvollstreckung erst nach Anzeige an die vorgesetzte Militärbehörde beginnen. Der Empfang der Anzeige ist auf Verlangen zu bescheinigen.

Soll die Zwangsvollstreckung gegen eine dem aktiven Heere oder der aktiven Marine angehörende Person des Soldatenstandes in Kasernen oder anderen militärischen Dienstgebäuden oder auf Kriegsfahrzeugen erfolgen, so hat die Vollstreckungsbehörde die zuständige Militärbehörde um die Zwangsvollstreckung zu ersuchen. Die gepfändeten Gegenstände sind dem von der Vollstreckungsbehörde bezeichneten Beamten zu übergeben.

Zu § 305 s. § 53 Beitr.Odg.

§ 306. Die Vollstreckungsbehörde hat das Zwangsverfahren, soweit es ihr nicht selbst zugewiesen ist, durch Vollziehungsbeamte oder durch die Beamten, deren sie sich als solcher zu bedienen hat, auszuführen[1].

Die Vollziehungsbeamten müssen eidlich verpflichtet werden.

Der Reichsminister der Finanzen kann die Ausführung der Zwangsvollstreckung im Einvernehmen mit den obersten Landesverwaltungsbehörden Gerichtsvollziehern übertragen.

[1] Über Vollziehungsbeamte im allgemeinen s. § 2 Abs. 2, 3 BeitrOdg., über die dem Vollziehungsbeamten zu übertragenden Vollstreckungsmaßnahmen § 40 a. a. O.

§ 307. Dem Schuldner und Dritten gegenüber wird der Vollziehungsbeamte zur Zwangsvollstreckung durch schriftlichen Auftrag der Vollstreckungsbehörde ermächtigt; der Auftrag ist vorzuzeigen.

Über den Vollstreckungsauftrag s. § 41 BeitrOdg.

§ 308. Der Vollziehungsbeamte ist befugt, die Wohnung und die Behältnisse des Schuldners zu durchsuchen, soweit dies der Zweck der Vollstreckung fordert.

Er ist befugt, verschlossene Türen und Behältnisse öffnen zu lassen.

Wenn er Widerstand findet, kann er Gewalt anwenden und hierzu die Unterstützung der Polizeibeamten nachsuchen.

§ 309. Wird bei einer Vollstreckungshandlung Widerstand geleistet oder ist bei einer Vollstreckungshandlung in der Wohnung des Schuldners weder der Schuldner noch eine Person, die zu seiner Familie gehört[1] oder in ihr beschäftigt ist[2], gegenwärtig, so hat der Vollziehungsbeamte zwei Erwachsene oder einen Gemeinde- oder Polizeibeamten als Zeugen zuzuziehen.

[1] Hierzu zählen außer den Verwandten auch Verschwägerte sowie dauernd im Haushalt befindliche Personen. Personen, die wegen zu geringen Alters oder ersichtlicher Geistesschwäche nicht als brauchbare Zeugen für ev. Darstellung der Vorgänge benützt werden können, genügen nicht. Dies steht zwar nicht ausdrücklich im Gesetz, geht aber aus dem Zweck der Bestimmung hervor.

[2] Es wird dauernde oder wenigstens auf eine nicht nur vorübergehende Dauer berechnete Beschäftigung erforderlich sein.

§ 310. Zur Nachtzeit (§ 188 Abs. 1 der Zivilprozeßordnung[1]) sowie an Sonntagen und staatlich anerkannten allgemeinen Feiertagen darf eine Vollstreckungshandlung nur mit schriftlicher Erlaubnis[2] der Vollstreckungsbehörde vorgenommen werden.

Die Erlaubnis ist bei der Zwangsvollstreckung vorzuzeigen.

[1] Die Nachtzeit umfaßt von April bis September die Zeit von 9 Uhr abends bis 4 Uhr morgens, während der übrigen Monate die Zeit von 9 Uhr abends bis 6 Uhr morgens.

[2] Die Erlaubnis soll nur aus besonderen Gründen erteilt

werden (Ermessensfrage nach § 6). Aus der schriftlichen Erlaubnis brauchen die Gründe nicht hervorzugehen.

**§ 311.** Der Vollziehungsbeamte hat über jede Vollstreckungshandlung eine Niederschrift aufzunehmen.

Die Niederschrift muß enthalten:

1. Ort und Zeit der Aufnahme,
2. den Gegenstand der Vollstreckungshandlung unter kurzer Erwähnung der Vorgänge,
3. die Namen der Personen, mit denen verhandelt ist,
4. die Unterschriften der Personen und die Bemerkung, daß nach Vorlesung oder Vorlegung zur Durchsicht und nach Genehmigung unterzeichnet sei,
5. die Unterschrift des Vollziehungsbeamten[1].

Hat einem der Erfordernisse unter Nr. 4 nicht genügt werden können, so ist der Grund anzugeben.

[1] Vgl. hierzu RFME. v. 18. 10. 22, zitiert in Anm. 3 zu § 318.

**§ 312.** Die Aufforderung und die sonstigen Mitteilungen, die zu den Vollstreckungshandlungen gehören, sind vom Vollziehungsbeamten mündlich zu erlassen und vollständig in die Niederschrift aufzunehmen; kann dies nicht geschehen, so hat die Vollstreckungsbehörde demjenigen, an den die Aufforderung oder Mitteilung zu richten ist, eine Abschrift der Niederschrift zu senden.

**§ 313.** Eine bei einer Zustellung übergebene Abschrift (§ 210 der Zivilprozeßordnung) braucht nicht beglaubigt zu werden.

Die Erlaubnis zu einer Zustellung zur Nachtzeit und an Sonntagen oder staatlich anerkannten allgemeinen Feiertagen (§ 188 der Zivilprozeßordnung) erteilt die Vollstreckungsbehörde. Im Falle des § 182 der Zivilprozeßordnung ist das Schriftstück bei der Ortsbehörde oder der Postanstalt des Zustellungsorts niederzulegen.

§ 314. Der Vollstreckungsschuldner ist in der Regel vor der Vollstreckung mit Zahlungsfrist von einer Woche zu mahnen[1]. Schriftliche Mahnungen sind verschlossen zu behändigen oder zuzusenden; das Landesfinanzamt kann zulassen, daß statt der Mahnungen allgemein öffentlich an Zahlungen erinnert wird.

[1] Nur in besonderen Ausnahmefällen (z. B. Gefährdung der Beitreibbarkeit) darf von der Mahnung abgesehen werden. Die bloße — wenn auch berechtigte — Annahme, daß der Schuldner die Mahnung unbeachtet lassen wird, genügt nicht.

Die Unterlassung der Mahnung macht übrigens die trotzdem eingeleiteten Vollziehungsmaßnahmen nicht ungültig. Die Vollstreckungsbehörde (ev. die Beschwerdeinstanz) wird aber zu prüfen haben, ob diese Maßnahmen nicht ganz oder zum Teil rückgängig zu machen sind; das wird geboten sein, wenn sich ergibt, daß bei ordnungsmäßiger Mahnung die Vollziehungsmaßnahmen gar nicht erforderlich geworden wären.

Die „Mahnung" ist nicht zu verwechseln mit der ersten Zahlungsaufforderung (§ 299 Abs. 4). Sie ist an keine bestimmte Form gebunden. Einfache Bekanntgabe nach § 73 genügt.

Im übrigen s. wegen Mahnung §§ 15—20 Beitr.-Odg.

§ 315. Die Kosten der Mahnung und der Zwangsvollstreckung fallen dem Schuldner zur Last[1]; sie sind mit dem Anspruch beizutreiben. Der Reichsminister der Finanzen regelt ihre Höhe mit Zustimmung des Reichsrats[2].

[1] Ohne daß es im Einzelfall einer besonderen Kostenentscheidung bedarf. § 315 gilt auch für die Vollziehung des Arrests. Für die Kosten der Eintragung einer auf Grund eines Arrests eingetragenen Hypothek haftet daher der Grundstückseigentümer (KG. v. 15. 10. 22, Preuß. JustMinBl. S. 568). Die Frage der Verzinsungspflicht für rückständige Mahn- und Vollstreckungsgebühren wird (obwohl finanziell wohl nicht sehr erheblich) grundsätzlich zu bejahen sein, vgl. § 104 Abs. 1 AO., § 6 Abs. 3 Nr. 14 BeitrOdg.

[2] Es gilt nunmehr die Verordnung über die Kosten des Mahn- und Zwangsverfahrens v. 21. 4. 23 (RGBl. I S. 259) mit den Änderungen durch Vdg. v. 22. 11. 24 (RGBl. I S. 755) und v. 5. 11. 25 (RGBl. I S. 387). Die Änderungen betreffen die Gebührensätze der §§ 1, 3, 4 sowie die Abrundungsvorschrift des § 7 Abs. 2 der Verordnung. Die neuen Gebührensätze finden zufolge Art. II der letztgenannten (sog. „dritten") Vdg. Anwendung auf die Fälle, in denen die Gebührenschuld nach dem 31. 10. 25 entstanden ist. Eine Hilfstabelle zur Erleichterung der Gebührenberechnung hat der RFM. mit Erlaß v. 5. 11. 25 III R 19527 herausgegeben.

## Zweiter Titel.

## Zwangsverfahren wegen Geldforderungen.

### I. Zwangsvollstreckung in das bewegliche Vermögen.

#### 1. Allgemeine Vorschriften.

**§ 316.** Die Zwangsvollstreckung in das bewegliche Vermögen erfolgt durch Pfändung. Sie darf nicht weiter ausgedehnt werden, als zur Deckung der beizutreibenden Geldbeträge und der Kosten der Zwangsvollstreckung erforderlich ist[1]. Die Pfändung hat zu unterbleiben, wenn sich von der Verwertung der zu pfändenden Gegenstände ein Überschuß über die Kosten der Zwangsvollstreckung nicht erwarten läßt.

[1] Der Vollstreckungsbeamte muß daher vor Vornahme der Pfändung eine Berechnung der beizutreibenden Beträge einschließlich der Mahn- und Vollstreckungskosten aufstellen. Wenn der Wert der pfändbaren Gegenstände höher ist, dann sind nach pflichtgemäßem Ermessen diejenigen Gegenstände herauszugreifen, die dem Werte nach ausreichend und der Verwertbarkeit nach tauglich erscheinen. Auf Entbehrlichkeit der Gegenstände für den Schuldner und etwaige besondere Wünsche desselben soll dabei nach Möglichkeit Rücksicht genommen werden; dies entspricht zweifellos der Absicht des Gesetzgebers.

**§ 317.** Durch die Pfändung erwirbt das Finanzamt ein Pfandrecht am gepfändeten Gegenstande[1].

Das Pfandrecht gewährt ihm im Verhältnis zu anderen Gläubigern dieselben Rechte wie ein Pfandrecht im Sinne des Bürgerlichen Gesetzbuchs[2]; es geht Pfand- und Vorzugsrechten vor, die im Konkurse diesem Pfandrecht nicht gleichgestellt sind[3].

Das durch eine frühere Pfändung begründete Pfandrecht geht demjenigen vor, das durch eine spätere Pfändung begründet wird[4].

[1] Das Pfandrecht ist kein gesetzliches, auf das nach § 1257 BGB. die Vorschriften des BGB. über das rechtsgeschäftliche Pfandrecht (§§ 1204 ff. BGB.) ohne weiteres Anwendung finden könnten. Diese Anwendung ist daher nur insoweit möglich, als sich nicht aus den Vorschriften der AO. oder aus dem Zusammenhang der von ihr getroffenen Regelung etwas

anderes ergibt (so die Rechtsprechung des RG. zu dem entspr. § 804 ZPO., vgl. Entsch. i. ZivS. Bd. 61 S. 333, Bd. 97 S. 41, Bd. 104 S. 301, Bd. 105 S. 409, Bd. 108 S. 320).

Als anwendbar auf das Pfandrecht des § 317 Abs. 1 AO. dürften sonach hauptsächlich in Betracht kommen die Bestimmungen des BGB., welche betreffen den Umfang der durch das Pfandrecht gesicherten Forderung (§ 1210, 1211), die Haftung jedes einzelnen von mehreren Pfandgegenständen für die ganze Forderung (§ 1222), den sachlichen Umfang der Pfändung (§§ 1212, 1213), die Rechte und Pflichten des Pfandgläubigers bezüglich der Behandlung des Pfandgegenstandes und der ev. Rückgabepflicht (§§ 1214, 1221, 1223), die Ansprüche des Pfandgläubigers bei ev. Beeinträchtigung seines Rechts (§ 1227).

Bezüglich der Art und Weise der Befriedigung des Fiskus aus den Pfandgegenständen hat die AO. Sonderbestimmungen getroffen in den §§ 324ff.

2 In Betracht kommen §§ 1208, 1209 BGB. (nicht § 1207, der das Verhältnis zum Dritteigentümer regelt!). Ergänzend treten hinzu § 317 Abs. 2 Halbs. 2 und Abs. 3.

3 § 49 KonkOdg.

4 Vgl. auch § 1209 BGB.

**§ 318. Gegen die Pfändung kann sich der Schuldner nur schützen[1], wenn er nachweist, daß ihm eine Frist bewilligt ist, oder daß er die Schuld bezahlt hat[2].**

**Der Schuldner kann den beizutreibenden Betrag an den Vollziehungsbeamten zahlen[3].**

1 D. h. der Schuldner kann durch Erbringung der in Abs. 1 vorgesehenen Nachweise bewirken, daß von Durchführung der Pfändung Abstand zu nehmen oder eine bereits erfolgte Pfändung aufzuheben ist. Im Falle der Ablehnung hat er das gewöhnliche Beschwerderecht.

Andere Einwendungen als die des Abs. 1 halten die Pfänbung an sich nicht auf; hierher gehören insbesondere die Einwendungen des § 300 Abs. 1 und 2 (s. Anm. dort).

[2] Über die Form des Nachweises s. § 58 Abs. 2 BeitrOdg.

[3] Der Zahlungsempfang ist zu bestätigen. Beifügung der Amtsbezeichnung des Beamten ist nicht erforderlich. Dem Steuerschuldner gegenüber ist der Beamte durch seinen Vollstreckungsauftrag (§ 307) legitimiert (RFME. v. 18. 10. 22 Amtsbl. S. 403).

**§ 319.** Der Pfändung einer Sache kann ein Dritter, der sich nicht im Besitze der Sache befindet[1], auf Grund eines Pfand- oder Vorzugsrechts[2] nicht widersprechen. Er kann jedoch vorzugsweise Befriedigung aus dem Erlöse verlangen ohne Rücksicht darauf, ob seine Forderung fällig ist oder nicht[3].

Eine Klage ist ausschließlich bei dem Gerichte zu erheben, in dessen Bezirk gepfändet ist. Wird die Klage gegen das Reich und den Schuldner gerichtet, so sind diese Streitgenossen.

[1] Falls der Dritte mittelbarer oder unmittelbarer Besitzer (§§ 854, 855, 868, 1205, 1206 BGB.) des Pfandgegenstandes ist, hat er das Recht des Widerspruchs nach Maßgabe des § 301; andernfalls hat er nur den beschränkten Anspruch nach Abs. 1 S. 2 (vgl. Anm. 1 zu § 301).

[2] Z. B. das gesetzliche Pfandrecht des Vermieters (§ 559 BGB.), des Verpächters (§ 581 Abs. 2 BGB.), des Werkunternehmers (§ 647 BGB.), des Kommissionärs (§ 397 HGB.), des Spediteurs (§ 410, 411 HGB.), des Lagerhalters (§ 421 HGB.). In Betracht kommen selbstverständlich nur Pfand- usw. Rechte, die dem fiskalischen Pfandrecht *vorgehen*; *nachstehende* Rechte, ferner *andere dingliche* Rechte (s. hierüber Anm. 1 zu § 301) fallen überhaupt nicht unter § 319.

[3] Die Versteigerung kann also nicht gehindert werden; das Pfandrecht des Dritten setzt sich in ein Vorzugsrecht auf den

Erlös um (RG. ZivS. Bd. 42 S. 85, Bd. 71 S. 419). Dieses Vorzugsrecht kann durch Klage nach Abs. 2 geltend gemacht werden.

**§ 320.** Wer etwas im Zwangsverfahren erwirbt, hat keinen Anspruch wegen eines Mangels im Rechte oder wegen eines Mangels der erworbenen Sache.

Das Reich übernimmt also bezüglich der veräußerten Pfandgegenstände dem Erwerber gegenüber keinerlei Haftung für Rechts- oder Sachmängel.

## 2. Zwangsvollstreckung in Sachen.

**§ 321.** Sachen, die im Gewahrsam des Schuldners sind, pfändet der Vollziehungsbeamte dadurch, daß er sie in Besitz nimmt.

Andere Sachen als Geld, Kostbarkeiten und Wertpapiere sind im Gewahrsam des Schuldners zu lassen, wenn die Befriedigung des Reichs hierdurch nicht gefährdet wird. Bleiben die Sachen im Gewahrsam des Schuldners, so ist die Pfändung nur wirksam, wenn sie durch Anlegung von Siegeln oder in sonstiger Weise ersichtlich gemacht ist[1].

Der Vollziehungsbeamte hat dem Schuldner die Pfändung mitzuteilen[2].

Diese Vorschriften gelten auch für die Pfändung von Sachen im Gewahrsam eines Dritten, der zu ihrer Herausgabe bereit ist[3].

[1] Die Unterlassung der Ersichtlichmachung bewirkt Unwirksamkeit der Pfändung nicht nur Dritten gegenüber, sondern — bei dem bestimmten Wortlaut des Gesetzes — schlechthin, also auch dem Schuldner gegenüber (RG. i. ZivS. Bd. 32 S. 316, Bd. 36 S. 135, Bd. 37 S. 342). Die nach-

trägliche unbefugte Entfernung der Pfandzeichen hebt die Wirksamkeit der Pfändung selbstverständlich nicht auf.

Der Ausdruck „ersichtlich machen“ besagt, daß das Pfandzeichen, wenn auch nicht gerade an besonders auffallender Stelle, aber immerhin so angebracht werden muß, daß man bei einigermaßen genauer Besichtigung des Gegenstandes (wie sie etwa ein Käufer vornimmt) die Pfändung erkennen muß.

Bei einem Warenlager oder einer Einrichtung ist nicht Kennzeichnung der einzelnen Stücke erforderlich, es genügt eine an sichtbarer Stelle angebrachte sog. Pfandanzeige. Diese muß jedoch, wenn sich die Pfändung nur auf einen Teil der Stücke erstreckt, ausreichend spezialisiert sein, so daß z. B. einfache Zahlenangaben (bei mangelnder örtlicher Trennung der gepfändeten von den nicht gepfändeten Stücken) nicht genügen.

Die Entfernung der Pfandzeichen durch die Behörde nach Wegfall einer an sich gerechtfertigten Pfändung kann nicht gefordert werden, zumal die durch die Entfernung entstehenden Kosten (für ev. Dienstreisen usw.) nicht zu den nach Vdg. v. 21. 4. 23 (vgl. Anm. 2 zu § 315) vom Vollstreckungsschuldner zu tragenden Kosten gehören dürften.

[2] Die erfolgte Mitteilung ist in der Pfändungsniederschrift (§ 311) zu vermerken. Etwaige Unterlassung der Mitteilung bewirkt jedoch nicht Unwirksamkeit der Pfändung.

[3] Widerspricht der Dritte, dann muß die Pfändung unterbleiben und es kann ev. gegen den Dritten nach § 341 Abs. 1, 2 vorgegangen werden. Auch ein Vorgehen nach dem Anfechtungsgesetz kann in Frage kommen. Bei Pfändung trotz Widerspruchs hat der Dritte Beschwerde zur übergeordneten Behörde, unter Umständen das Klagerecht gemäß § 301.

**§ 322.** Früchte, die vom Boden noch nicht getrennt sind, können gepfändet werden, solange sie nicht durch Zwangsvollstreckung in das unbewegliche Vermögen in Beschlag genommen worden sind[1]. Sie dürfen nicht früher als einen Monat vor der gewöhnlichen Zeit der Reife gepfändet werden.

**Ein Gläubiger, der ein Recht auf Befriedigung aus dem Grundstück hat, kann der Pfändung nach § 301 widersprechen, wenn nicht für einen Anspruch gepfändet ist, der bei der Zwangsvollstreckung in das Grundstück vorgeht.**

[1] Über „Beschlagnahme" s. §§ 20ff. ZVG.

Über Pfändbarkeit von Erzeugnissen, sonstigen Bestandteilen und Zubehör eines Grundstücks s. im übrigen Anm. zu § 323.

**§ 323. Die §§ 811 bis 813 der Zivilprozeßordnung gelten auch für das Zwangsverfahren.**

§ 811 ZPO. zählt die mit Rücksicht auf den Eigenbedarf des Schuldners unpfändbaren Gegenstände auf, § 812 enthält eine Sollvorschrift betr. die Schonung von Hausratsgegenständen, deren voraussichtliches Verwertungsergebnis außer Verhältnis zu ihrem Werte steht, § 813 schreibt für Pfändung von Früchten auf dem Halme unter Umständen die Zuziehung landwirtschaftlicher Sachverständiger vor.

Aus § 811 ist besonders erwähnenswert die Unpfändbarkeit der für 4 Wochen erforderlichen Nahrungs-, Feuerungs- und Beleuchtungsmittel oder, soweit solche Vorräte für mindestens 2 Wochen nicht vorhanden, des für die Beschaffung erforderlichen Geldbetrags. Aus letzterer Bestimmung kann sich unter Umständen die Unpfändbarkeit einer entsprechenden Geldforderung ergeben.

Auf die Unpfändbarkeit der Gegenstände des § 811 kann wirksam verzichtet werden, wobei aber ein Nichtwidersprechen nicht ohne weiteres als Verzicht zu gelten braucht (RG. in ZivS. Bd. 80 S. 35). Lediglich für die Fälle des § 811 Nr. 1 hat mit Rücksicht auf das Vorliegen eines öffentlichen Interesses das RG. (ZivS. Bd. 72 S. 183) die Verzichtbarkeit verneint.

Gegen die widerrechtliche Pfändung von Gegenständen des § 811 hat der Betroffene nach Lage der gesetzlichen Bestimmungen nur die Beschwerde zum Landesfinanzamt, die als solche an die einmonatliche Rechtsmittelfrist gebunden ist. Man wird aber diese Frist nicht ohne weiteres als mit Vornahme der Pfändung beginnend ansehen können, da kaum anzunehmen ist, daß der Gesetzgeber den Steuerschuldner schlechter stellen wollte als den Vollstreckungsschuldner nach der ZPO., dem gegen die Pfändung die an keine Frist gebundenen Erinnerungen des § 766 ZPO. zu Gebote stehen. Tatsächlich läßt sich auch bei der Natur der in Frage stehenden Maßnahme der Zeitpunkt eines ev. Fristenbeginns billigerweise nicht festlegen, da die Unentbehrlichkeit eines Gegenstands dem Schuldner unter Umständen erst längere Zeit nach der Pfändung fühlbar werden kann. Man wird daher anzunehmen haben, daß die dem § 811 zuwiderlaufende Pfändung zunächst fristlos anfechtbar ist und daß erst eine diese Anfechtung zurückweisende Verfügung mit der normalen Beschwerde des § 281 angegriffen werden kann. Wenn allerdings der mit der erwähnten Anfechtung zu verfolgende Zweck nicht mehr erreicht werden kann (z. B. wegen inzwischen erfolgter Versteigerung des gepfändeten Gegenstands, wobei aber zu bemerken ist, daß die rechtzeitig erfolgte Anfechtung auf den Zeitpunkt ihrer Vornahme zurückwirkt), ist auch die Anfechtung nicht mehr zulässig (vgl. Rechtspr. d. OLG. von Mugdan-Falkmann Bd. 18 S. 398); in solchem Falle kann ev. noch Zivilklage auf Schadenersatz in Frage kommen.

Richtlinien für die Vollstreckung in Betriebsmittel und in Hausrat zur Vermeidung eines übertriebenen Fiskalismus geben die Erlasse des RFM. v. 15. 7. 24 III C 1 3240 und v. 10. 10. 25 III R 18804.

Eine weitere wichtige Einschränkung der Pfändbarkeit beweglicher Habe, die eine Rolle spielt bei Pfändung in landwirtschaftlichen und gewerblichen Betrieben, besteht auf Grund des durch § 345 Abs. 1 für anwendbar erklärten § 865 ZPO. hinsichtlich der in § 1120 BGB. (s. auch §§ 1121, 1122) genannten Erzeugnisse und sonstigen Bestandteile sowie der Zubehörstücke eines Grundstücks. Zubehörteile eines Grundstücks unterliegen nämlich zufolge § 865 Abs. 2 S. 1 ZPO. der Mobiliarpfändung überhaupt nicht. Was Zubehör ist, richtet sich nach §§ 97 und 98 BGB. Zu § 98 a. a. O. ist insbesondere zu bemerken, daß nach der reichsgerichtlichen Rechtsprechung (Kommentar d. RG.-Räte, Erläut. zu §§ 97, 98 a. a. O.) für den Begriff des „Bestimmtseins" zu einem Betrieb nicht maßgebend ist die Unentbehrlichkeit eines Gegenstandes für den Betrieb, sondern lediglich die willensgemäße Bestimmung durch den Betriebsherrn zum Betrieb. Zum Verkauf bestimmtes Vieh ist daher z. B. nicht Zubehör. Entscheidender Zeitpunkt für die Beurteilung der Betriebsbestimmung ist der Zeitpunkt der Pfändungsvornahme. (Sehr weit in der Auslegung des Begriffs „bestimmt zum Betrieb" geht anscheinend die Rechtspr. d. OLG. Bd. 3 S. 235.)

Die übrigen in § 1120 BGB. genannten Erzeugnisse und sonstigen Bestandteile eines Grundstücks unterliegen der Mobiliarpfändung nach den allgemeinen Vorschriften mit einer zeitlichen Einschränkung: Die Pfändbarkeit hört nämlich gemäß § 865 Abs. 2 S. 2 ZPO. auf, sobald auf Grund der Bestimmungen des Gesetzes über die Zwangsversteigerung und Zwangsverwaltung durch Anordnung der Zwangsversteigerung oder Zwangsverwaltung die Beschlagnahme des Grundstücks nebst Erzeugnissen usw. eingetreten ist (§§ 20—22, 146 ZVG.).

Für die Geltendmachung der Unpfändbarkeit von Gegenständen der vorstehend besprochenen Art (§ 865 Abs. 2 ZPO.) durch den Schuldner gilt, was in dieser Anm. allgemein über die Anfechtung widerrechtlicher Pfändung gesagt worden ist. Die Unpfändbarkeit dieser Sachen (Zubehör, sonstige Bestandteile und Erzeugnisse) kann aber nach Eintritt der vorgenannten Beschlagnahme auch durch die Gläubiger des Vollstreckungsschuldners erfolgen, die ein Recht auf Befriedigung aus dem Grundstück haben, also in erster Linie durch die Hypothekengläubiger. Diese Gläubiger können nämlich, da die Beschlagnahme ein sog. relatives Veräußerungsverbot im

Sinne der §§ 135, 136 BGB. schafft, gegen eine dem § 865 Abs. 2 ZPO. zuwiderlaufende Pfändung die Widerspruchsklage gemäß § 301 AO., § 772 ZPO. erheben; vorher haben sie die Möglichkeit der Beschwerde im Verwaltungsweg (s. hierüber Anm. 1 a. E., Anm. 2 zu § 301). Bezüglich der Früchte eines Grundstücks besteht das Widerspruchsrecht Dritter gemäß § 322 unter Umständen schon vor der Beschlagnahme.

§ 324. Die gepfändeten Sachen sind auf schriftliche Anordnung der Vollstreckungsbehörde öffentlich zu versteigern, und zwar in der Regel durch den Vollziehungsbeamten; § 318 gilt entsprechend. Kostbarkeiten sind vor der Versteigerung durch einen Sachverständigen abzuschätzen[1]. Gepfändetes Geld hat der Vollziehungsbeamte an die Vollstreckungsbehörde abzuliefern. Die Wegnahme des Geldes durch ihn gilt als Zahlung des Schuldners.

[1] Die Kosten hierfür sind vom Vollstreckungsschuldner zu tragen.

§ 325. Die gepfändeten Sachen dürfen nicht vor Ablauf einer Woche seit dem Tage der Pfändung versteigert werden, sofern sich nicht der Schuldner mit einer früheren Versteigerung einverstanden erklärt oder diese erforderlich ist, um die Gefahr einer beträchtlichen Wertverringerung abzuwenden oder unverhältnismäßige Kosten längerer Aufbewahrung zu vermeiden.

Zeit und Ort der Versteigerung sind öffentlich bekanntzumachen[1]; dabei sind die Sachen, die versteigert werden sollen, im allgemeinen zu bezeichnen. Auf Ersuchen der Vollstreckungsbehörde hat der Ortsvorsteher der Versteigerung beizuwohnen oder einen Gemeinde- oder Polizeibeamten hiermit zu beauftragen.

[1] In die Bekanntmachung ist der Name des Vollstreckungsschuldners nicht aufzunehmen (RFME. v. 15. 7. 24, zitiert in Anm. zu § 323 a. E.). Inwieweit sonst Rücksichtnahme auf die Person des Schuldners geboten und tunlich erscheint (vgl. auch § 331), hängt von den jeweiligen Umständen und dem Ermessen der Behörde ab. In Frage kommen kann Versteigerung an einem anderen Ort, wobei der Schuldner, wenn er sich hierzu in seinem Interesse bereit erklärt, die ev. Transportkosten zu tragen hat. — Wenn das Finanzamt in anderen Fällen (z. B. um einen entsprechenden oder überhaupt einen Erlös zu erzielen) die Versteigerung an einem anderen Ort als dem der Pfändung vornehmen zu müssen glaubt, so kann es dies gemäß § 331 tun, kann aber vom Schuldner nicht verlangen, daß er den erforderlichen Transport vornimmt. Die Transportkosten gehören, soweit sie als im fiskalischen Interesse notwendig und angemessen erscheinen, in diesem Falle zu den nach § 10 Abs. 2 GebOdg. (s. Anm. 2 zu § 315) vom Schuldner zu ersetzenden baren Auslagen.

**§ 326.** Bei der Versteigerung ist nach § 1239 Abs. 1 Satz 1, Abs. 2 des Bürgerlichen Gesetzbuchs und nach § 817 Abs. 1 bis 3, § 818 der Zivilprozeßordnung zu verfahren. Die Empfangnahme des Erlöses durch den versteigernden Beamten gilt als Zahlung des Schuldners, es sei denn, daß der Erlös hinterlegt wird (§ 333 Abs. 4).

**§ 327.** Gold- und Silbersachen dürfen nicht unter ihrem Gold- oder Silberwerte zugeschlagen werden. Wird kein Gebot abgegeben, das den Zuschlag erlaubt, so kann aus freier Hand zu dem Preise verkauft werden, der den Gold- oder Silberwert erreicht.

Vgl. § 820 ZPO.

§ 328. Gepfändete Wertpapiere, die einen Börsen- oder Marktpreis haben, sind aus freier Hand zum Tageskurse zu verkaufen; andere Wertpapiere sind nach den allgemeinen Vorschriften zu versteigern.

Vgl. § 821 ZPO., § 64 Abs. 3 BeitrOdg.

§ 329. Gepfändete Früchte, die vom Boden noch nicht getrennt sind, dürfen erst nach der Reife versteigert werden. Der Vollziehungsbeamte hat sie abernten zu lassen, wenn er sie nicht vor der Trennung versteigert.

Vgl. § 824 ZPO.

§ 330. Lautet ein gepfändetes Wertpapier auf Namen, so ist die Vollstreckungsbehörde berechtigt, die Umschreibung auf den Namen des Käufers oder, wenn es sich um ein auf Namen umgeschriebenes Inhaberpapier handelt, die Rückverwandlung in ein Inhaberpapier zu erwirken und die hierzu erfoderlichen Erklärungen an Stelle des Schuldners abzugeben.

§ 331. Auf Antrag des Schuldners[1] oder aus besonderen Zweckmäßigkeitsgründen[2] kann die Vollstreckungsbehörde anordnen[3], daß eine gepfändete Sache in andrer Weise oder an einem anderen Orte, als in den vorstehenden Paragraphen bestimmt ist, zu verwerten oder durch eine andere Person als den Vollziehungsbeamten zu versteigern sei.

[1] S. Anm. 1 zu § 325.

[2] S. vorst. Anm.

[3] Ermessenssache (§ 6). Gegen die Verfügung der Vollstreckungsbehörde gibt es die Beschwerde gemäß § 281.

§ 332. Zur Pfändung bereits gepfändeter Sachen genügt die Erklärung[1] des Vollziehungsbeamten, daß er die Sachen zur Deckung der ihrer Art und Höhe nach zu bezeichnenden Beträge pfände[2]. Die Erklärung ist in die Niederschrift aufzunehmen. Dem Schuldner ist die weitere Pfändung mitzuteilen[3].

Ist die erste Pfändung im Auftrag einer anderen Vollstreckungsbehörde oder durch einen Gerichtsvollzieher erfolgt, so ist dieser Vollstreckungsbehörde oder dem Gerichtsvollzieher eine Abschrift der Niederschrift zuzustellen. Die gleiche Pflicht hat ein Gerichtsvollzieher, der eine Sache pfändet, die bereits im Auftrag einer Vollstreckungsbehörde gepfändet ist[3].

[1] Die Erklärung braucht nicht notwendig einem Erklärungsgegner gegenüber zu erfolgen.

[2] Sog. Anschlußpfändung (vgl. § 826 ZPO.). Sie ist unwirksam, wenn die erste Pfändung formell unwirksam war (RG. i. ZivS. Bd. 35 S. 333), nicht aber, wenn die erste Pfändung aus materiell-rechtlichen Gründen für unwirksam erklärt wird.

[3] Die Gültigkeit der Anschlußpfändung ist nicht bedingt durch die Einhaltung der Vorschriften des Abs. 1 S. 3 und Abs. 2 S. 1 (vgl. RG. i. ZivS. Bd. 13 S. 345), wohl auch nicht jener des Abs. 1 S. 2 und Abs. 2 S. 2. Formelle Zustellung der Pfändungsmitteilung an den Schuldner ist nicht vorgeschrieben, aber ratsam.

§ 333[1]. Wenn dieselbe Sache im Auftrag verschiedener Vollstreckungsbehörden oder im Auftrag einer Vollstreckungsbehörde und durch Gerichtsvollzieher mehrfach gepfändet ist, so begründet ausschließlich die erste Pfändung die Zuständigkeit zur Versteigerung.

Versteigert wird für alle beteiligten Gläubiger[2] auf Betreiben eines jeden von ihnen.

Der Erlös wird nach der Reihenfolge der Pfändungen oder bei abweichender Vereinbarung der Beteiligten nach ihrer Vereinbarung verteilt.

Reicht der Erlös zur Deckung der Forderungen nicht aus, und verlangt der Gläubiger, für den die zweite oder eine spätere Pfändung erfolgt ist, ohne Zustimmung der übrigen beteiligten Gläubiger eine andere Verteilung als nach der Reihenfolge der Pfändungen, so ist die Sachlage unter Hinterlegung des Erlöses dem Amtsgericht, in dessen Bezirk gepfändet ist, anzuzeigen. Der Anzeige sind die Schriftstücke, die sich auf das Verfahren beziehen, beizufügen. Verteilt wird nach den §§ 873 bis 882 der Zivilprozeßordnung.

Ebenso ist zu verfahren, wenn für mehrere Gläubiger gleichzeitig gepfändet ist.

[1] Vgl. § 827 ZPO.

[2] „Beteiligt" ist jeder Gläubiger, für den eine wirksame Pfändung vorliegt.

### 3. Zwangsvollstreckung in Forderungen und andere Vermögensrechte.

**§ 334.** Soll eine Geldforderung gepfändet werden[1], so hat die Vollstreckungsbehörde dem Drittschuldner schriftlich zu verbieten, an den Schuldner zu zahlen, und dem Schuldner schriftlich zu gebieten, sich jeder Verfügung über die Forderung, insbesondere ihrer Einziehung zu enthalten. In der Verfügung ist auszusprechen, daß das Finanzamt, für das gepfändet ist, die Forderung einziehen kann[2]. Die Pfändung ist bewirkt, wenn die Verfügung dem Drittschuldner zugestellt ist[3]. Die Zustellung ist dem Schuldner mitzuteilen[4].

[1] Inwieweit Geldforderungen überhaupt pfändbar sind,

ergibt sich aus den durch § 342 (s. dort Anm. 1) für anwendbar erklärten §§ 850—852 ZPO. Über die Pfändbarkeit bedingter, betagter und künftiger Forderungen s. insbesondere Sydow-Busch Anm. 1 zu § 851 ZPO.

Allgemein ist pfändbar selbstverständlich nur eine Forderung, die dem Vollstreckungsschuldner zusteht. Hat dieser eine Forderung in einer nach dem Anfechtungsgesetz v. 20. 5. 98 (RGBl. S. 709) unzulässigen Weise an einen Dritten abgetreten, so bleibt der Steuerbehörde nur der Weg der Erhebung der Anfechtungsklage nach dem genannten Gesetz übrig; wegen Vertretung des Fiskus hierbei s. Anm. zu § 8. Zur Verhinderung einer Ausbezahlung der Forderung an den Abtretungsgläubiger kann die Behörde eine einstweilige Verfügung gemäß § 935 ZPO. erwirken.

Keine eigentliche Abtretung liegt übrigens vor, wenn jemand sich vertraglich verpflichtet, die ihm gegenüber einem anderen (nämlich dem Vollstreckungsschuldner) entstandene Schuld an einen bestimmten Dritten zu bezahlen. Hierbei handelt es sich entweder um eine für die Frage der Pfändbarkeit beim Vollstreckungsschuldner gänzlich belanglosen Auszahlungsmodus oder aber um ein sog. „Versprechen der Leistung an einen Dritten" im Sinne der §§ 328ff. BGB.; für die Entscheidung der Frage, ob ein solches vorliegt und — bejahendenfalls — ob daraus ein unmittelbares Forderungsrecht des Dritten entstanden ist, sind die genannten Vorschriften des BGB. maßgebend.

[2] Über den Inhalt der Pfändungsverfügung s. §§ 69, 70 BeitrOdg.

Hängt die Fälligkeit der vom Drittschuldner geschuldeten Leistung von einer Kündigung ab, so ist die Vollstreckungsabteilung auf Grund der Pfändungsverfügung berechtigt, das dem Vollstreckungsschuldner zustehende Kündigungsrecht dem Drittschuldner gegenüber auszuüben (§ 72 Ab. 1 BeitrOdg.).

Über die Art und Weise der Einziehung der Forderung vom Drittschuldner s. Anm. zu § 339 Abs. 3.

[3] Die Wirksamkeit der Pfändung hängt also von der Mitteilung an den Schuldner nach S. 4 nicht mehr ab.

Die Verfügung muß dem Drittschuldner formell zugestellt werden (s. auch § 71 BeitrOdg. und Anm. 6 zu § 73).

[4] S. Anm. 3. Trotz der Entbehrlichkeit der Mitteilung für die Gültigkeit der Pfändung wird die alsbaldige Vornahme der Mitteilung zur Hintanhaltung etwaiger anderer unliebsamer Folgen aber dringend zu empfehlen sein (s. auch § 71 Abs. 3 BeitrOdg.).

**§ 335**[1]. Zur Pfändung einer Forderung, für die eine Hypothek besteht, ist außer dem Pfändungsbeschlusse die Aushändigung des Hypothekenbriefs an die Vollstreckungsbehörde erforderlich[2]. Wird die Übergabe im Zwangsverfahren erwirkt, so gilt sie als erfolgt, wenn der Vollziehungsbeamte den Brief zur Ablieferung an die Vollstreckungsbehörde wegnimmt. Ist die Erteilung des Hypothekenbriefs ausgeschlossen, so muß die Pfändung in das Grundbuch eingetragen werden; die Eintragung erfolgt auf Grund des Pfändungsbeschlusses auf Ersuchen der Vollstreckungsbehörde oder des Finanzamts[3].

Wird der Pfändungsbeschluß vor der Übergabe des Hypothekenbriefs oder der Eintragung der Pfändung dem Drittschuldner zugestellt, so gilt die Pfändung diesem gegenüber mit der Zustellung als bewirkt.

Diese Vorschriften gelten nicht, soweit Ansprüche auf die in dem § 1159 des Bürgerlichen Gesetzbuchs[4] bezeichneten Leistungen gepfändet werden. Das gleiche gilt bei einer Sicherungshypothek im Falle des § 1187 des Bürgerlichen Gesetzbuchs von der Pfändung der Hauptforderung.

[1] Vgl. § 830 ZPO.

[2] Vgl. § 71 Abs. 5 BeitrObg. Wegen der Pflicht des Schuldners zur Herausgabe des Hypothekenbriefs s. § 338 Abs. 2, 5.

[3] Vgl. § 71 Abs. 4 BeitrObg.

[4] § 1159 BGB. betrifft rückständige Hypothekenzinsen, Nebenleistungen und Kosten.

§ 336. Forderungen aus Wechseln und anderen Papieren, die durch Indossament übertragen werden können, werden dadurch gepfändet, daß der Vollziehungsbeamte die Papiere in Besitz nimmt.

Vgl. § 831 ZPO., §§ 40 Abs. 1 Nr. 2, 64 Abs. 2 BeitrObg.

§ 337. Das Pfandrecht, das durch die Pfändung einer Gehaltsforderung oder einer ähnlichen in fortlaufenden Bezügen bestehenden Forderung erworben wird, erstreckt sich auch auf die Beträge, die später fällig werden.

Die Pfändung eines Diensteinkommens trifft auch das Einkommen, das der Schuldner bei Versetzung in ein anderes Amt, Übertragung eines neuen Amtes oder einer Gehaltserhöhung zu beziehen hat. Dies gilt nicht bei Wechsel des Dienstherrn.

Vgl. §§ 832, 833 ZPO.

§ 338[1]. Die Pfändung und die Erklärung, daß das Finanzamt die Forderung einziehen könne, ersetzen die förmlichen Erklärungen des Schuldners, von denen nach dem bürgerlichen Rechte die Berechtigung zur Einziehung abhängt[2]. Sie genügen auch bei einer Forderung, für die eine Hypothek besteht[3]. Sie gelten, auch wenn sie zu Unrecht erfolgt sind, zugunsten des Drittschuldners dem Schuldner gegenüber so lange als rechtsbeständig, bis sie aufgehoben sind und der Drittschuldner die Aufhebung erfährt.

Der Schuldner ist verpflichtet, die zur Geltendmachung der Forderung nötige Auskunft zu erteilen und die über die Forderung vorhandenen Urkunden herauszugeben. Das Finanzamt kann ihn hierzu nach § 202 zwingen; auch kann ihm die Vollstreckungsbehörde die Urkunden durch einen Vollziehungsbeamten wegnehmen lassen.

Werden die Urkunden nicht vorgefunden, so hat der Schuldner auf Verlangen des Finanzamts den Offenbarungseid dahin zu leisten, daß er die Urkunden nicht besitze, auch nicht wisse, wo sie sich befinden.

Das Finanzamt kann den Eid der Lage der Sache entsprechend ändern. Für die Abnahme des Eides gilt § 298 entsprechend.

Hat ein Dritter die Urkunde, so kann das Finanzamt den Anspruch des Schuldners auf die Herausgabe geltend machen.

[1] Vgl. §§ 836, 837 ZPO.

[2] D. h. die gemäß § 334 wirksam erfolgte Pfändung wirkt wie die Abtretung der Forderung seitens des Gläubigers an das Finanzamt (§§ 398, 401 BGB.).

[3] Bei einer Briefhypothek ist zur Wirksamkeit der Pfändung Übergabe des Hypothekenbriefs nach § 335 S. 1 erforderlich.

**§ 339.** Auf Verlangen des Finanzamts hat ihm der Drittschuldner binnen zwei Wochen, von der Zustellung der im § 334 bezeichneten Verfügung an gerechnet, zu erklären:

1. ob und inwieweit er die Forderung als begründet anerkenne und bereit sei, zu zahlen,
2. ob und welche Ansprüche andere Personen an die Forderung erheben,

3. ob und wegen welcher Ansprüche die Forderung bereits für andere Gläubiger gepfändet sei[1].

Die Aufforderung zur Abgabe dieser Erklärung kann in den Pfändungsbeschluß aufgenommen werden[2]. Der Drittschuldner haftet dem Finanzamt für den Schaden, der aus der Nichterfüllung seiner Verpflichtung entsteht.

Die §§ 841 bis 843 der Zivilprozeßordnung gelten auch für das Zwangsverfahren[3].

[1] Vgl. § 840 ZPO., ferner § 69 Abs. 3 BeitrOdg., wo unter Nr. 3 außerdem vorgesehen ist die Aufforderung an den Drittschuldner zur Zahlung bei Fälligkeit. Wegen des Falles der Nichtzahlung s. unten Anm. 3.

[2] Zu beachten ist der Unterschied der Fassung gegenüber § 840 Abs. 2 S. 1 ZPO.

[3] Falls der Drittschuldner die Forderung nicht anerkennt, ist Klage gegen ihn erforderlich; für diese Klage gilt die Vorschrift des § 841 ZPO., wonach dem Vollstreckungsschuldner durch den Fiskus der Streit verkündet werden muß. Über Vertretung des Fiskus im Prozeß s. Anm. zu § 8.

Die Beitreibung einer an sich nicht bestrittenen Forderung vom Drittschuldner kann nicht nach den Vorschriften der AO. erfolgen, sondern nur in den allgemeinen zivilprozessualen Formen, ev. also zunächst — wenn noch kein vollstreckbarer Titel (§ 794 ZPO.) vorliegt — durch Erhebung der Klage, für welche wieder § 841 ZPO. gilt (§ 72 Abs. 2 BeitrOdg.).

Aus § 842 ergibt sich eine ev. Schadenersatzpflicht des die Beitreibung verzögernden Fiskus gegenüber dem Vollstreckungsschuldner, falls die Forderung dadurch ganz oder teilweise verloren geht.

§ 843 ZPO. regelt den ev. Verzicht des Gläubigers (Fiskus) auf die Inanspruchnahme der Forderung. Der Verzicht ist dem Vollstreckungsschuldner mitzuteilen.

**§ 340.** Ist die gepfändete Forderung bedingt oder betagt oder ihre Einziehung schwierig, so kann die Vollstreckungsbehörde anordnen, daß sie in anderer Weise zu verwerten sei. § 338 Abs. 1 gilt entsprechend.

Vgl. § 844 ZPO.

**§ 341**[1]. Für die Zwangsvollstreckung in Ansprüche auf Herausgabe oder Leistung von Sachen gelten außer den §§ 334 bis 340 folgende Vorschriften:

Bei der Pfändung eines Anspruchs auf eine bewegliche Sache ordnet die Vollstreckungsbehörde an, daß die Sache an den Vollziehungsbeamten herauszugeben sei[2]. Die Sache wird wie eine gepfändete Sache verwertet.

Bei Pfändung eines Anspruchs, der eine unbewegliche Sache betrifft, ordnet die Vollstreckungsbehörde an, daß die Sache an einen Treuhänder herauszugeben sei, den das Amtsgericht der belegenen Sache auf ihren Antrag bestellt. Ist der Anspruch auf Übertragung des Eigentums an einer unbeweglichen Sache gerichtet, so ist dem Treuhänder als Vertreter des Schuldners aufzulassen. Mit dem Übergange des Eigentums auf den Schuldner erlangt das Finanzamt eine Sicherungshypothek für seine Forderung. Der Treuhänder hat die Eintragung der Sicherungshypothek zu bewilligen. Die Zwangsvollstreckung in die herauszugebende Sache geschieht nach den Vorschriften über die Zwangsvollstreckung in unbewegliche Sachen.

1 Vgl. §§ 846—848 ZPO.

2 Wird die Sache nicht herausgegeben, dann muß auf Herausgabe geklagt werden (vgl. Anm. 3 zu § 339).

**§ 342.** **Die Verbote und Beschränkungen, die für die Pfändung von Forderungen und Ansprüchen nach der Zivilprozeßordnung (§§ 850 bis 852) und anderen Reichsgesetzen bestehen[1], gelten auch für das Zwangsverfahren.**

[1] § 850 ZPO. zählt die einzelnen im Interesse des Schuldners unpfändbaren Forderungen auf. § 851 enthält die allgemeine Vorschrift, daß Voraussetzung der Pfändbarkeit einer Forderung deren Übertragbarkeit ist (und enthält eine Sonderbestimmung für den Fall des § 399 BGB.). § 852 regelt die Pfändbarkeit von Pflichtteilsansprüchen und den Anspruch des Schenkers aus § 528 BGB.

Wegen der Bedeutung der Unpfändbarkeit und deren ev. Geltendmachung durch den Schuldner vgl. Anm. zu § 323. Eine Vereinbarung, daß der Schuldner die Unpfändbarkeit nicht geltend machen dürfe, ist nach der Rechtspr. d. OLG. (Mugdan-Falkmann Bd. 20 S. 375) unwirksam.

Die in § 850 Nr. 1 ZPO. angeführten Bestimmungen:

1. Lohnbeschlagnahmegesetz v. 21. 6. 69 mit Abänderungen,
2. Lohnpfändungsverordnung v. 13. 12. 17 mit Abänderungen

sind in ihrer nunmehr geltenden Fassung abgedruckt bei Sydow-Busch Anm. 3 zu § 850 (S. 916 u. 917 der 18. Aufl.).

Die Pfändbarkeit der Bezüge der Beamten richtet sich nach keiner der eben genannten Bestimmungen über Lohnbeschlagnahme und Lohnpfändung, sondern ausschließlich nach § 850 Abs. 2 und 4 ZPO.

**§ 343.** **Ist eine Forderung auf Anordnung mehrerer Vollstreckungsbehörden oder auf Anordnung einer Vollstreckungsbehörde und eines Gerichts gepfändet, so gelten die §§ 853 bis 856 der Zivilprozeßordnung.**

Fehlt es an einem Amtsgerichte, das nach den §§ 853 und 854 der Zivilprozeßordnung zuständig wäre, so ist bei der Hinterlegungsstelle des Amtsgerichts zu hinterlegen, in dessen Bezirk die Vollstreckungsbehörde ihren Sitz hat, deren Pfändungsverfügung dem Drittschuldner zuerst zugestellt worden ist.

**§ 344.** Für die Zwangsvollstreckung in andere Vermögensrechte, die nicht Gegenstand der Zwangsvollstreckung in das unbewegliche Vermögen sind, gelten die vorstehenden Vorschriften entsprechend.

Ist kein Drittschuldner vorhanden, so ist die Pfändung bewirkt, wenn dem Schuldner das Gebot, sich jeder Verfügung über das Recht zu enthalten, zugestellt ist.

Ein unveräußerliches Recht ist, wenn nichts anderes bestimmt ist, insoweit pfändbar, als die Ausübung einem anderen überlassen werden kann.

Die Vollstreckungsbehörde kann bei der Zwangsvollstreckung in unveräußerliche Rechte, deren Ausübung einem andern überlassen werden kann, besondere Anordnungen erlassen, insbesondere bei der Zwangsvollstreckung in Nutzungsrechte eine Verwaltung anordnen; in diesem Falle wird die Pfändung durch Übergabe der zu benutzenden Sache an den Verwalter bewirkt, sofern sie nicht durch Zustellung der Pfändungsverfügung schon vorher bewirkt ist.

Ist die Veräußerung des Rechtes zulässig, so kann die Vollstreckungsbehörde die Veräußerung anordnen.

Für die Zwangsvollstreckung in eine Reallast, eine Grundschuld oder eine Rentenschuld gelten die Vorschriften über die Zwangsvollstreckung in eine Forderung, für die eine Hypothek besteht.

Die §§ 858 bis 863 der Zivilprozeßordnung gelten auch für das Zwangsverfahren.

Vgl. § 857 ZPO.

## II. Zwangsvollstreckung in das unbewegliche Vermögen.

**§ 345.** Die Zwangsvollstreckung in das unbewegliche Vermögen erfolgt nach den Vorschriften für gerichtliche Zwangsvollstreckungen[1]. Die Anträge des Gläubigers stellt die Vollstreckungsbehörde.

Anträge auf Zwangsversteigerung oder Zwangsverwaltung sind nur zulässig, wenn feststeht, daß der Geldbetrag durch Pfändung nicht beigetrieben werden kann[2].

In Kleinsiedlungen (Ackernahrungen, Kleinwohnungen), die der Schuldner bewohnt, ist, wenn der Schuldner ein Deutscher ist, eine Zwangsversteigerung oder Zwangsverwaltung nur mit Zustimmung des Schuldners zulässig. Das Landesfinanzamt kann von der Bedingung der Reichsangehörigkeit absehen. Ob eine vom Schuldner bewohnte Kleinsiedlung vorliegt, entscheidet das Landesfinanzamt endgültig[3].

Die Vollstreckbarkeit der Forderung und die Zulässigkeit der Zwangsvollstreckung nach Abs. 2 und 3 unterliegen nicht der Beurteilung des Gerichts oder Grundbuchamts[4].

[1] S. §§ 864—871 ZPO., ferner das Gesetz ,betr. die Zwangsversteigerung und die Zwangsverwaltung. Über die auf Grund des § 865 ZPO. bestehende Einschränkung der Pfändbarkeit von Zubehör usw. eines Grundstücks s. Anm. zu § 323.

Wegen Eintragung von Sicherungshypotheken s. Anm. zu § 346.

[2] Näheres über das Verfahren s. §§ 42, 43, 46—48 BeitrOdg. Die nach § 46 zum Eröffnungsantrag erforderliche Genehmigung des LFA. ist auch für den Beitritt zu einem bereits von anderer Seite beantragten Zwangsversteigerungsverfahren notwendig. S. aber insbes. § 46 Abs. 5 a. a. O.

[3] Vgl. § 46 Abs. 3 BeitrOdg.

[4] Vgl. § 48 BeitrOdg.

**§ 346.** Ist eine Sicherungshypothek im Zwangsverfahren eingetragen, so ist bei Veräußerung des belasteten Grundstücks die Zwangsvollstreckung in das Grundstück gegen den Rechtsnachfolger zulässig. § 303 gilt entsprechend.

Über Eintragung von Sicherungshypotheken s. §§ 866 ff. ZPO., §§ 42, 43, 44, 47 BeitrOdg.

## Dritter Titel.

### Zwangsverfahren wegen anderer Leistungen als Geldforderungen.

**§ 347.** Andere Leistungen als Geldleistungen[1] kann das Finanzamt nach § 202 erzwingen.

[1] Z. B. Duldungen, Herausgabe von Sachen, Abgabe von Erklärungen. Über Voraussetzungen und Durchführung des Zwangsverfahrens, ferner über die zulässigen Rechtsmittel s. Erläuterungen zu §§ 202, 283.

Die Anwendbarkeit des § 202 im Zwangsverfahren besteht übrigens auf Grund der nunmehrigen Fassung dieses Paragraphen ohnehin; § 347 ist überflüssig geworden.

**§ 348.** Wenn die Vollstreckungsbehörde Sicherheiten erzwingen will, kann sie, statt Geld beizutreiben,

Gegenstände, die dem Schuldner gehören, als Sicherheit in Anspruch nehmen.

Wenn es dazu des Besitzes von Sachen bedarf, kann die Vollstreckungsbehörde die Sachen dem Schuldner durch den Vollziehungsbeamten wegnehmen lassen oder das Finanzamt nach § 321 Abs. 4, § 341 Abs. 2 in den Besitz der Sachen setzen; dieses kann sie hinterlegen oder als Sicherheit behalten.

Die Erklärungen der Vollstreckungsbehörde ersetzen die Erklärungen des Schuldners, die nach dem bürgerlichen Rechte, insbesondere nach den §§ 232, 233 des Bürgerlichen Gesetzbuchs zur Bestellung der Sicherheit nötig sind.

**§ 349.** Der § 348 gilt sinngemäß, wenn der Vollstreckungsschuldner verpflichtet ist, Sachen oder Rechte an das Reich zu übertragen oder daran Rechte für das Reich zu begründen.

**§ 350.** Bei einem Erwerbe, den das Reich nach §§ 348, 349 macht, gelten die Vorschriften des bürgerlichen Rechtes zugunsten derjenigen, die Rechte von einem Nichtberechtigten herleiten.

Hierher gehören u. a. §§ 892, 932 (935), 1138, 1155, 2366, 2368, 2370 BGB.

## Vierter Titel.

## Sicherungsverfahren.

**§ 351.** Zur Sicherung[1] von Ansprüchen, die im Zwangsverfahren beitreibbar sind[2], kann das Finanzamt den Arrest[3] in das bewegliche oder unbewegliche Vermögen des Pflichtigen[4] anordnen, wenn zu besorgen ist, daß sonst die Erzwingung der Leistung vereitelt oder wesentlich erschwert wird[5]. Es kann den Arrest auch dann anordnen, wenn der Anspruch noch nicht zahlenmäßig feststeht[6]. Bei der Anordnung hat es einen Geldbetrag zu bestimmen, durch dessen Hinterlegung der Pflichtige die Beseitigung des Arrestes und die Aufhebung des vollzogenen Arrestes erreichen kann[7]. Gegen die Anordnung des Finanzamts ist die Beschwerde an das Finanzgericht[8] und gegen dessen Entscheidung die Rechtsbeschwerde an den Reichsfinanzhof gegeben[9].

Die Vollstreckungsbehörde vollzieht den Arrest nach den §§ 930 ff. der Zivilprozeßordnung unter entsprechender Anwendung der Vorschriften dieses Abschnitts[10].

[1] Der Arrest ist also eine Sicherungsmaßnahme und als solche nur zulässig, wenn und soweit ein Bedürfnis nach Sicherung besteht. Allgemeine Voraussetzungen für ein Vorgehen nach §§ 350, 351 sind daher:

1. Es muß mit hinreichender Wahrscheinlichkeit auf das Bestehen eines Steueranspruchs gerechnet werden können, mag dieser Anspruch nach Grund oder Höhe auch nicht sofort feststellbar oder noch nicht festgestellt sein. Das Bestehen einer solchen Wahrscheinlichkeit genügt übrigens nur hinsichtlich des einen Steueranspruch begründenden Sachverhältnisses; die Anwendung des Rechts auf den als wahrscheinlich festgestellten Tatbestand muß mit der gleichen Genauigkeit erfolgen wie im Veranlagungsverfahren selbst und unterliegt in vollem Umfange der Nachprüfung durch den RFH. (E. Bd. 18 S. 99).

2. Es darf nicht bereits die Möglichkeit einer zwangsweisen Verwirklichung des Anspruchs nach den allgemeinen Beitreibungsvorschriften auf Grund eines vollstreckbaren Bescheids vorliegen (E. Bd. 4 S. 3). Der RFH. hat jedoch trotz Vor-

liegens eines solchen Vollstreckungstitels die Zulässigkeit eines Arrests mit Rücksicht auf die zwischen Leistungsgebot und Vollstreckungsbeginn liegende Woche (§ 299 Abs. 4) und die hierdurch etwa begründete Gefährdung des Anspruchs bejaht (E. Bd. 7 S. 341).

Neben diese allgemeinen Voraussetzungen tritt im Einzelfalle der besondere sog. Arrestgrund (hierüber s. Anm. 5).

[2] Über die hierher gehörigen Ansprüche s. Anm. 1 zu § 299. Wegen noch nicht rechtskräftig ausgesprochener Geldstrafen sind Arrestanordnungen unzulässig (E. Bd. 5 S. 225, 288), zulässig dagegen wegen der zu erwartenden Kosten des Strafverfahrens gemäß § 421. Für rechtskräftig feststehende Geldstrafen gilt § 424 Abs. 1.

Die Ansprüche müssen, um arrestfähig zu sein, bereits gemäß § 81 entstanden sein (RFME. v. 31. 3. 21 III 8466, RStBl. S. 183, daselbst überhaupt einige beachtenswerte Grundsätze über Arrestanordnung).

[3] Über Voraussetzungen und Inhalt der Arrestanordnung s. die sehr eingehende und klare Anweisung in § 77 BeitrOdg.; ergänzend ist zu bemerken, daß die in § 77 Abs. 4 a. a. O. vorgesehene Rechtsmittelbelehrung zwar zu empfehlen, aber nicht unerläßlich ist, ebenso die durch Abs. 5 vorgesehene Zustellung (vgl. RFH. in RStBl. 1922 S. 2).

[4] Der Arrest kann ausgesprochen werden gegen den Steuerpflichtigen selbst und gegen die Personen gegen welche gemäß § 299 Abs. 3 (vgl. Anm. 3 und 4 daselbst) im Beitreibungsverfahren vorgegangen werden kann. Die Personen, die auf Grund bürgerlich-rechtlicher Haftung gemäß § 303 dem Beitreibungsverfahren an sich unterworfen werden können, nimmt § 77 Abs. 1, S. 1 BeitrOdg. stillschweigend von der Möglichkeit arrestweiser Inanspruchnahme aus.

[5] Die bei ruhiger und vernünftiger Abwägung der Umstände als begründet anzusehende Besorgnis der Vereitelung oder Erschwerung der Anspruchsverwirklichung bildet den sog. Arrestgrund (vgl. oben Anm. 1 a. E.); über „Arrestgrund"

vgl. insbesondere E. Bd. 16 S. 289, ferner die eingehenden Ausführungen des RFH. in RStBl. 1921 S. 409 und die beachtenswerten Darlegungen von Zimmermann im DStBl. 4. Jahrgang S. 90. Eine bloß entfernte Möglichkeit der Erschwerung der Beitreibung bildet keinesfalls einen Arrestgrund. Auch ist eine Erschwerung im Sinne des § 351 nicht anzunehmen bei Widerständen gegen die Steuerermittlung, die durch die Anwendung des § 202 gebrochen oder nötigenfalls durch schätzungsweise Festsetzung nach § 210 erledigt werden können.

[6] Trotzdem fordert der RFH. mit gutem Grunde zur Vermeidung jeder Willkür annähernde schätzungsweise Festsetzung des Anspruchs unter Berücksichtigung aller bekannten Umstände (E. Bd. 5 S. 140, S. 288). Dabei ist allerdings der Mangel entsprechender zahlenmäßiger Angaben in der Arrestverfügung nicht ohne weiteres als wesentlicher Verfahrensmangel anzusehen; es ist vielmehr, wenn eine derartige Angabe fehlt, die nach Abs. 1 S. 3 festgesetzte Hinterlegungssumme zugleich als Höchstbetrag für den Vollzug des Arrests anzusehen (E. Bd. 7 S. 118).

[7] Durch die Hinterlegung wird nicht der Arrest selbst (als die Grundlage derselben) beseitigt, sondern nur der weitere Vollzug des Arrests abgewendet (E. Bd. 5 S. 140).

Wegen der Bedeutung der Festsetzung der Hinterlegungssumme s. im übrigen oben Anm. 6 a. E.

[8] Nur auf die Anordnung des Arrests bezieht sich S. 4; in allen übrigen Fällen (z. B. Beschwerde gegen Ablehnung der Arrestaufhebung oder gegen Vollzugsmaßregeln) gibt es nur das gewöhnliche Beschwerdeverfahren.

Für das Verfahren vor den Finanzgerichten in Arrestsachen gelten nach der Rechtsprechung des RFH. die gleichen Grundsätze wie für das in den §§ 217 ff. geregelte Berufungsverfahren. Als für die Praxis wichtig sind folgende Verfahrensgrundsätze besonders hervorzuheben:

1. Ermittlung des Sachverhalts von Amts wegen (§ 228). Dabei hat das Gericht alle Umstände zu berücksichtigen,

die bis zur Urteilsfällung — wenn auch nach der Arrestanordnung und vielleicht gerade durch diese veranlaßt — eingetreten sind; selbst Gesetzesänderungen gehören hierher (E. Bd. 9 S. 167, Bd. 14 S. 3). Allerdings dürfte die Möglichkeit bestehen, dem Steuerschuldner, der erst auf Grund der Arrestanordnung sein Verhalten geändert hat, trotz einer ihm günstigen Entscheidung die Kosten unter Umständen in sinngemäßer Anwendung des in § 286 Abs. 2 enthaltenen Gedankens ganz oder teilweise aufzuerlegen.

2. Möglichkeit der Heilung von Verfahrensmängeln in der Beschwerdeinstanz (E. Bd. 7 S. 118).

3. Ausreichendes rechtliches und tatsächliches Gehör des Arrestschuldners (vgl. Anm. 1 zu § 240, ferner RFH. v. 19. 1. 22, RStBl. S. 145).

4. Ausreichende Sach- und Rechtsdarstellung in der Urteilsbegründung (vgl. Anm. 2 zu § 242, ferner E. Bd. 16 S. 289, Bd. 5 S. 288).

Beschwerden nach §§ 351 Abs. 1 S. 4, 352 S. 4 kann nach der vorläufig noch geltenden Vorschrift des § 49 der 3. StNV. der Vorsitzende des Finanzgerichts durch vorläufige Entscheidung erledigen; für das weitere Verfahren gilt sodann § 251.

Zurückverweisung der Sache an das Finanzamt ist in Arrestsachen ausgeschlossen (E. Bd. 18 S. 184).

[9] Auch das Finanzamt kann Rechtsbeschwerde einlegen (E. Bd. 13 S. 327).

[10] Über Vollziehung des Arrests s. die ausführliche Anweisung in § 78 BeitrOdg. Die dort Abs. 2 enthaltene Vorschrift über bedingte Vollziehbarkeit des Arrests vor der Bekanntgabe der Arrestverfügung an den Vollstreckungsschuldner fußt auf dem Gutachten des RFH. in E. Bd. 10 S. 34.

Die Verwertung gepfändeter Gegenstände ist zunächst unzulässig; sie wird erst zulässig, wenn die gesicherte Steuerforderung fällig geworden ist (vgl. § 78 Abs. 5 BeitrOdg., ferner E. Bd. 7 S. 344).

Die Kosten der Arrestvollziehung, wozu z. B. auch die Eintragung einer Sicherungshypothek gehört, trägt der Vollstreckungsschuldner (vgl. Anm. 1 zu § 315).

§ 352. Ein persönlicher Sicherheitsarrest[1] ist nur zulässig, wenn er erforderlich ist, um die gefährdete Zwangsvollstreckung in das Vermögen des Pflichtigen zu sichern[2]. Das Finanzamt ordnet ihn an und bestimmt dabei einen Geldbetrag, dessen Hinterlegung den Arrest beseitigt[3]. Die Anordnung des Finanzamts tritt außer Kraft, wenn sie nicht binnen dreier Tage von dem Landesfinanzamte bestätigt wird[4]. Gegen die Anordnung des Finanzamts ist die Beschwerde an das Finanzgericht und gegen dessen Entscheidung die Rechtsbeschwerde an den Reichsfinanzhof gegeben[5]. Das Amtsgericht des Wohn- und[6] Aufenthaltsorts des Pflichtigen vollzieht den persönlichen Sicherheitsarrest nach § 933 der Zivilprozeßordnung[7]. Das Amtsgericht bestimmt die Beschränkungen der persönlichen Freiheit; im übrigen gilt § 298 Abs. 3 entsprechend.

[1] Das ist der Arrest, dessen Vollzug in Beschränkungen der persönlichen Freiheit des Schuldners besteht (Haft, Verbot des Verlassens eines bestimmten räumlichen Bezirks usw.). Über Voraussetzungen und Verfahren s. (außer den nachstehenden Erläuterungen) § 79 BeitrOdg.

[2] Über Grundlagen der Arrestanordnung im allgemeinen s. die Erläuterungen zu § 351. Was dort (Anm. 1 u. 5) über allgemeine Voraussetzungen der Arrestanordnung und über Arrestgrund gesagt ist, erleidet jedoch hinsichtlich der Zulässigkeit des persönlichen Sicherheitsarrests je nach den Umständen eine gewisse Einschränkung oder Ausdehnung. Das will sagen, daß einerseits, soweit durch den dinglichen Arrest ausreichende Sicherheit geschaffen werden kann, die Anordnung des persön-

lichen Sicherheitsarrests unzulässig ist, daß aber anderseits, soweit die in § 352 S. 1 normierte Voraussetzung zutrifft, der persönliche Sicherheitsarrest sogar dann angeordnet werden kann, wenn die in Anm. 1 Nr. 2 zu § 351 erwähnte Voraussetzung (Fehlen eines Vollstreckungstitels) nicht vorliegt. Der Hauptfall der Anwendbarkeit des § 352 ist drohende Flucht des Schuldners ins Ausland. Aber auch andere Fälle lassen sich denken, z. B. der Fall, daß Machenschaften zur Beiseiteschaffung von Vermögensgegenständen zu befürchten sind, wenn der Schuldner auf freiem Fuße belassen wird.

3 S. § 79 Abs. 1 BeitrOdg. und Anm. 3 a. E. zu § 351.

4 S. § 79 Abs. 2 BeitrOdg. Maßgebend ist der Zeitpunkt, in dem das Landesfinanzamt die Genehmigungsverfügung erlassen hat (vgl. Anm. 1 zu § 67).

Durch das Erfordernis der landesfinanzamtlichen Bestätigung wird die Wirksamkeit (das ist Vollziehbarkeit) der Arrestanordnung zunächst nicht aufgeschoben, da sonst in vielen Fällen der Zweck der Anordnung vereitelt werden würde; näheres hierüber s. § 79 Abs. 3 BeitrOdg.

5 Über das Verfahren (einschließlich der Befugnis des Vorsitzenden des Finanzgerichts zu vorläufiger Entscheidung) s. Anm. 8 zu § 351.

6 Redaktionsfehler; es muß heißen „oder" (s. Becker).

7 S. § 79 Abs. 4 BeitrOdg.

**§ 353.** Wenn ein Finanzamt in den gesetzlich zugelassenen Fällen[1] das im Inland befindliche Vermögen[2] eines Pflichtigen mit Beschlag belegt[3], hat es dies durch den Reichsanzeiger bekanntzumachen, kann es aber auch in anderen Blättern veröffentlichen.

Mit der ersten Veröffentlichung im Reichsanzeiger verliert der Pflichtige das Recht, über das in Beschlag genommene Vermögen unter Lebenden zu verfügen.

Die Anordnung kann im Grundbuch eingetragen

werden; sie gilt anderen Personen auch dann als bekannt, wenn sie ihnen besonders zugestellt ist.

Der Beschluß ist der Behörde mitzuteilen, die nach dem Bürgerlichen Gesetzbuch zur Bestellung eines Pflegers berufen ist.

Die Beschlagnahme ist aufzuheben, wenn ihre Gründe weggefallen sind. Die Aufhebung ist durch dieselben Blätter bekanntzumachen, in denen die Beschlagnahme bekanntgemacht war.

[1] Hierher gehörten z. B. die Fälle des § 12 Abs. 4 KriegsStG. 1916, § 22 Abs. 3 Ges. über Kriegsabg. vom Vermögenszuwachs von 1919, § 28 Abs. 2 Ges. über das Reichsnotopfer.

[2] Beschlagnahme einzelner Gegenstände (z. B. § 101) gehört nicht hierher.

[3] § 3 Gesetz über Steuernachsicht gehörte beispielsweise nicht hierher, weil er keine Beschlagnahmebefugnis, sondern einen auf Grund Gesetzes eintretenden Vermögensverfall festlegte.

## Fünfter Titel.

### Befriedigung durch Verwertung von Sicherheiten.

**§ 354.** Zur Befriedigung von Ansprüchen, die im Zwansverfahren beitreibbar sind[1] und bei Fälligkeit[2] nicht erfüllt werden, kann das Finanzamt Sicherheiten, die ihm gestellt sind oder die es sonst erlangt hat (§§ 101, 348, 349, 351 und ähnliche Fälle), durch die Vollstreckungsbehörde verwerten[3]. Soweit dazu Erklärungen des Pflichtigen nötig sind, ersetzt der Ausspruch der Vollstreckungsbehörde diese Erklärungen. Die Verwertung darf erst erfolgen, wenn dem Vollstreckungsschuldner die Verwertungsabsicht bekanntgegeben[4] und seit der Bekanntgabe mindestens eine Woche verstrichen ist.

[1] S. Anm. 1 zu § 299.

[2] S. § 81 Abs. 3 und Anm. hierzu.

[3] Die Verwertung erfolgt nach denselben Grundsätzen, die für die Verwertung gepfändeter Sachen gelten (§§ 324 ff.).

[4] Über Bekanntgabe s. § 73 und Erläuterungen hierzu. Formelle Zustellung ist nicht erforderlich.

# Dritter Teil.

# Strafrecht und Strafverfahren.

## Erster Abschnitt.

## Strafrecht.

### Vorbemerkungen.

Wegen der Zusammenhänge der materiellen strafrechtlichen Bestimmungen der AO. mit den allgemeinen und besonderen Vorschriften des Reichsstrafgesetzbuchs s. Bem. zu § 355.

Das Strafensystem der AO. hat einschneidende Änderungen erfahren durch die auf Grund des Ermächtigungsgesetzes v. 8. 12. 23 ergangene sog. Verordnung über Vermögensstrafen und Bußen v. 6. 2. 24 (RGBl. I S. 44, abgedruckt im Anhang dieses Buchs unter Nr. 4). Die Verordnung enthält in Art. I eine Anzahl von Änderungen des Strafgesetzbuchs und berührt damit mittelbar zufolge dem Grundsatze des § 355 AO. auch die Strafbestimmungen der AO. Hervorzuheben ist namentlich folgendes:

Die Steuerzuwiderhandlungen der AO. fallen nunmehr sämtlich unter den Begriff des Vergehens im Sinne des Strafgesetzbuchs. Die Mindestgeldstrafe beträgt durchwegs 3 Goldmark, die Höchststrafe, soweit nicht in den einzelnen Bestimmungen höhere oder überhaupt keine Grenzen bestimmt sind, 10000 Goldmark. Unter den Strafrahmen von 3—10000 Mark fallen demnach nunmehr die Bestimmungen der §§ 371, 372, 375, 376 AO. Es fällt hierunter (nicht etwa unter Art. II oder III der Vdg. v. 6. 2. 24) auch die sog. Ordnungsstrafe des § 377 AO., da diese trotz ihrer Bezeichnung eine Kriminalstrafe darstellt (vgl. auch Erl. des RFM. v. 19. 12. 23 III D 3523). Wenn ein Vergehen auf Gewinnsucht beruht, so kann die Geldstrafe auf 100000 Goldmark erhöht werden.

Art. I der Verordnung enthält weiterhin Grundsätze über Strafzumessung, Strafumwandlung, Strafvollstreckung, Verjährung. Art. V, VI, VII geben Vorschriften über Festsetzung, Umrechnung und Zahlung von Strafen für die Inflations- und Übergangszeit und haben zurzeit keine praktische Bedeutung mehr.

Zur Richtigstellung der durch mannigfach verstreute Bestimmungen (u. a. insbes. die erwähnte Vdg. v. 6. 2. 24) teilweise überholten Fassung von Strafbestimmungen der AO. erging die sog. Anpassungsverordnung v. 20. 11. 25 (RGBl. I S. 389); die hierdurch vorgenommenen Änderungen sind im folgenden bei Wiedergabe des Gesetzestextes der AO. ohne weitere Bemerkung berücksichtigt.

**§ 355. Das Strafgesetzbuch gilt, soweit die Steuergesetze nichts Abweichendes vorschreiben.**

§ 355 regelt das Verhältnis der strafrechtlichen Bestimmungen der AO. sowie der übrigen Steuergesetze (s. § 3) zum allgemeinen Reichsstrafgesetzbuch. Hiernach gelten die Bestimmungen des Strafgesetzbuchs (in der jeweils geltenden Fassung, also zurzeit insbesondere unter Berücksichtigung der Änderungen durch die Vdg. über Vermögensstrafen und Bußen, abgedruckt im Anhang Nr. 4) ohne weiteres auch auf steuerrechtlichem Gebiet. Nur, wo die AO. bzw. sonstige Steuergesetze Sonderbestimmungen getroffen haben, gehen diese den anders lautenden Vorschriften des Strafgesetzbuchs vor.

Vorstehender Grundsatz gilt zunächst bezüglich des Strafgesetzbuchs in seinem ganzen Umfange. Praktische Bedeutung hat er wohl nur hinsichtlich der Bestimmungen des allgemeinen Teils desselben. (§§ 1—79 StGB.). Über die Anwendbarkeit dieser Bestimmungen auf steuerrechtlichem Gebiet ist im einzelnen folgendes zu bemerken:

1. Die Einteilung der Delikte (§ 1 StGB. in der durch Vdg. v. 6. 2. 24 geänderten Fassung, vgl. Vorbem. vor § 355) gilt; hiernach stellen alle Steuerzuwiderhandlungen „Vergehen" dar (vgl. Vorbem. vor § 355).

2. § 2 StGB. (zeitliche Geltung der Strafvorschriften) ist anwendbar, wie aus § 461 hervorgeht.

3. §§ 3—6 StGB. (räumliches Geltungsgebiet des StGB.) gelten.

4. §§ 16, 18, 19 bis 29 StGB. (Strafvollzug, vorläufige Entlassung, Geldstrafen, Strafumwandlung) gelten; wegen Änderungen zu §§ 27—29 s. Vdg. v. 6. 2. 24 (Vorbem. vor § 355); §§ 28—28b der Vdg. kommen für die Finanzbehörden nicht in Betracht; an ihrer Stelle gilt § 424 AO.

5. § 30 StGB. (Strafvollstreckung in den Nachlaß) gilt; s. auch § 465 Abs. 2 StPO.

6. §§ 33—36 StGB. (Aberkennung der bürgerlichen Ehrenrechte) gelten. Bezüglich der Zulässigkeit der Aberkennung ist jedoch § 364 AO. ausschließlich maßgebend.

7. §§ 40, 42 StGB. (Einziehung von Gegenständen) können unter Umständen in Betracht kommen. Bezüglich Einziehung sind aber hauptsächlich zu beachten die §§ 365, 379, 380, 383 AO., s. auch §§ 412 Abs. 3, 413, 424 Abs. 4, 425, 439 Abs. 2.

8. Die Bestimmungen über den Versuch (§§ 43—45 StGB.) gelten. Der Grundsatz der milderen Bestrafung des Versuchs (§ 44) erleidet jedoch für das praktisch bedeutsamste Steuerdelikt, die Steuerhinterziehung (§ 359) eine Ausnahme durch § 360 AO. Das gleiche gilt für die sog. Steuerhehlerei nach § 368.

9. § 46 StGB. (sog. tätige Reue) ist für das Steuerrecht in der Hauptsache ersetzt durch § 374. Soweit trotzdem Raum für seine Anwendung bleibt (z. B. § 360), gilt er.

10. Die Bestimmungen über Teilnahme (§§ 47—49, 50 StGB.) gelten; bezüglich der Beihilfe ist von dem Grundsatz milderer Bestrafung (§ 49 Abs. 2) eine Ausnahme getroffen für die Steuerhinterziehung und Steuerhehlerei (§§ 361, 368 AO.). Eine besondere — dem Delikt des § 357 StGB. verwandte — Art der Teilnahme führt die AO. ein in der sogenannten Begünstigung (§§ 356 Abs. 2, 361, 368).

11. Die Vorschriften über Strafausschließungs- und Milderungsgründe (§§ 51—59 StGB.) gelten, erweitert durch § 358 AO.

12. § 60 StGB. (Anrechnung der Untersuchungshaft) gilt.

13. Die Bestimmungen über Antragsdelikte (§§ 61—65 StGB.) gelten; sie haben Bedeutung nur für den Fall des § 376 AO.

14. § 66 StGB. (allgemeine Wirkung der Verjährung) gilt.

§ 67 StGB. (Verjährungsfristen) ist für Steuerdelikte ersetzt durch § 384 Abs. 1 AO.

§§ 68, 69 StGB. (Unterbrechung und Ruhen der Verjährung) gelten, eingeschränkt bzw. ergänzt durch §§ 384 Abs. 2, 433 Abs. 2 AO..

§§ 70—72 StGB. (Verjährung der Strafvollstreckung) gelten, § 70 Abs. 1 in der durch Vdg. v. 6. 2. 24 geänderten Fassung (vgl. Vorbem. vor § 355).

15. Bezüglich des Zusammentreffens mehrerer strafbarer Handlungen gilt § 383 AO., die einschlägigen §§ 73 und 74 StGB. nur soweit, als sie mit § 383 nicht in Widerspruch stehen. Die §§ 75—79 gelten, § 78 in der durch Vdg. v. 6. 2. 24 geänderten Fassung (s. Vorbem. vor § 355).

**§ 356.** Steuerzuwiderhandlungen[1] im Sinne dieses Gesetzes sind strafbare Verletzungen von Pflichten, die die Steuergesetze im Interesse der Besteuerung auferlegen.

**Als Steuerzuwiderhandlung gilt auch eine dem Täter oder Teilnehmer gewährte Begünstigung[2].**

[1] Unter dem Oberbegriff „Steuerzuwiderhandlungen“ vereinigt die AO. alle strafbaren Zuwiderhandlungen gegen die Steuergesetze, gleichgültig, ob sie mit eigentlicher (sog. Kriminal-) Strafe oder mit Ordnungsstrafe bedroht sind. Es fällt hierunter z. B. auch die Verletzung des Steuergeheimnisses (§ 376), was wichtig ist für die Frage der Zuständigkeit zur Bestrafung (§ 386).

Alle Steuerzuwiderhandlungen sind „Vergehen“ im Sinne des § 1 StGB. (vgl. Vorbem. vor § 355 und Bem. zu § 355 unter Nr. 1).

[2] Die „Begünstigung“ ist dem Delikt des § 257 StGB. nachgebildet, aber nicht wie dieses ein Sonderdelikt, sondern nach Maßgabe seiner systematischen Stellung in der AO. eine dem Steuerstrafrecht eigentümliche allgemeine, d. h. bei allen Steuerzuwiderhandlungen mögliche Art der Teilnahme, allerdings ohne Anwendbarkeit der allgemeinen Bestimmungen des StGB. über Teilnahme im engeren Sinne (vgl. Anm. zu § 355 Nr. 10). Unter Begünstigung ist in Anlehnung an § 257 a. a. O. jede Handlungsweise (bzw. Unterlassung) zu verstehen, durch welche jemand bewußt einem Andern zwecks Strafentziehung oder Sicherung des Deliktserfolgs Beistand leistet.

Wegen Begünstigung des eigenen Vorteils wegen s. § 361; man wird aus dieser Vorschrift in Verbindung mit § 356 Abs. 2 schließen müssen, daß Begünstigung ohne Absicht eigenen Vorteils geringer zu bestrafen ist; die Frage nach dem „Wie?“ bleibt allerdings offen. (Vgl. RG. i. Strafs. Bd. 57 S. 162.)

**§ 357. Wenn in Betrieben von juristischen Personen oder Personenvereinigungen Steuerzuwiderhandlungen begangen werden, kann da, wo das Gesetz die Strafe für verwirkt erklärt, ohne daß ein Verschul-**

den einer natürlichen Person festgestellt zu werden braucht, die Geldstrafe gegen die juristische Person oder Personenvereinigung selber erkannt und diese in die Kosten des Strafverfahrens verurteilt werden.

§ 357 begründet in beschränktem Umfange die — mit den herkömmlichen strafrechtlichen Begriffen nicht vereinbare — Zulässigkeit der Bestrafung von Personenmehrheiten und zwar gleichgültig, ob es sich um Personenmehrheiten mit (z. B. Akt.-Ges., G. m. b. H.) oder ohne Rechtspersönlichkeit (z. B. offene Handelsgesellschaft) handelt. Voraussetzung ist, daß eine Zuwiderhandlung in Frage steht, die

1. einen gegen die Personenmehrheit bestehenden Anspruch des Staates verletzt (s. Anm. zu § 79), und

2. vom Gesetz unter Strafe gestellt ist ohne das Erfordernis eines Verschuldens einer natürlichen Person.

Da zum Tatbestand der meisten Steuerzuwiderhandlungen (wie der kriminell strafbaren Handlungen im engeren Sinne überhaupt) persönliches Verschulden (Vorsatz oder Fahrlässigkeit) gehört, ist das Anwendungsgebiet des § 357 auf die Fälle der sog. Formaldelikte beschränkt, mithin auf die mit sog. Ordnungsstrafe (§ 377) bedrohten Steuerzuwiderhandlungen sowie zahlreiche Zuwiderhandlungen gegen Zoll- und Verbrauchssteuergesetze, bei denen Bestrafung schon auf Grund eines bestimmten äußeren Tatbestandes eintritt.

Die Verhängung einer Ordnungsstrafe gegen eine Personenmehrheit ist auch dann zulässig, wenn für den verantwortlichen Vertreter derselben ein Strafausschließungsgrund vorliegt (§ 377 Abs. 1 S. 3). Der Grundsatz des § 357 dürfte überhaupt zu bedeuten haben, daß wegen jeder unter diese Vorschrift fallenden Steuerzuwiderhandlung, sobald eine steuerfähige Personenmehrheit (vgl. Anm. 2 zu § 79) in Frage kommt, immer diese (und vielleicht sogar nur diese) zu bestrafen ist; denn darin gerade liegt die praktische Bedeutung der vom Steuerpflichtigen strafrechtlich zu verantwortenden sog. objektiven Tatbestände, deren wissenschaftliche Rechtfertigung allerdings vielleicht zweifelhaft sein kann. Die gegenteilige Anschauung des KG. (Steuer-Archiv 1926 S. 170), daß bei Feststellung eines Verschuldens im Einzelfalle § 357 keine Anwendung finde, ist durch die Fassung des Gesetzes nicht notwendig bedingt. Sie dürfte auch zu dem gesetzlich kaum gewollten Ergebnis führen, daß es vor Anwendung des § 357 gegen eine Personenmehrheit immer erst eines Verfahrens gegen deren Vertreter bedarf zwecks Feststellung, ob diese ein Verschulden trifft; § 357 scheint aber doch nicht den Ausschluß des Verschuldens im konkreten Falle, sondern nur sein Nichterfordernis zum gesetzlichen Tatbestand vorauszusetzen.

Bezüglich der nicht unter § 357 fallenden Steuerzuwiderhandlungen kann eine Strafe stets nur gegen die Person (oder Personen) ausgesprochen werden, bei welcher das Verschulden festgestellt wird. Eine ev. Mithaftung der von diesen Personen vertretenen Personenmehrheiten ist durch § 381 festgelegt.

**§ 357a.** Mit Genehmigung des Finanzamts können Betriebsinhaber, die den Betrieb nicht selbst leiten, für die Verbrauchssteuern die strafrechtliche Verantwortlichkeit auf den Betriebsleiter (§ 193) übertragen. Durch die Übertragung wird die im § 381 vorgesehene Haftung des Betriebsinhabers nicht berührt. Das Finanzamt kann die Genehmigung jederzeit widerrufen.

**§ 358.** Straffrei bleibt, wer in unverschuldetem Irrtum über das Bestehen oder die Anwendbarkeit steuerrechtlicher Vorschriften die Tat für erlaubt gehalten hat.

§ 358 bedeutet eine Durchbrechung des allgemeinen strafrechtlichen Grundsatzes „Unkenntnis des Gesetzes schützt nicht vor Strafe“ für das Gebiet des Steuerstrafrechts; er schafft somit einen neuen, dem allgemeinen Strafrecht des StGB. gänzlich fremden Strafausschließungsgrund (s. über Strafausschließungsgründe Anm. zu § 355 unter Nr. 11). Die Schaffung dieses Strafausschließungsgrundes findet ihre Begründung darin, daß sich auf steuerrechtlichem Gebiet sehr wohl Fälle denken lassen — man denke nur an die vielen Formalvorschriften! — in denen dem Zuwiderhandelnden oftmals durchaus das Bewußtsein fehlen kann, gesetzlich strafbar zu handeln. (Anders im allgemeinen Strafrecht des StGB., welches die beim normal entwickelten Menschen ohne weiteres als bekannt vorauszusetzenden Tatbestände, teilweise geradezu den in das natürliche Bewußtsein des Menschen eingeschriebenen Sittenkodex enthält.)

Durch § 358 ist § 59 StGB. für das Steuerstrafrecht nicht außer Kraft gesetzt. Erst wenn nicht schon Freisprechung auf Grund des § 59 StGB. erfolgt, ist die Anwendbarkeit des § 358 zu prüfen (OLG. Karlsruhe in JurW. 1925 S. 2022).

Der Strafausschließungsgrund des § 358 liegt nur vor, wenn

1. der Zuwiderhandelnde nicht wußte, daß seine Handlung bzw. Unterlassung den Steuergesetzen zuwiderlaufe, und
2. diese Unkenntnis nicht etwa auf einem Verschulden (Vorsatz oder Fahrlässigkeit) des Pflichtigen beruht.

Besonders die *letztgenannte* Voraussetzung ist von größter Wichtigkeit und entkleidet den auf den ersten Blick vielleicht *etwas* bedenklich erscheinenden Grundsatz des § 358 seiner hauptsächlichsten Gefährlichkeit für die Anwendung der Strafbestimmungen des Steuerrechts. Bei Prüfung der Frage, ob Fahrlässigkeit vorliegt, werden einerseits zu berücksichtigen sein die persönlichen Verhältnisse des Pflichtigen, also u. a. Geisteszustand, Vorbildung, Beruf des Pflichtigen, der Umfang der dem Pflichtigen zu Gebote stehenden Hilfs- und Informationsmittel, der ihm etwa bereits zuteil gewordenen Belehrungen usw., anderseits die Natur der betr. Vorschriften, wie z. B. der Grad ihrer rechtlichen Schwierigkeit und — insbesondere bei formellen Vorschriften — ihrer Entlegenheit. Bei einer im Geschäftsleben stehenden Person werden im Hinblick auf die heute bestehende allgemein bekannte Durchdringung des Wirtschaftslebens mit steuerlichen Verpflichtungen an den Nachweis der Entschuldbarkeit einer ev. Unkenntnis zweifellos höhere (wenn auch nicht zu überspannende) Anforderungen zu stellen sein als an sonstige Privatpersonen.

Beispiele aus der Rechtsprechung sind: RG. in RStBl. 1923 S. 53 (kein unverschuldeter Irrtum bei schuldhafter Nichterfüllung der Pflicht, sich über die gesetzlichen Vorschriften zu unterrichten); dagegen RG. in Strafs. Bd. 57 S. 329 (Vertrauen auf eine zuverlässige Auskunftsperson kann Fahrlässigkeit ausschließen); RG. in RStBl. 1922 S. 318 (die nicht widerlegbare Behauptung unverschuldeten Rechtsirrtums begründet noch nicht Straffreiheit, es muß bewiesen sein, daß dieser Irrtum den Pflichtigen dazu geführt hat, die Tat für erlaubt anzusehen).

Falls der Strafausschließungsgrund des § 358 geltend gemacht wird, hat nach allgemeinen strafprozessualen Grundsätzen die Steuerbehörde dessen Nichtvorliegen zu beweisen; nicht etwa trifft den Beschuldigten eine Beweislast. Bei der Begründung von Strafbescheiden ist hierauf ev. Bedacht zu nehmen.

**§ 359.** Wer zum eigenen Vorteil oder zum Vorteil eines andern[1] nicht gerechtfertigte Steuervorteile[2] erschleicht oder vorsätzlich bewirkt[3], daß Steuereinnahmen verkürzt werden[4], wird wegen Steuerhinterziehung[5] mit Geldstrafe bestraft. Der Höchstbetrag der Geldstrafe ist unbeschränkt[6]. Bei Zöllen und Verbrauchsabgaben ist die Geldstrafe mindestens auf das Vierfache des hinterzogenen Betrags zu bemessen, falls der Betrag der Steuerverkürzung oder des Steuervorteils festgestellt werden kann. Neben der Geldstrafe kann auf Gefängnis bis zu zwei Jahren erkannt werden[7].

Der Steuerhinterziehung macht sich auch schuldig, wer Sachen, für die ihm Steuerbefreiung oder Steuervorteile gewährt sind, zu einem Zwecke verwendet, der der Steuerbefreiung oder dem Steuervorteile, die er erlangt hat, nicht entspricht, und es zum eigenen Vorteil oder zum Vorteil eines anderen vorsätzlich unterläßt, dies dem Finanzamt vorher rechtzeitig anzuzeigen.

Es genügt, daß infolge der Tat ein geringerer Steuerbetrag festgesetzt oder ein Steuervorteil zu Unrecht gewährt oder belassen ist; ob der Betrag, der sonst festgesetzt wäre, aus anderen Gründen hätte ermäßigt werden müssen oder der Vorteil aus anderen Gründen hätte beansprucht werden können, ist für die Bestrafung ohne Bedeutung[2].

Eine Steuerumgehung (§ 5) ist nur dann als Steuerhinterziehung strafbar, wenn die Verkürzung der Steuereinnahmen oder die Erzielung der ungerechtfertigten Steuervorteile dadurch bewirkt wird, daß der Täter vorsätzlich Pflichten verletzt, die ihm im Interesse der Ermittlung einer Steuerpflicht obliegen.

Die Vorschriften der Zoll- und Verbrauchsabgabengesetze, nach denen eine Bestrafung wegen Steuerhinterziehung eintritt, ohne daß der Vorsatz der Hinterziehung festgestellt zu werden braucht, bleiben unberührt[3]. Auf Gefängnis darf jedoch nur erkannt werden, wenn der Vorsatz der Hinterziehung festgestellt wird.

[1] Der eigene oder fremde Vorteil braucht nicht beabsichtigt gewesen zu sein; es genügt einfacher Vorsatz, d. h. der Täter muß den Eintritt oder den möglichen Eintritt (dolus eventualis) eines Vorteils vorausgesehen haben.

[2] Nicht gerechtfertigte Steuervorteile sind Vergünstigungen aller Art, auf die der Täter oder derjenige, zu dessen Vorteil die Tat begangen wird, nach Lage der tatsächlichen Verhältnisse einen Anspruch nicht hatte (vgl. hierzu § 359 Abs. 3). Auch Stundungen von Steuern können hierher gehören (s. hierüber Garrels i. d. Allgem. St.Rundschau 1925 S. 575, ferner RG. i. Strafs., RStBl. 1926 S. 137, DStBl. 1926 S. 202).

[3] Mit den Worten „erschleicht oder vorsätzlich bewirkt" ist zunächst zum Ausdruck gebracht, daß als Verschuldensgrad Vorsatz erfordert wird; dolus eventualis genügt. (Über fahrlässige Hinterziehung s. § 367.) Dagegen ist eine auf Verkürzung der Steuereinnahmen gerichtete Absicht des Täters nicht erforderlich (RG. i. Strafs., RStBl. 1926 S. 187); bei der „Erschleichung von ungerechtfertigten Vorteilen" dürfte das Erfordernis einer auf die Vorteilserlangung gerichteten Absicht allerdings aus dem Begriff des „Erschleichens" hervorgehen (vgl. auch RG. i. Strafs. Bd. 58 S. 186: Erschleichung eines Steuervorteils bedeutet die durch trügerische Maßnahmen bewirkte Erlangung der Anerkennung einer Befreiung oder Vergünstigung). Über den Unterschied der beiden Alternativtatbestände „Vorteilserschleichung" und „Bewirkung einer Steuerverkürzung" im Verhältnis zum Tatbestand des Betruges s. außerdem unten Anm. 5.

In objektiver Hinsicht ist erforderlich lediglich ein steuerwidriges Verhalten des Pflichtigen. Täuschung der Steuerbehörde ist zur Vollendung der Steuerhinterziehung nicht nötig, es genügt vielmehr die Tatsache der zu niedrigen Steuerfestsetzung infolge des steuerwidrigen Verhaltens (RG. i. Strafs. Bd. 59 S. 90). Bei Veranlagungssteuern gehört zur Vollendung Bekanntgabe des Steuerbescheids (RG. i. Strafs., RStBl. 1925 S. 17).

Rein negatives Verhalten, insbesondere bloßes Unterlassen einer Steuererklärung ist nur beim Hinzutritt besonderer Umstände geeignet, den Tatbestand des § 359 zu begründen

(RG. i. Strafs., Recht 1926 S. 299, s. auch RG. i. DJurZtg. 1926 S. 176, ferner nächst. Anm. 4).

[4] „Verkürzung der Steuereinnahmen" ist nicht gleichbedeutend mit dem zum Betrugstatbestand erforderlichen Merkmal der „Vermögensschädigung". Daher kann eine Steuerhinterziehung auch begangen werden durch verspätete Steuerzahlung. Bloßes Unterlassen genügt allerdings nicht (s. Anm. 3 a. E.); der Steuerpflichtige muß vielmehr ein fraudulöses, steuerwidriges Verhalten an den Tag gelegt haben, durch das — ihm bewußt — die Wirkung einer Verkürzung der Steuereinnahmen herbeigeführt worden ist (RG. i. Strafs., RStBl. 1926 S. 187). Ähnlich RG. v. 5. 7. 26, RStBl. S. 291: Der Wille, die Beträge später mit Verzugszinsen zu bezahlen, ist belanglos; zum unverkürzten Eingang von Steuern (einschl. Vorauszahlungen) gehört nicht nur, daß sie in voller Höhe, sondern auch, daß sie rechtzeitig bezahlt werden.

[5] Das Delikt der Steuerhinterziehung hat auf den ersten Anschein viel Ähnlichkeit mit jenem des Betrugs nach § 263 StGB. Tatsächlich kann es im konkreten Falle die gleichen Tatbestandsmerkmale enthalten, es braucht dies aber, wenigstens soweit „Bewirkung der Verkürzung von Steuereinnahmen" in Frage kommt (wegen des anderen Alternativtatbestands der „Erschleichung von Vorteilen" vgl. oben Anm. 3 und 4), nicht notwendig der Fall zu sein. Dies ist hinsichtlich der in § 263 StGB. enthaltenen Tatbestandsmerkmale der Absicht, der Täuschung und der Vermögensschädigung in den Anm. 3 und 4 bereits ausdrücklich erwähnt.

Wird zugleich der Tatbestand einer Steuerhinterziehung und eines Betrugs verwirklicht, so ist die ausschließliche Anwendbarkeit der Sondervorschriften des Steuerstrafrechts dann gegeben, wenn lediglich Steuervorteile angestrebt worden sind; sollten aber daneben noch andere Vermögensvorteile erschlichen werden, so liegt Tateinheit (sog. Idealkonkurrenz) zwischen Betrug und Hinterziehung vor (RG. i. Strafs. Bd. 60

S. 161). Im übrigen ist neben einer Bestrafung wegen Steuerhinterziehung für eine Bestrafung wegen Betrugs kein Raum (RG. i. RStBl. 1926 S. 137 und in DStBl. 1926 S. 202).

Für den Begriff der fortgesetzten Steuerhinterziehung gelten die für den Begriff des fortgesetzten Delikts in der Rechtsprechung entwickelten allgemeinen Grundsätze. Ein fortgesetztes Delikt liegt hiernach vor, wenn mehrere gleichartige gegen ein und dasselbe Rechtsgut gerichtete Handlungen in Ausführung eines und desselben rechtswidrigen Vorsatzes ausgeführt werden; jeder der Einzelakte muß an sich den vollen gesetzlichen Tatbestand erfüllen. In subjektiver Hinsicht wird also erfordert das Vorliegen eines einheitlichen, die mehreren Einzelakte umspannenden Vorsatzes; wenn nach Lage der Umstände für eine der Straftaten die Bildung eines neuen verbrecherischen Vorsatzes festgestellt wird, dann gehört die betreffende Tat nicht mehr zum Komplex eines fortgesetzten Delikts. Hinsichtlich des verletzten Rechtsguts ist Gleichheit anzunehmen, wenn die einzelnen Hinterziehungen sich gegen die gleiche Steuerart richten, mögen auch verschiedene aufeinanderfolgende Gesetze dabei in Frage kommen (RG. i. StrafS., Neue Steuer-Rundschau 1924 S. 239, Steuer u. Wirtschaft 1925 S. 1620). Weiteres über den Begriff der fortgesetzten Steuerhinterziehung s. Urt. des RG. v. 18. 11. 26 (RStBl. S. 351).

[6] Der Mindestbetrag der Geldstrafe ist 3 RM. (vgl. Vorbem. vor § 355).

[7] Über die Zulässigkeit der Aberkennung der bürgerlichen Ehrenrechte s. § 364, ferner Bem. zu § 355 unter Nr. 6.

[8] Vgl. oben Anm. 2.

[9] Hier sind gemeint die sog. objektiven Tatbestände, über deren Bedeutung vgl. Bem. zu § 357.

**§ 360.** Der Versuch der Steuerhinterziehung ist strafbar[1].

Die für die vollendete Tat angedrohte Strafe gilt auch für den Versuch[1]; Geldstrafen, die auf ein Vielfaches des hinterzogenen Betrags zu bestimmen sind, sind nach der Steuerverkürzung oder dem Steuervorteile zu bemessen, die bei Vollendung der Tat eingetreten wären.

[1] Über die Abgrenzung von vollendeter Hinterziehung und Hinterziehungsversuch ist zu sagen: Vollendet ist die Hinterziehung in dem Zeitpunkt, in dem eine behördliche Verfügung (Steuerbescheid usw.) vorliegt, welche die Festsetzung des Steuervorteils oder des verkürzten Steueranspruchs (§ 359 Abs. 1) enthält (über den Eintritt dieses Zeitpunktes s. Anm. 1 zu § 67), oder in dem Zeitpunkt, in dem ohne vorherige schriftliche Verfügung dem Pflichtigen der wirtschaftliche Vorteil tatsächlich zugeflossen ist (z. B. Empfang eines Vergütungsbetrags). Bis zu diesem Zeitpunkt kommt lediglich Versuch in Frage. Für die strafrechtliche Behandlung ist die Unterscheidung übrigens im wesentlichen belanglos, da eine Verschiedenheit des Strafrahmens (wie in § 44 StGB. für den Versuch vorgesehen) hier zufolge § 360 Abs. 2 nicht besteht (vgl. Anm. zu § 355 unter Nr. 8); sie kann von Bedeutung werden lediglich für die Frage der tätigen Reue, soweit § 46 StGB. überhaupt anwendbar ist (vgl. hierüber Anm. zu § 374).

Um so wichtiger ist die Unterscheidung der Versuchshandlungen von den straflosen sog. Vorbereitungshandlungen (vgl. hierüber die Rechtsprechung zu § 43 StGB.). Eine Versuchshandlung dürfte erst dann vorliegen, wenn der Schuldige mit der den Tatbestand des § 359 bildenden Handlung aus seinem internen Wirtschaftsleben heraus- und der Steuerbehörde gegenübergetreten ist. So z. B. ist erst die Absendung einer bewußt unrichtig abgefaßten Steuererklärung an das Finanzamt als Hinterziehungsversuch anzusehen. Ferner bildet die Führung unrichtiger Bücher zum Zwecke der Hinterziehung an sich zunächst bloße Vorbereitungshandlung.

Sie wird zum strafbaren Versuch durch Vorlage an die Steuerbehörde.

Strafbar ist nur der Versuch der Steuerhinterziehung selbst; einen strafbaren Versuch der Anstiftung oder Beihilfe zur Hinterziehung gibt es nach allgemeinen strafrechtlichen Grundsätzen nicht.

Ein strafbarer Versuch einer Hinterziehung kann vorliegen, auch wenn eine Steuerpflicht seitens des Pflichtigen irrtümlich angenommen wurde (so Bay. Oberst. LG. i. RStBl. 1922 S. 241 hinsichtlich der Abgabe einer bewußt unrichtigen Steuererklärung) oder wenn eine nach Sachlage zu erwartende Steuerpflicht nicht zur Entstehung gelangt (so RG. i. Allgem. Steuer-Rundschau 1924 S. 148 hinsichtlich unrichtiger Angabe des Kaufpreises bei Grundstücksveräußerungen). Über die Möglichkeit eines strafbaren Versuchs der Grunderwerbsteuerhinterziehung schon vor dem Grundstückserwerb s. ferner RG. i. Strafs. Bd. 56 S. 316.

[2] Die Tatsache, daß bloßer Versuch vorliegt, kann auch nicht etwa einen Strafmilderungsgrund bilden. Der Gesetzgeber hat vielmehr hier völlige Gleichbehandlung von Versuch und Vollendung beabsichtigt.

**§ 361. Die Strafe für die Tat gilt auch für eine Beihilfe[1] oder Begünstigung[2], die jemand seines Vorteils wegen[3] begeht.**

[1] § 361 Abs. 1 enthält bezüglich der Steuerhinterziehung eine Ausnahme von der durch § 49 Abs. 2 StGB. festgelegten milderen Bestrafung der Beihilfe (s. Anm. zu § 355 unter Nr. 10). Wenn Beihilfe nicht des eigenen Vorteils wegen geleistet wird, dann gilt die allgemeine Regel des § 49 Abs. 2 a. a. O. (vgl. RG. i. Strafs. Bd. 57 S. 162).

[2] Wegen „Begünstigung" s. § 356 Abs. 2 und Anm. 2 daselbst. Soweit der Tatbestand der Steuerhehlerei (§ 368) vorliegt, ist nur § 368 anzuwenden.

[3] Über Handeln „seines Vorteils wegen“ s. RG. i. Strafs. Bd. 58 S. 15. Ob der Vorteil wirtschaftlicher oder sonstiger Art ist, ist ohne Belang. Über Beihilfe eines Notars, der wissentlich einen zu niedrigen Grundstückskaufpreis beurkundet, s. RG. i. Strafs. Bd. 60 S. 6.

**§ 362.** (Gestrichen durch § 56 Nr. 4 der 3. StNVdg.)

**§ 363.** Wenn wegen Steuerhinterziehung auf eine Geldstrafe von mehr als fünfhundert Reichsmark oder neben Geldstrafe auf Gefängnis erkannt wird, kann im Straferkenntnis (Urteil, Strafbescheid, Niederschrift über eine Unterwerfungsverhandlung) angeordnet werden, daß die Bestrafung auf Kosten des Verurteilten[1] bekanntzumachen ist[2].

[1] Mehrere Verurteilte haften gesamtschuldnerisch (vgl. RG. i. Strafs. Bd. 37 S. 267).

[2] Die — der Maßregel der §§ 165, 200 StGB. ähnelnde — Bekanntmachung ist eine sog. Nebenstrafe, hat also Strafcharakter (vgl. Rechtsprechung des RG. zu § 200 StGB. in Strafs. Bd. 13 S. 319, Bd. 14 S. 153). Dies hat Bedeutung insbesondere für die zulässigen Rechtsmittel. Von den erwähnten Maßregeln des StGB. unterscheidet sich die Bekanntmachung nach § 363 aber dadurch, daß nur die Bekanntmachung selbst im Straferkenntnis auszusprechen ist; die Bestimmung über die Art der Bekanntmachung trifft das Finanzamt (auch im Falle gerichtlichen Erkenntnisses gemäß § 439 Abs. 3) durch gesonderte Verfügung, gegen welche es höchstens Beschwerde nach § 418 gibt.

Zu § 363 vgl. auch RFME. v. 5. 6. 22 III R 820.

**§ 364.** Wird wegen Steuerhinterziehung auf eine Gefängnisstrafe von mindestens drei Monaten erkannt, so kann zugleich auf Verlust der bürgerlichen Ehrenrechte erkannt werden.

Vgl. Anm. zu § 355 unter Nr. 6.

§ 365. Bei Verurteilung wegen Steuerhinterziehung (§ 359) ist neben der Geld- oder Freiheitsstrafe auf Einziehung der steuerpflichtigen Erzeugnisse und zollpflichtigen Waren zu erkennen, hinsichtlich derer die Hinterziehung begangen worden ist.

Kann die Einziehung nicht vollzogen werden, so ist auf Erlegung des Wertes der Erzeugnisse oder Waren und, soweit dieser nicht zu ermitteln ist, auf Zahlung einer Geldsumme bis zu einhunderttausend Reichsmark zu erkennen.

War der Herstellungsbetrieb der Erzeugnisse der Steuerbehörde nicht angemeldet worden (§ 194 Abs. 1), so ist außerdem die Einziehung aller in den Betriebs- und Lagerräumen vorhandenen Vorräte an steuerpflichtigen Erzeugnissen sowie der zur Herstellung dienenden Geräte verwirkt.

§ 366. Wenn jemand in der Absicht der Steuerhinterziehung in seinem Betrieb oder Berufe Bücher oder Aufzeichnungen unrichtig führt, unrichtige Geschäftsabschlüsse vorlegt oder ähnliche arglistige Mittel anwendet, oder jemand bei Betrieben, die der Steueraufsicht unterliegen, wesentliche Aufsichtsvorschriften grob verletzt, kann ihm das Landesfinanzamt, wenn er deshalb wiederholt wegen Steuerhinterziehung bestraft ist[1] und diese Tatsachen in den Straferkenntnissen festgestellt sind, nach Rechtskraft des zweiten oder eines späteren Straferkenntnisses auf Zeit oder Dauer untersagen, seinen Betrieb oder seinen Beruf fortzusetzen oder durch andere zu seinem Vorteil fortsetzen zu lassen[2].

Liegen die Voraussetzungen des ersten Absatzes bei

Vertretern oder Angestellten eines Steuerpflichtigen vor, so kann ihnen das Landesfinanzamt die weitere Tätigkeit in dem Unternehmen verbieten.

Gegen den Beschluß des Landesfinanzamts ist die Beschwerde an den Reichsfinanzhof zulässig. Dieser entscheidet im Beschlußverfahren[3]. Die Beschwerde hat aufschiebende Wirkung.

Das Finanzamt kann die Durchführung des Verbots nach § 202 erzwingen[4].

Nach Ablauf eines Jahres seit der Rechtskraft des Untersagungsbeschlusses kann das Landesfinanzamt den Beschluß aufheben.

[1] Der Wortlaut „wenn er deshalb wiederholt wegen Steuerhinterziehung bestraft ist" kann zu der irrigen Annahme verleiten, daß der Gesetzgeber bereits in der Führung unrichtiger Bücher usw. eine strafbare Hinterziehung im Sinne der §§ 359, 360 erblickt. Dies dürfte mit Rücksicht auf den oben in Anm. 1 zu § 360 dargestellten Unterschied zwischen sog. straflosen Vorbereitungshandlungen und strafbaren Hinterziehungshandlungen nicht zutreffen. § 366 hat demnach die Fälle im Auge, wo die angeführten ungesetzlichen Machenschaften bereits mehrmals in einer nach §§ 359, 360 strafbaren Weise verwertet bzw. zu verwerten versucht wurden und daher zur Bestrafung wegen Hinterziehung geführt haben.

[2] Der Beschluß des Landesfinanzamts ist dem Betroffenen gemäß § 73 bekanntzugeben. Formelle Zustellung, desgleichen Rechtsmittelbelehrung ist nicht erforderlich.

[3] Vgl. Anm. zu der ähnlichen Vorschrift des § 200.

[4] In diesem Falle gelten nicht nur die Vorschriften des § 202 in vollem Umfange, sondern auch die einschlägigen Rechtsmittelvorschriften der §§ 281—283. Denn das Verbot nach § 366 fällt nicht in den Rahmen des Strafverfahrens, sondern stellt eine reine Verwaltungsmaßnahme dar.

§ 367. Wer fahrlässig[1] als Steuerpflichtiger oder als Vertreter[2] oder bei Wahrnehmung der Angelegenheiten eines Steuerpflichtigen[3] bewirkt, daß Steuereinnahmen verkürzt oder Steuervorteile zu Unrecht gewährt oder belassen werden (§ 359 Abs. 1, 2)[4], wird wegen Steuergefährdung mit Geldstrafe bis zu einhunderttausend Reichsmark bestraft[5].

Eine Steuerumgehung (§ 5) ist nur dann als Steuergefährdung zu bestrafen, wenn die Verkürzung der Steuereinnahmen oder die Gewährung der ungerechtfertigten Steuervorteile dadurch bewirkt wird, daß der Täter vorsätzlich oder fahrlässig Pflichten verletzt, die ihm im Interesse der Ermittlung einer Steuerpflicht obliegen.

[1] Die Unmöglichkeit einer bis ins einzelne gehenden Kontrollführung des Staates über die betriebliche und private Sphäre der Steuerzahler bringt es mit sich, daß der Staat im weitesten Umfang von dem guten Willen und der Zuverlässigkeit der Pflichtigen abhängt. Die Gleichgültigkeit und die Abneigung eines überaus großen Teiles der Steuerzahler gegen alles, was mit Steuern zusammenhängt, ist aber bekanntlich und aus naheliegenden Gründen eine weitgehende. Auf Grund dieser Erwägung kann sich der Staat, um einen wirtschaftlichen Leerlauf der Steuermaschine zu vermeiden, nicht damit zufrieden geben, daß die Steuerpflichtigen ihn nicht wissentlich hintergehen und schädigen, er muß vielmehr von den Steuerschuldnern ein gewisses Maß unmittelbarer Sorgfaltanwendung bei Behandlung aller steuerrechtlichen Angelegenheiten verlangen, richtiger gesagt, bei Besorgung aller eigenen Angelegenheiten, welche steuerrechtliche Bedeutung haben können. Läßt der Pflichtige diese Sorgfalt außer acht und tritt dadurch eine der Folgen des § 359 ein, so soll gegen ihn — falls nicht ohnehin Vorsatz (oder Eventualvorsatz)

und damit die unmittelbare Anwendung des § 359 in Frage kommt — unter Umständen wegen fahrlässiger Steuerhinterziehung strafrechtlich eingeschritten werden können. Dies ist die Bedeutung des § 367.

Über Umfang und Voraussetzungen der strafbaren Fahrlässigkeit vgl. Erläuterungen zu § 358. Über Fahrlässigkeit bei Verwendung eines Angestellten s. RG. i. Strafs. Bd. 59 S. 282, über Steuergefährdung als Dauervergehen durch Unterlassung von Umsatzsteuervoranmeldungen Bd. 59 S. 53. Einen strafbaren Versuch einer fahrlässigen Steuerhinterziehung gibt es nicht (RG. i. Strafs. Bd. 59 S. 115).

[2] Über „Vertreter" s. § 83 Abs. 2, §§ 84 ff. Über Voraussetzungen der Strafverfolgung gegen Rechtsanwälte s. § 388.

[3] Ob die „Wahrnehmung" im Auftrag des Pflichtigen erfolgt oder nicht, ist belanglos. Der Begriff der Wahrnehmung der Angelegenheiten des Steuerpflichtigen erfordert auch nicht notwendig ein Tätigwerden gegenüber einem Dritten (RG. i. Strafs. Bd. 57 S. 218).

[4] Über die Begriffe der „Verkürzung von Einnahmen" und des „Steuervorteils" s. Anm. 2 und 4 zu § 359.

[5] Über die Mindeststrafe s. Anm. 6 zu § 359.

**§ 368.** Wer seines Vorteils[1] wegen Gegenstände, von denen er weiß oder den Umständen nach annehmen muß[2], daß Steuern für sie hinterzogen sind (§ 359 Abs. 1, 2), kauft oder sonst an sich bringt, verheimlicht, absetzt oder zu ihrem Absatz mitwirkt[3], wird wegen Steuerhehlerei mit der für die Steuerhinterziehung angedrohten Strafe bestraft. Die §§ 360 bis 365 gelten entsprechend.

[1] Vermögensvorteile und andere Vorteile gehören hierher.

[2] Ein fahrlässiges Nichtwissen begründet keine Strafbarkeit! Aus diesem Grunde und weil es eine Beweislast des Angeschuldigten im Strafrecht nie gibt, hätte der Gesetzgeber die

Worte „oder ... wissen muß" besser weggelassen. (Vgl. jedoch RG. i. Strafs. Bd. 25 S. 221 zu der entspr. Bestimmung des § 259 StGB.) Mala fides superveniens genügt nicht (RG. i. Strafs. Bd. 33, S. 120 Bd. 56 S. 6).

[3] Für die Auslegung der Begriffe „kaufen, an sich bringen" usw. ist die Rechtsprechung des RG. zu § 259 StGB. in weitestem Umfange heranzuziehen.

§ 369. Wer im Inland wegen Steuerhinterziehung oder Steuerhehlerei bestraft worden ist, darauf abermals eine dieser Handlungen begangen hat und wegen derselben bestraft worden ist, wird, wenn er eine Steuerhinterziehung oder eine Steuerhehlerei begeht, mit Gefängnis bis zu fünf Jahren bestraft. Neben der Gefängnisstrafe ist auf Geldstrafe (§ 359 Abs. 1 Sätze 2, 3) zu erkennen. Sind mildernde Umstände vorhanden, so kann ausschließlich auf Geldstrafe (§ 359 Abs. 1 Sätze 2, 3) erkannt werden.

Die Vorschriften des Abs. 1 finden Anwendung, auch wenn die früheren Strafen nur teilweise verbüßt oder ganz oder teilweise erlassen worden sind, bleiben jedoch ausgeschlossen, wenn seit der Verbüßung oder dem Erlasse der letzten Strafe bis zur Begehung der neuen Steuerhinterziehung oder Steuerhehlerei drei Jahre verflossen sind.

Im Falle des § 359 Abs. 5 Satz 1 darf auf Gefängnis nur erkannt werden, wenn der Vorsatz der Hinterziehung festgestellt wird.

§ 369a. Wer Steuerzeichen in der Absicht, daß sie als echt verwendet werden, fälschlich anfertigt oder verfälscht oder wer sich in dieser Absicht falsche Steuerzeichen dieser Art verschafft, wird mit Gefängnis nicht unter drei Monaten bestraft. Ebenso wird bestraft, wer vorsätzlich falsche Steuerzeichen als echt verwendet, feilhält oder in Verkehr bringt.

Wer vorsätzlich bereits verwendete Steuerzeichen als gültig wiederverwendet oder in der Absicht, daß sie als gültig wiederverwendet werden, sich verschafft, feilhält oder in Verkehr bringt, wird mit Geldstrafe bestraft. Der Höchstbetrag der Geldstrafe ist unbeschränkt. Neben der Geldstrafe kann auf Gefängnis bis zu zwei Jahren erkannt werden.

Wer zum Zwecke der Fälschung von Steuerzeichen

1. Formen oder andere Gerätschaften, die zur Ausführung einer Steuerzeichenfälschung dienen können,
2. Papier, das einer zur Herstellung der Steuerzeichen bestimmten Papierart gleich oder zum verwechseln ähnlich ist,

anfertigt, sich verschafft, feilhält oder einem anderen überläßt, wird mit Gefängnis bis zu zwei Jahren und mit Geldstrafe bis zu einhunderttausend Goldmark oder mit einer dieser Strafen bestraft. Den Formen oder Gerätschaften stehen die mit solchen Formen oder Gerätschaften hergestellten Abdrucke gleich.

Die falschen, wiederverwendeten oder zur Wiederverwendung bestimmten Steuerzeichen sind einzuziehen, auch wenn sie dem Täter nicht gehören. Das gleiche gilt für Formen, Gerätschaften, Abdrucke und Papier der im Abs. 3 bezeichneten Art.

**§ 370.** Steuerpflichtige Erzeugnisse, die im Handel nicht vorschriftsmäßig verpackt oder bezeichnet angetroffen werden oder nicht vorschriftsmäßig versteuert worden sind, unterliegen der Einziehung.

§ 371. Wer dem § 165 Abs. 1 zuwiderhandelt, wird mit Geldstrafe bestraft[1].

Wird die Absicht der Steuerhinterziehung[2] festgestellt, so kann neben der Geldstrafe ganz oder teilweise auf Einziehung der Vermögenswerte erkannt werden, auf die sich die Steuerzuwiderhandlung bezieht.

[1] Über die Strafgrenzen s. Vorbem. vor § 355.

[2] Hier spielt die Hinterziehungsabsicht eine ausschlaggebende Rolle (im Gegensatz zu § 359, s. Anm. 3 dort). Nur auf die Absicht kommt es an; das Vorliegen des Hinterziehungstatbestandes selbst (§ 359) ist nicht erforderlich.

§ 372. Wer vorsätzlich oder fahrlässig[1] dem § 165 Abs. 2, 3 oder den §§ 187, 190 zuwiderhandelt, wird mit Geldstrafe bestraft[2].

[1] Über Fahrlässigkeit s. Erläut. zu § 358.

[2] Über die Strafgrenzen s. Vorbem. vor § 355.

§ 373. Wer vorsätzlich dem § 97 zuwiderhandelt, wird mit einer Geldstrafe bis zu einhunderttausend Reichsmark bestraft.

§ 374. Wer in den Fällen der §§ 359, 367, 371 bis 373[1], bevor er angezeigt[2] oder eine Untersuchung gegen ihn eingeleitet ist (§ 406 Abs. 2)[3], unrichtige oder unvollständige Angaben bei der Steuerbehörde, ohne dazu durch eine unmittelbare Gefahr der Entdeckung veranlaßt zu sein[4], berichtigt oder ergänzt oder unterlassene Angaben nachholt[5], bleibt insoweit straffrei. Sind in den Fällen der §§ 359, 371 Steuerverkürzungen bereits eingetreten oder Steuervorteile gewährt oder belassen[6], so tritt die Straffreiheit nur ein, wenn der Täter die Summe, die er schuldet, nach ihrer Festsetzung innerhalb der ihm bestimmten Frist entrichtet[7]; das gleiche gilt im Falle des § 367.

Wird die im § 97 vorgeschriebene Anzeige rechtzeitig und ordnungsgemäß erstattet, so werden diejenigen, welche die dort bezeichneten Erklärungen abzugeben unterlassen oder unrichtig oder unvollständig abgegeben haben, dieserhalb nicht strafrechtlich verfolgt, es sei denn, daß vorher gegen sie Strafanzeige erstattet oder eine Untersuchung eingeleitet worden ist.

[1] § 374 ersetzt für die hier ausdrücklich aufgeführten Fälle von Steuerzuwiderhandlungen die Vorschrift des § 46 StGB. über die sog. „tätige Reue". Es kann fraglich sein, ob damit eine Ausschaltung des § 46 StGB. für das Gebiet des Steuerstrafrechts überhaupt beabsichtigt und eingetreten ist oder ob § 46 StGB. hinsichtlich der in § 374 AO. nicht erwähnten Deliktsform des Versuchs (§ 360) Anwendung zu finden hat. Die Rechtsprechung des Reichsgerichts hat diese Frage (vgl. auch Anm. zu § 355 unter Nr. 9) bejaht in der Entscheidung v. 23. 3. 22 (Zeitgemäße Steuer- und Finanzfragen II 1922 S. 151) und hat in einer weiteren Entscheidung (Straff. Bd. 57 S. 313) für den Rücktritt vom Versuch § 374 als unanwendbar erklärt.

[2] Es muß sich um eine im amtlichen Verkehr erstattete Anzeige (RG. i. Straff. Bd. 58 S. 83), ferner um eine Anzeige handeln, die auf Einleitung der Strafuntersuchung abzielt (a. a. O. Bd. 56 S. 385).

Eine Anzeige liegt vor, sobald dieselbe bei einer Finanzbehörde, Staatsanwaltschaft (§ 391) oder sonstigen zur Mitwirkung im Strafverfahren berufenen Behörde (§ 392) eingegangen ist. Im übrigen ist die Voraussetzung des Nichtvorliegens einer Strafanzeige oder Untersuchung rein objektiv aufzufassen; ob der Betroffene von der Anzeige oder Untersuchung bei Vornahme seiner Entlastungshandlung bereits Kenntnis hatte, ist gleichgültig.

[3] Eine die Straffreiheit ausschließende Untersuchung liegt vor, wenn die Einleitung der Untersuchung durch eine in die äußere Erscheinung tretende Maßnahme, die auf Feststellung der strafbaren Handlung abzielt, erfolgt ist. Im allgemeinen wird dies der Zeitpunkt sein, in welchem die darauf bezügliche Verfügung aktenkundig gemacht ist (§ 406 Abs. 2). Doch ist die Aktenkundigkeit kein zwingendes Erfordernis; denn daß das versehentliche Unterlassen ausdrücklicher Einleitungsverfügung dem Defraudanten zugute kommen sollte, wäre wohl ein etwas stark formalistischer Standpunkt. (Vgl. auch RG. v. 2. 3. 1925 in Steuer u. Wirtschaft S. 1622, ferner Anm. 2 zu § 406.)

Wegen der objektiven Natur der in Frage stehenden Voraussetzung vgl. oben Anm. 2 a. E.

[4] Die Voraussetzung, daß der Pflichtige nicht durch eine unmittelbare Gefahr der Entdeckung zur Nachholung der Angaben usw. veranlaßt wurde, ist eine subjektiv, d. h. vom Standpunkte des Pflichtigen aus zu beurteilende Voraussetzung. Ob die Entdeckungsgefahr, die den Pflichtigen zur nachträglichen Berichtigung usw. veranlaßte, in Wirklichkeit bestand, ist gleichgültig.

Die Entdeckungsgefahr muß eine unmittelbare sein, nicht etwa nur eine durch den Eintritt anderer unsicherer Faktoren bedingte; eine entfernte Möglichkeit der Entdeckung schließt also die Straffreiheit nicht aus. Eine unmittelbare Entdeckungsgefahr liegt z. B. nicht in der in einem Zivilprozeß aufgestellten Behauptung, der Gegner habe einen zu niedrigen Kaufpreis beurkunden lassen (RG. i. Steuer u. Wirtschaft 1923 S. 393). Dagegen hat das RG. eine Freiwilligkeit der Berichtigung nicht angenommen, wenn ein unbeteiligter Dritter von der Tat

Kenntnis erlangt hat und seine Anzeige zu erwarten ist (Deutsche Verk.St. Rundschau 1922 S. 226).

[5] Die Berichtigung, Ergänzung usw. muß so gestaltet sein, daß die Steuerbehörde in der Lage ist, die Steuer nunmehr richtig zu berechnen. Allgemeine Angaben des Pflichtigen, wie z. B. er habe sich geirrt, reichen zur Begründung der Straffreiheit nicht aus. Ermöglichen die rechtzeitig angebrachten berichtigenden Angaben die Berichtigung der Steuerfestsetzung zu einem Teil, so wird, falls es bezüglich des Restes zu einer Bestrafung kommt, nur diese Resthinterziehung der Gegenstand der Verurteilung bilden können. Vgl. das oben in Anm. 3 erwähnte Urteil des RG. v. 2. 3. 25.

Maßgebend für die Entscheidung der Frage, ob eine Berichtigung usw. rechtzeitig, d. h. vor Anzeige oder Untersuchungseinleitung erfolgt ist, dürfte (das in Anm. 3 gen. Urteil des RG. v. 2. 3. 25 läßt allerdings auch eine andere Auslegungsmöglichkeit offen) der Zeitpunkt sein, in welchem der Pflichtige das seinerseits Erforderliche getan hat, um die Berichtigung usw. zur Kenntnis der Finanzbehörde zu bringen, z. B. Aufgabe des Berichtigungsschreibens bei der Post, Protokollerklärung bei der Behörde. Wann die Finanzbehörde tatsächlich in den Besitz der Aufklärung gelangt, erscheint bedeutungslos. Allerdings ist bei Benutzung gewöhnlichen Briefs die Gefahr des Verlusts oder der Verzögerung groß und wenn auch eine Beweislast dem Pflichtigen im Strafrecht in keiner Weise aufgebürdet werden darf, so läuft der Pflichtige eben doch Gefahr, daß die Strafbehörde bezüglich seiner Behauptungen zu einem gegenteiligen Beweisergebnis gelangt.

Daß die Berichtigung usw. gerade an die zuständige oder überhaupt an eine Finanzbehörde gerichtet ist, dürfte kaum erforderlich sein, vielmehr genügen, wenn sie einer Behörde gegenüber erfolgt, durch deren Vermittlung der Pflichtige die Übersendung oder sonstige Mitteilung an die zuständige Stelle mit Bestimmtheit erwarten darf.

[6] Über „Steuerverkürzung" und „Steuervorteile" vgl. Anm. 4 und 2 zu § 359.

[7] Diese Bestimmung erscheint auf den ersten Blick etwas bedenklich, weil die Frage der Straffreiheit bis zu einem gewissen Grade abhängig gemacht ist von jener der Zahlungsfähigkeit. Man wird also, um der Bestimmung Geschmack abgewinnen zu können, verlangen müssen, daß die Steuerbehörde bei Setzung der Frist (ev. der Teilzahlungsfristen) eingehend die persönlichen Verhältnisse des Pflichtigen in Erwägung zieht — zu dessen Gunsten wie Ungunsten! Dabei braucht nicht ausschließlich die derzeitige wirtschaftliche Lage des Pflichtigen in Betracht gezogen zu werden, da es z. B. leicht denkbar ist, daß jemand gerade deshalb, weil er — mit oder ohne Schuld — in mißliche Verhältnisse geraten ist, sich zu der Selbstanzeige entschlossen hat, in der Erwartung, dies nunmehr gefahrlos tun zu können.

Gegen die Fristsetzungsverfügung des Finanzamts gibt es nur die Beschwerde nach § 418 an das LFA. Letzteres kann ev. auch von Aufsichts wegen eingreifen.

**§ 375.** Wer geschäftsmäßig[1] in Angeboten oder Aufforderungen, die an einen größeren Personenkreis gerichtet sind[2], darauf hinweist, daß bei Geschäftsabschlüssen in bestimmter Weise außer dem geschäftlichen Zweck noch Ersparungen oder Vorteile bei der Besteuerung erreicht werden können[3], wird mit Geldstrafe bestraft[4].

[1] Über den Begriff der Geschäftsmäßigkeit vgl. Anm. 3 zu § 88. Absicht der Gewinnerzielung ist nicht erforderlich.

[2] Öffentlichkeit der Hinweisung ist nicht erforderlich. Es können z. B. auch Hinweisungen in geschlossenen Vereinen oder Versammlungen unter § 375 fallen. Gelegentliche Äußerungen in Bekanntenkreisen, am Biertisch usw. gehören nicht hierher.

[3] Es kann sich hier nur um Vorteile handeln, die in einer

den Steuergesetzen nicht zuwiderlaufenden Weise erreicht werden sollen.

Nicht unter § 375 fallen nach RFME. v. 19. 12. 22 III R 10941 vom Gesetzgeber ausdrücklich zugelassene Vorteile, wie denn überhaupt und selbstverständlich nicht hierher gehören Ausführungen (Vorträge, Presseartikel usw.), in denen jemand zur Aufklärung des Publikums über Steuergesetze und steuerliche Verpflichtungen eine ernsthafte Erläuterung dieser Gesetze vornimmt. Doch kann Erlaubtes und Unerlaubtes in solchen Ausführungen sehr nahe beieinander liegen und eine Prüfung der Frage, inwieweit nicht etwa ein verkappter Verstoß gegen § 375 vorliegt, ist nicht immer einfach.

Wenn den Steuergesetzen zuwiderlaufende Vorteile angepriesen werden, kommt ev. eine Bestrafung nach §§ 110, 111 StGB. in Frage. Über zurzeit geltende Ausnahmebestimmungen gegen Aufforderung zum „Steuerstreik" oder zu sonstiger Steuersabotage s. Vdg. d. Reichspräs. v. 15. 9. 23 (RGBl. I S. 879).

[4] Über Strafgrenzen s. Vorbem. vor § 355.

§ 376. Beamte (§ 10 Abs. 1 bis 4), die Verhältnisse eines Steuerpflichtigen, die sie dienstlich oder bei Wahrnehmung ihrer Obliegenheiten erfahren haben, anderen unbefugt mitteilen oder Betriebs- oder Gewerbegeheimnisse, die sie in gleicher Weise erfahren haben, unbefugt verwerten[1], werden mit Geldstrafe[2] oder mit Gefängnis bis zu sechs Monaten bestraft.

Ist die Handlung aus Eigennutz oder in der Absicht begangen worden, den Steuerpflichtigen zu schädigen, so kann statt der Geldstrafe oder neben ihr auf Gefängnis sowie auf Unfähigkeit zur Bekleidung öffentlicher Ämter auf die Dauer von einem bis zu fünf Jahren erkannt werden.

Im Falle des ersten Absatzes tritt die Strafverfolgung nur auf Antrag ein[3]. Antragsberechtigt ist das Landesfinanzamt und der Steuerpflichtige, dessen Interesse verletzt ist.

[1] § 376 stellt unter Strafe nur Verletzungen des § 10 (vgl. Erläuterungen zu § 10). Wenn Steuerausschußmitglieder oder ehrenamtliche Mitglieder der Finanzgerichte ihrer gemäß §§ 29 bzw. 17 übernommenen Verpflichtung zuwider Verhandlungsvorgänge (z. B. Abstimmungen) ausplaudern, kann gegen sie nur mit Ordnungsstrafe nach § 377 vorgegangen werden (vgl. Anm. 1 zu § 29); gegen Gemeindevertreter (§ 23a) kann in solchem Falle mit Mitteln der Steuergesetze überhaupt nicht vorgegangen werden (vgl. die Fassung des § 23a Abs. 2).

Das Vergehen des § 376 erfordert stets Vorsatz, d. h. der Täter muß bei seinem Handeln das Bewußtsein haben, daß Dritte hierdurch Kenntnis von den geheim zu haltenden Verhältnissen erhalten; den Zweck des Handelns braucht diese Kenntnisverschaffung nicht zu bilden.

Das Delikt des § 376 ist eine Steuerzuwiderhandlung im Sinne des § 356; zur Strafverfolgung sind daher die Finanzämter im Rahmen des § 386 befugt.

[2] Über Strafgrenzen s. Vorbem. vor § 355.

[3] Über „Antrag“ vgl. Anm. zu § 355 unter Nr. 13. In einer Weisung des LFA. an ein FA. zur Untersuchungseinleitung dürfte übrigens ein wirksamer Antrag zu erblicken sein.

§ 377. Wer den im Interesse der Besteuerung (einschließlich der Vorbereitung, Sicherung und Nachprüfung der Besteuerung) erlassenen Vorschriften der Steuergesetze oder der dazu ergangenen und öffentlich oder den Beteiligten besonders bekanntgemachten Verwaltungsbestimmungen[1] durch andere als die in den Steuergesetzen unter Strafe gestellten Handlungen oder Unterlassungen zuwiderhandelt[2], wird mit einer Ordnungsstrafe bis zu zehntausend Reichsmark bestraft[3]. Dies gilt nicht für Sollvorschriften[4]. Die Ordnungsstrafe wird nicht verhängt, wenn festgestellt wird, daß Strafausschließungsgründe vorliegen[5] oder die Zuwiderhandlung auf einem unabwendbaren Zufall beruht[6].

Wenn nach § 202 für den Fall der Nichtbefolgung einer Anordnung ein Zwangsmittel angedroht ist, darf wegen der Nichtbefolgung dieser Anordnung nicht auf eine Ordnungsstrafe erkannt, sondern nur das Zwangsmittel angewandt werden[7].

[1] Verwaltungsbestimmungen in diesem Sinne sind nicht nur die ausdrücklich sog. Ausführungsbestimmungen, sondern auch alle sonstigen von den Finanzverwaltungsbehörden innerhalb ihrer gesetzlichen Befugnis im Interesse der Besteuerung erlassenen Anordnungen allgemeiner Natur. (Das Recht der Nachprüfung, ob Befugnis zum Erlaß der betr. Anordnung bestand, steht übrigens nur den Gerichten, nicht den Verwaltungsbehörden zu.) Einzelverfügungen, d. h. Anordnungen, die sich nur an bestimmte einzelne Personen zwecks Regelung eines Sonderfalles wenden, gehören nicht hierher; bei diesen kann höchstens Erzwingung nach § 202 in Frage kommen; ein Beispiel bildet das Verbot des § 200 Abs. 1 S. 2.

Beispiele von unter § 377 fallenden Zuwiderhandlungen sind: Nichteinreichung gesetzlich vorgeschriebener Erklärungen innerhalb der vorgeschriebenen Fristen (vgl. RG. i. Strafs. Bd. 59 S. 282; die Auferlegung eines Zuschlages nach § 170 schließt die Verhängung einer Ordnungsstrafe nicht aus), Nichtführung steuergesetzlich vorgeschriebener Bücher und Aufzeichnungen (z. B. § 163 AO., § 13 UmsStG.; etwas mißverständlich die Anführung der RGEntsch. v. 22. 3. 26 i. StArch. S. 200; wegen nicht ordnungsmäßiger Buchführung s. unten Anm. 4), Nichterstattung gesetzlich vorgeschriebener Anzeigen über Betriebsbeginn usw.

Auszuscheiden haben aus § 377 jene Fälle, die zum Tatbestand eines Sonderdeliktes gemacht sind, z. B. Zuwiderhandlungen gegen § 165 (s. §§ 371, 372), gegen § 97 (s. § 373), gegen §§ 187, 189, 190 (s. § 372). Auch der Hinterziehungstatbestand der §§ 359, 367, bei welchem es zur Möglichkeit einer Bestrafung an der Feststellung eines Verschuldens (vgl. Anm. 2) mangelt, scheidet nach richtiger Ansicht trotz der anscheinend entgegensprechenden Auffassung des RG. in der Entsch. v. 23. 6. 25 (Zeitgem. Steuer- u. Fin.-Fragen 1925 S. 62) aus; ebenso Becker.

[2] Das objektive Zuwiderhandeln genügt. Verschulden (Vorsatz oder Fahrlässigkeit) ist nicht erforderlich (RG. v. 17. 2. 1926, Steuerarch. S. 202). Über die Wirkung von sog. Strafausschließungsgründen s. jedoch Abs. 1 S. 3.

Beim Vorhandensein eines unter § 377 fallenden sog. objektiven Tatbestandes kann auch die Strafbarkeit einer juristischen Person oder sonstigen Personenmehrheit in Frage kommen (vgl. § 357).

[3] Die untere Strafgrenze ist 3 RM. (s. Vorbem. vor § 355). Die Ordnungsstrafe des § 377 ist im übrigen, wenn auch mit Rücksicht auf das Nichterfordernis kriminellen Verschuldens keine Kriminalstrafe im Sinne der allgemeinen strafrechtlichen Grundsätze, so doch mit Rücksicht auf ihre völlige Gleichbehandlung mit anderen Steuerstrafen (gleiches Verfahren, gleiche Rechtsmittel usw.) formell als Kriminalstrafe anzusehen. Es gilt für die Ordnungsstrafe daher insbesondere auch der Grundsatz: Ne bis in idem.

[4] Ein wichtiges Beispiel einer solchen Sollvorschrift bilden die Bestimmungen des § 162 über die Form der Buchführung. Der Mangel der Ordnungsmäßigkeit von Büchern kann aber unter Umständen einen Teil des Tatbestands der Steuerhinterziehung oder Steuergefährdung bilden. (Etwas mißverständlich RG. i. Strafsachen Bd. 59 S. 282.)

[5] Über Strafausschließungsgründe s. Anm. zu § 355 unter Nr. 11, ferner § 358.

[6] Unter einem „unabwendbaren Zufall" sind äußere, von dem Verhalten des Täters unabhängige Einflüsse zu verstehen, die das vorschriftswidrige Verhalten (insbes. auch eine ev. Unterlassung) des Täters verursacht haben; es sind dies hauptsächlich die sog. Fälle der höheren Gewalt. Trotz des Wortes „Zufall" dürften übrigens hierher nicht etwa nur akut eintretende Ereignisse wie Feuersbrunst, Tod eines mit Erledigung von Steuersachen betrauten Angestellten, zu rechnen sein, sondern auch gewisse Zustände, z. B. Krankheit von Angehörigen. Die Ursächlichkeit des unabwendbaren Zufalls für das vorschriftswidrige Verhalten des Pflichtigen braucht keine ausschließliche zu sein, es genügt, wenn sie eine überwiegende ist. Vgl. auch § 44 StPO., wo der Begriff des unabwendbaren Zufalls gleichfalls eine Rolle spielt.

[7] Damit ist keineswegs gesagt, daß die Fälle, die unter § 202 fallen, nicht etwa gleichzeitig unter § 377 fallen könnten. Dies ist vielmehr sehr wohl möglich, und die Finanzbehörde hat in solchem Falle zunächst die Wahl, ob sie mit Zwang nach § 202 vorgehen oder Ordnungsstrafe nach § 377 verhängen will. Hat sie aber einmal ersteren Weg beschritten und ein Zwangsmittel bereits angedroht, so kann sie nur (sie muß nicht!) das angedrohte Zwangsmittel verhängen, keine Ordnungsstrafe. Umgekehrt ist ein Übergehen zur Zwangsanwendung nach § 202 trotz vorheriger Verhängung einer Ordnungsstrafe an sich zulässig.

**§ 378.** (Gestrichen durch Nr. 7 AnpassVdg. v. 20. 11. 25; wegen der nunmehrigen Regelung der im früheren § 378 behandelten Ersatzfreiheitsstrafen s. Anm. zu § 355 unter Nr. 4.)

**§ 379.** Wo die Strafe der Einziehung vorgesehen ist, kann auf Einziehung erkannt werden, gleichviel, wem die Gegenstände gehören und ob gegen eine bestimmte Person ein Strafverfahren eingeleitet wird.

§ 380. Wird auf Einziehung erkannt, so geht das Eigentum an den eingezogenen Sachen mit der Rechtskraft des Erkenntnisses auf das Reich über. Rechte dritter Personen erlöschen. Für einen Rechtserwerb, der nach der Rechtskraft des Erkenntnisses eintritt, gelten die Vorschriften des bürgerlichen Rechtes zugunsten derer, die Rechte von einem Nichtberechtigten herleiten.

Wird im Falle des § 371 Abs. 2 auf Einziehung der Vermögenswerte erkannt, so gehen die Ansprüche aus dem Konto, der Hinterlegung, der Verpfändung oder der Überlassung des Schließfachs und das Eigentum an den Wertsachen mit der Rechtskraft des Erkenntnisses auf das Reich über. Rechte dritter Personen erlöschen, wenn diese Personen den die Einziehung begründenden Sachverhalt bei Erwerb der Rechte gekannt haben. Der letzte Satz des ersten Absatzes gilt entsprechend.

§ 381. Wenn Vertreter, Verwalter oder Bevollmächtigte im Sinne der §§ 83 bis 88 bei Ausübung ihrer Obliegenheiten Steuerzuwiderhandlungen begehen, so haften die Vertretenen für die Geldstrafen, die diese Personen verwirken, und für die Kosten des Strafverfahrens und der Strafvollstreckung, die ihnen auferlegt werden[1]. Die Vorschrift gilt nicht für die Fälle der Vormundschaft und Pflegschaft.

Das gleiche gilt für die Haftung des Geschäftsherrn oder des Haushaltungsvorstandes, wenn Angestellte oder sonst im Dienste oder Lohne stehende Personen sowie Familien- und Haushaltungsangehörige bei Ausübung von Obliegenheiten, die sie im

Interesse des Geschäftsherrn oder Haushaltungsvorstandes wahrnehmen, Steuerzuwiderhandlungen begehen; diese Haftung tritt jedoch nicht ein, wenn festgestellt wird, daß die Zuwiderhandlung ohne Wissen des Geschäftsherrn oder des Haushaltungsvorstandes oder einer zu seiner Vertretung nach außen befugten Person begangen worden ist und die genannten Personen bei der Auswahl oder Beaufsichtigung der Angestellten oder der Beaufsichtigung der Familien- und Haushaltsmitglieder die erforderliche Sorgfalt aufgewandt haben.

Die im ersten und zweiten Absatz vorgesehene Haftung fällt weg, wenn der Schuldige oder der Haftende stirbt, bevor das Straferkenntnis, das gegen sie ergeht, rechtskräftig geworden ist.

[1] Die Haftung ist eine subsidiäre zufolge § 382. S. auch § 381 Abs. 3.

Die innere Begründung der Vertretenenhaftung ist die, daß der Gesetzgeber dem Vorschieben zahlungsunfähiger Vertreter als sog. Strohmänner (insbes. durch Gesellschaften) seinerseits durch Abwehrmaßnahmen begegnen muß. Die Folge, daß hierunter unter Umständen gutgläubige Pflichtige zu leiden haben, muß mit in den Kauf genommen werden. Eine Billigkeitsausnahmen macht Abs. 1 S. 2.

§ 382. Wer neben dem Schuldigen für Geldstrafe und Kosten haftet (§ 381), kann in Anspruch genommen werden, wenn die Geldstrafe und die Kosten aus dem beweglichen Vermögen des Schuldigen nicht beigetrieben werden können[1].

Die Ersatzfreiheitsstrafen können an dem Schuldigen ganz oder zum Teil vollzogen werden, ohne daß die Person, die für die Geldstrafe haftet, in Anspruch genommen wird.

[1] Das Verfahren bei der Haftbarmachung ist das gleiche wie das Verfahren bei der Strafverfolgung (RG. i. Straff. Bd. 57 S. 221). Dies dürfte insbes. auch für die Rechtsmittelfrage von Bedeutung sein. S. auch § 408.

§ 383. Ist ein und dieselbe Handlung[1] zugleich als Steuerzuwiderhandlung und nach einem anderen Gesetze strafbar, so ist die Strafe aus dem Steuergesetze zu entnehmen, es sei denn, daß das andere Gesetz eine schwerere Strafe oder bei ungleichen Strafarten eine schwerere Strafart androht (§ 73 des Strafgesetzbuchs). Ist die Strafe aus dem anderen Gesetze zu entnehmen, so ist eine nach dem Steuergesetze verwirkte Geldstrafe besonders zu verhängen. Auch muß auf Haftbarkeit dritter Personen oder auf Einziehung erkannt werden, wenn dies das Steuergesetz vorschreibt, und es kann hierauf sowie auf sonstige Nebenstrafen erkannt werden, wenn dies das Steuergesetz zuläßt.

Wenn ein und dieselbe Handlung mehrere Strafvorschriften der Steuergesetze über Steuerzuwiderhandlungen verletzt[1], so ist die Strafe nach § 73 des Strafgesetzbuchs zu bestimmen; jedoch muß auf Haftbarkeit dritter Personen oder auf Einziehung erkannt werden, wenn dies eine der verletzten Vorschriften vorschreibt, und es kann hierauf sowie auf sonstige Nebenstrafen erkannt werden, wenn dies eine der anwendbaren Vorschriften zuläßt.

Hat jemand mehrere selbständige Steuerzuwiderhandlungen begangen[2], so darf eine nach § 74 des Strafgesetzbuchs zu erkennende Gesamtfreiheitsstrafe fünf Jahre nicht überschreiten. Auf Haftbarkeit dritter Personen, Einziehung und sonstige Nebenstrafen muß oder kann erkannt werden, wenn dies neben einer der verwirkten Einzelstrafen geboten oder zulässig ist.

[1] Abs. 1 und 2 des § 383 regeln die sogenannte Idealkonkurrenz, das sind die Fälle, wo eine strafbare Handlung abzuurteilen ist, deren Tatbestand sich unter mehrere Strafgesetze subsumieren läßt.

Über Idealkonkurrenz von Hinterziehung und Betrug s. Anm. 5 zu § 359.

Über Zuständigkeit im Falle der Idealkonkurrenz s. § 387.

[2] Abs. 3 behandelt die sogenannte Realkonkurrenz, das sind die Fälle, in welchen mehrere — gleichartige oder ungleichartige — strafbare Handlungen desselben Schuldigen zur Aburteilung gelangen.

§ 384. Die Strafverfolgung von Steuerzuwiderhandlungen verjährt[1] in fünf Jahren, und wenn es sich um Zuwiderhandlungen handelt, die mit Ordnungsstrafen[2] bedroht sind, in einem Jahre.

Die Einleitung der Untersuchung und der Erlaß eines Strafbescheids unterbrechen die Verjährung gegen den, gegen den sie gerichtet sind.

[1] Bezüglich der Bestimmungen über Verjährung s. Anm. zu § 355 nnter Nr. 14.

[2] Verjährung der Ordnungsstrafe wegen unterlassener Abgabe einer Steuererklärung beginnt erst, wenn die Erklärung abgegeben oder ihre Abgabe durch Schätzung der Steuerbehörde gegenstandslos geworden ist (RG. i. Strafs., Recht 1926 S. 299).

# Zweiter Abschnitt.

# Strafverfahren.

## Erster Titel.

### Allgemeine Vorschrift.

**§ 385. Die Strafprozeßordnung gilt, soweit die Steuergesetze nichts Abweichendes vorschreiben.**

Die Strafprozeßordnung ist in ihrer neuen auf Grund der Vdg. v. 4. 1. 24 (RGBl. I S. 15) geltenden Fassung abgedruckt im RGBl. 1924 I S. 322.

Eine systematische Darstellung der Bestimmungen der StPO. an dieser Stelle oder auch nur eine Aufzählung der für die AO. in Betracht kommenden Vorschriften der StPO. (ähnlich wie dies hinsichtlich des materiellen Strafrechts in Anm. zu § 355 geschehen ist) erscheint aus Gründen des besseren Verständnisses und mit Rücksicht auf das ständige Ineinandergreifen von Spezialbestimmungen der AO. und den subsidiär geltenden Prozeßvorschriften nicht zweckmäßig. Die letzteren sind daher (soweit einschlägig) in den Erläuterungen zu den einzelnen Bestimmungen des kommenden Abschnitts mitverarbeitet.

Von besonderer Bedeutung und daher an dieser Stelle vorweg hervorgehoben wird lediglich die Geltung des strafprozessualen reinen Offizialprinzips auch für das Steuerstrafverfahren. Die Strafbehörde hat von Amts wegen — ohne an Anerkenntnisse oder Zugeständnisse gebunden zu sein — den Sachverhalt zu erforschen. Die ganze Beweislast obliegt ihr allein; der Angeschuldigte hat keinerlei Beweispflicht (im Gegensatz zu dem modifizierten Offizialprinzip des Ermittlungsverfahrens, s. Anm. 2 zu § 204). Über die gleichwohl zulässige Verwertbarkeit der vom Angeschuldigten ausgehenden Beweise vgl. Anm. 4 zu § 406.

Für den Geltungsbereich der AO. durch § 449 ausdrücklich außer Kraft gesetzt sind die Vorschriften der §§ 459 bis 469 StPO. (über das Verwaltungsstreitverfahren in der Finanzverwaltung).

Über ausnahmsweise Anwendbarkeit von Vorschriften des 2. Teiles der AO. (Besteuerung) im Strafverfahren vgl. den „Überblick" (S. 12 dieses Buchs).

## Zweiter Titel.

## Verwaltungsstrafverfahren.

### I. Allgemeine Vorschriften.

**§ 386.** Die Finanzämter haben bei allen Steuerzuwiderhandlungen (§ 356) den Sachverhalt zu erforschen[1]. Eine Ausnahme gilt, wenn der Beschuldigte wegen Steuerhinterziehung festgenommen und dem Richter vorgeführt ist[2].

Die Entscheidung steht dem Finanzamt zu[3], wenn die Steuerzuwiderhandlung nur mit Geldstrafe und Einziehung oder einer dieser Strafen bedroht ist oder das Finanzamt auf keine andere als auf diese Strafen oder darauf erkennen will, daß die Verurteilung auf Kosten des Verurteilten bekanntzumachen sei.

Die Finanzämter können auch gegen Nebenbeteiligte entscheiden[4]. Nebenbeteiligter ist,

1. wem ein Recht an Gegenständen zusteht, die der Einziehung unterliegen, oder wem ein Anspruch auf solche Gegenstände zusteht,
2. wer für die Geldstrafe und die Kosten haftet, die dem Täter oder einem Teilnehmer auferlegt werden[5].

[1] In Abs. 1 handelt es sich um die Untersuchung (vgl. auch § 406) im Gegensatz zur Entscheidung (Abs. 2). Zur Untersuchung sind also die Finanzämter in allen Fällen befugt, wo das Vorliegen einer in ihre spätere Entscheidungszuständigkeit fallenden Steuerzuwiderhandlung (§ 356) an-

zunehmen ist. Über Abgabe der Untersuchung an die Staatsanwaltschaft s. § 390.

Über sachliche und örtliche Zuständigkeit der Finanzämter s. §§ 389, 393.

[2] §§ 127, 128 StPO. Abs. 1 S. 2 bildet die einzige Ausnahme von dem in Anm. 1 erwähnten Gruntsatz.

[3] Abs. 2 regelt die Abgrenzung der Zuständigkeit zum Erlaß von Strafentscheidungen zwischen den ordentlichen Gerichten und den Finanzbehörden. Hiernach sind letztere in folgenden 2 Fällen zur Bestrafung zuständig:

1. Wenn die fragliche Steuerzuwiderhandlung gesetzlich mit keiner andern Strafe als Geldstrafe oder Einziehung bedroht ist;

2. Bei Steuerzuwiderhandlungen, die zwar gesetzlich auch mit andern als den in Nr. 1 genannten Strafen wahlweise bedroht sind, bei denen aber die Finanzbehörde auf keine andere Strafe als auf die genannten (einschließlich ev. Strafveröffentlichung) erkennen will.

[4] Aber nur dann, wenn sie zur Hauptentscheidung nach Abs. 2 zuständig sind.

[5] Ein wichtiges Beispiel ist die Vertretenenhaftung nach § 381.

**§ 387.** Ist ein und dieselbe Handlung zugleich als Steuerzuwiderhandlung und nach einem anderen Gesetze strafbar, so steht die Untersuchung und in den Grenzen des § 386 die Entscheidung dem Finanzamt zu, wenn die Strafe aus dem Steuergesetze zu entnehmen ist (§ 73 des Strafgesetzbuchs).

§ 387 regelt die Zuständigkeit der Finanzbehörden für den Fall der Idealkonkurrenz nach § 383 Abs. 1 (Abs. 2 ist hier nicht einschlägig).

**§ 388.** Besteht gegen einen Rechtsanwalt der Verdacht einer fahrlässigen Steuerzuwiderhandlung, die er in Ausübung seines Berufs bei der Beratung in Steuersachen begangen hat, so ist die Einleitung einer strafrechtlichen Verfolgung an die Voraussetzung gebunden, daß zuvor im ehrengerichtlichen Verfahren (§§ 62ff. der Rechtsanwaltsordnung) eine Verletzung der Berufspflichten des Rechtsanwalts festgestellt ist. Ist die Untersuchung wegen einer vorsätzlichen Steuerzuwiderhandlung eingeleitet, so gilt das gleiche für die Fortsetzung des Verfahrens, wenn sich vor Erlaß des Strafbescheids oder vor Eröffnung des Hauptverfahrens ergibt, daß nur der Verdacht einer fahrlässigen Steuerzuwiderhandlung begründet erscheint.

§ 389. Sachlich zuständig zur Untersuchung und Entscheidung ist das Finanzamt, dem die Verwaltung der beeinträchtigten oder gefährdeten Steuer übertragen ist[1].

Die Finanzämter können sich der Hilfe der Ortspolizeibehörden bedienen. Die Behörden und Beamten des Polizei- und Sicherheitsdienstes sind verpflichtet, die Ermittlungen anzustellen, die die Finanzämter verlangen.

[1] Über sachliche Zuständigkeit der Finanzämter zur Verwaltung der Steuern s. Vorbem. vor § 51.

§ 390. Die Finanzämter sind befugt, sich jederzeit der weiteren Untersuchung oder Entscheidung zu enthalten und die Sache an die zuständige Staatsanwaltschaft abzugeben.

Nach § 386 sind die Finanzämter in Steuerstrafsachen zur Untersuchung unbeschränkt, zur Entscheidung nur in den durch § 386 Abs. 2 bestimmten Fällen zuständig. § 390 bestimmt nun, daß die Finanzämter auch die Untersuchung jederzeit an die Staatsanwaltschaft abgeben können. Aus dem Wortlaut des § 390 „weiteren Untersuchung" in Verbindung mit § 386 Abs. 1 S. 1 ergibt sich, daß die Abgabe an die Staatsanwaltschaft die Einleitung einer Untersuchung durch das Finanzamt (§ 406 Abs. 2) voraussetzt. Denn die Pflicht zur ersten Aufklärung hat stets das FA. und diese Aufklärung muß mindestens bis zu einem begründeten Verdacht geführt haben, ehe das FA. einen Pflichtigen den Unannehmlichkeiten einer staatsanwaltschaftlichen Verfolgung aussetzt. Begründeter Verdacht kann für das FA. allerdings ohne Anstellung besonderer Erhebungen bereits auf Grund anderweitiger Wahrnehmungen (z. B. im Veranlagungsverfahren) bestehen.

Die Abgabe der Untersuchung an die Staatsanwaltschaft darf also nicht etwa willkürlich, sondern nur nach pflichtgemäßem Ermessen bei Vorliegen besonderer Gründe erfolgen. Solche Gründe können insbesondere sein:

1. Unmöglichkeit oder große Schwierigkeit der Aufklärung des Falles ohne die im gerichtlichen Verfahren vorgesehene Hauptverhandlung (§§ 226 ff. StPO.);

2. Zusammenhängen der Steuerzuwiderhandlung mit anderen, nach den sonstigen Gesetzen strafbaren Handlungen (abgesehen von der trotzdem unter Umständen bestehenden Zuständigkeit des FA. nach § 387);

3. Voraussichtliche Notwendigkeit einer Bestrafung, welche über die Zuständigkeit des Finanzamts nach § 386 Abs. 2 hinausgeht.

Die Staatsanwaltschaft ihrerseits hat kein Eingriffsrecht in die finanzamtliche Untersuchungsbefugnis, ausgenommen den Fall des § 391 Abs. 2.

**§ 391.** Solange nicht das Finanzamt die Sache an die zuständige Staatsanwaltschaft abgibt (§ 390), haben die Staatsanwaltschaft und die Gerichte nur einzugreifen, wenn der Beschuldigte wegen der Steuerzuwiderhandlung vorläufig festgenommen und dem Richter vorgeführt wird.

Hat jemand durch mehrere selbständige Handlungen eine Steuerzuwiderhandlung und eine andere strafbare Handlung begangen, so kann die Staatsanwaltschaft die Strafverfolgung wegen der Steuerzuwiderhandlung gegen ihn und die als Teilnehmer, Nebenbeteiligte (§ 386 Abs. 3) oder Begünstiger beteiligten Personen übernehmen.

Auch da, wo ihre Zuständigkeit begründet ist, kann die Staatsanwaltschaft das Finanzamt ersuchen, den Sachverhalt der Steuerzuwiderhandlung zu ermitteln. Entspricht das Finanzamt dem Antrag, so ist es in den Grenzen der §§ 386, 387 auch zur Entscheidung zuständig; sein Recht, sich jederzeit der weiteren Verfolgung oder der Entscheidung zu enthalten, bleibt unberührt.

Die Befugnis der Staatsanwaltschaft, unter der Voraussetzung des Abs. 2 die Untersuchung wegen der Steuerzuwiderhandlung zu übernehmen, besteht ohne Rücksicht darauf, ob das Finanzamt die Untersuchung bereits eingeleitet hatte oder nicht. Sobald daher das Finanzamt durch die Staatsanwaltschaft von der Übernahme der Untersuchung benachrichtigt wird, hat es sich jeder weiteren selbständigen Tätigkeit in der Sache zu enthalten.

Wenn das Finanzamt bereits Strafbescheid erlassen hatte, kommt eine Übernahme der Untersuchung durch die Staatsanwaltschaft natürlich nicht mehr in Frage.

**§ 392.** Die Behörden und Beamten des Polizei- und Sicherheitsdienstes haben auch Steuerzuwiderhandlungen zu erforschen und alle keinen Aufschub gestattenden Anordnungen zu treffen, um die Verdunklung der Sache zu verhüten.

Sie haben Steuerzuwiderhandlungen ohne Verzug dem Finanzamt anzuzeigen. Sie haben der Anzeige ihre Verhandlungen beizufügen, es sei denn, daß der Beschuldigte festgenommen und dem Richter vorgeführt wird.

§ 393. Örtlich zuständig ist das Finanzamt, in dessen Bezirk die Steuerzuwiderhandlung begangen[1] oder entdeckt ist[2], und bei Steuerhinterziehungen oder -gefährdungen auch das Finanzamt, das zur Festsetzung und Einziehung der Steuer zuständig ist[3].

Sind mehrere Finanzämter zuständig[4], so gebührt der Vorzug dem Finanzamt, das die Untersuchung zuerst geführt hat[5]. Die Untersuchung und Entscheidung kann jedoch auf Ersuchen von einem anderen örtlich zuständigen Finanzamt übernommen oder ihm von einer gemeinschaftlich vorgesetzten oberen Behörde übertragen werden[6].

Die Untersuchung und Entscheidung kann auf alle Steuerzuwiderhandlungen desselben Beschuldigten und auf alle bei einer Steuerzuwiderhandlung beteiligten Personen ausgedehnt werden, für die das Finanzamt sachlich zuständig ist. Sind mehrere Finanzämter sachlich zuständig, so kann die gemeinschaftlich vorgesetzte obere Behörde die Untersuchung und Entscheidung einem von ihnen übertragen[6].

[1] Begangen ist die Zuwiderhandlung da, wo der Täter die strafbare Willensbetätigung vorgenommen hat oder wo der Erfolg eingetreten ist (RG. i. Strafs. Bd. 23 S. 155).

[2] Zur „Entdeckung" ist amtliche Kenntnisnahme erforderlich.

[3] Vgl. §§ 51 ff.

[4] Nämlich nach den Grundsätzen des Abs. 1.

[5] D. h. nicht etwa jenes Finanzamt, das die Einleitung der Untersuchung gemäß § 406 Abs. 2 zuerst aktenkundig gemacht hat, sondern das Finanzamt, das zuerst eine Verfügung oder Maßregel zur Erforschung des Sachverhalts getroffen hat (§ 386 Abs. 1).

[6] Von Amts wegen oder auf Anrufung der bezüglich der Zuständigkeit uneinigen Finanzämter.

**§ 394.** Für Zustellungen gelten die §§ 70 bis 72. Bei Straf- oder Beschwerdebescheiden ist eine Ausfertigung, sonst eine einfache Abschrift zu übergeben.

Wird nach § 72 zugestellt, so sind statt der Straf- oder Beschwerdebescheide Benachrichtigungen nach § 72 Satz 3 anzuheften.

Fristen sind nach § 64 zu berechnen.

**§ 395.** Die Finanzämter können Beschlagnahmen nach § 94, § 95 Abs. 1, §§ 96, 97 der Strafprozeßordnung anordnen und durch ihre Beamten ausführen lassen[1].

Bei Gefahr im Verzuge können auch Beamte der Finanzämter Beschlagnahmen anordnen; sie haben binnen dreier Tage die Bestätigung des Finanzamts nachzusuchen[2].

Wenn Polizei- und Sicherheitsbeamte bei der Verfolgung von Steuerzuwiderhandlungen nach § 392 dieses Gesetzes und nach § 98 Abs. 1 der Strafprozeßordnung Beschlagnahmen angeordnet haben, steht die im § 98 Abs. 2 der Strafprozeßordnung vorgeschriebene Bestätigung und Entscheidung dem Finanzamt zu.

Der Betroffene kann jederzeit Entscheidung durch das Finanzamt beantragen. Auf Verlangen ist ihm ein Verzeichnis der in Verwahrung genommenen Sachen mitzuteilen.

[1] Voraussetzung einer solchen Anordnung ist Einleitung einer Untersuchung zum Zwecke der Bestrafung.

Über Rechtsmittel im Beschlagnahmeverfahren s. § 418.

[2] „Gefahr im Verzug" besteht bei Annahme der Beweisverdunkelung.

§ 396. Um die Beschlagnahme von Briefen und Sendungen auf der Post sowie von Telegrammen auf den Telegraphenanstalten (§ 99 der Strafprozeßordnung) ersucht das Finanzamt das zuständige Amtsgericht[1]. Dieses übergibt ihm eröffnete Sendungen, deren Zurückhaltung erforderlich erscheint.

[1] Gegen den Beschluß des Amtsgerichts hat der Betroffene nur die Beschwerde zum Landgericht nach § 304 StPO. Das gleiche Rechtsmittel dürfte gegen eine Ablehnung des Ersuchens das FA. haben, dem in dieser Beziehung wohl dieselbe Stellung zuzusprechen ist wie der Staatsanwaltschaft in dem entsprechenden Falle der §§ 102, 290 StPO.

Für die richterliche Prüfungsbefugnis gilt § 162 Abs. 2 StPO.

§ 397. Bei einer Zuwiderhandlung gegen § 165 Abs. 1, § 371 ist die Beschlagnahme dem zu erklären, der das Guthaben schuldet, die Wertsachen verwahrt oder das Schließfach überlassen hat; dabei sind die Wertsachen oder Urkunden in Verwahrung zu nehmen oder sonst sicherzustellen. Die Beschlagnahme der Ansprüche des Beschuldigten wirkt als Veräußerungsverbot nach § 136 des Bürgerlichen Gesetzbuchs.

§ 398. Die Beschlagnahme von Gegenständen, die der Einziehung unterliegen, bleibt wirksam, bis das

Strafverfahren wegen der Steuerzuwiderhandlung vollständig erledigt ist oder das Finanzamt die Beschlagnahme aufhebt.

In Beschlag genommene Sachen, deren Aufbewahrung, Pflege und Erhaltung unverhältnismäßig viel kostet oder deren Verderben droht, kann das Finanzamt nach drei Tagen, bei Gefahr im Verzug auch schon vorher, im Zwangsverfahren veräußern lassen. Der Erlös tritt an die Stelle der Sachen. Zeit und Ort der Veräußerung sind dem Beschuldigten und dem Eigentümer möglichst vorher mitzuteilen.

§ 399. Sind in Beschlag genommene Sachen, die der Einziehung unterliegen, von einem Unbekannten zurückgelassen worden, der auf der Zuwiderhandlung betroffen, aber entkommen ist, so verfallen sie oder ihr Erlös dem Reiche, wenn sich der Betroffene oder der Eigentümer nicht innerhalb dreier Monate nach der Beschlagnahme gemeldet hat. Das Finanzamt kann sie nach Ablauf einer Woche, von der Beschlagnahme an gerechnet, im Zwangsverfahren veräußern lassen.

§ 400. Zur Sicherung einer hinterzogenen Steuer können Beförderungsmittel, die der Beschuldigte bei Begehung einer Steuerzuwiderhandlung in seinem Gewahrsam hat, und andere Sachen, die er mit sich führt, außer Arbeitsgeräten, mit Beschlag belegt werden, wenn sein Wohnsitz unbekannt oder außerhalb des Deutschen Reichs gelegen ist. Mit den Beförderungsmitteln können die in Beschlag genommenen Sachen bis zur nächsten Amtsstelle befördert werden, bei der ihre Aufbewahrung möglich ist. Die Sachen sind freizugeben, wenn nachgewiesen wird, daß sie jemand gehören, der weder bei der Tat beteiligt ist noch für Strafe und Kosten haftet.

§ 401. Die Finanzämter können die nach der Strafprozeßordnung zuständigen Behörden und Beamten[1] um Durchsuchungen ersuchen[2]. Auf ihr Verlangen sind von ihnen zu bezeichnende Beamte bei der Ausführung zuzuziehen[3]. Die Sachen, die in Verwahrung oder in Beschlag genommen werden, sind den Finanzämtern zu übergeben.

[1] Zuständig ist nach § 105 StPO. das Amtsgericht, bei Gefahr im Verzug auch die Staatsanwaltschaft und deren Hilfsbeamte.

[2] Hierdurch ist, wie RG. i. Strafs. Bd. 58 S. 193 unter Heranziehung des § 105 StPO. m. E. mit Recht ausführt, den Finanzämtern nur die Befugnis zur Anordnung der Durchsuchung entzogen. Die Ausführung kann dem Finanzamt überlassen werden und eine solche Überlassung ist regelmäßig dann anzunehmen, wenn die anordnende Behörde den Anordnungsbeschluß dem FA. zugehen läßt, ohne selbst etwas weiteres zu unternehmen. § 401 S. 2 steht dem nicht entgegen und betrifft nur den Fall, wo die anordnende Behörde zugleich die Ausführung übernommen hat.

Wegen des Beschwerderechts des FA. (bei Ablehnung des Durchsuchungsantrags) sowie des Betroffenen (gegen die gerichtliche Anordnung) s. Anm. 1 zu § 396.

[3] Wenn das FA. selbst die Durchsuchung ausführt (vgl. Anm. 2), dann kann es gleichwohl (aus Gründen der Sicherheit usw.) gemäß § 389 Abs. 2 Polizei- und Sicherheitsbeamte zuziehen. Deren Stellung ist jedoch alsdann eine grundsätzlich andere als im umgekehrten Falle des § 401 S. 2. Im letzteren Falle sind nämlich verantwortlich für die gesetzmäßige Durchführung der Durchsuchung die vom Amtsgericht bzw. der Staatsanwaltschaft beauftragten Beamten, und etwaige Be-

schwerden gegen Übergriffe bei der Durchsuchung sind daher nicht beim Finanzamt anzubringen, sondern bei der den betr. Beamten vorgesetzten Stelle. Anders selbstverständlich in dem Falle, wo die Finanzbehörde selbst die Durchsuchung ausführt; wegen des Beschwerderechts des Betroffenen in diesem Falle s. § 418.

Bei der Durchführung der Durchsuchung sind im übrigen — gleichviel welche Behörde dieselbe vornimmt — die Vorschriften der §§ 105—107 StPO. zu beachten.

**§ 402.** Wenn in Steuergesetzen Durchsuchungen vorgesehen sind, steht ihre Anordnung den Finanzämtern zu[1]. Die Beamten, die mit der Ausführung beauftragt werden, haben, soweit in den Steuergesetzen nichts Abweichendes bestimmt ist, nach den Vorschriften der Strafprozeßordnung zu verfahren; sie haben sich durch einen schriftlichen Auftrag des Finanzamts auszuweisen.

Papiere und Handelsbücher dürfen die Finanzämter und deren Beauftragte nur einsehen, wenn es der Inhaber genehmigt. Andernfalls haben sie die Papiere und Handelsbücher, deren Durchsicht sie für geboten halten, in Gegenwart des Inhabers oder seines Vertreters mit dem Amtssiegel in einem Umschlag zu verschließen und an den Amtsrichter des Bezirkes abzuliefern. Dieser hat Papiere und Handelsbücher, die für die Untersuchung Bedeutung haben, dem Finanzamt mitzuteilen[2].

[1] Hierher gehörige Fälle finden sich zurzeit auf dem Gebiete der Besitz- und Verkehrssteuern überhaupt nicht, dagegen in einer Reihe von Verbrauchssteuergesetzen, so im Zuckersteuer-, Biersteuer-, Tabaksteuer-, Spielkartensteuergesetz, ferner im Vereinszollgesetz.

[2] Abs. 2 gilt nur für die Fälle des Abs. 1 S. 1.

**§ 403.** Das Recht des Finanzamts, in Räumen, die ihm zur Ausübung der Steueraufsicht zugänglich sind, Nachschau zu halten und die dort zu seiner Einsicht bestimmten Bücher und Aufzeichnungen einzusehen, bleibt unberührt; Zwangsmittel (§ 202) gegen die Person des Beschuldigten sind jedoch unstatthaft, sofern es sich darum handelt, Spuren einer Steuerzuwiderhandlung zu verfolgen.

§ 403 besagt, daß die dem FA. nach §§ 196—198 zustehenden steueraufsichtlichen Befugnisse auch zum Zwecke der Aufdeckung einer vermuteten Steuerzuwiderhandlung (vor oder nach Einleitung der Untersuchung) bestehen, jedoch mit folgender außerordentlich wichtigen Einschränkung, die zur Wahrung der strafprozessualen Stellung des Pflichtigen dient: Das FA. kann bei Ausübung der erwähnten Befugnisse gegen den Beschuldigten keinerlei Zwang ausüben, dessen — offensichtlicher oder verkappter — Zweck die Beischaffung von Beweismaterial gegen den Beschuldigten ist.

**§ 404.** Bei Verdacht einer Steuerzuwiderhandlung sind die Finanzämter und ihre Hilfsbeamten außer im Falle des § 127 Abs. 1 der Strafprozeßordnung auch dann zur vorläufigen Festnahme des Beschuldigten befugt, wenn die Voraussetzungen eines Haftbefehls vorliegen[1] und Gefahr in Verzug obwaltet.

Bei vorläufiger Festnahme ist nach Artikel 114 Abs. 2 der Verfassung zu verfahren. Der Beschuldigte hat die Wahl, ob er sich dem nächsten Finanzamt oder dem Amtsrichter des Bezirkes, in dem die Festnahme erfolgt ist, vorführen lassen will. Die §§ 128, 129 der Strafprozeßordnung finden entsprechende Anwendung. Ist die Zuwiderhandlung, wegen deren die Festnahme erfolgte, nur mit Geldstrafe oder Einziehung bedroht, so ist der Beschuldigte in Freiheit zu setzen, wenn er für Steuer, Strafe und Kosten Sicherheit bestellt oder sich über seine Person ausweist und eine Sicherheitsleistung nicht erforderlich erscheint.

[1] Vgl. §§ 112, 113 StPO.

## II. Das Verfahren.

§ 405. Die Hilfsstellen und die Beamten der Finanzämter haben die Steuerzuwiderhandlungen zu erforschen und innerhalb ihrer Zuständigkeit alle keinen Aufschub gestattenden Anordnungen zu treffen[1], um die Verdunkelung der Sache zu verhüten. Über die Ermittlungen ist dem Finanzamt eine Niederschrift oder eine schriftliche Anzeige einzureichen.

[1] Die Befugnis der Hilfsstellen und Beamten der Finanzämter zu Anordnungen der hier gedachten Art besteht nur, soweit aus besonderen Gründen (Gefahr der Spurenverwischung usw.) ein Aufschub nicht tunlich erscheint. Andernfalls sind die entsprechenden Anordnungen dem Finanzamt als solchem zu überlassen.

§ 406. Die Finanzämter haben die Anzeigen, die bei ihnen eingehen, darauf zu prüfen, ob wegen einer Steuerzuwiderhandlung einzuschreiten sei. Das gleiche gilt, wenn sie sonst von dem Verdacht einer Steuerzuwiderhandlung Kenntnis erhalten[1].

Die Einleitung der Untersuchung ist aktenkundig zu machen[2].

Zur Erforschung des Sachverhalts können die Finanzämter Ermittlungen jeder Art selbst anstellen

**oder durch ihre Hilfsstellen oder Beamten vornehmen lassen[3].**

**Die Befugnisse, die den Finanzämtern nach den §§ 177 bis 186, 188, 191, 202 und § 209 Abs. 1 bei Ermittlung der Steuerpflicht zustehen, gelten sinngemäß für die Untersuchung[4].**

**Über jede Ermittlung ist eine Niederschrift oder ein Vermerk aufzunehmen[5].**

**Niederschriften, die ein Finanzamt unter Zuziehung eines Schriftführers aufgenommen hat, stehen hinsichtlich ihrer Vorlesung in einer Hauptverhandlung vor Gericht (§§ 249 bis 255 der Strafprozeßordnung) richterlichen Protokollen gleich.**

[1] Abs. 1 statuiert das Offizialprinzip bei Verfolgung von Steuerzuwiderhandlungen, das in gleicher Weise zugunsten wie zu ungunsten des Betroffenen gilt (vgl. Bem. zu § 385). Wegen Umfangs der sachlichen Zuständigkeit der Finanzämter s. Anm. 1 zu § 386.

[2] Der betr. Aktenvermerk bildet nur ein Beweismittel für die erfolgte Einleitung der Untersuchung (RG. i. Strafs. Bd. 56 S. 341); wegen des objektiven Vorliegens einer Untersuchung s. im übrigen Anm. 3 zu § 374.

[3] Sie können sich auch der Hilfe der in § 389 Abs. 2 genannten Behörden bedienen.

[4] Die hier aufgezählten Vorschriften gelten nur bezüglich der Befugnisse der Finanzämter. Die zulässigen Rechtsmittel richten sich nach § 418 (E. Bd. 6 S. 116). Dies gilt auch bezüglich § 202 (s. Anm. 1 zu § 283).

Durch die Einzelaufzählung des Abs. 4 ist der Kreis der den Finanzämtern in der Untersuchung zu Gebote stehenden Hilfsmittel näher umschrieben. In Betracht kommen hiernach Anhörung von Auskunftspersonen und Sachverständigen (mit der Einschränkung des § 209 Abs. 1) sowie die Inanspruchnahme der behördlichen Beistandspflicht. Die Befugnis, Auskunftspersonen oder Sachverständigen den Eid abzunehmen, haben die Finanzämter entspr. §§ 186, 188 mit Genehmigung des LFA. Dagegen in Richtung gegen den Angeschuldigten selbst stehen ihnen keinerlei mit dem Recht der Erzwingung ausgestattete Befugnisse zu. Derartige Befugnisse können vielmehr nur in einem vorher- oder nebenhergehenden Steuerermittelungsverfahren ausgeübt werden (wobei sich der Regel nach Aussetzung der Untersuchung bis zur Erledigung des Ermittlungsverfahrens empfehlen dürfte). Selbstverständlich steht nichts im Wege, daß das Finanzamt Beweise, die der Angeschuldigte ohne Zwang beibringt oder anbietet, für die Untersuchung mit verwertet.

[5] Zweckmäßigerweise — mindestens in Fällen, wo nachträgliche Abgabe an die Staatsanwaltschaft gemäß § 390 voraussichtlich in Frage kommt — wird die Aufnahme der Niederschrift zur Erzielung der Wirkung des Abs. 6 unter Zuziehung eines Schriftführers erfolgen.

**§ 407.** Gegen den Beschuldigten soll ein Strafbescheid über eine Geldstrafe von mehr als fünf Reichsmark nur erlassen werden, wenn ihm Gelegenheit zur Äußerung geboten worden ist[1]. Er ist erforderlichenfalls zur Vernehmung zu laden[2].

Erscheint der Beschuldigte, so ist ihm zu eröffnen, welche strafbare Handlung ihm zur Last gelegt wird[3]. Er ist zu befragen, ob er etwas auf die Beschuldigung erwidern wolle. Die Vernehmung soll ihm Gelegenheit geben, die Verdachtsgründe zu beseitigen und Tatsachen, die zu seinen Gunsten sprechen, geltend zu machen. Seine persönlichen Verhältnisse sind zu ermitteln.

Erscheint der Beschuldigte auf die Ladung nicht, so ist er auf Antrag des Finanzamts von dem Amtsgerichte seines Wohn- oder Aufenthaltsorts nach den §§ 133 bis 136 der Strafprozeßordnung zu vernehmen[4].

Gegen einen abwesenden Beschuldigten (§ 276 der Strafprozeßordnung)[5] kann ohne seine Anhörung verfahren werden.

[1] Durch § 407 Abs. 1 ist keineswegs gesagt, daß bei Geldstrafen bis zu 5 RM. eine Anhörung des Beschuldigten nie zu erfolgen brauche. Eine solche wird sich zum mindesten in solchen Fällen nicht vermeiden lassen, wo die Möglichkeit einer anderweitigen Aufklärung durch den Beschuldigten nicht ausgeschlossen erscheint. Denn es wäre doch höchst unzweckmäßig und auch der Autorität der Finanzbehörden keineswegs zuträglich, zunächst die Bestrafung auf alle Fälle auszusprechen, um dann durch den Bestraften im Rechtsmittelweg die Rückgängigmachung herbeiführen zu lassen.

Derselbe Ermessensgrundsatz ist bei Bestrafungen über 5 RM. zu beachten. Hier wird das Finanzamt angesichts der ausdrücklichen Vorschrift des § 407 Abs. 1 nur beim Vorliegen ganz besonderer Gründe den allgemeinen prozeßrechtlichen Grundsatz „Audiatur et altera pars!" außer Acht lassen dürfen.

[2] Das Erscheinen kann nicht nach § 202 erzwungen werden.

Ein Recht auf Anwesenheit eines Vertreters oder Beistands hat der Beschuldigte nicht, wie aus dem Zwecke der Vernehmung hervorgeht (vgl. insbes. auch §§ 136, 149 Abs. 3, 169, 192 Abs. 2 StPO.).

Für den Fall des Nichterscheinens des Beschuldigten gilt Abs. 3.

[3] Es ist also nicht angängig, dem Pflichtigen zunächst den Zweck der Vernehmung zu verschweigen, ihm etwa zunächst wie man zu sagen pflegt, eine Falle zu stellen.

[4] Ob das Finanzamt gleich nach erstmaliger Nichtbeachtung der Ladung den Antrag stellen will, oder ob es von

einer Vernehmung des Beschuldigten nach Lage der Umstände überhaupt absehen zu können glaubt, hängt von seinem pflichtgemäßen Ermessen ab (vgl. oben Anm. 1).

[5] Nur Abwesenheit im Sinne des § 276 StPO. kommt also in Betracht.

**§ 408.** Wer neben dem Beschuldigten für Geldstrafe und Kosten haftet[1], ist zum Verfahren zuzuziehen. Falls es nicht geboten erscheint, ihn zu vernehmen, ist ihm die Steuerzuwiderhandlung und die Person des Beschuldigten mitzuteilen, und er ist aufzufordern, zu erklären, ob er die Schuld des Beschuldigten und seine Haftung anerkenne oder was er einwende. Folgt er der Aufforderung nicht, so ist gleichwohl das Verfahren gegen ihn fortzusetzen.

Entsprechendes gilt für den, der bei einer Einziehung beteiligt ist, wenn er sich meldet oder anzunehmen ist, daß es einer Vollstreckungshandlung gegen ihn bedarf. Dies gilt auch, wo auf Einziehung selbständig erkannt werden soll.

[1] S. insbes. § 381 und Anm. 1 zu § 382.

**§ 409.** Der Beschuldigte und die Nebenbeteiligten können sich durch einen mit schriftlicher Vollmacht versehenen Beauftragten vertreten lassen[1]. Geschäftsmäßige Vertreter können zurückgewiesen werden[2]. Dies gilt nicht für die im § 88 Abs. 1 Satz 3 genannten Personen. Das Finanzamt kann anordnen, daß der Beschuldigte erscheint[3].

[1] Der Beauftragte ist nicht „Verteidiger" im Sinne der §§ 137 ff. StPO., auch dann nicht, wenn er zu den nach § 138 StPO. zum Verteidiger geeigneten Personen (Rechtsanwälten, Hochschullehrern) gehört. Die genannten Vorschriften der StPO.

finden daher keine Anwendung. Dies ist insbesondere wichtig für das Recht der Akteneinsicht (§ 147 StPO.), das dem „Beauftragten" nicht zusteht. Nach Abgabe der Sache an das Gericht (§ 427 AO.) kann Bestellung eines Verteidigers nach den Vorschriften der StPO. erfolgen.

Wegen des Rechts des Beschuldigten auf Anwesenheit des Beauftragten bei Vernehmungen s. Anm. 2 zu § 407.

Die Zustellung des Strafbescheids hat trotz Vorhandenseins eines Beauftragten nach § 414 Abs. 1 an den Beschuldigten selbst zu erfolgen.

[2] Über den Begriff „Geschäftsmäßigkeit" s. Anm. 3 zu § 88.

[3] Die Anordnung kann nicht nach § 202 erzwungen werden.

**§ 410.** Wenn der Beschuldigte die Zuwiderhandlung vorbehaltlos einräumt, so kann er sich der in einer Niederschrift festzusetzenden Strafe unter Verzicht auf Erlaß eines Strafbescheids sofort unterwerfen[1]. Die Unterwerfung steht einer rechtskräftigen Verurteilung gleich[2]. Das Verfahren regelt der Reichsminister der Finanzen[3].

[1] Auf den Standpunkt des Nebenbeteiligten kommt es nicht an (RFME. v. 1. 11. 21, erwähnt in Anm. 3).

[2] Es gibt also gegen die formell ordnungsmäßige Unterwerfungsverhandlung (s. Anm. 3) kein Rechtsmittel. Die Unterwerfung kann auch nicht etwa nach Maßgabe der für die bürgerlich rechtliche Anfechtbarkeit von Willenserklärungen geltenden Bestimmungen des BGB. (§§ 119, 123 a. a. O.) wegen eines Mangels im Willen widerrufen werden. Für die Richtigkeit dieser Anschauung wird man sich, wenn man davon ausgeht, daß die Unterwerfung ihrem inneren Wesen nach einen Verzicht auf Durchführung des Strafverfahrens und auf Rechtsmittel bedeutet, ohne weiteres auf die Rechtsprechung des RG. hinsichtlich der Widerruflichkeit von Rechtsmittelverzichten im Strafverfahren berufen können (vgl. RG. i. Strafs. Bd. 57 S. 83).

Demgegenüber entsteht die Frage, wie in dem Falle geholfen werden soll, wo festgestellt ist, daß jemand zur Abgabe einer Unterwerfungserklärung tatsächlich im wesentlichen bestimmt worden ist durch vorschrifts- und dienstpflichtwidrige Drohungen des die Verhandlungen führenden Beamten mit schärferen Maßnahmen oder schwerwiegenden Rechtsnachteilen, vielleicht auch durch Täuschungsmanöver. (Zu bemerken ist übrigens hierzu, daß natürlich nicht jeder Hinweis auf die im Falle der Weigerung von Amts wegen durchzuführende Weiterbehandlung der Sache als eine unzulässige „Drohung" in diesem Sinne angesehen werden kann.) Abhilfe wird hier nur im Wege des Straferlasses nach § 443 geschaffen werden können. Bei der Entscheidung, ob ein solcher ganzer oder teilweiser Erlaß auszusprechen ist, wird aber (wenngleich dies gewissermaßen einer an sich gesetzlich nicht vorgesehenen Wiederaufnahme des Verfahrens gleichkommt) untersucht werden müssen, ob die betr. Strafe sachlich gerechtfertigt war, so daß sie also im Falle der Nichtabgabe der Unterwerfungserklärung durch Strafbescheid festzusetzen gewesen wäre. Ist diese Frage zu bejahen, so wird von einem Erlaß abzusehen sein, da sonst mit Rücksicht auf den durch die Unterwerfung eingetretenen Verbrauch des Strafanspruchs die — an sich gerechtfertigte — Bestrafung überhaupt undurchführbar wäre.

³ Die Regelung ist erfolgt in der Vdg. v. 1. 11. 21 — RGBl. S. 1328 — (abgedruckt im Anhang dieses Buches unter Nr. 5).

Hervorzuheben aus den Bestimmungen der genannten Verordnung ist die Bedingtheit der Wirksamkeit der Unterwerfung durch die Genehmigung der Unterwerfungsverhandlung seitens des Finanzamtsvorstehers oder Vertreters; der Beschuldigte ist bis zum Ablauf der Genehmigungsfrist an seine Erklärung gebunden (§ 2 Abs. 2 Vdg.).

Zu § 2 Abs. 4 Vdg. erging ein die Befugnisse der Präsidenten der LFA. einschränkender RFME. v. 6. 4. 25 III D 3151.

Von den in § 3 Vdg. aufgezählten Inhaltsbestandteilen der Unterwerfungsniederschrift dürften nur die unter Nr. 6, 7 und 8 genannten mit Rücksicht auf ihre Wesentlichkeit für die Feststellung des Unterwerfungswillens (vgl. auch den Wortlaut des § 410 S. 1) die Bedeutung haben, daß ihr Fehlen die Unwirksamkeit der Verhandlung begründet. Selbstverständlich ist aber zur Vermeidung von späteren Verwicklungen größte Genauigkeit auch bei Wiedergabe des übrigen Verhandlungsinhalts wünschenswert und geboten.

RFME. v. 10. 10. 25 III R 18804 führt aus, daß vor Bekanntgabe der Strafhöhe zum Zwecke der Vermeidung eines der staatlichen Autorität unwürdigen Hin- und Herverhandelns die Behörde alle für die Bemessung der Strafhöhe maßgebenden Umstände (einschließl. der persönlichen Verhältnisse des Pflichtigen) eingehend zu prüfen hat.

Daß die Schuldfrage selbst nicht Gegenstand von Kompromißerörterungen zwischen der Behörde und dem Pflichtigen sein kann, bedarf wohl kaum der Erwähnung.

Das amtliche Formular für Unterwerfungsverhandlungen (Anlage zu RFME. v. 1. 11. 21, RStBl. S. 387) enthält u. a. auch den Vordruck für eine Verzichtserklärung bezüglich der Rechtsmittel gegen die festgesetzten Nachsteuern. Die betr. Vordrucke sind jedoch mit Rücksicht auf die ihrer Wirksamkeit ungünstige Rechtsprechung (vgl. Anm. 1 zu § 233) nur mit großer Vorsicht zu gebrauchen. Es empfiehlt sich an ihrer Stelle die Aufnahme gesonderter Niederschriften zu den Veranlagungs- (nicht Straf-)akten.

**§ 411.** Ergibt die Untersuchung, daß der Verdacht nicht begründet war, so stellt das Finanzamt das Verfahren ein und teilt dies dem Beschuldigten mit, wenn er als solcher vernommen worden ist[1]. Erscheint der Verdacht begründet, so gibt das Finanzamt, wenn es nicht selber erkennen kann oder will[2], die Verhandlungen an die Staatsanwaltschaft ab. Es kann beantragen, daß die öffentliche Klage gegen den Beschuldigten und die Nebenbeteiligten erhoben werde; geeignetenfalls ist ein bestimmter Antrag zu stellen und zu begründen.

Örtlich zuständig ist auch die Staatsanwaltschaft des Bezirkes, in dem das Finanzamt seinen Sitz hat. Die Zuständigkeit erstreckt sich auf die der Gerichte. Die Vorschriften der Strafprozeßordnung über die örtliche Zuständigkeit bleiben im übrigen unberührt.

Hat das Finanzamt die Sache abgegeben, weil es nicht zur Entscheidung zuständig sei, hält die Staatsanwaltschaft dagegen diese Auffassung nicht für zutreffend, so kann sie die Sache zur weiteren Erledigung im Verwaltungsstrafverfahren an das Finanzamt zurückgeben; § 390 bleibt unberührt.

[1] Vgl. § 407.

[2] Vgl. § 386 Abs. 2.

**§ 412.** Will das Finanzamt selbst erkennen, so erläßt es einen Strafbescheid[1].

Im Strafbescheide[2] sind außer der Strafe die strafbare Handlung, das Strafgesetz und die Beweismittel anzugeben. Er soll ferner die Entscheidungsgründe und die Belehrung[3] enthalten, daß der Beschuldigte, wenn er nicht nach § 416 Beschwerde[4] an das Landesfinanzamt einlege, gegen den Strafbescheid binnen einer Woche nach der Bekanntmachung bei dem Finanzamt, das den Bescheid erlassen habe, auf gerichtliche Entscheidung[5] antragen könne.

Ist auf Einziehung zu erkennen und steht nicht fest, ob die Einziehung vollzogen werden kann, so ist für den Fall, daß die Einziehung nicht ausgeführt werden kann, die Ersatzstrafe nach § 365 Abs. 2 festzusetzen.

[1] Die Vorschriften über Erlaß von Strafbescheiden gelten für die Bestrafung aller Steuerzuwiderhandlungen (§ 356), also auch bei Verhängung von Ordnungsstrafen.

Strafbescheide und Steuerbescheide (bzw. Steuernachholungsbescheide) dürfen nach RFME. v. 25. 8. 21 (RStBl. S. 328) nicht miteinander verbunden, sondern müssen getrennt erlassen werden. Diese Anweisung hat ihren Grund in der Entsch. des RFH. v. 13. 7. 21 (RStBl. S. 327), in welcher der RFH. sich über die prozessualen Wirkungen einer derartigen Verbindung ausgesprochen hat. U. a. ist dort ausgeführt, daß der Antrag auf gerichtliche Entscheidung in solchem Falle zugleich als Anfechtung des Steuerbescheids im Sinne der §§ 217 ff. AO. zu gelten hat.

[2] Der Strafbescheid zerfällt in zwei Hauptteile, nämlich den eigentlichen Entscheidungssatz (enthaltend den Strafausspruch selbst und den Ausspruch über die Kosten des Verfahrens einschließlich der Strafvollstreckung) und die Begründung. Letztere gliedert sich — entsprechend dem Aufbau richterlicher Strafurteile — inhaltlich nach folgenden Gesichtspunkten.

a) Darstellung des Sachverhalts, der den gesetzlich strafbaren Tatbestand bildet. Hierzu gehört, abgesehen von den rein tatsächlichen Vorgängen, auch Festlegung der Umstände, aus welchen das Verschulden (Vorsatz bzw. Fahrlässigkeit, soweit dieselben Voraussetzungen für die Strafbarkeit bilden) hervorgeht.

Die zur Feststellung des Sachverhalts dienenden Beweismittel sind entsprechend in die Sachdarstellung einzugliedern.

b) Bezeichnung der strafrechtlichen Bestimmungen (nach Paragraphen), unter welche der geschilderte Tatbestand fällt.

c) Würdigung der Frage nach dem Vorhandensein von Strafausschließungsgründen (nur erforderlich, wenn nach den Umständen des Falles oder dem Vorbringen des Beschuldigten ein besonderer Anlaß hierfür besteht).

d) Angabe der Gründe, die für die Strafzumessung (im mildernden oder verschärfenden Sinne) maßgebend sind.

[3] Die Rechtsmittelbelehrung, die zweckmäßiger Weise als Zusatz zum eigentlichen Strafbescheid gegeben wird, ist nicht zwingend vorgeschrieben. Ja es fehlt im Strafverfahren sogar eine dem § 231 Abs. 3 entsprechende Bestimmung über Folgen der unterlassenen Rechtsmittelbelehrung. Die Beschwerdefrist von einer Woche läuft daher auch ohne Rechtsmittelbelehrung. Es entspricht aber dem Willen des Gesetzes, daß auch die bloße Sollvorschrift nicht grundlos unbeachtet bleibt. Beim Fehlen oder unrichtiger Erteilung der Rechtsmittelbelehrung kann unter Umständen im Wege der Nachsichtgewährung nach § 416 S. 4 geholfen werden.

[4] Näheres §§ 415 Abs. 3, 416, 417.

[5] Über Antrag auf gerichtliche Entscheidung s. §§ 415, 426 ff.

**§ 413.** Sind Nebenbeteiligte in der Untersuchung zugezogen, so ist im Strafbescheide darüber zu erkennen, ob sie die Einziehung gegen sich gelten zu lassen oder für die Geldstrafe und die Kosten des Strafverfahrens und der Strafvollstreckung zu haften haben.

Ist ihre Zuziehung im Verwaltungsstrafverfahren oder im gerichtlichen Verfahren unterblieben, so kann gegen sie durch besonderen Strafbescheid entschieden werden.

**§ 414.** Der Strafbescheid ist den Beteiligten[1] zuzustellen[2] oder zu verkünden[3].

Ist der Beschuldigte noch nicht achtzehn Jahre alt, so ist der Strafbescheid auch[4] dem gesetzlichen Vertreter zuzustellen oder zu verkünden.

Sind mehrere gesetzliche Vertreter oder bei juristischen Personen, Personenvereinigungen, Zweckvermögen

**und ähnlichen Gebilden mehrere Vertreter, Vorsteher oder Verwalter vorhanden, so genügt die Zustellung oder Verkündung an einen von ihnen.**

**Nach der Zustellung[5] kann der Strafbescheid nur in den Fällen der §§ 426, 429 zurückgenommen werden.**

[1] Den Beteiligten selbst; Zustellung an Beauftragte im Sinne des § 409 genügt nicht!

[2] Über Zustellung s. § 394 Abs. 1 bis 3, ferner Anm. 1 zu § 409 a. E.

[3] Die Verkündung hat die rechtliche Wirkung der Zustellung.

Der Begriff der „Verkündung" im Sinne des § 414 Abs. 1 ist nicht etwa gleichzusetzen jenem im Sinne des § 268 StPO. Dies ergibt sich schon daraus, daß im Steuerstrafverfahren eine den §§ 226—275 StPO. entsprechende sog. Hauptverhandlung gar nicht stattfindet. Verkündung in dem hier gedachten Sinne kann demnach nichts anderes bedeuten als formelle mündliche Bekanntgabe des ergangenen Bescheids (d. i. des Entscheidungssatzes) an die Beteiligten. Sie kann begriffsmäßig nicht früher erfolgen, als der Bescheid formell vorliegt (s. hierüber Anm. 1 zu § 67).

Die Verkündung ist zum Zweck ihres Nachweises aktenkundig zu machen. Es empfiehlt sich Unterschreibenlassen durch die Beteiligten. Doch macht die etwaige Unterschriftsverweigerung seitens eines Beteiligten die Verkündung selbstverständlich nicht unwirksam.

[4] „Auch": D. h. es ist Zustellung bzw. Verkündung an beide Personen erforderlich, damit die Frist der §§ 415, 416 in Lauf gesetzt wird.

[5] Bzw. Verkündung.

**§ 415. Der Beschuldigte und die Nebenbeteiligten können gegen den Strafbescheid Beschwerde einlegen, wenn sie nicht auf gerichtliche Entscheidung antragen[1].**

Der Antrag auf gerichtliche Entscheidung ist bei dem Finanzamt, das den Strafbescheid erlassen hat, binnen einer Woche nach der Bekanntgabe[2] schriftlich oder mündlich zu stellen.

Der Antrag auf gerichtliche Entscheidung schließt für den Beteiligten die Beschwerde, die Einlegung der Beschwerde den Antrag auf gerichtliche Entscheidung aus[3]. Hat der gesetzliche Vertreter oder der Ehemann einer beschuldigten Frau Beschwerde eingelegt und der Vertretene oder die beschuldigte Frau gerichtliche Entscheidung beantragt oder umgekehrt, so ist die Beschwerde wirkungslos, wenn nicht der Antrag auf gerichtliche Entscheidung zurückgenommen wird.

Hat von mehreren Beteiligten[4] ein Teil auf gerichtliche Entscheidung angetragen, während der andere Beschwerde eingelegt hat, so ist über die Beschwerde in der Regel erst nach rechtskräftiger Erledigung des gerichtlichen Verfahrens zu befinden.

[1] Über Wirkungen dieses Antrags und weitere Befugnisse des Finanzamts s. §§ 426, 427.

[2] D. h. nach Zustellung oder Verkündung (§ 414 Abs. 1). Gegen die Versäumung der Antragsfrist kann das Gericht entspr. §§ 421, 415 StPO. Wiedereinsetzung in den vorigen Stand gewähren (§ 428 AO.).

[3] Es kann also nicht etwa unter Verzicht auf das zunächst in Anspruch genommene Rechtsmittel das andere geltend gemacht werden, auch nicht innerhalb der Frist. Über bedingte Antragstellung s. RG. i. Strafs. Bd. 54 S. 54.

[4] Es muß sich um Beteiligte an der gleichen Strafsache handeln. Eine bloß äußerliche Gleichartigkeit mehrerer gleichzeitig schwebender Strafsachen begründet keine Beteiligteneigenschaft.

§ 416. Die Beschwerde ist bei dem Finanzamt, das den Strafbescheid erlassen hat, schriftlich oder mündlich einzulegen. Die Frist für die Einlegung beträgt eine Woche; sie ist eine Ausschlußfrist und läuft von der Bekanntmachung an[1]. Die Einlegung bei der Beschwerdebehörde[2] genügt zur Wahrung der Frist. Bei Versäumung der Frist kann nach den §§ 68, 69 Nachsicht gewährt werden.

[1] Über Fristwahrung gilt das in Anm. zu § 64 Gesagte.

[2] Das ist das zuständige LFA. Rechtzeitiges Eingehen der zunächst an eine unrichtige Behörde gerichteten Beschwerde bei der zuständigen Behörde wird genügen.

§ 417. Über die Beschwerde entscheidet das Landesfinanzamt[1]. Es kann nach § 406 Ermittlungen anstellen. Der Beschwerdebescheid[2] ist zu begründen und zuzustellen oder zu verkünden[3].

[1] Und zwar endgültig (s. § 418 Abs. 1 S. 1). Eine Aussetzung der Entscheidung bis zur rechtskräftigen Erledigung eines etwa nebenherlaufenden Steuerermittlungsverfahrens ist nicht erforderlich, da eine dem § 433 entspr. Vorschrift nicht besteht.

Reformatio in peius ist nach allgemeinen strafprozessualen Grundsätzen (§ 385 AO. §§ 331, 358 Abs. 2 StPO.) unzulässig.

[2] Für den Inhalt des Beschwerdebescheids gilt das in Anm. 2 zu § 412 Gesagte entsprechend.

[3] Vgl. Anm. 1 bis 3 zu § 414.

§ 418. Gegen andere Verfügungen der Finanzämter und Landesfinanzämter als Straf- und Beschwerdebescheide[1] kann der Betroffene[2] Beschwerde an die nächstobere Behörde einlegen. Die Frist zur Einlegung der Beschwerde beträgt eine Woche; sie beginnt mit der Zustellung oder Bekanntmachung der Verfügung[3]. Die Beschwerde ist bei der Behörde einzulegen, deren Verfügung angefochten wird; die Einlegung bei der Beschwerdebehörde genügt[4]. Die Beschwerdebehörde entscheidet endgültig.

Verfügungen, die dem Straf- oder Beschwerdebescheide vorausgehen und ihn vorbereiten sollen, unterliegen der Beschwerde nur, wenn sie eine Beschlagnahme anordnen oder andere Personen betreffen als den Beschuldigten oder die Nebenbeteiligten[5].

[1] Hierher gehören mit der in Abs. 2 getroffenen Ausnahme alle im Strafverfahren ergehenden Verfügungen der Finanzämter und Landesfinanzämter, auch soweit die Untersuchung (§ 406) und die dabei erfolgende Anwendung des § 202 in Frage kommt. Vgl. E. Bd. 6 S. 116, Bd. 13 S. 333, ferner wegen Beschlagnahme Bd. 5 S. 69).

[2] „Betroffene" können auch Dritte sein, nicht nur der Beschuldigte; die Rechtsprechung zu § 305 S. 2 StPO. wird entsprechend zu verwenden sein.

[3] Wegen Fristen und Zustellungen s. § 394. Gegen Versäumung einer Frist dürfte entspr. §§ 44, 311 Abs. 2 S. 1 StPO. (§ 385 AO.) die Wiedereinsetzung in den vorigen Stand möglich sein, da der Betroffene hier nicht schlechter gestellt sein kann als im entspr. gerichtlichen Verfahren.

Ob man § 311 Abs. 3 StPO. analog anwenden darf, erscheint zweifelhaft; ich möchte die Frage verneinen.

[4] Vgl. Anm. 2 zu § 416.

[5] Vgl. § 305 StPO.

## III. Kosten des Verfahrens.

**§ 419.** Im Verwaltungsstrafverfahren werden an Kosten[1] erhoben:

a) für Strafbescheide und für Beschwerdebescheide

(§ 417[2]) eine Gebühr[3] in Höhe der Gebühr des Gerichtskostengesetzes[4] für Urteile in Strafsachen des ersten Rechtszugs; die §§ 51, 75 Abs. 2, 79, 80 des Gerichtskostengesetzes sind anzuwenden[5];

b) an Auslagen:

1. Schreibgebühren[6] für Ausfertigungen und Abschriften[7] nach dem Gerichtskostengesetze,
2. Telegraphengebühren und im Fernverkehre zu entrichtende Fernsprechgebühren,
3. Kosten von Zustellungen und öffentlichen Bekanntmachungen,
4. Entschädigungen, die an Auskunftspersonen und Sachverständige gezahlt sind[8],
5. Reisekosten der Beamten bei Geschäften außerhalb des Dienstsitzes,
6. Auslagen anderer Behörden,
7. Kosten der Erhaltung beschlagnahmter Sachen und der Beförderung von Personen oder Sachen,
8. Haftkosten.

[1] § 419 regelt erschöpfend den Umfang der Kosten, die dem Verurteilten auferlegt werden können. Über die Kostentragungspflicht s. Anm. 1 zu § 420.

[2] Andere Beschwerdeentscheidungen im Strafverfahren (§ 418) sind gebührenfrei; Auslagen nach § 419 b werden jedoch stets erhoben.

[3] Die Gebühren berechnen sich nach § 52 GKG. und betragen bei Geldstrafen gemäß § 52 Abs. 2 20% der erkannten Geldstrafe.

[4] Gemeint ist das Gerichtskostengesetz in seiner jeweils geltenden Fassung; vgl. hierwegen und wegen der gegenwärtigen Fassung Anm. 3 zu § 289 und Fußnote auf S. 348.

[5] § 51 GKG. betrifft den Fall, daß in einer Strafsache mehrere Angeschuldigte vorhanden sind, § 75 Abs. 2 bestimmt, daß die Gebühren und Auslagen gegen den Verurteilten erst mit Rechtskraft des Urteils fällig werden, §§ 79, 80 sagen, wer Schuldner der Gebühren und Auslagen ist.

[6] Die Schreibgebühr beträgt gemäß § 71 Abs. 2 GKG. für jede angefangene Seite (32 Zeilen von durchschnittlich 15 Silben) 20 RPfg.

[7] Auch für die nicht auf Antrag erteilten Ausfertigungen und Abschriften (RFME. v. 29. 3. 21 III 31778, angeführt im amtl. Ergänz.-Bd. zur AO. Ausgabe 1920 S. 120).

[8] S. hierüber Anm. zu § 297.

**§ 420.** Die Kostenvorschriften der Strafprozeßordnung gelten sinngemäß auch für das Verwaltungsstrafverfahren[1]. Über Höhe und Notwendigkeit von Auslagen entscheidet das Finanzamt endgültig[2].

Wer nur bei der Einziehung beteiligt ist, hat außer bei Zurückweisung unbegründeter Beschwerden keine Kosten zu tragen.

Sind durch das Verfahren gegen den, der für Geldstrafe und Kosten haftet, besondere Kosten entstanden, so sind ihm diese Kosten bei Festsetzung seiner Haftpflicht aufzuerlegen.

[1] Unter entsprechender Berücksichtigung der einschlägigen Vorschriften der StPO. gilt daher für die Kostentragung im Verwaltungsstrafverfahren folgendes:

1. Jeder Strafbescheid und jeder Beschwerdebescheid muß im Entscheidungssatz einen Ausspruch darüber enthalten, wer die Kosten zu tragen hat und in welcher Höhe (§ 464 Abs. 1 StPO.). Dieser Ausspruch erstreckt sich, auch wenn dies nicht ausdrücklich gesagt sein sollte, immer auf die Kosten des ganzen Verfahrens, also einschließlich der Kosten der Vorinstanz.

2. Wer durch Strafbescheid verurteilt wird oder wessen Beschwerde **gänzlich** erfolglos bleibt (hierzu gehört auch die Zurücknahme der Beschwerde), hat die ganzen Verfahrenskosten zu tragen (§§ 465 Abs. 1, 473 Abs. 1 StPO.).

3. War die Untersuchung oder die Beschwerde wegen mehrerer Straffälle desselben Beschuldigten geführt und findet Bestrafung nur bezüglich eines Teils dieser Straffälle statt, so sind Kosten, die durch die Behandlung der übrigen Fälle entstanden sind, dem Betroffenen nicht aufzuerlegen (§ 466 StPO.).

4. Wenn die Untersuchung gegen den Angeschuldigten eingestellt wird (§ 411 Abs. 1 S. 1), oder wenn der Angeschuldigte durch Beschwerde die **gänzliche** Freistellung von Strafe erreicht, dann sind ihm trotzdem solche Kosten aufzuerlegen, die durch seine schuldbare Versäumnis entstanden sind; die dem Betroffenen erwachsenen **notwendigen** Auslagen **können** (Ermessenssache!) der Reichskasse auferlegt werden (§ 467 StPO.). Wegen der **Entscheidung** über die notwendigen Auslagen § 420 Abs. 1 S. 2.

5. Über Kostentragung im Falle der Zurücknahme eines **Strafantrags** (§ 376 Abs. 3 AO.) s. § 470 StPO.

6. Hat eine Beschwerde **teilweisen** Erfolg, dann **können** die Verfahrenskosten angemessen verteilt werden (§ 473 Abs. 1 S. 3 StPO.). Ob die Beschwerdebehörde eine solche Verteilung und wie sie dieselbe vornehmen will, steht in ihrem Ermessen. Es bestehen nicht einmal bindende Vorschriften über den zulässigen **Verteilungsmodus**. Der Regelfall wird indes die Verteilung nach bestimmten Bruchteilen sein. Ein besonderer Ausspruch, daß der Angeschuldigte seine eigenen Kosten zu tragen habe, ist nicht erforderlich, da dies ohnehin der Fall ist (eine einzige Ausnahme bezüglich der **notwendigen** Auslagen s. oben Nr. 4).

7. Die Kosten der **Strafvollstreckung** sind dem Bestraften aufzuerlegen (§ 465 Abs. 1 StPO.).

8. Alle Kosten, die nach vorstehenden Grundsätzen nicht dem Angeschuldigten auferlegt werden, sind der Reichskasse aufzuerlegen.

An Haftungsvorschriften der StPO. ist zu erwähnen § 466 Abs. 2 StPO. wegen Haftung mehrerer Mitangeschuldigter für die Auslagen (gilt nicht bezüglich der Gebühren, für diese kommt zufolge § 51 GKG. eine Mithaftung anderer Personen nicht in Frage!), ferner § 465 Abs. 2 StPO. (vgl. auch Anm. zu § 355 unter Nr. 5) wegen Haftung des Nachlasses eines Bestraften für die Kosten.

[2] Gegen die Entscheidung des Finanzamts in dieser Beziehung gibt es also keine Beschwerde, gegen die Festsetzung der übrigen Kosten die gewöhnliche Beschwerde nach § 418. Entscheidungen über die Kostentragungspflicht (wozu auch die Entscheidung darüber gehört, ob die notwendigen Auslagen des Angeschuldigten von der Reichskasse zu tragen sind) können dagegen mit den nach §§ 415, 416 AO. zulässigen Behelfen angegriffen werden, das heißt also durch Antrag auf gerichtliche Entscheidung oder durch Beschwerde zum Landesfinanzamt; denn die genannten Entscheidungen haben Teile des Strafbescheids zu bilden, der nötigenfalls im Kostenpunkt nachträglich zu ergänzen ist.

**§ 421.** Zur Sicherung der Staatskasse wegen der Kosten[1], die den Beschuldigten voraussichtlich treffen werden, kann das Finanzamt nach § 351 einen Arrest anordnen und vollziehen[2].

[1] Nicht auch wegen der Strafe selbst (E. Bd. 5 S. 225).

[2] In solchem Falle gelten bezüglich des ganzen Arrestverfahrens einschließlich der Rechtsmittelfrage die Vorschriften des § 351.

**§ 422.** Wenn das Gericht gegen den Beschuldigten eine Strafe oder gegen den, der für Geldstrafe und Kosten haftet, die Haftpflicht rechtskräftig festgesetzt hat, so haben diese Personen auch die Kosten des Verwaltungsstrafverfahrens zu tragen[1].

[1] Im Falle gerichtlicher Verurteilung fällt die Gebühr für den vorangegangenen Strafbescheid weg (E. Bd. 18 S. 320).

## IV. Strafvollstreckung.

**§ 423.** Vollstreckbare Strafbescheide[1] und Beschwerdebescheide wirken wie ein rechtskräftiges Urteil.

[1] Vollstreckbar ist ein Strafbescheid dann, wenn er innerhalb der einwöchentlichen Ausschlußfrist weder im Wege des § 415 noch durch Beschwerde nach § 416 angegriffen worden ist, oder wenn Zurücknahme des Antrags auf gerichtliche Entscheidung nach § 430 erfolgt.

**§ 424.** Die Finanzämter haben die Straf- und Beschwerdebescheide sowie die Kostenentscheidungen nach den Vorschriften über das Zwangsverfahren zu vollstrecken[1].

Für Zahlung einer Geldstrafe kann eine Frist oder Abtragung in Teilbeträgen bewilligt werden[2]. Teilzahlungen sind zulässig und werden zunächst auf die Strafe angerechnet. Der Versuch, eine Geldstrafe beizutreiben, kann unterbleiben, wenn sicher vorauszusehen ist, daß er erfolglos sein würde.

Die Einziehung wird dadurch vollstreckt, daß das Finanzamt die Sachen dem Besitzer wegnehmen läßt. § 301 gilt entsprechend, jedoch kann der Dritte nur geltend machen, daß die Sache nicht durch die Einziehung getroffen sei, oder daß er das Recht an ihr nach der Rechtskraft des Strafbescheids erworben habe.

Bei Einziehungen kann das Finanzamt die Ersatzstrafe (§ 365 Abs. 2, § 412 Abs. 3) vollstrecken, wenn die Sachen nicht in Verwahrung genommen sind und vom Verurteilten nicht binnen angemessener Frist abgeliefert werden.

[1] Die Vollstreckbarkeit eines Strafbescheids wird nicht dadurch gehemmt, daß verspätet (§ 415 Abs. 1) ein Antrag auf gerichtliche Entscheidung eingeht (RFH. i. DStBl. 1925 S. 637).

Wegen Umwandlung uneinbringlicher Geldstrafen in Freiheitsstrafen s. Anm. zu § 355 unter Nr. 4.

[2] § 105 Abs. 2 findet hier keine Anwendung, daher auch keine Genehmigungspflicht des LFA. bei längeren Stundungen.

**§ 425.** Geldstrafen und Gegenstände, deren Einziehung ausgesprochen ist, fallen dem Reiche zu.

§ 425 gilt zufolge § 440 auch für gerichtlich erkannte Strafen. Er gilt ferner auch bei Reichssteuern, die ganz oder zum Teil den Ländern oder Gemeinden zufließen, z. B. bei der Grunderwerbsteuer (vgl. Anm. 6 a. E. zu § 1).

## Dritter Titel.

## Gerichtliches Verfahren.

**§ 426.** Hat der Beschuldigte oder ein Nebenbeteiligter[1] auf gerichtliche Entscheidung angetragen, so kann das Finanzamt den Strafbescheid wegen des Antragstellers[2] bis zur Übersendung der Verhandlungen an die Staatsanwaltschaft[3] zurücknehmen[4]. In diesem Falle kann es das Verfahren einstellen, nach weiteren Ermittlungen einen neuen Bescheid erlassen oder die Sache an die Staatsanwaltschaft zum gerichtlichen Verfahren abgeben[5]. Der Antragsteller ist zu benachrichtigen[6].

[1] S. § 386 Abs. 3.

[2] Nicht auch bezüglich der übrigen Beteiligten.

[3] Das ist bis zum Eingang der Akten bei der Staatsanwaltschaft.

[4] Besondere Form nicht vorgeschrieben. Telegramm genügt.

[5] Mit wirksam erfolgter Zurücknahme gewinnt das Finanzamt wieder völlig freie Hand in der Behandlung der Angelegenheit, wie aus § 426 S. 2 zu entnehmen ist. Es ist sogar die Erlassung eines neuen härteren Strafbescheids zulässig.

[6] Die Benachrichtigung bezieht sich nur auf die Zurücknahme des Bescheids. Sie kann formlos erfolgen. Ihre Unterlassung macht das weitere Verfahren des Finanzamts keineswegs ungültig.

**§ 427.** Wird der Strafbescheid nicht zurückgenommen, so übersendet das Finanzamt die Verhandlungen der Staatsanwaltschaft mit dem Antrag, die Entscheidung des Gerichts herbeizuführen. Die Staatsanwaltschaft legt sie dem Gerichte vor; eine Anklageschrift wird nicht eingereicht[1]. Wegen der örtlichen Zuständigkeit der Staatsanwaltschaft und des Gerichts gilt § 411 Abs. 2.

Zur Hauptverhandlung vor dem Schöffengericht ist ein zweiter Amtsrichter zuzuziehen, wenn das Finanzamt es beantragt. Das Finanzamt soll den Antrag nur stellen, wenn die Zuziehung eines zweiten Amtsrichters nach Umfang und Bedeutung der Sache notwendig erscheint. Der Antrag soll dem Schreiben, mit dem das Finanzamt die Verhandlungen der Staatsanwaltschaft übersendet (Abs. 1 Satz 1), beigefügt werden; die Staatsanwaltschaft hat ihn zusammen mit den Verhandlungen (Abs. 1 Satz 2) an das Gericht weiterzuleiten.

[1] Die Sache gelangt damit sofort in das Stadium der §§ 213 ff. StPO.; eine Entscheidung über die Eröffnung des Hauptverfahrens findet nicht statt. Die Festhaltung dieser Rechtslage ist wichtig u. a. wegen der dem FA. als Nebenkläger (§ 432 Abs. 1) und dem Betroffenen zustehenden Rechtsmittel gegen richterliche Entscheidungen (§§ 305 ff.).

**§ 428.** Das Gericht hat den Antrag auf gerichtliche Entscheidung als unzulässig zu verwerfen, wenn er nicht rechtzeitig oder nicht in der vorgeschriebenen Form gestellt ist, oder wenn er nach § 415 wirkungslos ist, weil Beschwerde eingelegt ist. Bei Versäumung der Frist kann nach den Vorschriften der Strafprozeßordnung Wiedereinsetzung in den vorigen Stand erteilt werden.

Verwirft das Gericht den Antrag nicht als unzulässig, so ist die Hauptverhandlung anzuberaumen.

Ist der Beschuldigte abwesend (§ 276 der Strafprozeßordnung), so ist gegen ihn nach den §§ 278 bis 284 der Strafprozeßordnung zu verfahren.

**§ 429.** Nach Übersendung der Verhandlungen an die Staatsanwaltschaft kann das Finanzamt den Strafbescheid nur mit deren Zustimmung zurücknehmen[1]. Die Staatsanwaltschaft teilt die Zurücknahme dem Gerichte mit, wenn sie ihm die Verhandlungen schon vorgelegt hat. Das Gericht stellt das Verfahren ein.

Nach Beginn der Hauptverhandlung kann das Finanzamt den Strafbescheid nur mit Zustimmung dessen, der auf gerichtliche Entscheidung angetragen hat, nach Verkündung des Urteils erster Instanz überhaupt nicht mehr zurücknehmen.

[1] Über die Wirkung der Zurücknahme s. Anm. 5 zu § 426.

**§ 430.** Der Beschuldigte oder der Nebenbeteiligte kann den Antrag auf gerichtliche Entscheidung bis zur Verkündung des Urteils erster Instanz zurücknehmen, nach Beginn der Hauptverhandlung jedoch nur mit Zustimmung der Staatsanwaltschaft und, falls es als Nebenkläger vertreten ist, auch des Finanzamts.

Der Antrag gilt als zurückgenommen, wenn der Beschuldigte oder der Nebenbeteiligte ohne genügenden Grund in der Hauptverhandlung ausbleibt und sich nicht durch einen Verteidiger vertreten läßt.

Mit der Zurücknahme wird der Strafbescheid vollstreckbar im Sinne des § 423.

**§ 431.** Hat der gesetzliche Vertreter eines noch nicht achtzehn Jahre alten Beschuldigten die gerichtliche Entscheidung beantragt, so ist auch der Beschuldigte zu laden. Sein Erscheinen kann erzwungen werden. Der gesetzliche Vertreter kann sich durch einen Verteidiger vertreten lassen, der mit einer ausdrücklich darauf gerichteten schriftlichen Vollmacht versehen ist.

Bleibt der gesetzliche Vertreter aus und läßt er sich nicht vertreten, so hat das Gericht gleichwohl zu verhandeln, wenn der Beschuldigte selbst erscheint. Bleibt auch dieser aus, so gilt § 430 Abs. 2.

**§ 432.** Ist gerichtliche Entscheidung beantragt, so hat das Finanzamt für das weitere Verfahren die Rechte eines Nebenklägers[1].

Das Urteil und andere Entscheidungen sind dem Finanzamt zuzustellen, auch wenn es bei der Verkündung vertreten gewesen ist. Die Fristen für die Einlegung von Rechtsmitteln beginnen für das Finanzamt erst mit der Zustellung. Für Revisionsanträge und für Erklärungen auf solche hat es einen Monat Frist. Berufungsanträge, Revisionsanträge und Anträge auf Wiederaufnahme des Verfahrens kann es schriftlich selbst stellen[2].

[1] Wegen des Umfangs dieser Rechte s. § 397 und §§ 385, 390, 391 StPO. Der Umfang der finanzamtlichen Beschwerdebefugnis gegen die dem Urteil vorausgehenden Verfügungen des Gerichts ergibt sich ausschließlich aus §§ 296, 305 StPO. Die Rechtsmittel gegen das Urteil selbst sind Berufung, ev. Revision (§§ 312ff., 333ff., StPO.). Grundsätzliches über die Stellung des Finanzamts als Nebenkläger s. in Urt. des RG. v. 18. 11. 26 (RStBl. S. 351).

[2] Wenn das FA., das allein Berufung eingelegt hat, in der Hauptverhandlung nicht vertreten ist, ist die Berufung zu verwerfen (§ 391 Abs. 3 StPO., RG. i. DStBl. 1926 S. 424). Die Kosten eines vom FA. erfolglos eingelegten Rechtsmittels fallen der Landesstaatskasse zur Last (RG. i. Strafs. Bd. 57 S. 255).

§ 433. Hängt eine Verurteilung wegen Steuerhinterziehung oder Steuergefährdung davon ab, ob ein Steueranspruch besteht, oder ob und in welcher Höhe ein Steueranspruch verkürzt oder ein Steuervorteil zu Unrecht gewährt ist, und hat der Reichsfinanzhof über diese Fragen entschieden, so bindet dessen Entscheidung das Gericht[1]. Liegt eine Entscheidung des Reichsfinanzhofs nicht vor, sind die Fragen jedoch von Finanzbehörden oder Finanzgerichten zu entscheiden, so hat das Gericht das Strafverfahren auszusetzen, bis über die Fragen rechtskräftig entschieden worden ist. Entscheidet der Reichsfinanzhof, so bindet dessen Entscheidung das Gericht[2]. Ergeht keine Entscheidung des Reichsfinanzhofs, so hat das Gericht, wenn es von der rechtskräftigen Entscheidung des Finanzamts oder der Rechtsmittelbehörde abweichen will, die Entscheidung des Reichsfinanzhofs einzuholen[3]. Es übersendet die Akten dem Reichsfinanzhof. Dieser entscheidet im Beschlußverfahren in der Besetzung von fünf Mitgliedern. Seine Entscheidung ist bindend[4].

Während der Aussetzung des Verfahrens ruht die Verjährung.

Weicht die Entscheidung des Reichsfinanzhofs von der rechtskräftigen Entscheidung des Finanzamts oder der Rechtsmittelbehörde ab, so ist diese zu berichtigen; § 212 Abs. 2, 3, § 213 gelten entsprechend.

Vorbemerkung. Die Vorschriften des § 433 sind öffentlichen Rechts und auch ohne Prozeßrüge vom Revisionsgericht zu beachten (RG. i. Strafs. Bd. 56 S. 3).

§ 433 hat den Zweck, Konflikte zu regeln, die sich aus einem Auseinandergehen der Meinungen der Steuerbehörden einerseits und der Strafgerichte anderseits über die einer Steuerhinterziehung oder -gefährdung zugrunde liegenden steuerlichen Merkmale ergeben. Die Gliederung des § 433 ist etwas unübersichtlich. Der Abs. 1 behandelt drei Fälle, die des leichteren Verständnisses halber besser in ebenso viele Absätze auseinandergezogen worden wären. Über diese drei Fälle s. die folgenden Anm. 1—3.

1 Erster Fall des § 433 (S. 1): Es liegt bereits eine rechtskräftige Entscheidung des Reichsfinanzhofs über die für die Beurteilung der Hinterziehung maßgebenden Steuermerkmale vor.

Die Entscheidung bindet das Gericht für den einzelnen Fall. Die Bindung entfällt lediglich hinsichtlich der auf Schätzung der Steuerbehörden gemäß § 210 beruhenden Höhe der Steuerbeträge (E. Bd. 18 S. 111, ferner RG. i. Straff. Bd. 58 S. 195, Bd. 57 S. 212).

² Zweiter Fall des § 433 (S. 2 und 3): Über die maßgebenden Besteuerungsmerkmale schwebt noch ein Festsetzungs- oder Rechtsmittelverfahren, das durch eine Entscheidung des Reichsfinanzhofs erledigt wird.

Das gerichtliche Verfahren ist während des Schwebezustands auszusetzen und zwar auch dann, wenn ein Rechtsmittel gegen die Steuerfestsetzung erst nach Ablauf der Rechtsmittelfrist eingelegt wird (RFH. v. 8. 2. 23, DStBl. S. 190). Die Entscheidung des RFH. bindet sodann das Gericht in der gleichen Weise wie im Falle 1 (s. Anm. 1).

Ein Verstoß gegen das Gebot der Aussetzung des Verfahrens führt nicht zur Aufhebung des Urteils, wenn bis zur Entscheidung des Revisionsgerichts ein mit den Urteilsgrundlagen übereinstimmender Steuerbescheid rechtskräftig geworden ist (RG. i. Straff. Bd. 57 S. 99).

³ Dritter Fall des § 433 (Satz 4—7): Ein über die maßgebenden Besteuerungsmerkmale schwebendes Festsetzungs- oder Rechtsmittelverfahren wird ohne Entscheidung des Reichsfinanzhofs rechtskräftig, sei es vor, sei es nach Anhängigwerden der Strafsache beim Gericht.

Schwebt das Steuerverfahren noch beim gerichtlichen Anhängigwerden der Strafsache, dann ist das gerichtliche Verfahren auszusetzen, wobei wegen Notwendigkeit der Aussetzung und Wirkung der Unterlassung die gleichen Grundsätze gelten wie im Falle 2.

Sobald das Gericht einer rechtskräftig gewordenen Steuerfestsetzung gegenübersteht, ist es an diese in dem zu Fall 1 dargestellten Umfange zunächst gebunden; will es hiervon bei seiner Urteilsfindung abweichen, so muß es eine Entscheidung des Reichsfinanzhofs herbeiführen. Die Frage nach Pflicht und

Befugnis der Gerichte zur Anrufung des RFH. bildet den Kernpunkt des größten Teils der sehr umfangreichen Rechtsprechung zu § 433. Die Grundzüge dieser Rechtsprechung sind folgende:

Die Anrufung des RFH. setzt voraus,

1. daß ein Steueranspruch besteht und als solcher geltend gemacht werden kann,

2. daß eine rechtskräftige Steuerfestsetzung vorliegt,

3. daß das Gericht von dieser Festsetzung abweichen will,

4. daß die Frage nach Grund und Umfang des Steueranspruchs für die gerichtliche Urteilsfindung von Bedeutung ist.

Zu 1: Diese Voraussetzung kann der Natur der Sache nach Bedeutung nur haben, wenn eine Bestrafung wegen versuchter Steuerhinterziehung in Frage steht, da diese unter Umständen auch ohne das Bestehen eines Steueranspruchs erfolgen kann (vgl. Anm. 1 zu § 360). Sind in solchen Fällen Finanzbehörde und Gericht darüber einig, daß ein Steueranspruch nicht entstanden ist, so greift § 433 überhaupt nicht Platz (E. Bd. 10 S. 196, RG. i. Strafs. Bd. 58 S. 44). Dasselbe gilt, wenn der Steueranspruch erloschen ist (RG. i. Strafs. Bd. 58 S. 18), wenn eine Veranlagung und Erhebung der betr. Steuer überhaupt nicht mehr stattzufinden hat (a. a. O. Bd. 58 S. 417, Bd. 59, S. 90) oder wenn eine Steuerfestsetzung wegen Kleinbetrags unterbleibt (RFH. v. 4. 2. 25, DStBl. S. 226).

Zu 2: Der Begriff der rechtskräftigen Steuerfestsetzung wird im allgemeinen nicht zweifelhaft sein; bei formlosen Steuerbescheiden (§§ 220 Abs. 1, 211) ist zu beachten, daß die Rechtsmittelfrist auch ohne formelle Zustellung läuft. Daß eine gutachtliche Äußerung eines FA. über die Höhe einer Steuerverkürzung keine Steuerfestsetzung darstellt, bedarf wohl kaum der Erwähnung.

Eine rechtskräftige Festsetzung im Sinne des § 433 Abs. 1 liegt nach RFH. (E. Bd. 11 S. 183, ebenso RG. i. RStBl. 1925 S. 61) noch nicht vor, wenn eine Steuerfestsetzung für den Pflichtigen zwar unanfechtbar geworden, auf Grund des § 213 AO.

aber Verhandlungen wegen einer ev. Berichtigung schweben; in solchem Falle ist die Durchführung des Berichtigungsverfahrens abzuwarten. Im übrigen aber darf der Strafrichter einen unanfechtbaren Steuerbescheid, solange keine Steuerveranlagung erfolgt ist, als maßgebende Vorentscheidung im Sinne des § 433 ansehen (RG. i. Strafs. Bd. 58 S. 139).

Zu 3: Es muß sich um eine Abweichung im Ergebnis handeln; wenn also das Gericht aus anderen Gründen zur Annahme einer Steuerverkürzung im gleichen Umfang gelangt, ist keine Anrufung des RFH. erforderlich (RG. i. Strafs. Bd. 57 S. 1, Bd. 58 S. 186).

Ein Abweichen von der Höhe der Steuerfestsetzung bei Schätzungsbescheiden macht die Anrufung des RFH. nich erforderlich (vgl. oben Anm. 1).

Formell ist die Befugnis des Gerichts zur Anrufung des RFH. dadurch bedingt, daß das Gericht zu der Frage nach Grund und Umfang des Steueranspruchs schlüssig Stellung genommen hat, dabei zu einem von der Entscheidung der Steuerbehörde abweichenden Ergebnis gelangt und die Gründe dem RFH. darlegt (E. Bd. 7 S. 290).

Zu 4: Die Frage nach Grund und Umfang des Steueranspruchs ist unerheblich, eine Anrufung des RFH. daher nicht notwendig, wenn das Gericht auf Grund einer Verneinung des subjektiven Tatbestands zu einer Freisprechung gelangt (E. Bd. 12 S. 235, Bd. 13 S. 63).

Über die Frage, ob der Abgabebeschluß in der Hauptverhandlung ergehen muß oder ob er auch von dem Gericht erlassen werden kann, welches über die Eröffnung der Hauptverhandlung entscheidet, bestehen widersprechende Entscheidungen; in ersterem Sinne RFH. v. 14. 5. 24 (Steuer u. Wirtsch. S. 860), in letzterem Sinne E. Bd. 13 S. 111.

[4] Über den Umfang der Bindung vgl. oben Anm. 1.

**§ 434.** Das Gericht ist bei der Entscheidung an die im Strafbescheide festgesetzte Strafe nicht gebunden.

Stellt sich heraus, daß die Tat der Strafbefugnis des Finanzamts entzogen war, so hat das Gericht, ohne in der Sache zu entscheiden, den Strafbescheid durch Beschluß aufzuheben und die Verhandlungen der Staatsanwaltschaft mitzuteilen; gegen den Beschluß ist sofortige Beschwerde zulässig.

**§ 435.** Kann eine durch Strafbescheid festgesetzte Geldstrafe oder die Strafe des Ersatzes des Wertes[1] nicht einziehbarer Sachen nicht beigetrieben werden, so hat das Gericht auf Antrag des Finanzamts die Strafe in Freiheitsstrafe umzuwandeln[2]. Das Finanzamt übersendet die Verhandlungen der Staatsanwaltschaft. Die Entscheidung steht dem Gerichte zu, das für die Eröffnung des Hauptverfahrens zuständig gewesen wäre. Vor der Entscheidung sind die Staatsanwaltschaft und der, gegen den die Strafe festgesetzt ist, sowie das Finanzamt zu hören. Gegen den Beschluß ist sofortige Beschwerde[3] zulässig.

[1] Gleichgültig, ob die Werterſatzstrafe im Verwaltungsstrafverfahren oder gerichtlich ausgesprochen wurde (RFME. v. 14. 11. 21 III R 1853).

[2] Über Strafumwandlung s. Anm. zu § 355 unter Nr. 4. Ersatzfreiheitstrafen nach § 435 sind von den Justizbehörden ohne besonderen Antrag der Finanzbehörden zu vollstrecken (Sächs. Just.Min. v. 16. 3. 26, RStBl. S. 229).

[3] Die sofortige Beschwerde kann der Betroffene, die Staatsanwaltschaft sowie das Finanzamt einlegen. Die Beschwerdefrist ist eine Woche. Näheres über die sofortige Beschwerde s. § 311 StPO.

**§ 436. Beamte der Finanzämter dürfen außerhalb des Deutschen Reichs wohnende Personen, von denen**

eine Geldstrafe nicht eingezogen werden kann, beim Antreffen im Inland festnehmen. Sie haben sie ohne Verzug der Strafvollstreckungsbehörde vorzuführen. Diese hat die Ersatzfreiheitsstrafe zu vollstrecken oder, wenn eine solche noch nicht festgesetzt ist, die Entscheidung über die Umwandlung sofort herbeizuführen und die festgenommenen Personen solange in Haft zu behalten; die Haft ist auf die Freiheitsstrafe unverkürzt anzurechnen.

**§ 437.** Erhebt die Staatsanwaltschaft wegen einer Steuerzuwiderhandlung die öffentliche Klage, so hat das Finanzamt die Rechte eines Nebenklägers (§ 432).

Lehnt die Staatsanwaltschaft einen Antrag auf Verfolgung einer Steuerzuwiderhandlung ab, so kann das Finanzamt die öffentliche Klage selbst erheben. Sein Vertreter hat im weiteren Verfahren dieselbe Stellung wie die Staatsanwaltschaft im Verfahren auf öffentliche Klage. § 432 Abs. 2 gilt entsprechend.

Hat das Finanzamt die öffentliche Klage erhoben, so kann die Staatsanwaltschaft in jeder Lage des Verfahrens mitwirken. Sie bewirkt die Ladungen zur Hauptverhandlung und muß darin vertreten sein. Die Entscheidungen sind ihr bekanntzugeben. Bis zur Rechtskraft des Urteils kann sie die Verfolgung übernehmen; legt sie ein Rechtsmittel ein, so übernimmt sie die Verfolgung. Das Verfahren wird in der Lage fortgesetzt, in der es sich befindet. Das Finanzamt hat die Rechte eines Nebenklägers (§ 432).

Die Vorschrift des § 433 gilt auch in den Fällen dieses Paragraphen.

§ 438. Ist der Angeklagte in den Fällen des § 437 abwesend (§ 276 der Strafprozeßordnung), so ist gegen ihn nach den §§ 278 bis 284 der Strafprozeßordnung zu verfahren.

§ 439. Wenn jemand als Nebenbeteiligter für die Geldstrafe haftet, ist eine Ersatzfreiheitsstrafe nur zu vollstrecken, nachdem das Finanzamt gehört worden ist und soweit es die Vollstreckung beantragt.

Gegenstände, deren Einziehung ausgesprochen ist, sind dem Finanzamt auszuhändigen.

Hat das Gericht erkannt, daß die Verurteilung auf Kosten des Verurteilten bekanntzumachen sei, so bestimmt das Finanzamt die Art der Bekanntmachung.

§ 440. § 425 gilt auch bei gerichtlich erkannten Strafen.

§ 441. Schließt das gerichtliche Verfahren mit einer Verurteilung, so gehören die notwendigen Auslagen des Finanzamts zu den Kosten des Verfahrens.

§ 442. Das Landesfinanzamt kann die Befugnisse, die den Finanzämtern im gerichtlichen Verfahren zustehen, anderen Behörden oder bestimmten Beamten übertragen.

## Vierter Titel.

## Niederschlagung.

§ 443. Der Reichsminister der Finanzen ist befugt, von der Einleitung oder Durchführung eines Verwaltungsstrafverfahrens abzusehen und im Verwaltungsstrafverfahren erkannte Strafen zu erlassen[1]; im übigen[2] steht das Recht der Begnadigung den Regierungen der Länder zu. Der Reichsminister der

Finanzen kann die ihm zustehenden Befugnisse auf die ihm unterstellten Finanzbehörden übertragen[3].

Die Finanzämter sind befugt, von der Einleitung oder Durchführung einer Untersuchung abzusehen, wenn eine Hinterziehung nicht in Frage kommt und das Verschulden des Täters geringfügig ist[4].

[1] Der — ganze oder teilweise — Erlaß kann auf Antrag des Betroffenen oder ohne solchen erfolgen. Bei Anträgen, die sich äußerlich als Erlaß- oder Milderungsbegehren darstellen, ist jeweils sorgfältig zu prüfen, ob nicht etwa in Wahrheit eine Beschwerde (nach § 416) vorliegt. Insbesondere wenn die Beschwerdefrist noch nicht verstrichen ist, wird in zahlreichen Fällen Behandlung als Beschwerde in Betracht kommen. Die Absicht des Antragstellers ist festzustellen, wenn das LFA. nicht ohnehin eine Aufhebung des Strafbescheids beabsichtigt.

[2] D. h. bei gerichtlicher Verurteilung, sei es nach vorausgegangenem Strafbescheid, sei es ohne einen solchen.

[3] Die Erlaßbefugnisse der unterstellten Finanzbehörden sind nunmehr abgegrenzt durch RFME. v. 13. 10. 26 III A 3900 unter V (abgedruckt in Anm. 4 zu § 108).

[4] Dieser — eigentlich auch ohne ausdrückliche Bestimmung selbstverständliche — Grundsatz („Minima non curat praetor") — wird von den Finanzämtern leider vielfach unbeachtet gelassen. Seine zeitweilige Einschärfung durch die Oberbehörden empfiehlt sich.

## Übergangs- und Schlußvorschriften.

**§ 444.** Die Reichsabgabenordnung tritt am Tage nach ihrer Verkündung in Kraft[1].

Zugleich tritt das Gesetz über die Reichsfinanzverwaltung vom 10. September 1919 (Reichs-Gesetzbl. S. 1591 ff.) mit Ausnahme des § 46 außer Kraft.

Der Reichsminister der Finanzen wird ermächtigt, die zur Durchführung der Behördenorganisation erforderlichen Maßnahmen zu treffen[2] und bis zu dieser Durchführung abweichende Bestimmungen zu erlassen. Er kann ferner die zur Überleitung der Steuergesetzgebung erforderlichen Bestimmungen treffen.

[1] V. i. am 23. Dezember 1919. Wegen Inkrafttretens der AO. für die Erbschaftssteuer s. RFME. v. 12. 2. 20 (RStBl. S. 106).

[2] Die Errichtung und Umbildung von Amtsstellen und die Regelung ihrer Zuständigkeit wird zufolge RFME. v. 15. 4. 20 (RStBl. S. 255) jeweils im „Amtsblatt der Reichsfinanzverwaltung" bekannt gemacht.

**§ 445.** Die Befugnisse, die bisher den obersten Landesfinanzbehörden bei der Verwaltung der Steuern (§ 1) zustanden, gehen auf den Reichsminister der Finanzen über.

**§ 446.** §§ 78, 107, 108 und § 165 Abs. 3 gelten auch für Fälle, die in der Vergangenheit liegen.

**§ 447.** Beim Reichsfinanzhof dürfen bis zum 1. April 1925 Hilfsrichter zugezogen werden. § 35 gilt auch für Hilfsrichter. Bei Besetzung der Senate mit fünf Mitgliedern dürfen höchstens zwei, bei Besetzung der Senate mit drei Mitgliedern darf nur ein Hilfsrichter teilnehmen.

Solange die Zahl der Mitglieder des Reichsfinanzhofs einschließlich des Präsidenten fünfzehn nicht übersteigt, entscheiden an Stelle des großen Senats die vereinigten Senate. An den Entscheidungen müssen mindestens zwei Drittel aller Mitglieder teilnehmen.

§ 448. Die Vorschriften über Verjährung gelten auch für die vor dem Inkrafttreten der Reichsabgabenordnung entstandenen, noch nicht verjährten Ansprüche; das gleiche gilt von den Vorschriften über Erstattungs- und Vergütungsansprüche, die aus Rechtsgründen zugelassen sind.

§ 448 gilt nicht für Ansprüche, die beim Inkrafttreten der AO. bereits erloschen waren, z. B. durch Leistung (E. Bd. 5 S. 56).

§ 449. Die §§ 419 bis 429 der Strafprozeßordnung treten für den Geltungsbereich der Reichsabgabenordnung außer Kraft. Das gleiche gilt für den Artikel 104 des Einführungsgesetzes zum Bürgerlichen Gesetzbuch.

§ 450. Das Gesetz über die Errichtung eines Reichsfinanzhofs und über die Reichsaufsicht für Zölle und Steuern vom 26. Juli 1918 (Reichs-Gesetzbl. S. 959) und die Reichsfinanzhofordnung vom 21. September 1918 (Reichs-Gesetzbl. S. 1119) treten außer Kraft.

§ 451. Die vor dem Inkrafttreten der Reichsabgabenordnung verkündeten Steuergesetze treten insoweit außer Kraft, als sie mit der Reichsabgabenordnung nicht in Einklang stehen und in den §§ 453, 454 keine Ausnahmen enthalten sind.

§ 452. Der Reichsminister der Finanzen hat die im § 451 bezeichneten Gesetze der Reichsabgabenordnung anzupassen und sie in neuer Fassung zu veröffentlichen; dies gilt nicht:

1. für das Vereinszollgesetz und das Umsatzsteuergesetz,
2. für das Gesetz über den Wehrbeitrag, das Besitzsteuergesetz, das Kriegssteuergesetz vom 21. Juni

17. Dezember 1916, das Gesetz über eine außerordentliche Kriegsabgabe für das Rechnungsjahr 1918, die Gesetze vom 10. September 1919 über eine außerordentliche Kriegsabgabe für das Rechnungsjahr 1919 und über eine Kriegsabgabe von dem Vermögenszuwachse, das Gesetz vom 25. Dezember 1915 über vorbereitende Maßnahmen zur Besteuerung der Kriegsgewinne, das Gesetz vom 9. April 1917 über Sicherung der Kriegssteuer und die Erhebung eines Zuschlags zur Kriegssteuer und die Verordnung über Sicherung der Kriegssteuer vom 15. November 1918,

3. für das Gesetz gegen die Steuerflucht vom 26. Juli 1918 und das Gesetz zur Ergänzung dieses Gesetzes vom 24. Juni 1919, für das Gesetz gegen die Kapitalflucht vom 8. September 1919, für die Verordnung vom 21. November 1918 gegen die Kapitalabwanderung in das Ausland und die Verordnung zur Ergänzung dieser Verordnung vom 15. Januar 1919,
4. für das Erbschaftssteuergesetz vom 10. September 1919 und für das Grunderwerbsteuergesetz vom 12. September 1919.

Die neuen Fassungen der übrigen Gesetze bedürfen der Zustimmung des Reichsrats und eines vom Reichstag gewählten Ausschusses von zehn Mitgliedern. Sie treten mit dem auf ihre Verkündung folgenden Tage an die Stelle der alten Fassungen.

**§ 453.** Die Vorschrift des § 451 findet unbeschadet des § 445 auf die materiellen Strafvorschriften und auf die Vorschriften über die Wertermittlung der im § 452 Abs. 1 unter Nr. 1 bis 3 bezeichneten Gesetze keine Anwendung. Das gleiche gilt bis zum Inkrafttreten der neuen Gesetzesfassungen für die Strafvorschriften der nach § 452 in neuer Fassung zu veröffentlichenden Gesetze. Die §§ 367, 383, 384 der Reichsabgabenordnung gelten jedoch auch für die im § 452 Abs. 1 unter Nr. 2, 3 aufgeführten Gesetze. Der § 358 tritt für alle Steuergesetze sofort in Kraft.

**§ 454.** § 24 Abs. 2 bis 4 und § 30 des Gesetzes vom 10. September 1919 über eine Kriegsabgabe vom Vermögenszuwachse, der § 37 des Gesetzes vom 10. September 1919 über eine außerordentliche Kriegsabgabe für das Rechnungsjahr 1919 und der § 42 des Gesetzes vom 26. Juli 1918 über eine außerordentliche Kriegsabgabe für das Rechnungsjahr 1918 bleiben unberührt; § 445 dieses Gesetzes findet in diesen Fällen Anwendung.

**§ 455.** (Gestrichen.)

**§ 456.** Der endgültige Bescheid über die nach dem Gesetze gegen die Steuerflucht vom 26. Juli 1918 geschuldete Sicherheit gilt als Steuerbescheid im Sinne des § 217 der Reichsabgabenordnung. Das gleiche gilt für den Bescheid, der nach § 3 des Gesetzes vom 25. Juni 1919 zur Ergänzung des Gesetzes gegen die Steuerflucht zu erlassen ist.

Der § 21 Abs. 2 des Gesetzes gegen die Steuerflucht vom 26. Juli 1918 wird durch folgende Vorschrift ersetzt:

Über den Antrag auf Freistellung entscheidet das Landesfinanzamt. Gegen dessen Entscheidung steht dem Steuerpflichtigen die Beschwerde an den Reichsfinanzhof zu; dieser entscheidet im Beschlußverfahren.

**§ 457.** Der § 5 der Verordnung vom 21. November 1918 über Maßnahmen gegen die Kapitalabwanderung in das Ausland und der § 8 Nr. 3 der zur Ergänzung dieser Verordnung erlassenen Verordnung vom 15. Januar 1919 werden aufgehoben.

**§ 458.** § 364 der Reichsabgabenordnung gilt entsprechend bei Vergehen gegen das Gesetz gegen die Kapitalflucht vom 8. September 1919.

**§ 459.** § 47 Abs. 1 bis 5 und Abs. 7 des Erbschaftssteuergesetzes vom 10. September 1919 werden aufgehoben.

**§ 460.** § 11 Satz 2 und § 12 Abs. 2 Satz 3 des Grunderwerbsteuergesetzes vom 12. September 1919 werden aufgehoben. § 15 dieses Gesetzes wird durch folgende Vorschrift ersetzt:

> Geht ein Grundstück, das mehreren zur gesamten Hand gehört, an einen oder mehrere Mitberechtigte über, so wird die Steuer so berechnet, als ob die Beteiligten nach Bruchteilen berechtigt wären; der Bruchteil der Erwerber bleibt unberücksichtigt. Die Höhe der Bruchteile ist nach den Anteilen zu bestimmen, zu denen die Beteiligten an dem Vermögen zur gesamten Hand berechtigt sind, oder nach Verhältnis dessen, was ihnen bei Auflösung der Gemeinschaft zufallen würde.
>
> Abs. 1 gilt insoweit nicht, als die Anteilsberechtigung des Erwerbers, oder wenn die Erben

eines Mitberechtigten oder Gesellschafters Erwerber sind, die Anteilsberechtigung des Erblassers nach dem Inkrafttreten dieses Gesetzes durch den Erwerb von Anteilen anderer Mitberechtigter oder Gesellschafter mittels Rechtsgeschäfte unter Lebenden begründet worden ist.

Die Vorschrift des Abs. 1 gilt sinngemäß, wenn eine Gemeinschaft zur gesamten Hand ein Grundstück von einem Mitberechtigten erwirbt. Der nach Abs. 1 zu ermittelnde Anteil des Veräußerers bleibt unberücksichtigt.

§ 461. Steuerpflichtige Fälle, die auf Grund des Erbschaftssteuergesetzes vom 10. September 1919 und des Grunderwerbsteuergesetzes vom 12. September 1919 vor dem Inkrafttreten der Reichsabgabenordnung eingetreten sind, sind so zu erledigen, als ob die Reichsabgabenordnung schon bei Inkrafttreten dieser Gesetze in Geltung gewesen wäre; § 2 des Strafgesetzbuchs bleibt unberührt.

§ 462. Die Vorschriften der Reichsabgabenordnung über das Strafverfahren gelten auch für das Vergehen des Bannbruchs im Sinne der §§ 134, 136, 137 des Vereinszollgesetzes vom 1. Juli 1867.

§ 463. Die Ausführungsbestimmungen zu diesem Gesetz erläßt der Reichsminister der Finanzen mit Zustimmung des Reichsrats.

Berlin, den 13. Dezember 1919.

**Der Reichspräsident**
Ebert.

**Der Reichsminister der Finanzen**
Erzberger.

# Anhang.

## 1. Entschädigungsgrundsätze für die Mitglieder der Steuerausschüsse und die ehrenamtlichen Mitglieder der Finanzgerichte.

Vom 15. Juni 1926.

(Amtsbl. d. R.Fin.Verw. S. 63.)

### 1. Entschädigung für Verdienstausfall.

Die Mitglieder der Steuerausschüsse und die ehrenamtlichen Mitglieder der Finanzgerichte erhalten für den ihnen durch ihre Dienstleistung entstandenen Zeitverlust (Verdienstausfall) eine Entschädigung. Diese beträgt für jede angefangene Stunde der durch die Dienstleistung versäumten Arbeitszeit wenigstens 20 Reichspfennig und höchstens 1,50 Reichsmark. Die Höhe der Entschädigung ist im Einzelfalle unter Berücksichtigung der regelmäßigen Erwerbstätigkeit festzusetzen. Die Entschädigung ist für höchstens 10 Stunden für den Tag zu gewähren.

Die Frage, ob ein Verdienstausfall stattgefunden hat, ist nach freiem Ermessen unter Berücksichtigung der Lebensverhältnisse und der Erwerbstätigkeit der Mitglieder der Steuerausschüsse und der ehrenamtlichen Mitglieder der Finanzgerichte zu entscheiden. Bei der Festsetzung der Entschädigungen ist nicht kleinlich zu verfahren. Insbesondere soll regelmäßig bei selbständigen Gewerbetreibenden (Gastwirten, Kaufleuten, Agenten usw.) und bei Angehörigen freier Berufe (Ärzten, Rechtsanwälten, Patentanwälten usw.) die Zahlung einer Entschädigung nicht von der Beibringung eines besonderen Nachweises abhängig gemacht werden, daß diese Personen im Einzelfall einen Erwerbsverlust erlitten haben.

Ist durch die Dienstleistung eine Vertretung des zum Mitgliede des Steuerausschusses oder ehrenamtlichen Mitgliede des Finanzgerichts Berufenen notwendig geworden, so können die Kosten für Vertretung nach billigem Ermessen erstattet werden.

Die Entschädigung kann nur für wirklich entstehenden Ausfall an Verdienst gewährt werden; sie darf insoweit nicht gezahlt werden, als Lohn- oder Gehaltsempfänger für die Zeit ihrer ehrenamtlichen Tätigkeit im Steuerausschuß oder Finanzgericht ihre vertragsmäßige Vergütung vom Arbeitgeber erhalten. Vor der Zahlung der Entschädigung ist daher festzustellen, ob der Zahlungsempfänger für die Zeit der ehrenamtlichen Tätigkeit durch seinen Arbeitgeber entlohnt wird. Diese Feststellung ist besonders geboten bei den Arbeitnehmern, die ihre Bezüge aus öffentlichen Kassen erhalten. Zu beachten ist, daß Tarifverträge vielfach die Fortzahlung der Bezüge während der ehrenamtlichen Tätigkeit vorsehen.

Mitgliedern mit Wohnsitz und Erwerbstätigkeit außerhalb des Sitzungsortes ist die Wegezeit als Zeit der Amtstätigkeit anzurechnen. Mitgliedern, die zwar ihren Wohnsitz, nicht aber ihre Erwerbstätigkeit außerhalb des Sitzungsortes haben, kann die Wegezeit angerechnet werden. Mitgliedern, die am Sitzungsorte wohnen, kann als Verdienstausfall die Zeit angerechnet werden, die sie durch den Hin- und Rückweg zur Sitzungsstelle von ihrer gewöhnlichen Arbeitszeit verlieren. In allen Fällen kann darüber hinaus auch die Zeit als Verdienstausfall angerechnet werden, die das Mitglied durch den späteren Beginn der Sitzung oder durch das späte Ende der Sitzung von seiner gewöhnlichen Arbeitszeit verliert. Beispiel: Ein Arbeiter ist in achtstündiger Arbeitszeit regelmäßig von 8 bis 5 Uhr beruflich tätig. Die Ausschußsitzung beginnt um 9 Uhr und endet um 1 Uhr. Dann kann ihm die Zeit von 8 bis 9 Uhr und eine angemessene Zeit nach 1 Uhr zum Umkleiden und Rückweg zur Arbeitsstätte als Verdienstausfall gerechnet werden. Endet die Sitzung erst um 4 Uhr, dann kann, sofern nicht bereits eine achtstündige Arbeitszeit zu vergüten ist, auch die Zeit von 4 bis 5 Uhr als Verdienstausfall gerechnet werden, da dem Mitglied vielfach nicht zugemutet werden kann, noch die restliche Stunde auf seiner Arbeitsstätte tätig zu werden.

### 2. Entschädigung für Aufwand.

Die zu 1 genannten Personen erhalten — abgesehen von der Vergütung für Verdienstausfall — als Entschädigung für den mit ihrer Dienstleistung verbundenen Aufwand für jeden Tag der Dienstleistung ein Tagegeld, für jedes durch die Dienstleistung notwendig gewordene auswärtige Nachtquartier ein Übernachtungsgeld.

Es werden folgende Tagegelder gewährt:

a) für Mitglieder, die am Sitzungsorte wohnen,
   bei einer Sitzungsdauer
   von über 3 bis 8 Stunden . . 2 Reichsmark,
   von über 8 Stunden . . . . . 3 "

b) für Mitglieder, die außerhalb des Sitzungsortes wohnen,
   bei einer Abwesenheit vom Wohnort
   von über 3 bis 8 Stunden . . 3 Reichsmark,
   von über 8 Stunden . . . . . 6 "

Das Übernachtungsgeld beträgt 5 Reichsmark.

Als Tag der Dienstleistung gilt jeder Tag, an dem das Mitglied des Steuerausschusses oder das ehrenamtliche Mitglied des Finanzgerichts dienstlich am Sitzungsorte anwesend ist. Hiernach sind auch für besondere Reisetage Aufwandsentschädigungen zu bewilligen, wenn ein Mitglied mit Rücksicht auf den Beginn oder die Beendigung der Dienstleistung gezwungen ist, sich schon am Tage vorher an den Sitzungsort zu begeben oder erst am Tage nachher die Rückreise anzutreten.

Im übrigen finden auf die Festsetzung des Tagegeldes und des Übernachtungsgeldes die Bestimmungen über Dienstreisen der Reichsbeamten Anwendung. Demnach wird entsprechend § 2 Abs. 3 der Reisekostenverordnung für Sitzungen, die nicht mehr als 3 Stunden dauern bzw. eine Abwesenheit vom Wohnort von nicht mehr als 3 Stunden bedingen, ein Tagegeld nicht gewährt. Für auswärtige Mitglieder rechnet gemäß Nr. 9 Abs. 2 der Ausführungsbestimmungen zur Reisekostenverordnung als Abwesenheit vom Wohnort die Zeit von der Abfahrt des Zuges bis zum Eintreffen des Zuges am Wohnort. Dabei sind die Züge in Betracht zu ziehen, die nach dem Zeitpunkt des Beginns und der Beendigung der Sitzung hätten benutzt werden können. Entsprechendes gilt für andere öffentliche regelmäßige Verkehrsmittel.

Von den für Dienstreisen der Reichsbeamten geltenden Bestimmungen findet jedoch mein Runderlaß vom 12. März 1924 — II p 5244/III A 6708 —, der die Vergütung für Dienstreisen zwischen Berlin und Potsdam und zwischen anderen Orten, bei denen gleiche oder ähnliche Verhältnisse vorliegen, auf Grund der Reisekostenverordnung anderweit regelt, keine Anwendung. Die örtlichen Verhältnisse im Reich, namentlich die Verkehrsverbindungen vom Sitze des Finanzamts oder des Finanzgerichts liegen für die Beteiligten aus den umliegenden Orten so ungleichartig, daß ein billiger Ausgleich für die hier vorliegenden besonderen Fälle nicht getroffen werden kann. Es verbleibt daher bei der allgemeinen Regelung über die Gewährung eines Tagegeldes.

### 3. Fahrkosten.

Die zu 1 genannten Personen erhalten als Fahrkosten:

a) bei Wegestrecken, die auf Eisenbahnen, Schiffen oder sonstigen öffentlichen regelmäßigen Verkehrsmitteln zurückgelegt werden oder hätten zurückgelegt werden können, die wirklich erwachsenen Auslagen, jedoch bei Benutzung von Eisenbahnen, Kleinbahnen oder Schiffen nicht mehr als den Fahrpreis für die dritte Wagenklasse oder die zweite Schiffsklasse einschließlich der Kosten für Beförderung und Versicherung des notwendigen Gepäcks.

In Ausnahmefällen können bei Benutzung von Eisenbahnen die wirklich erwachsenen Auslagen für den Fahrpreis der zweiten Wagenklasse ersetzt werden.

b) bei Wegestrecken, die nicht auf diese Art zurückgelegt werden können, für jedes angefangene Kilometer des Hin- und Rückweges 10 Reichspfennig. Ist das Mitglied des Steuerausschusses oder das ehrenamtliche Mitglied des Finanzgerichts durch besondere Umstände genötigt, sich eines Fuhrwerks zu bedienen, so sind die dadurch erwachsenen Unkosten in angemessenen Grenzen zu ersetzen; dies gilt auch dann, wenn ein eigenes Fuhrwerk benutzt worden ist, jedoch werden in diesem Falle in der Regel zwei Drittel der ortsüblichen Kosten eines Mietfuhrwerks als ausreichende Entschädigung anzusehen sein.

Bei mehrtägigen Sitzungen werden die Fahrkosten auch für die Reisen gewährt, die das Mitglied während der Tagung nach dem Wohnort und zurück ausführt; sie dürfen jedoch die Höhe der Bezüge nicht übersteigen, die das Mitglied erhalten haben würde, wenn es am Sitzungsorte geblieben wäre.

### 4. Abrundung.

Der sich aus der Verdienstausfallsentschädigung, der Aufwandsentschädigung und den Fahrkosten ergebende Gesamtbetrag ist auf volle 5 Reichspfennig nach oben abzurunden.

### 5. Besondere Dienstleistungen.

Die Entschädigungen für Verdienstausfall und Aufwand können an die Mitglieder der Steuerausschüsse und die ehrenamtlichen Mitglieder der Finanzgerichte auch in folgenden Fällen gewährt werden:

a) wenn sie zu Besprechungen usw. auf das Finanzamt oder das Finanzgericht geladen werden;
b) wenn sie persönliche Verhandlungen mit den Steuerpflichtigen führen;
c) wenn sie zur Erstattung schriftlicher Gutachten herangezogen werden.

Im allgemeinen gelten hierfür die Bestimmungen unter 1 bis 4. Im besonderen weise ich auf folgendes hin:

Zu a: Für Besprechungen auf dem Finanzamt können die Entschädigungssätze wie für Teilnahme an Sitzungen dann gewährt werden, wenn die Besprechungen den Umständen nach der Teilnahme an einer Sitzung gleichzuachten sind. Regeln im einzelnen lassen sich hierüber nicht aufstellen. Es wird auf die Entfernung des Wohnsitzes des Geladenen vom Sitz des Finanzamts oder Finanzgerichts, auf die Dauer der Besprechung, auf die Wahl der Zeit für die Besprechung und dergleichen ankommen. Ich ersuche, den Mitgliedern für den Zeitpunkt der Besprechungen nach Möglichkeit einen gewissen Spielraum zu lassen. Geschieht das, so wird die Besprechung zumeist eine so geringe Belastung bedeuten, daß sie der Teilnahme an einer Sitzung nicht gleichgestellt werden kann.

Zu b: Entsprechendes wie zu a hat für Verhandlungen von Steuerausschußmitgliedern oder Mitgliedern des Finanzgerichts mit Steuerpflichtigen zu gelten. Hier werden die bezeichneten Voraussetzungen einer Entschädigung dann regelmäßig nicht vorliegen, wenn die Verhandlungen im Hause des Mitgliedes stattfinden oder bei Besorgung anderer Geschäfte miterledigt werden können.

In den Fällen zu a und b kann es nach Lage der Sache ausreichen, zwar die Entschädigungen für Verdienstausfall, aber nicht für Aufwand zu gewähren. In beiden Fällen sind jedoch Fahrkosten nach den bestehenden Bestimmungen auch dann zu vergüten, wenn eine Entschädigung für Verdienstausfall und Aufwand nicht zu gewähren ist.

Zu c: Für häusliche gutachtliche Arbeiten kann eine Entschädigung für Aufwand und Zeitverlust grundsätzlich nicht gewährt werden, abgesehen von den Fällen, in denen die Steuerausschußmitglieder und ehrenamtlichen Mitglieder der Finanzgerichte zu reiner Sachverständigentätigkeit außerhalb eines Verfahrens herangezogen werden, in dem sie amtlich mitwirken. In diesen Fällen richtet sich jedoch ihre Entschädigung nicht nach den vorstehenden Bestimmungen, sondern nach denen, die für die Entschädigung von Auskunftspersonen und Sachverständigen nach der Reichsabgabenordnung gelten.

### 6. Inkrafttreten.

Die vorstehenden Entschädigungsgrundsätze finden erstmalig auf die für den 1. Juli 1926 zu leistenden Entschädigungen Anwendung.

## 2. Verordnung über die Bildung der Ausschüsse bei den Finanzämtern und ihr Verfahren.

Vom 25. Mai 1920.

(RGBl. 1920 S. 1118; die Änderungen durch Vdg. v. 10. 3. 23 — RGBl. I S. 191 — sind mitberücksichtigt.)

Auf Grund des § 26 Abs. 4 und des § 444 Abs. 3 der Reichsabgabenordnung vom 13. Dezember 1919 (Reichs-Gesetzbl. S. 1993) wird für die Bildung der Ausschüsse und ihr Verfahren verordnet:

### I. Die Bildung der Ausschüsse.

Steuerbezirke und Ausschüsse.

§ 1. Die Bezirke der Finanzämter (Veranlagungsbezirke) werden zur Bildung der Ausschüsse für die Steuern vom Einkommen und vom Vermögen, ausschließlich der

Erbschaftssteuer (§§ 25 ff. der Reichsabgabenordnung), in Steuerbezirke geteilt.

In besonderen Fällen kann von der Teilung des Finanzamtsbezirkes abgesehen werden; der Finanzamtsbezirk gilt sodann als Steuerbezirk im Sinne dieser Verordnung.

§ 2. Ein Steuerbezirk soll in der Regel nicht weniger als 1500 und nicht mehr als 20000 Einwohner umfassen.

§ 3. Für jeden Steuerbezirk wird ein Ausschuß (Steuerausschuß) gebildet.

### Besondere Ausschüsse.

§ 4. Neben den für die Steuerbezirke gebildeten Ausschüssen (§ 3) können besondere Ausschüsse für mehrere Steuerbezirke oder für den Veranlagungsbezirk gebildet werden.

§ 5. Den besonderen Ausschüssen kann für alle Steuerpflichtigen übertragen werden:

1. die Nach- und Neuveranlagung,
2. die Berichtigung vorläufiger Veranlagungen,
3. die Zugangsveranlagung,
4. die Entscheidung über Erstattungsansprüche,
5. die Entscheidung über Einsprüche.

Den besonderen Ausschüssen kann weiter die Vornahme einzelner Veranlagungen nach dem Abschluß der allgemeinen Veranlagung, die Veranlagung besonders schwieriger oder wichtiger Fälle sowie die Veranlagung der der Körperschaftssteuer unterliegenden Steuerpflichtigen und die Entscheidung über die Einsprüche in den vorstehenden Fällen übertragen werden; der Vorsteher des Finanzamts bestimmt, welche Art von Fällen oder welche Fälle im einzelnen als besonders schwierig oder wichtig anzusehen sind.

### Zahl der Ausschußmitglieder.

§ 6. Der Ausschuß besteht aus einem Vorsitzenden und mindestens vier, höchstens acht gewählten Mitgliedern, zu denen ernannte Mitglieder in der nach § 26 Abs. 3 Satz 2 der Reichsabgabenordnung zulässigen Höchstzahl treten.

Vorsitzender des Ausschusses ist der Vorsteher des Finanzamts oder ein mit seiner Vertretung im Vorsitz beauftragter Beamter.

§ 7. Die Landesfinanzämter können Grundsätze darüber erlassen, in welcher Weise die verschiedenen Arten des Vermögens und des Einkommens in den Ausschüssen vertreten sein sollen.

Werden diese Grundsätze von den wahlberechtigten Organen nicht beachtet, so ist das Landesfinanzamt berechtigt, die Vornahme neuer Wahlen zu verlangen. Entsprechen auch diese den Grundsätzen nicht, so gilt die Wahl als unterlassen (§ 28 Abs. 1 der Reichsabgabenordnung).

§ 8. Die Mitglieder können mehreren Ausschüssen angehören.

§ 9. Für jedes Mitglied wird ein Vertreter gewählt oder ernannt.

### Wahl der Mitglieder.

§ 10. Die Mitglieder und ihre Vertreter werden durch die Gemeindevertretung oder, sofern ein Ausschuß für mehrere Gemeinden gebildet wird, durch die Vertretung des Selbstverwaltungskörpers (weiteren Gemeindeverbandes), dem die beteiligten Gemeinden angehören, auf drei Jahre gewählt. Die Selbstverwaltungskörper haben die Ergebnisse der Wahl dem Finanzamt anzuzeigen.

Die Wahl muß für jeden Ausschuß sowie für die Mitglieder und Vertreter gesondert vorgenommen werden. Gewählt ist, wer die meisten Stimmen auf sich vereinigt; im Falle der Stimmengleichheit entscheidet das Los.

Die Landesfinanzämter werden ermächtigt, bis auf weiteres eine von den Bestimmungen des Abs. 1 abweichende Regelung zu treffen, soweit dies durch die örtlichen Verhältnisse ihres Bezirkes geboten ist.

Die Wahl findet spätestens im Mai des Jahres statt, in dem die Wahlzeit der bisherigen Mitglieder abläuft.

### Ernennung der Mitglieder.

§ 11. Die Ernennung der Mitglieder und ihrer Vertreter erfolgt auf drei Jahre.

### Ersatzwahl und Ersatzernennung.

§ 12. Ist sowohl das Mitglied als auch sein Vertreter an der Mitwirkung im Ausschuß auf die Dauer verhindert, so hat eine Ersatzwahl oder eine Ersatzernennung für den Rest der Amtszeit stattzufinden.

Sollen während einer Wahlzeit Ausschüsse neugebildet werden, so bestimmt das Landesfinanzamt den Zeitpunkt, bis zu welchem die Wahl der Ausschußmitglieder erfolgt sein muß. Diese werden für den Rest der Wahlzeit gewählt; entsprechendes gilt für die zu ernennenden Mitglieder.

### Obliegenheiten des Landesfinanzamts.

§ 13. Das Landesfinanzamt bestimmt:

1. die Steuerbezirke für jedes Finanzamt,
2. die Zahl der Mitglieder der Ausschüsse,
3. die Vertreter des Vorstehers des Finanzamts im Vorsitz,
4. die Bildung besonderer Ausschüsse und den Umfang ihrer Geschäfte,
5. die Grundsätze über die den Ausschußmitgliedern zu gewährende angemessene Entschädigung für Aufwand und Zeitverlust.

Dem Landesfinanzamt obliegt ferner die Ernennung der Mitglieder der Ausschüsse und ihrer Vertreter gemäß § 6 Abs. 1.

## II. Das Verfahren der Ausschüsse.

### Berufung und Tagungsort des Ausschusses.

§ 14. Der Ausschuß wird von dem Vorsitzenden schriftlich oder mündlich an einen Ort innerhalb des Ausschußbezirkes berufen.

Das Landesfinanzamt kann den Tagungsort allgemein oder im einzelnen Falle abweichend bestimmen.

### Niederschrift über die Ausschußverhandlung.

§ 15. Die Beschlüsse des Ausschusses zu den einzelnen Sachen sind bis zum Schlusse der Sitzung schriftlich festzulegen. Eintragung in Listen genügt.

Über jede Verhandlung des Ausschusses ist eine Niederschrift aufzunehmen. Die Niederschrift soll enthalten:

1. den Namen des Vorsitzenden und der Mitglieder des Ausschusses,
2. Verhandlungsort und Verhandlungstag,
3. den Gegenstand der erledigten Geschäfte,
4. die Feststellung, daß der Bestimmung des Abs. 1 genügt ist; einer Wiedergabe der gefaßten Beschlüsse in der Niederschrift bedarf es nicht,
5. den Nachweis der Einhaltung der Vorschrift des § 29 der Reichsabgabenordnung,
6. die gemäß § 49 der Reichsabgabenordnung gefaßten Beschlüsse.

Der Vorsitzende und die erschienenen Mitglieder haben die Niederschrift zu unterzeichnen.

### Befugnisse des Ausschusses.

§ 16. Der Ausschuß hat mit der aus § 208 Abs. 2 der Reichsabgabenordnung sich ergebenden Einschränkung die gleichen Befugnisse, wie sie nach den Vorschriften der Reichsabgabenordnung dem Finanzamt zustehen; er kann hiernach insbesondere den Steuerpflichtigen zur Auskunft und zu weiteren Nachweisungen anhalten und erforderlichenfalls vorladen (§ 205 Abs. 2, §§ 172 ff. der Reichsabgabenordnung).

### III. Übergangsbestimmung.

§ 17. Die Ausschußmitglieder und ihre Vertreter werden zum ersten Male für die Zeit vom 1. August 1920 bis zum 30. Juni 1923 gewählt und ernannt.

## 3. Gebührenordnung für Zeugen und Sachverständige.

(Fassung der Bek. v. 21. 12. 1925 — RGBl. I S. 471 —.)

§ 1. In den vor die ordentlichen Gerichte gehörigen Rechtssachen, auf welche die Zivilprozeßordnung, die Strafprozeßordnung oder die Konkursordnung Anwendung findet, erhalten die Zeugen und Sachverständigen Gebühren nach Maßgabe der folgenden Bestimmungen.

§ 2. Der Zeuge erhält eine Entschädigung für die erforderliche Zeitversäumnis im Betrage von 20 Reichspfennig bis zu 1,50 Reichsmark für jede angefangene Stunde.

Die Entschädigung ist unter Berücksichtigung des von dem Zeugen versäumten Erwerbes zu bemessen und für jeden Tag auf nicht mehr als zehn Stunden zu gewähren. Ob eine Erwerbsversäumnis stattgefunden hat, ist nach freiem Ermessen unter Berücksichtigung der Lebensverhältnisse und der regelmäßigen Erwerbstätigkeit des Zeugen zu beurteilen. Bis zu der im Abs. 1 bestimmten Höchstgrenze ist der volle Verdienstausfall zu ersetzen.

Personen, welche durch einfache Handarbeit, Handwerksarbeit oder geringeren Gewerbebetrieb ihren Unterhalt suchen oder sich in gleichen Verhältnissen mit solchen Personen befinden, erhalten die nach dem geringsten Satze zu bemessende Entschädigung auch dann, wenn die Versäumnis eines Erwerbes nicht stattgefunden hat.

§ 3. Der Sachverständige erhält für seine Leistung eine Vergütung nach Maßgabe der erforderlichen Zeitversäumnis im Betrage bis zu 3 Reichsmark für jede angefangene Stunde. Ist die Leistung besonders schwierig, so darf der Betrag bis zu 6 Reichsmark für jede angefangene Stunde erhöht werden.

Die Vergütung ist unter Berücksichtigung der Erwerbsverhältnisse des Sachverständigen zu bemessen.

Außerdem sind dem Sachverständigen die auf die Vorbereitung des Gutachtens verwendeten Kosten sowie die für eine Untersuchung verbrauchten Stoffe und Werkzeuge zu vergüten.

§ 4. Besteht für die aufgetragene Leistung ein üblicher Preis, so ist dem Sachverständigen auf Verlangen dieser und für die außerdem stattfindende Teilnahme an Terminen die im § 3 Abs. 1 Satz 1 und Abs. 2 geregelte Vergütung zu gewähren.

Beschränkt sich die Tätigkeit des Sachverständigen auf die Teilnahme an Terminen, so erhält er lediglich die im § 3 bestimmte Vergütung.

§ 5. Haben in bürgerlichen Rechtsstreitigkeiten die Parteien sich dem Gerichte gegenüber mit einer bestimmten Vergütung für die Leistung des Sachverständigen einverstanden erklärt, so ist diese Vergütung zu gewähren, sofern ein zu ihrer Deckung ausreichender Betrag an die Staatskasse gezahlt ist.

§ 6. Als versäumt gilt für den Zeugen oder Sachverständigen auch die Zeit, während welcher er seine gewöhnliche Beschäftigung nicht wieder aufnehmen kann.

§ 7. Mußte der Zeuge oder Sachverständige außerhalb seines Aufenthaltsorts einen Weg bis zur Entfernung von mehr als zwei Kilometer zurücklegen, so ist ihm außer den nach §§ 2 bis 6 zu bestimmenden Beträgen eine Entschädigung für die Reise und für den durch die Abwesenheit von dem Aufenthaltsorte verursachten Aufwand nach Maßgabe der folgenden Bestimmungen zu gewähren.

§ 8. Soweit nach den persönlichen Verhältnissen des Zeugen oder Sachverständigen oder nach äußeren Umständen die Benutzung von Transportmitteln für angemessen zu erachten ist, sind als Reiseentschädigung die nach billigem Ermessen in dem einzelnen Falle erforderlichen Kosten zu gewähren. In anderen Fällen beträgt die Reiseentschädigung für jedes angefangene Kilometer des Hinwegs und des Rückwegs 10 Reichspfennig.

§ 9. Die Entschädigung für den durch Abwesenheit von dem Aufenthaltsorte verursachten Aufwand ist nach den persönlichen Verhältnissen des Zeugen oder Sachverständigen zu bemessen, soll jedoch den Satz, der den Reichsbeamten der Stufe III (§ 2 Abs. 2 der Reisekostenverordnung für die Reichsbeamten [Reichsgesetzbl. 1921 S. 1345, 1923 I S. 981]) als Tagegeld zusteht, nicht überschreiten. Die Vorschriften der genannten Verordnung, nach denen bei Reisen, die an demselben Kalendertag angetreten und beendet werden, sich das Tagegeld vermindert oder ein Tagegeld nicht gewährt wird, gelten entsprechend. War der Zeuge oder Sachverständige genötigt, außerhalb seines Aufenthaltsorts ein Nachtquartier zu nehmen, so erhält er den angemessenen Betrag, der glaubhaft gemacht ist.

§ 10. Mußte der Zeuge oder Sachverständige innerhalb seines Aufenthaltsorts einen Weg bis zu einer Entfernung von mehr als zwei Kilometer zurücklegen, so ist ihm für den ganzen zurückgelegten Weg eine Reiseentschädigung nach den Vorschriften des § 8 zu gewähren.

§ 11. Konnte der Zeuge oder Sachverständige den erforderlichen Weg ohne Benutzung von Transportmitteln nicht zurücklegen, so sind die nach billigem Ermessen erforderlichen Kosten auch außer den in den §§ 7, 10 bestimmten Fällen zu gewähren.

§ 12. Abgaben für die erforderliche Benutzung eines Weges sind in jedem Falle zu erstatten.

§ 13. Bedarf der Zeuge wegen jugendlichen Alters oder wegen Gebrechen eines Begleiters, so sind die Entschädigungen für beide zu gewähren.

§ 14. Notwendige bare Auslagen, soweit sie nicht den durch den Aufenthalt außerhalb der Wohnung verursachten Aufwand betreffen, können dem Zeugen oder Sachverständigen nach billigem Ermessen erstattet werden. Dies gilt namentlich von den Kosten für eine notwendige Vertretung.

§ 15. Die dem Zeugen oder Sachverständigen zu zahlende Gesamtvergütung wird auf volle 5 Reichspfennig aufgerundet.

§ 16. Soweit für gewisse Arten von Sachverständigen besondere Taxvorschriften bestehen, welche an dem Orte des Gerichts, vor welches die Ladung erfolgt, und an dem Aufenthaltsorte des Sachverständigen gelten, kommen lediglich diese Vorschriften in Anwendung. Gelten solche Taxvorschriften nur an einem dieser Orte oder gelten an demselben verschiedene Taxvorschriften, so kann der Sachverständige die Anwendung der ihm günstigeren Bestimmungen verlangen.

In den Fällen des Abs. 1 kann der Sachverständige, wenn er nicht öffentlicher Beamter ist, an Stelle der Gesamtvergütung nach den Taxvorschriften die Berechnung der Gesamtvergütung nach den Vorschriften dieses Gesetzes beanspruchen.

Dolmetscher erhalten Entschädigung als Sachverständige nach den Vorschriften dieses Gesetzes, sofern nicht ihre Leistungen zu den Pflichten eines von ihnen versehenen Amtes gehören.

§ 17. Öffentliche Beamte erhalten Tagegelder und Reisekosten nach Maßgabe der für Dienstreisen geltenden Vorschriften, falls sie zugezogen werden:

1. als Zeugen über Umstände, von denen sie in Ausübung ihres Amtes Kenntnis erhalten haben;
2. als Sachverständige, wenn sie aus Veranlassung ihres Amtes zugezogen werden und die Ausübung der Wissenschaft, der Kunst oder des Gewerbes, deren Kenntnis Voraussetzung der Begutachtung ist, zu den Pflichten des von ihnen versehenen Amtes gehört.

Soweit allgemeine Vorschriften für Dienstreisen nicht erlassen sind, kann die oberste Verwaltungsbehörde über die Gewährung der den öffentlichen Beamten in den Fällen des Abs. 1 den Gerichten gegenüber zustehenden Tagegelder und Reisekosten besondere Vorschriften erlassen.

Werden nach den Vorschriften dieses Paragraphen Tagegelder und Reisekosten gewährt, so findet eine weitere Vergütung an den Zeugen oder Sachverständigen nicht statt.

Die vorstehenden Bestimmungen finden auf Personen des Soldatenstandes entsprechende Anwendung.

Auf Beamte der Gemeinden (Gemeindeverbände) finden die allgemeinen Vorschriften für Dienstreisen insoweit keine Anwendung, als die oberste Verwaltungsbehörde Bestimmungen über die Höhe der ihnen den Gerichten gegenüber zustehenden Tagegelder und Reisekosten erlassen hat.

Die oberste Verwaltungsbehörde kann die ihr durch Abs. 2 und Abs. 5 gegebene Befugnis zum Erlasse der bezeichneten Bestimmungen auf andere Behörden übertragen.

§ 18. Ist ein Sachverständiger für die Erstattung von Gutachten im allgemeinen beeidigt, so können die Gebühren für die bei bestimmten Gerichten vorkommenden Geschäfte durch Übereinkommen bestimmt werden.

§ 19. Die Gebühren der Zeugen und Sachverständigen werden nur auf Verlangen derselben gewährt. Der Anspruch erlischt, wenn das Verlangen binnen drei Monaten nach Beendigung der Zuziehung oder Abgabe des Gutachtens bei dem zuständigen Gerichte nicht angebracht wird.

§ 20. Die einem Zeugen oder Sachverständigen zu gewährenden Beträge werden durch gerichtlichen Beschluß festgesetzt, wenn der Zeuge oder Sachverständige oder die Staatskasse eine richterliche Festsetzung beantragt oder das Gericht sie für angemessen hält. Der Ansatz kann von Amts wegen berichtigt werden, wenn die Beträge aus der Staatskasse gezahlt und dieser nicht erstattet sind. Für die Festsetzung und Berichtigung ist das Gericht oder der Richter zuständig, vor welchem die Verhandlung stattgefunden hat, und für die Berichtigung auch das Gericht der höheren Instanz.

Gegen die richterliche Entscheidung findet Beschwerde nach Maßgabe des § 567 Abs. 3, der §§ 568 bis 575 der Zivilprozeßordnung sowie des § 4 Abs. 3 des Gerichtskostengesetzes, in Strafsachen nach Maßgabe der §§ 304 bis 310 der Strafprozeßordnung statt.

§ 21. Im Falle einer wesentlichen Änderung der wirtschaftlichen Verhältnisse kann die Reichsregierung mit Zustimmung des Reichsrats die Gebühren für Zeugen und Sachverständige anderweitig festsetzen.

## 4. Verordnung über Vermögensstrafen und Bußen.

Vom 6. Februar 1924 (RGBl. I S. 44).

Auf Grund des Ermächtigungsgesetzes vom 8. Dezember 1923 (Reichsgesetzbl. I S. 1179) verordnet die Reichsregierung nach Anhörung eines Ausschusses des Reichsrats und des Reichstags:

Die Vorschriften des Gesetzes zur Erweiterung des Anwendungsgebiets der Geldstrafe und zur Einschränkung der kurzen Freiheitsstrafen vom 21. Dezember 1921, des Geldstrafengesetzes vom 27. April 1923, des Gesetzes über Vermögensstrafen und Bußen vom 13. Oktober 1923 und der Verordnung auf Grund des Gesetzes über Vermögensstrafen und Bußen vom 23. November 1923 (Reichsgesetzbl. 1921 S. 1604; 1923 I S. 254, 943, 1117) werden durch folgende Vorschriften ersetzt:

Art. I. § 1 Abs. 2, 3, §§ 27 bis 29, § 70 Abs. 1 und § 78 des Strafgesetzbuchs lauten:

§ 1 Abs. 2 und 3. Eine mit Festungshaft bis zu fünf Jahren, mit Gefängnis oder mit Geldstrafe von mehr als einhundertfünfzig Goldmark oder mit Geldstrafe schlechthin bedrohte Handlung ist ein Vergehen.

Eine mit Haft oder Geldstrafe bis zu einhundertfünfzig Goldmark bedrohte Handlung ist eine Übertretung.

§ 27. Die Geldstrafe ist in Goldmark festzusetzen. Sie beträgt

1. bei Verbrechen und Vergehen, soweit nicht höhere Beträge oder Geldstrafe in unbeschränkter Höhe angedroht sind oder werden, mindestens drei Goldmark und höchstens zehntausend Goldmark;
2. bei Übertretungen mindestens eine Goldmark, soweit nicht ein höherer Mindestbetrag angedroht ist oder wird, und höchstens einhundertfünfzig Goldmark.

Die Vorschriften des Abs. 2 über Höchstbeträge gelten nicht, soweit die angedrohte Strafe in dem Mehrfachen, dem Einfachen oder dem Bruchteil eines bestimmten Betrags besteht. Ist dieser nicht auf Goldmark gestellt, so ist er für die Festsetzung der Geldstrafe in Goldmark umzurechnen*).

§ 27a. Bei einem Verbrechen oder Vergehen, das auf Gewinnsucht beruht, kann die Geldstrafe auf einhunderttausend Goldmark erhöht und auf eine solche Geldstrafe neben Freiheitsstrafe auch in denjenigen Fällen erkannt werden, in denen das Gesetz eine Geldstrafe nicht androht.

*) Maßgebend hierfür ist Art. XV der 2 StNV.

§ 27b. Ist für ein Vergehen oder eine Übertretung, für die an sich eine Geldstrafe überhaupt nicht oder nur neben Freiheitsstrafe zulässig ist, Freiheitsstrafe von weniger als drei Monaten verwirkt, so ist an Stelle der Freiheitsstrafe auf Geldstrafe (§§ 27, 27a) zu erkennen, wenn der Strafzweck durch eine Geldstrafe erreicht werden kann.

Die Vorschriften des Militärstrafgesetzbuchs bleiben unberührt

§ 27c. Bei der Bemessung einer Geldstrafe sind die wirtschaftlichen Verhältnisse des Täters zu berücksichtigen.

Die Geldstrafe soll das Entgelt, das der Täter für die Tat empfangen, und den Gewinn, den er aus der Tat gezogen hat, übersteigen.

Reicht das gesetzliche Höchstmaß hierzu nicht aus, so darf es überschritten werden.

§§ 28—28b (betreffen die Vollstreckung gerichtlich erkannter Geldstrafen und haben daher für Steuerbehörden keine Bedeutung, vgl. Anm. zu § 355 unter Nr. 4.)

§ 29. An die Stelle einer uneinbringlichen Geldstrafe tritt bei Verbrechen und Vergehen Gefängnis oder, wenn neben der Geldstrafe auf Zuchthaus erkannt wird, Zuchthaus, bei Übertretungen Haft. Auch bei Vergehen kann die Geldstrafe in Haft umgewandelt werden, wenn Geldstrafe allein oder an erster Stelle oder wahlweise neben Haft angedroht ist.

Die Dauer der Ersatzstrafe ist mindestens ein Tag und bei Gefängnis und Zuchthaus höchstens ein Jahr, bei Haft höchstens sechs Wochen. Ist neben der Geldstrafe wahlweise Freiheitsstrafe von geringerer Höhe angedroht, so darf die Ersatzstrafe deren Höchstmaß nicht übersteigen. Die Ersatzstrafe darf nur nach vollen Tagen bemessen werden.

Im übrigen richtet sich das Maß der Ersatzstrafe nach freiem Ermessen des Gerichts.

In den Fällen des § 27b ist Ersatzstrafe die verwirkte Freiheitsstrafe.

Der Verurteilte kann die Vollstreckung der Ersatzstrafe jederzeit dadurch abwenden, daß er den noch zu zahlenden Betrag der Geldstrafe entrichtet.

Kann die Geldstrafe ohne Verschulden des Verurteilten nicht eingebracht werden, so kann das Gericht anordnen, daß die Vollstreckung der Ersatzstrafe unterbleibt. § 494 der Strafprozeßordnung findet Anwendung.

§ 70 Abs. 1. Die Vollstreckung rechtskräftig erkannter Strafen verjährt, wenn

1. auf Tod oder auf lebenslängliches Zuchthaus oder auf lebenslängliche Festungshaft erkannt ist, in dreißig Jahren;
2. auf Zuchthaus oder Festungshaft von mehr als zehn Jahren erkannt ist, in zwanzig Jahren;
3. auf Zuchthaus bis zu zehn Jahren oder auf Festungshaft von fünf bis zu zehn Jahren oder Gefängnis von mehr als fünf Jahren erkannt ist, in fünfzehn Jahren;
4. auf Festungshaft oder Gefängnis von zwei bis zu fünf Jahren erkannt ist, in zehn Jahren;
5. auf Festungshaft oder Gefängnis bis zu zwei Jahren oder auf Geldstrafe von mehr als einhundertfünfzig Goldmark erkannt ist, in fünf Jahren;
6. auf Haft oder auf Geldstrafe bis zu einhundertfünfzig Goldmark erkannt ist, in zwei Jahren.

§ 78. Sind mehrere Geldstrafen verwirkt, so ist auf jede gesondert zu erkennen.

Das gleiche gilt von den Freiheitsstrafen, die an die Stelle uneinbringlicher Geldstrafen treten. Ihre Gesamtdauer darf zwei Jahre nicht übersteigen; die Gesamtdauer mehrerer zusammentreffender Haftstrafen darf drei Monate nicht übersteigen.

Art. II. Geldstrafen, die nicht bei Verbrechen, Vergehen oder Übertretungen angedroht sind oder werden, insbesondere Zwangsstrafen und Ordnungsstrafen*), sind in Goldmark festzusetzen.

Die Geldstrafe beträgt, soweit nicht höhere Beträge oder Geldstrafe in unbeschränkter Höhe angedroht sind oder werden, mindestens eine Goldmark und höchstens eintausend Goldmark.

Die Vorschrift des Abs. 2 über Höchstbeträge gilt nicht, soweit die angedrohte Strafe in dem Mehrfachen, dem Einfachen oder dem Bruchteil eines bestimmten Betrags besteht. Ist dieser nicht auf Goldmark gestellt, so ist er für die Festsetzung der Geldstrafe in Goldmark umzurechnen.

Soweit an die Stelle einer uneinbringlichen Geldstrafe eine Ersatzfreiheitsstrafe zu treten hat, darf die Geldstrafe nur in Haft von höchstens sechs Wochen umgewandelt werden; ist neben der Geldstrafe wahlweise Freiheitsstrafe von weniger als sechs Wochen angedroht, so darf die Ersatzstrafe deren Höchstmaß nicht übersteigen. Die Ersatzstrafe darf nur nach vollen Tagen bemessen werden. Im übrigen richtet sich ihr Maß nach freiem Ermessen der Behörde, die sie festsetzt.

Art. III. Ist oder wird eine Behörde, ein Beamter, eine Körperschaft oder deren Vorstand ermächtigt, Geldstrafen (§ 27 des Strafgesetzbuchs, Artikel II dieser Verordnung) anzudrohen oder festzusetzen, so beträgt die zulässige Geldstrafe, soweit nicht eine Ermächtigung zur Androhung oder Festsetzung höherer Beträge oder von Geldstrafe in unbeschränkter Höhe besteht oder erteilt wird,

1. bei Geldstrafen der im § 27 des Strafgesetzbuches bezeichneten Art für Vergehen mindestens drei Goldmark und höchstens zehntausend Goldmark, für Übertretungen mindestens eine Goldmark und höchstens einhundertfünfzig Goldmark;

*) Gilt nicht für Ordnungsstrafen nach § 377 AO. (vgl. Anm. 8 zu § 377).

2. bei Geldstrafen der im Artikel II bezeichneten Art mindestens eine Goldmark und höchstens eintausend Goldmark.

Die Vorschriften des Abs. 1 über Höchstbeträge gelten nicht, wenn die anzudrohende oder festzusetzende Strafe in dem Mehrfachen, dem Einfachen oder dem Bruchteil eines bestimmten Betrags besteht. Artikel II Abs. 3 Satz 2 gilt entsprechend.

(Art. IV betrifft Bußen. Art. V—VII betreffen Festsetzung, Umrechnung und Zahlung von Geldstrafen für die Inflations- und Übergangszeit.)

(Art. VIII. Die Vorschriften der Artikel I bis VII gelten für das gesamte Reichs- und Landesrecht.

(Rest für die Reichsfinanzverwaltung bedeutunglos.)

Art. XIV. Diese Verordnung tritt eine Woche nach der Verkündung in Kraft.

(Abs. 2, 3 betreffen Aufhebung früherer Vorschriften sowie eine Sonderbestimmung für Übertretungen.)

Die durch Artikel I bis IV, VIII, XIII und Abs. 3 dieses Artikels bestimmten Strafrahmen gelten auch bei Taten, die vor dem Inkrafttreten dieser Verordnung begangen sind.

## 5. Verordnung über die Unterwerfung im Strafverfahren gemäß § 410 der Reichsabgabenordnung.

Vom 1. Nov. 1921 (RGBl. S. 1328).

Auf Grund von § 410 Satz 3, § 444 Abs. 3 der Reichsabgabenordnung vom 13. Dezember 1919 (Reichs-Gesetzbl. S. 1993) wird folgendes bestimmt:

§ 1. Die Unterwerfung im Sinne des § 410 der Abgabenordnung ist bei allen Zuwiderhandlungen zulässig, soweit die Entscheidung gemäß § 386 Abs. 2, § 387 der Ab gabenordnung den Finanzämtern (Hauptzollämtern) zusteht.

§ 2. Eine Unterwerfung liegt nur dann vor, wenn der Beschuldigte persönlich oder durch einen mit schriftlicher Vollmacht versehenen Beauftragten die Zuwiderhandlung vor einem Beamten des Finanzamts (Hauptzollamts) oder einer Hilfsstelle vorbehaltlos einräumt, sich der festzusetzenden Strafe unterwirft und auf Erlaß eines Strafbescheids verzichtet. Die Vorschriften des § 409 Satz 2 bis 4 der Abgabenordnung finden Anwendung.

Die Unterwerfung wird mit der Genehmigung der Straffestsetzung durch den Vorsteher des Finanzamts (Hauptzollamts), seinen Vertreter oder einen mit der Genehmigung der Straffestsetzungen allgemein beauftragten Beamten wirksam; die Genehmigung kann nur innerhalb dreier Monate erteilt werden. Bis zum Ablauf dieser Frist ist der Beschuldigte an die Unterwerfungserklärung gebunden; die Bindung erlischt, wenn die zur Genehmigung berufene Stelle die Genehmigung vorher versagt.

Die Versagung der Genehmigung soll dem Beschuldigten verkündet oder schriftlich mitgeteilt werden. Die Vorschriften des § 414 Abs. 2, 3 der Abgabenordnung gelten für die Versagung der Genehmigung entsprechend; die Zustellung kann durch schriftliche Mitteilung ersetzt werden.

Der Präsident des Landesfinanzamts kann sich die Genehmigung allgemein oder für besondere Fälle vorbehalten.

§ 3. Über die Unterwerfungsverhandlung ist eine Niederschrift aufzunehmen.

Die Niederschrift muß enthalten:

1. den Tag der Verhandlung,
2. den Namen des Beschuldigten,
3. die ihm zur Last gelegte Zuwiderhandlung,
4. das anzuwendende Strafgesetz,

5. die vorbehaltlose Einräumung der Zuwiderhandlung durch den Beschuldigten,
6. die festzusetzende Strafe und die Unterwerfung unter diese Straffestsetzung durch den Beschuldigten,
7. den Verzicht des Beschuldigten auf Erlaß eines Strafbescheids,
8. einen Ausspruch über die Kosten des Verfahrens.

Die Niederschrift soll ferner nähere Angaben über die persönlichen Verhältnisse des Beschuldigten enthalten.

Die Niederschrift ist von dem Beschuldigten und von dem aufnehmenden Beamten zu unterschreiben. Ist der Beschuldigte zur Abgabe der Unterschrift außerstande, so hat er die Niederschrift mit seinem Handzeichen zu versehen; verweigert er die Unterschrift oder die Hinzufügung des Handzeichens, so gilt die Unterwerfung als nicht erfolgt.

§ 4. Ist der Beschuldigte noch nicht achtzehn Jahre alt, so ist zur Wirksamkeit der Unterwerfung, insoweit es sich nicht um Personen handelt, die außerhalb des Deutschen Reichs wohnen, die Zustimmung des gesetzlichen Vertreters erforderlich.

§ 5. Gegenstände, deren Einziehung verwirkt ist und deren Aufbewahrung einen unverhältnismäßigen Kostenaufwand erfordert oder die dem Verderben ausgesetzt sind, können bei Gefahr im Verzuge den Beschuldigten auf Antrag bereits vor der Genehmigung der Straffestsetzung gegen sofortige Erlegung des Wertes überlassen werden. Das gleiche gilt von den Gegenständen, die einen marktgängigen Preis haben oder deren Wert gering ist, wenn die Genehmigung der Straffestsetzung nicht sogleich eingeholt werden kann.

§ 6. Nebenbeteiligte (§ 386 Abs. 3 der Abgabenordnung) werden zum Verfahren nicht zugezogen.

§ 7. Im Unterwerfungsverfahren werden Gebühren nach § 419 Buchstaben a der Abgabenordnung nicht erhoben. Für die Auslagen gilt § 419 Buchstabe b dieses Gesetzes.

§ 8. § 435 der Abgabenordnung findet auf die Unterwerfung Anwendung.

§ 9. Die für das Verwaltungsstrafverfahren geltenden Vorschriften der Abgabenordnung finden auf das Unterwerfungsverfahren sinngemäße Anwendung, soweit diese Verordnung nicht ein anderes ergibt.

§ 10. Diese Verordnung tritt mit dem 1. Dezember 1921 in Kraft.

Für Unterwerfungserklärungen, die vor dem Inkrafttreten dieser Verordnung abgegeben sind, bleiben die entsprechenden Gesetzesvorschriften und Verwaltungsbestimmungen des früheren Rechtes maßgebend. Unterwerfungserklärungen, die vor dem Inkrafttreten dieser Verordnung abgegeben sind und den Bestimmungen des § 1, § 2 Abs. 1, § 3 Abs. 1, Abs. 2 Nr. 2 bis 7, Abs. 4 dieser Verordnung genügen, stehen einer rechtskräftigen Verurteilung auch dann gleich, wenn sie weitergehende Erfordernisse des früheren Rechtes nicht erfüllen.

# Sachregister.

Abkürzungen: Die arabischen Zahlen ohne davorstehendes A. bedeuten die Paragraphen der Reichsabgabenordnung, die römischen Ziffern die Absätze, A. bedeutet Anmerkung.

## A.

## D.

## N.

## P.

## S.

## T.

## U.

## V.

## W.

Gedruckt bei A. W. Hayn's Erben, Potsdam.

XI. 26. — 15 000.

Nr. 14. **Gerichtsverfassungsgesetz.** Von R. Sydow. Fortgeführt von L. Busch. 10. Auflage. 1925. Rm 6,—

Nr. 15. **Das deutsche Gerichtskostengesetz.** Von R. Sydow. Fortgeführt von L. Busch u. F. Koehler. 11. Aufl. In Bearb.

Nr. 16. **Rechtsanwaltordnung.** Von R. Sydow. 5. Auflage v. M. Jacobsohn. Mit Nachtrag von 1910. — 1907. Vergriffen.

Nr. 17. **Gebührenordn. f. Rechtsanw. usw.** Von R. Sydow. Fortgef. v. L. Busch u. O. Krieg. 13. Aufl. In Bearbeitung.

Nr. 18. **Reichsstempelgesetz.** Von P. Loeck. Vergriffen. Wird durch Kapitalverkehrssteuerges. ersetzt. Erl. Ausg. in Bearb.

Nr. 19. **Die Seegesetzgebung.** Von W. E. Knitschky. 5. Auflage von O. Rudorff. — 1913. Rm 8,—

Nr. 20. **Krankenversicherungsgesetz** siehe Nr. 107, 161.

Nr. 21. **Die Konsulargesetzgebung.** Von Ph. Zorn. 3. Auflage von A. Zorn. — 1911. Rm 4,50

Nr. 22. **Patentgesetz.** Von R. Lutter. 8. Auflage. — 1920. Mit Nachtrag. — 1924. Rm 4,—. Nachtrag apart Rm 0,40

Nr. 23. **Gewerbe-Unfallversicherungsgesetz** s. Nr. 108, 161a.

Nr. 24. **Aktiengesellschaft u. Kommanditgesellschaften auf Aktien.** Von H. Keyßner und H. Veit Simon. 7. Aufl. In Bearbeitung.

Nr. 25. **Brausteuergesetz.** Siehe Reichsgesetz Nr. 54 Bd. II.

Nr. 26. **Münz- und Notenbankwesen.** Von R. Koch. 7. Aufl. von Reichsbankpräsident Schacht. 1925. Rm 14,—

Nr. 27. **Gesundheitswesen im Deutschen Reich.** Von E. Goesch und J. Karsten. — 1888. Vergriffen.

Nr. 28. **Bau-Unfallversicherungsgesetz** siehe Nr. 108.

Nr. 29. **Erwerbs- und Wirtschaftsgenossenschaften.** Von L. Parisius und H. Crüger. 18. Auflage. — 1925. Rm 4,—

Nr. 30. **Invalidenversicherungsgesetz** s. Nr. 109, 161 u. 161a.

Nr. 31. **Gewerbegerichtsgesetz.** Von W. Cuno. Vergriffen, Siehe auch Nr. 112, 112a.

Nr. 32. **Gesellschaften mit beschränkter Haftung.** Von L. Parisius u. H. Crüger. 17. Aufl. — 1926. Rm 3,50

Nr. 33. **Vereins- und Versammlungsrecht.** Von E. Ball. 2. Auflage von F. Friedenthal. — 1907. Rm 2,—

**Reichs-Vereinsgesetz** vom 19. April 1908 siehe Nr. 88.

Nr. 34. **Die Abzahlungsgeschäfte.** 3. Auflage von E. Wilke. — 1910. Rm 1,20

Nr. 35. **Die Reichs-Eisenbahngesetzgebung.** Von W. Coermann. — 1895. (Siehe auch Nr. 66.) Rm 2,—

Nr. 36. **Privatrechtliche Verhältnisse der Binnenschiffahrt und Flößerei.** Von E. Löwe. 6. Auflage. — 1923. Rm 4,—

Nr. 37. **Unlauterer Wettbewerb.** Von A. Pinner. 7. Auflage von A. Elster. — 1921. Rm 1,40

Nr. 38/39. **Bürgerliches Gesetzbuch nebst Einführungsgesetz.** Von A. Achilles. In Verbindung mit F. André, O. Meyer, O. Strecker, K. v. Unzner herausgegeben von M. Greiff. 12. Auflage. — 1926. Im Druck.

Nr. 40. Gesetz, betr. die **Pflichten der Kaufleute bei Aufbewahrung fremder Wertpapiere [Depotgesetz].** Von F. Lusensky. 3. Auflage. — 1916. Mit Nachtrag 1924. Rm 1,—

Nr. 41. **Börsengesetz.** Von Th. Hemptenmacher. 8. Auflage von O. Meyer. — 1915. Rm 3,50

Nr. 42. **Grundbuchordnung.** Von O. Fischer. 8. Auflage. — 1924. Rm 3,—

Nr. 43. **Zwangsvollstreckung.** Von J. Krech und O. Fischer. 9. Auflage von O. Fischer. — 1922. Rm 3,50

Nr. 44. **Auswanderungswesen.** Von F. Stoerk. — 1899. Rm 2,—

Nr. 45. **Entmündigungsrecht.** Von P. Koll. — 1900. Rm 1,20

Nr. 46. **Freiwillige Gerichtsbarkeit.** Von H. Jastrow. 6. Auflage von Herm. Günther. — 1921. Rm 4,50

Nr. 47. **Deutsches Vormundschaftsrecht.** Von M. Schultzenstein und P. Köhne. 2. Auflage. — 1901. Rm 2,50

Nr. 48. Gesetze, betr. den **Drogen-, Gift- und Farbenhandel** außerhalb der Apotheken. Von J. Broh. — 1899. Rm 1,20

Nr. 49. **Deutsche Kolonialgesetzgebung.** Von Ph. Zorn. 2. Auflage von Sassen. — 1913. Rm 5,—

Nr. 50. **Der Viehkauf [Viehgewährschaft].** Von H. Stölzle und H. Weiskopf. 6. Auflage. — 1926. Rm 15,—

Nr. 51. **Hypothekenbankgesetz.** Von H. Göppert. 2. Auflage von Seibel. — 1911. Mit Nachtrag. 1926. Rm 2,20

Nr. 52. **Rechte der Besitzer v. Schuldverschreibungen.** Von H. Göppert. 2. Aufl. v. E. Trendelenburg. — 1915. Rm 1,50

Nr. 53. **Reichspreßges.** Von A. Born. 3. Aufl. 1924. Rm 4,—

Nr. 54. Verkehr mit **Nahrungsmitteln, Genußmitteln und Gebrauchsgegenständen.** Von G. Lebbin. — 2. Aufl. in 2 Bänden.
Bd. II. **Getränkegesetze u. Getränkesteuergesetze** (Wein, Bier, Branntw., Mineralw.). Unt. Mitw. v. Dr. Kniebe. Rm 10.–

Nr. 55. **Beschlagnahme von Lohn- und Gehaltsforderungen.** Von G. Meyer. 5. Auflage. — 1914. Durch Nachträge ergänzt 1925. (Nachträge allein Rm 0,70) Rm 2,30

Nr. 56. **Bekämpfung gemeingefährlicher Krankheiten.** Von B. Burkhardt. — 1900. Rm 1,20

Nr. 57. **See-Unfallversicherungsgesetz** siehe Nr. 108 u. 161a.

Nr. 58. **Recht der unehelichen Kinder.** Von H. Jastrow. — 1901. Mit Nachtrag 1925. Rm 1,60

Nr. 59. **Beurkundung des Personenstandes und die Eheschließung.** Von F. Fibler. 2. Auflage. — 1912. Rm 2,30

Nr. 60. **Das Urheberrecht an Werken der Literatur und der Tonkunst.** Von O. Lindemann. 4. Auflage. — 1921. Rm 1,80

Nr. 61. **Verlagsrecht.** Von B. Marwitz. 3. Auflage. — 1922. Rm 1,60

Nr. 62. **Private Versicherungsunternehmungen.** Von H. Könige. 3. Auflage. — 1926. Im Druck.

Nr. 63. **Gesetzestafel des deutschen Reichsrechts.** Von H. Bruhns. 2. Auflage. — 1913. Rm 3,—

Nr. 64. Gesetzsammlung, betr. den **Handel mit Drogen und Giften.** Von H. Sonnenfeld. 3. Auflage. — 1926. Rm 12,—

Nr. 65. **Weingesetz.** Von G. Lebbin. 2. Aufl. — 1909. Rm 2,— (Siehe auch Reichsgesetz Nr. 54 Bd. II.)

Nr. 66. **Die Eisenbahn-Gesetzgebung.** Von W. Pietsch. 2. Auflage. — 1913. (Siehe auch Nr. 91.) Vergriffen.

Nr. 67. **Militär-Strafgesetzbuch.** Von A. Romen und C. Rissom. 3. Auflage. — 1918. Rm 5,—

Nr. 68. **Fleischbeschaugesetz.** Von G. Lebbin und G. Baum. — 1903. Vergriffen.

Nr. 69. Reichsgesetz über die **Naturalleistungen der bewaffneten Macht im Frieden.** Von W. v. Hippel. — 1903. Rm 1,—

Nr. 70. **Das Reichs-Haftpflichtgesetz.** Von G. Eger. — 1903. Vergriffen. — (Als Ersatz Kommentar von Seligsohn. — 1920. Rm 8,—, geb. Rm 9,50)

Nr. 71. **Kinderarbeit in gewerblichen Betrieben.** Von H. Spangenberg. 2. Auflage. — 1904. Rm 1,20

Nr. 72. **Unfallversicherungsgesetz** siehe Nr. 108 und 161a.

Nr. 73. **Entschädigung für unschuldig erlittene Verhaftung und Bestrafung.** Von A. Romen. — 1904. Rm 1,70

Nr. 74. **Die Kaufmannsgerichte.** Von M. Apt. 3. Auflage. — 1904. (Siehe auch Nr. 112 und 112a.) Vergriffen.

Nr. 75. **Konsulargerichtsbarkeit.** Von A. F. Vorwerk. 2. Ausgabe, mit den Schutzgebietsgesetzen. — 1908. Rm 1,60

Nr. 76. **Die Rechtshilfe im Verkehr mit den ordentlichen Gerichten.** Von A. Friedländer. — 1906. Rm 1,50

Nr. 77. **Das Erbschafts-StG.** Von B. Henckel. 1920. Rm 5,— Neue Fassung v. H. Schachian. 4. Auflage. — 1926. Im Druck.

Nr. 78. **Zigarettensteuergesetz.** Von Cuno. Vergriffen.

Nr. 79. **Die Militärpensionsgesetze.** Von A. Romen.

a) I. Teil: **Offizierpensionsgesetz. — 1907.** Rm 2,—

b) II. Teil: **Mannschaftsversorgungsgesetz.** Mit **Kapitalabfindungsgesetz.** — 1908. Rm 2,—

**Militärversorgungsgesetze** siehe auch Nr. 152 und 152a.

Nr. 80. **Gerichtliche Registerführung.** Von O. Lindemann. — 1906. Rm 2,40

Nr. 81. **Urheberrecht an Werken der bildenden Künste und der Photographie.** Von L. Fuld. 2. Auflage. — 1926. Rm 6,—

Nr. 82. **Reichsbeamtengesetz.** Von A. Arndt. 3. Auflage. — 1923. Mit Nachtrag, enth. die Änderungen bis 1924. Rm 3,50

Nr. 83. **Versicherungsvertrag.** Von P. Hager und E. Bruck. 5. Auflage. — 1926. Rm 14,—

Nr. 84. **Sammlung kleinerer privatrechtlicher Reichsgesetze.** Von G. Müller. — 1908. Rm 5,50

Nr. 85. **Scheckgesetz.** Neue Aufl. i. Bearb. (Siehe auch Reichsges. Nr. 5 u. 162.) Im Druck: Kommentar v. Michaelis. ca. Rm 15,—

Nr. 86. **Die Auslieferungsverträge des Deutschen Reiches.** Von A. Cohn. — 1908. Rm 4,—

Nr. 87a. **Das deutsche Warenzeichenrecht.** Von Freund und Magnus. 6., neubearb. Aufl. von Jüngel und Magnus. Teil I: **Die internationalen Verträge.** — 1924. Rm 9,—

Nr. 88. **Vereinsgesetz.** Von A. Romen. 5. Aufl. — In Bearb.

Nr. 89. **Vogelschutzgesetz.** Von L. v. Boxberger. — 1909. Rm 1,—

Nr. 90. Die Haager Abkommen über das **Internationale Privatrecht.** Von G. Bogeng. — 1908. Rm 2,—

Nr. 91. **Eisenbahn-Verkehrsordnung.** Von E. Blume. 3. Auflage von Weirauch. — 1926. Rm 12,—

Nr. 92. **Verkehr mit Kraftfahrzeugen.** Von R. Kirchner. 3. Auflage. — 1915. Mit Nachtrag, enth. alle Neuerungen bis Ende 1925. Rm 5,—. (Nachtrag einzeln Rm 1,50)

Nr. 93. **Sicherung der Bauforderungen.** Von E. Harnier. 3. Auflage. — 1912. Rm 1,50

Nr. 94. **Die Beamtenhaftpflichtgesetze des Reiches und der Länder.** Von H. Delius. 3. Auflage. — 1921. Rm 3,20

Nr. 95. Die Berner Übereinkunft über **Internationales Urheberrecht.** Von H. Dungs. — 1910. Rm 1,—

Nr. 96. **Branntweinsteuergesetz.** — **Branntweinmonopolgesetz** siehe Nr. 54 Bd. II.

Nr. 97. **Schutzgebietsgesetz.** Von J. Gerstmeyer. — 1910. Rm 2,50

Nr. 98. **Sechs Haager Abkommen über Internationales Privatrecht.** Von H. Dungs. — 1910. Rm 1,50

Nr. 99. **Die Abkommen d. Haager Friedenskonferenz.** Vergr. **Jetzt:** Wehberg, **Völkerbundakte.** Rm 4,— (Außerh. d. Samml.)

Nr. 100. **Kaligesetz.** Von B. Voelkel. — 1910. Rm 2,40

Nr. 101. **Zuwachssteuergesetz.** Von W. Cuno. — Vergriffen.

Nr. 102. **Urheberrecht an Mustern und Modellen** und Schutz von **Gebrauchsmustern.** Von J. Neuberg. — 1911. Rm 2,40

Nr. 103. **Reichs-Viehseuchengesetz.** Von W. v. Hippel. 2. Auflage. — 1912. Rm 4,—

Nr. 104. **Versicherungsgesetz für Angestellte** siehe Seite 12.

Nr. 105. **Das Geldwesen in den deutschen Schutzgebieten.** Von W. Hintze. — 1912. Rm 1,80

Nr. 106—109. **Reichs-Versicherungsordnung.** Von F. Caspar und A. Spielhagen. 1913—1921. 4 Bände. Komplett. Rm 18,—

**Reichsversicherungsordnung** in neuester Fassung von K. Lippmann s. Nr. 161 und 161a/b.

Nr. 110. **Wehrbeitragsgesetz.** Von A. Fernow. 2. Auflage. — 1913. Rm 1,60

Nr. 111. **Reichs- und Staatsangehörigkeitsgesetz.** Von A. Romen. 2. Auflage. In Bearbeitung.

Nr. 112. **Kaufmannsgerichtsgesetz.** Von H. Depène. — 1914. Rm 2,60

Nr. 112a. **Kaufmanns- u. Gewerbegerichtsgesetz nebst Schlichtungsordnung.** (Ergbd. z. Nr. 112.) V. H. Depène. 1924. Rm 3,50

Die Nr. 112 u. 112a enthalten zusammen den vollständigen Text des Gewerbegerichtsgesetzes.

Nr. 113. **Postscheckgesetz.** Von J. Weiland. — 1914. Mit Nachtrag 1918. Rm 1,50

Nr. 113a. **Postscheckordnung.** Von J. Weiland. — 1914. Mit Nachtrag 1918. Rm 1,50

Nr. 114. **Waffengebrauch und Festnahmerecht des Militärs.** Von A. Romen und C. Rissom. — 1914. Rm 1,80

Nr. 115. **Das vertragliche Wettbewerbsverbot [Konkurrenzklausel].** Von G. Baum. — 1914. Rm 3,—

Nr. 116. **Kriegs-Zivil- u. Finanzgesetze.** 3. Aufl. — 1915. Rm 1,50

Nr. 116a. Zweite Folge: Jahr 1915. — 1916. Rm 1,20

Nr. 117. **Darlehnskassengesetz.** — 1915. Rm 1,80

Nr. 118. **Militärhinterbliebenengesetz.** Von Reh. — 1915. (Siehe auch Nr. 152, 152a und 160.) Rm 2,20

Nr. 119. **Kriegsleistungsgesetz.** Vergriffen.

Nr. 120. **Telegraphenwegegesetz.** Von Wolf. — 1916. Rm 1,—

Nr. 121. **Direkte Kriegssteuer.** Von A. Mrozek. 1916. Rm 3,50

Nr. 122. **Belagerungszustand.** Von H. Pürschel. 1916. Rm 3,50

Nr. 123. **Warenumsatzstempel.** (**Umsatzsteuer** siehe **Nr. 132.**)

Nr. 124. **Todeserklärung Kriegsverschollener.** Von J. Partsch. — 1917. Rm 2,—

Nr. 125. **Vaterländischer Hilfsdienst.** 3. Auflage. — 1917. Rm 1,—

Nr. 126. **Besitzsteuergesetz.** Von A. Mrozek. Vergriffen.

Nr. 127. **Geschäftsaufsicht zur Abwendung des Konkurses.** Von G. Klien u. Ernst Jaeger. — 1917. Durch Nachträge ergänzt. Rm 3,—

Nr. 128. **Verhaftung und Aufenthaltsbeschränkung.** Von A. Romen. — 1917. Rm 1,20

Nr. 129. **Zivilrechtkriegsgesetze.** Von Fischer. — 1918. Rm 1,50

Nr. 130. **Ersatzlebensmittelverordnung.** — 1918. Rm 1,50

Nr. 131 a. **Reichsfinanzgesetzgebung 1918.** Bd. I. **Getränkesteuern.** Von G. Mayer. — 1918. Rm 2,50

Nr. 131 b. **Reichsfinanzgesetzgebung 1918.** Bd. II. **Einkommen, Umsatz** usw. Von G. Mayer. — 1919. Rm 1,50

Nr. 132. **Umsatzsteuergesetz.** Von Otto Lindemann. 4. Auflage. — 1926. Rm 10,—

Nr. 133. **Reichswuchergesetzg.** Von Ad. Lobe. — 1918. Rm 2,80

Nr. 134. **Der Ostfrieden.** Von Karl Strupp. — 1918. Rm 3,—

Nr. 135. **Erbbaurecht.** Von H. Günther. — 1919. Rm 2,—

Nr. 136. **Militärverf.-Ges.** Von H. Günther. — 1919. Rm 2,30

Nr. 137. **Reichsverfassung.** Von Arndt. 2. Aufl. — 1921. Rm 2,50

Nr. 138 a. **Arbeiterschutz und Arbeitsrecht.** Von A. Günther. 1920. Rm 5,—

Nr. 138 b. **Betriebsrätegesetz.** Von A. Günther. — 1920. Vergr.

Nr. 139. **Grunderwerbsteuergesetz.** Von Otto Lindemann. 2. Auflage. — 1926. Rm 4,—

Nr. 140. **Die Siedelungsgesetzgebung im Reich und in Preußen.** Von W. Holzapfel. — 1920. Rm 3,—

Nr. 141. **Sozialisierungsgesetze.** Von Reier. — 1920. Rm 2,20

Nr. 142. **Wirtschaftliche Demobilmachung.** Von Gg. Fischbach. — 1920. Rm 1,—

Nr. 143. **Reichsabgabenordnung.** Von Nieberl. Rm 4,—

Nr. 144. **Versicherungsgesetz für Angestellte.** Siehe S. 12.

Nr. 145. **Steuer- und Kapitalflucht.** Von E. H. Meyer. 2. Auflage. — 1921. Rm 1,60

Nr. 146. **Tabaksteuergesetz.** Von Wündisch. — 1920. Mit Nachtrag 1925. Rm 4,—

Nr. 147. **Filmzensur.** Von Szczesny. — 1920. Rm 1,50

Nr. 148. **Reichsausgleichsgesetz.** Von Decke. — 1920. Rm 1,50

Nr. 149. **Reichsnotopfergesetz.** Von Friedmann und Wrzeszinsky. — 1921. Rm 4,—

Nr. 150. **Reichsschädengesetze.** Von Adolf Hohenstein und Wenzel Goldbaum. — 1922. Rm 4,—

Nr. 151. **Einkommensteuer und Körperschaftsteuer.** Von Hollaender. — 1926. Rm 24,—

Nr. 152. **Wohlfahrtsgesetze.** Von Behrend und Stranz-Hurwitz. Teil I. 1923. Rm 5,—

Nr. 152a. Desgl. Teil II. 1925. Rm 9,—

Nr. 152 und 152a zusammen bezogen Rm 12,—

Nr. 153. **Zwangsanleihegesetz.** Von Simon und Beutner. 1923. Rm 8,—

Nr. 154. **Jugendwohlfahrtsgesetz und Jugendgerichtsgesetz.** Von Drewes und Sandré. — 1923. Mit Nachtrag, enth. die Ergänzungen bis April 1924. Rm 6,—

Nr. 155. **Reichsknappschaftsgesetz.** Von Max Reuß und Fritz Hense. 2. Auflage. — 1926. Rm 12,—

Nr. 156. **Mietrecht und Wohnungsmangelgesetz.** Von Krieg. 3. Auflage. — 1925. Rm 7,—

Nr. 157. **Dritte Steuernotverordnung v. 14. 2. 1924** mit den Vorschriften über **Aufwertung.** 2. Auflage unter dem Titel: **Aufwertungsgesetze.** Von Michaelis. — 1925. Rm 16,—

Nr. 158. **Strafprozeßordnung.** Alte u. neue Fassung synoptisch gegenübergestellt. Von Feisenberger. — 1925. Rm 4,50

Nr. 159. **Industriebelastungsgesetz.** Von Höpker. Rm 4,—

Nr. 160. **Fürsorgepflicht.** Von Sandré. — 1925. Rm 6,—

Nr. 161. **Reichsversicherungsordnung.** Von Lippmann. Rm 11,—

Nr. 161a. Desgl. **Ergänzungsband,** enthaltend die neue Fassung des **Unfallversicherungsgesetzes** sowie die Änderungen der übrigen Bücher der RVO. Von Lippmann. Rm 4,—

Nr. 161b. Desgl. **Zweiter Ergänzungsband,** enthaltend die im 1. Halbjahr 1926 ergangenen Änderungen der RVO. — 1926. Rm —,80

Nr. 162. **Handelsrechtliche Nebengesetze.** Von Schreiber. — 1926. Rm 14,—

Nr. 163. **Notariatsrecht.** Von Szkolny. — 1925. Rm 8,50

Nr. 164. **Aufwertung von Versicherungsansprüchen.** Teil I: **Lebensversicherungen.** Von Berliner und Pfaffenberger. — 1926. Rm 6,50

Nr. 164a. Desgl. Teil II: **Sach-** (Feuer-, Glas-, Wasser- usw.) **und Transportversicherung, Unfall- und Haftpflichtversicherung.** — 1926. Rm 3,50

Nr. 165. **Handbuch der Erwerbslosenfürsorge.** Von Schmeißer. 2. Auflage. — 1926. Rm 10,50

Nr. 166. **Das deutsche Ausländerrecht.** Von Fraustädter und Kreutzberger. — 1926. Im Druck.

Nr. 167. **Verordnung gegen Mißbrauch wirtschaftlicher Machtstellungen** (Kartellgesetz). Von Staffel. Im Druck.

# B. Preußische Gesetze.

Nr. 1. **Die Verfassung des Freistaats Preußen.** Von A. Arndt. — 1921. Rm 2,—
Ausführlicher Kommentar von Stier-Somlo.—1921. Rm 5,—

Nr. 2. **Preußische Beamten-Gesetzgebung.** Von K. Pfafferoth. 5. Auflage. — 1916. Rm 2,40

Nr. 3. **Nottestamente.** Von E. Kurtz. — 1904. Rm 1,50

Nr. 4. **Gebührenordnung für Notare.** Vom 28. Oktober 1922. Von Rausnitz. 6. Auflage. — 1925. Rm 7,—

Nr. 5—9 vergriffen.

Nr. 10. **Einkommensteuergesetz** siehe Reichsgesetze Nr. 151.

Nr. 11. **Gewerbesteuergesetz.** Von A. Fernow. Vergriffen.

Nr. 12. **Allgemeines Berggesetz.** Von Schlüter und Hense. 4. Auflage. — In Vorbereitung.

Nr. 13. **Ergänzungssteuergesetz.** Von A. Fernow. 5. Aufl. Rm 3,—

Nr. 14. **Kommunalabgabengesetz.** Von F. Adickes. 6. Auflage von Falk. — 1922. Rm 3,50

Nr. 15. **Die Kreisordnungen.** Von O. Kolisch. — 1894. Vergriffen.

Nr. 16. **Konzessionierung gewerblicher Anlagen.** Von W. v. Rüdiger. 2. Auflage. — 1901. Vergriffen.

Nr. 17. **Preußisches Gerichtskostengesetz.** Von P. Siméon. 8. Auflage. In Vorbereitung.

Nr. 18. **Preußisches Stempelsteuergesetz.** Von P. Loeck und W. Seyffarth. 10. Auflage von Eiffler. — In Bearbeitung.

Nr. 19. **Jagdscheingesetz.** Von F. Kunze. 2. Aufl. — 1899. Rm 2,—

Nr. 20. **Die preußischen Erbschaftssteuergesetze.** Von U. Hoffmann. — 1905. Rm 3,—
(**Reichs**-Erbschaftssteuergesetz siehe Seite 12.)

Nr. 21. **Handelskammern.** Von F. Lusensky. 2. Auflage. — 1909. Rm 3,—

Nr. 22. **Anstellung und Versorgung der Kommunalbeamten.** Von W. Ledermann. 2. Auflage von L. Brühl. — 1914. Rm 2,—

Nr. 23. **Ausführungsgesetze zum Bürgerlichen Gesetzbuche.** Von P. Siméon. 3. Auflage. — 1914. Rm 2,20

**Nr. 24. Die Hinterlegungsordnung (1879).** Von G. Bartels. 2. Auflage. — 1908. Rm 2,—
Abänderungsgesetz vom 21. April 1913 siehe Nr. 53.

**Nr. 25. Preußische Kommunalbeamtengesetzgebung.** Von F. Kremski. — 1901. Rm 3,—

**Nr. 26. Diensteinkommen der Lehrer und Lehrerinnen.** Von E. Cremer. — 1900. Rm 2,20

**Nr. 27. Warenhaussteuer.** Von G. Strutz. — 1900. Rm 1,20

**Nr. 28. Die Fürsorgeerziehung Minderjähriger.** Von P. F. Aschrott. 3. Auflage. — 1917. Rm 2,80

**Nr. 29. Ärztliche Ehrengerichte, das Umlagerecht und die Kassen der Ärztekammern.** Von F. Fibler. — 1901. Rm 1,50

**Nr. 30. Preußisches Staatsschuldbuch** und **Reichsschuldbuch.** Von J. Mücke. — 1902. Rm 2,—

**Nr. 31. Die preußischen Gesindeordnungen.** Zwei Bände. Von St. Gerhard.

**31 a.** Altpreußische Provinzen und Rheinland. 2. Auflage. — 1914. Rm 3,—

**31 b.** Hannover, Schleswig-Holstein, Hessen-Nassau und Hohenzollern. — 1902. Rm 2,50

**Nr. 32. Städteordnung.** Von W. Ledermann und L. Brühl. 2. Auflage. — 1913. Rm 6,—

**Nr. 33. Rentenguts- und Anerbenrechts-Gesetzgebung.** Von M. Peltasohn und B. Peltasohn. — 1903. Vergriffen.

**Nr. 34.** Sammlung der wichtigsten **preußischen Strafgesetze.** Von Lindemann. 2. Auflage. — 1912. Rm 3,50

**Nr. 35. Geschäftsordnung für Gerichtsvollzieher** Von G. Exner. — 1904. Rm 3,—

**Nr. 36. Polizeiverordnungen in Preußen.** Von O. Lindemann. — 2. Auflage. 1912. Rm 2,50

**Nr. 37. Enteignung von Grundeigentum.** Von O. Meyer. 2. Auflage. — 1911. Vergriffen.

**Nr. 38. Kreis- und Provinzial-Abgabengesetz.** Von F. Schmidt. — 1906. Rm 1,20

**Nr. 39. Unterhaltung der öffentlichen Volksschulen.** Von A. Marcks. — 1906. Rm 1,80

**Nr. 40. Verwaltungsstrafverfahren.** Von R. Katzenstein. — 1907. Rm 3,50

**Nr. 41. Die preußischen Jagdpolizeigesetze.** Von F. Kunze und R. Kühnemann. 2. Auflage. — 1907. Vergriffen.

Nr. 42. **Allgemeine Landesverwaltung und Zuständigkeit der Verwaltungs- und Verwaltungsgerichtsbehörden.** Von K. Friedrichs. 2. Auflage. — 1921. Rm 3,—

Nr. 43. **Verschuldungsgrenze** für land- und forstwirtschaftlich benutzte Grundstücke. Von R. Leweck. — 1908. Rm 2,40

Nr. 44. **Quellenschutzgesetz.** Von E. Voelkel. — 1909. Rm 1,—

Nr. 45. **Rechtsverhältnisse der Juden in Preußen.** Von M. Kollenscher. — 1910. Rm 2,40

Nr. 46. **Austritt aus der Landeskirche.** Von H. Caro. — 1911. Rm 2,40

Nr. 47. **Feuerbestattung.** Von W. Lohmann. — 1912. Rm 1,50

Nr. 48. **Zweckverbandsgesetz für Groß-Berlin.** Von L. Brühl, K. Gorban und W. Lebermann. — 1912. Rm 4,—

Nr. 49. **Gesetze gegen die Verunstaltung landschaftlich hervorragender Gegenden.** Von O. Goldschmidt. — 1912. Rm 2,40

Nr. 50. **Gesetz, betr. die Anlegung und Veränderung von Straßen und Plätzen in Städten und ländlichen Ortschaften.** Von O. Meyer. — 1913. Rm 3,—

Nr. 51. **Das preußische Disziplinargesetz für die nichtrichterlichen Beamten.** Von E. v. Dultzig. — 1914. Rm 4,20

Nr. 52. **Preußisches Wassergesetz.** Von G. Wulff und F. Herold. — 1913. Rm 4,50

Nr. 53. **Hinterlegungsordnung** von 1913. Von Hagemann. — 1914. Rm 2,20

Nr. 54. **Anlegung von Sparkassenbeständen in Inhaberpapieren.** Von H. Döhring. — 1914. Rm 2,80

Nr. 55. **Preußisches Wohnungsgesetz.** Von B. Schmittmann. — 1918. Rm 2,60

Nr. 56. **Das preußische Tumultschadengesetz.** Von Bruno Friedländer. — 1919. Rm 0,80

Nr. 57. Gesetz über **Landeskulturbehörden.** Von W. Holzapfel. — 1919. Rm 2,—

Nr. 58. **Arbeitsnachweis.** Von P. Wölbling. — 1920. Rm 1,—

Nr. 59. **Bildung der neuen Stadtgemeinde Berlin.** Von P. Wölbling. 2. Auflage. — 1920. Rm 1,40

Nr. 60. **Umlegungsordnung.** Von W. Holzapfel. — 1921. Rm 1,80

Nr. 61. **Preußische Verwaltungsgebührenordnung.** Von K. Eiffler. Mit Nachtrag. — 1925. Rm 6,—

## C. Textausgaben

**ohne Anmerkungen mit Sachregister.**

**Aufwertungsgesetze** mit Einleitung. **Von Michaelis.** Rm 1,50
**Betriebsrätegesetz.** Vergriffen.
**Bürgerliches Gesetzbuch.** 14. Auflage. Rm 5,—
**Erbschaftssteuergesetz.** Neue Fassung von H. Schachian. 3. Auflage. Rm 2,50
**Freiwillige Gerichtsbarkeit.** — 1920. Rm 1,—
**Handelsgesetzbuch** mit **Seerecht.** 11. Auflage. — 1924. Rm 2,60
**Konkursordnung.** 2. Auflage. — 1915. Mit Nachtr. 1925. Rm 1,—
**Militärstrafgerichtsordnung** m. **Einführungsges.** — 1901. Rm 1,30
**Militär-Strafgesetzbuch.** 2. Auflage. — 1916. Rm 0,50
**Reichsfinanzgesetze** von 1909. — 1909. Rm 2,60
**Reichsmietengesetz.** — 1922. Rm 0,50
**Reichsnotopfergesetz.** Vergriffen.
**Reichssteuergesetze 1925** (Steuerüberleitungsgesetz mit **Durchführungsbestimmungen** — **Einkommensteuer, Körperschaftsteuer,** Reichsbewertungsgesetz, **Vermögensteuer, Erbschaftssteuer**). Rm 4,—
**Reichsversicherungsordnung.** (Siehe A. Nr. 161.) Vergriffen.
**Strafgesetzbuch.** — 1925. Rm 3,—
**Strafprozeßordnung.** 5. Auflage. — 1924. Rm 2,50
**Umsatzsteuergesetz.** — 1920. (Siehe A. Nr. 132.) Vergriffen.
**Verkehrs- u. Kohlensteuer u. Kriegssteuerzuschlag.** 1917. Rm 0,60
**Verfassung des Deutschen Reiches.** Vergriffen.
**Verfassung des Freistaates Preußen.** Rm 0,60
**Versicherungsgesetz für Angestellte.** — 1924/25. Rm 2,—
**Wechselordnung.** — 1908. Rm 0,50
**Wehrbeitrag** und **Besitzsteuer.** — 1913. Rm 0,50
**Zivilprozeßordnung** mit **Gerichtsverfassungsgesetz** und **Einführungsgesetzen.** — 1924. Rm 3,50
**Zuwachssteuergesetz.** — 1911. Rm 0,50
— **Ausführungsbestimmungen.** — 1911. Rm 0,40
Preuß. Ausf.-Anweis. zur **Gewerbeordnung.** — 1904. Rm 1,—

# Schlagwort-Register

R. = Nummer der Sammlung Deutscher Reichsgesetze.
P. = Nummer der Sammlung Preußischer Gesetze.
S. = Seite.

## Schlagwort-Register. (R. = Reichsgesetz, P. = preuß. Gesetz.)

## Schlagwort-Register. (R. — Reichsgesetz, P. — preuß. Gesetz.)

## Schlagwort-Register. (R. = Reichsgesetz, P. = preuß. Gesetz.)

FSC
www.fsc.org
MIX
Papier | Fördert
gute Waldnutzung
FSC® C083411

Kolibri 360 GmbH
Ferdinand-Jühlke-Straße 7
99095 Erfurt, Deutschland
produktsicherheit@kolibri360.de